GZC 高校主题出版
GAOXIAO ZHUTI CHUBAN

走向自主创新2

新火

路风◎著

中国人民大学出版社
·北京·

序　言

一

本书是《走向自主创新》的续集，风格一脉相承。本书的主题仍然是关于自主创新，虽然这个主题本身也经历了“沧桑”。当中国领导层在 2006 年 1 月的全国科技大会上提出自主创新方针时，它在当时的条件下为鼓舞中国工业界的自主开发起到了历史性的作用。不过，后来在美国的施压以及 2008 年全球金融危机的冲击下，这个方针先是让位于“救市”，后来被代之以含义中性的“创新驱动发展”。2013 年以后，虽然党的领导人在视察基层单位时还经常提到自主创新，但没有再以大政方针的形式予以确立。

可喜的是，自主创新作为进取性的精神状态、后来居上的竞争战略和实现技术进步的方式，仍然在中国工业顽强地扩散开来，并不断积累起势头——这是本书取名《新火》的主要原因。本书收录了 2007—2016 年完成的五篇研究报告，其中的两篇经过修改分别在 2018 年和 2019 年发表于学术期刊；此外，在本书编辑阶段，我还为另一篇增写了“续集”。这些新的工作可以使本书与今天的中国工业发展情况更加密切相连。本书的经验研究既涉及核电和高铁这类具有国家战略性质的工业，也涉及半导体显示器和数控机床这类竞争性的高技术工业。对这些工业的研究表明，自主创新不但在中国工业具有深厚的历史根源，而且是中国企业和工业获得竞争优势和实现技术突破的唯一途径。

虽然本书收录的研究报告或文章涉及创新研究的许多方面，但它们共同的主题可以概括为一个：技术只能自己干。这个观点以稍微理论一点的语言表达就是：中国工业要想创新就必须自己掌握技术，而要掌握或获得技术就必须进行和坚持自主的技术研发。

自从自主创新作为指引中国技术进步的一种方针和路线被提出后，中国社会也出现了把自主创新形容为“关起门来自己搞”的说法。如果出于无知或误解也就罢了，但对于有意者来说，其目的无非是把政策辩论的焦点从自主开发与依赖技术引进的对立，偷换成自主创新与开放创新的对立，由此再将其混淆成“闭关自守”与开放的对立，从而以貌似合理的借口否定自主进行技术研发的必要性。这就是为什么甚至在美国以极端的手段对中国发动贸易战和技术战之后，还有人继续以“开放”和“国际合作”等空洞的辞藻来掩饰问题的本质。不过，无论怎样伪装和歪曲，否定“技术只能自己干”的立场都是可以从理论逻辑上予以证伪的。

在国际主流创新理论中，“技术”一般被理解为由两个互相密切联系的要素所构成：知识和行动。知识指的是人的头脑中对因果关系的理解（可以通过操作手册、设计图纸和论文等来表达），但产生这样的理解离不开行动——对技术的研究、开发和应用；行动需要技能和能力，而技能和能力只能在有关技术的实践中被掌握，并不能还原为可以通过语言和文字来表达的知识。因此，技术知识是经验的知识，只有通过人类的技术实践才能够生成、发展，并且被传承——正如个人技能只有通过往复的行动才能被记忆那样，工业组织的技术能力也只有通过不断的技术实践才能被记忆。反对自主创新的人惯用的手法就是割裂掌握技术的这两个条件——“知”和“行”的互相联系，以使公众产生不“行”也可以“知”的错觉。

技术知识的实践性质是理解自主开发与技术引进之间关系的钥匙。流行于中国的“引进”一词并非一个世界通行的概念。就其通常的含义而言，如果用英文表达中文的“引进”，则直截了当就是“import”（进口）或“purchase”（购买）。但是，获取外国技术的途径并非只有贸易的形式（包括购买设备、购买技术许可证等），还有非贸易的形式，如留学、阅读文献、参加国际会议、访问参观、私下交流等。因此，比“引进”更具有一般性的概念是吸收外部技术知识。中文的“引进”并不涵盖获取外部技术（知识）的全部途径，因为它从来不包括非贸易形式的学习含义，而仅仅指进口或购买。当然，购买外国机器设备可以成为后进者学习先进技术的一个途径，但其必要条件仍然是为学习付出努力（如通过反求工程来掌握技术），而不能仅仅局限于使用这些机器设备。

毫无疑问，后进国家的经济发展存在获取、引进、利用和吸收外国技术知识的必要性。更一般地说，包括发达国家企业在内的所有企业也都存在吸收外部技术知识的必要性，如把产生于大学或其他国家的科学知识转化为带来商业价值的产品。正是因为任何创新都存在吸收和利用外部知识的必要性，所以对创新的理论研究也产生了“吸收能力”的概念。从本书引述的理论文献可以看到（本序言不加注释以避免给读者带来负担），国际创新学界公认：工业组织的吸收能力来自它们自己进行研发的努力，即一个组织通过自主研发而达到的相关知识水平决定它吸收和利用外部知识的能力。因此，不进行技术实践或行动的主体——无论是个人还是组织——都无从吸收外部知识，也无从掌握技术。

在澄清上述概念和理论关系之后，首先需要明确的是，世界上不存在不需要吸收外部知识的创新。在现代条件下，任何企业的研发人员都必须经过高等教育的科学和技术训练，这种资格要求已经属于（对企业而言的）某种“外部性”了，何况研发过程始终存在了解和参考竞争对手所作所为与外部知识进展的需要和可能性。因此，“关起门来自己搞”的标签与自主创新没有关系，因为世界上没有任何人可以在与世隔绝的条件下研发出来技术。

那么，自主创新指的是什么？它指的是，要创新就必须掌握技术，要掌握技术就必须自己干，因为世界上也没有自己不进行研发就可以掌握的技术——这是由技术的“知行合一”的性质所决定的，即不“行”则不“知”。获取外部知识的条件可以影响自主创新的条件，但创新的效果更关键性地取决于自主开发的努力，而不是客观条件本身。当本书批评引进政策时，它批评的是以引进代替自主开发的做法，因为这样做就只能陷入技术依赖。中国当然可以从技术引进中受益，更可以从国际交流和合作中受益，但前提条件是坚持自主开发，把引进当作辅助手段。有关技术的“知行关系”很容易帮助理解这个原则，即开放与自己干之间没有矛盾——为了更多地“知”，中国应该开放，但要能够达到“知”，则必须自己去“行”。华为海思开发芯片时，如果不是“关起门来自己搞”，难道还要开起门来让别人代劳？也正是因为有了通过自己干而获得的能力，华为才能满世界去“合作”。在今天的世界上，没有人能够阻断科学知识的传播和扩散，而阻碍知识传播的最大障碍是需要方没有吸收能力。因此，战胜技术封锁、“脱钩”威胁并保持国际合作的唯一有效武器就是坚持自主创新。那些声称自主创新会影响国际合作的人不是无知或别有用心，就是胆怯。

写这篇序言还给了我一个机会来表达一个以前没有能够彻底表达的立场：世界上其实根本不存在“引进、消化、吸收、再创新”的创新途径或模式，因为世界上不存在不进行自主开发就可以“消化、吸收”的可能，更谈不上“再创新”。当年，为了缓解提出自主创新方针的冲击，官方把自主创新划分为“原始创新”“集成创新”和“引进、消化、吸收、再创新”这三种途径或模式。这种划分并不严谨，这里不谈前两种，只集中于最后一种。这种模式是在政治妥协下被杜撰出来的，它无法克服一个逻辑上的悖论：如果引进方没有技术能力基础，那么“引进”本身不会带来任何技术，只不过是在一定范围内获得技术的使用权；如果引进方具有吸收引进技术的能力基础，那么这种模式就不再是“引进、消化、吸收、再创新”，因为这个能力基础只能来自自主开发。因此，不必再以这种杜撰的“模式”去掩饰错误的做法。

本书收录的四篇工业研究报告以各自的历史和经验证据都证明了这个道理。四个不同的工业部门或其中的企业都经历过技术引进：中国核电和高铁的发展都是从全盘引进开始，京东方是通过收购外国企业的液晶业务进入半导体显示工业的，而沈阳机床集团也是从国际合作开始研发数控系统的。但是，它们后来获得成就的原因都是走上自主创新的道路：核电发展中保留下来的自主开发路线，最后翻盘压倒引进路线；高铁则是国家战略的变化使自主开发路线代替了引进路线；京东方把收购的技术资源用于自主建设生产线；沈机的数控系统研发团队则是放弃国际合作的幻想，走上完全依靠自主开发的道路。不错，四个工业部门都从引进或国际合作中受益，但受益的原因恰恰是它们不仅具有从自主开发经验积累起来的能力基础，而且在引进或合作之后又果断地走上自主开发的道路。引进派喜欢说，创新要站在巨人的肩膀上。从逻辑上讲，站在“巨人”肩膀上创新是在“巨人”的成就及其背后的知识、技能和经验基础上创新；如果无力吸收和利用“巨人”的这些“成果”，非但不可能创新，反而只能被“巨人”踩在脚下——这是由中国一些工业部门和企业的经验所证明的。因此，从引进中受益从来不是中国工业发展的主要原因——如果中国核电发展只能依赖美国西屋的 AP1000 技术，如果中国高铁只能依赖继续购买外国车型来升级，如果京东方也依赖引进生产线，如果中国机床工业只能购买外国数控系统，那么这些工业部门今天会处于什么样的状态是不难想象的。

我多年来在课上为了给本科生讲解自主研发与引进技术的关系，总是用这样的例子来解释：一个人吸收外部知识的能力取决于他或她自己的知识水平，而社会已经达到的知识水平永远代替不了个人学习的必要性；虽然学习大师的论文有助于年轻学生了解写出好的论文需要做到什么，但学生写论文的能力永远来自他们自己不断写论文的实践和努力，无论他们是否看了或看了多少大师的论文。多年来无一例外，这个道理被 20 岁上下的本科生们所明白、所认可。但是，就是这样一个直白的道理，却在中国的政策领域被扯了几十年之后，还是有些人弄不明白或不想弄明白。因此，本书的意义就在于它以对中国工业的经验性研究和对真实事件的分析，破除这些无知、胡扯和别有用心的歪曲，从社会意识上为中国工业的自主创新创造条件。

二

因为构成本书的五篇文章或报告是在不同的任务背景下和不同的时间段分别完成的，所以下面按它们在本书中的顺序，对它们的研究过程予以简单的说明和介绍，以帮助读者理解它们是如何从不同的侧面反映了本书的主题。

第一章　论产品开发平台

这是一篇理论文章，发表于《管理世界》2018 年第 8 期。不过，这篇文章的原稿写于 2007 年，最初的写作动机是为了把“产品开发平台”的概念理论化。我在 2005 年年初完成的大飞机报告（收录于《走向自主创新》）中首次提出这个概念，原因是当时在关于中国要不要再上大飞机项目的辩论中，一些人纠缠于运-10飞机本身是否存在缺点，反而模糊了战略问题的本质。在那个报告中，我从“能力观”的视角指出：“运-10下马丢掉的不是一个产品，而是技术能力赖以发展的开发平台”；如果以“引进外国先进技术”为理由，放弃自主的产品开发平台，就会中断技术学习过程，就会丧失能力。这个表述指出了运-10问题的实质，当时震撼了辩论的各方和决策层。但是，什么是“技术能力赖以发展的开发平台”？这个概念是在辩论的激愤中脱口而出的，有一定的理论基础，但主要是凭着对技术能力成长离不开产品开发的直觉，而且国际主流创新文献中也没有这个概念。因此，我产生了必须把这个概念理论化的想法。那时，我们已开始研究核电工业，同样需要从理论上证明自主开发的必要性。于是，我以内部报告的形式完成了这个概念模型（被收入2007年国家软科学研究计划项目成果选编之七）。因为想继续让这个理论模型经受经验研究的考验，所以没有急于发表，结果一放就是10年；直到2018年受到某些事情触发，才花时间订正后，以《论产品开发平台》的标题发表于《管理世界》。

这篇文章表达的核心思想是，技术进步及其相应技术能力的发展离不开技术团队与研发对象（如产品）和手段（如试验工具）之间的互动。它从理论逻辑上证明，产品（和工艺）开发不仅是创新的中心环节，而且是技术能力成长的关键机制。反过来讲，放弃产品开发就不会形成技术能力——这是自主开发的基本逻辑。这个理论逻辑不仅指导了被本书收录的工业研究，也为这些研究的经验证据所证明。因此，这篇文章可以为本书的经验内容提供一个主要的理论框架，也就很自然地成为本书的理论章或导论。

第二章 破解中国核电迷局

第二章是对中国核电发展的研究，分为上、下两个部分。前者是发表于2009年1月《商务周刊》的一篇文章，后者则是为本书新增的“续集”，两者之间相距整整11年。

我们对核电的研究开始于2006年6月，当时正在展开的新一轮核电发展似乎要走上全盘引进的道路。2004年，政府主管部门决定通过“引进”外国先进技术来统一中国核电的技术路线。后来决定“引进”的美国西屋公司 AP1000（反应堆）虽然被说成世界最先进的第三代核电技术，但它并没有实际建造过，而且全盘引进意味着要放弃中国已经掌握的技术。这个前景引起业内的争论，也决定了我们研究核电的动机。面对复杂的核电发展问题，我们当时的最大困惑是：在中国的核工业建立 50 多年之后，在中国的第一颗原子弹爆炸成功（1964 年 10 月）40 多年之后，在中国的第一艘核潜艇下水（1970 年 12 月）30 多年之后，在中国的民用核电工业经历了几乎 30 年的发展之后，为什么中国核电的发展仍然要一而再、再而三地依赖引进技术？

为回答这个问题，我们需要了解世界核电发展的脉络以及中国核电发展的历史，还需要理解核电技术。除了读文献和访谈业内人士，关键一步是在带领我们进入核电领域的钱积惠前辈（曾任中国核动力研究设计院的院长和国际原子能机构的副总干事长）的安排下，我们访问了总部位于成都的中国核动力研究设计院及其设在四川夹江县一条山谷里的原址。就是在那条山谷里，我们看到了真实的核反应堆和中国第一代核潜艇陆上模式堆的遗址，也因而找到了中国核动力技术的源头。

按照最初的想法，我们要写出世界核电工业的历史、中国核电发展的历史，以及技术、理论等内容。这个“宏大”的目标使我们的研究在不得不花了两年多的时间之后还处于“半成品”的阶段，但同时中国核电的实际进展却很快。面对这个矛盾，我不得不舍弃了全面分析核电工业的想法，以一篇 3 万多字的媒体文章让这项研究告一段落（即本书第二章的“上”）。当时的想法是，即使我们无力影响政策，但讲清楚政策的来龙去脉（即为引进路线“树碑立传”），亦可为历史留下证据。我们的核电研究不是有立项的课题，也没有得到任何机构的支持；核电文章是本书收录的报告中篇幅最短的，但为写出这篇文章而做的研究却花的时间最长、付出的精力最多。

核电文章的发表距今已经 11 年，中国核电的发展在这期间也发生了巨大变化。为帮助读者理解时隔这么久的文章与今天的联系，我决定在本书收录的核电文章后面增加一篇“核电后记”。但写着写着就超过了上文的篇幅，于是，在本书编辑的建议下，把“核电后记”变成第二章的“下”。即使成为“续集”，它也不得不分为两个风格不同的部分。第一部分简要描述了中国核电从2009年到2019年的发展轨迹。简要地说，在采用美国西屋AP1000的浙江三门和山东海阳两个核电站于2009年开工建设之后，发生了日本福岛核电站爆炸和核泄漏事故（2011年3月）；三门和海阳核电站的建设过程中，此前从未实际建造过的AP1000反应堆出现了许多问题，致使两个项目不断延期，大幅度增加了建设成本。在这种情况下，中核集团和中广核集团分别在自己的技术基础上推出了各自的第三代核电技术，并在政府的要求下于2014年融合成为“华龙一号”；2017年3月，西屋公司破产并重创了其母公司日本东芝；在中国政府“走出去”战略和“一带一路”倡议的影响下，AP1000和“华龙一号”的地位发生逆转。到2019年，“以AP1000统一中国核电技术路线”的方针彻底破产，而自主开发的“华龙一号”正在成为中国核电发展的主导技术。

11年的实践证明核电文章的立场经得起考验。但是，如果对中国核电的介绍到此为止，我仍然没有感到我们已经完成这项研究，因为“华龙一号”的技术从何而来还是一个没有得到充分回答的问题。回到2006—2008年期间，我曾经写过一篇很长的中国核动力研究设计院院史草稿，但没有机会示之于众。今天，当解释“华龙一号”的技术之源成为一种社会需要之时，我终于有机会把我们在心中埋藏已久的“故事”讲出来。因此，我在旧文的基础上改写出来“续集”的第二部分，讲出了中国核动力技术从建造第一个核潜艇陆上模式堆到秦山二期核电站再到“华龙一号”早期设计方案的来龙去脉。至此，我终于感到对其业绩曾深深震撼过我们的前辈有了一个交代，也完成了对中国核电发展的研究。

第三章　战略与能力：把握中国液晶面板工业的机会

本书第三章是对中国TFT-LCD（薄膜晶体管液晶显示）工业的研究。随着技术的发展，这个工业部门后来被归于半导体显示工业。显示工业的重要性可以从如下一个事实看出。为了实现从改革开放之初发展起来的彩色电视机工业的“国产化”，中国在1980年代至1990年代通过引进技术和外资建立起一个具有相当规模的彩色显像管工业。进入21世纪后，世界显示工业经历了一次重大的技术革命，新兴的平板显示器逐渐替代传统的显像管，而TFT-LCD也逐渐成为主导技术。在中国市场上，液晶电视的份额在2008年决定性地超过显像管电视，而无力适应技术变化的中国彩色显像管工业在此后的三四年内全面崩溃，其毁灭速度之快令人瞠目结舌。虽然中国彩电工业那时也全面转向生产液晶电视，但其却因为完全依赖进口液晶显示器而再度陷入“尴尬”。当“缺芯少屏”成为形容中国消费电子产品工业状况的流行语时，中国能不能或怎样才能发展起半导体显示工业的问题就成为我们研究的导向。

我们的研究是从深入调研京东方开始的。我们始终坚持的原则是：只有从工业层次看问题才能把握政策的意义，但理解一个工业必须从理解该工业的主要企业起步。中国企业没有参与半导体显示工业的技术发展，而是在这个工业已经发展起来后才作为后进者进入。京东方是最早进入TFT-LCD工业的中国企业之一，也是唯一没有“引进”生产线的中国企业——其进入方式是通过收购韩国现代集团的液晶业务，并利用收购的技术资源在北京自主建设第5代生产线。这种进入方式与本书从理论上讲的建立产品开发平台是本质相同的，只不过因为半导体类工业的特点而称之为技术学习平台。事实证明，这种进入方式是决定性的，因为当中国液晶显示工业终于在全球金融危机之后迎来发展机遇的时候，京东方是当时唯一具有自主扩张能力的企业，而依靠“引进”生产线的企业不是消亡就是陷入停滞。

2009年是中国半导体显示工业发展的一个关键年份。直到那时，政府部门还不相信中国大陆企业能够建成高世代生产线，仍然把发展液晶面板工业的希望寄托在日本、韩国和中国台湾企业到中国大陆建生产线上，尽管这个“邀请”一直遭到相关各方企业的拒绝。也就是在那一年，京东方开始大规模扩张，先在4月开工建设合肥6代线，又在8月末宣布建设北京8.5代线。这些行动使日本、韩国和中国台湾企业突然转变态度，蜂拥要在中国大陆建设高世代生产线，拟议中的项目金额一度超过2 000亿元。但是，政府政策并没有转向以支持中国大陆企业的成长为重心，而是立刻忙于控制项目数量。鉴于其政策含义，在我的建议下，这项研究被列为国家信息化专家咨询委员会的课题。

京东方的扩张和“液晶热”使我们的报告主题很快就被明确为回答两个问

题：第一，京东方的投资行为是否能够成功？第二，日本、韩国和中国台湾企业纷纷要在中国大陆建线的时候，中国政府应该采取什么样的政策？对这两个问题的回答决定了报告的内容和结构。那时，京东方的扩张刚刚开始，它在亏损条件下的大规模投资引起中国财经媒体的质疑和嘲笑。对于京东方扩张的合理性，我们必须在说服读者之前先说服我们自己。于是，我们花了很大的篇幅去追溯全球 TFT-LCD 工业的历史，力图从中概括出可以帮助我们进行判断的"规律"。当我们把京东方的扩张置于全球工业史的脉络中时，我们发现这种反周期的高强度投资确实是后进者赶超的不二法宝。

在 2010 年 6 月完成液晶工业报告之后的几年里，京东方逐渐展现出惊人的市场成功。从 2009 年到 2018 年，京东方连续建设了 13 条生产线，总投资超过 4 000 亿元，并且从 2013 年开始主营业务赢利。今天，京东方已经成长为世界最大的半导体显示企业，而仅仅在 11 年前还看上去不可一世的日本和中国台湾企业已经处于逐渐"出局"的状态，只有韩国企业以转向更新的技术来力图保住自己的地位，但也不再以"老大"自居。回顾这场由中国企业的技术突破而引发的世界显示工业格局大变动，我必须承认，10 年前写的报告低估了京东方的成长动力，也高估了政府能够采取正确政策的概率。在液晶工业报告的基础上，我后来又花了几年的时间，写成了《光变》一书（当代中国出版社 2016 年出版)，它以更详尽的工业史研究讲述了"一个中国企业在一个全球高技术工业中的史诗般崛起"。

由于液晶工业报告的完成时间比《光变》要早五年多，所以我曾经犹豫是否将报告收入本书。感谢中国人民大学出版社的编辑，他们坚持认为报告有着与书不同的价值。研究报告是写给政府看的，而书是写给大众看的，所以报告讨论政策的内容就被书舍弃了。作为作者，我认为将报告收入本书的最大价值，是可以将读者置于显示工业发展过程的关键时刻，从过程的语境中去思考政策和战略问题。在那种时刻，虽然前景存在不确定性，但被经验证据反复验证过的理论原则，仍然可以帮助决策主体采取正确的行动，无论是企业的战略行动还是政府的政策行动。

第四章 “i5”革命

第四章是对沈阳机床集团（以下简称沈机）开发数控系统的研究。2015 年春天，闻知沈机开发出来具有互联功能的数控系统（被命名为“i5”），我们产生了很大的兴趣。当时正是互联网话题最热的阶段，德国的工业 4.0 计划又为这个话题添了一把火。我们出于对中国产业升级的关注，也在努力理解互联网如何进入工业的问题。于是，我们在那一年数次访谈沈机的上海研发团队和沈机集团的领导（还专程访问过“i5”机床的用户），并把这项研究列为我们承担的中国信息化百人会研究项目的课题。

对于这项研究，虽然我们的重点是技术，而且花时间最多的也是理解技术，但我们对于这个案例政策意义的思考主线始终是产业升级，特别是传统工业与新技术的融合。从这个视角看，沈机的经历有两点特别吸引人。第一，新技术的开发是由一个传统机械工业中的老国有企业发起的，这对思考工业创新有着重要的意义。此外，整个研发过程的组织模式在中国工业中也是罕见的：研发项目是由总部位于沈阳的沈机集团发起的，而执行项目的则是在上海组建的一支以具有 IT 技术背景的年轻人为主的团队。这种模式既使机床和数控系统的双方可以在同一个组织架构下进行互动，同时又可以避免母公司的组织机制和文化“窒息”开发团队的活力。

第二，一旦走上自主开发的道路，根据客户需求特点选择技术的自主性就使创新成为必然。开发团队原定的目标是做出一款能够替代进口的数控系统，但在变化了的技术语境下，在为客户解决问题上要“好一点点”的开发原则催生了这款数控系统的智能、互联功能。这样的实践再次证明，创新只能依靠自主开发，因为只有这样才能把市场需求的特点结合于产品。它也同时证明，如果 IT 等新技术能够应用于传统工业，其必要条件是工业企业必须具有产品开发能力。由此得到的更一般性的结论是，如果新技术能够与传统工业融合，那么融合的动力和能力必须来自双方，绝非单独一方能够强“加”的。

在这项研究的背后，我们还有一个多年的愿望，就是了解东北的骨干企业，特别是理解老国有企业走过的路。研究沈机确实开启了我们后来在辽宁的调研过程（不属于本书的内容），我们访问过的地方国有企业包括：中国唯一能够制造大型离心式压缩机（石油化工的核心装备）的沈阳鼓风机集团，生产了世界上最大的矿山装卸机械和中国一半的大型船用曲轴的大连重工·起重集团，中国唯一可以制造大型乙烯工程挤压造粒机组的大连橡胶塑料机械有限公司，中国最大也是历史最久的轴承企业瓦房店轴承集团，等等。但那个调研过程也带给我们很多沉重，因为我们也了解到 1990 年代末至 21 世纪初年的那一轮国企改革造成的损失。例如，沈阳凿岩机械股份有限公司（原沈阳风动工具厂）是“一五”时期的“156 项”之一，在被卖给外资之后现已消失。沈阳电缆厂也是“156 项”之一，曾经是中国最大的综合性电线电缆制造企业，现也已难寻踪迹。沈阳高压开关厂据说卖给香港商人了，今天也找不到下落。沈阳变压器厂曾经被执意卖给外资，最后经原机械工业部老领导力争，由民营企业新疆特变电工兼并——由此获得的能力基础使特变电工从一个地方企业变成今天的龙头企业。此外，沈阳原来有两个知名的电机厂（大电机和小电机），还有曾经是亚洲最大的沈阳标准件企业（1—6 厂），均已消失。这些教训是不能被忘记的。

最近几年，沈阳机床集团遇到极大的财务困难。2019 年 12 月，中国通用技术集团（央企）在与沈阳市政府签署协议后开始重组沈机集团和沈机股份。沈机陷入困境的原因很多，这里无法讨论。在中国财经媒体对沈机的报道中，也提到“业内的主流声音，是认为路风报告过分高估了‘i5’”。但是，我们的视角与关注企业财务状况的财经媒体不同，总是从工业的意义考虑问题。就中国机床工业而言，其市场从 1992 年就彻底开放，而且在“引进国外先进技术→实现国产化→达到自主开发”的“三段式”政策下，也放弃了自主开发的努力。作为理解这个过程的一个标志，中国机床工业最重要的研究机构——原机械工业部直属的北京机床研究所——也变成日本数控系统企业的销售代理商。面对这样的工业语境，沈机开发数控系统的行动是一次难得的奋斗，尽管这样做在短期内会比什么都不做要冒更大的风险（因为需要投资）。对于“i5”的技术，作为曾经努力理解而且最终也理解了其逻辑的研究者，我们始终充满信心。企业经历重组是必要的，以什么形式来重组也是可以讨论的，但已经出世的技术有其自身的生命，必将顽强地发展起来。

第五章　冲破迷雾：揭开中国高铁技术进步之源

最后一章是对中国高速铁路（以下简称高铁）发展的研究。我们对高铁的关注始于2005年，起因是大规模引进导致的争议。我们当时的朴素想法是，如果抛弃“中华之星”等自主开发的列车，转而全盘引进外国车型，就会瓦解中国工业的技术能力基础。2006年春天，我们访问了南车集团的株洲电力机车有限公司（株机公司）并顺道参观了株洲电力机车研究所有限公司（株洲所）。当时，铁道部的领导压制所有反对引进政策的人和单位，致使与高铁有关的人和单位都“噤若寒蝉”——没有亲身感受过的人很难想象那种气氛。我们访问株机公司时，没有任何管理层的人愿意出面接待我们，只有刘友梅院士（中国开发电力机车的主要技术人物之一）接受了我们三个半天的访谈。刘院士敢于公开表达他反对铁道部大规模引进的态度，并详细给我们介绍了中国电力机车开发的历史和开发“中华之星”的过程，于是中国铁路装备工业的技术能力基础赫然展现在我们面前。

由于无法继续调研，我们不得不中止了对高铁的研究，把目光转向核电。在那之后的几年里，高铁的发展突飞猛进。在官方宣传的引导下，高铁的技术进步被流行性地认为是来自“引进、消化、吸收、再创新”。这种说法与我自己对技术进步来源的理论看法是矛盾的，但高铁的成就又确实有目共睹，于是在心中留下困惑。

大约在2011年年末或2012年年初，一次偶然的机会使我与南车集团的一位中层干部进行了一次谈话。我从中得到的最大收获就是意识到，高铁的技术路线曾经发生过重大变化，所以中国铁路装备工业的技术能力基础不但没有被破坏，反而在转向自主开发后发挥了巨大作用。在这位干部的帮助下，我们于2012年6月访问了青岛四方机车车辆股份有限公司（四方股份），四方技术团队对开发高速列车过程的详细介绍使我们找到了解开困惑的线索。

2012年12月，我突然接到科技部对中国高铁技术的进步进行调研的邀请。在接下来的一个多月里，我们集中访问了北车集团的长春轨道客车股份有限公司、南车集团的四方股份和株洲电力机车研究所有限公司，对三个企业的总工和其他管理干部进行了深度访谈，澄清了许多技术细节；同时，我们还顺道访问了北车集团的四方车辆研究所和南车集团的株洲电力机车有限公司，从不同的侧面理解高铁发展。2013 年 3 月初，我们向科技部提交了《高铁报告》。该报告以高速动车组的开发为分析焦点，证明中国企业能够吸收引进技术的必要条件是中国铁路装备工业长期积累起来的技术能力基础；在这个基础上，当国家层次的政治变化迫使高铁建设转向自主创新路线后，自主开发的 CRH380 系列动车组就应运而生。因此，报告推翻了中国高铁的技术成就来源于“引进、消化、吸收、再创新”的流行性说法。那时，中国高铁的发展还处于铁道部领导腐败案和动车组撞车事故之后的“低潮期”，而高铁发展算不算中国的一项伟大成就竟然是我们必须争辩的问题。为澄清是非并支持中国高铁，报告后来交给了《瞭望》周刊，由该刊在 2013 年第 48 期（12 月 2 日）以《冲破高铁迷雾》的总标题进行了长篇摘要报道，引起很大的社会反响。

在得到新一届领导层的支持后，中国高铁从 2014 年开始恢复发展势头，其业绩逐渐压倒了质疑声，到今天已经被广泛地认为是中国的一项伟大成就。我从完成上次的研究后一直跟踪高铁的发展，因为我每年给本科生上课时都要讲高铁的故事。随着中国高铁的发展越来越展现出对于传统铁路运输的“革命性”特征，我的课件里也出现了“中国高铁的发展是一次激进的技术变化”“国家成为创新者”之类的内容，反映出新的认识和思想在逐渐形成。

2018 年 11 月，与《管理世界》总编的一次偶然沟通，使我决心把对高铁发展的长期理解写成学术文章。虽然原报告可以是基础，但新文章必须重写，毕竟已经时隔五年。为了解最新的技术发展，我们于 2019 年 1 月再次访问了株洲所和株机公司。在这篇发表于 2019 年第 9 期《管理世界》的文章中，我们进一步证明，走上自主开发的道路和形成以高铁替代传统铁路的“激进方针”是成就中国高铁的两个关键因素。不过，虽然文章比通常的研究报告更严谨、更具理论性，却不得不牺牲一些生动性。为了弥补这个“缺点”，本书在收录此文时，恢复了原报告中“两员‘女将’的故事”一节。另一个改动是对图 5－5（全国高速铁路实际营业里程和历年规划建设里程）的数据：文章发表时，我们预计 2019 年中国新建高铁里程为 3 000 公里，到本书进入最后编辑阶段时，官方公布的 2019 年实际建设里程是 6 000 公里——我们很高兴能够改用这个更加证明文章命题的数据。我们对高铁的研究又是一个经历过“漫长”过程才完成的研究，因为证据和结论必须等待中国高铁发展过程的充分展开。同样的道理，对于中国高铁发展的研究仍然存在很大的空间，而本书收录的文章可以为中国学术界的后续研究提供一块“踏脚石”。

三

本书包括的研究及其写作延续了 14 年，最终能够成书离不开许多人的帮助，作者心怀感激。首先感谢那些帮助安排了我们的调研和接受了我们访谈的人士，他们之中有为国奉献的前辈，有带领企业实现技术突破的领导人和技术负责人，还有更多的年轻工程师和管理人员——正是他们的奋斗和业绩才使本书的形成和出世成为可能。在我的“后院”，要感谢两位年轻的同事宋磊教授和封凯栋副教授，他们一贯的支持为我的研究和写作提供了一个良好的“小环境”。感谢《管理世界》编辑部允许我把发表在该刊的《论产品开发平台》（2018 年第 8 期）和《冲破迷雾：揭开中国高铁技术进步之源》（2019 年第 9 期）收录于本书。感谢中国人民大学出版社出版本书，感谢为此付出辛勤劳动的责任编辑霍殿林、助理编辑梁保菊，特别感谢该社编辑王海龙，他为策划本书的出版与我保持了密切沟通近两年之久。

最后要感谢帮助了本书研究的三“代”博士生。仅对高铁的一项研究，因其过程的“漫长”，就有三“代”博士生参与了调研：参与第一轮调研（2006 年）的有郭丽岩和梅丽霞，本书第五章图 5-1（中国四代电力机车发展史）的原图就是郭丽岩在 2006 年制作的；参与第二轮调研（2012—2013 年）的有蔡莹莹、李思颖（硕士生）和张佳康，她们在访谈最密集的阶段做了完美的记录；参与第三轮调研（2019 年）的有郭年顺和王晨，他们为我重新写作高铁文章提供了所有可以想象的支持。郭丽岩、曹崴和王彦敏参与了对核电的调研，他们的出色工作为核电研究留下了时隔十几年还具有宝贵价值的材料。参与对半导体显示工业调研的有蔡莹莹和张佳康，蔡莹莹不仅是液晶工业报告的署名者之一，而且她的贡献一直延续到我写作《光变》的过程。参与对机床数控系统调研的主要是王晨，她也是《“i5”革命》的署名者之一；孙喜博士虽然那时已经博士后出站，但对安排我们最初的调研提供了帮助。他们的才华、热情和年轻人特有的乐观也融入了本书的内容。对于我本人来说，在为中国走向自主创新而呼吁的过程中，能够不断与年轻者和更年轻者一路同行，实乃人生一大幸事。

路 风

2020 年 1 月 29 日

目　录

第一章　论产品开发平台*

* 本章内容原文载于《管理世界》2018年第8期。

1.1 引　　言

在自主创新被当作中国技术进步的导向性方针提出十几年之后，关于自主创新对于技术进步的作用，甚至关于“自主创新”概念本身，至今仍然存在着许多含混之处。特别是因为中国仍然需要长期的技术学习（包括吸收外国的技术知识），于是，何谓“自主创新”以及它的重要性就成为容易引起争议的问题。例如，自主创新和技术引进的关系是什么？强调自主创新会不会导致闭关自守？自主创新在技术落后的条件下是否可行？等等。面对这些问题，本章在国际主流创新理论的基础上，结合中国工业技术进步的经验证据，提出一个“产品开发平台”的概念模型。这个概念模型有助于澄清十几年来国内外有关“自主创新”问题的诸多争论，并为中国的技术、产业和经济政策提供正确的理论基础。

本章的理论出发点是，技术进步对于企业的竞争力和国家的经济发展是重要的。从最一般的意义上讲，技术是把投入转化为产出的方法或手段。因此，技术决定着经济主体利用生产性资源的可能性和效率。技术进步则比增加生产要素的投入更加决定着企业收益增长和经济增长的可能性。但是，技术进步是需要付出代价的，即经济主体必须保持对技术研发活动的持续投资——既包括企业对研究与开发（R&D）的投入，也包括政府对教育和基础研究的投入。付出这种代价的经济合理性是技术进步为企业和国家带来更大经济收益的前景。

因为技术进步需要付出代价，所以对于仍然需要克服与先进国家技术差距的中国来说，自主创新与技术引进的关系在很大程度上被两种形式的技术学习成本问题所左右：一个是学习的代价问题，如一些中国经济学家主张的那样，在全球化条件下的技术引进远比自主创新的成本更低；另一个是在技术水平相对落后的条件下能否创新的问题，即这种创新是否面临着难以承受的代价。由此产生的中心问题是：一个后进国家及其后进企业采取什么样的技术学习方式才能取得最好的效果并赶上先进水平？

提出“产品开发平台”概念模型的直接动机就是为了回答中国企业应该采取什么技术学习方式的问题。构建这个模型的前提是国际主流创新理论的一个共识：如果技术进步对经济发展产生作用，就必须采取产品形式。产品（和工艺）开发是工业组织把市场需求和技术可能性结合起来并转化为生产力的关键环节，所以是技术创新的中心过程。本章提出的产品开发平台指的是以产品开发为目标的技术活动系统，它的产出是双重的——推向市场的产品和积累于组织内部的技术能力。因此，产品开发平台是工业技术进步的组织机制：只有进行产品开发并因此建立产品开发平台，一个工业组织才可能产生、延续并增强技术能力，达到能够不断创新的水平。这个概念模型从理论上证明了一个道理：无论是以模仿还是以引进为起点，只有技术学习过程包括自主的产品（和工艺）开发活动，一个工业组织才可能生成把握技术变化的能力，也才可能走上自主创新的道路。

以这个概念模型为工具，可以很容易地把发展中国家的技术学习区分为两种方式——发生在亚产品层次上的技术学习（在给定产品设计下的技术活动）和发生在产品层次上的技术学习（包括自主产品开发努力的技术活动）；它同时可以证明，技术学习只有发生在产品层次上才是最有效的。这一点对于发展中国家（特别是中国）的技术学习有着特殊的政策和战略含义：虽然学习外国技术对后进者来说是必要的，但如果不能从依赖外国设计的生产模式（亚产品层次上的学习）过渡到自主产品开发（产品层次上的学习），一个国家的工业就不可能获得自主创新的技术能力，也就永远不可能赶上先进水平。

本章提出的概念模型还从理论上证明：“引进、消化、吸收”与“引进、消化、吸收、再创新”是两种本质不同的模式，而区别两者的关键在于是否把“引进技术”置于自主产品开发平台之上，或是否以自主产品开发平台来吸收引进的技术知识。世界上不存在没有产品开发的创新，所以实行自主创新的战略不但要求中国企业进行产品开发，而且要求中国企业把技术引进作为自主开发的辅助手段。那种以外国技术更先进为理由废弃自主产品开发平台的做法，必然使“引进技术”过程脱离自己的研发经验，其结果都不会导致“消化、吸收、再创新”，只能导致技术依赖。因此，技术学习的代价必须与技术能力的成长联系起来才有意义。如果技术学习无助于技术能力的明显成长，那么学习的代价就是无穷大，因为技术依赖导致永远落后。

本章的结构组织如下：第 2 节讨论技术和产品之间的互动关系，指出技术进步是通过产品形式实现的，从而确定引入概念模型的前提。第 3 节讨论产品开发平台的概念、产品开发平台的构造和产品开发平台的演进。第 4 节分析产品开发平台对于技术进步和技术能力成长的作用。最后，我们在“结论”部分指出这个理论框架的应用意义。

1.2 技术和产品之间的互动关系

产品开发与技术进步之间的互动关系是导入“产品开发平台”概念模型的前提。对这种关系的理论考察同时说明，要理解工业组织的技术能力成长，就需要从理论上单独把产品开发作为一个过程来分析。

产品开发对于技术进步的重要性首先在于，技术进步要对经济发展产生作用，就必须采取产品形式（Mowery and Rosenberg，1998）。例如，工业革命的标志之一是以机械能代替人力和畜力，而这项革命性的技术进步是以采用蒸汽机为实现形式的。第二次工业革命——以大规模应用内燃机、电力、化工等以科学为基础的技术为标志——是以汽车、飞机、从发电到照明的电力系统、合成染料、药品等产品为实现形式的。目前我们正在经历的信息革命，则以计算机、半导体芯片、软件、路由器、电信设备（从数字程控交换机、基站到终端）等产品为实现形式。也许就是因为技术和产品之间的密切关系，在早期的技术创新研究中，学者们经常把技术和产品等同起来。例如，Abernathy 和 Utterback（1978）提出的技术演进模型（所谓的 A-U 模型），就是以产品的“主导设计”为中心概念来划分技术演进阶段的。

从 1980 年代开始，战略管理等研究领域的学者越来越关心决定企业在产品市场竞争绩效的深层原因，并导致对产品和资源/能力的明确区分。在 1990

年代兴盛起来的“资源/能力理论”，一反从前只关注产品市场的传统，把理论分析的焦点深入到产品背后的资源/能力（包括技术能力）上，认为企业竞争力的源泉是难以模仿、难以替代的资源或能力（Prahalad and Hamel，1990；Barney，1991；Nelson，1991；Chandler，1992；Teece et al.，1997；Teece，2007；Dosi et al.，2008）。

这些理论虽然对理解产品市场竞争绩效背后的原因做出了巨大贡献，但由于把重点放在从理论上证明资源/能力的重要性，反而对资源/能力的生成和发展机制分析不够（Foss，1997）。毫无疑问，产品和组织能力（特别是其中的技术能力）之间存在着不可分割的联系——用资源观的经典语言来说，产品和资源/能力是同一个硬币的两面（Wernerfelt，1984）。但在国际主流创新文献中，现有的理论仍然很少把产品开发单独作为一个过程加以分析，产品变化往往仅仅被视作技术变化的具体表现，而对于技术能力的讨论也经常脱离产品开发过程。即使是少数把能力发展和产品开发联系起来的研究（Iansiti and Clark，1994；Verona and Ravasi，2003），主要也是分析如何发展能力以改进产品开发绩效，而不是分析产品开发如何影响技术能力成长[①]。这种理论空白特别不利于理解发展中国家的技术进步，因为它们的企业所面临的是完全不同的问题：不是如何利用已有的技术能力去更好地开发产品，而是如何在学习领先国家技术的过程中获得能够导致自主开发产品的技术能力。

Pavitt（1998）指出，理解技术进步的一个关键，是区分企业所开发和生产的产品、支撑企业能力的特定技术知识以及企业把知识转化为产品的组织形式。但对于理解技术进步和技术能力成长的机制来说，更重要的是在这种区分的基础上进一步分析产品、技术知识和组织之间的互动关系，而这种分析要求把产品开发过程单独作为一个变化过程来研究。正如 Helfat 和 Raubitschek（2000）所称，企业的知识和能力只有通过产品开发才能成长，所以有必要把产品开发过程重新拉回到理论分析的中心位置。但这不是从硬币的一面简单地

① 一个例外是 Helfat 和 Raubitschek（2000），他们是从产品开发与知识和学习互动的角度讨论技术能力的成长，但提出的模型过于抽象，不便应用。

回归到另一面，而是从两个方面的互动关系中理解技术能力是如何通过产品开发过程发展的。

事实上，技术进步的特点在很大程度上由产品变化的特点所决定。技术创新经济学研究者在过去三十年中已经达成共识：技术知识的发展是累积性的，具有强烈的路径依赖特点，而这些特点恰恰与产品形式的变化规律密切相关。Rosenberg（1994：14－16）把划时代的产品创新——如蒸汽机、机床、内燃机、发电机、真空电子管、半导体晶体管和电子计算机等的出现——定义为重大创新（major innovations）。从历史上看，这种每每导致新工业领域诞生的重大创新并不多见，但每一次这种突破都为大量的后续创新提供了一个框架，并因此而启动一般都会持续几十年的活动序列。这些后续创新都依赖于最初的创新并对其进行补充，所以技术进步具有路径依赖的特性。更重要的是 Rosenberg 反复强调的事实：大多数技术开发活动不是为了产生全新的产品，而是为了改进现有的产品［另见 Mowery 和 Rosenberg（1998）］。这个事实的重要性恰恰在于，“在今天高度工业化的社会里，有用的技术知识在很大程度上是开发活动的（最终）结果”（Rosenberg，1994：14）。

无独有偶，管理者出身的 Gomory（1992）① 从切身经验出发，提出了与 Rosenberg 神似的观点。Gomory 把“技术—产品”关系的范式区分为“阶梯”（ladder）和“循环”（cyclic）两种，前者反映了一个工业领域的早期发展特点，后者则反映了该工业领域的后期发展特点。阶梯范式以一项重大产品创新为标志，例如由贝尔实验室发明的半导体晶体管。Gomory 认为，这种引发一个工业领域崛起的阶梯式产品创新往往是数十年科学研究及其付诸应用的结果，是以科学为基础的。与阶梯范式不同，循环范式基于已有的知识和现存的产品，是重复的、连续的、渐进的改进过程。虽然没有阶梯范式那样辉煌，但从最初的单个晶体管到今天在一块小小的硅片上集成了几百万个晶体管的集成电路，恰恰是循环范式技术进步（表现为“精心改进—制造—再改进—再制造”）

① Ralph Gomory 曾任 IBM 高级副总裁，在写这篇文章时任斯隆基金会主席和美国总统科技顾问委员会委员。

的结果。Gomory所强调的是，从长期来看，工业的成功取决于循环范式（以产品为形式的连续改进）的技术进步。他不无尖刻地指出，在实践中，企业对R&D的投入之所以通常是以占销售额的比例来衡量，就因为是工业成功导致R&D投入（有产品销售收入，才能有对技术研发的投入），而不是相反。

Rosenberg和Gomory——一个理论家和一个实践家——所共同强调的是，在同一个框架下连续不断的产品开发，不但是工业竞争的主要内容，而且是技术进步的主要途径。从历史看，技术进步过程的一个基本特点是不确定性（Rosenberg，1996）。无数事例证明，没有人能够在任何技术创新的起点预见到结果。即使是高技术工业，其创新内容也往往不是发明，而是力图在一定的成本约束下设计出可以达到一组性能要求的产品或工艺。这种工程设计是非常复杂而昂贵的工作。由于主要设计进步的效果在被验证出来之前无人能预料，而技术上的不确定性又很容易导致巨大的财务损失，所以新设计在工业实践中只有经过中间试验才能被应用于生产①（Nelson and Rosenberg，1993）。由于从科学原理到工业实践之间永远存在着不确定性，所以工程技术知识有其独立存在的形式，而无法还原为一般的科学知识（Rosenberg and Steinmueller，2013）。

上述对科学、技术和产品之间互动关系的分析，清楚地显示出产品开发在科学技术进步过程中不可或缺的作用。因此，如果忽略掉产品开发过程，而仅仅从技术知识自身的特点出发，反而难以解释技术进步和技术能力成长的机制。这一点对于本章所特别关注的复杂产品（系统）（complex product system，CoPS）工业领域是一样的②。复杂产品（系统）创新的基本特征是创造性的系

① 如化学工业的实验和飞机工业的原型机制造与试验。

② 复杂产品（系统）——诸如飞机、直升机、航空发动机、电信设备、发电设备、输变电设备、核电站、高速铁路系统以及现代武器系统等——具有不同于大批量生产的产品的特点（Miller et al.，1995）：（1）这些产品的用户主要是政府、运营商和企业，而不是消费者；由于它们通常是高端用户特定的大型装备，所以用户往往参与产品开发过程。（2）这些产品包含大量互相联系的、往往是按用户要求定制（非标准化）的单元（包括控制单元、子系统和元件），并以分层次的方式组成。系统中某一部分的小改变可以导致系统其他部分的大改变。由于对性能、容量和可靠性的要求不断提高，复杂产品（系统）显示出不断地出现新特性的趋势，尤其表现为随时间推移而越来越复杂。例如，为了在不同压力、速度、高度和温度环境下都有良好的性能，航空喷气发动机上的子系统越来越多。

统集成（Hobday et al.，2005），但从已有的文献看，西方学者在强调系统集成能力（其本质是技术能力）的同时，却很少讨论产品开发过程。因此，尽管系统集成能力显然是在产品开发过程中成长起来的，并以产品开发能力为基础，但现有文献对于从产品开发到系统集成的能力成长机制却语焉不详。这一忽略在理论上容易造成一种矛盾现象。例如，Prencipe 提出，“从动态的观点看，（复杂）产品最好是被概念化为从不同的、相距遥远的而且经常是交织在一起的多种技术路径上衍生出来的不间断的创新流”①。但是，在承认这个思想的洞见力的同时，它仍然需要被可操作化才可以应用。从产出的角度看，企业向用户或消费者所提供的必须是具有稳定形式的产品（系统），所以只有在“不间断的创新流”和“稳定形式的产品”之间取得某种折中，企业的技术进步才可能实现。为了解决这种矛盾，更重要的是，为了理解技术进步和技术能力成长的机制，我们引入一个“产品开发平台”的概念模型。

1.3 产品开发平台的概念模型

1.3.1 产品开发平台的概念

产品开发平台的概念建立在这样一个理论前提的基础上：虽然现代工业的技术变化（或进步）离不开产品、知识和组织三个要素，但每一个要素都只是技术变化的必要条件，不是充分条件，都不足以解释技术是如何变化的。如果仅仅从产品的角度看待技术变化，就会忽略产品本身是人类或组织依照一定程序实践的产物；如果仅仅从知识的角度看待技术变化，就会忽略思想也只有依靠人类的践行才能表达并具有活力；如果仅仅从组织的角度看待技术变化，就会忽略技术是可以跨越组织边界的，而企业、工业和国家这样的分析单位对于理解技术进步的机制仍然过于空泛（Fleck，2000）。因

① 这个思想最初由 Prencipe（1997）提出，并被 Paoli and Prencipe（1999）再次强调。

此，技术变化必须从“产品—活动”的耦合（the product-activity couple）——产品与使用或生产这些产品的直接人类活动互相支持的组合——角度来理解（Fleck，2000）。也只有这样做，才能理解产品、知识和组织对于技术变化是如何发生作用的。

产品开发平台指的就是在现代工业组织中执行技术研发职能的这种耦合系统。我们从知识的角度给这个概念下一个定义：**产品开发平台是以产品序列[①]作为工作对象，以不断开发产品作为目标和方向，并以产品开发过程作为协调机制的知识和技术活动系统。**以这个定义为基础，我们将发展出一个理论框架，以分析技术进步和技术能力成长的机制。需要说明的是，虽然我们认为它的适用性是广泛的，但这个概念模型是按照复杂产品（系统）工业领域的特征来描述的，目的是避免所涉及不同工业领域（如大批量生产消费品的工业）的特点对研究实质性理论问题可能带来的干扰。

在创新和技术管理文献中，对“产品平台”或“技术平台”概念的使用由来已久，主要指的是多样化产品所共享的设计、元件或技术的集合。例如，Meyer 和 Utterback（1993）使用的“产品平台”指的是由一组产品所共享的设计和元件。根据 Robertson 和 Ulrich（1998）给出的定义，产品平台还包括团队以及团队内外部的各种关系。但他们关注的焦点仍然是在产品层次上探讨产品开发的战略，而不是这种平台本身的活动机制。沿着另一条思路，Kim 和 Kogut（1996）使用“技术平台”（technological platforms）的概念，证明企业在“平台技术”（platform technologies）上获得的经验和能力是向新技术产品领域多样化扩张的基础[②]。Myers 和 Rosenbloom（1996）所谓的技术平台，则是在一个研发组织中，由各种技术领域的能力按照产品开发的需要所组成的集合。Gawer 和 Cusumano（2002）使用的技术平台概念与产品密切相关，指的是由相互关联并不断创新、演进的元件（components）所构成的产品系统。他

① 产品序列指的是由已经开发出来的产品、正在开发的产品和将要开发的产品所组成的“产品流”。

② 作者并没有解释“技术平台”和“平台技术”之间是否有区别。

们关注的是，那些因为控制了核心元件而获得了行业领导权的企业（例如IT行业的英特尔和微软），如何通过领导平台（产品系统）的演进而从整个行业的发展中受益。

需要指出的是，上述文献都是从产品方面或技术方面来定义“平台”概念，都没有从人工技术制品与人类活动系统之间的耦合角度来使用这个概念。与已有文献中的概念不同，我们所谓的平台是指任何产品所赖以开发出来的技术活动系统，即产品序列所“共享”并与之共生的技术活动系统[①]。本章提出的产品开发平台概念模型，其关注的焦点不是产品开发战略，而是技术进步特别是技术能力成长的机制。我们要回答的问题是：一个工业组织在什么条件下才具有技术能力？技术能力在什么条件下才能持续成长？针对这样的问题，我们的中心命题是：**一个工业组织只有通过产品开发活动建立起产品开发平台之后，才能具有技术能力及其持续成长的基础。**

这个命题对日益流行的“技术能力”（technological capabilities）概念做出了一个重要的限定（qualification）。技术能力的思想起源于由Nelson和Winter（1982）开创并得到一批学者推动的演化经济学理论。这些理论的出发点是，企业群体不可能像新古典经济理论所假设的那样，在一个共同的生产函数上运营，因为技术知识在企业之间的分布是不平均的。由于技术知识具有强烈的缄默性质，所以企业是通过研发实践来掌握技术知识的（表现为技术能力），而企业的持续技术进步也只能建立在自己的努力、经验和技能基础之上。因此，技术知识在企业之间的“转移”不可能是免费午餐，并且需要接受方进行积极的技术学习才有效（Nelson，1990a）。自1990年代以来，随着“动态能力”（dynamic capabilities）观点在战略管理、技术创新和经济学等领域的兴起，技术能力被看作组织能力的重要组成部分，从而在理论上受到广泛的重视。

尽管技术能力的概念日益流行，但迄今为止仍然缺乏对它的准确界定。以

---

① 这个概念模型实际上是相当抽象的，不考虑多产品（multi-product firm）和多部门结构（multidivisional structure）的因素。

在创新文献中两个经典定义为例，韩国学者金麟洙把技术能力定义为“能够有效使用技术知识的能力”（Kim，1999），Bell 和 Pavitt（1993）则将其定义为“产生和管理技术变化的能力”。Bell 和 Pavitt 的一个重要贡献是区分了生产能力（production capacity）和技术能力。他们指出，在现代工业条件下，不可能从使用现成技术的生产经验中自动获得技术能力。但是，尽管这两个定义都很有用，问题依然存在：一个工业组织所拥有的知识、技能和经验在达到什么程度并得到怎样的利用时，才算是能够有效地使用技术知识，才算是能够产生和管理技术变化？回答这个问题对理解发展中国家的技术能力发展是至关重要的。但显然，如果能够更准确地定义技术能力，就必须对这个概念做出进一步的界定。

就一个组织而言，与技术能力有关的各种要素——如技术人员、各项特定资产以及组织系统——都体现了可赖以进行技术努力的某种胜任（competence），但其中每一个要素都不是技术能力的充分条件。由于设备投资、人力资本和技术努力如此密切地交织在一起，这些要素的各自贡献是根本无法区分的（Nelson，1981）。因此，技术能力的概念要从整体性上予以界定：体现了技术胜任的各种要素只有按照某种方式组合成为一个有目的的技术活动系统，而这个系统又能够“有效使用技术知识”或能够完成可以称之为“技术变化”的任务，一个工业组织才具有技术能力。我们的命题就建立在这个逻辑基础上：**技术知识只有被用于产品创新才体现价值（对技术知识的有效利用），而且技术变化只有通过产品变化才能体现，所以只有把体现了技术胜任的各种要素组合成为一个能够完成产品变化任务的技术活动系统，一个工业组织才会具有技术能力及其持续发展的基础。**

本章称之为“产品开发平台”的技术活动系统在很大程度上与传统概念中的 R&D 机构是重叠的。之所以采用这个名称而不沿用 R&D 机构之类的名称，是为了强调技术进步只有通过产品开发与技术研发的互动（耦合）才能实现，而技术能力也只有在不断开发产品的过程中才能成长。因为不以是否存在正式的 R&D 机构为判断标准，所以产品开发平台的概念更能反映问题的本质。例如，英特尔并没有设立专门的R&D机构，却毫无疑问地拥有产品开发平台①。英特尔的做法与半导体类的工业特性有关，即产品开发与工艺开发是同一个过程。中国企业京东方的成长也反映了这个逻辑。它在21世纪初进入半导体显示器工业领域的关键步骤是自主建设5代线（路风，2016）。虽然这是一条生产线，但京东方的显示器开发系统只是在建起生产线之后才被建立起来。同期进入这个工业领域的其他中国企业采取了合资或引进整套生产线的方式，因为在技术上受制于人而没能建立起产品开发平台。因此，京东方自主建设生产线的行动同时就是建立产品开发平台的行动，无论当时是否存在正式的R&D机构。与英特尔和京东方的例子相反，某中国大汽车集团设有据说是国内科研水平最高的研究院，但这个企业却因为主要从事合资组装外国品牌的汽车，长期缺少自主开发的产品（车型）。

提出这个概念模型特别针对后进国家技术进步的关联环境。已有文献主要反映发达国家的情况，在讨论产品开发的平台战略时，把存在R&D活动和技术能力基础作为理所当然的前提。但是，对于后进国家来说，它们的工业在很多情况下并不存在产品开发活动，而是依赖外国的产品设计进行组装生产。引入这个概念框架，就是强调技术能力发展与产品开发之间不可分割的关系。它所揭示的逻辑是：技术能力的发展不能脱离研发活动的物质对象和支持系统，所以代表研发活动成果的产品就成为技术能力赖以发展的“台阶”或“工作平台”。即使后进国家的技术进步必须以进口外国技术为起点，它们的技术能力也只有在进行产品开发活动的条件下才能生成和成长。

---

① 英特尔的创始人之一、摩尔定律的提出人Gordon Moore解释说，当他和罗伯特·诺伊斯（Robert Noyce）离开仙童公司创建英特尔时，他们决定汲取仙童公司的教训，不设立正式的R&D机构。在仙童公司的早期，一个花费了公司销售收入10%以上的600人的R&D实验室负责开发并向生产部门转移新技术，运转良好。但是，当公司生产组织的技术能力越来越强之后，内部技术转移就变得越来越困难（“生产方面似乎不得不扼杀一种技术，再发明它，以便能够使它用于制造”），反而使仙童公司成为衍生出许多分立公司（spin-offs）的温床。英特尔虽然没有独立的R&D机构，却对产品开发投入巨大，其方式是：把制造工厂当作实验室，实行开发—制造无边界的模式（所谓“最少信息原则”）。当英特尔需要开发全新的技术时，它就设立独立的组织去完成任务，同时通过与大学的合作来满足对基础研究的需要。这种做法带来的好处之一是，很少有人从英特尔出走去创建公司。

1.3.2　产品开发平台的构造

为了理解产品开发平台的工作机制，我们以动态观点对其构造进行解析。产品开发平台的形成当然是以产品开发为起点的。在中国工业化的过程中，产品开发无非是通过这样三条途径启动：从自主形成的概念开始，从改进外国的产品设计开始，或者从实施逆向工程的模仿开始。无论是什么途径，建立或形成产品开发平台的关键都是必须至少完成一种产品的完整开发过程（哪怕开发出来的第一种产品是失败的），并把开发活动持续下去。因此，作为技术活动对象的产品序列（包括已经开发出来的产品、正在开发的产品和将要开发的产品），就是产品开发平台显而易见的一个要素。

一个组织一旦开始进行产品开发，就会需要专职从事开发的人员（专业化分工过程的必然结果）。在现代工业的条件下，从事产品开发需要从科学原理上理解所涉及的技术，所以产品开发人员一般需要受过专业的训练。同时，这些人才只有专门从事这项工作，才能不断提高产品开发活动的有效性和效率。因此，只要产品开发活动持续下去，一个工业组织的内部就会形成专业的研发团队。这个团队是产品开发的活动主体，所以是平台不可缺少的一个要素。

研发团队进行属于工程性质的产品开发需要一个技术支持系统，即进行产品开发的人员需要一系列的工具和手段才能工作。这个系统从概念上可以分为三类：第一，**有形的技术支持系统**——包括环境设施（如办公室、厂房等）、工具（如计算机系统等）、工程试验手段（设备）、制造和检测设备等。特别需要强调的是容易被业外人士所忽视的工程试验手段（设备）。为解决技术进步过程中的不确定性问题，必须进行试验，这一特点决定了试验手段的重要性：（1）从产品开发过程看，试验（工程验证）伴随着设计的全过程，所以试验设备实际上构成主要的设计工具。（2）许多（特别是关键）试验设备是高度产品特定（product-specific）和企业特定（firm-specific）的，所以进行复杂产品开发的企业往往具有很强的试验设备开发能力。（3）试验设备往往是产品开发平台中最昂贵的部分。例如，在设计核电站的反应堆时，甚至需要用专门的反应堆（高通量工程试验堆）来进行试验。在实践中，识别一个企业能否进行产品开发的主要标准，就是看它是否具备必要的试验手段以及这种试验手段能否有效运用。

成功的产品开发同样需要制造能力（包括设备和技能）的支持（Clark and Fujimoto，1991），不仅是因为理解制造过程对形成可行的产品设计十分重要，而且也是因为产品开发过程本身就包括了原型机（prototype）制造的环节。

第二，**无形的技术支持系统**——其主要组成部分是积累起来的经验知识，以及使这些经验知识能够发挥作用的组织系统。仅仅靠描述和理解有关原理的理论知识是远远不够的，成功的产品开发还需要运用大量的经验知识并贯穿于产品开发的全过程——包括产品设计、试验、原型机制造、工艺设计等所有的环节。例如，在开发一种产品的实际过程中，不同技术方案之间的比较往往是难以或无法通过理论计算决定的，只能通过试验而经验性地决定。即使试验可以大大降低不确定性，但彻底发现产品的所有缺点最终要靠产品的实际使用，所以产品使用与设计改进之间的联系渠道是产品开发过程中最重要的信息反馈环路。之所以称之为经验知识，是因为这种知识只能来自产品开发的实践。学术界在过去几十年的理论发展中已经认识到，经验知识具有很强的"缄默性"（Rosenberg，1976；Nelson and Winter，1982；Pavitt，1987）。经验知识对于产品开发是不可或缺的，用一位资深飞机设计师的话来说："仅从原理出发，连一条拉链也设计不出来！"[①] 这些例子同时暗示了一个重要的事实：经验知识的一个重要来源是失败的经验。某个企业的产品开发能力之所以更强，很可能只是因为它所经历的失败更多。

由于经验知识如此宝贵，技术研发组织会通过各种手段将其保存起来，表现为对经验知识进行编码化（codification）的努力。编码化有两种主要的形式：（1）利用经过试验验证的知识编制标准、规范、手册、软件程序、指南、案例等，用以指导工作。（2）建立数据库，即把在产品开发过程中获得的经验数据系统性地储存起来，以便重复获取、使用。即使是在今天广泛使用计算机辅助

① 访谈：中国第一架大型民用飞机运-10的副总设计师程不时，2004年12月。

设计系统的条件下，经验知识也是不可替代的。例如，虽然计算机仿真试验可以通过减少实物试验而大大降低成本并缩短开发时间，但是计算机仿真试验毕竟是人们主观上力图抓住主要矛盾和矛盾的主要方面，舍弃次要因素，针对仿真对象做出的一种模拟，这种模拟的适用范围和可靠性必须得到已经被验证的经验数据的支持，否则这种试验和以其为基础的“虚拟”设计的可靠性是无法判断的。

虽然存在上述努力，但大量的经验知识不能或一时难以被编码化，只能以缄默的形式存在（Balconi，2002；Johnson et al.，2002）。需要判断问题和解读信息的个人技能是一个明显的例子，而团队成员之间的协调也需要依靠经验性的缄默知识（如团队成员在工作中的默契所反映的含义）。无法编码的缄默知识仍然可以传承和积累，但主要是以组织的方式进行。本章以下（第 4 节）在讨论产品开发平台的作用时还会对此详细分析。

经验知识的重要性突出地说明，技术能力只能来自产品开发的实践。经验知识的缄默性则进一步说明，只有从事产品开发活动（在存在产品开发平台的条件下），这种对于产品开发必不可少的经验知识才能被技术团队获得并被积累起来。于是，这种从实践中积累起来的经验知识（包括言传身教的技能、有关技术和产品开发的经验数据、组织协调的惯例和“文化”等）就构成产品开发平台的无形技术支持系统，直接影响产品开发的有效性和效率。这种无形技术支持系统与其他要素在现实世界中是交织在一起的，对它们的区分仅仅是概念性的。如果把有形技术支持系统看作“硬件”，无形技术支持系统就是使硬件系统能够执行功能的“软件”。

第三，**外部技术支持系统**——需要这种系统的理由是任何企业的产品开发都会或多或少地依靠从材料、设备到元件的外部供应。较为复杂的产品包括众多的元件和子系统并涉及多种技术领域，即使一个企业有能力开发所有这些元件，全部自行提供也必将导致管理任务过分复杂和成本过高。因此，开发复杂产品的企业往往需要一个外部供应商网络的支持。例如在汽车工业，整车企业（系统集成企业）依靠供应商获得诸如动力系统和底盘系统上的许多子系统和元件（有时甚至是发动机），以及空调系统、仪表盘、音响系统、电子装置、座椅、灯具、内饰塑料件等大量的零部件。在开发新车型时，整车企业往往向这些供应商提供性能参数和接口参数要求，由供应商独立开发新车型所需要的子系统和元件。在这种情况下，不仅供应商的产品质量影响系统集成企业的产品质量，供应商的产品开发能力同样影响系统集成企业的产品开发能力。此外，企业的产品开发活动往往产生对基础研究的需求。在这种情况下，企业就会寻求与大学和基础研究机构建立合作关系，以获得所需要的知识。

外部技术支持系统的条件往往受到民族、国家边界的影响，尽管经济全球化趋势或多或少地降低了这种影响。在实践中，中国企业经常把产品开发过程中遇到的一些困难归咎于“中国的工业基础薄弱”（例如可供应的材料不能达到设计所要求的性能标准）。事实上，这个“工业基础”就是企业外部技术支持系统的基础条件。同样，一个国家大学系统的规模和质量也影响到企业外部技术支持系统的条件。例如，一些学者把美国信息和通信（ICT）企业所创造出来的集成创新模式看作美国独特的模式，甚至明确指出日本和韩国企业在集成创新上处于劣势，原因就在于日本和韩国都不具备一种像美国大学系统那样的基础研究结构（Iansiti and West，1997；Iansiti，1998；Best，2001）。

但是，对外部供应和外部知识来源的需要并不是一个企业（指我们分析中的企业对象，以下称为焦点企业）建立外部技术支持系统的充分条件，因为企业可以通过市场交易来满足这些需要。在组织的层次上，外部技术支持系统指的是一个具有长期稳定关系的网络，虽然构成这个网络的组织位于焦点企业的边界之外，但这种供应组织的活动不但服务于焦点企业的产品开发活动，而且是由焦点企业所协调的。是否建立以及如何利用这样一种具有长期稳定关系的外部技术支持系统，取决于焦点企业的战略和规则制定（Kogut，2000）。例如，“系统集成”是近年来受到广泛关注的一种产品开发战略，采取这种战略的企业有意识地培育和协调供应商网络，以便把供应商的开发活动和大学的基础研究纳入焦点企业的产品开发过程中（Hobday et al.，2005）。有意识地培育外部技术支持系统的战略，决定了焦点企业与供应商和研究合作伙伴之间的关系模式。在有意识协调下出现的长期稳定关系产生着共同学习和知识分享的效应，所以比依靠纯粹的市场关系更有利于单个企业的技术进步。例如，日本制造商与供应商之间的长期稳定关系被普遍认为是日本汽车工业竞争力的一个重要源泉（Womack et al.，1991；Liker et al.，1996；Sako，2004；Helper and Henderson，2014）。因此，外部技术支持系统所体现的关系模式有别于纯粹的市场交易关系，属于介乎企业和市场之间的网络组织形式（Powell，1990；Dosi et al.，2003）。

综上所述，产品开发平台是一个包含了其工作对象（产品序列）、工作主体（专业研发团队）和工作支持系统（工具设备和经验知识）的有组织的活动系统，如图 1-1 所示。

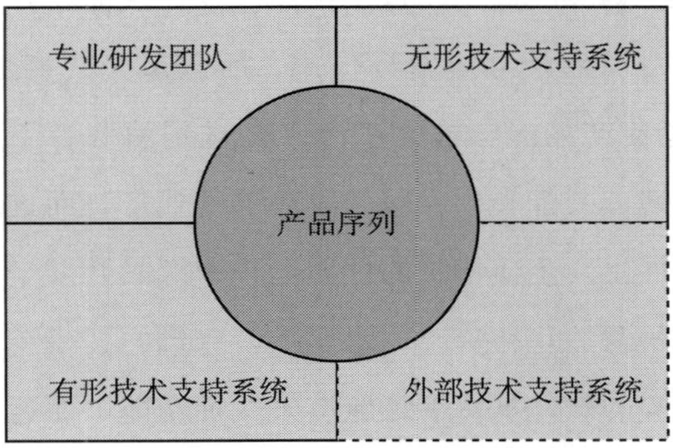

图 1-1　产品开发平台的构造

图 1-1 清晰地表达了一个主题：**产品开发平台是一个有机的系统，其构成要素对于系统的功能具有不可分割性。**上述对各个要素的分析是概念性的，它们实际上是互相嵌入的（代表外部技术支持系统的矩形使用了虚线，以表示它与企业产品开发有关但落在焦点企业边界之外）。例如，经验知识并不独立于人员和有形技术支持系统而存在。理解这种不可分割性质的关键是特定性（specificity）。

研发团队往往是组织特定（organization-specific）的，反映了它所嵌入的组织（如企业和研发机构）的特征、独特的历史轨迹，以及团队成员在共同工作过程中形成的特定交流机制。有价值的工程师必须具有产品开发经验，但这种经验是研发团队共同工作的经验，并不仅仅是个人的经验。每个工程师都被嵌入一个所从事的专业、所供职的组织或所组成的团队的特定技术传统之中，而这种“技术共同体”是工程师“对象世界”的主要来源（Ziman，2000；

234－235)。尽管每个工程师都会在工作中积累起特殊的个体经验，但团队的共享知识始终是助力完成产品开发任务的核心知识。因此，一个经验丰富、才华横溢的工程师如果离开使他获得成就的团队和支持系统，就很可能会变成一个毫无建树的人。

不但研发团队是组织特定的，而且有形的技术支持系统也会随着时间的推移而越来越成为组织特定的。以在特定的条件下开发出特定的产品为目标，研发团队所设计和使用的研发工具（如设计程序、软件）和试验手段（台架、仪器）必须符合并反映出他们的特定目标、特定方法以及对待解决问题的特定理解，即使是从市场上购买的通用设备、仪器，往往也需要插入由许多专用设备所组成的特定技术支持系统才能发挥作用，所以也会具有这种特定性。Teece（1986）指出，为了使产品能够被生产出来并送到消费者手上，创新企业必须拥有或能够控制制造、分配和售后服务等环节的资产，而这些互补资产几乎总是具有（或迅速发展出）企业特定的性质。一个产品开发平台中的技术支持系统就是属于 Teece 所谓的互补资产。事实上，有形的技术支持系统（硬件）只有在反映了特定经验的软件支持下才能有效发挥功能，而这些功能是特定于研发团队及其所属的组织的。一个研发团队所使用的支持系统（互补资产）离开这个团队，很可能成为废物。

由于产品开发需要依靠大量的经验知识，而许多经验知识的产生又特定于技术研发系统的活动，所以随着产品开发活动的持续，一个产品开发平台——包括产品序列、开发团队和支持系统等要素以及它们之间的关系和互动方式——最终会成为高度组织特定的（外部技术支持系统本身就是特定于焦点企业的供应商网络）。由于任何组织都会更加依赖成功的经验，所以一个产品开发平台的绩效（performance）越高，这个平台的组织特定性[①]就越强。只有各个要素是互相高度特定的（组成不可分割的整体），产品开发平台才可能是有效的。换句话说，一个要素只有在特定于整个活动系统的条件下才能够对平台做出贡献。因此，产品开发平台的特定性是其有效性的必要条件。以动态观点

---

① 表现在两个层次上：第一，研发团队、支持系统特定于平台；第二，平台特定于组织。

看，这种特定性只有随着产品开发的经验积累才能逐渐形成。因此，有效的产品开发平台的建立是代价高昂的，是需要花费时间的。在复杂产品（系统）工业，一个有效的产品开发平台可能是几十年的实践所积累起来的结果。

1.3.3　产品开发平台的演进

产品开发平台的系统性为衡量技术进步和技术能力成长提供了线索。由于产品开发需要整个系统的支持，所以当新产品开发的决策和行动引起产品序列的变化时，构成产品开发平台的其他各个要素或子系统也会发生相应的变化。这些变化反映在对新知识的获取上（包括开发团队现有人员的知识变化和吸收具有新知识的新人），反映在对设备和供应商的要求的变化上（如更新试验手段和供应商的技术升级），也反映在知识积累程度的变化上。因此，产品序列的变化体现了产品开发平台的变化，并进而体现了技术能力的变化。

根据这个逻辑，我们用图1－2来表示一个有关产品开发平台演进的模型，它以产品序列的变化代表产品开发平台的演进（从产品开发平台Ⅰ到Ⅱ和Ⅲ的演进）。

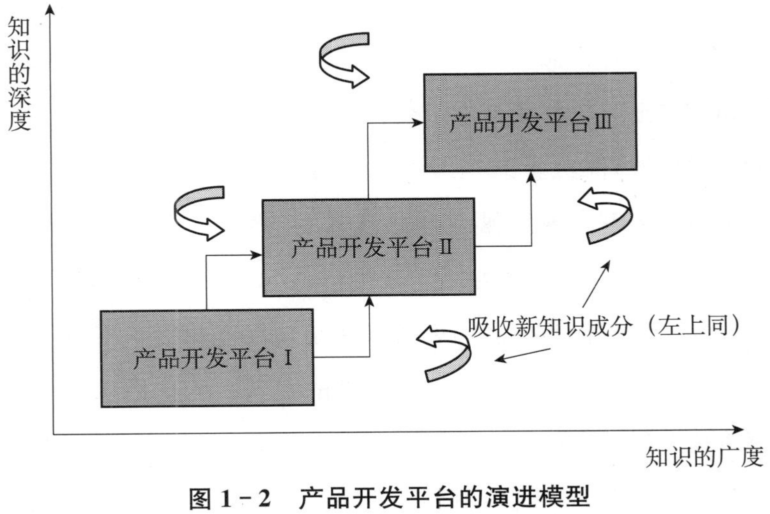

图1－2　产品开发平台的演进模型

产品开发平台演进模型的中心思想仍然是指出：技术进步和技术能力的成长不能脱离产品开发活动。正如Constant（2000）所指出的，技术知识的演进靠的是科学技术知识与人工制品之间的往复实践（recursive practice），“其结果是经过严格证实的基础知识：这些知识暗含在数量和种类都极其可观的设计中，而这些设计又体现在为数更多的装置、人工制品和实践中，并被往复地用于生产新的知识。如果那些新知识构成了成功实践的基础，它们就会反过来被用于进一步的创新”（Constant，2000）。由于这种经过往复实践的知识是技术能力的基础，所以一个工业组织的技术能力成长轨迹是台阶式的（必须经过新一轮的产品开发），而不是连续平滑曲线式的。我们以下对图 1－2 所表示的概念模型直观地加以说明：

（1）产品开发平台的建立（图 1－2 中的平台Ⅰ）是从开发产品开始的。为了从动态角度讨论技术能力的生成，我们不讨论从已有产品开发平台出发进入新产品领域的情况，而集中分析需要从无到有建立产品开发平台的情况。这样的情况有两种。第一种情况是后进者在进入已有工业领域时所不可避免的模仿，具体分为三种方式：a. 接受外来的全套技术援助，然后经过学习和尝试掌握产品的开发能力。b. 通过逆向工程进行产品开发。就其定义而言，逆向工程是在没有现成设计信息（如图纸、数模等）的条件下，通过分析别人的产品来学会设计。这种方式也属于模仿范畴，但因为必须依靠自己解决许多问题而需要更多的创造性。c. 挖来有产品开发经验的技术骨干尝试自己开发。在实践中，上述三种方式经常会交织在一起。第二种情况是，随着科学或基础技术的突破，出现新的企业寻求对新技术进行商业化的机会（同时也会有老企业进入这些新领域）。这种情况更多的是出现在具有一定科技基础的工业体系内，而近年来在中国也越来越多地出现这种情况。

以第一种产品的开发成功为标志，可以认为一个企业形成了产品开发平台。虽然初建的平台在现实中往往仍然存在相当程度的技术不完整性，但通过产品开发建立起产品开发平台是一个关键性的飞跃——它是一个组织获得技术能力及其可持续发展基础的分水岭。由于技术知识只有在被用于产品创新时才体现价值（对技术知识的有效利用），而且技术变化只能通过产品变化来体现，所以只有在这些要素经历了产品开发（解决问题）的过程而变得互相特定的时候——形成一个能够把握产品变化的有机活动系统的时候，拥有这些要素的组织才会生成能够有效利用技术知识或把握技术变化的技术能力。

称之为关键性飞跃的另一个重要原因，是这个过程充满了技术困难和经济风险，往往需要进取精神、勇气并付出超乎寻常的努力。例如中国电信设备工业中的华为和汽车工业中的奇瑞，都在早期的产品开发过程中留下了传奇般的故事。此外，中国为开发导弹、核武器、核潜艇等重大复杂产品系统所经历的过程，更是充满了英雄主义和献身精神的色彩。这些实例对于理解产品开发平台意义的关键之处在于，无论一个国家具有什么样的科技基础，只有在建立起产品开发平台之后，才能认为这个国家的相应工业具有了技术能力①。

（2）产品开发平台一旦形成，就会产生技术能力自我强化的成长动力。在竞争性市场条件下，企业会随着技术和市场的变化而不断进行产品改进和新的产品开发，伴随着对新知识的吸收，产品序列的变化必将引起技术活动系统状态的变化。在图 1－2 中，从平台Ⅰ向平台Ⅱ或从平台Ⅱ向平台Ⅲ的演进所代表的含义是：当活动系统的各个要素都随着产品开发的努力（其结果是产品序列的变化）发生明显变化时，产品开发平台就发生了演进，其实质是技术能力的成长。

从平台演进的角度看，产品序列的变化可以分为两种：第一，产品的变化不需要或不引起平台其他要素的明显变化。例如在原有产品基础上进行改进的“渐进创新”（incremental innovation），其结果往往表现为在同一个原型设计上衍生出来一组分享原有元件和建构知识的产品族。在这种变化条件下，产品开发平台的状态并不需要发生明显的变化。第二，产品的变化引起平台其他要素的明显变化。一般来说，这样的产品变化代表了技术活动系统与当前实践的较大偏离，要求技术知识水平的较大变化（Dewar and Dutton，1986），往往表现为研发团队的规模、构成和技术支持系统发生较大的变化②。此外，伴随着技术知识水平的提高，有形技术支持系统往往发生明显的变化（如建立新的试验

---

① 用戏剧性的语言来形容，即：一个国家无论拥有多少个大学物理专业和多少个科学家，也无论学术水平有多高，只要没有开发出原子弹，这个国家就没有核武器领域的技术能力。

② 在对系统集成的研究中，Prencipe（2000）则以技术知识的广度（企业所活跃于其中的技术领域的数量）和深度（企业对产品开发所需技术链的掌握程度，以及掌握元件知识和整合元件知识的程度）来衡量技术能力的成长。Patel 和 Pavitt（1997）已经证明这种衡量方法是可行的。

手段)，而这种变化本身就是相当直观的。

引起产品开发平台演进的产品变化实际上包括的范围较广。例如，它可以表现为 Tushman 和 Anderson（1986）所谓的非连续性产品变化——新产品族的出现（如飞机、汽车、复印机）、产品替代（如晶体管对真空电子管、内燃机车对蒸汽机车的替代）、根本性的产品改进（如从活塞式航空发动机到涡轮喷气发动机、从大规模集成电路到超大规模集成电路）；也可以表现为 Lawless 和 Anderson（1996）所谓的产品代际变化（generational change），即在同一个技术体系下的产品技术性能发生显著的进步；还可以表现为 Henderson 和 Clark（1990）所谓的建构创新——将已有单元技术重新组合而产生新的产品。总之，无论对产品变化是如何分类的，只要产品的变化所要求的技术发生足够大的变化，以至于产品开发平台的要素必须发生相应变化，我们就可以认为产品开发平台发生演进。

这种演进是理解企业技术能力成长的关键，因为产品的变化必然要求技术知识、能力和技术支持系统的相应变化。因为无法以数量指标来衡量技术能力的成长，所以这个概念模型提供了一条出路，即以产品开发平台的演进来衡量技术能力的成长。因此，这个概念模型还表达了一个重要的理论主题，即技术能力的成长离不开产品开发活动（Helfat and Raubitschek，2000）。

（3）这个模型还表示，即使对于已经具有技术能力的工业组织，如何塑造产品开发平台的演进仍然是一项必须面对的长期挑战。在创新研究的文献中，在位企业由于技术变化而遭到失败是一个重要的主题。这些失败的经典原因包括：非连续性的产品变化摧毁在位企业已有的能力（Tushman and Anderson，1986），组织僵化导致无法认清并不那么彻底的产品建构变化（Henderson and Clark，1990），以及主导企业因为自身的强大反而忽略从边缘市场发展起来的颠覆性技术轨道（Christensen and Rosenbloom，1995；Christensen，1997；Christensen and Raynor，2003）。因此，塑造产品开发平台的演进不仅是技术性的，更是组织性的和战略性的。

对于在位企业，产品开发平台的演进有两个基本方向：一个是产品的代际变化，另一个是多样化扩张——特别是在出现新的科学和技术突破时，以自己的能力基础把握住新技术轨道的演进而进入新的产品领域（Kim and Kogut，1996）。无论是什么情况，塑造产品开发平台的演进都需要监控（monitor）基础研究领域的突破和技术变化的趋势，需要吸收新的技术知识。因此，塑造产品开发平台的演进需要发展系统集成能力。在复杂产品（系统）的工业领域，系统集成能力表现为对产品支撑技术的动态演进的把握。换句话说，系统集成能力是集成各种技术知识以塑造新产品的能力。系统集成能力还意味着通过获取新的知识并控制外包的知识供应，使企业能够在价值网络（或产业链）上移动（Davies，2004；Hobday et al.，2005）（详细解释见下一节）。事实上，如果从一般意义上理解系统集成，那么对于任何生产达到一定的技术复杂程度的产品的企业，发展能够塑造产品开发平台的演进的系统集成能力都是在市场竞争中长期立于不败境地的必要条件。

1.4　产品开发平台：产品、技术和能力共同演进的机制

1.4.1　产品层次和亚产品层次技术学习的不同效果

建立产品开发平台概念模型，是为了从可操作的层面回答一个重要问题：技术能力是通过什么机制生成并成长的？一些学者曾经指出，技术能力产生于产品序列与企业学习系统和知识系统的互动和共同演进（Helfat and Raubitschek，2000）。但在这样的模型中，学习系统和知识系统只是抽象地在概念上存在，对其并没有在可操作的层面的解释。由于产品序列、学习系统和知识系统在实际过程中是交织在一起的，所以这样的抽象令人对学习和知识积累的过程难以捉摸，从而阻碍了这种理论的应用。

针对上述问题，我们提出的命题是：产品开发平台同时就是工业组织的学习系统和知识系统，它随产品开发活动演进就是技术能力发展的机制。从这个命题可以得出一个直接推论：技术学习只有发生在产品层次上，才是最有效的。这一点对于后进国家或追赶国家的技术学习有着特殊的政策和战略含义：

如果不能从依赖外国设计进行生产（亚产品层次的学习）过渡到自主产品开发（产品层次的学习），后进国家的企业就不可能获得技术能力。

由于后进国家的经济发展只能从获取和吸收先进国家的现有技术开始，所以曾经产生过一种惯性思维，即认为只有处于技术前沿的先进国家才可能创新，而落后国家只能接受先进国家的技术[①]。实际上，这种思维模式的理论基础是创新的直线模型，它把创新过程看作一个由"研究（科学）→开发（技术）→生产→营销"等环节组成的单向流。因此，既然创新是一个从高深的基础研究到产生新技术、再从技术生成产品的过程，那么在考虑技术的国际扩散时，"当然"就只存在从先进国家到后进国家的单一流向。

早在三十多年前，Kline 和 Rosenberg（1986）就对创新的直线模型进行了毁灭性的批判。他们指出，决定创新的基本力量不仅包括科技进步带来的机会，还包括市场需求条件。由于创新的成功并不仅仅凭技术性能，而且要受制于用户的偏好和成本约束，所以他们认为，在创新过程中占据中心地位的是产品设计："成功的创新要求这样一个设计，它能够平衡新产品的要求与其制造过程、市场需求和维持可以继续有效支持所有这些活动的组织的需要。"（Kline and Rosenberg，1986）他们还指出，认为创新是从科学研究开始的看法在多数情况下是错误的，因为创新主要是在已储存的知识基础上由于经济诱因而发生的。在批判直线模型的基础上，他们提出了一个"链条连接的模型"（the Chain-Linked Model）。在这个模型中，创新的中心内容是产品开发（设计），其动力来自对技术和市场机会的把握。发动创新过程的设计分为两种：一是发明性设计，以新的手段获得原有技术所不能实现的功能；二是分析性设计，包括对现存元件或设计的分析改进，以实现新的性能或以更低的成本实现原有的

---

① 这种直线观点典型地反映在产品生命周期理论（Product Life Cycles）和雁阵理论（Flying Geese）中。产品生命周期理论的要点是：新产品几乎总是产生于发达国家，然后随着技术领先者为扩大市场份额而进行国际投资，逐渐扩散到其他国家（完成一个从产生、成熟到衰落的生命周期）。雁阵理论主要被用于描述东亚地区的发展，其要点是：以日本为领头国家，一个接一个的后发展国家重复领先国家的发展轨迹，其中伴随着领先者向后进者的技术扩散和工业转移。关于这两个理论的评述，见 Bernard 和 Ravenhill（1995）与 Cantwell（1998）。

性能。在实践中，后者比前者更多、更经常地成为创新的动力源（Kline and Rosenberg，1986）。由于这个模型已经提供了“产品开发平台”可以利用的洞见，所以我们以它为蓝本，建立一个关于产品开发平台活动链条和知识流的模型（如图 1-3 所示），以探讨技术能力生成和成长的机制。

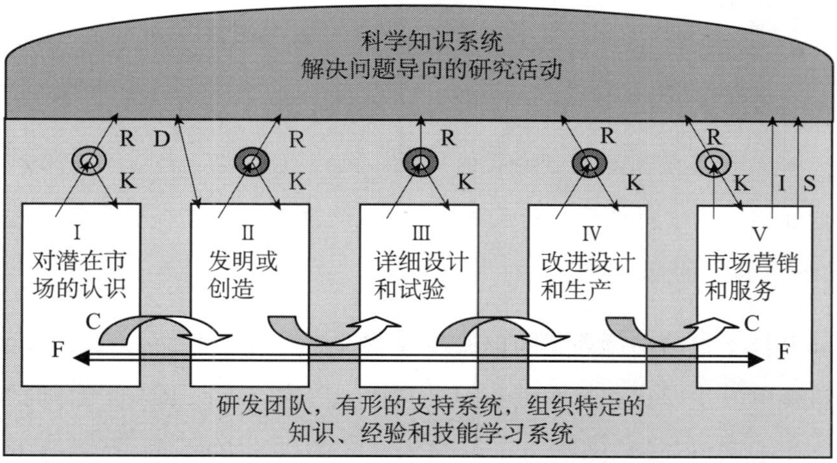

图 1-3 产品开发平台的活动链条和知识流

这个模型的实质是指出在产品开发过程中，已有知识基础与新知识、市场需求与技术知识以及各个阶段知识活动之间的复杂互动关系。遵循 Kline 和 Rosenberg（1986）的解释，它与只有单一流向活动路径的直线模型不同，具有五条不同流向的活动路径（path of activity）：

- 第一条活动路径是创新的中心链条，它从认识潜在市场和设计开始，经过开发和生产，再到营销为止（由图 1-3 中的 5 个矩形表示，其方向由 C 所指示的弧形箭头表示）。
- 第二条路径是中心链条之间的一系列反馈（由图中 F 所指示的双箭头直线表示）。
- 第三条路径是创新过程与科学研究的互动关系，由 5 组 K—R 所指示的箭头表示在五个创新环节中都存在这种互动。理解这种关系的关键在于，创新不可能在没有知识积累的情况下发生，而科学对创新的影响是贯穿于整个过程的。对于科学知识的运用分为两个阶段：(1) 当在技术创新中遇到问题时，开发者首先是求助于已知的科学知识（K），即储存的知识。(2) 只是当所有的已有知识都不能解决问题时，开发者才会提出进行研究（R）的要求。这种关系反映了一个历史事实：即使在科学知识不充分甚至完全缺乏的条件下，工业组织仍然能够完成重要的创新，以及完成微小但累积起来十分重要的技术变化[①]。

- 第四条路径是导致产生全新工业的科学突破以及全新工业领域的诞生对科学发展的促进（由D所指示的箭头表示）。

- 第五条路径是来自创新的反馈，更准确地说，是创新成果对科学研究的反馈（由I所指示的箭头表示），以及技术发展为科学研究提供的手段（由S所指示的箭头表示）。

产品开发平台活动链条和知识流的模型表达了一个重要的主题：产品开发是技术进步的发生层次和技术创新的最高活动层次，产品开发平台则相应地是技术能力生成和成长的组织层次。从技术活动的供给方面说，产品开发要求一个工业组织具有或发展出足以提出并完成一项产品设计的知识、经验和技能——往往需要在多个领域而不是单个领域的胜任。这个过程也是技术实践与科学研究发生互动的层次，是最容易引起组织的知识构成发生变化的层次。从技术活动的需求方面说，产品开发几乎是唯一需要考虑市场需求和成本约束的技术活动层次，是把各个领域的技术知识综合起来（集成），并与技术的应用关联环境进行“匹配”的基本环节。产品设计之所以在创新中占据中心地位，就是因为使产品获得市场成功的所有要素（包括技术性能、成本等）都需要由设计所平衡。从组织上说，由于产品开发平台是需求预期、产品设计、技术实践、科学研究等各种活动全面互动的唯一层次，所以建立产品开发平台是生成技术能力的充分必要条件。总之，由产品开发所产生并积累在平台中的知识、经验和技能是其他任何技术活动层次所不能产生的。

为了反衬出产品层次技术活动的重要性，我们把在给定产品设计下的技术

---

① 这种关系特别反映出中国传统政策思维的一个盲区，即一提建设“科技强国”就把目光集中在科学方面，而忽略工业方面。

活动定义为亚产品层次的技术活动。对于需要技术学习的后进国家工业组织来说，“给定产品设计”往往是从外国引进的“技术”。根据中国多年来的工业实践，亚产品层次的技术活动包括购买全套生产线、按照外国的产品设计要求组装外国品牌产品或购买外国产品设计方案进行生产等，当然也包括在给定产品设计框架下的边际性改进。如果遵循 Bell 和 Pavitt（1993）对技术能力和生产能力的分类，我们所谓的亚产品层次技术活动大多属于使用现成技术的活动，主要表现为生产能力。因此，两种方式的根本区别在于是否包括产品设计和开发过程。

在上述分类的基础上，我们把后进者所无法回避的技术学习分为产品层次和亚产品层次上的两种学习路径[①]。随之而来的命题是，不同的学习路径或方式明显影响技术学习的效果——产品层次的技术学习远比亚产品层次的（在引进的产品设计框架下进行技术学习）更有效，虽然需要付出更大的努力。很显然，局限于亚产品层次的技术活动必然使学习者受到一系列的限制：无法从产品设计上理解技术、市场需求、成本约束等因素之间的关系，无法掌握把各种单项技术集成为产品系统的能力（建构能力）。在这种情况下，学习者无法学会识别影响技术演进方向的因素，并因此而无法决定进行技术努力的方向。这种路径使技术学习只能限于从局部了解先进者的技术方案，只能学到如何做，但难以理解为什么这样做，其结果是只能跟随先进者的技术脚步，长期处于“知其然不知其所以然”的状态。

因此，虽然后进者必须进行技术学习，而且起始阶段的技术学习经常不得不从亚产品层次开始，但后进者摆脱技术依赖的唯一途径就是使自己的技术学习从亚产品层次上升到产品层次。掌握核心（单元）技术的难度往往会阻碍后

---

① 这个分类是相对的，即相对于企业的主要产品。例如，对于一个汽车企业来说，整车就是它的产品，而整车的零部件就是亚产品；而对于一个汽车零部件企业——如一个生产制动系统的企业来说，制动系统就是它的产品，而制动系统的零部件就是亚产品，依此类推。因此，虽然一种终端产品是由许多单元组成的，但产业链中每一个独立企业的主要产品就是该企业的产品层次，而无论该企业的产品是否只是终端产品的一个单元。这种分类方法的实质是强调企业对于自己的产品的设计开发活动。

进者的产品开发努力，但更大的问题是，如果没有产品开发的努力，对于核心技术的学习就会丧失目的性，最后丧失任何动机。因此，即使瓶颈是某项单元技术，克服这种瓶颈的动力也只能来自更高层次的产品开发努力。大量的经验证据证明，即使是不得不通过模仿、购买专利或购买关键元件而开发产品，学习者的技术能力成长速度也会大大快于在亚产品层次上的技术跟随者。更好的学习效果同时还表现为：后进者的技术学习一旦上升到产品层次，就一定能够产生创新。

从理论上讲，后进者进行创新的可能性是由技术进步的特性所决定的。如前所述，技术进步过程是以产品为形式的累积性演进过程。无论一个工业领域是否以科学或原理的突破为起点，这个领域技术进步的持续动力和主要内容都是对产品的改进和再创新，市场需求因素（这个因素同时还受到政治和制度因素的影响）则在这种技术演进过程中发挥着重要的影响（Dosi，1982）。Rothwell 和 Gardiner（1985）发现，在把一项从原理开始的发明转变为可应用产品的过程中，需要经过创新和再创新的多轮次改进，用户或消费者则在这个过程中发挥着越来越大的作用。正是需求因素对于技术演进的重要作用，赋予了后进者进行“再创新”的巨大空间。即使在经济全球化的条件下，产品的使用系统也仍然具有明显的民族国家特征：受不同社会经济条件的影响，不同的“国家价值网络”对同一种产品的性能特性往往具有不同的要求（路风、慕玲，2003）。例如，由于道路条件、服务设施、消费者习惯甚至法律体系的不同，美国和中国的市场对于卡车的性能特性就可能有不同的要求。因此，且不说新技术是否带来机会，即使是在尚未出现革命性技术变化的传统工业领域，不同的市场需求条件也能够带来重新定义产品性能特性的创新（或再创新）机会。

在这种条件下，只要技术学习能够上升到产品层次，后进者就有可能根据本土的价值网络重新定义产品的性能特性，同时把对核心技术的学习置于技术的应用关联环境中，从而使技术学习更有效。事实证明，中国企业能够通过开发符合市场需求特性的产品，在技术相对落后的条件下赢得市场竞争力。因此，对于后进国家来说，建立产品开发平台在任何条件下都是具有战略意义的。以此为前提，我们将进一步分析产品开发平台对于技术能力成长的作用。

1.4.2　产品开发平台的作用

产品层次的技术学习更加有效的根本原因在于它对技术能力的生成和成长具有决定性的作用，而包括技术能力并以其为基础的组织能力决定了企业的竞争力和国民经济的增长潜力。正如钱德勒所言："在市场经济中，工业企业的竞争力量是基于后天学到的组织能力。这些能力起始于创造出一个学习基础（learning base），它整合新技术产品面向全球市场商业化和增进现有技术产品所必需的技术和运作能力。"（Chandler，2001：47）产品开发平台的概念模型可以从技术能力的角度更好地揭示这个"学习基础"的作用。

第一，产品开发平台是技术创新的动力传导机制。技术学习从亚产品层次跃升到产品层次的动力从来都不是技术性的，而是来自追求竞争优势、克服生存危机或实现更高抱负的动机[①]，其性质是战略性的和组织性的。因此，虽然后进者的发展都需要从学习外国技术开始，但在产品层次上进行的技术学习要比在亚产品层次上的产生更强的创新动力和更高的抱负水平，必然导致这种路径的学习强度要远远高于后者[②]。当企业处于亚产品层次的学习路径时，学习者的视野被限制在与先进者的技术差距上，很容易忽略技术的应用关联环境（市场概念）；此外，在技术来源上越来越依赖于已有的供应者，其结果是越来越被锁定在外国的技术轨道上。相反，当在产品层次上进行技术学习时，即使存在着技术差距，学习者也不得不更加注意市场需求的特点；即使需要外部技术支持，学习者也会更加积极地寻求外部知识来源。总之，在必须解决产品层次问题（不但包括技术供应问题，而且包括可销售性问题）的压力下，创新链条的所有环节都会落入学习者的视野。对于在产品层次上的技术学习者来说，

---

① Winter（2000）提出过一个关于能力学习的概念模型，其中心变量是"抱负水平"（aspiration level）。他认为，"抱负水平"决定对学习的投资，而"满意原则"解释能力发展的渐进特征；触发新的学习过程需要"抱负水平"的变化，如由危机所导致的变化。

② 关于这个逻辑——抱负远大的战略意图导致更高强度的组织学习，见 Hamel 和Prahalad（2005）。

首先必须解决的问题不是某技术领域的深度问题，而是把所有可得到的技术资源整合成为能够在市场上卖出去的产品的能力问题，而这种能力比在某个领域的胜任更接近于经典文献对于“动态能力”的定义[①]。在单项技术成为学习者的障碍时，产品开发者仍然具有更迫切的理由和更强的动力去克服这种瓶颈，而在亚产品层次上的学习者则更容易放弃这种努力。

中国汽车工业的经验为这两条学习路径的对比提供了充足的证据。这个工业中最大的几家企业走了一条依靠合资来“引进技术”的道路。尽管引进技术政策的初衷是要达到自主开发的目的，但经历二三十年的合资组装生产之后，这些企业的产品开发能力仍然薄弱，有的甚至没有。与之相比，从 2000 年前后才进入汽车工业的几家自主开发企业，却在十几年的时间里迅速成长，缩短了与先进者的技术差距。问题就在于技术学习的方式不同。在依赖外方提供车型设计方案的合资模式下，企业从来不进行产品开发，而且包括车型、生产设备和元件供应在内的选择都被外方控制着。由于被锁定在外方的技术轨道上，即使面临着压力，它们也多半只能抱怨自己的技术积累还不够，难有积极作为。相反，虽然自主开发企业的早期技术水平之低毫无疑问，甚至在任何单个技术领域的能力都比不上大企业，但一旦进行产品开发，它们学习的速度和有效性就大大超过大企业。它们不但能够发现外国企业的缺点（如产品性能特性与市场需求的不匹配），而且能够在全球范围内寻求技术供应来改进自己的产品。即使是在单项核心技术领域，首先实现突破的也是这些企业，而不是依赖合资的大企业。

一旦产品开发平台建立起来，它本身就成为抱负水平的源泉。原因在于，由于企业的战略选择范围（例如决定进入什么市场或占据产业链的什么位置）受到企业能力的制约（Teece et al.，1997），产品开发平台的发展所导致的技术能力成长必然会导致劳动战略决策层的抱负水平不断提升。例如，华

---

① Teece 和 Pisano（1994）在讨论这个概念的定义时指出，“动态能力”强调以前的战略观所忽略的两个关键方面：第一，“动态”是指为适应不断变化的市场环境，企业必须具有不断更新自身以胜任的能力；第二，“能力”是指战略管理在企业更新自身（整合、重构内外部组织技能、资源）以满足环境变化的要求方面具有关键的作用。

为当初开发程控交换机的动机是为了拥有自己的产品，吉利自主开发的动机则是为了进入汽车工业去“谋生”。但随着产品开发能力的增长，以及随之而来的竞争力的提升和战略选择空间的扩大，它们都越来越显示出要成为世界级企业的雄心。因此，产品开发平台成为这些企业实现自己战略远见的最有力手段。

同时，产品开发平台还是把决策层的抱负水平贯彻于整个组织的传导机制。由于组织的复杂性，在战略层次上看起来很明确的意图并不一定为从事具体工作的各个基层技术人员所感知。产品开发平台作为一个技术活动系统，就是把创新意图转化为全体人员个人行动的传导机制。如果一个企业不进行产品开发，它的技术人员就会丧失方向感，甚至丧失从事技术活动的动机。企业的研发过程同时是技术学习过程（Cohen and Levinthal，1989），而产品开发就是企业进行技术学习的动力源泉。对中国技术创新的经验研究不断证明，实现产品开发目标过程中遇到的挑战和压力，往往是技术人员以创造性的解决方法去克服技术瓶颈的最大动力。创新往往是在解决技术问题时实现的，而技术问题是特定于有目的的活动（产品开发）的。产品开发平台的存在，意味着技术研发活动的目的性不仅会被传导给所有直接参与技术研发活动的人员，还会通过产品开发过程与其他职能活动所必需的互动，传导给生产制造、营销服务等职能部门的人员。也是由于存在产品开发平台，在制造和销售过程中所暴露出来的产品设计问题才会被有意识地反馈到高层和研发部门——这种反馈本身就是一种创新的动力。因此，即使不考虑产品开发平台本身就构成企业一个主要部分的因素，是否进行产品开发也影响企业的组织原则（包括流程和结构）。最后，进行产品开发的企业必然以创新作为主要的竞争武器，而没有这种活动的企业只能依靠价格竞争。如果把盈利能力定义为衡量竞争力的标准，那么是否进行产品开发对于工业竞争力的影响是显而易见的。

第二，产品开发平台是保证技术知识持续性累积的机制。在强调技术引进的阶段，中国工业曾经反复出现一种做法：以自己的技术不如外国技术先进为理由，停止自己的产品开发活动，而去组装外国设计的产品。事实证明，无论发生在什么工业领域，废弃自主产品开发平台——使技术学习从产品层次下降到亚产品层次的行为——的结果都是同样的，不仅没有掌握用于产品开发的先进技术，反而连原有的技术能力也丧失殆尽。为什么?

由产品所体现的技术是一个复合体——在利用某些自然现象（物理的、化学的或生物的）达到某种目的的原则（产品概念）之下，包含了若干为实现这种原则而执行各种特定功能的单元和子系统（支持技术）；当产品达到一定的复杂程度时，这些单元和子系统就会涉及众多不同的科学和技术领域。在进行产品开发时，工业组织必须动员一切技术资源（包括可获得的外部资源）来实现产品概念所体现的原则。正如 Arthur（2007）所指出的，把任何新的产品概念或原则转化为技术现实的过程总是在利用已有技术的基础上实现的，所以创新的技术实现过程是往复性的（recursive）：它不断重复，直到技术实现过程中的每一个挑战或问题（以及下一层次的问题和下下层次的问题）都成为可以由现有方法解决的方案。从这种性质看，即使是通过模仿（根据已有的基础概念）进行产品开发，开发团队也不得不在技术实现过程中进行一系列的再发明或再创新。

这个过程同时也是组织的学习过程，它通过提供相应的工作程序、物资设备和工作环境，使技术研发人员的知识活动嵌入一个具有目的性的组织关联环境中，并决定学习的方向。组织的知识首先储存于个人，但这种储存于个人记忆中的知识只是在一定的关联环境中才有意义、有效果。组织学习是一个社会的和集体的过程，它不但需要个人之间的传授和模仿，而且需要共同理解和解决复杂问题的努力，要求共同的沟通规则和有协调的搜寻。这些知识经过组织成员集体性地反复互动后，储存在组织的惯例（organizational routines）中，而这种惯例也就成为组织能力的载体（Nelson and Winter，1982）。产品开发平台代表了技术研发活动的惯例化，并因此而成为储存相关技术知识的载体。重要的是，由于知识只有在知识创造的过程中才能够被个人和组织所记忆，所以如果不在产品开发平台上不断从事有目的的技术研发活动，一个组织不但难以增长知识，甚至难以保持已有的知识。

由于技术知识的累积性和组织性，从上一轮产品开发过程中形成的平台构成下一轮产品开发的能力基础。无论是对现有产品的改进，还是推出开发概念或原则发生变化的新产品，产品开发平台的存在都可以使开发者大大缩小解决问题和搜寻新知识的范围，帮助技术人员迅速把握新产品的概念和参数，从而大大降低在技术进步过程中无法避免的不确定性（Nelson，1982）[①]。平台本身还包含了几乎所有的学习机制：如果显性知识和缄默知识的互动是产生新知识（创新）的主要途径（Nonaka and Takeuchi，1998），那么这种互动是产品开发过程所不可回避的。在包括概念设计、细节设计、建造样机、试验、工艺设计在内的所有主要环节中，对问题的争论、“头脑风暴”、确定方案等过程无不需要把积累的经验知识转化为可以讨论的对象，并通过解决问题的实际过程形成新的组织惯例（Zollo and Winter，2002）。总之，新知识的创造必须在现有能力的基础上才可能发生，而创新是企业以其现有能力从现有知识中产生新应用的结果（Kogut and Zander，1992：391）。因此，没有产品开发，就没有创新；没有产品开发平台，就没有持续的创新。

产品开发平台还是吸收外部科学技术知识最有效的机制。首先，就动机而言，在产品层次上进行技术学习的组织具有吸收外部知识的更强动力，这是由产品开发的目的性所决定的。相反，由于依赖外来的产品设计，在亚产品层次上的技术学习者的学习重点被限制在给定设计框架下的局部技术，学习者不但难以产生根据自己的需要去搜寻更多外部知识的动力，甚至没有多少掌握外来设计框架的机会。其次，是否存在产品开发平台还决定着是否具有吸收外部知识的能力。Cohen 和 Levinthal（1990）证明，企业已有的相关知识水平（来自企业的研发努力）决定着能够有效吸收和利用外部技术信息的能力；或者说，吸收能力是企业技术研发的副产品。因此，**只有发生在自己的经验基础上，消化吸收外部知识才是可能的**。如果没有产品开发平台，企业既没有动机也没有能力去吸收外部知识——一种与没有产品开发平台就没有技术学习动力相同的逻辑。

第三，产品开发平台是研发活动的协调机制。在科技进步速度越来越快和

① 此外，现有的产品拥有客户群和稳定的供应商网络，所以现有的产品开发平台可以为开发新产品提供市场的连续性，降低创新所固有的市场风险。

市场竞争越来越激烈的现代工业条件下，工业企业需要不断拓展自身技术知识的深度和广度，从而成为多技术的企业（multi-technology firms）（Granstrand et al.，1997）。导致这种趋势的基本原因是知识生产的专业化（Pavitt，1998；2002），而日益专业化的趋势要求协调。那么，工业组织是通过什么机制来协调其知识生产活动的？这个问题对于生产较复杂产品的企业尤为重要。例如，在产品涉及多种元件和子系统的条件下，企业面临的是多种技术轨道的动态演进，而且每一种单元技术都具有自己特定的演进轨道和动力。尤为复杂的是，不同技术的演进速度从来都是不平衡的（例如，电子技术的演进速度大大快于机械技术）。在这种条件下，企业面临的主要挑战是对多种技术的动态演进——特别是那些被认为起关键作用的“核心技术”——保持战略控制（Prencipe，1997；2003）。但问题是，企业如何保持这种控制？

我们的回答是，产品开发平台就是工业组织协调知识生产活动的机制。经验证据为这个命题提供了证明。Patel 和 Pavitt（1998）指出，现代工业产品需要多种技术的这种复杂性，给予企业的技术发展以很强的约束，使企业只能围绕着它们已有的知识基础进行搜寻和实验。在他们所调查的 440 家全球大企业中，每个企业的技术组合（technology mix）都是高度稳定的，而且是高度异化于其他企业的（除非是在同一个工业领域中的企业）。由于企业在新的技术领域发展其能力的目的是利用新知识所创造的机会，以改进已有产品或创造新产品，所以企业技术领域的变化是由它们的主要产品领域所决定的。例如，Rosenberg（1990）曾经问道，为什么有些企业会自己掏腰包去进行基础科学研究[①]？他的回答是，企业进行基础科学研究的主要目的，是监视和评价在其他地方的科学进展，以帮助自己决定在哪里及如何进行以产品开发为目的的应用研究。于是，现代工业技术发展的趋势是：当企业的技术知识广度增加（企业涉及技术领域的数量大大超过其产品领域的数量，并且在持续增加）时，它们的产品范围在竞争压力下却变得越来越集中。

---

① 这种行为之所以引发疑问，是因为人们普遍认为基础研究的社会效益远远大于个体效益，即具有公共产品的性质，在这种前提下，企业通常是不会对其进行投入的。

在这种情况下，一个企业要在某个或某些技术领域进行研发活动，而不介入其他领域，必须根据某种决策准则和依据来决定。企业的技术研发活动是有方向的（Rosenberg，1976：108－125），特定于自己的产品和市场。由于企业向用户或消费者提供的必须是具有稳定形式的产品（系统），而不是某种流程，所以只有具备一个以产品开发为目标的活动系统，才能使企业在“不间断的创新流”和“稳定形式的产品”之间取得协调（某种折中或平衡）。任何个别企业所从事的技术研发活动都只能涉及浩瀚科技知识中的一个小局部，它只能通过产品开发过程来协调自己的技术研发活动。

静态地讲，产品知识分为元件知识和建构知识（Henderson and Clark，1990）[①]。建构知识由于关系到市场关联环境，所以是企业“控制”技术演进的手段。在技术永远处于变化的情况下，在什么时候和什么条件下需要以“稳定的产品形式”来集成变化了的元件技术，不是由技术本身决定的，而是由技术的应用关联环境变化对于企业竞争地位的影响所决定的（Iansiti，1998）。事实上，每一单元技术的瓶颈和突破都是在解决产品的系统性能（而不是元件性能）问题时出现的。做出应该集成变化了的单元技术的判断，其依据是变化了的市场需求和现有产品之间的不匹配。无论技术怎样发展，只要产品的（预期）市场需求不发生变化，企业就不会有理由开启新一轮的产品开发。当预期的变化发生时，现有产品形式与预期市场需求之间的不匹配就起到“方向标”的作用，帮助决策者决定在什么时候和什么条件下对什么技术领域的能力发展

---

① 需要指出的是，Henderson 和 Clark（1990）以及 Ulrich（1995）都是从“供给”角度理解产品建构知识的作用，前者关心的是企业理解建构变化的组织障碍，后者讨论建构对于企业制造战略的作用。与此相对照，Christensen 和 Rosenbloom（1995）却揭示了建构知识对于确定产品需求的作用。他们指出，渐进创新和模块创新代表了正常的技术进步，即在不改变产品价值网络（技术范式）的条件下，沿着既有技术轨道的改进。但是，革命性创新和建构创新却经常因为要适应价值网络的变化而改变对于产品性能的评价标准，所以仅仅是建构创新也足以导致新技术范式的出现。（核心）元件决定产品执行特定功能的效率，即产品性能（performance），如速度、输出功率或存储量、清晰度等。但建构定义产品的性能特性（performance attributes），即决定产品需要哪些功能或不需要哪些功能，或者以什么样的形式（如体积、形状以及这些维度的各种组合）提供某种功能。因此，建构是使产品适应于产品使用关联环境（the application context of products）的关键所在。

进行重点投资。

产品开发平台的协调作用还表现在，它为技术研发活动提供了特定的关联环境。如前所述，知识创造和技术进步必须是关联环境特定的（context-specific），即技术研发过程在实践中表现为解决技术问题的过程。对于这样一个过程，产品开发平台（及其演进）是产生技术问题的来源（也是解决技术问题所服务的对象），并因此而影响着企业技术积累的方向。这种机制能够更具体地解释主流文献已经达成的共识，即技术的发展是累积性的（路径依赖的），而企业的技术能力是工业特定的和企业特定的。

产品开发平台同时还是企业协调技术研发和制造、营销活动之间互动关系的协调机制。当根据技术变化建立新的产品开发平台后，企业围绕着原有产品开发平台所形成的生产流程、供应网络和营销服务方式都可能不适应。其中任何一个职能领域出现的问题都是表明需要组织调整的信号和压力来源。因此，产品开发平台对企业的技术研发活动起着协调的作用。

综合上述各点，企业是以产品开发平台作为技术能力的基础，通过产品形式和市场需求变化之间的匹配关系来控制技术的演进，并协调包括制造、市场营销等职能活动的相应变化。因此，产品开发平台的能力越强，企业适应技术变化的能力就越强。正如 Pavitt（1998）极富洞察力地指出的，虽然产品会发生非连续性的变化，但技术的发展很少是非连续的。产品开发平台对于知识生产活动的协调作用则进一步解释，技术能力在技术不断变化的条件下是怎样持续发展的。这种机制可以解释为什么发达国家大企业的主导地位能够长期保持，而没有像一些理论所预言的那样因为产品的革命性变化受到动摇——原因就在于它们可以依靠通过自己长期积累建立和发展的产品开发平台来协调连续性的知识增长，以应对非连续性的产品变化。

第四，产品开发平台的不断演进是系统集成能力的形成机制。现有文献（如 Prencipe et al.，2003）对于系统集成能力从何而来语焉不详。这也许是因为文献集中于西方发达国家的领头企业（已经具有系统集成能力的企业），所以没有必要说明系统集成能力是如何从无到有地发展起来的。但这个问题对于像中国这样的后进国家却非常重要。我们的观点由图 1－2 的平台演进模型所表示：系统集成能力只有通过多轮次产品开发（每一个轮次由一次产品开发平台演进来代表）才能成长起来。

系统集成能力只能在系统层次的技术研发活动中生成，而决不会从亚产品层次的技术活动中产生。系统集成需要的是有关系统层次的知识，而对“系统”的认识和理解只能从产品开发开始，即系统知识只能通过产品开发平台产生。更重要的是，只有通过产品开发平台的演进，企业才能逐渐理解并掌握产品背后更深层次的知识，即系统集成知识。一次性的产品开发往往只需要静态的元件知识和建构知识（可以通过模仿获得的知识），但是一旦从一个产品开发平台向下一个平台演进，企业就必须开始学习如何塑造这种平台演进的知识，并且开始主动地关注技术变化对于产品演进的意义。在这个过程中，企业不得不在广度和深度上拓展知识，并且根据产品技术的变化决定退出和进入的知识领域。对于获取外部知识（通过战略联盟）而言，产品开发平台也是企业协调吸收外部知识活动的机制。

此外，随着产品开发平台的演进，企业还不得不开发协调供应商网络的动态能力。原因在于，一旦从现有产品开发平台向下一个平台演进（技术变化），企业原有的供应商网络一般就需要发生变化，包括供应商能力的变化。必须指出的是，产品开发平台演进所导致的供应商网络变化，不是由价格等经济因素所导致的通常为量的变化，而是由技术变化因素所导致的质的变化。例如，如果产品变得更加复杂（需要集成更多的元件和子系统），企业有可能需要更多地依靠外部供应商。但在这种情况下，企业不但需要决定寻求或培育哪些过去所没有的新供应商，而且必须进一步拓展自己的知识广度和深度，以开发能够把外包生产的元件集成在自己产品上的能力。更重要的是，企业需要学会如何培育发展供应商的技术能力，以保证符合要求的零部件的供应，而这就需要开发塑造产品技术演进路径的能力。因此，产品开发平台的演进要求企业必须形成协调和管理供应商网络的能力，而一旦具备这种能力，该企业就成为典型的系统集成企业。

最后，生产复杂产品系统的企业表现出向下游移动的趋势，即不再仅仅出售产品和相应的服务，而是介入用户的商业流程，向用户提供整体解决方案

(integrated solutions)。这种移动是推动系统集成转化为商业模式的一个主要动力，它意味着企业经营活动在产品生命周期管理和价值链上的延伸，意味着企业把更多的活动集成到自己的产出之中（Galbraith，2002）。复杂产品制造企业向下游移动的力量源自它们关于产品及其市场的知识（Wise and Baumgartner，1999；Davies，2003）。而就我们所关心的问题来说，只有通过产品开发平台的演进，企业才能在向下游移动的过程中形成和发展向运营商提供整体解决方案的能力。例如，中国生产港口集装箱装卸机械的优秀企业——上海振华重工，正在通过开发全套港口自动化装卸设备向下游移动，为港口运营商提供整体的装卸方案。但上海振华重工是在经过多轮次产品开发并取得世界领先水平的条件下，才具备了这种能力的[①]。

从上述分析中可以看出系统集成企业的作用。因为它们可以通过自己的产品开发平台选择、试验和集成各种新技术，所以它们起着带动相关技术网络进步的关键作用。像飞机这样需要几万种零部件的复杂产品系统，需要集成大量的子系统和技术，每个子系统甚至每种单项技术都有自己特定的性质和特定的进步轨道。关键问题在于，如果没有只能由终端产品所提供的应用可能性，上游技术的发展就丧失了需求动力。任何技术的进步都是通过解决问题实现的，如果没有应用的需要，也就没有解决问题的动力，甚至连问题本身都无法提出。今天一些人反复强调，中国之所以没有研制出若干产品（如某些飞机、汽车等），是因为基础技术不行。我们的问题是，如果不自主研制产品，谁会去努力开发研制这种产品所需的上游技术？相反，如果进行自主产品开发，即使暂时不能掌握所有的技术，必须以外购等方式解决急需，也必然会产生开发这些技术的强大动力。终端产品是上游技术的应用平台，如果没有终端产品的开发平台，就没有整个技术链的进步动力。

第五，产品开发平台是国家创新系统的基础环节。产品开发平台在“总

---

① 上海振华重工成立于1992年，第一款产品（港口集装箱起重机）是模仿的。但十几年来，它始终坚持产品开发，现在已经成为世界上技术领先的港口集装箱起重机制造企业。2005年，上海振华重工率先向市场推出独领风骚的、可一次吊装两个40英尺标准集装箱的起重机。2006年，上海振华重工在全球港口集装箱起重机市场的份额已高达70%。

量”层次上对于一个国家的创新系统也具有绝对的重要作用。科学研究、技术进步和产品开发之间的复杂关系不是单向线性的，而是互动的、往复的（Brooks，1994）。就科学和技术的关系而言，并不存在科学自动产生技术的因果关系。在某些领域，如电力和无线电，科学的进展的确引导技术的发展。但在其他领域，却往往是技术的突破导致理解技术原理的科学领域的发展。热动力学的发展来自从理论上理解蒸汽机工作原理的努力；化学工程不是单纯的化学，而是化学与机械工程的某种结合；半导体技术的突破促进了固体物理学的发展；在航空领域，也是先有飞机上天才引发空气动力学的蓬勃发展；而像计算机科学、冶金学，则很难称之为本来意义上的科学。科学的发展越来越少地是单纯揭示知识的独立过程，而越来越多地成为对发展生产产品实用手段中的技术进步的响应。一句话，科学和技术已经交织在一起了（Nelson and Rosenberg，1993）。

对于任何国家的科技进步和经济发展来说，往往与高等教育交织在一起的科学和基础研究是至关重要的，但其作用的发挥却离不开工业技术能力的发展。对美国基础研究与工业创新的一系列实证研究（Nelson，1990b；Klevorick et al.，1995；Cohen et al.，2002）证明，除了少数工业领域（如生物制药工业领域），创新的动力很少直接来自科学研究的进展，而主要来自市场需求和解决制造过程中的问题的努力；为创新所需要的直接知识也更多地来自产业链——包括供应商、买主、企业自己的制造部门以及竞争对手。所有这些研究也同样证明，科学研究对于工业技术进步的作用是重要的、广泛的，但这种作用往往不是通过提供可以直接应用于工业的“成果”（deliverables），而主要是通过如下方式：研究结果的公开发表，对应用科学和工程学的促进，特别是提供具有解决问题能力、具备基础知识、熟悉研究方法和试验并进入非正式但往往是国际化的网络的人才。这些作用方式说明了一个关键问题：如果科学的进步能够对工业的技术进步产生作用，则必须以工业具有足够的技术能力为前提。正如Dosi等人指出的，科学和基础研究所带来的技术机会能否被利用，取决于工业企业的能力和战略倾向（Dosi et al.，2006）。

这个逻辑可以为世界发展史所证明。英国工业革命并非科学革命的产物，而是由资本主义生产方式在从中世纪继承下来的工匠技术基础上催生的。美国取代西欧而成为科学研究世界领先者的转折点出现在第二次世界大战前后，受益于大批欧洲科学家为逃避法西斯迫害移居美国的浪潮，以及联邦政府在战争刺激下对大型科研项目（如开发核武器的曼哈顿计划）和基础研究的巨大投入，而这个转折的背景是美国早在距此半个世纪之前就已经成为世界第一工业强国。总之，在历史上，没有任何一个国家是因为在科学发展上领先才成为工业强国的；相反，每一个成为科学强国的国家都是以工业技术能力的领先为基础的，尽管前者对于维持后者的地位是必要的。

这一点对于理解目前中国的问题十分重要。我们已经说明，产品开发平台就是工业利用科学知识的动力源泉和实现机制。由于中国在强调技术引进的阶段过分依赖亚产品层次的技术学习，甚至出现过废弃自己的产品开发平台的现象，所以中国工业曾一度普遍缺乏自主的产品开发活动。这种状况导致中国工业发展对上游科技知识的需求不足，哪怕国家并没有忽视对科学和基础研究的投入。例如，对中国传统科技体制主要缺陷的关注一度集中在“科技成果转化”问题上，因为存在着大学和科研院所的大量“成果”不能产业化（转化为产品）的现象。由于普遍认为这个问题的根源在于大学和科研院所的研究脱离实际，所以相关政策的重点曾落在鼓励大学和科研院所进行更多的“成果转化”即商业化活动上，反倒影响了它们本该集中精力的基础研究。

其实，成果转化难的原因首先在于，大学和独立的科研机构很难产生马上就可以应用于生产的“科技成果”；即使这种“科技成果”从一开始就以开发出产品（样机）为目标，也往往离商业成功甚远[①]。因此，成果转化难的关键原因在于，大学和独立的科研机构所产生的“科技成果”不可能不经过企业的一系列开发就能成为新产品或新工艺。如果中国企业普遍缺乏产品开发的动力

---

① 原因在于：第一，新的技术最终得到应用需要经过长时间的改进，而如何根据市场和制造条件进行改进则需要大量特定的细节知识，这远远超出了大学研究人员的研究能力范畴。第二，单项技术很难定义产品。按学科和专业领域组织的大学和科研机构只擅长在单个领域创造新知识，但缺乏以产品开发为导向的、横跨多个专业领域的集成各种技术的能力。第三，产业化所必需的营销能力本来就不是大学和科研机构应该具有的。

和能力，中国大学和科研机构的“科技成果”就很难被转化。因此，中国工业组织的自主开发不仅是振兴中国工业的关键，也是振兴中国科学和基础研究的关键。在“建设科技强国”成为媒体流行语的今天，我们尤其不能忽略这一点。

产品开发平台说明了产品、技术和技术能力之间的动态互动与共同演进的关系：虽然有形的产品会随着出售给用户而离开设计和生产这个产品的企业或工作组织，但从开发产品过程中所获得的知识、经验和技能不但不会离开原来的企业或工作组织，反而还会随着持续的产品改进和开发（产品开发平台的演进）而不断增长。这种关系对于工业竞争力的意义在于，虽然产品可以在卖主和买主之间转移，但嵌入组织之中的产品开发平台是高度组织特定的，难以模仿，无法交易，不可转移，即开发产品的技术能力只能组织内生。更进一步说，即使产品的设计方案（以图纸、数学模型等形式所表现的技术方案）可以通过技术许可证贸易进行转移，但如果接受方或购买方没有产品开发平台，那么这种“引进”的结果充其量也只是按照原设计方案进行产品复制，并不自动导致技术能力的成长。因此，产品开发平台是工业组织的战略性资产——属于可带来竞争优势的核心能力。

1.5　结　　论

产品开发平台的概念模型为分析产业政策和技术政策的有效性提供了分析框架和可操作的标准。将它应用于对实践的分析，许多在现象层次上争论不休的问题可以立刻得到澄清。我们最后围绕着自主创新与技术引进之间的关系，提出它可以证明的三个结论。

第一，技术引进永远不能代替自主开发。一般来说，发展中国家通过贸易进行的技术引进有三种主要方式：（1）进口资本品（机器、设备等），包括“交钥匙工程”；（2）购买技术许可证（专利使用权、产品设计、技术方案等）；（3）外国直接投资，包括外商与当地企业合资和外商独资两种情况。但是，这些采取正常贸易形式的技术引进方式都不能保证“技术转移”的实现（Dosi and Soete，1988）。原因在于，产品以及设计图纸、专利说明书等“技术”都只是产品—活动耦合系统（产品开发平台）的部分产出，都只能传达部分的技术信息——主要是关于“如何做”的信息，没有关于“为什么这样做”的信息。很明显，嵌入产品—活动耦合系统中的能力是无法通过产品来“转移”的，而其中的缄默知识甚至连身处这个系统中的人都无法完整表达。因此，“技术转移”的效果并非取决于引进行为本身，而是取决于在引进基础上进行技术学习的努力程度。如果说有效“技术转移”的标志是技术接受方把外来的技术信息转化为内生的技术能力，那么本章的概念模型已经证明，这样的技术学习离不开自主开发——以自己的产品开发平台来吸收外源的技术知识。

第二，只有当技术引进是自主开发的辅助或补充手段时，它才会促进技术学习和技术进步；相反，当技术引进成为自主开发的替代物时，就会导致技术依赖。本章的概念模型揭示了这种关系的原理：如果技术引进是为了帮助建立自己的产品开发平台，或者是通过产品开发平台来消化、吸收外国技术知识，技术引进就会促进中国技术能力的成长；如果技术引进不是用来帮助建立产品开发平台，甚至导致废弃自己的产品开发平台，技术引进就会导致技术依赖，甚至导致现有技术能力的萎缩和消亡。这个道理可以帮助澄清一些容易引起歧义的政策。例如，从理论上讲，不能说在任何条件下都不可能以“市场”换到“技术”，但同样清楚的是，由于产品开发平台是不可交易、不可转移的，所以“以市场换技术”只有在一种情况下才有可能达到目的，即由从事产品开发的本国企业作为引进主体，把引进的技术知识服务于自主开发。又如，引进外资可能是有益的，但同样清楚的是，由于外国直接投资与本国工业的产品开发平台没有关系，所以外资企业对于本国技术能力的提高并没有直接作用。因此，无论对外开放有多大的益处，企图依靠外资来实现经济发展不过是缘木求鱼。

第三，自主创新永远是开放的。因为担心自主创新是“闭关自守”，所以有人以辩解的态度说，“不能说利用外国技术就不是自主创新”。因为缺乏理论分析，所以对模糊问题的回答也只能是模糊的——官方曾经把自主创新分为

“原始创新”“集成创新”“引进、消化、吸收、再创新”三种类型。事实上，这三种创新都需要吸收外部技术知识——哪个从事“原始创新”的技术人员不需要读别人写的文献资料，不需要跟踪国内外同行的进展？世界上本不存在不需要吸收外部知识的创新，真正的问题是：创新者有没有能力去利用外部知识？把“引进、消化、吸收、再创新”列为自主创新的一条路径，其实也是官方承认“引进、消化、吸收”模式从来没有达到自主开发的政策初衷。但两种模式的本质区别是什么？区别就在于，中国企业是否进行自主开发、是否拥有产品开发平台。“再创新”只能在拥有产品开发平台的条件下才会发生，因为没有产品开发就没有创新，而产品开发平台本来就是吸收外部技术知识最有效的机制；没有这个平台，就只能按照外国的设计和技术方案去实施“国产化”——一条被实践证明了的死路。

如果以一句话来表述被产品开发平台概念模型所证明的原则，那就是：中国工业组织只要进行自主（产品和工艺）开发，那么不管利用多少外国技术或外部知识，也都属于自主创新；没有自主开发，不管怎么去利用外国技术，也不管怎么用“开放创新”或“融入国际产业链”之类的标签去粉饰，其结果一定是陷入技术依赖，永远摆脱不了技术落后的状态。

参考文献

中文文献：

路风，2016. 光变：一个企业及其工业史．北京：当代中国出版社．

路风，慕玲，2003. 本土创新、能力发展和竞争优势：中国激光视盘播放机工业的发展及其对政府作用的政策含义．管理世界，2003（12）：57－82.

英文文献：

ABERNATHY W，UTTERBACK J，1978. Patterns of industrial innovation. Technology review，June-July：40－47.

ARTHUR W B，2007. The structure of invention. Research policy，36：274 - 287.

BALCONI M，2002. Tacitness，codification of technological knowledge and the organization of industry. Research policy，31：357 - 379.

BARNEY J，1991. Firm resources and sustained competitive advantage. Journal of management，17 (1)：99 - 120.

BELL M，PAVITT K，1993. Technological accumulation and industrial growth：contrasts between developed and developing countries. Industrial and corporate change，2：157 - 210.

BERNARD M ，RAVENHILL J，1995. Beyond product cycles and flying geese：regionalization，hierarchy，and the industrialization of East Asia. World politics，47 (2)：171 - 209.

BEST M，2001. The new competitive advantage. New York：Oxford University Press.

BROOKS H，1994. The relationship between science and technology. Research policy，23：477 - 486.

CANTWELL J，1998. The globalization of technology：what remains of the product cycle model? //CHANDLER A，HAGSTRÖM P，SÖLVELL Ö. The dynamic firm：the role of technology，strategy，organization，and regions. New York：Oxford University Press：263 - 288.

CHANDLER A D Jr. ，2001. Inventing the electronic century：the epic story of the consumer electronics and computer industries. New York：The Free Press.

CHANDLER A D，1992. Organizational capabilities and the economic history of the industrial enterprise. Journal of economic perspectives，6 (3)：79 - 100.

CHRISTENSEN C，1997. The innovator's dilemma. Boston：Harvard Business School Press.

CHRISTENSEN C, RAYNOR M, 2003. The innovator's solution. Boston: Harvard Business School Press.

CHRISTENSEN C, ROSENBLOOM R, 1995. Explaining the attacker's advantage: technological paradigms, organizational dynamics, and the value network. Research policy, 24: 233 - 257.

CLARK K, FUJIMOTO T, 1991. Product development performance. Boston: Harvard Business School Press.

COHEN W, NELSON R, WALSH J, 2002. Links and impacts: the influence of public research on industrial R&D. Management science, 48 (1): 1 - 23.

COHEN W, LEVINTHAL D, 1990. Absorptive capacity: a new perspective on learning and innovation. Administrative science quarterly, 35: 128 - 152.

COHEN W, LEVINTHAL D, 1989. Innovation and learning: the two faces of R&D. The economic journal, 99: 569 - 596.

CONSTANT E, 2000. Recursive practice and the evolution of technological knowledge//ZIMAN J. Technological innovation as an evolutionary process. Cambridge: Cambridge University Press: 219 - 233.

DAVIES A, 2004. Moving base into high-value integrated solutions: a value stream approach. Industrial and corporate change, 13 (5): 727 - 756.

DAVIES A, 2003. Integrated solutions: the changing business of systems integration//PRENCIPE A, DAVIES A, HOBDAY M. The business of systems integration. Oxford: Oxford University Press: 333 - 368.

DEWAR R D, DUTTON J E, 1986. The adoption of radical and incremental innovations: an empirical analysis. Management science, 32 (11): 1422 - 1433.

DOSI G, 1982. Technological paradigms and technological trajectories. Research policy, 11: 147 - 162.

DOSI G, FAILLO M, MARENGO L, 2008. Organizational capabilities, patterns of knowledge accumulation and governance structures in business firms: an introduction. Organization studies, 29: 1165 - 1185.

DOSI G, LLERENA P, LABINI M S, 2006. The relationships between science, technologies and their industrial exploitation: an illustration through the myths and realities of the so-called 'European Paradox' . Research policy, 35: 1450 - 1464.

DOSI G, HOBDAY M, MARENGO L, et al. , 2003. The economics of systems integration: towards an evolutionary interpretation//PRENCIPE A, DAVIES A, HOBDAY M. The business of systems integration. Oxford: Oxford University Press: 95 - 113.

DOSI G, SOETE L, 1988. Technical change and international trade//DOSI G, FREEMAN C, NELSON R, et al. Technical change and economic theory. London: Pinter Publishers: 401 - 431.

FLECK J, 2000. Artefact↔activity: the coevolution of artefacts, knowledge and organization in technological innovation//ZIMAN J. Technological innovation as an evolutionary process. Cambridge: Cambridge University Press: 248 - 266.

FOSS N, 1997. Resources and strategy: problems, open issues, and ways ahead//FOSS N. Resources, firms, and strategies: a reader in the resource-based perspective. Oxford: Oxford University Press: 345 - 365.

GALBRAITH J, 2002. Organizing to deliver solutions. Organizational dynamics, 31 (2): 194 - 207.

GAWER A, CUSUMANO M, 2002. Platform leadership: how Intel, Microsoft, and Cisco drive industry innovation. Boston: Harvard Business School Press.

GOMORY R, 1992. The technology-product relationship: early and late stages//ROSENBERG N, LANDAU R, MOWERY D. Technology and the wealth of nations. Stanford: Stanford University Press: 383 - 394.

GRANSTRAND O, PATEL P, PAVITT K, 1997. Multi-technology corporations: why they have "distributed" rather than "distinctive core" competencies. California management review, 39 (4): 8 - 25.

HAMEL G, PRAHALAD C K, 2005. Strategic intent. Harvard business review, July-August: 148 - 161.

HELFAT C, RAUBITSCHEK R, 2000. Product sequencing: co-evolution of knowledge, capabilities and products. Strategic management journal, 21: 961 - 979.

HELPER S, HENDERSON R, 2014. Management practices, relational contracts, and the decline of general motors. Journal of economic perspectives, 28 (1): 49 - 72.

HENDERSON R, CLARK K, 1990. Architectural innovation: the reconfiguring of existing technologies and the failure of established firms. Administrative science quarterly, 35: 9 - 30.

HOBDAY M, DAVIES A, PRENCIPE A, 2005. Systems integration: a core capability of the modern corporation. Industrial and corporate change, 14 (6): 1109 - 1143.

IANSITI M, 1998. Technology integration. Boston: Harvard Business School Press.

IANSITI M, WEST J, 1997. Technology integration: turning great research into great products. Harvard business review, May-June: 69 - 79.

IANSITI M, CLARK K, 1994. Integration and dynamic capability: evidence from product development in automobiles and mainframe computers. Industrial and corporate change, 3 (3): 557 - 605.

JOHNSON B, LORENZE, LUNDVALL B A, 2002. Why all this fuss about codified and tacit knowledge? . Industrial and corporate change, 11 (2): 245 - 262.

KIM L, 1999. Building technological capability for industrialization: analytical frameworks and Korea's experience. Industrial and corporate change, 8 (1): 111 - 136.

KIM D J, KOGUT B, 1996. Technological platforms and diversification. Organization science, 7 (3): 283 - 301.

KLEVORICK A, LEVIN R, NELSON R, et al., 1995. On the sources and significance of interindustry differences in technological opportunities. Research policy, 24: 185 - 205.

KLINE S, ROSENBERG N, 1986. An overview of innovation//LANDAU R, ROSENBERG N. The positive sum strategy: harnessing technology for economic growth. Washington, DC: National Academy Press: 275 - 305.

KOGUT B, 2000. The network as knowledge: generative rules and the emergence of structure. Strategic management journal, 21 (3): 405 - 425.

KOGUT B, ZANDER U, 1992. Knowledge of the firm, combinative capabilites, and the replication of technology. Organization science, 3 (3): 383 - 397.

LAWLESS M W, ANDERSON P C, 1996. Generational technological change: effects of innovation and local rivalry on performance. Academy of management journal, 39 (5): 1185 - 1217.

LIKER J, KAMATH R, WASTI S N, et al., 1996. Supplier involvement in automotive component design: are there really large US Japan differences?. Research policy, 25: 59 - 89.

MEYER M H, UTTERBACK J M, 1993. The product family and the dynamics of core capability. Sloan management review, Spring: 29 - 47.

MILLER R, HOBDAY M, LEROUX-DEMERS T, et al., 1995. Innovation in complex systems industries: the case of flight simulation. Industrial and corporate change, 4 (2): 363 - 400.

MOORE G E, 1996. Some personal perspectives on research in the semiconductor industry//ROSENBLOOM R S, SPENCER W J. Engines of innovation：U. S. industrial research at the end of an era. Boston：Harvard Business School Press：165 - 174.

MOWERY D，ROSENBERG N，1998. Paths of innovation：technological change in 20th-century America. New York：Cambridge University Press.

MYERS M B，ROSENBLOOM R S，1996. Rethinking the role of industrial research. Research-technology management，39：14 - 18.

NELSON R，1991. Why do firms differ，and how does it matter?. Strategic management journal，12 (Winter)：61 - 74.

NELSON R，1990a. On technological capabilities and their acquisition//EVENSON R E，RANIS G. Science and technology：lessons for development policy. Boulder，CO：Westview Press：71 - 80.

NELSON R，1990b. Capitalism as an engine of progress. Research policy，19：193 - 214.

NELSON R，1982. The role of knowledge in R&D efficiency. Quarterly journal of economics，93 (3)：453 - 470.

NELSON R，1981. Research on productivity growth and productivity differences：dead ends and new departures. Journal of economic literature，September：1029 - 1064.

NELSON R，ROSENBERG N，1993. Technical innovation and national systems//NELSON R R. National innovation systems：a comparative analysis. Oxford：Oxford University Press：3 - 21.

NELSON R，WINTER S，1982. An evolutionary theory of economic change. Cambridge，Mass.：The Belknap Press of Harvard University Press.

NONAKA I，TAKEUCHI H，1998. A theory of the firm's knowledge-creation dynamics//CHANDLER A，HAGSTRÖM P，SÖLVELL Ö. The dynamic firm：the role of technology，strategy，organization，and regions. New York：Oxford University Press：215 - 241.

PAOLI M，PRENCIPE A，1999. The role of knowledge bases in complex product systems: some empirical evidence from the aero engine industry. Journal of management and governance, 3: 137 - 160.

PATEL P, PAVITT K, 1998. The wide (and increasing) spread of technological competencies in the world's largest firms: a challenge to conventional wisdom//CHANDLER A, HAGSTRÖM P, SÖLVELL Ö. The dynamic firm: the role of technology, strategy, organization, and regions. New York: Oxford University Press: 192 - 213.

PATEL P, PAVITT K, 1997. The technological competencies of the world's largest firms: complex and path-dependent, but not much variety. Research policy, 26: 141 - 156.

PAVITT K, 2002. Innovating routines in the business firm: what corporate tasks should they be accomplishing?. Industrial and corporate change, 11 (1): 117 - 133.

PAVITT K, 1998. Technologies, products, and organization in the innovating firm: what Adam Smith tells us and Joseph Schumpeter doesn't. Industrial and corporate change, 7 (3): 433 - 452.

PAVITT K, 1987. The objectives of technology policy. Science and public policy, 14 (4): 182 - 188.

POWELL W, 1990. Neither market nor hierarchy: network forms of organization. Research in organizational behavior, 12: 295 - 336.

PRAHALAD C K, HAMEL G, 1990. The core competence of the corporation. Harvard business review, May-June: 79 - 91.

PRENCIPE A, 2003. Corporate strategy and systems integration capabilities: managing networks in complex systems industries//PRENCIPE A, DAVIES A, HOBDAY M. The business of systems integration. Oxford: Oxford University Press: 114 - 132.

PRENCIPE A, 2000. Breadth and depth of technological capabilities in

CoPS: the case of the aircraft engine control system. Research policy, 29: 895 - 911.

PRENCIPE A, 1997. Technological competencies and product's evolutionary dynamics: a case study from the aero-engine industry. Research policy, 25: 1261 - 1276.

PRENCIPE A, DAVIES A, HOBDAY M, 2003. The business of systems integration. Oxford: Oxford University Press.

ROBERTSON D, ULRICH K, 1998. Planning for product platforms. Sloan management review, Summer: 19 - 31.

ROSENBERG N, 1996. Uncertainty and technological change//RALPH L, TAYLOR Y, WRIGHT G. The mosaic of economic growth. Stanford: Stanford University Press.

ROSENBERG N, 1994. Exploring the black box: technology, economics, and history. New York: Cambridge University Press.

ROSENBERG N, 1990. Why do firms do basic research (with their own money)? . Research Policy, 19 (2): 165 - 174.

ROSENBERG N, 1976. Perspectives on technology. New York: Cambridge University Press.

ROSENBERG N, STEINMUELLER W E, 2013. Engineering knowledge. Industrial and corporate change, 22 (5): 1129 - 1158.

ROSENBLOOM R S, SPENCER W J, 1996. Engines of innovation: U. S. industrial research at the end of an era. Boston: Harvard Business School Press.

ROTHWELL R, GARDINER P, 1985. Invention, innovation, re-innovation and the role of the user: a case study of British hovercraft development. Technovation, 3: 167 - 186.

SAKO M, 2004. Supplier development at Honda, Nissan and Toyota: comparative case studies of organizational capability enhancement. Industrial and corporate change，13 (2)：281－308.

TEECE D J，2007. Explicating dynamic capabilities：the nature and microfoundations of (sustainable) enterprise performance. Strategic management journal，28：1319－1350.

TEECE D，1986. Profiting from technological innovation：implications for integration，collaboration，licensing and public policy. Research policy，15：285－305.

TEECE D，PISANO G，1994. The dynamic capabilities of firms：an introduction. Industrial and corporate change，3 (3)：537－556.

TEECE D，PISANO G，SHUEN A，1997. Dynamic capabilities and strategic management. Strategic management journal，18 (7)：509－533.

TUSHMAN M，ANDERSON P，1986. Technological discontinuities and organizational environments. Administrative science quarterly，31：439－465.

ULRICH K，1995. The role of product architecture in the manufacturing firm. Research policy，24：419－440.

VERONA G，RAVASI D，2003. Unbundling dynamic capabilities：an exploratory study of continuous product innovation. Industrial and corporate change，12 (3)：577－606.

WERNERFELT B，1984. A resource-based view of the firm. Strategic management journal，5：171－180.

WINTER S，2000. The satisficing principle in capability learning. Strategic management journal，21 (10－11)：981－996.

WISE R，BAUMGARTNER P，1999. Go downstream：the new profit imperative in manufacturing. Harvard business review，September-October：133－141.

WOMACK J，JONES D，ROOS D，1991. The machine that changed the world：the story of lean production. New York：Harper Colins Publishers.

ZIMAN J，2000. Technological innovation as an evolutionary process. Cambridge：Cambridge University Press.

ZOLLO M，WINTER S，2002. Deliberate learning and the evolution of dynamic capabilities. Organization science，13（3）：339－351.

第二章

破解中国核电迷局

上　被放逐的“中国创造”*

中国核电用30年的时间走过了“三轮引进”之路：中国核电在1980年代的第一轮发展中确立了以“引进＋国产化”为主的路线；1990年代，又经历了以纯粹购买电容为目的第二轮引进；虽然与引进并存的自主发展实行了20年，它却被21世纪之初的新一轮核电发展计划（以下称为第三轮引进路线）抛弃了，2002年末至2003年初所确定的新一轮核电发展路线再一次是依靠对外引进，而且是比前两轮引进更彻底的全盘引进。

国外核电巨头鲸吞着中国核电建设数百亿美元的庞大蛋糕，我们自己拥有的核电技术知识产权却被日益边缘化。中国自主创新的道路，为什么在举国上下的“自主创新”口号中越走越窄？

2.1　中国核电的第三轮引进路线的教训

随着中国能源问题日益严重，发展核电的重要性获得越来越多的共识。事实上，中国政府在开始制定“十一五”规划时，就已经把发展核电列为保证未来能源供应的重要手段，并做出了在2020年前后使核电装机容量达到4 000万千瓦的规划（后来，能源当局提高调子，要把这个目标提高到6 000万甚至7 000万千瓦）。这个规划标志着中国政府对核电从“适度发展”到“大力发展”的政策转折，一扫多年来“要不要发展核电”“核电需要在多大程度上发展”的争论，业内甚至因此而出现过“中国核电的春天终于到来”的兴奋。

但从一开始就引起争议并出乎许多人意料的是，2002年末至2003年初所

---

* 本文原载于《商务周刊》2009年第2期。

确定的新一轮核电发展路线再一次是依靠对外引进，而且是比前两轮引进更彻底的全盘引进。以大亚湾核电站为标志，中国核电在 1980 年代的第一轮发展中确立了以“引进＋国产化”为主的路线，但同时也存在着以秦山核电站（一期）为标志的自主开发。1990 年代，中国经历了以纯粹购买电容为目的（不包含技术转让内容）的第二轮引进，相继购买了加拿大的重水堆（秦山三期）和俄罗斯的压水堆（田湾），并且继续购买了法国核电站设备（岭澳—大亚湾后续项目），但同时也开工建设了自主设计的秦山二期核电站。

第三轮引进路线倡导者提出的主要理由是：国内核电站机型“五花八门”的局面严重干扰了中国核电技术进步和国产化进程，而（自主设计的）秦山二期核电站是参考大亚湾核电站“照猫画虎”建造的，在事故预防、缓解措施以及防火设计等方面与国际上新的核安全标准还存在差距，已丧失了作为“主力机型”的条件。因此，中国核电必须“采用先进技术，统一技术路线”，直接引进国外最先进的第三代核电站技术，走“一步跨越”的新路。这项方针的具体实施方案是：通过国际招标，在国际三代核电机型中选定一种，作为中国核电技术的发展方向；先建设 4 台招标引进的机组，作为“国产化”（后改称“自主化”）依托项目；在 2010 年之前开始实行这种引进机型的批量建设，并于 2020 年达到 4 000 万千瓦的目标，其中除了中国已有的 11 台机组产能 870 万千瓦外，均为引进机型产能；国内已掌握技术但属于落后的机型不再建设。

2004 年 9 月，中国第三代核电站的招标工作（浙江三门和广东阳江核电站核岛供货国际招标）正式开始，标志着第三轮引进路线开始实施。但招标谈判的时间大大超过预期。2006 年 12 月，招标结果终于公布，美国西屋公司的 AP1000 成为最后的赢家。当时，媒体广泛报道，西屋胜出的主要原因之一是报价较低，但具体价格说法不一，在每千瓦 1 000～1 500 美元区间。

同月，中美两国政府签署了技术转让的谅解备忘录，双方企业签署了项目合作备忘录，并继续就商务合同进行谈判。2007 年 3 月，国家核电技术公司（筹）与西屋联合体在北京签署第三代核电自主化依托项目核岛采购及技术转让框架合同，在浙江三门和山东海阳（换掉了广东阳江）建设 4 台 AP1000 机组。同年 5 月，负责引进第三代先进核电技术的国家核电技术公司（以下简称国核技）正式成立。根据官方的定义，这个公司是经国务院授权，代表国家对外签约，受让第三代先进核电技术，实施相关工程设计和项目管理，通过消化、吸收和再创新形成中国核电技术品牌的主体；是实现第三代核电技术AP1000引进、工程建设和自主化发展的主要载体和研发平台；承担第三代核电技术AP1000的消化、吸收和再创新工作；在不转移外方责任的条件下，组织外方、项目业主成立项目联合管理机构，负责核电自主化依托项目核岛及其接口等相关工程设计、设备采购和工程建设。同年7月24日，国核技与西屋在北京签署了技术引进协议。

虽然“一步到位，实现跨越”的方针已经开始付诸实践，但中国核电发展的美好前景并没有浮现出来，第三轮引进路线仅仅实施了三四年就已经破绽百出。

第一，如果完全依赖这条路线，就不可能完成到2020年拥有4 000万千瓦核电能力的规划目标（更不用提6 000万或7 000万千瓦的追加目标了）。引进路线本打算以AP1000来统一中国核电建设的技术路线，即通过购买、复制这种机型来批量建设核电站。但是，在做出了全盘引进的决定之后，引进路线的决策者才发现，由于AP1000是一款未经实际验证甚至尚未设计定型的机型，所以不可能在第一批机组建成并证明能够安全运行之前进行批量建设。于是，到2006年，引进路线的决策者不得不临时改变初衷，为被他们认为应该放弃的所谓二代技术开了门——批准了一系列采用国内设计的二代改进型核电站上马，把作为全盘引进理由的“一步跨越”改为事实上的“两步走”。这个转折充满了讽刺意味：假如中国没有自主掌握的核电技术可以依靠，一项被国务院批准的核电发展规划就会成为一纸空文。这一临时修正不能不令人质疑引进路线的决策依据到底是什么。从实际过程看，更符合逻辑可能性的是：在外国技术总是比中国技术更先进的思维定式下，决策者在面临新一轮核电发展时，“先验地”认定只有依靠引进外国技术才能发展，事先就排除了依靠自主技术发展的可能性。虽然事实证明这种决策思维经不住实践的考验，但问题仍然存在，引进路线为二代改进机型开门只是迫不得已的权宜之计，所以相关决策者仍然没有把发展自己的技术作为重点。

第二，引进路线不可能“统一”中国核电发展的技术路线，只能再次走上“万国牌”道路。第三轮引进的一个主要政策目标是“统一技术路线”，但购买美国西屋公司AP1000核电站设备的签约墨迹未干，中国广东核电集团（以下简称中广核）就被批准购买了法国的EPR核电站技术（同属“第三代”技术），退出采用AP1000的范围，原定采用AP1000堆型的广东阳江核电站（中广核控股）也被代之以中国电力投资集团公司（以下简称中电投）控股的山东海阳核电站。没有人解释过突然改变主意的原因是什么。有一种局外人比较能够认同的解释是，购买核电站涉及大国政治，向多个国家购买是为了平衡大国之间的利益关系。这种解释不是没有道理，但如果有道理，也只能在一个前提下才成立——就是中国一定要向外国购买核电站。相反，如果中国的核电发展走自主路线，那就没有哪个大国会觉得“不平衡”。这个逻辑有历史根据：清朝末年中国遭遇列强瓜分时，哪一次也不可能只向一个列强割让领土或出让利益，只有同时让几个列强都“利益均沾”，当时所谓的“大国政治”才能平衡；但在新中国敢于以武力捍卫领土完整并让对手付出惨重代价之后，争相向中国索取领土和主权利益的要求就再也不是“大国政治”中的一个因素。事实上，被第三轮引进路线所指责的“国内核电站机型‘五花八门’的局面”恰恰是前两轮引进的后果，而第三轮引进只能给这种“五花八门”的局面进一步“锦上添花”。引进路线的食言已经证明，只要开了引进的口子，中国的核电发展就永远不会统一技术路线；而同时使用法国、加拿大、俄罗斯和美国的不同机型，也使中国成为世界核电发展史上的一朵“奇葩”。

第三，引进路线的代价高昂。全盘引进的代价一直是一个讳莫如深的话题，一直处于高度保密的状态。尽管业内人士出于对“上面”的恐惧而噤若寒蝉，但随着具体项目的实施，一些信息无法阻挡地逐渐透露出来：虽然国际招标方案当初是以每千瓦1 800～1 900美元上报中央批准的，但负责引进的国核技已要求业主准备按2 000多美元/千瓦的价格来接盘，而且附带了一个令人忐忑不安的条件——“上不封顶”。其实，由于AP1000存在着难以预料的技术风险，最后的实际成本很可能会更高。虽然准确数据有待未来发展的结果，但引进必将代价高昂的判断仍然可以从世界核电市场找到间接的证据。据时任中国核能动力学会经济专业委员会主任温鸿钧2008年10月20日发表在《商务周刊》的文章《第三代核电变贵了》，在美国，已经向核管理委员会提出申请的三个AP1000核电站，“比投资”（平均每千瓦投资）的预算均在4 300美元以上；在芬兰，采用法国EPR技术的两个核电站已开工，芬兰的工程由于数度延误工期，其“比投资”预算已经攀升到4 200美元左右；法国本土工程的“比投资”预算是3 500美元左右，但2008年5月因严重质量问题被核安全机构责令停工整改近一个月后才复工，成本上升难以避免。与昂贵的外国第三代核电站相比，中国自主设计的秦山二期核电站是每千瓦1 360美元；采用4台CRP1000机组的辽宁红沿河核电站，总预算投资493亿元人民币，按2008年8月16日的汇率折合每千瓦1 662美元。如果这些真实数据可以被看作比较两条道路的参照系，那么中国依靠引进建设核电的成本将是自主建设的三倍左右。因此，引进路线将使中国发展核电的经济性受到严重质疑。

第四，引进路线难以引进技术。原来通过购买AP1000引进技术的思路是：先由西屋负技术责任建成首批4台机组，然后在西屋转让技术的基础上，由中方“独立设计”（复制）几台后续机组并由西屋负责“技术把关”，经实际运行验证后进行批量建设。在“自主创新”于2005—2006年被确定为国家的重大战略方针之后，为了在新的政治空气下把全盘引进说成“自主创新”，引进路线把16个国家科技发展重大专项之一的核电专项（“大型先进压水堆和高温气冷堆核电站示范工程”）主要用于对AP1000的“消化、吸收、再创新”，以国核技为实施主体（用于高温气冷堆示范工程的经费大约占全部重大专项经费的1/6，另以清华大学、中国华能集团有限公司和中国核工业建设集团有限公司联合为实施主体）。这种方式存在两个重要问题：（1）“再创新”是在给定的产品设计框架下进行的，其内容是放大功率。由于引进协议规定，西屋对AP1000的知识产权涵盖130万千瓦及其以下功率的设计，所以“再创新”的内容就成为在AP1000的基础上设计出1x0（x＞3）万千瓦的CAP1x00（C代表中国，但AP仍然代表原设计框架）。且不说能否成功，这种“再创新”除了加大功率之外，不可能明显改变技术性能，因为明显改变产品性能的技术创新只能通过产品的重新设计。（2）对引进技术的“消化、吸收、再创新”并没有置于中国的技术研发经验基础之上。负责实施重大专项的国核技刚刚成立一年多，本身并没有技术能力，它所收编的上海核工程研究设计院也不具有反应堆开发能力，而是一个长于核电站整体设计（土建工程设计）的机构，所以国核技不可能成为“研发平台”。中国本来具有核动力技术的研发平台，但国核技出于自己的利益而将这个项目“私有化”，把具有几十年经验积累的其他研发机构排除在重大专项之外，还声言“不排除国际合作的可能性”——把中国的研发平台排除在外，不靠“国际合作”又靠谁呢？

技术创新的国际经验与理论证明，能够引进技术的必要条件，是引进方具有相当的技术吸收能力，而这种技术吸收能力只能来源于自主研发的经验和努力，所以只有将引进活动置于自己的研发经验基础之上才能“消化、吸收”外来技术；成功引进技术的根本标志不是引进方能够按照给定产品设计进行组装，而是通过引进活动生成和提高了自主推动产品变化的技术能力，所以实现“再创新”的根本标志是在吸收外来技术知识的条件下设计出不同于原设计的产品。由此可见，在AP1000的设计框架下进行复制和放大功率的“再创新”，不可能使中方发展出开发先进反应堆的技术能力，而引进活动与自主研发经验基础的脱节只能给这种结局加上一个“双保险”。从原则上讲，国家科技发展重大专项不应该用于模仿引进的产品，何况第三代核电技术并非世界最先进技术。如果重大专项的资金不是用于开发具有自主概念和解决方案的核能系统，而仅仅是用于复制或改进一种给定的外国产品设计，这不但背离了国家重大科技专项确立的目标和原则，而且如果外国又开发出第四代乃至第N代技术，中国不是永远都需要引进吗？因此，如果我们有理由相信，一个人从粮店里买回一袋大米并不等于这个人就会种稻子了，那么我们就有理由相信，中国核电靠这样的“自主化依托项目”是不可能实现自主的。

第五，引进路线使核电工业体制更加混乱。在以引进AP1000来统一中国核电发展路线的方针下，国核技成为又一个行政垄断企业。说它是企业，它却握有罕见的权力：它自己并非投资于核电站的业主，但在与西屋的商务谈判中却把业主排除在外；它没有开发能力和经验，因而也不可能是核动力技术的研发平台，但在组织实施国家重大专项时却把其他有经验的研发机构排除在外。

说它是公共管理机构，它却有自己的经济利益：在组织引进中，除了代业主决定商务条件外，它还要另向业主收取不菲的管理费；在国家已经为引进技术付费之后，它却要求其他希望分享技术的国有研发机构付钱购买。于是，它先是被赋予对公共资源的垄断权，再将其“私有化”。但这个公司在享受垄断利益的同时却不用承担相应责任：是业主公司在为它的决策买单（本质上是为引进路线买单）。业主的责任不仅是经济的（支付高昂的引进费用），根据《中华人民共和国民用核设施安全监督管理条例》第七条，核设施营运单位“对所营运的核设施的安全、核材料的安全、工作人员和群众以及环境的安全承担全面责任”，国核技可以不负这种责任，而承担了如此大责任的业主却不能参与决策。

日韩在经济起飞阶段也曾由政府牵头统一对外引进技术，却避免了权责分离的困境。这是因为，在制度安排上，日韩是以企业作为承担技术转移主体的。中国核电工业的体制本来就不合理，行政垄断仍然过多，市场机制仍然太少。在这种条件下，靠行政权力来贯彻的引进路线不仅无助于改革核电体制，反而增加了更多不政不企的因素，使中国核电工业体制之乱为世界核电发展史上所仅见。

“破绽百出”并没有让引进派清醒，不等首台 AP1000 机组在 2013 年建成运转，他们就要从 2011 年开始这种堆型的批量建设。其实，引进派早在 2003 年就说过：“至于采用先进技术的风险问题，历来风险都是与利益共存的，不敢吃螃蟹的人，怎能尝到其鲜美的滋味?”但未经任何实际运转的检验就开始批量建设一种新堆型，这种做法在世界核电史上是没有先例的。如此敢于冒险的一个直接原因是对国产二代机组迅速普及的担心：如果符合安全规定的厂址都批给了国产二代，将来再建 AP1000 机组就没地方了。于是，引进派冻结了所有内陆核电站项目的审批，同时打算加快建设 AP1000 的速度（规定采用 AP1000 的湖南、湖北和江西三个核电站项目已经于 2008 年上半年获批，但尚未核准开工）。更重要的原因是一种政治逻辑：引进派为了不在受挫之后受到质疑，于是就更彻底地贯彻引进路线以证明其正当性和合理性，一意孤行地走入“疯狂”，哪怕受挫的原因本来就是违反了技术和工业发展的规律。

以上述趋势为证据，不得不令人怀疑第三轮引进路线正在将中国核电的发展引上一条高风险的道路，虽然实际风险将取决于决策者修正这条路线的灵活程度。这些风险来源于AP1000的技术风险，来源于代价高昂的引进使核电发展丧失合理性的经济风险，来源于技术路线混乱、体制混乱的风险，更来源于削弱、肢解中国核动力技术能力基础的风险。

面对这样一个发展局面，人们不能不提出一个问题：中国的核电发展为什么非要走全盘引进的路线？如果追寻对这个问题的答案，那么任何关心中国核电长远发展的人都会产生一个挥之不去的困惑：在中国的核工业建立50多年之后，在中国的第一颗原子弹爆炸成功40多年之后，在中国的第一艘核潜艇下水30多年之后，在中国的民用核电工业经历了30多年的发展之后，为什么中国仍然没有形成能够独立发展核电工业的技术能力，甚至连应该怎样发展核电技术能力的途径似乎都没有找到？这个困惑是如此的沉重，以至于即使引进的必要性得到证明，它也是无法回避的。

事实上，第三轮引进路线的被迫修正证明了中国具有发展核电的自主技术能力基础，因为原本被“枪毙”掉继而又被迫批准上马的所谓“二代改进型”核电站，无论在多大程度上借鉴过外国技术，都是中国自主设计的。既然具有这种能力基础，那为什么决策者总是认为中国核电的发展只能从购买外国核电技术开始？中国核电发展的最佳技术路线是不是只能走将外国的“先进”核电站设计加以“国产化”的道路？造成中国核电在过去缓慢发展的原因真的是技术不行还是其他什么因素？中国的核电发展到底能不能走自主路线？

存在这么多的困惑，中国核电的发展似乎只能用“迷局”来形容了。为解开这个迷局，本章在世界核电技术发展趋势的背景下，追寻30年中国核电发展的脉络，并追寻50多年中国核动力技术发展的历程，对中国核电发展的技术选择、战略和体制、技术能力基础和道路选择等方面进行分析。由这些分析所组成的四个主题共同证明了一个道理：引进路线是错误的，中国核电发展的康庄大道只能是自主路线。

2.2 主题一：中国人研发的技术不一定不先进

世界核电技术的发展轨迹并非一条直线，而是在经历两次严重核事故

（美国三哩岛核事故和苏联切尔诺贝利核事故）之后发生了断裂；虽然核工业界在改良压水堆的基础上推出了所谓的“第三代”技术，但由于西方核电的复兴要求实现革命性的“固有安全”，所以以美国为首的各国政府在新世纪之初，合力发起促进新一代核能系统技术开发的浪潮，它们都明确支持的研发前沿集中在所谓的“第四代”核电技术上。以此为背景，在改良传统技术方面，中国完全可以在已有的基础上赶上先进水平；而在革命性的第四代技术上，中国实际上已经走在世界前列。因此，引进路线的制定者对世界核电技术趋势缺乏深刻的认识，其判断也是错误的，全盘引进更是没有必要。

实行第三轮引进路线的主要理由是中国现有的技术不够先进——只要放弃虽然自主掌握却落后的第二代技术，而直接引进“最先进”的第三代核电技术，就可以实现“一步跨越”。由此可见，引进派头脑中的“技术”其实指的是具体的产品（更准确的说法是物化在产品上的技术）。但一个国家要想实现技术“跨越”（更准确的概念应该是“进步”），就不可能只靠购买现成的产品——因为产品会不断更新。要进步，就必须培育出能够推动产品变化的技术能力。

关于技术能力的来源，留待后面再讨论，这里首先指出，以现有外国产品作为判断技术“先进性”的标准，就会忽略决定技术变化的关键因素，从而丧失判断技术发展趋势的能力。如果稍微了解一下核电发展史，就可以看出，世界主流核电技术不是沿着一条直线发展的（如“一、二、三、四代”这种划分给人的错觉），真正决定核电技术代际划分实质内容的，是两个历史阶段对于技术性能不同的政治和战略要求。这两个历史阶段就是已经衰落的“第一核纪元”和正在浮现出来的“第二核纪元”。

“第一核纪元”从世界上第一个商业核电站（美国希平港核电站）的建成（1957 年）开始，到 1980 年代走向衰落，其主导技术是轻水反应堆（包括压水堆和沸水堆）。它起源于美国核潜艇的开发，然后才被用于核电站。在美国政府和因参与海军舰艇核动力项目而获得反应堆设计制造能力的西屋、通用电气等供应商的推动下，轻水堆尤其是压水堆以其率先获得应用的经验基础和较好的经济性等优势，成为西方核电大发展时期的主导堆型。从 1960 年代初到 1980 年代初，短短 20 年时间，400 多座核电站在几个发达国家拔地而起，其中美国建设了 100 多座核电站，共拥有 1 亿千瓦左右的发电能力，使核电在这个世界第一能源消费大国的电力供应中至今仍然占 19%的份额。另一个核电大国法国在减少依赖石油进口的能源战略指导下，在不到 30 年的时间内就使核电在全国发电总量中的比例达到 70%以上。

但 1979 年发生的美国三哩岛核事故暴露出这种堆型的固有缺陷——永远存在发生堆芯熔化的事故概率。轻水堆的堆芯冷却剂是水，其供应是依靠泵和管道，如果泵和管道发生故障（如断电、漏水、机械失灵或操作失误这些永远不能完全避免的事故），失却冷却剂的堆芯就会因温度急剧上升而熔化，而堆芯熔化将导致灾难性的核泄漏后果。因此，几十年来以轻水堆为主的核动力工业界（以下简称水堆工业界）为了应对这种失水事故做出了不懈的努力，绞尽脑汁，不惜工本地采取各种改进措施，其中最主要的是设计出一整套应急安全注水系统，这套系统在反应堆系统发生失水事故时能及时启动，将外部储存的水注入反应堆系统，以防止炽热的堆芯因裸露而熔化。这些技术改进措施降低了反应堆堆芯熔化的概率，大大提高了核电站的安全性。但由多种设备组成的应急安全注水系统是一个复杂的系统，其中任何一个设备或部件的失效（因设备故障或操作失误）都会使整合系统失效，导致堆芯熔化。三哩岛的反应堆装有此类应急安全注水系统，但还是由于设备故障和判断、操作失误而导致堆芯熔化。

事实上，人类十分需要核能这样一种新能源。而从科学技术上做进一步的改进，提出消除核电这一致命弱点的新技术方案，是有可能的。在轻水堆核电站以出人意料的速度在美国铺开并推向欧洲的时候，核电界的有识之士就清醒地对当时只重经济性而忽略安全性的倾向提出过警告。三哩岛核事故发生后，美国第一任原子能委员会主席戴维·利连索尔（David Lilienthal）出版了《原子能：一个新的开始》一书，全面论述了水堆技术必须进行革命性变革的道理。与此同时，美国核能界的元老、长期任职美国橡树岭国家实验室主任、备受尊敬的核能技术奠基人之一阿尔文·温伯格（Alvin Weinberg）也提出：核电的第一纪元已经结束，我们要开发出从物理定理出发就可以理解的、在任何情况下堆芯都不会熔化的反应堆，不是“概率安全”的，而是“确定安全”的，人们把这类反应堆称之为固有安全（inherently safe）的反应堆。只有这种反应堆开发出来，并且同时解决好核废物的长期安全处置和防止核武器扩散的问题，核电才有可能全面复苏，并推向全世界的发展中国家（毕竟是发展中国家的未来需求更大），核电才能开始进入新的第二纪元。

虽然这些先知先觉者的正确预见在三哩岛核事故后就明确清晰地公之于世，但当时的美国政要和工业界人士并没有完全接受。出于既得利益考虑，他们更强调针对事故教训，就现有的设计做修补性的改进，并加强对核电安全的全面监管。但 1986 年的切尔诺贝利核事故最终迫使水堆工业界不得不承认，核电站发生严重事故是可能的。由于两次严重事故的接连发生，西方公众越来越担心核电站的安全，反核浪潮汹涌澎湃，迫使包括美国在内的多数西方工业国家的核电事业陷入停滞。从三哩岛核事故发生至本世纪初，美国再没有新建核电站的订货，有的欧洲国家甚至通过全民公决或政府法令，为正在营运的核电站设置停运期限，全世界的核电发展总体上停滞下来。一个曾经被几乎所有工业国家看好而快速兴起和发展的核电产业，竟然会突然停滞下来，甚至面临被抛弃而退出历史舞台的前景，这在现代工业发展史上是十分罕见的。核工业界一直在抱怨：是偏激和无知的反核势力导致了这种结局。他们认为，核工业界在核电安全方面做出的努力、投入的资金是任何一个行业都不可比拟的，核电站发生堆芯熔化引起严重事故的可能性已经微乎其微，用概率安全分析的方法测算出的事故概率已达万分之一以下，即平均一个反应堆运行一万年以上才可能发生一次这类事故（事故概率为 10^{-4}/堆年到 10^{-5}/堆年），可谓“万无一失”。但公众并不完全相信这种理论分析和测算，即使是如此小的概率也不接受，因为人们从切尔诺贝利事故中看到了这类事故的后果，从心理上把由事故引起的大面积居民环境核污染与原子弹爆炸的后果自然地联系起来。谁也没有理由责怪公众的“偏激和无知”。多年来，核工业界企图通过加强公关宣传教育活动来改变公众的接受性，未见明显收效。

上世纪末的最后 20 年里，发达国家的核工业界在应付严重事故的核安全方面所做的努力是巨大的，向市场推出一批被其自己称为“第三代”的新产品。所谓“第三代”核电先进性的最基本特征，是在技术设计方案中认真考虑了应付严重事故的方法，进一步减小严重事故发生的概率，即把反应堆堆芯熔化和因堆芯熔化致使安全壳（最后一道安全屏障）短期内破裂，导致大量放射性物质外泄的概率，又降低了一个数量级（堆芯熔化概率从约 10^{-5}/堆年降到 10^{-6}/堆年，安全壳短期破裂概率从 10^{-6}/堆年降低到 10^{-7}/堆年）。这是一个不小的进步，但仍然不是消除而只是减小了严重事故的概率。虽然供应商声称这“实质上”消除了严重事故的风险，但公众不见得完全相信这种概率方法分析的结果。堆芯熔化和安全壳破裂的物理过程如此复杂，实验验证很难真实模拟，更不可能在核电站运行中得到证实。水堆供应商们沿着这条技术路线做出的改良性努力没有解决先辈们所提出的也是公众所期望的核安全根本性问题，他们的技术不能引导世界核电走出将要结束的第一纪元，尽管有着巨大需求的中国核电市场是他们竞相推销的最有吸引力的市场。

西方核电复兴的重重困难最终使固有安全概念得到普遍认同，而“第二核纪元”经过漫长的酝酿，正在逐步浮现出来。1999 年，美国政府提出了“第四代核能系统”的概念，其中对核电站的最根本要求就是要实现“固有安全”。小布什当选总统之后，美国开始重新实施以推进新一代堆型开发为主要技术内容的核能战略。2001 年 7 月，美国能源部宣布成立由美国领导、9 个国家参加的“第四代核能系统国际论坛”，正式开始了国际第四代核能研发，其后又接纳了包括中国在内的多国参加。该组织定义了第四代核能系统的技术目标，推出了 6 种第四代堆型的概念，对核电反应堆安全性的要求是不再需要电站厂址以外的应急响应，也就是不再会发生堆芯熔化事故导致的大量放射性外泄，要做到这一点，反应堆必须实现“固有安全”。

从上述过程看，世界核电技术的发展经历了两个核纪元之间的断裂，美国核电建设停滞 30 年的事实充分证明了这种断裂的程度。当然，鉴于新一代堆型开发的困难性和时间需要，近期内的核电建设仍然只能依靠对原有技术的改进，但是，开发新一代核能系统的全球联合攻关已经吹响号角，迎来“第二核纪元”的核电革命已经发动，新一代的“固有安全”反应堆将在不远的将来被推向市场。

恰恰是这种技术革命的潮流更会催生对引进路线的质疑——中国实际上在第四代核电技术的发展上走在世界前列，甚至领先于美国。2002年，国际权威期刊《核工程和设计》（*Nuclear Engineering and Design*）出版了介绍中国清华大学10兆瓦模块式高温气冷堆（the HTR-10）的专刊。该刊主编、作为模块式高温气冷堆概念原创者之一的洛内特（G. Lohnert）在编者按中说：“事实上，the HTR-10是世界上第一个有理由被称为‘固有安全’的反应堆。因此，这是第一个第四代反应堆——它不仅存在于纸面上，而且存在于现实中。当然，它只是一个小反应堆。但重要的是，要注意到，实际上它的所有部件，与正处于设计阶段并将生产250兆瓦以上电力的原型堆，具有同样的尺寸并遵循同样的设计原则。”2004年9月30日，在国际原子能机构的安排下，世界第一座模块式高温气冷核反应堆在北京首次对外进行了核安全实验演示，来自30多个国家的60余位国际原子能专家在现场观看了“不插入控制棒下反应堆丧失冷却”的核安全实验演示。那是在全世界范围内有史以来第一次用正在运行中的实际反应堆进行事故演示，充分说明“中国和平利用核能技术走在了世界前列”。比得到国际学术界的赞扬更可喜的是，由中国政府支持的20万千瓦高温气冷堆示范电站即将动工，标志着这种国际公认的新一代先进反应堆将要在中国首先实现产业化。

高温气冷堆是目前美国选中开发第四代核电技术的唯一目标堆型（用于发电和产氢）；另一个目标堆型是钠冷快堆，主要目的是“焚烧”掉核电站产生的核废料中寿命奇长（上万年）的“锕系元素”，以解决核废料处置的长期安全问题。在第四代核能系统国际论坛所确定的6种堆型中，由美国主导的是“超高温气冷堆”（VHTR），它也是美国2001年能源政策报告中唯一提到的核电技术。清华大学高温气冷试验堆建成后，美国国会的拨款委员会主席和能源部长相继专门来“参观考察”过。近来，美国核管会（NRC）已与中国核安全监管当局原则上达成协议：中方同意与美国核安全管理当局合作，让美方参与中国首个工业规模的高温气冷堆示范工程的安全评审工作，共享安全评审方面的经验；作为回报，美方愿提供他们有关评审 AP1000 的资料的经验。

上述事态发展表明，美国政府已看好高温气冷堆是最有可能实现“固有安全”的核电反应堆，还有可能利用它产生的高温热量来生产氢——这是美国当前炒得很热的“氢能社会”概念实现的基础。在美国国内形成这种共识的时候，他们遗憾地发现，两个发展中国家——中国和南非先行一步，都已经起步建造工业规模的模块式高温气冷堆。美国有关部门一方面通过各种形式与这两个国家的高温气冷堆项目开展合作（西屋公司已经在南非项目中入股），借鉴先行者的经验；另一方面拨出资金开展研究，并准备尽快在爱达荷国家实验室建设工业规模的示范堆。为将来产氢做准备，美方希望开发出新的更高温度的燃料元件和结构材料，建成能产生出口氦气达 1 000℃高温的所谓“超高温气冷堆”。在美国主导形成的描述 6 种第四代堆型的文件上，美国准备搞的“超高温气冷堆”名列其中，而且由美国作为主导国家（leading country），不承认中国和南非先于美国建成的模块式高温气冷堆是第四代反应堆。在 2004 年 9 月的北京演示会上，一位中国核动力科技界的资深人士质问美国代表团为什么定这样的标准，来自美国国家实验室的专家私下表示，他们实际上也不同意这样定，但这个意见报上去后，被美国能源部一口否决，理由是：“这是政治问题。”

对于美国为保全世界核电领袖面子所做的努力，中国眼前不必花费精力去理论和争辩，倒是可以看清问题的实质——中国在核电新技术革命的潮流中方向正确，已经走在世界各国的前面。清华大学开发的模块式高温气冷堆就是第四代核电技术，它才是世界最先进的核电技术，而不是被国内引进路线所吹嘘的 AP1000。需要警惕的倒是国内——引进派也以美国标准为根据而否认中国的高温气冷堆是第四代技术，以便为引进路线辩护。

从世界核电发展趋势的脉络中可以很容易地看出，革命性的技术断裂发生在第四代和第三代之间，第三代和第二代之间的变化则是连续性的改进（最核心的反应堆技术基本没变）。中国核电的发展起步较晚，但两期秦山核电站的建设已经证明中国掌握了二代技术。在这个能力基础上向三代演进，并不存在难以逾越的跨度，完全可以满足近期核电建设的需要。对于即将到来的“第二核纪元”，花费几百亿巨资全盘引进的第三代技术并不是通向第四代的桥梁，更不是通向第四代的必由之路。中国目前应该做的是尽快成功建成世界上首个模块式高温气冷堆示范核电站，并进一步加大对这个方向未来技术发展的投入，扩大自己在核电技术革命中的领先优势。以“引进”外国现有产品来振兴中国核电只能是一个幻想，其更严重的后果是，它必将导致忽略本国的技术能力基础、忽略对于自主开发新堆型的投入、忽略自己的产品开发平台、忽略本国核动力技术的基础研发。

2.3 主题二：三十年的战略错位

中国具有独立的核动力技术能力基础，之所以还在核电发展过程中步履蹒跚，其主要障碍不是技术上的，而是战略和体制上的。这些障碍的本质，是从来没有把中国核动力工业的发展纳入核电发展的考虑和规划之中。

身为核大国的中国在核电发展上步履蹒跚，其根本障碍不在于技术，而在于战略和体制。从现象上看，以往中国核电发展缓慢的直接原因是造价昂贵，与常规电力相比缺乏优势；昂贵的直接原因是过多地依靠引进，而引进的理由是中国的技术不行。但为什么经过 30 多年的发展，中国的核电技术还是不行？分析 30 多年的历史，答案很简单：不是真的技术不行，而是主导了核电发展的引进路线从来没有把中国核动力技术的发展列入发展核电的考虑和规划之中。三轮引进路线都是只从对核能需求的角度出发，把兴建电站增加电容作为核电发展的唯一业绩指标。在技术供应方面，它们把“技术”等同于现成的产品，认为购买外国核电站就是“引进技术”，却无视一条被各核电大国的经验所证明的规律：一国核电健康发展的能力基础是本国核动力工业的发展——技术驱动型的美国如此（把军用核动力技术应用到民用发电领域），需求拉动型的法国如此（为保证关系到国家政治独立的能源供应而坚持核能技术自主），通过引进追求自主的日本、韩国也是如此——特别是日本，也是从引进起家，但现在已经控制了几家全球领先的核电技术企业，包括西屋。与这些国家相反，中国在国家层次上从来没有形成过同时考虑需求（核能利用）和供给（技术发展）两个方面的核能战略，几乎所有影响了中国核电发展过程的重要决策都是从增加电容的局部利益角度出发做出的。

从计划经济继承下来的体制问题不能全部归咎于引进路线。但如何改革核电工业体制，要受制于发展核电的战略。由于每一轮发展核电的主旋律都是以行政手段推行引进路线，从而忽略本国核能技术的发展，所以对采取什么样的组织形式才能使中国的核工业基础为核电发展服务这样重要的问题，很少有过严肃的讨论。于是，缺乏改革的思路和动力，再加上沿袭下来的行政垄断，使中国至今没有形成符合技术逻辑和市场逻辑的核电工业体制。历史说明了这些问题。

中国核电的发展可以追溯到1970年，周恩来总理于那年2月8日做出要发展核电的指示。虽然以“728工程”命名的第一个核电站项目早于1974年就被批准上马，但由于在被封锁条件下自行研制的技术难度和核工业内部的争议（是用压水堆还是重水堆），该工程的实际建设一直拖到了改革开放阶段。

1970年代末，核电发展从增加电力供应的需求角度产生了新的动力，推动这个进程的主角是负责电力供应的政府部门。1977年，中法两国政府达成协议，由法国提供贷款，与中国进行经济技术合作，其中包括一座核电站。新的行动者——电力部和一机部——主张下马“728工程”，转而引进法国90万千瓦的核电站（拟建在苏南），理由是前者的30万千瓦容量太小；而二机部（核工业部）则主张工程继续干下去。由于国家预算中的电站建设资金全部由水电部掌握，所以电力供应部门成为第一轮核电发展的主导部门。

虽然70年代末的经济调整迫使拟议购买法国技术的苏南核电站下马，但广东与香港合资的核电站项目（大亚湾）因另辟融资渠道而在1982年获得批准，并被纳入水电部的主管之下。在那个渴望外资和技术的年代，广东核电站因成为最大的合资项目而得到国家领导人的支持。同时，由核工业部主管的“728工程”也在照顾历史的条件下被保留下来，由国务院领导确定为采用压水堆，工程定点浙江海盐县的秦山，正式命名为秦山核电站（一期）。但因为获批的条件是“30 万千瓦的核电站就此一个，下不为例”，所以秦山一期并不构成“路线”。

1983 年 3 月，国务院召开常务会议专门讨论核电问题。会议充满乐观地决定，未来要大力发展核电，到 20 世纪末建成 1 000 万千瓦，先建三套：广东、华东、东北各一套；要与法国谈三套，并谈技术转让；同时试探向原苏联购买核电设备的可能性。那年年初，根据国务院的安排，国家科委牵头联合国家计委在北京回龙观饭店召开技术政策论证会，会后编制的《核能发展技术政策要点》经国务院批准，确立了核电高起点起步，技贸结合，引进国外百万千瓦级压水堆先进技术的方针。至此，第一轮引进路线形成，其主要特征是把建设核电站当作发展核电的全部内容；虽然也强调对“引进技术”的“国产化”，但主要指的是设备的国产化，对如何掌握核电技术的问题却语焉不详。

1980 年代中期，以秦山一期和大亚湾两个核电站相继开工为标志，中国的核电建设终于起步。回顾历史，从增加电容的需求角度所形成的引进路线确实推动了中国核电的发展，但这个功绩不能掩盖相伴的缺陷——它也确实没有引进什么技术。当时，在大亚湾项目的技术引进主导权上，电、机、核“三套马车”又开始新一轮争执，致使国务院把电站引进和技术引进的主导权一分为二，分别交给了水电部和机械部。其结果：对技术没有兴趣的水电部急于工程上马，机械部又不懂核电站最关键的反应堆系统，而已经获得设备采购合同的法方在技术转让谈判中日趋强硬，导致谈判失败。大亚湾最后不过是一个法方负责的“交钥匙工程”。

到 1985 年，国家降低了发展核电的调门（主要原因是核电站造价较高，不如火电站经济），从原来的“要大力发展核电”转变为“本世纪以火电为主，逐步加大水电的比重，核电是一个补充”。与此相应的是体制变化。1986 年，国务院决定把核电站全部交给核工业部主管，大亚湾的主管部门也由水电部改为核工业部；同时把准备从联邦德国引进的两台 90 万千瓦核电机组改为在秦山扩建两台 60 万千瓦压水堆机组，这既是出于外汇平衡的考虑，也是因为当时中国通过引进技术具备了 60 万千瓦发电设备（常规岛设备）的能力，把核电机组改为 60 万千瓦可以提高整个项目的国产化水平。

秦山扩建工程（二期）本来也是一个引进项目（联邦德国设计为主），但在1989年后遭到西方制裁的条件下却被迫走上自主设计道路。这给了中国核动力工业又一个自主实践的机会，使其毫无疑问地证明了自己的技术能力。但如同秦山一期一样，这个偶然因素导致的自主开发并没有造成任何政策路线上的变化。1994年大亚湾核电站建成后，中国又形成了第二轮引进路线。在增加发电能力的眼前需要左右下，决策者在“九五”期间（1996—2000年）以单纯“购买电容”为目的，分别从俄罗斯、加拿大和法国整体购买了三个核电站。

就总装机容量而言，“九五”时期是中国核电发展最快的5年。但没等这些项目建成，核电就陷入低潮，在包括整个“十五”在内的七八年中没有批准一个核电站项目。这段低潮实际上是引进路线代价高昂的结果。大亚湾一期、二期工程的造价达到2 000美元/千瓦，而秦山三期也达到1 950美元/千瓦，远高于秦山一期、二期的造价。有领导此后不久就指出“这样高的造价，我们在经济上承受不了”。此外，多国技术的引入令尚处于成长阶段的核电工业体系方方面面都承受了高负荷。在标准、安全审批、设备制造、人才培养、运营、管理、维修等方面的额外成本，使原本并未逾越适度发展原则的核电建设规模也一下子显得臃肿起来。一位核技术界资深人士于2006年反省道：“秦山三期和田湾的整体引进，当时看各自的理由都相当充分，但事隔十余年后，面对现在核电系统的散乱局面，当时的所有理由都根本站不住脚。”于是，核能的模糊地位以及混乱的技术路线，使中国核电工业带着一片迷茫进入了21世纪。

前两轮引进路线在引进技术上的失败反映了一个影响深远的事实：中国从来没有在核能方面形成过国家战略（发展核能的顶层设计），从来没有把发展本国核动力工业纳入核电发展的考虑和规划之中。不错，中国核工业由于传统重点是核武器开发而在民用核电方面缺乏经验，但正如两期秦山核电站建设所证明的，它并非没有核电技术能力的基础，问题是：决策者从来没有想过如何发展这个基础。核工业部的“军转民”，主要任务是为核电站提供核燃料。既然如此，中国的核动力技术当然就与核电发展没有关系了。在短期内，引进似乎推动了核电的较快发展，但三十年下来，依赖引进而忽视自主技术能力的发展，则成为制约核电发展的主要障碍。

在体制上，中国从来没有一个从战略上规划核能事业的机构（所谓“战略上”，就是同时负责规划核能技术的供应和需求），其他机构也从来没有承担过这项职能。设在国家计委的国务院核电办公室曾经是在各个部委之上有关核电的唯一机构，但它执行的职能始终是协调引进核电站。在工业层次上，由于高度复杂的核电站跨越了部门的传统界限，所以计划体制下的核电发展总是伴随着部门纷争。虽然后来有关核电的几个工业部都被撤销，但沿袭下来的行政性集团公司体制仍然没有改变政企不分的状况，致使中国至今没有形成符合技术逻辑和市场逻辑的核电工业结构。

而符合技术逻辑和市场逻辑的核电工业结构，正是西方主要国家的核电工业能够迅速发展的重要原因。这样的核电工业包括三个市场主体，即运营核电站的业主公司、负责工程施工的 AE 公司（architect engineering company）和核蒸汽供应系统公司（nuclear steam supply system，NSSS）。在美国，所有的电力公司经过核安全当局的审批都可以成为核电站运营商，从体制上看属于高度竞争性的体制；法国的电力供应则由国家电力公司所垄断，它也是唯一的核电站运营商。AE 公司在美国是独立的，经常与 NSSS 公司捆绑在一起承包核电站建设；在法国则附属于国家电力公司。更重要的是，无论各国的核电工业存在什么样的不同，提供核反应堆和主设备系统集成的 NSSS 公司都居于中心地位。不同国家的 NSSS 公司成长路径各有不同。例如，美国的西屋公司和通用电气是通过参与美国核潜艇工程而掌握核工程能力的，法国的法马通则是由国家电力公司和一些发电设备制造商专门为提供核蒸汽供应系统而组建并培植起来的。这样的工业结构，加上国家核安全当局的监管和国家实验室的支持，使核电发展能够迅速地响应市场需求。

反观中国，继承了原核工业部大部分职能的中国核工业集团公司（以下简称中核集团），实际上是一个既非政府又非企业的行政性集团公司。它既是经营核电站的业主，又是工程和设备的总承包商、国内核燃料和后处理服务的唯一供应商，还主管了中国所有具有国家实验室性质的核动力技术研究机构。在现代市场经济中，囊括了如此众多的异质性业务活动容易导致效率问题，竞争性企业只能围绕着自己的核心能力开展业务活动。行政性集团公司体制容易导致垄断倾向，对外力图阻止其他人染指核电市场，对内压制下属单位的自主权，其结果是使中国始终成长不出来 NSSS 公司。

大亚湾核电站建成后，国务院领导决定在其基础上成立中广核公司，计划单列（后归国资委管），把中核集团的“一统天下”撕开了一个口子。虽然中核集团持有中广核的股份，但国务院领导规定中广核的中方股东不分红，结余利润用于核电的滚动发展（但这个“以核养核”的方针只适用于续建核电站，与核电技术发展没有关系）。在后来的年月里，中核集团一直抱怨中广核只经营非常赚钱的核电站，既没有核工业部门在军工体制下形成的历史包袱，也不承担中国核技术发展的责任。中广核则指责中核集团利用所掌握的核燃料循环、反应堆设计和涉核的审批权等资源，对中广核处处设卡。

于是，中国核电工业两个“寡头”近年来出现一种有趣的发展趋势：从核技术供应起家的中核集团拼命想扩大经营核电站的数量和范围；从核电站运营起家的中广核则拼命想培植起来自己的技术供应能力，成立了研究院，招纳人才，大有在技术上实行自给自足的意图。双方理由不同、做法不同，但实质和结果都是在缺乏市场机制下的“封建割据”。

直到中国核电面临大发展的今天，如果问一句中国核电的市场主体在哪里，人们的眼前还只能是一片空白。当然，除了中核集团和中广核，中电投、大唐国际、华能等电力公司目前已经被批准进入核电市场，预示着形成竞争性业主体制的可能性。但是，不仅这些公司的核电项目（机型、规模、价格等）要受到引进路线的直接行政操控，而且其他不可或缺的市场主体（尤其是 NSSS 公司）也并没有形成——中广核走的是在依赖法国技术的框架下实行局部自给自足的道路，中核集团则通过本属国家事业单位的科研院所来直接控制核技术供应，整个核电工业仍然处于一种行政垄断的状态。

一些业内人士曾经认为，两个“寡头”明争暗斗的结果是为第三轮引进路线提供了口实。经过秦山二期的设计实践后，中核集团属下、远在四川的中国核动力研究设计院以法国 M310 堆型（大亚湾堆型）为参照系，重新设计堆芯，把燃料组件从 157 个改成 177 个，并加大了压力容器的尺寸，这就是 CNP1000

的核心技术方案。1999 年，中核集团接管 CNP1000 项目，将它作为自主品牌向外推介，想通过这个方案来统一全国核电发展的技术路线。岭澳项目顺利实施后，正在为三期建设制订百万千瓦级堆型方案的中广核对这种意图极为敏感，迁怒于 CNP1000 方案本身，坚决不同意改变堆芯设计，并针锋相对地提出了 CPR1000 方案（M310 堆芯不变，其他修改 18 项，仍由中国核动力研究设计院设计）。相持不下之际，源自国家计委的第三轮引进路线以需要统一技术路线为由出场了。

但事实上，第三轮引进路线自有其“深厚的”根源。在战略上，它的出发点仍然是只考虑增加电容的片面需求观点。2007 年国家发改委公布的《核电中长期发展规划（2005—2020 年）》在前言中就称：“核电发展专题规划是电力发展规划的重要组成部分。”这与前两轮引进路线本质相同。由于从原苏联学来的计划编制方法只能从已知的给定产品出发，所以计划官员们早已养成了从引进外国现有产品开始（再加个“国产化”）发展产业的习惯——汽车、飞机、彩电等工业如此，核电工业也如此。在整个 1990 年代，国家计委在核电技术上的工作重点就是满世界找核电发展的“驱动项目”，即准备引进的目标堆型（后来改称自主化依托项目）。在核电即将陷入低潮和迷茫的 1996 年秋天，国家计委等部门在上海召开“核电国产化和技术政策研讨会”。来自基层的与会人士越来越认识到，“国产化”不应该仅仅限于设备的生产制造，而应该是“四个自主”，即自主设计、自主（设备）生产、自主建造、自主营运。但在国家计委会后下发的文件中，把过去所提的“以我为主，中外合作”的方针改为“以我为主，中外合作，积极引进，推进国产”。在这个“十六字方针”中，前八个字是从来都不得不说但却难以把握的话，而后八个字倒是真正可以操作的方针。在酝酿新一轮核电发展的新世纪之初，相关专家提出了全盘引进的建议方案，说服领导之后，遂形成第三轮引进路线。

但这条路线除了通过购买外国核电站可以“引进先进技术”的空话外，既无判断世界核电技术发展趋势的能力，也无对本国核动力技术发展的规划，何谈战略？在体制上，它的提出和实施完全是依靠行政权力，通过新成立一个行政性公司来干预企业和市场，以强行贯彻引进路线，在原来的混乱之上又叠加了新的混乱。引进派在为自己辩护时总说中国的技术不行，但被三十年历史证明并被实践继续证明的是，问题出在战略和体制上。如果中国能够形成一项核电发展的国家战略并进行相应的体制改革，那么引进路线才是一个首当其冲应该被彻底抛弃的怪胎。

2.4　主题三：被边缘化的“中国创造”

中国具有核电技术能力的基础，其主要载体是在披荆斩棘开发核潜艇过程中建立起来的核动力产品开发平台。经过秦山核电站的实践和百万千瓦级核电站设计的实施，这个产品开发平台已经能够支撑起中国核电发展的大局。但是在引进路线和行政垄断的共同作用下，它正面临被肢解、被边缘化的危险。

与引进路线很不情愿去承认的相反，中国具有核电技术能力的基础。比这更令人清醒的是这个基础的来源——它不是来自技术引进，而是来自自主开发。对这个事实的理论解释很简单：产品虽然可以从市场上买到，能力却是买不来的，因为能力的生成和发展只能通过开发技术和产品的实践。与美国、法国和俄罗斯等国家一样，中国的核动力技术能力也起源于核潜艇动力系统的开发，这种起源使中国核动力技术的发展从一开始就建立在自主的产品开发平台上。

从概念上讲，产品开发平台是一个包含了其工作对象（产品序列）、工作主体（专业研发团队）和工作支持系统（工具设备和经验知识）的有组织的活动系统——不是这几个要素的简单拼凑，而是随着产品开发经验的积累逐渐形成的有机系统。由于技术知识的缄默性和组织性，产品开发平台即工业组织的学习系统和知识系统，是消化吸收外部知识的经验基础，是“再创新”的必要条件，它随产品开发活动的演进就是技术能力发展的机制。

与通过自主产品开发平台的技术学习不同，在引进给定产品设计下的学习，是一种亚产品层次的学习，它包括购买全套生产线、按照外国的产品设计组装产品等，当然也包括对原设计的边际性改进。中国多年来的工业实践证明，亚产品层次的技术活动使学习者受到一系列的限制：无法从产品设计上理解技术、市场需求、成本约束等因素之间的关系，无法掌握把各种单项技术集成为产品系统的能力，无法学会如何判断影响技术演进方向的因素，并因此而无法决定进行技术努力的方向；由于目光被局限在局部的技术差距上，甚至容易使学习者丧失信心。

这种对比对于追赶国家的技术学习有着特殊的政策和战略含义：由于工业技术能力的生成及持续发展只能通过自主的产品开发平台，所以即使后进者必须进行技术学习，而且在起始阶段往往不得不从亚产品层次开始学习，但要摆脱技术依赖，唯一的途径也就是使自己的技术学习从亚产品层次上升到产品层次。回顾中国核技术 50 多年的发展历程，不但可以解释中国核电技术能力的来源，说明引进路线把这个能力基础排除在核电发展之外的恶果，而且再次证明了技术能力是如何生成和增长的理论主题。

1958 年，中国第一座核反应堆刚一运转，聂荣臻元帅就向毛泽东、周恩来提交中国应该自行研制导弹核潜艇的报告。报告在两天内得到批准，项目上马，代号“09 工程”，一支年轻的潜艇核动力设计团队随即在北京原子能所组建起来。由于苏联从一开始就拒绝提供任何帮助，加之 1960 年代初的经济困难，项目下马了两年，但动力堆的研究设计工作一直没有停顿。1965 年，中央决定在四川省夹江地区建造核潜艇陆上模式堆（压水堆），以北京团队为核心，从全国调集几千名工程技术人员，在那个毫无工业基础的地方建立起 909 基地——这里没有篇幅去描述他们所经历的困难和献身精神。1970 年 8 月 30 日，中国第一个核潜艇陆上模式堆达到满功率。1970 年 12 月 26 日，中国第一艘核潜艇下水，1974 年正式服役。事实上，以核动力在中国发出第一度电的，既不是大亚湾核电站，也不是秦山核电站，而是这个远在西南一片山区中的中国核潜艇陆上模式堆。今天，这个 909 基地已经演变成为中国核动力研究设计院（总部设在成都）。

在开发出第一代核潜艇动力堆之后，中国核动力研究设计院（以下简称核动力院）几乎 20 年没有再接到任务，几千人似乎被遗忘在那片山区。1970 年代末筹建秦山核电站（一期）时，728 院（今天的上海核工程研究设计院）在上海成立，当时的核动力院院长调任 728 院院长，并带去一批技术骨干。在“军转民”最困难的时期，核动力院既无军品任务，也无缘核电建设（他们曾为参与核电做了大量准备工作），人员大量流失。即使在这样的条件下，这支披荆斩棘的队伍仍然于 1980 年建成了高通量工程试验堆（设计反应堆的关键试验设备），使中国成为继美苏之后第三个拥有这种堆型的国家，迄今该设备仍然是亚洲最大的高通量工程试验堆。1980 年代末，闲着没事干的核动力院自筹资金，开发出在美国之外绝无仅有的脉冲堆（可用于模拟核爆试验）。1989 年，国际原子能机构总干事布里科斯在核动力院访问了 3 天，当被问及观感时，他不假思索地脱口而出：“你们在一个如此与世隔绝的地方，做出了令人不可思议的业绩!”也是在同一年，巴西原子能委员会代表团到访，看到核动力院自己设计建成的高通量工程试验堆，在羡慕和钦佩之余不禁提了一个问题：“你们为什么不自己搞核电?!”陪同参观的院领导无言以对。

好在他们终于熬到了机会。1980 年代后期，酝酿秦山二期时，有关部门采取招标方式，首次被允许参与民用核项目的核动力院以无可争辩的实力中标。虽然当时中标的任务只是辅助德方设计，但从 1989 年之后就变为承担全部设计。有关秦山二期是照抄大亚湾的说法，来由是前者的反应堆设计被上级规定为必须参照法国 M310 压水堆，但除此之外，该反应堆是重新设计的。M310 是三个回路 90 万千瓦，秦山二期则是两个回路 60 万千瓦。这个变化意味着堆芯系统必须重新设计：设计反应堆“心脏”的堆芯只能从特定的结构尺寸和主参数开始，而不可能从任何其他设计的局部修改开始；设计的功率不同，堆芯的结构就不同。此外，由于需要涉及大量计算，所以从初步设计开始就要启用计算程序。核动力院所使用的设计程序是从设计核潜艇陆上模式堆开始逐步开发积累下来的，只是在秦山二期施工开始后才能启用法马通（法国唯一的 NSSS 公司）的咨询包（包括设计软件），其作用主要是校验中方的设计程序和设计结果，结果是差异不大。

一个具体的例子更清楚地说明了自身能力与外来知识的关系。1990 年 7 月，当核动力院的技术人员开始设计秦山二期反应堆控制棒驱动机构（堆内核心构件之一）时，只收到大亚湾核电站关于该机构的标注总图，它不过是外形和基本结构的示意图，虽然可以提供某些灵感和启发，但信息非常有限，连零部件尺寸这样最基本的参数都没有。因此，尽管得到这样一份参考图，技术人员仍然必须从概念阶段进行设计工作。官方记录中说到：他们“凭着从事 09 工程的多年设计研究经验”，最终确定了采用竖直方向步进的磁力提升器型设计。在详细设计阶段，一位参与者回忆说：“因为是从零开始，每一个结构的确定、尺寸的设计都煞费苦心。”经过大量的计算和设计修改之后，开发人员完成了图纸设计，并立刻进行样机的各个单项试验研究，然后下厂与现场技术人员和工人一起加工制造样机，至 1993 年 5 月完成了控制棒驱动机构电磁验证样机的研制。

秦山二期反应堆的设计开发不仅证明了核动力院的技术能力，更证明了真正的技术能力不是引进的直接结果，而是源于自主开发——对外部技术知识的消化吸收只能建立在自己的经验基础之上。秦山二期两个 65 万千瓦机组几年的运转证明：反应堆系统安全可靠，而且在近期世界上已建和在建的核电站中是成本最低的，安全性能也达到了二代主流技术的水平，有的指标已经达到 URD（美国电力研究所发表的《先进轻水堆用户要求文件》）规定要求，目前的运行状况非常好。秦山二期堆芯的设计效果有目共睹，核动力院在个别参数的要求上甚至比法马通还严格，一位堆芯总设计师指出：核动力院就堆芯设计手段而言已达到世界先进水平。无论是 AP1000 还是 EPR，在这方面都没有新东西可以转让给我国。

1991 年 6 月 15 日，对“09 工程”怀有很深情结的时任党中央总书记江泽民对核动力院院长的来信批示，表示支持核动力研究开发基地的建设。国家计委遵照批示投资 1.8 亿元，在成都建设了一批军民两用的核动力试验设施。这个被称为“615 工程”的项目挽救了濒于散伙的核动力院，使其主要技术力量从山里搬迁到成都。在工程完成后，核动力院拥有在世界上也堪称一流的完整试验装置（包括工程试验堆）。所有这些试验装置全部是核动力院自己设计和建造的，凝聚了中国核动力技术的经验（其基础就是当年为开发核潜艇动力堆而在山里建造的试验装置）。有些参观者只从投资成本去计算这些装置的价值，但它们不是可以从市场上买到的标准产品，其设计和使用方法是研发机构经验积累的产物。没有那些“前辈们在山里摸索出来的经验公式”，以及反复在开发产品过程中才能理解的原则和掌握的诀窍，这些装置不过是一堆钢铁，而经验知识（能力的要素）恰恰是难以模仿、不可转让的。

由于近 30 年世界核电建设的萧条，大型工具堆和试验台架已经成为核动力工业界的稀缺性战略资产，中国核动力院的试验装置在世界范围内都具有竞争力，其实际价值远远超过有形设备的投资成本。西屋在向中国推销 AP1000 的过程中，曾请求核动力院帮助做水力模拟和流致振动试验（报价 200 万美元），但美方要求核动力院必须接受美国能源部对试验经费的审计，被核动力院拒绝（这个例子同时证明，西屋在还没有做过这两个重要的试验之前就向中国推销产品）。

中国核动力工业经过几十年的体制演变，目前中国拥有核动力反应堆开发能力的研发组织只有两个：开发了核潜艇动力堆并承担了秦山二期反应堆设计的核动力院，以及开发了模块式高温气冷堆的清华大学核能与新能源技术研究院（以下简称清华核研院）。清华核研院早期介入过核潜艇的开发，因感受到自己不属于业内主管部门而难以在主流技术领域（如压水堆）立足，于是在 1970 年代末决定主攻当时看上去属边缘领域的低温堆和高温气冷堆。模块式高温气冷堆的概念是两位德国科学家在三哩岛核事故后提出的，但在 1980 年代反核运动高涨和绿党兴起的背景下，该堆型的概念无法在联邦德国付诸实施。当时为了促使中国购买联邦德国的核电站（秦山二期），德方把邀请中国科技人员参与高温气冷堆的研究作为一个砝码，中方派出的学习单位就是清华核研院。1980 年代后期，模块式高温气冷堆被列入中国“863 计划”。虽然不是原创，但清华核研院的杰出贡献是沿着这条技术路线锲而不舍，历经十几年埋头苦干，建成了世界上第一个模块式高温气冷堆（10 兆瓦试验堆）。

令人感到怪诞的是，如此宝贵的研发组织也是最被领导们所看轻的。由于相关政策从未将中国核动力技术的发展与核电的发展联系起来，所以这些研发组织只能在边缘生存，依靠一些偶然的机遇来证明它们的能力。以集产品开发业绩、完整试验手段和深厚经验积累于一身的核动力院为例，它既是中国能力最强的军民两用核动力技术研发平台，同时也是在现行体制下最被边缘化的机构。翻看上世纪八九十年代的文献记录，令人甚至怀疑当时主管核电发展的领导人是否知道中国还有这么一个核动力技术的研发机构。核动力院是国内最早理解世界核电新技术革命趋势的机构，早在80年代就参与过西屋公司采用“非能动”概念的AP600反应堆（AP1000的原型）开发，也跟踪过联邦德国的高温气冷堆，但这些努力都因为计划体制只重工程不重研发、研发组织没有决策自主权而不了了之。在核电建设中，由于主管部门沿袭传统体制的行政分包方式，所以在技术方面起关键作用的核动力院只是被置于打工者的位置，任何组建NSSS公司的念头都会遭到压制。引进路线本来还打算通过“军民分开”肢解核动力院，将其从事核电研发的力量划出来用于复制AP1000，因涉及军工体制未果，但从此也实质上把核动力院排除在国家重大专项之外。与之相比，清华核研院通过把高温气冷堆列入科技部主管的“863计划”，反倒是另辟蹊径，走了出来。

但核动力院这个被引进路线和行政垄断所边缘化的研发机构，却仍然成为支撑中国核电大局的顶梁柱。中国百万千瓦级核电压水堆的两个设计方案——CNP1000和CRP1000，都是由核动力院通过秦山二期的实践而开发设计的。采用CNP系列的秦山二期扩建工程（在已经投产的秦山二期原址再建两个65万千瓦机组）已经于2006年开工，将分别于2010年和2011年建成投产；采用CPR1000的岭澳核电站扩建工程已于2005年开工，预计两台机组于2010—2011年建成投入商业运行；采用CPR1000的辽宁红沿河核电工程是“十一五”期间首个获准开工的核电项目，其1、2号机组主体工程已分别于2007年和2008年开工，全部4台机组计划于2012—2014年建成投入商业运行；采用CPR1000的福建宁德核电站一期工程建设4台百万千瓦级机组，主体工程于2008年2月正式开工，首台机组计划于2012年投产；此外，采用CPR1000的广东阳江、福建福清、浙江方家山三个核电站项目（共10个机组）也于2008年末获得核准。如果中国没有这个核动力院，当然也就没有核电发展的这个局面。

创新程度更高的CNP1000已经完成了基本设计，有一些技术指标甚至能够达到URD规定要求（如寿命长达60年，热工安全余量高于15%）。国家核安全局已经对CNP1000设计的反应堆系统做了初步审查评价，认为可以应用于工程实践，只是由于行政性集团公司体制的低效率，使配套的全厂设计（电站布置和辅助系统等）没有跟上，安全审评工作未能全面开展，至今未能推向市场。

更能说明中国技术能力基础在引进路线下遭受厄运的是核电重大专项的波折。在国务院组织论证“中长期科技发展规划”的过程中，从2004年初开始，在科技部和国防科工委领导下，核动力院作为技术牵头单位，联合其他单位，经过大量技术论证和上级主管部门组织的多次专家咨询评估，于2006年1月向国家提出《大型先进压水堆核电站示范工程国家重大科技专项立项建议书》，目标是建成核安全等级达到国际第三代核电技术水平、寿命达到60年的150万千瓦级的大型压水堆示范电站（CNP1500方案）。正是这个立项建议，加上高温气冷堆项目，形成16个国家重大专项之一的“大型先进压水堆及高温气冷堆核电站示范工程”。本来这个重大专项与当时进行中的第三代核电技术国际招标没有关系，但自主开发出达到第三代核电技术水平的设备的努力必将陷全盘引进路线于无理无据的境地，于是在其他专项纷纷上马时，引进路线的决策者对核电专项故意拖延，直到2007年与西屋签订引进协议和成立国核技之后，才突然决定将该重大专项转向对AP1000的“消化、吸收、再创新”。

中国经济发展和产业结构升级的需要已经证明，最宝贵的生产要素不是资本和劳动力，而是技术能力。在诸如核动力这样的复杂技术领域，建立起有效的产品开发平台是必要的，只有经过多轮次的产品开发，才能发展出可靠的技术能力。自主技术能力也是吸收外来技术知识的必要条件——这就是为什么在法方并没有真正转让技术的条件下，吸收了大亚湾核电站技术知识的不是拥有这个电站的中广核，而是由开发核潜艇起家的核动力院；模块式高温气冷堆的概念源自国外，但在清华团队锲而不舍地把概念做成实际反应堆之后，中国在这个方面的技术能力就领先于其他国家。

中国核电的三轮引进路线，都是把现有产品当作技术，把购买外国核电站等同于获得技术能力，无视中国自己的技术能力基础，更没有把这个基础的发展纳入核电发展规划。正因如此，引进路线也充分证明了自己的荒谬——在30多年的轮回中，每一次引进的结果（没能引进技术）都成为下一次引进的理由（还是缺乏技术）。

2.5 主题四：中国利益最大化还是部门利益最大化

> 只要摈弃宿命的直线式思维，而代之以符合自己长期目标的战略性思维，决策者就不难看出，中国的核电发展不但完全可以走自主路线——甚至在经历了引进路线的曲折之后再走也不迟，而且只有走自主路线，才可能从发展民用核电工业上获得足够的经济利益和战略利益。

从前三个主题对世界核电技术发展趋势、中国核电建设历史经验和中国核动力技术能力基础的分析看，中国实际上具备了几乎所有自主发展核电的基本要素，但把这些要素整合成为一条自主路线，则需要一个更重要的却长期缺乏的因素——正确的政策思维。

长期以来，在中国技术政策上占主导地位的是直线式思维，这种思维甚至在“自主创新”已经成为国家大政方针的今天仍然顽固地存在着。在有关技术创新的国际主流文献中，直线式思维指的是：认为技术可以从先进国家向后进国家自然扩散，或认为只要加强基础科学研究就可以自动产生技术创新。而在中国，这种思维的典型表现是：认为外国技术一定先进，中国一定落后；把购买产品（物化技术）等同于获得技术能力；把技术进步看作“引进”或资本投入的自然结果——核电引进路线就典型地体现了这种思维方式。

直线式思维的最大谬误，在于把技术看作可以在不同主体之间自由移动的物品，却排除了自己从事创新活动对于掌握技术并推动技术进步的关键作用，反而因为看不到自己能力成长的前景，而产生了只能跟随的宿命错觉。事实上，创新的成功不仅取决于技术因素（既包括随科学发展而来的技术机会，也包括可以利用这种机会“在干中学”的技术能力），也取决于市场因素（既包括随各种变化而出现的市场机会，也包括开发者对于市场变化的理解和判断）。恰恰是因为存在这些不确定性，所以创新并非技术和资金实力的必然结果，而取决于学习的努力程度。中国工业的许多例子都证明，只要把自主开发当作技术学习的关键手段，弱小者仍然可以创新。因此，如果明确创新对于技术进步的关键作用，就必须在政策层面摈弃直线式思维，转而采取战略性思维。

战略性思维的实质是在力量或资源有限并存在不确定性的条件下，仍然相信存在获胜的机会，并据此做出最有利于获胜的行动选择。共产党从弱小到夺取政权的过程就充满了战略性思维，而毛泽东在党内与教条主义的所有较量就是战略性思维与直线式思维之间的斗争。为什么在技术密集型工业中“以小搏大”时，像华为的任正非会屡屡引用毛泽东的名言？无非就是因为战略性思维的重要性。

如果以战略性思维分析核电问题，就可以很清楚地看出，民用核电技术并不构成一个具有独立源头的技术领域，而是属于包括军事用途在内的核动力技术领域，甚至通过某些环节（如核燃料）而涉及核武器技术。由于这种特点的存在，世界核电工业存在一种明显的战略结构，一个国家掌握核电技术的可能程度受制于该国在世界战略结构中的政治地位，它影响到一个国家开发核动力技术的必要性和决心、对技术轨道选择的考虑标准（技术战略）以及获得外部技术来源的可能程度（美国在核问题上对待印度和伊朗的不同态度证明了这一点）。因此，一个独立的核动力工业不仅是中国核电能够健康发展的长期保证，也是中国保持政治独立性、捍卫领土完整所不可或缺的。以一项同时考虑和规划核能技术需求和供应的国家战略来代替仅仅着眼于增加电容的引进路线，并没有降低以核能增加电容的重要性，反而是中国获得电容经济利益的根本保证。

如果在核电发展上采取战略性思维，在操作层面转向自主路线几乎是一项顺水推舟之举。就技术路线而言，自主路线可以采取一项长短期结合的双重战略。在短期内，中国应该对自主掌握的二代改进型核电站进行批量建设，满足到 2020 年的核电建设目标；就长期而言，中国应该率先推广符合“第二核纪元”要求的核电站，争取在 2020 年左右开始批量推广高温气冷堆等先进堆型，同时加大对开发新堆型的支持，使中国的核电工业在技术上走在世界前列。

就支撑这项战略的短期需要来说，中国已经能够自主提供技术供应，不但自主设计建造了两期秦山核电站（并已经出口到巴基斯坦两座同类机组）并开启了秦山二期的翻版工程，而且自主设计的百万千瓦级压水堆 CRP1000 已经批量在建。以这些工程实践和技术活动为基础，中国完全可以开发出具备更高安全性和经济性的百万千瓦级压水堆技术。

就支撑这项战略的长期需要来说，我国处于领先地位的模块式高温气冷堆示范工程（位于山东省荣成市石岛湾的 20 万千瓦核电站）已经揭牌，计划于 2009 年正式开工，并计划于 2013 年建成发电，其预算“比投资”约为每千瓦 2 200 美元——这一比引进的落后技术更低的成本将随着批量化建设而继续明显降低。未来，除了在示范工程的基础上继续对其完善外，还应该加大对开发其他新堆型的支持，以支撑中国核电发展的长期战略。国家重大专项的资金应该用在新堆型的研发上，而不是用在复制外国堆型上。

引进路线的困境已经证明了实施双重战略的可行性：即使要全盘引进，短期内也不可能不以中国已经掌握的二代技术为主建设核电站。特别需要指出的是，高温气冷堆示范工程与首台 AP1000 核电机组都计划于 2013 年建成（实际上，AP1000 由于技术问题等因素，能否按期建成还是个巨大的问题），所以检验这两种堆型所需要的时间是相同的，没有谁耽误谁的问题。但这两种堆型的不同性质则是实施自主路线的根据：模块式高温气冷堆是全世界视之为核电复兴关键的第四代核电技术，其战略意义远远超过 AP1000。只要转而实施自主战略，已经购买的 AP1000 和 EPR 核电站也无伤大雅，将其视作探索多种技术的尝试和学费也就罢了。

如果采取战略性思维而转向自主路线，那么体制改革的方向和原则也同样会清晰起来。回顾 30 多年的历史，中国的核电发展在体制上存在两个致命缺陷：一是在直线式政策思维下缺乏顶层设计，政策的制定和执行总是被局部利益所左右；二是政企不分的行政垄断体制阻塞了核动力工业进入市场的通路。针对这些问题，核电体制改革的原则应该是在强化政府核能战略规划和核安全监管的框架之下，引入更多的市场机制并破除行政垄断，使中国核电发展的需求与中国核动力工业的技术供给联系起来。

遵循上述原则，应该在政府层面实现由一个机构（如能源局）统一负责核电建设和核动力技术发展。在工业层面，改革可以在现有的基础上顺势而为，沿着市场力量生成的方向，首先建立起更具竞争性的业主（运营商）体制——增加业主公司的数量（继中核集团、中广核和中电投之后，逐渐向已经参与核电建设的大唐国际和华能发放经营核电牌照），并在符合安全监管的条件下赋予它们经营自主权（如在堆型选择等方面）。竞争性业主体制立刻会产生对技术和服务的市场需求，从而要求形成能够响应这种需求的 NSSS 公司和 AE 公司。

但形成这些市场主体的关键是要改革中核集团体制。中核集团体制的主要弊端是囊括过多异质性业务而产生的行政垄断倾向——由于既是核电站运营商，又主管了国家几十年投资建立起来的核动力技术研究开发基地和核燃料开发制造系统，所以难免会以一个公司的利益动机（如争夺核电运营市场）去阻碍中国核动力工业的主要力量服务于全国核电的发展。这种情况多年来被诟病为“封闭军工体制”，但其实问题不在于军工，而在于垄断。改革的原则是：必须对中核集团明确定位。如果出于难以改变现有军工体制的原因而暂时把集团总部定位为具有公共管理职能的机构，那么集团总部最多只能采取控股公司形式，不能干预所辖单位的经营自主权，以使这些单位能够充分进入市场；如果把它定位为企业，则应该把集团按专业拆分，使各个部分能够围绕着自己的核心能力参与市场竞争——集团总部可以转变为一个以经营核电站为主的业主公司（这本来也是它最感兴趣的），其他部分则成为能够独立面向市场的主体和向国家负责的基础研发机构（如核二院转变为专门从事核电站整体设计的 AE 公司；核动力院在保留国家实验室职能的同时，通过与设备制造企业联合而组建 NSSS 公司，以及组建核燃料循环公司等）。这些国有涉核专业公司和国家实验室的业务领导权归属政府核能主管机构，它们所承担的国防研发项目则由总装备部负责。这样做，既能打开核动力工业进入核电市场的通路，也可理顺以公共资源支持基础研发的体系和责任，并以民用需求维系军民两用产品开发平台的方式实现军民互动，保证民用和国防两个方面的技术进步。

此外，由清华大学和中国核工业建设集团公司合资成立的中核能源科技有限公司是设计高温气冷堆示范工程的单位，将会通过工程实践发展成为另一个NSSS公司。中广核是从经营核电站滚动发展起来的，它在技术上自给自足的念头始于行政垄断造成的无奈。一旦核电市场更加开放并出现建立在中国核动力技术基础上的NSSS公司，中广核更可能集中于核电运营业务，因为实行技术自给自足所需要付出的成本（包括时间成本）会远远超过从专业分工中获得的收益。国核技的生存完全是靠行政手段，如果实行新体制，它的命运不会有多少悬念。

应该以自主路线发展核电的战略思维，是基于一个信念：只有这样做，才能使中国的利益最大化。其理由至少有以下几点：

（1）经济收益最大。自主路线不但将以比引进路线更低的成本扩大中国的能源供应，而且将培育出一个具有市场竞争力的中国核动力工业，这是依赖引进技术绝不可能做到的。由于技术能力的成长离不开与市场的互动，所以即使中国现有的技术水平与世界先进水平存在差距，它也只能而且必然通过市场的锻炼而提高。

（2）有市场竞争力的核动力工业能够使中国掌握增加替代能源供应的主动权，而自主发展核电将大大提高中国在世界能源供应结构中的谈判地位，缓解由化石能源进口和污染物排放过多带来的压力。

（3）自主发展核电将使中国军用核技术的发展处于活力不竭的状态。由于军民之间在技术研发平台上是共通的，所以：一方面，军用核技术的研发可以不断为民用技术探索前沿；另一方面，能够通过市场销售而自我持续的民用核动力工业又可以支撑军用技术的研发平台。总之，一个军民互动、军民共享的核工业，将保证中国始终处于全球核权力结构的顶层位置。

（4）有市场竞争力的核动力工业将使中国获得新的国际政治影响力。和平利用核能在全世界（特别是发展中国家）有明显的扩散趋势，必将增加对核动力技术的国际需求。“固有安全”的第四代反应堆（如高温气冷堆）在出现操作失误或机械故障时会自动停堆，不会产生严重核事故，所以非常适合没有多少核能力的发展中国家。因此，一旦中国的高温气冷堆或其他先进堆型通过中国核电市场成熟起来，就会不可阻挡地产生大量出口的前景。核电技术的出口不但能带来经济收益，而且是影响国际政治的重要手段。这种前景不仅将促进发展中国家与中国的关系，还将迫使美国为防止核扩散而有求于中国在管理核燃料循环系统上合作，可以增加促进中美合作的砝码。

最后还要指出，在冷战结束快 20 年的今天，世界正在经历新一轮的建造核潜艇热潮。2006 年 12 月，法国国防部宣布，将斥资 79 亿欧元建造 6 艘新一代“梭鱼”级核动力攻击潜艇，这将是法国海军未来 50 年内最大的装备项目之一。2007 年 4 月，俄罗斯建造十余年的“北风之神”级核潜艇下水。2007 年 6 月，英国最大的新一代“机敏”级超级隐形核潜艇下水，其功能相当强大，据说声呐追踪设备难以发现它的踪迹。加入这个热潮的还有新兴国家。印度多年来一直在建造核潜艇，只是因为困难重重才不得不向俄罗斯租借核潜艇，但不断有消息称，印度自行研制的第一艘核潜艇即将问世。2007 年 7 月，巴西总统宣布，将斥资 5 亿美元恢复一项搁置已久的海军计划，建造一艘核动力潜艇（此前，巴西政府恢复了第三座核电站的建造计划）。

美国是最早开发和部署核潜艇的国家，虽然已经拥有世界上最大、最强的核潜艇编队，但从没有停止核潜艇技术的发展步伐。英国《简氏防务周刊》2005 年几次披露：美国海军计划于 2009 年推出新一代攻击型核潜艇。澳大利亚《时代报》2008 年 11 月 7 日报道，一位美国核潜艇部队的中将指挥官在澳大利亚潜艇研究所的一次会议上称，为了应对中国的威胁，美国正在把 60%的潜艇舰队调往太平洋。美国《西雅图邮报》2008 年 2 月 1 日报道，号称世界最强的美国 3 艘“海狼”级攻击核潜艇已齐聚太平洋，就是出于对中国水下力量不断增长的担心。

如果知道向中国出售核电站设备的西屋公司和阿海珐集团同时也分别是为美国和法国海军开发核潜艇动力系统的主承包商，那么作为中国公民和纳税人，我们怎么能不问这样一个问题：为什么中国要把自己的核电市场拱手相让给这些外国国防承包商，养肥它们后，使其能够继续开发和建造核潜艇来压制中国？如果引进路线的倡导者矢口否认这个逻辑，那他们之中谁敢站出来向中国公众解释，为什么这个逻辑不成立？

2.6 结 语

世界金融危机造成的冲击再次证明，中国经济发展的根本途径是经济结构的转变和产业结构升级，而转变和升级需要技术能力的成长——这是提倡“自主创新”的信念来源。如果“扩大内需”的举措不过是诸如购买外国设备来建核电站，却继续把本国核动力工业的发展排除在核电建设之外，那么这种举措最终也不过是又一个泡沫。因此，中国必须拥有技术能力应该是中国技术政策不可动摇的信念。不错，中国仍然需要技术学习，仍然需要吸收外部世界的知识，甚至在某些领域还需要继续购买外国的产品作为学习的榜样，但在战略性思维下，所有这些都不过是为了培育中国技术能力和工业竞争力而采用的手段。在什么时候采用什么手段从来都是动态的，战略目标则要始终如一，就是通过持续培育自己的能力来实现自我发展。正如本章所讲的核电故事告诉我们的，中国既有需要向外国学习的地方，也有领先于世界各国的机会，问题的本质无可置疑——同时兼顾核电需求和核动力工业发展的自主路线，是最符合中国利益的战略选择。

尽管道理如此清晰，证据又如此确凿，中国核电是否真的能够转向自主路线，却仍是一个让人难以乐观的悬案。引进路线的“疯狂”，已经令人不得不质疑中国在重大技术和工业领域的决策机制。

2002 年 6 月 23 日，时任国家副主席的胡锦涛在参观完秦山二期核电站后说：“核电产业是高技术的战略产业，实践证明，高技术特别是核心技术拿钱是买不来的。要继续坚持以我为主，这是发展核电的必由之路。”[①] 无论以当时还是现在的眼光来看，领导人的话都切中问题要害，而且明确至极。但为什么此后的结果是核电发展又重走老路？

如前所述，第三轮引进路线发源于国家计委/国家发改委。从各方面情况

---

① 王硕．核电大发展呼唤自主创新．人民政协报，2010－03－11.

判断，决策的过程大致如此：主张引进的人说动了主管领导，然后以发改委制定能源规划和项目审批的权力形成方案，报送中央，得到批准后形成引进路线。

这样一个决策过程存在两个问题：

第一个问题——中央领导人和产业管理机构之间存在着信息不对称。领导人并非具体领域的专家，其决策所依据的信息只能依赖报送方案的机构，所以难免受相关机构的左右；而一旦方案得到批准，领导人也无从掌握决策的实施情况和后果。例如，引进“第三代核电技术”的方案是以每千瓦一千八九百美元的价格报批的，但在批准之后，实际成本到底是变成每千瓦两千多还是三千多甚至更多，谁也不用再承担责任。

这就产生了第二个问题——对重大决策的实施没有监督机制。决策发生在掌握信息的机构和领导人之间的垂直交流过程中，但没有任何制度上的第三方对决策过程和实施过程予以监督。于是，一旦方案得到批准，在领导人因缺乏信息而难以掌握实施情况和后果的条件下，机构中为数极少的掌权者就可以因为缺乏监督而对涉及几百亿甚至上千亿元金额的行动武断行事，而对任何自下而上的反对意见都可以扣上反对国家决策的帽子。最后，随着时过境迁和人事更迭，即使最初的重大决策被证明是错误的，到那时也找不到任何责任人，被浪费掉的只有人民的血汗，被损害的只有国家利益。因此，在这样的决策体制下，即使道理和实际后果显而易见，实现战略转变也异常困难，往往只能等到下一轮危机的来临。

但迷局并非不能解开，历史也不容忘却。当决策体制失灵之时，支撑一个民族的力量就只剩社会的良心。吃一堑长一智，为错误的引进路线“树碑立传”也是增长民族智慧的方法。是成此文。

下 “华龙一号”的技术渊源*

上文是在11年前发表的，本文的主要目的是向读者介绍一下中国核电从那时以来的发展情况。不过，仅仅描述行业的走向还是不足以帮助读者理解关于核电政策辩论的意义，我们仍然需要借这个机会揭示出被埋没已久但决定了历史逻辑的因果关系。因此，本文被迫分为两个风格迥异的部分。

本文第一部分主要根据媒体的报道，简述一下中国核电自2009年以来的发展脉络，以帮助读者把握主要的事件及其对中国核电发展的影响。如果一个人是从今天才开始了解中国核电发展的，那么他或她第一眼看到的是中国核电的在建规模名列世界第一，而且自主开发的“华龙一号”核电技术正在走向海外，成为又一张“国家名片”。这个局面与11年前的政策预期是如此不同，以至于许多人可能忘记中国核电的发展曾经被寄希望于引进技术（即以美国西屋公司的AP1000统一中国核电的技术路线）。虽然这个带有“喜剧”色彩的结果是由若干无法预料的重大事件所塑造的，但这个充满“意外”事件的过程及其结果仍然证明了11年前的上文所阐述的道理。

第二部分回答一个越来越需要回答的问题：“华龙一号”的技术从何而来？由于“华龙一号”正在成为中国核电的主导技术，所以所有关心中国技术发展的人，特别是年轻人，都应该知道这项技术从何而来。我们在十几年前的核电研究使我们深度了解中国核动力技术的来源，但限于当年核电文章（上文）的目的和结构，我们无法把这个故事完全讲出来。今天，回答“华龙一号”从何而来的社会需要，给了我们一个迟到的机会，使我们能够讲出这个埋藏心中已久的故事，尽管依然不得不采取最简要的方式。

了解中国核电发展的历史，尤其是了解被表面事件掩盖的中国核动力技术

* 本文完稿于2020年1月。

发展史，不但会让我们理解什么是自主创新，而且会让我们重新认识我们每个人与这个国家的关系，并让我们找到中华人民共和国的“国魂”。

2.7 中国核电的发展脉络（2009—2019 年）

2.7.1 日本福岛核电站事故的冲击

2009 年，中国引进美国西屋的 AP1000 压水堆技术付诸实施。那年 3 月底，浙江三门核电站正式动工建设（业主是中核集团）；9 月，山东海阳核电站 1 号机组开工建设（业主是中电投集团）。这两个示范核电站的一期工程分别安装 2 台 125 万千瓦的 AP1000 机组。按照工程计划，三门核电站的 1 号机组于 2013 年 8 月并网发电，成为 AP1000 的世界首堆；海阳项目的 1 号机组于 2014 年 2 月并网发电。两个核电站的工程预算分别为 400 亿元，共 800 亿元。2009 年 10 月 26 日，中广核采用法国 ERP 技术的台山核电 1 号机组开始浇筑。至此，引进国外第三代核电技术的核电站都开始了实际建设。

在那之前，中国政府已经核准了总计 2 290 万千瓦的 22 个核电机组（因为引进谈判大大拖期，为完成核电规划目标，不得不核准本来要弃用的技术发展核电，见上文）。这些已经开始建设的机组以及 10 个正在做前期工作的项目，都采用中国已熟练掌握并有所创新的二代和二代改进核电站。当时的官方思路是，当三门和海阳的 AP1000 示范项目在 2013 年和 2014 年分别建成并经受运营考验之后，中国核电将逐步过渡到第三代技术。根据新华社 2009 年 3 月的报道[①]，国家能源局一位副局长表示：“2015 年后，我国将开始批量化、规模化推进三代核电机组的建设。预计 2017 年，重大科技专项 CAP1400 能够建成发电。在此基础上，随着技术水平和装备制造能力更加成熟，2020 年后，中国的核电可以真正做到‘自主发展’。”

---

① 黄全权．三门“再出发”——我国三代核电项目最新进展报告．(2009 - 03 - 26). http://www.gov.cn/jrzg/2009 - 03/26/content_1269658.htm.

为什么只有把“吸收”了 AP1000 技术的 CAP1400 建成才算“真正做到‘自主发展’”？为什么“中国已熟练掌握并有所创新的二代和二代改进核电站”还算不上自主发展？引进派对这个问题的解释是：第三代核电技术比第二代更先进。那么，为什么中国不能在已经掌握的第二代技术的基础上自主开发第三代技术？对这个问题的回避恰恰反映了本书所批评的“三段式”技术政策思维的缺陷。根据当时新华社的报道①，中国发展第三代核电技术有一个“三步走”的自主化发展战略思路：第一步，中外合作，建成首批国产化依托项目 4 台 AP1000 核电机组；第二步，以中方为主，建成首批内陆核电站，全面完成 AP1000 技术的吸收和消化过程，并形成批量化生产能力；第三步，全面完成自主设计创新，形成中国具有自主知识产权的先进核电技术和品牌。这个“三段式”思路的暗含逻辑是，先进技术永远来自国外，只要自己的技术不如外国技术先进，那么就应该全盘引进。被这种政策思维所抛弃掉的，恰恰是技术赖以进步的能力基础（即产品开发平台）。

2009 年之后，发生的一个重大突发事件是日本福岛核电站的事故，它对中国核电的发展轨迹产生了一次重大冲击。当地时间 2011 年 3 月，由于地震引起的海啸，日本福岛第一核电站 2 号和 4 号机组相继爆炸，造成核泄漏。关于这次核事故的过程，有关报道甚多，这里不再详述。福岛核事故是继美国三哩岛和苏联切尔诺贝利之后的世界上第三次核泄漏事故，瞬间在全球造成冲击。德国政府执政三党决定德国所有的核电站在 2022 年前全部关闭；瑞士政府宣布，现有 5 座核电站将于 2019 年至 2034 年陆续达到最高使用年限，之后将不再重建或更新核电站；虽然意大利政府表示不会减少对核能的依赖，但该国公投的结果是 94%的民众反对恢复核电计划；印度则宣布对全国核电站进行安全检查。当然，也有坚持发展核电的国家。俄总理普京表示不存在全球核灾难的危险；法国和英国表示应该吸取教训；美国总统奥巴马表示新核电站的建设仍将按计划进行；捷克总统克劳斯认为德国废核计划相当“荒谬”，表示捷克的政

① 黄全权．三门“再出发”——我国三代核电项目最新进展报告．(2009－03－26)．http://www.gov.cn/jrzg/2009－03/26/content_1269658.htm.

策将朝反方向前进。虽然态度有不同，但各国加强核安全监管则是一般趋势。

福岛危机期间，中国公众是第一次通过电视直播了解核事故，在社会心理上受到巨大冲击。2011 年 3 月 16 日，国务院召开的常务会议提出，核安全是政治问题，要调整完善核电中长期发展规划，在核安全规划批准之前暂停审批核电项目。会议决定：(1) 立即组织对我国核设施进行全面安全检查。(2) 切实加强正在运行核设施的安全管理。(3) 全面审查在建核电站。(4) 严格审批新上核电项目①。这些被媒体称为“国四条”的措施，实际上暂时冻结了中国的核电发展。

有意思的是，主张引进的人立刻抓住机会，宣称引进第三代核电技术是“英明决策”(因为日本出事的核电站是第二代技术的沸水堆)。2011 年第 6 期《求是》杂志刊发了国家核电技术公司（国核技）董事长的文章：“在美国三哩岛和苏联切尔诺贝利二代核电站发生重大事故后，世界核电建设几乎停滞了 20 年，但各国对核电技术的探索并没有停止。当前，以 AP1000、EPR 为代表的第三代压水堆核电技术已成为主流，AP1000 在中国和美国，EPR 在芬兰、法国和中国先后开工建设。在三代核电技术继续发展的同时，全球已在积极开发第四代核电技术，其最终实现商业运行预计要到 2030 年以后。”根据 2011 年 7 月 9 日《中国经营报》的一篇报道，当时专家组和国务院已经初步认可一套改建方案，即已经施工进行初期建设的二代核电站将全部改建使用美国西屋公司提供的三代核电技术，“尤其是还没有浇铸混凝土的项目，全部改为建设三代核电站”。

业外人士不太了解的是，由于引进的 AP1000 赶不上中国核电建设的速度，所以争夺核电站厂址成为“博弈”的一个焦点。核电站厂址是稀缺资源，选择一个厂址要经过漫长复杂的过程。进口 AP1000 的谈判（2006 年中标后，又经过商务谈判），到 2007 年年底才开始执行协议。因为核电规划等不及，所以许多核电厂址被预定为使用中国的二代或二代加技术。这个情况对于批量建设

---

① 国务院召开常务会议：听取应对日本福岛核电站核泄漏有关情况的汇报．(2011-03-17). http://newpaper.dahe.cn/hnrb/html/2011-03/17/content_478223.htm.

AP1000不是什么好前景，所以引进派想抓住福岛核事故的机会，改变已定厂址的技术。

但是，这种机会并非仅凭造造舆论就能抓住。回顾历史，日本福岛核事故对于中国核电发展的最大作用是提高了中国政府对于安全的警惕性。2012年10月24日，国务院常务会议再次讨论并通过了《核电安全规划（2011—2020年)》和《核电中长期发展规划（2011—2020年)》。对于眼下的核电建设，国务院决定作出三项部署：稳妥恢复正常建设；“十二五”不安排内陆核电项目；提高准入门槛①。同时，规定“十二五”时期新建核电机组必须是三代机型并符合全球最高安全要求。随之而来的监管措施虽然强化延缓了核电发展的速度，但也消除了任何“蒙混过关”的可能性——大规模推广一个从来没有实际建造过的核反应堆已经再无可能，即使三代机型成为必要条件。

尤其“‘十二五’不安排内陆核电项目”的决定是个对AP1000的坏消息。2008年年末，国家发改委一次批准了湖南桃花江、江西彭泽、湖北大畈三个内陆核电项目开展前期工作，它们都被规划为采用美国AP1000技术。在此后的两年里，这三个项目都已经各自投入30多亿元，具备正式开工条件，只等批文。不料福岛核事故改变了一切，它们先是被2011年3月16日的国务院常务会议暂时冻结，然后又被排除掉在“十二五”时期上马的可能性（实际上对内陆核电项目至今尚未解禁)。不过，三门和海阳两个AP1000示范核电站的建设到那时已经出现问题。根据媒体报道，“国内某核电公司”不愿透露姓名的管理人员说，“(AP1000）由于是第一次应用，客观上具有挑战性，国家核电技术公司已经推迟了项目建设周期，相应地内陆项目暂时缓一下也是适当的”②。

到2012年年末，“稳妥恢复正常建设”方针下首先被核准开工的核电项目有中核集团的田湾核电二期工程和20万千瓦模块式高温气冷堆示范项目（山东荣成石岛湾)。田湾二期项目是中国与俄罗斯合作建设的田湾一期项目的继续，仍然采用俄罗斯的VVER-1000/428型反应堆建设3、4号机组。

---

①② 内陆核电梦断十二五 百亿投资如何善后．(2012-10-30). https://www.guancha.cn/Industry/2012_10_30_106691.shtml.

高温气冷堆本来属于国家重大专项的组成部分，国家发改委早在2004年8月17日就复函，同意中国华能集团公司、中国核工业建设集团公司和清华大学共同投资建设一座20万千瓦级高温气冷堆商用示范电站。但是，后来国家能源局为了力推AP1000，压住高温气冷堆项目不予批准，结果也在福岛核事故后被搁置。于是，本来与吸收AP1000技术的CAP1400同属国家重大专项的高温气冷堆项目，直到2012年12月21日才开始浇筑第一层混凝土。

2.7.2　AP1000跟跄不断

日本福岛核事故绷紧了所有核电国家的神经，各国纷纷加强了对核电技术的审核。在这个背景下，"第三代核电技术"在国外也开始遭到质疑。2009年11月6日的《中国青年报》报道①，法国、英国和芬兰三国的核安全机构于11月2日发表一份联合声明，对EPR反应堆的安全性提出质疑，并要求该类型反应堆的所有开发商对其初始设计进行改善。2009年11月28日《参考消息》（第2版）刊载的英国《卫报》网站2009年11月27日报道称，英国安全监管机构批评了国内新一代核电站的主要设计方案，因为设计方案存在大量安全隐患。英国卫生和安全管理局在报告中表示"十分担心"的是，法国阿海珐集团和法国电力公司提供的欧洲压水核反应堆设计方案中，安全保护系统与控制系统之间不够独立。美国西屋公司提供的设计方案也遭到了批评。

日本地震之后，美国资深核安全专家、民主党众议员写信给美国核管理委员会（NRC）主席，对AP1000设计认证提出质疑，要求NRC在其抗震安全问题解决之前不要批准。2009年10月，NRC驳回了佐治亚州采用AP1000设计建设反应堆的申请，当时的理由是其设计方案在防震、防飓风和飞机撞击方面都存在安全隐患。美国NRC主席确认AP1000的技术问题尚未解决。只有西屋公司给出可行、可靠的解决办法和可信、令人满意的证明，并得到专家的认

① 林卫光．法国第三代核反应堆安全性遭质疑．（2009－11－06）．http：//news.sina.com.cn/w/2009－11－06/060116562943s.shtml.

可，NRC 才考虑颁发设计认证书。

在中国，AP1000 一付诸建设就不断出现问题，最终导致 AP1000 示范核电站的建成大大延期。根据中国媒体的事后报道，不断出问题的主要原因首先是：西屋公司长久以来缺乏民用核反应堆的实际建造经验，因此在设计上只考虑了工艺的先进性而忽视了实际工程施工环节，导致反应堆建设难度过大。为了解决施工问题，西屋方面不断地临时修改设计。另一个问题的来源是美国 EMD 公司负责提供的主泵存在着严重的“难产”情况。该公司是西屋的供应商，它为 AP1000 原设计配套的屏蔽泵已大量应用于美国的核航母和核潜艇，受到美国政府的出口管制。为向中国出口用于 AP1000 的屏蔽泵，EMD 公司必须开发管制清单上没有的新材料、新工艺等，以绕过美国政府的出口管制，但重新开发不但耗费时间和经费，而且也充满技术上的不确定性。

在最初几年，官方对三门和海阳核电站的建设情况讳莫如深，只是在延期已成定局后才有报道披露。后来对 AP1000 的表现有一些辩解之声，如“AP1000 是一项新技术，而三门 1 号机组作为 AP1000 在世界上的首个项目，在建设过程中，遇到这样或那样的难题是难免的”①；再如“为确保 AP1000 主泵 60 年安全可靠运行，西屋和 EMD 公司制定了极为严格甚至苛刻的设计标准和试验验证标准，堪称世界之最。主泵之路历尽艰辛与坎坷”②。但是，连国核技专家委员会的一位专家也承认，“以主泵为代表的关键设备拖期导致三门 1 号、海阳 1 号整体项目拖期”，“西屋在设计图纸上的频繁变更，导致了项目超期超预算”。但把事实说出来其实很简单，就是主泵“多次发货均不合格”③。后来在 2016 年交付之后的耐久性测试中，主泵又出现裂纹。这些问题致使三门和海阳核电站的建设大大延期。

---

① “不担心西屋在不在”，西屋破产前已向中国技转 24 万份文件．(2017－03－30)．http://finance.sina.com.cn/roll/2017－03－30/doc-ifycwunr8269358.shtml.

② 西屋破产保护 东芝梦碎核电．(2017－03－31)．http://finance.sina.com.cn/roll/2017－03－31/doc-ifycwyns3839017.shtml.

③ 张慧．解密三代核电技术路线：中核中广核内斗后折中方案．(2014－04－09)．http://finance.sina.com.cn/chanjing/sdbd/20140409/155518747742.shtml.

三门和海阳核电站建设的延期，再加上新增 AP1000 核电站的前景（取决于前两个核电站的建成和运行）遥遥无期，国核技显然在财务上遇到困难。2014 年 4 月，媒体传出消息：国核技与中电投正在讨论合并。2015 年 5 月末，原中国电力投资集团公司（中电投）与国家核电技术公司（国核技）被批准正式重组为国家电力投资集团公司（国电投）[①]。虽然官方称“一个有核电站运营牌照，一个拥有核电技术”的合并具有“互补性”，但国核技已经失去了气势[②]。

2.7.3 “华龙一号”上马

就在 AP1000 核电站的建设步履蹒跚时，中国自主开发的第三代核电技术“华龙一号”开始浮出水面。2014 年 3 月的“两会”上，11 位政协委员联名向大会提交了题为《加快推动“华龙一号”走出去，早日实现核电“强国梦”》的政协提案，这大概是第一次在官方渠道公开了“华龙一号”[③]。提案发起人称，“由中广核和中核共同研发的自主三代核电技术‘华龙一号’已完成初步设计并启动施工设计。该技术融合了国际最先进的‘能动与非能动相结合’设计理念，各项技术指标全面达到全球最新安全要求，满足美国、欧洲三代技术标准，是我国目前具有完全自主知识产权的核电技术”。

《能源》杂志 2014 年第 4 期刊登的《解密“华龙一号”》封面故事[④]直言：“‘华龙一号’的诞生，宣告国核技 AP1000 一统中国三代核电技术的战略企图正式破灭。”不过，该文也对“一个华龙”由中核集团和中广核集团“各自表

---

① 中电投与国家核电正式合并 核电巨无霸诞生．(2015-05-30)．https://www.guancha.cn/economy/2015_05_30_321481.shtml.

② 冯庆艳．中电投、国核技合并 1+1>2 难题．(2015-02-14)．http://www.eeo.com.cn/2015/0214/272531.shtml.

③ 贺禹等 11 名委员联名提案：加快推动“华龙一号”走出去 早日实现核电“强国梦”．(2014-03-06)．http://energy.people.com.cn/n/2014/0306/c71890-24550935.html.

④ 张慧．解密三代核电技术路线：中核中广核内斗后折中方案．(2014-04-09)．http://finance.sina.com.cn/chanjing/sdbd/20140409/155518747742.shtml.

述”的前景不乐观。以下根据这篇报道并辅之以其他报道，简述“华龙一号”的来龙去脉。

中核集团于1997年开始研制中国百万千瓦核电反应堆，1999年提出总体方案，被命名为CNP1000（属于“二代”技术），到2005年完成初步设计和初步安全分析报告。但由于后来政府决定引进核电技术，CNP1000的研制陷入停顿。此后，中核集团在CNP1000的基础上再度启动百万千瓦核电站的研发，型号更名为CP1000（属于“二代加”技术）。2007年4月至2010年4月，经过一系列的技术改进，CP1000的初步设计完成，并通过中国核能行业协会组织的同行专家评审。那时，中核集团已经完成了CP1000示范工程福清5、6号初步设计，提交国家核安全局评审，计划2011年12月开工建设，但被日本福岛核事故中断。

2011年3月福岛核事故之后，中国政府要求所有新建的核电站都必须采用第三代技术。中核集团决定在CP1000的基础上，消化吸收国家引进的三代核电技术AP1000，借鉴国际先进核电技术的先进理念，充分考虑福岛核事故后最新的经验反馈，按照国际最先进法规的标准要求，自主开展三代核电ACP1000的方案设计①。ACP1000的研制进程十分顺利，到2011年8月就拿出顶层设计方案，同年10月底转入工程设计阶段，到2012年年底完成初步设计和初步安全分析报告编制。据2013年4月22日的《经济日报》报道，中国核工业集团公司自主研发的具备完整自主知识产权的先进压水堆核电站ACP1000初步设计通过了国家核行业权威鉴定。ACP1000具有三大技术特色：“177堆芯”“单堆布置”“双层安全壳”，进一步提高了安全性。专家一致认为，ACP1000的技术和安全指标达到了国际上三代核电机组的同等水平，设计、建造能够完全实现自主化②。

中核集团在决定开发ACP1000时，当然知道政府的政策是以美国西屋的

---

① “A”代表先进，“C”代表中国，“P”代表堆型为压水堆，“1000”代表机组容量为百万千瓦级。

② 国产第三代压水堆核电站ACP1000通过验收．（2018-04-22）．https：//www.guancha.cn/Project/2013_04_22_140257.shtml.

AP1000统一国内的核电技术路线。因此，中核集团当时把出口当作ACP1000的主要方向，而第一个客户就是巴基斯坦。那时，中国已向巴基斯坦出口了4台核电机组（虽然当时尚未全部建成），全部由中核集团建在恰希玛核电站。这4台机组的技术源自秦山核电站的1号机组（30万千瓦级），分别于2000年、2011年、2016年和2017年投入商业运行[①]。还在中核集团开发ACP1000时，巴基斯坦方面就表示出了兴趣，再加上中国倡议的“一带一路”启动了合作项目，到2013年年底，巴基斯坦已经决定以ACP1000技术建设卡拉奇核电站的两台机组（K2、K3）。随后，阿根廷等国家也对引进ACP1000表示出了极大的兴趣，并与中核集团展开了相关联合研究。同时，中核集团完成ACP1000示范工程福清5、6号机组的初步设计，并开展施工图设计，启动主设备采购，已经具备首堆工程开工条件。

媒体对中广核集团技术研发过程的报道较少，但大致的时间脉络与中核集团相近。从2005年开始，中广核集团为了对抗中核集团的CNP1000，在从法国引进的M310百万千瓦级堆型的基础上，通过多项技术改进推出了CPR1000（二代），此后又发展到CPR1000＋技术（二代加）。福岛核事故后，中广核集团按照最新安全标准的相关要求，同时借鉴日本福岛核事故的经验反馈以及AP1000、EPR等先进设计理念，自主研发了三代核电品牌ACPR1000＋。该型号采用单堆布置、双层安全壳、三个安全系列、157组燃料组件、自主产权数字化仪控系统（DCS）的和睦系统，能动与非能动结合，具有先进、经济、成熟、可靠的三代核电技术特点。2012年11月，中国核能行业协会组织国内专家对ACPR1000＋进行审查。与会专家一致认为，ACPR1000＋研发工作深入，技术合理可行，达到三代技术水平，可作为中国后续核电发展的技术选择之一。中广核希望能够在广西防城港核电站2期的3、4号机组上完成首堆示范。

但是，对于中核和中广核两个集团都寄予厚望的第三代核电技术落地项

① 中国对巴基斯坦电力出口迎来新节点 巴第5座反应堆揭幕．（2017－09－09）．https：//www.guancha.cn/Project/2017_09_09_426415.shtml.

目，国家能源局均不予批准。不过，到2013年，不批准的原因已经很难归咎于防止这些项目影响AP1000的“大局”。事实上，两个集团之所以能够在二代技术的基础上继续开发三代技术，就是因为政策当局已经对以AP1000统一核电技术路线的方针有所动摇。正如一位支持AP1000的人士所言：“虽然当初国家决心以后全国核电站都用AP1000，但AP1000首堆不太顺利，因而也就没有反对中核与中广核继续研发ACP1000和ACPR1000＋。”不过，这两个集团各自推出自己的技术，也确实很难让国家能源局接受。

2013年3月之后，国家能源局新任局长提出将中核ACP1000和中广核ACPR1000＋技术进行融合的设想。2013年4月25号，国家能源局牵头，召集双方领导专门召开协调会，商议将两家技术进行合并。业内人士称：“这一提议，在当时均遭到了两家集团的抵触，虽然出发点可能不同。但是迫于国家能源局‘不融合就不批准项目’的压力，两家公司不得已开始合作。”

2014年1月15日，中广核新闻发言人宣布，与中核合作研发的“华龙一号”已经完成了初步设计，并称该技术结合了ACP1000和ACPR1000＋的特点优势。这是“华龙一号”的首次官方公布。根据双方达成的协议，“华龙一号”的堆芯选用中核集团ACP1000技术的177堆芯，单堆布置，核燃料采用中核集团开发的CF自主品牌。在具体的项目上，可根据客户需求，配置个性化的专设安全系统。品牌由双方共有，技术的知识产权则归发明方。对于这个折中的方案，中广核做了较大的让步，因为它最后放弃了自己的157堆芯，而堆芯组件是决定一种机型的最重要的参数指标。

根据媒体报道，国家能源局在1月底召开的一次会议上对“华龙一号”技术做了严格的规定，提出了四条要求：第一，中核和中广核必须拿出一个统一的融合方案；第二，所有的设计需要通过核安全局的审查，安全技术上确保不存在问题；第三，安全性和经济性指标都不能低于AP1000；第四，融合后的技术只用于出口项目。如果按照这样的规定，“华龙一号”将不能在国内建设，哪怕作为示范项目。

实际上，当时中核集团和中广核集团都表示不影响AP1000的大局。前者一直对外声明，“华龙一号”的定位主要是出口，在国内只是希望小批量建设；

后者也表示，国内的三代核电技术路线是“一主一辅”，“华龙一号”只是辅线。这两个集团也都把在国内建设“华龙一号”的主要理由归结为出口需要在国内建示范堆，以使进口方有信心。不过，根据媒体报道，国核技一位人士对这两个集团的表态另有看法——“他们希望采取‘以外（出口）压内（国内）’的方式，制造舆论，推动国家能源局的批准”①。

实际上，那时国家能源局显然面临着“困境”。它既需要执行“十二五”时期新建核电机组必须是三代机型并符合全球最高安全要求的方针（意味着严格执行安全标准），又要实现核电发展规划的目标（意味着继续新建核电机组），还必须根据当时浮现出来的国家战略推动核电走出国门（意味着实现核电站的出口）。在这三重目标的约束下，虽然国家能源局不愿意自己否定自己，但继续坚持以 AP1000 统一中国核电技术路线的方针亦属不可能。因此，对于是否新批 AP1000 项目、能否同意开建 CAP1400 的示范堆、是否要批准“华龙一号”四台示范机组等问题，国家能源局确实有一阵子举棋不定。最后，这种“僵局”只能由政治领导层的考量来打破。

像核电这样关系重大的工业不能不受高层政治的影响。两大集团各自开发第三代核电技术以及在国家能源局督导下融合出“华龙一号”的过程，经历了中国领导层的换届以及国家能源局的领导更替。2013 年之后，在国家“一带一路”倡议和关于“输出产能”设想的影响下，“走出去”在政治上成为核电界日渐重要的主题。2014 年 3 月 26 日，在中国国家主席习近平、法国总统奥朗德共同见证下，中广核集团与法国电力公司在巴黎签署了关于英国新建核电项目工业合作协议和关于核能领域研发、设计、采购及运营维修合作协议②，而中广核在英国项目中采用的就是“华龙一号”。

新的政治领导层本来就与以前的核电决策没有什么关系，何况他们有新的议事日程。到 2014 年，“稳增长”成为中国政府关心的主要政策议题。那年 8

---

① 张慧．解密三代核电技术路线 中核中广核内斗后折中方案．(2014－04－09). http://finance.sina.com.cn/chanjing/sdbd/20140409/155518747742.shtml.

② 陈韩晖，钟良．中法首次在英国新建核电 核电“走出去”成国家战略．(2014－03－29). http://world.people.com.cn/n/2014/0329/c157278－24769880.html.

月 27 日召开的国务院常务会议确定，要在近期开工建设一批风电、水电、光伏发电及沿海核电项目[①]。2015 年，中国政府先后核准 8 台核电机组的新建，其中包括 4 台“华龙一号”——中核福清核电站的 5、6 号机组和中广核广西防城港核电站的 3、4 号机组。另外 4 台机组是中广核红沿河核电站的两台“二代加”机组和中核田湾核电站采用俄罗斯技术的 5、6 号机组。这一轮“重启核电”的项目选择没有“意外”：核电“走出去”只能靠具有自主知识产权的技术，而两个 AP1000 示范核电站的建成到那时还遥遥无期，也使以前者为技术来源的 CAP1400 无法得到批准。因此，批准“华龙一号”是顺理成章的决定。

一旦“华龙一号”获批开建，“国产自主第三代核电技术”“具有完全自主知识产权”“大国重器”“出口一座核电站等于出口 200 架大型客机”“又一张亮丽的国家名片”等形容就成为媒体报道“华龙一号”的冠语。尽管“华龙一号”是被当作出口核电站的国内示范工程而获批的，但它却逐渐被公众舆论看作中国核电技术成就的体现，由此形成的政治势头很难再被阻挡。

2.7.4 西屋破产

2017 年 3 月 29 日，从海外传来一条令中国核电界震惊不已的消息——美国西屋电气公司正式向纽约市纽约南区破产法庭申请按照美国《破产法》第 11 章进行破产重组。仅仅 10 年前，西屋在中国的形象还是“核电鼻祖”“核电之父”，它开发的 AP1000 反应堆被一些中国人称作“世界上最先进的第三代核电技术”，并以中国建设 AP1000 的“世界首堆”而感到光荣，怎么就破产了？虽然有关方面纷纷表示西屋破产不会影响 AP1000 核电站的建设，但因这个戏剧性消息而兴奋的中国媒体进行的广泛报道，反倒把过去被掩饰的来龙去脉揭示于众。

西屋公司创办于 1886 年，总部位于匹兹堡，它曾是与 GE（通用电气）齐名的美国电力设备制造企业。1940 年代末，在美国海军的主持下，西屋（和 GE）

---

① 国务院常务会议：今明两年开建一批沿海核电项目．(2014－08－27)．https：//www.guancha.cn/Industry/2014_08_27_261209.shtml.

开始为核潜艇项目开发核动力反应堆，并于1955年为美国第一艘核动力潜艇“鹦鹉螺号”提供了S2W船用反应堆。当以军用核动力为技术源头的核电在美国兴起后，西屋理所当然地成为核电的主要供应商之一。根据西屋官方资料，在1979年的美国三哩岛核事故之前，西屋负责建造了美国105个核电站中的48个，并且在海外建造了31个。西屋还联手国外企业通过许可协议，设计了其他81个核电站。在1970年代中叶，西屋的职员数量以及销售额都达到了历史最高点。

三哩岛核事故发生后，由于反核浪潮和成本昂贵等原因，美国停止了核电建设，而且一停就是30多年——这就是为什么AP1000这种机组在卖给中国之前从未实际建造过的背景。如此长时间的停滞，使西屋的核电业务和能力逐渐萎缩。从1994年开始，西屋就不断地出售自己的核心业务部门。1997年，西屋的非核发电设备部门被卖给德国西门子；1999年，西屋的电气部门（核能部门）又被以12亿美元的价格出售给英国核燃料有限公司（BNFL）。

对西屋破产的报道还向中国社会普及了一个曾经被有意掩饰的事实：西屋电气的控股股东其实是日本东芝。当发改委于2004年发出全球招标后，中国政府已经倾向于由西屋的AP1000中标。在这个过程中，英国核燃料公司于2005年8月决定卖掉西屋，报价18亿美元。经过几轮竞争，东芝于2006年2月以原报价三倍溢价的54亿美元收购了美国西屋电气公司77%的股权（美国Shaw Group获得20%，日本石川岛播磨获得3%）。在后来的几年里，东芝又斥资16亿美元增持西屋的股权至87%。

东芝半路收购西屋，当然引起中国的警觉和不满。据一个事后“辩解版本”的解释，在此情况下，日本东芝公司总裁亲自给中方写信，表示东芝虽然收购西屋，但西屋的管理层仍然保持不变，东芝只向西屋公司派出一个副总裁常驻美国，其他一切照旧。与此同时，在中方的要求下，美国政府也第二次出具书面担保书，表示东芝收购西屋后，西屋公司的对华出口仍然受美国政府的控制。于是，中国决策层对与西屋合作的政治疑虑基本消除①。但还有另一个“现实版本”的解释称，东芝通过情报手段掌握了中国内定西屋AP1000中标的

① 李红兵，朱玥．中国引进西屋核电技术决策始末．财经，2011-04-11.

动向，于是下巨资收购西屋。实际上，当中国在本世纪初年决定积极发展核电后，日本人很想控制中国的核电市场（东芝拿下西屋后，日立与GE、三菱与法国阿海珐公司也组成联盟体，布局核电）。但是，由于中国社会对于日本的抵触情绪，这个前景在政治上几乎是不可能的，何况日本企业只有上一代的沸水堆技术（发生泄漏的福岛核电站就是东芝使用GE技术建造的沸水堆）。于是，通过收购西屋来进入中国的核电市场就成为东芝实现“日本梦想”的机会。据说，中国政府虽然对此很不高兴，但那时采购西屋AP1000的计划几乎“木已成舟”，所以不得不咽下这口气，低调处理。无论哪个“版本”是真实的，在决定引进西屋AP1000的关键阶段，西屋被东芝收购的消息在中国都是受到刻意掩饰的。

就东芝的“核计划”而言，西屋到2009年已经拿下了中国的4个机组，在美国也有8个机组的建设预定，同时还在谈判其他国家的订单。按照东芝的计划，西屋要在此后的6年内拿到39个核电机组的建设预定。但“人算不如天算”，东芝没想到西屋会成为一个大包袱。2011年3月突发的福岛核事故之后，全球的核电发展速度骤减，西屋已经拿到的美国8个待建机组中有4个中止，而其他国家也都陆续暂停了核电站的计划。但最后要命的是，所有开建的AP1000核电站工程都大幅度拖期延误，包括前述的中国三门和海阳核电站。

2012年，美国核管局批准了国内首批4台AP1000机组的建设，即VC Summer核电项目的两个机组和Vogtle项目的两个机组。2013年3月，这两个项目的建设相继开工，中国国家能源局的官方网站还报道了这个消息（因为可以证明引进AP1000的正确性）①。但到2017年7月，美国VC Summer核电项目的业主SCANA公司和Santee Cooper公司分别发表声明称，不再支持VC Summer项目。关停该项目的直接原因是建设拖期导致成本严重超支。两台AP1000机组的最初计划总建造成本约为113亿美元，但业主在已经花掉90亿美元后，发现还需要投入90亿美元才能建成项目，即使把东芝在接手西屋公

① 美国Vogtle核电站3号机组正式开建.（2013-03-20）. http://www.nea.gov.cn/2013-03/20/c_132247027.htm.

司之后向业主方赔付的 21.68 亿美元延期赔偿扣除，项目总金额仍然高达 160 亿美元[①]。VC Summer 项目关停后，位于佐治亚州的 Vogtle 项目也经历过两轮股东投票，但最后得以渡过风波继续建设。这个结果部分是因为政府（美国能源部和州政府）给予了增加贷款担保额度和减免税收等财政政策的支持，使企业的总体损失可以做到低于即时终止建设造成的损失。毕竟，美国后来又批准了几个尚未开工的 AP1000 项目（包括出口土耳其的机组），如果 Vogtle 项目也关停，其他尚未开工的项目就会被抛弃。很明显，美国连一个机组都建不成的局面不利于继续向中国推销核电站，从而有损美国的战略利益[②]。

在国际市场上，西屋推销 AP1000 的表现也是屡战屡败。在立陶宛 Visaginas 核电项目招标中，西屋的 AP1000 在与日立—GE 的 ABWR 的竞争中落败；在白俄罗斯第一核电项目的招标中，西屋的 AP1000 被 Rosatom 的 AES－2006 击败；在英国新建核电计划对 AP1000 和 EPR 的安全评审中，AP1000 落败于 EPR；在英国的德资电力企业 Horizon 的出售招标中，西屋又败于日立公司之手。母公司东芝随即决定：西屋永远退出英国新建核电计划。对于西屋近年来的业绩不佳，一位中国核电专家认为其原因在于 AP1000 是世界上造价最高的机型。他以核电单位投资造价为例：中国二代改进机型的比投资不到 2 000 美元/千瓦，而西屋的 AP1000 高达 6 000～8 000 美元/千瓦，比法国 EPR 的 5 000～7 000美元/千瓦还贵。高昂的造价使得 AP1000 技术在除中国以外的国际市场推广中频频落败[③]。

西屋出现财务困难。西屋是美国两个 AP1000 项目的工程总承包方，在项目严重超期超支之后，西屋需承担额外超支的主要责任，损失巨大。东芝花了 70 亿美元买下的西屋亏损不断，作为母公司还需要帮西屋支付违约金。但东芝

---

① 美国首个 AP1000 核电项目停建 西屋称不会对中国在建项目造成影响．（2017－08－04）．http：//www. sohu. com/a/162309279_803358.

② 评“AP1000 全球首堆换料获批 美国同堆型仍在建”一文．（2019－09－04）．http：//www. nengyuanjie. net/article/30086. html.

③ 西屋中国受挫：项目严重拖期 专业人才缺失．（2017－03－30）．http：//finance. sina. com. cn/chanjing/gsnews/2017－03－30/doc-ifxxwsix4268462. shtml.

对核电事业“执迷不悟”，又于2015年通过西屋收购了美国CBI公司的核电业务，本意是通过并购管控那两家合作企业的分歧，但不仅目的没有达到，反而负债累累的CBI还把东芝“套牢”，成了东芝另一个包袱。2015年，东芝被曝出亏损44亿美元。2016年年底，西屋电气的巨额亏损让东芝当年商誉减值高达61亿美元，导致东芝的资不抵债额高达50亿美元。2017年2月，东芝被曝出在美国的核电业务亏损达7 125亿日元（折合63亿美元），董事长引咎辞职，其他高管通过减薪承担亏损责任①。到这时，东芝只能“壮士断腕”了。

对于东芝危机的媒体报道很多，这里无意再占用篇幅，仅提一下东芝与中国和西屋有关的情况。2016年，中国美的以537亿日元收购了东芝家电80.1%的股份，在全球范围内获得40年东芝品牌使用权、专利技术和全球市场渠道。2017年9月，东芝以180亿美元的价格把内存业务（Toshiba Memory）出售给以基金公司贝恩资本为首的财团（日美的方针是半导体绝不卖给中国企业）。2017年11月，中国海信收购东芝映像方案解决公司95%的股权，金额暂计为129亿日元（约7.5亿元人民币），交易完成后，海信将把东芝电视产品、品牌、运营服务等一系列核心业务收入囊中，拥有东芝电视全球40年的品牌授权。2018年1月，东芝以46亿美元的价格把2017年申请破产的核电子公司西屋电气出售给加拿大资产管理公司Brookfield。

Farewell，Toshiba!（再见，东芝!）

2.7.5 中国核电技术的宏图和AP1000的末路

在中国政府于2015年核准8台新建核电机组后，中国核电行业经历了三年多的“零审批”状态。这段“停滞”的主要原因是在采用美国AP1000、法国EPR和“华龙一号”建成的核电站投运之前，中国政府采取了非常谨慎的态

---

① 郑亚红．东芝押注核电不断割肉续命 预亏10亿美元濒临退市．(2017-12-03). http://cj.sina.com.cn/article/detail/6219520342/509425? cre=sinapc&mod=g&loc=5&r=0&doct=0&rfunc=59&tj=none.

度，等待第三代核电技术的可靠性和安全性得到验证，并且继续冻结内陆地区的核电建设，同时也在等待中国核能领域的法制建设的完善。

除了“华龙一号”，具有战略意义的高温气冷堆项目进展也基本顺利。2015 年 4 月，媒体根据中国核工业建设集团公司的消息报道称①，商用 60 万千瓦高温堆江西瑞金核电项目初步可行性研究报告已经通过专家评审，中核建下一步将联合江西省向国家发改委上报项目建议书，申请将该项目列入国家核电规划。如果申请成功，那么瑞金项目将成为世界首座商用第四代核电站。该报道还称，中国核建已先后在江西、湖南、广东、福建、山东、湖北、浙江等多个省份开展了高温堆项目的前期工作。如果这些项目设想得以实现，那么中国的内陆核电厂址也就被占去大半（恰好证明国家能源局曾经压住高温气冷堆示范项目不批准的“远见”）。实际上，由于高温气冷堆具有“固有安全”的特性，所以它本来就适合建在内陆。2016 年 1 月国家主席习近平访问沙特期间，中国核建与沙特能源城在两国领导人见证下，签订了《沙特高温气冷堆项目合作谅解备忘录》。在那前后，中核建与迪拜核能委员会和南非核电公司都签订了高温堆合作谅解备忘录。

2016 年 11 月 10 日，新华网援引美国《福布斯》杂志网站的消息称，在当年 10 月举行的 2016 年国际高温气冷堆技术专题会议上，清华大学核能与新能源技术研究院院长张作义教授向国际同行介绍了球床模块式高温气冷堆核电站（HTR-PM）的现状。他的介绍结束后，“获得了全场持久的掌声，响起了只有在足球场上才能听到的喝彩声”。场内掌声经久不息，在场的科学家和工程师们对这个项目为空气清洁和安全的贡献反响热烈②。

有关各方显然越来越认识到高温气冷堆的重要性。2016 年 7 月 15 日，中广核集团与中国核建集团在京签署了《高温气冷堆核电项目合作协议》，将在高温气冷堆领域保持长期合作，并由中核建控股、中广核参股成立国内及国外

① 我国系统掌握核电高温气冷堆技术 国产化率超 95%.（2015 - 04 - 21）. https://www.guancha.cn/Science/2015_04_21_316705.shtml.

② 美媒称中国推出高温气冷堆核电站项目 助力清除雾霾.（2016 - 11 - 10）. http://mil.news.sina.com.cn/dgby/2016-11-10/doc-ifxxsmif2681137.shtml.

高温气冷堆项目公司①。2018 年 1 月末，国务院国资委发布的央企变更公告称，经报国务院批准，中国核工业集团与中国核工业建设集团（中核建）实施重组，中核建整体无偿划转进入中核，不再作为国资委直接监管企业②。意味深长的是，这种合并也使高温气冷堆示范项目落入中核集团的“麾下”。于是，中广核和中核两大集团都与高温气冷堆有了利害关系，这也许有利于这条技术路线的未来发展。根据中国核能行业协会在 2019 年 4 月 1 日的消息，高温气冷堆示范工程已进入安装调试最后阶段，将于 2020 年上半年建成投产③。

到 2018 年，各种迹象表明中国政府将核准新的核电项目。此时，美国政府对中国发动的贸易战给了一次“神助攻”。2018 年 6 月 8 日，在中国国家主席习近平和俄罗斯总统普京的共同见证下，中核集团与俄罗斯国家原子能集团在人民大会堂签署了田湾核电站 7、8 号机组，徐大堡核电站，以及中国示范快堆设备供应及服务采购的框架合同④。中国与俄罗斯签署了迄今为止最大的核电合作项目，合同总金额超 200 亿元人民币。根据中国媒体的报道，合同中最令人意外的条款是双方合作包括徐大堡核电站（位于辽宁省葫芦岛市）的 3、4 号机组，因为这个核电站在规划中是采用 AP1000（1、2 号机组已经预定设备）。由此推论，采用俄罗斯技术的机组应该早于 AP1000 机组开工。

虽然中俄核电协定已经给出对美国不满的信号，但美国一意孤行，继续把“制裁”扩大到核领域。2018 年 10 月 11 日，美国核管理委员会针对中国核工业发出一份禁令，对与中国的民用核能合作提出多项具体限制条件。这项禁令尤其针对中广核集团，规定所有与该集团有关的技术执照申请都会默认为“拒

① 杨漾．两央企成立国内外高温气冷堆项目公司 推广全球最安全核电．(2016-07-19). https：//www.guancha.cn/Science/2016_07_19_368010.shtml.

② 任娇．央企重组再添一例 中核建划入中核．(2018-02-01). http：//www.xinhuanet.com/fortune/2018-02/01/c_1122350616.htm.

③ http：//mil.news.sina.com.cn/china/2019-04-02/doc-ihtxyzsm2517992.shtml? cre=tianyi&mod=pchp&loc=38&r=0&rfunc=3&tj=none&tr=12.

④ 200 亿！中俄签署迄今最大核电项目，俄罗斯技术抢走美国市场．(2018-06-09). https：//www.guancha.cn/internation/2018_06_09_459533_s.shtml.

绝”。2019 年 8 月，美国商务部又将中广核集团及其关联公司共 4 家实体列入“实体清单”。不过，美国并没有打击中核集团，原因无非是后者正在建设 AP1000 核电站。实际上，中广核集团一向与美国技术无关，也与军用核技术无关。相反，中国有关军用的核技术几乎都与中核集团有关。因此，这种“街头流氓”般的制裁并没有卡住中国核电，反而达到了不利于 AP1000 的效果。

美国发动的贸易战及其向核能领域的扩大，从政治上宣告了引进路线的破灭。在安全性和可靠性至高无上的这个复杂技术领域，把中国核电的命运绑在政治上如此不可靠的技术来源上，估计连引进派都不敢吱声。在硬碰硬的技术方面，AP1000 也没能让中国政府放心。2018 年 6 月末，官方终于宣布浙江三门核电站的 1 号机组并网发电，这比原定的时间表延期了将近 5 年，或者说把建设期拖长了一倍以上（同月使用法国 EPR 的台山核电站也并网发电，同样大大延期）。根据《中国能源报》的报道，“三门一期和海阳一期原计划建成价都是约 400 亿元，根据目前最新的测算结果，两个项目建成价都在 500 亿元左右”①。但到当年年底，三门 2 号机组再次出现故障。相反，使中国政府增强了信心的是“华龙一号”——在建设过程中成为全世界第三代核电技术项目中唯一没有延期的项目②。

在这个背景下，官方媒体的口风全面转向。2018 年 11 月 16 日的《人民日报海外版》第 10 版刊载了以《中国核电 40 年：低头有勇气，抬头靠实力》为题的报道③，它从中国核电冷对美国的“制裁”切入，回顾了中国核电的历史。在提到大亚湾核电站的“蓬勃发展”差点让秦山核电站半途而废时，该报道甚至提到在 1981 年 10 月的一次国务院常务会议上，张爱萍将军坚持不同意下马自主开发的秦山项目（报道没有提及的是，张老将军拍案顶撞的人是当时的国务院总理④）。此外，该报道追溯了“华龙一号”的发展渊源，最后还以较长篇

---

① 卢彬，朱学蕊．关于 AP1000 造价、后续项目和设备问题，国家核电这样回应！．中国能源报，2018-08-03. https：//baijiahao. baidu. com/s? id=1607770474387639609&wfr=spider&for=pc.

② 王宇波．全球唯一按计划进度建设三代堆 华龙一号首堆示范工程开始穹顶吊装作业．(2017-05-25). https：//www. guancha. cn/Industry/2017_05_25_410046. shtml.

③ http：//news. cnr. cn/native/gd/20181116/t20181116_524416875. shtml.

④ 关于张爱萍将军在 1981 年 10 月的一次国务院常务会议上就秦山核电站与时任国务院总理的争论，见张胜（2008：422-427）。

幅介绍了高温气冷堆，称“中国在高温气冷堆的研制上走在了发达国家的前面”，其发展“则意在实现中国核电在第四代核电技术上的‘领跑’”。有意思的是，在这篇由顶级官媒发出的报道中，只字未提采用AP1000建设的项目。这种“意识形态”的转向对于AP1000和中国的引进派显然不是好兆头。

2019年4月，多家中国媒体报道，经过3年多的“零审批”之后，中国核电年内又将有10台机组获批。根据这些报道，2019年内获批较为明确的机组有8台，分别是采用“华龙一号”技术的漳州核电一期两台机组（中核集团）、惠州太平岭核电一期两台机组（中广核集团），以及采用俄罗斯VVER技术的辽宁徐大堡核电站和江苏田湾核电站的各两台机组（即中俄协议的项目）。尤其能够反映出大趋势的是，漳州核电站本来是规划为采用AP1000的，这次却被改为采用“华龙一号”①。2019年10月，中核集团宣布，采用“华龙一号”的福建漳州核电站1号机组开工建设（该项目共2台机组）。这是该集团建设的第5台“华龙一号”核电机组（此前4台分别是福清的2台和巴基斯坦的2台）。2019年12月，中广核集团广东太平岭核电站的2台“华龙一号”机组获得开工许可证②，使该集团在建的同型机组达到4台。因此，在建的“华龙一号”机组已经达到10台。无怪乎媒体称，国家名片“华龙一号”的批量化建设已经正式开启③。

2019年4月1日，美国彭博社以《中国制造反应堆在国内受宠，美国科技打踉跄》为题报道称④，在进口设计的核电站出现多次延迟和成本大涨后，中国本土核技术在中国下一代核反应堆建造的竞争中越发受到青睐。该报道称，使用西屋AP1000设计的浙江三门核电站2号反应堆在启动商业运行后，其冷却泵在2018年年底出现问题，导致该反应堆暂停运行（中国目前有其他12个同类冷却泵在其他3个AP1000反应堆中运行）。彭博新能源财经分析师表示，

---

① 第三代核电技术AP1000入华十年．(2017-08-18)．http：//www.sohu.com/a/165673103_803358.

② https：//tech.sina.com.cn/roll/2019-12-27/doc-iihnzahk0309053.shtml.

③ 华龙一号批量化建设开启 中核集团漳州核电正式开工．(2019-10-16)．https：//www.guancha.cn/ChanJing/2019_10_16_521545.shtml.

④ https：//cj.sina.com.cn/articles/view/1686546714/6486a91a02000nepq? cre=tianyi&mod=pcpager_china&loc=1&r=9&rfunc=3&tj=none&tr=9.

中国在2019年结束为期3年的反应堆审批冻结期时，批准建设4个“华龙一号”机组的决定是中国核电建设的未来风向标。2019年，中国或将最多批准10个核电机组，但AP1000不在此列。“AP1000在中国已是穷途末路，在全球也很可能如此”，彭博新能源财经分析师克里斯·加多姆斯基说，“不知谁还会为新的AP1000下订单”。2020年1月15日新华社电讯，中国自主研发的三代核电技术“华龙一号”全球首堆（即2015年开工建设的福清核电站5号机组）将于2020年实现并网发电①。这将是一个具有历史意义的事件。

从总体上讲，中国核电的发展没有像曾经预期的那样迅速，原因是一些意外事件的出现以及中国政府提高了对安全的警惕。但是，中国核电的发展从1980年代初以来就一直没有停顿，并在最近十几年保持着建设规模。这种连续性使中国积累起在世界上屈指可数的核电能力，包括反应堆开发设计、工程建设、设备制造和运行管理方面的能力。2018年2月21日，国际能源署执行董事法提赫·比罗尔在伦敦举行的国际石油周会议上，对于美国和欧洲对核电投资不足表示担忧。他说：“中国经济恢复强劲。目前，全球共约60个核电站在建，其中超过三分之一在中国。中国正在成长，我们很快就会看到中国超越美国。”比罗尔预计，到2030年，中国将超越美国成为世界第一核电国家②。对于这样一个历史进程，最重要的事件莫过于中国核电终于摆脱了要把自己的命运绑在别人裤腰带上的引进路线，走上了依靠自己的力量发展的道路。

2.8　追寻“华龙一号”的历史根源

在进入2020年之际写作本文时，我们看到的中国核电发展是以“喜剧”收场的。自2009年以来，再没有过激烈的辩论——一切等待事实的验证。在后来

---

① 高敬，庞昕熠．“华龙一号”全球首堆预计2020年实现并网发电．（2020-01-15）. http：//www. xinhuanet. com/2020-01/15/c_1125466402. htm。

② 朱梦颖．国际能源署：20年内中国将超越美国成为最大核能国．（2018-02-22）. http：//mil. news. sina. com. cn/2018-02-22/doc-ifyrvnsw6970892. shtml.

11年间的发展实践中，一系列因素最终使中国核电的发展回到了本来就符合技术逻辑的轨道上。从引进路线的角度看，它的失败有多个原因：高估了美国西屋的AP1000技术，无视真正的技术存在于从设计图纸到实际产品之间，而不是图纸本身；低估了中国核动力工业的技术能力，因为根本不了解中国的核动力技术基础到底在哪儿；忽视了以外国反应堆统一中国核电技术路线的政治风险；等等。

在中国核电的这场“大戏”中，公众迄今为止最不清楚的问题是“华龙一号”的技术到底从何而来。当几年前“华龙一号”刚浮出水面时，媒体还沿袭引进路线的说法，把它的两条技术路线称为“都在大亚湾核电厂M310技术的基础上发展而来”[①]。新华社在2019年的一篇报道中称，“1997年的一个午后，距离四川成都百余公里的山坳中，一栋两层办公楼里回荡着激烈争论的声音，二十几名科研人员在此讨论着中国自主百万千瓦级核电方案的主要技术参数。他们也许很难想象，彼时种下的‘种子’，在二十余年后开花结果，化身为‘华龙一号’，这一我国具有自主知识产权的第三代核电技术成果”[②]。该报道在后面暗示那个“山坳”就是中国核动力研究设计院的地方，也提到当时秦山核电站的二期主体工程正在建设，还提到那次讨论创新性地提出了“177堆芯”的概念。但是，类似这样的报道仍然没有解释清楚“华龙一号”的技术来源及其与引进技术的关系。

本文力图回答这个问题：“华龙一号”的设计基础是秦山二期核电站，而开发秦山二期核电机组的技术能力起源于中国开发核潜艇动力堆的过程。由于“华龙一号”的技术源远流长，所以我们必须回顾历史[③]。

2.8.1 披荆斩棘的核潜艇反应堆工程

1958年6月末，毛泽东、周恩来等领导人批准聂荣臻元帅向中央提出的中

---

① 张慧．解密三代核电技术路线 中核中广核内斗后折中方案．(2014-04-09). http://finance.sina.com.cn/chanjing/sdbd/20140409/155518747742.shtml.

② 解密“华龙一号”“成龙”之路 全球首堆示范工程“冷试”在即．(2019-04-16). http://www.sohu.com/a/308297409_740028.

③ 本文讲的事实和事件除注明出处的，均来自2006年6月我们对中国核动力研究设计院的访谈信息。

国自行设计和试制导弹原子潜艇的报告（聂力，2006：319）；7 月，海军与二机部会商成立领导小组（孟戈非，2002：5）；9 月，二机部在北京原子能所（401 所）成立导弹核潜艇反应堆工程研究设计机构，海军则与一机部联合成立造船技术研究室，负责导弹核潜艇总体研究设计（后来演变成为 719 所）；10 月，海军政委苏振华率代表团访问苏联，其使命之一就是希望在开发核潜艇方面得到苏联的帮助。但中国代表团没有料到，苏方不但没有答应在核潜艇方面予以援助，甚至不承认自己拥有核潜艇。代表团回国后向中央汇报了情况，周恩来转达了中央的决心："不仅原子弹要搞，核潜艇也要搞"；"苏联不援助，我们就自己干"（孟戈非，2002：12－14）。因此，与大多数高技术工业领域不同，中国的核动力技术是在没有外来技术源头的条件下发展起来的（研究工作是从学习美、苏各一本教科书开始的）。

1959 年 9 月，孟戈非[①]从《参考消息》上看到，赫鲁晓夫参加与美国总统的戴维营会谈期间，吹牛说苏联的核潜艇比美国的多而且速度快。当时，原子能所有十多名苏联专家，因为苏联政府不承认有核潜艇，所以他们对相关话题守口如瓶。孟戈非与总工程师赵仁恺[②]、李乐福[③]等人抓住这个机会，约谈苏联

---

① 孟戈非，男，1920 年出生于山东济南市。1938 年参加抗日战争并加入中国共产党，抗战胜利后进入东北。1953 年起任长春第一汽车制造厂生产主任。1958 年年末被调到二机部，以原子能所副所长的身份直接领导了中国核潜艇动力装置研发团队，后任二机部科技局副局长等职务。1960 年代前半期，他在建立核动力研究机构的问题上与二机部领导发生分歧，"文革"中遭受迫害，没有再参加后来的潜艇动力堆工程。"文革"后，他在中国科学院工作。赵仁恺在为孟戈非的书（2002）写的序言中说："我认为当时孟戈非同志高瞻远瞩，从全局出发，高度负责地向有关领导提出核动力的研究设计开发应该统筹规划，远近结合，建设一个配套的、具有赶超条件的核动力研究设计基地的指导思想是正确的，提出的规划建议是有意义的。可惜由于当时意见分歧，再加上接踵而来的'文化大革命'，一片红心，多少辛苦，在翘望中与委屈中不了了之。"孟戈非大约在 2010—2011 年期间去世。

② 赵仁恺（1923 年 2 月 16 日—2010 年 7 月 29 日），汉族，江苏省南京市人，1946 年毕业于国立中央大学机械系。1958 年 9 月加入核潜艇动力装置研发团队，被任命为设计组组长；1961 年年底调任研究和建造某生产堆（为核武器生产燃料）的技术负责人；1965 年再度回到核潜艇队伍；1966 年初冬率设计团队赴 909 基地，以技术负责人之一的身份参与了第一个核潜艇陆上模式堆的建造全过程。曾任中国核动力研究设计院副院长兼总工程师。赵仁恺是中国核动力装置的第一位总设计师，两院院士，为中国的核动力事业做出了杰出的贡献。

③ 李乐福是核潜艇动力装置研发团队的早期领导人之一。但我们无法查到关于他的信息，只知道他因为身体不好去世较早。实际上，由于核潜艇项目高度保密，所以许多参与者的信息都无从查到——他们确实是默默地为国奉献。

专家组组长沃尔比约夫，向他询问有关反应堆和核潜艇方面的问题。已经意识到中苏即将分裂的沃尔比约夫没有拒绝，向他们介绍了美国核潜艇的历史、核动力研发的一般程序、反应堆物理、热工设计和反应堆启堆时可能出现的问题，以及建造陆上模式堆的必要性（孟戈非，2002：24－30）。就技术而言，这次出于专家个人行为的口头讲解是苏联对中国核动力技术的唯一“援助”。

1959年年底，在赵仁恺、李乐福两位正副总工程师的领导下，已经发展到200人的潜艇核动力研发队伍按照核潜艇的实际要求，进行了设计一座动力堆的“设计练兵”。之所以称之为“练兵”，是因为当时并不具备能够满足设计动力堆所要求的试验条件。1960年6月底，他们完成了《潜艇核动力方案设计（草案）》。27年后，官方的《当代中国的核工业》（《当代中国》丛书编辑部，1987：302）评价说：“该方案设计当时是作为草案上报的，但在后来的实践中没有什么重大的反复，这证明它在总体上是可行的。这就为以后的研制工作打下了良好的基础。”更重要的是，这个方案设计当时没有现成的参照——无论是实物的还是纸上设计的，但却经受住了实际建造核潜艇的考验。

那时的主要问题是中国的工业制造能力不能满足设计要求。由压力容器、堆内部件（燃料元件及其组件、控制棒及组件、组件支撑体吊篮、驱动机构、压紧弹簧等）所组成的反应堆结构涉及复杂的工业制造技术，设计人员不得不很早就开始参与许多设备的研制过程，并一直持续到建造陆上模式堆的时候。仅举两个例子。（1）压力容器是由冶金部钢铁研究院、一机部第一重型机器厂、哈尔滨焊接研究所和国防部703所等十多个单位从1958年开始研发，经过9年的不懈努力，由一重厂在715所的配合下于1968年完成第一台压力容器的制造。（2）燃料元件也是从1958年年底就在冶金部北京有色金属研究院、上海有色金属所、沈阳金属所、原子能所等20多个厂所开始研发。在一系列技术突破的基础上，二机部202厂于1965年5月试制成功第一批锆合金燃料元件，随后在原子能所的101堆和194所的“游泳池”堆中进行了数年的试验研究。

1961年年底，全国经济形势迅速恶化，加上苏联专家已经撤退，中国决策层在资源不足的情况下，决定把开发核武器列为压倒一切的重点，二机部也把有关核燃料和核武器的研制列为“一线”任务，而把包括核动力在内的其他工作列为“二线”任务。1962 年 7 月，核潜艇项目下马。因为二机部酝酿解散潜艇核动力的研发队伍，孟戈非绕开行政上级直接找到海军政委苏振华。在军方的安排下，潜艇核动力的骨干技术队伍被收到国防科委系统（国防部第七研究院）保护起来[①]，称为 715 所（孟戈非，2002：72－77）。从那时起直到“文革”时期，这支队伍的隶属关系在军方和二机部之间共经历了五次变更（本文不再涉及这些变更），归军方时叫 715 所，归二机部时就叫北京 15 所。

1964 年，国民经济全面好转；10 月，中国第一颗原子弹试爆成功。在这种条件下，中央专委于 1965 年 3 月批准核潜艇工程（09 工程）重新上马（聂力，2006：321）。根据三线建设的方针[②]，二机部和北京 15 所（即 715 所）选定四川省夹江县境内青衣江畔的一片山区作为建造陆上模式堆的厂址[③]。1965 年 8 月 25 日，中央专委第 13 次会议决定，同意原子能潜艇陆上模式堆建在四川省夹江县境内。二机部随即决定在那里先建一个比较完善配套的反应堆工程研究综合基地，基地代号为“909”，对外掩护名称为“西南水电研究所”。几十年之后，909 基地的一条山谷被称为“中国堆谷”。

当时的 909 基地什么都没有，刚来的人住老乡家，喝的是稻田和池塘水；以后自己盖草棚和干打垒房子，并且打出了水井。当地也十分闭塞，打长途电话必须到数公里之外的小镇邮局去，而且要到晚上八点半以后才能打通北京的。从生活区到工地，相距最远的有十几公里，上下班必须坐“班车”——解放牌卡车。许多人得到组织的通知后调到“909”工作。但“909”在什么地方？不知道。“909”是干什么的？不知道。还有许多人是自愿报名来到基地的，一些施工单位也相继进入。渐渐地，在四川夹江的那块土地上，聚集起一支号称“八千会战大军”的队伍。

“文革”爆发后，全国各地的许多工厂和研究所停产，各级领导干部和技

---

① 这个建议得到聂荣臻的同意，后来得到周恩来的批准（聂力，2006：320）。

② 即沿着成昆铁路线建厂。

③ 开发核潜艇反应堆必须首先在陆地上实际建造出来反应堆（即陆上模式堆），经运行考核合格后，才能把复制的反应堆装到潜艇上。中国第一代核潜艇的陆上模式堆叫 196 堆，根据 196 堆复制的第一个艇上堆叫 195 堆。

术专家被批斗，协调 09 工程的系统面临瘫痪威胁。核潜艇陆上模式堆是一个集全国 26 个省市的 1 200 多个工厂、研究所和院校所生产和研制的 29 000 多台（件）设备、仪器、仪表、管道、阀门于一身的复杂精密装置，一处瘫痪就处处瘫痪。1967 年 3 月，自己也身陷政治漩涡的聂荣臻元帅看到国防科委副主任兼七院院长刘华清关于 09 工程受到冲击的报告后，于 1967 年 6 月 20 日在北京民族饭店召开 09 工程第三次协调会。当聂荣臻元帅一身戎装，拄着拐杖步入会场时，全体参会者起立长时间鼓掌（中国核动力研究设计院，2006：12－14）。

但是，这些厂长、书记一回到各自单位就再次受到冲击，从北京派下去检查落实“6·20 会议”精神的人员到处受阻，雪片一样的告急信再次从全国各地飞向国防科委。在 09 工程办公室，忧心如焚的参谋人员产生了请中央军委签发致各大军区和省市自治区革命委员会一份《特别公函》的主意。1967 年 8 月 30 日上午，正在医院治疗的中央军委副主席聂荣臻接到刘华清亲自送来的公函稿，在这份新中国成立以来中央军委发出的第一份《特别公函》的左上角签署了自己的名字[①]。《特别公函》的内容被迅速传达：“09 工程是毛泽东主席亲自批准的国防尖端工程，任何人、任何单位，均不得以任何借口和理由冲击车间，更不能以任何理由停工停产……”（中国核动力研究设计院，2006：14－18）。《特别公函》成为“尚方宝剑”，十几个工业部门的“列车”立刻畅通无阻地驶上“轨道”，派下去的各路人马再无人敢拦；它也是“大赦令”，一大批被关起来的厂长、书记、科学家和工程师被解放；它也是“动员令”，各个部门纷纷支援，围绕 09 工程的庞大机器立刻有条不紊地运转起来。事情过去了几十年后，核动力院的老人还记得，当时就是因为这份《特别公函》，所以 909 基地的一个电报，就能把正在运往其他地方的设备中途调到夹江。

为了配合建造陆上模式堆，在夹江 909 基地还设计建造了中国核动力的第一批大型试验台架。在完成 196 堆初步设计的同时，模式堆试验基地、物理热工、结构、爆炸、应力、焊接、水力、化学、控制等 15 个实验室和装置的设计

① 这份文件未经中央军委常委会讨论，也未请示当时主持军队工作的林彪，所以签发它是冒了很大风险的（聂力，2006：324）。另参见刘华清（2004：316－317）。

也相继在北京的715所和401所开展。1966年2月，来自这两个研究所的人员组成909基地的“工艺队”，在夹江山区选点。到1968年，大多数试验装置陆续建成，安装设备后立刻投入试验工作（中国核动力研究设计院，2006：82－84)。这些试验台架的设计和建造反映了中国核动力技术源头从北京到夹江的转移，使909基地成为中国唯一的核动力试验研究基地。为加强陆上模式堆的建造，1969年7月27日，中央军委办事组批准，715所要在8月底前从北京搬迁至四川。这年9月初的一天，715所留在北京的全体科技人员和部分家属登上一列人、货混装的闷罐车，告别北京。除了四川，许多人都不知道去哪里。这列闷罐车停停走走，一个星期才到目的地（中国核动力研究设计院，2006：23)。他们中间的许多人从此就永远留在那里。

1969年，模式堆主厂房的土建施工完成，设备安装开始。在关键的几个月中，工地上彻夜灯火通明，搅拌机声、汽车马达声、施工小车的嘎嘎声以及炊事员送加班夜饭的吆喝声此起彼伏，交相呼应。在当时的条件下，设备安装十分困难。例如，重达60吨的反应堆压力容器是由十多辆大马力汽车车群牵引，如履薄冰地翻越了18公里山路后才运抵现场；因为没有大型装卸设备，所以指挥部以“发动群众”的方式，采用推、拉、顶、吊等方法才将其“盘”进厂房。

1970年4月，中国第一个核潜艇陆上模式堆安装完毕，迎来了启堆的时刻。在启堆前的7月15日、16日，周恩来率其他领导和专家两次听取了由军管会主任王汉亭和工程技术负责人彭士禄①等人组成的赴京汇报组汇报②。不过，启堆过程并不轻松。从7月17日凌晨在热态状况下启动反应堆直到8月

---

① 彭士禄，1925年11月出生，男，汉族，广东省海丰县人，是中共早期烈士、农民运动领袖彭湃之子。1956年毕业于莫斯科化工机械学院，后又在莫斯科动力学院核动力专业进修，1958年回国。1959年加入核潜艇动力装置研发团队，全程参与了第一个核潜艇陆上模式堆的建造过程，后任反应堆工程的技术总负责人和现场指挥。陆上模式堆建成后，年轻气盛的彭士禄因对海军把909基地退还给二机部不满，于1971年率一部分人到国防科工委七院在武汉的一个单位单独成立核动力堆设计机构，后与719所合并（孟戈非，2002：337、361－364)。1980年代，彭士禄回归核工业系统。1994年，他当选为中国工程院院士。

② 周恩来在汇报过程中提到核电说，陆上模式堆“奠定了热核电站的基础，今后燃料多了，就可以自己搞！成功了，陆上核电站就有了，是核动力的起点，将来还可以做得更好……”(中国核动力研究设计院，2006：7)。这说明周总理已经在思考中国发展核电的问题了。

30 日达到满功率，中间经历了一系列出现问题再解决问题的过程，其间既有因为 7 月 25 日首次实现核能发电的兴奋，也有因为 7 月 29 日山洪暴发而被迫停堆的失望。限于篇幅，这里仅讲两个小故事。

在第一次启堆后，测量人员发现反应堆顶部的物理测量管与堆顶部件焊接处有渗漏。在停堆抢修过程中，技术人员邹心银在焊接工作接近尾声时，发现焊接表面出现了一些大小不均的汽孔，原因是焊接时的高温使管壁中的积水蒸发，然后水蒸气向上穿透焊剂形成汽孔。需要消除积水，但管壁狭窄、不平滑，又不能被金属碰撞，只好用丝巾一点一点地吸附。在人们因为进展缓慢而焦躁不安时，传来了邹心银的声音："让我来吧。"他拿来一根不知从哪里找来的细胶皮软管，插进管壁，整个人趴到堆顶盖上，用嘴吸管壁里的积水。这是只有在那个年代才可能发生的事，因为经过满功率运行的反应堆积水是可能带有放射性的。现场突然鸦雀无声，只能听见邹心银的吸水声——"这声音好像刀片划过在场每个人的心"。最后，积水吸干，焊接成功了（中国核动力研究设计院，2006：67－68）[①]。

在 8 月 25 日开始的最后一次启动过程中，反应堆在达到 92%的堆功率后却不能达到满功率，尽管所有的物理参数表明反应堆是能够达到满功率的。技术人员发现，原因是主机的自动调压阀不能全开。在堆前紧急会议的焦急气氛下，设计人员徐炎初提出一个大胆的设想：就地改自动为手动，以增大进气压力。这又是一个在通常情况下不应采取的办法，但不得已而为之。8 月 30 日 13 时，徐炎初带领另一位技术人员，分别站在左右舷的自动调压阀前，用双手提起了阀闸。仅仅几分钟之后，值班长耿其瑞就庄重宣布，主机功率已实现额定满功率运行（中国核动力研究设计院，2006：11）[②]。当时在测量室负责计算功率值的黄士鉴用手摇计算机连续计算了三遍，才向现场指挥彭士禄报告达到满

① 《往昔岁月》（中国核动力研究设计院，2006：68）提供了邹心银的一份"官方"简历：男，汉族，1934 年 8 月出生，湖北宜昌人。1963 年从北京电力学院热工专业毕业，先后在水电部电力学院、北京 715 所、核动力院二所等单位工作。1965 年 4 月加入中国共产党。1970 年在某工程建设中荣立三等功。多次获"先进工作者""优秀共产党员"称号。1982 年 8 月因病去世。（48 岁"因病去世"是什么含义，我们都明白。）

② 后来改进此阀，主机和反应堆均达到设计满功率。

功率，彭则立即打电话向周总理报告（中国核动力研究设计院，2006：21－22）。在山谷间的一片欢呼声中，中国核潜艇陆上模式堆终于实现满功率运行。

在为陆上模式堆订设备的时候，还有两套反应堆设备同时被订，以便为艇上堆做好准备（孟戈非，2002：352）。1968年4月8日，核潜艇艇体工程正式开工①。陆上模式堆在夹江启堆之后，远在数千公里之外的造船基地跟着紧张起来。1970年7月16日，造船指挥部提出核潜艇要在当年12月26日（毛主席生日）下水的奋斗目标。当时，那里生活条件很差，但干部、工人们干活不分昼夜，加班加点，自觉保证质量。与此同时，一支工兵部队也在修建核潜艇特殊码头，把一座大山挖空，然后安装设备。一些年轻的战士为工程献出了生命（孟戈非，2002：359，361）。

1970年12月26日，中国第一艘核潜艇下水；经过半年的反应堆安装和调试，于1971年8月开始试航。这里必须提到一位捐躯者——从1959年就参加潜艇核动力设计的工程师李宜传（曾任715所仪控室主任）。他在陆上模式堆安装之前切除了一个肾，但拒绝了大家的劝阻，带病工作，干脆把被子搬到控制值班室，吃住在现场，直至196堆达到满功率。随后，他又拖着病残之躯再次请战，参与了195堆（艇上堆）的安装和试验。1972年4月，李宜传终因过度劳累牺牲在核潜艇试航的工作岗位上（孟戈非，2002：361；中国核动力研究设计院，2006：40）。

1974年8月，中国第一艘核潜艇——“长征一号”攻击型核潜艇（401艇）——正式服役，88岁高龄的朱德元帅在海军司令肖劲光大将的陪同下检阅了中国核海军的第一艇（聂力，2006：324）。参加了庆典仪式的中国第一任核动力总工程师赵仁恺回忆说：“那庄严、盛大、隆重的场景，有幸一遇，足慰终生”（中国核动力研究设计院，2006：3）。中美关系处于“蜜月”期的1982年，美国“核海军之父”Rickover海军上将（时年82岁）访华，爬上了“长征一号”核潜艇。他在参观后称赞说：“这完全可以与同时代先进国家的核潜艇媲美！”（聂力，2006：322）。

这里还要提一下被称为核动力院第二个里程碑的高通量工程试验堆（第一

---

① 如前所述，核潜艇的总体设计研究是从1959年正式上马的。

个里程碑就是核潜艇陆上模式堆)。这种堆是研制反应堆燃料元件的设备(对材料进行辐照考验),所以是独立自主发展核能事业所必需的(即开发反应堆的反应堆,亦称“工具堆”)。早在1958年重水反应堆(101堆)建成后,设计建造高通量工程试验堆的任务就提到议事日程上。由于当时国内的工业技术条件都不具备,所以二机部从小功率材料研究用堆做起,于1964年12月在北京原子能所建成以苏联游泳池式物理试验堆为原型的元件试验堆。这个堆对核潜艇动力堆的燃料元件、材料的考验做出了重要贡献。随着国民经济的好转,设计和建造高通量工程试验堆的任务再次提上议事日程,并且交由1963年成立的194所承担。1968年,该工程被列入国家计划,在总工程师徐传效的领导下,194所组成近百人的工程设计队,筹建高通量工程试验堆。

在后来的过程中,高通量堆的厂址选择受到潜艇核动力研发队伍隶属关系的影响。1971年2月,二机部再次从海军手里正式接收909基地后,立刻决定将北京194所整体搬迁到四川夹江(最后只搬迁了部分)。1971年年初,高通量堆在909基地破土动工。1973年9月6日,二机部决定将909基地改名为堆工研究院,对外称第二机械工业部第一研究设计院(简称“一院”)。

1980年12月16日,继美苏之后,世界上第三大、也是亚洲第一个建成的中国高通量工程试验堆在四川夹江投入满功率运行,并于1981年5月4日实现了高功率运行。它的建成标志着中国具有了独立自主的核动力技术能力。随着高通量工程试验堆的建成,以及模式堆的运行试验,一个反应堆研发基地到1980年已经初步形成。随着715所(全部)和194所(部分)搬迁到这里,中国核动力技术的全部历史也就凝聚在这里。核潜艇陆上模式堆是中国第一个核动力反应堆,也是第一个从头到尾完全依靠自己的力量开发的反应堆;10年后建成的高通量工程试验堆不但也是自主开发的,而且是中国可以自主开发各种反应堆的关键设备。

2.8.2 “军转民”历程的磨难

高通量工程试验堆的建成,标志着核动力院作为一个反应堆研发基地的形成，但也宣告了国家对核动力大规模投资的终结。从 1970 年 12 月第一艘核潜艇下水，直到 1990 年代末期，中国下一代核潜艇工程拖延了近 30 年。从 1970 年代末到 1980 年代后期，核动力院在 10 年的时间里没有得到任何值得一提的科研经费和投资。

改革开放以来，国家开始发展核电。上文已经讲述了秦山一期核电站的曲折，但对核动力院来说，比那更曲折的是它多年被排斥在核电之外。在计划经济年代，主管核工业的二机部长期以开发核武器为主要任务，轻视核动力技术领域，何况又与海军之间存在着核动力院的隶属关系问题。在建设秦山一期时，核工业部为该工程建立了 728 设计院①，其首任院长就是 1981 年起任核动力院院长的周圣洋（从夹江带走 100 多人）②。实际上，秦山一期 30 万千瓦核电站的反应堆是以 196 堆为原型堆，即在潜艇动力堆的经验基础上直接设计的核电站反应堆。这是为什么中国居然在从未建过试验核电站的条件下，能够一下子建起一个 30 万千瓦商用核电站的原因。

在计划经济的部门管理体制下，行政主管部门对于下属单位的管理方式是按行政隶属关系和行政分工。在秦山一期开始建设后，核工业部把核动力院当作一个专门从事 09 工程的机构和试验基地，不考虑它在核电发展中的作用。其实，核动力院早就开始参与核电技术开发，只不过是在上级行政部门的安排下，扮演提供技术服务的角色。例如，按照二机部安排的任务，核动力院于 1977 年 6 月研发成功秦山一期 30 万千瓦核电站的燃料元件制造工艺。1978 年 11 月，二机部要求核动力院重视 60 万千瓦核电站的研究设计工作。1981 年 4 月，核动力院将赵仁恺等人《关于中国建造 60 万千瓦标准型压水堆核电站的建议》正式上报二机部，此后又完成 60 万千瓦和 90 万千瓦标准型压水堆核电站的方案设计。1981 年 9 月，二机部正式邀请核动力院参加秦山一期核电站一回路主

---

① 即后来的上海核工程研究设计院。

② 周圣洋，男，曾在哈尔滨军事工程学院海军工程系学习进修；1960 年被海军任命为核潜艇总体设计分组负责人，后来在机构变动中加入反应堆的开发团队，曾任 715 所的行政领导，并在夹江参与了建造陆上模式堆的全过程；1981 年起任中国核动力院院长；1982 年 12 月被调到上海担任 728 院院长；1987 年因病离休；1993 年 3 月在上海病逝，享年 67 岁。

循环系统及辅助系统、安全系统的工艺设计审查，这是主管部门第一次让核动力院介入核电的实际开发过程。1983 年 7 月，核动力院针对 45 万千瓦和 90 万千瓦压水堆方案，决定进行 17×17 燃料组件的研制[①]。这段时间正是政府内部主张引进的部门以 30 万千瓦核电站容量太小为理由，要求下马秦山核电工程的时候。二机部在仓促应对这种主张时的这些部署，准确无误地反映出中国核动力的技术之源在哪里。

在国家层次上，当时占据了主导地位的引进政策没有考虑如何利用中国的技术基础来发展核电。在 1980 年代有关中国核电发展道路的争论中，各方都以核工业主管部门作为核动力技术的体现，而包括决策者在内的大多数人都不清楚中国核动力技术的承载体到底在哪里。21 世纪的第三轮引进路线以改革为名，提出实行军民分开的方针，其实质是想让在行政隶属关系上属于军工部门的中国核动力技术基础不再“干扰”购买外国核电站的“战略部署”。于是，核动力院的道路注定曲折。

核动力院曾经在 1980 年代初制订了一个十年发展规划，规定该院要参与核电建设，但基本上沦为纸上谈兵。于是，一支四五千人的中国核动力技术主力队伍被“遗忘”在四川夹江的山区。随着改革开放带来的松动，核动力院也开始经历“孔雀东南飞”，人员（特别是技术骨干）大量流失。那时的两任院长不得不把这支队伍的生存当作首要任务。

1980 年代前半期，在中央政府牢牢控制的核电之外似乎出现了另一个核动力的市场。一些大型石油化工企业对建设小型核热电站[②]表现出浓厚的兴趣，纷纷要求核动力院对“以核代油、节油换汇”的可行性进行研究，对能否提供工业蒸汽和一般供热进行论证。核动力院根据用户的要求开展了数年的研究设计。但是，由于地方政府缺乏资金，这些设计工作没有能够继续下去。除了核热电厂，还有对小型核电厂市场的探索。核动力院曾经应邀在四川、海南岛和

---

① 本段的信息来自 2006 年 6 月我们对核动力院院史资料的记录。

② 核热电站是以核裂变产生的能量为热源的城市集中供热方式之一，和普通热电站原理相似，只是用核反应堆代替矿物燃料锅炉。核热电站反应堆工作参数高，必须按照电站选址规程建在远离居民区的地点，从而使它的发展在一定的程度上受到限制。

西藏调研建设小型核电厂的可能性，但由于经费和风险等问题也不了了之。

1988年接任院长职务的钱积惠①后来回忆这段历史时说："最困难的时候，我形容我们老院长（任和②）像个叫花子，北上吉林，东到上海，南到海南岛，西到西藏，拄着拐棍'讨饭吃'，全国都跑遍了，领着一批专家去求人家、找项目，风尘仆仆，跑了好几年"，"当时大家在山沟里，拿着仅有的一点工资，但热情还是很高，我们当时上上下下最常说的一句话就是'我们要搞核电'"。

从获得经济收益的角度讲，核动力院在1980年代前七八年的"军转民"过程中几乎什么事都没做成（连汽水厂都倒闭了），但仍然得到了长远意义上的收获。第一，"军转民"的经验使核动力院为用户设计产品的能力大大提高，为后来的秦山二期中标打下基础。第二，完成了组织整合。核动力院的队伍是在909工程大会战中从全国调来的，这样建立起来的组织往往长期存在内部隔阂的问题，但在生存危机的压力下并经历了"孔雀东南飞"之后，核动力院逐渐成为一个同舟共济的组织——能走的都走了，不能走或不想走的就永远留了下来。除了与上级行政主管部门的隶属关系，院里的人不再与北京或其他地方的任何机构存在什么组织上的瓜葛。于是，核动力院的独特组织文化也逐渐形成。在工作态度上，他们吃苦耐劳，习惯于自己动手，一些核电运营商对核动力院人员的评价是，"山里来的人就是朴实"；在技术上，他们具有极强的解决问题的能力，什么外国技术都敢改，原因非常简单：以核潜艇动力系统为起源，他们所有的产品都是自己做出来的。

直到1980年代末，被困在夹江山区的核动力院仍然在"流血"，每年都有

---

① 钱积惠是上海人，1959年从哈尔滨工业大学热工专业毕业，1968年调到909基地。1984年中国加入国际原子能机构后，他被派到维也纳做了3年的技术外交官；1987年回国后，他走上核动力院的领导岗位，1989年8月被中核总任命为核动力院院长。在担任院长期间，他对管人、管钱不感兴趣，总是从战略角度看问题，对赢得中央支持、挽救核动力院作出巨大贡献。在核动力院的历史上，他是以一位"内战外行、外战内行"的院长而著称。1992—2002年，他任国际原子能机构副总干事长。退休回国后，他落户成都，选择永远守候核动力院。21世纪初年，钱积惠为自主发展核电奔走呼号，被引进路线的官员斥之为中国核电界反对引进的"极端分子"。

② 任和，1983年5月接替周圣洋出任核动力院院长，1988年退休，1995年2月在成都病逝，享年65岁。

很多技术骨干流失。1988 年 10 月，当钱积惠接替任和主持核动力院工作时，他所感受到的是形势越来越艰难。在他当院领导的头两年，核动力院面临的最严重的问题就是人才流失，每年都要有 200 多名技术骨干从山沟里跳到待遇和条件更好的单位去。钱积惠坐不住了，如果这样下去，多年培养起来的核动力技术力量用不了几年就走光了。

钱积惠注意到，虽然此时国务院决定把核动力院列入三线调整计划，部分科技力量迁进成都市，但国家规划计划部门并没有认识到自主发展核动力的重要性。1991 年 5 月 2 日，钱积惠上书江泽民。他在信中直言国家对核动力基础研究的忽视以及核动力研究基地所面临的困境，并呼吁：中国作为一个发展中国家中的核大国，作为一个已经拥有核潜艇并还要进一步发展自己的军用舰船核动力的国家，理应也有能力走自主发展核电的道路。

江泽民收到了钱积惠的信，并于当年 6 月 15 日对信作出批示，赞同支持核动力骨干实验装置的建设①。此后，国家计委批准对核动力院投资 1.8 亿元，在成都建设一批军民核动力骨干试验装置，同时依托这个项目实现了核动力院从夹江到成都的搬迁（涉核的部分仍然留在夹江）。这一项目被称为“615 工程”。

提请读者注意的是，615 工程建设的试验手段对于开发核反应堆是至关重要的。该工程从 1992 年 8 月开始初步设计，1995—1998 年完成大部分试验装置的安装。在核动力院反应堆试验研究所，18 台（套）复杂的试验装置分布在巨大的厂房里，它们涵盖了几乎所有的反应堆工程试验研究：控制棒驱动线冷态水力试验装置、堆芯整体水力模拟试验装置、AC600 非能动余热排出系统试验装置、氟利昂热工装置、大型热工试验装置、6m×6m 地震模拟试验台、水化学试验装置、动力设备综合试验装置、舰船核动力主设备支撑抗冲击试验装置、舰船核动力主泵试验台……有些装置据称世界仅有。所有这些试验装置全部是核动力院自己设计的，为后来的秦山二期核电站压水堆的自主设计和建造，以及新一代核潜艇的开发，作出了“不可替代的贡献”。

试验手段是主要的研发工具，而包括设施和经验在内的试验能力则是核动

① 江泽民参与过 09 工程在机械工业系统的项目，对 09 工程有很深的情结。

力院的特质资产。产品开发是一种工程创造，其首要环节是设计，但设计的可行性只有经过从材料、元件到整机样机的一系列试验才能被证明。因此，像核动力装置这样的复杂产品的开发，通常要经过几十轮次试验的反馈与修正，解决成百上千的问题，才能推进。可以说，自主研发反应堆（以及其他复杂产品）的大部分投资、风险和技术能力都集中在工程试验阶段。因此，试验手段和试验能力决定产品开发能力。

仅以反应堆燃料元件、组件的设计开发（在核电技术上拥有知识产权的关键环节之一）为例：第一，由于这个系统是在核辐射的条件下工作（在这种条件下工作的系统还包括控制棒驱动机构和压力壳等设备的材料），所以其必须在工具堆内经受辐照的考验——属于带核的试验。第二，必须在大型热工试验装置上进行临界热流密度试验（俗称烧毁试验）——属于非核的试验。原因在于，当燃料组件上的热流密度达到一定程度，（冷却剂）流体就带不走热量，积累起来的热量就会导致堆芯融化、烧毁，造成核事故。但在不允许反应堆内的燃料元件烧毁的同时，又必须使堆芯功率尽可能地升高以保证核能的经济性。要达到这个双重要求的目标，就必须确定烧毁的极限点。虽然有理论公式可以计算这个问题，但公式对不同结构的适用性不同。因此，准确找到极限点只能通过临界热流密度试验（即获得经验公式）[①]。不同的组件会有不同的烧毁点，所以烧毁试验是开发新的燃料组件的必要条件。

核动力院的试验手段——工程试验堆（工具堆）、大型试验台架以及众多的专用仪器仪表——全部是自主设计开发出来的，本身就是该院产品开发平台所产出的另一类特殊产品。设计开发这类产品必须依靠在产品开发中长期积累的经验，因为试验台架（包括所有的功能机构）的设计取决于对试验方法的掌握（以帮助设计者决定要什么、不要什么），而试验方法则包括了大量来自经验的诀窍。因此，试验台架的效能还取决于使用这些设备的经验知识。615 台架所体现的试验能力就是三四十年持续产品开发经验积累的结果。以水化学试

① 其试验步骤是：(1) 加热；(2) 确定什么时候热量传不出来（既要找临界点，又要求不能烧毁，这里有操作上的诀窍）；(3) 在传热恶化瞬间停下，避免实际烧毁，减小试验代价。

验台架[①]为例，设计这个台架的难点在于要掌握缩小比例试验的模拟技术，因为该台架在缩小了流程比例之后，就要考虑在实际反应堆运行中无须考虑的绝缘与密封问题，才能保证水流量、传热特性与实际反应堆的运行状况一致。核动力院所掌握的模拟技术是一套模拟准则——这些准则起源于核潜艇陆上模式堆的开发并经过不断修正而获得。

设计试验台架之难往往比设计终端产品（如反应堆）还难，难就难在需要大量只能经验性获得的缄默知识。在核动力院的实验室里，很多模拟、密封、测试和控制的技术诀窍都是前辈技术人员从长期经验中摸索出来的，并依靠老工程师手把手教给年轻工程师而传承。由于试验手段封装了更多的缄默知识（技术“黑匣子”），所以对于其他组织来说，这些技术是无法模仿的，甚至无法通过逆向工程来理解。因此，这些试验手段是高度组织特定的，离开了开发出这些工具的组织就没有任何用处。例如，任何人想使用 615 试验台架，只能委托核动力院的技术人员来进行试验，否则谁也无法让这些台架实现预定的功能。

对试验手段的分析可以充分证明引进路线的谬误：对于声称通过购买外国核电站可以实现核电技术的“消化、吸收、再创新”的说辞，说轻了是无知，说重了则是谎言。引进核电技术充其量是购买核电站的设计，而要想在外国设计的基础上再创新，则必须具有试验能力，否则没有人能够甚至敢于去修改、变更原设计。但试验能力（包括硬件和软件）是长期自主开发的结果，与产品开发平台互为因果。引进路线可以从市场上购买产品和产品设计，但永远不可能从市场上购买到试验手段。因此，声称买了外国核电站就获得了核电技术，无异于声称从粮店买回家一袋米就获得了培育稻种和种植稻子的技术。

最后需要指出，有形的试验手段（如试验台架）必须随着产品开发的目标要求而更新。例如，核动力院在夹江的第一批试验台架是为了开发核潜艇陆上

① 进行水化学试验的原因是：反应堆系统一回路中的水是带有放射性残留的，而且传热介质的结垢会影响传热，所以必须检验水质和材料的可溶性，要求水质达到不腐蚀、传热好、不能有水垢。

模式堆而建的，615 试验台架则支撑了秦山二期核电站和第二代核潜艇的开发，而新一代的产品开发将要求新一代的试验台架。但正如前面已经分析的那样，设计和使用下一代的试验台架必须依靠过去积累起来的经验知识——没有什么例子比这更好地说明，虽然有形的产品会经常发生非连续性的变化，但产品开发平台及其所体现的技术能力却永远是连续的。

在最困难的阶段，核动力院始终坚持着对核潜艇动力堆的研究，一直坚持到 1990 年代末中国上马第二代核潜艇工程。本文无意触及高度保密的话题，最后只讲一下第一位新型反应堆总设计师刘聚奎的经历。刘聚奎从 1960 年代中期就在 715 所参与设计核潜艇动力堆的总体结构方案。1967 年，他受命研究下一代潜艇核动力技术。当 715 所搬迁到 909 基地时，他只身从北京来到四川夹江。在设计建造核潜艇陆上模式堆（196 堆）的过程中，刘聚奎是燃料组件总体结构论证课题组的负责人，也是研制燃料棒定位格架等重要部件的创始人之一，为解决燃料棒定位问题立下汗马功劳。他和同事们创造出来的束棒型控制棒在当时是世界首创，使堆高降低约一米，使堆舱和主机舱得到较好的匹配（中国核动力研究设计院，2006：41－42）。

196 堆建成后，刘聚奎继续从事新型反应堆的研究设计。1970 年代末，在“军转民”的大势下，研究陷入停滞状态。为了争取项目立项以使研究持续下去，项目组每年都要与有关部门开协调会，论证、争辩甚至争吵。1979 年秋的一天，赵仁恺把刘聚奎等几个参加论证会的人拉上，花 10 元钱在北京动物园附近的一家餐馆里请大家吃了一顿狗肉。那是一顿伤心饭，因为回到基地后，项目组就基本解散了。在随后的几年里，科研人员因为无事可做纷纷调走。刘聚奎也找好了接收单位，准备一走了之。他说：1960 年代搞潜艇动力堆时，条件那么艰苦，大家都没想过离开；但没有任务、没有方向，不走又能怎么办？

是核动力院参与核电的努力把刘聚奎留下了——他参加了吉林化工公司、辽阳化工总厂和上海金山石化总厂建设小型核热电厂的可行性论证工作，又参加了秦山二期工程的早期方案演练和总体方案设计工作。在从军用核动力转向核电研究的过程中，他忘我地学习新领域的知识，但也从来没有放弃对新型动力堆的研究。

刘聚奎三十年如一日，坚信新型反应堆的可行性，而这三十年恰恰是中国核潜艇工程的断档期。在没有项目背景、没有国家经费投入，几十年辛辛苦苦的追求有可能付诸东流的情况下，他没有丝毫的动摇。他是参加了“八五”“九五”“十五”军用核动力预研规划的“三朝元老”（退休后还被邀请参加“十一五”规划），目光始终盯着世界先进水平和发展方向。正是因为有了这样的人，核动力院才能够在极其困难的条件下，哪怕是自筹资金，也坚持了对新型反应堆的长期探索研究。

1992年，停顿多年的新型反应堆预研工作又提上议事日程。刘聚奎被核动力院任命为第一任新型动力装置的总设计师。他上任后任劳任怨，以无私的奉献为工程奠定了坚实的技术基础。把这个火种保存下来并最终点燃的刘聚奎总设计师早已退休；但同时，新型反应堆的工程也已经上马，而装备这种动力之源的新型核潜艇必将为捍卫中国的国家安全和领土完整做出重大贡献。

2.8.3 “华龙一号”的技术源头

“华龙一号”的设计基础是秦山二期核电站。上文讲述了这个核电站的来龙去脉以及核动力院参加投标和开发的过程，这里不再重复（尽管上文过于简要）。

核动力院在秦山二期中标并非偶然，完全是凭技术实力赢得的。这种实力不但来自建造核潜艇陆上模式堆、高通量工程试验堆这样的国家项目，而且来自开拓核动力市场以及为核电建设提供技术支援的经验，更来自在长期技术研发中形成的创造性。

在“军转民”的困难时期，核动力院仍然保持着技术研发的“冲动”，在国家下马的项目基础上建成了乏燃料堆（岷江堆），以利用高通量堆使用过的乏燃料。更典型的项目是被称为核动力院“第三个里程碑”的脉冲堆，它的上马过程完全是自下而上推动的。脉冲堆是使用铀氢锆燃料元件、具有脉冲运行能力的小型池式试验堆（热中子反应堆）。1957年，美国通用原子公司（Gulf General Atomic Corporation）开发出世界上第一个脉冲堆，一直独家垄断技术和市场。1975年，核动力院的技术人员从报刊上获得脉冲堆的信息后，开始研究并向院里提出建堆的建议。1979 年 4 月，核动力院把研究人员提出的概念设计方案上报二机部。虽然很快得到批准，但它只是一个没有列入国家计划、没有经费的项目，只能靠院里东拼西凑地自筹资金。

1981 年担任脉冲堆研制组技术负责人的夏祥贵，在项目一度因人员调走、经费减少而前景黯淡的条件下，坚持了整整 10 年。脉冲堆的特性主要取决于其特殊的燃料元件，承担开发燃料元件任务的四所是一支吃苦耐劳的队伍。经过几年的努力，课题组用自己独创的氢化工艺实现了渗氢，于 1988 年 4—9 月正式生产铀氢锆燃料元件。为了省钱，从 1986 年 4 月开始正式安装的脉冲堆建在一个废弃的厂房。现场总指挥李达忠对当年最深的回忆就是“真是太累了”。工程组副组长丁家祥出身工人技师，1969 年从上海调到 909 基地。他在上海时参加过中国自主开发的第一台 12.5 万千瓦双水内冷汽轮发电机组的建设，到四川夹江后又参加了陆上模式堆和高通量堆的建设。他在工作中从来都自己动手，因长期劳累患上劳累型心脏病。1990 年 7 月 22 日，中国脉冲堆首次达到临界。在举行建成庆典的时候，总设计师夏祥贵却因操劳过度住进了医院。在 10 年的时间里，核动力院动员了几百名科技人员和技术工人，完成技术攻关和科学试验上百项，自己开发非标准仪器设备上百项，连施工也完全是自己干的。脉冲堆以独特的设计获得了国家专利，还获得了核工业科技进步一等奖和国家科学技术进步二等奖（中国核动力研究设计院，2006）[①]。1993 年，核动力院向军方提供了一座功能更加齐全的脉冲反应堆，在中国签署禁止核武器试验条约后用于模拟核爆试验。

核动力院还是国内最早跟踪新型核电反应堆的研发组织之一。1987 年，设计部总体室成立先进堆技术开发小组，提出以西屋 AP600 为跟踪目标，结合中国国情开发自己的先进压水堆核电站，定名为 AC600。开发小组明确提出以先

---

① 有意思的是，美国通用原子公司闻讯后不相信中国人能开发这种技术，认为核动力院“盗窃”了它的技术。1992 年初夏，双方代表在深圳会谈。中方说明了核动力院攻克铀氢锆元件的独特工艺路线——低压渗氢（比通用原子公司的高压渗氢更为简单和先进），并向美方展示了有关低压渗氢的设备外形照片。不到一个小时，美方代表就被事实说服。谈判在友好的气氛中结束，美方还提出了合作的设想。

进堆芯、非能动安全系统和系统及设备简化三项内容作为开发重点。1989 年，核动力院还与西屋公司草签了《技术合作与交流意向书》，后来因为某些政治因素未生效。1990 年 10 月，在国际原子能机构的支持和帮助下，核动力院在四川省峨嵋山市召开先进压水堆国际会议，20 多个国家、地区的专家和学者参加会议，AC600 也成为在国际同行中具有一定知名度的堆型。但到 1996 年，核动力院关于开发 AC600 的“九五”规划在国家科委、国家计委和国家经贸委转了一圈之后，被决策者以“没有工程目标”为由下马。10 年之后，在 AP600 基础上改进而来的 AP1000，成为中国政府第三轮核电引进的首选堆型。此外，按照核工业部下达的任务，1987 年 5 月核动力院设计部还成立高温气冷堆研究小组，主要任务是调研和学习国外研究开发高温气冷堆的情况和技术特点。1995 年，中核总停止了经费支持，核动力院的跟踪任务随之结束。

上述四个项目代表了核动力院在困难时期主动进行技术开发的主要努力，其中两个成功、两个失败。但失败的原因不是技术方面的，它们不同的结果似乎证明了一个规律：凡是能够按照研发组织自己的意愿坚持下去的项目就会成功，凡是仰赖于上级行政部门意志的项目就必定失败。

核工业部虽然总是排斥核动力院参与核电建设，但每次遇到迈不过去的坎儿，就会想起也只能依靠这支能打硬仗的队伍。例如：在秦山一期建设开始后，国家核安全监管规程才有规定，在核电站投入运行之前，必须提供 1∶1 燃料组件高温高压冲刷试验数据，并通过核安全审查。当时，中国没有这样的试验台架，也没做过这种试验。面对这个“突然”的要求，核工业部曾经想把这项试验交给国外做，因外汇问题而告吹。眼看迈不过去这个坎儿，核工业部只好于 1987 年 8 月把这项任务交给了核动力院，但条件很苛刻：只有 212 万元人民币的经费，而且要求在两年内完成，还要尽量往前赶。按照常规，这样一个要从开发设计、建造试验台架再到完成试验的工程至少需要 3 年时间，何况经费也不够。但是，核动力院坚定地接受了这项任务，以至于核工业部核电局的领导人也说：“一院是‘明知山有虎，偏向虎山行’。”（中国核动力研究设计院，2006：116－117）

限于篇幅，燃料组件冲刷试验台架的开发过程无法详述。但需要指出的是，这个台架不但完全是自主开发的，而且开发过程充满了奋斗精神。为了赶进度和节约费用，开发人员甚至修复存放了19年、严重锈蚀的陆上模式堆旧主泵，用于台架的回路主泵。核动力院20多个所、部、室、处直接参加了工程建设，在接受任务时不讲价钱、不谈奖金，而是先谈任务、先干活（中国核动力研究设计院，2006：117-119）。1989年10月30日，高28米、长宽各4米的试验台架本体在夹江绵延群山间的一块洼地上落成。从1990年3月开始，这个试验台架对秦山30万千瓦核反应堆的驱动机构进行冲刷试验。在这个由728院设计的装置中，由于无经验数据可参考，所以控制棒与导向管之间的间隙定得过小，在热态冲刷条件下发生卡棒。这种情况在反应堆实际运行中是灾难性的事故，绝不允许发生，而当时几十台驱动机构装置已经焊在秦山反应堆的堆顶上。核动力院在试验台架上发现问题后，立即主动通过试验来探索什么样的间隙尺寸才是合理的（当时下达的任务书只要求完成规定时间的冲刷试验）。核动力院不讲价钱，以最快的速度于1990年10月31日圆满完成任务，最后总共花了600万元。此前，核工业部核电局还对是否要花“大钱”抢建一个台架来做这个试验犹豫过；728院还争过把这笔经费投在上海，由他们自己来建这个台架。事后，728院的同行十分感谢核动力院，说亏得把台架建在这里，由核动力院做这个试验。如果秦山30万千瓦反应堆启堆后发生控制棒卡棒，整个电站都得停下来；那时求助外国人，只能被敲竹杠。这个试验台架在完成任务后早已拆除，但这个事例再次说明：起源于披荆斩棘建造核潜艇陆上模式堆的核动力院是一支什么样的队伍。

设计秦山二期反应堆系统是核动力院进入核电领域的里程碑。由于上级规定秦山二期必须参考法国的M310（大亚湾的反应堆），也由于它没有原型堆（引进派特别重视这个概念），所以一些人总喜欢把秦山二期的技术说成是抄袭法国人的。上文已经指出这种说法的错误，这里再简单重申一下。法国M310的堆芯燃料组件是157盒，秦山二期的则是121盒。敢动反应堆的堆芯，就如同敢动芯片的电路一样；敢提出自己的堆芯，就如同敢提出自己的芯片电路一样。即使一个人看了一眼英特尔芯片的电路，但如果他做出自己不同的电路，你说这芯片的知识产权归谁？核动力院人之所以敢于为秦山二期设计自己的反应堆，是因为他们干过的反应堆全是自己设计的，而且他们有能力对新设计进行试验验证。本文作者至今记得2006年6月在核动力院访谈老工程师时多次发生的场景。为了弄清楚秦山二期的技术来源到底是不是“抄”法国人的，我们经常不厌其详地追问某项技术与法国技术的关系。“老理工男”们开始时确实是循着我们问题的方向回答，但经常说着说着就说不清与法国技术有什么关系了，又不善辞令，最后“被逼”无奈，不止一次恼怒地回答：“这些技术是我们在山里试出来的!”或者“我们在山里就是这么做的!”每当听到这种回答，我们内心就会充满敬佩和骄傲——这就是中国的技术，还有疑问吗？

核工业部于1988年4月被撤销，其原有的政府职能划入新组建的能源部，同时组建中国核工业总公司（中核总），负责管理核工业。在这种“翻牌”行政性总公司的体制下，各个既是法人又自负盈亏的基层单位反倒比在后来的集团体制下有更大的能动空间。这是诞生“华龙一号”原型的背景。

完成秦山二期设计任务以后，核动力院应中广核集团之邀为其岭澳二期工程准备设计方案（属于供应商和客户之间的关系）。核动力院当初参考大亚湾的法国M310堆型，在减少一个回路的要求下重新设计出了60万千瓦核岛系统（后来在CNP1000命名后被回溯命名为CNP600）。这个过程已经让核动力院掌握了压水堆系列化的设计原则。由此，核动力院提出了两套百万千瓦级的设计方案：一套就是后来被命名为CNP1000的方案，它采用3个标准回路的结构。这是一个“激进”方案——虽然仍然参考了法国M310反应堆（堆芯是157盒），但CNP1000的堆芯是重新设计的，采用177盒燃料组件（全世界独一无二），而且反应堆压力容器的尺寸更大。另一套方案基本上是沿袭M310的设计，只进行一些局部的技术改进——这个“保守”方案就是后来被称为“岭澳翻版”的CPR1000。

核动力院力荐它所主动设计的“激进”方案，因为从技术上看，增加堆芯燃料组件可以提高反应堆的热功率和堆芯设计的热工余量（这些参数全部需要自己试验验证出来）；无论在安全性上还是在运行经济性上，新的设计都有望比法国人的技术更进一步。此外，重新设计堆芯意味着拥有自主知识产权。不过，由于只有使用法国反应堆的经验，所以中广核倾向于保持大亚湾核电站的技术路线（风险小、培训方便等），决定采用 CPR1000 的方案（产权归中广核，但向核动力院付钱）。当时核动力院已经开始着手进行概念设计和试验准备的 CNP1000 方案设计也就被暂时搁置了。

1999 年，军工体制改革，继承了中核总主要“遗产”的中核集团挂牌成立（工程建设部分另成立中核建），接管了三家设计院［核动力院（一院）、二院、728 院］。中核集团成立后，提出把 CNP1000 作为集团的自主品牌来发展，于是以行政手段重新分配任务，由三家设计院联合设计。这个做法曾经引起中核集团内部对于技术方案的争论，一院和二院联合提出了 CNP1000（二院负责土建设计），728 院则联合美国西屋公司提出了另外的设计方案。最后，中核集团确定一院和二院的 CNP1000 为集团的核电自主化方案。1999 年年底，中核集团在九华山庄开会，正式对外推出 CNP1000。

中核集团力推自主核电技术本来是件好事，但它当时的做法却包含了一个战略意图，即把 CNP1000 当作统一全国的核电技术路线的手段。一直与核工业主管部门有矛盾的中广核集团对这种“一统天下”的意图极为敏感。为抵制中核集团，它坚决不同意采用改变堆芯设计的 CNP1000 方案，并针锋相对地提出了 CPR1000 方案（M310 堆芯不变，其他修改 18 项）。2001 年，中广核正式提议建设岭澳二期两台机组，但因中核集团领导提出异议而导致岭澳二期项目搁浅。被激怒的中广核集团反过来更加坚决地反对中核集团的 CNP1000。当时，电力系统也想在核电发展方面有一定的发展权并且已经拥有若干核电厂址，在看出中核集团与中广核之间的意见分歧后，也不同意中核集团“一统天下”的思路。为了打破僵局，后来中核集团与中广核达成协议，双方共同支持岭澳二期采用 CPR1000 方案。此后，中核集团重新力推 CNP1000 方案，但不再主张统一技术路线，决定自己要建核电站。

CNP1000 后来还遭受了又一次原本无须承受的挫折。虽然 CNP1000 最初是核动力院提出的设计方案，但中核集团为了控制项目主导权，通过行政命令方式让原本没有 CNP1000 开发经验、甚至曾经反对过这一方案的 728 院成为 CNP1000 方案的总包院。728 院长期以来采用的是美国的设计标准，拿到项目后便把原来二院设计的厂房布置推倒重来，这就大大拖延了核安全局审批的工作进程。这种情况给了引进路线以口实，以业内相争不下为理由，索性提出引进第三代核电、实现一步跨越的方针。

历史有点“诡异”的是，恰恰是引进路线促成了自主技术路线的“自赎”。为引进AP1000而成立的国核技收编了728院，反倒使中核集团只能依靠核动力院，当然也意味着更深度地控制它。更重要的是，引进路线自上而下的强行推进和AP1000的步步踉跄，反倒使中核集团和中广核再度产生自主开发的动力和机会。于是，中核集团走出“CNP1000→CP1000→ACP1000”的发展路线，中广核集团走出“CPR1000→CPR1000＋→ACPR1000＋”的发展路线；最后，在国家能源局的要求下，两者“融合”成为“华龙一号”。本文没有涉及后来的研发，两个集团都做了很多新的工作，尤其中广核后来加强了自主的技术研发，一定也有许多自己的技术。但无论如何，这两条技术路线的系统架构和基本技术都源自中国核动力研究设计院。这个事实大概可以解释为什么两个集团的两条技术路线“融合”起来时并无技术上的困难。但故事还没完：核动力院设计百万千瓦级核电站的基础是秦山二期，而它能够“凭空”（指没有原型堆）设计出来秦山二期的基础是中国从开发核潜艇动力堆以来的能力积累。至此，“华龙一号”的血脉已经清晰可见。

由于对核潜艇工程的高度保密（其程度甚至超过航天）、理解复杂技术的困难以及行政管理体制的不合理，核动力院的业绩一直鲜为人知，它也一直处于一种边缘地位。在中国至今仍未摆脱的大工程行政分包体制下，人们看到的只是处于行政等级上层的“总包”方，而看不见真正负责开发核心技术的组织。例如，秦山二期建成后，负责土木建筑的总包院技术负责人成为院士，而核动力院负责核岛系统设计的总师闵元佑[①]却当不上。我们在2006年6月访谈

① 闵元佑，男，1939年5月出生，上海市人。1963年毕业于哈尔滨工业大学反应堆工程专业，全程参加了核潜艇陆上模式堆一回路主系统的设计、安装与调试。1984年起任核动力院设计部副主任及驻金山石化总厂设计队副队长，负责45万千瓦金山石化核热电站的设计工作。曾负责新型核潜艇动力装置方案的设计和研究，参加和负责60万、90万千瓦及小型核电站的方案论证。1992年起任秦山核电站二期工程副总设计师及反应堆和主冷却剂系统总设计师。2018年7月在成都去世。

闵总时，他的手总是在抖——那是因开发秦山二期核反应堆承受巨大压力而落下的病根。今天，核潜艇艇体的设计师被媒体尊崇为中国的“核潜艇之父”，但为潜艇开发了核动力系统的人却依旧默默无闻（这是奇怪的，因为核潜艇之所以被称为核潜艇，就是因为潜艇的动力源是核反应堆）。在十几年前各行政主体纷争不断的阶段，核动力院曾经想走一条为所有客户供应核岛系统的市场化道路，结果是中核集团撤换了有独立见解的院长，予以惩戒。

在“军转民”最困难的时期（1980年代至1990年代前期），到一院视察的国防科工委领导对所见所闻潸然泪下。回到北京后，他要求九院派人去一院学习。九院是谁？就是“两弹”元勋邓稼先带出来的团队——中国核武器研究设计院。让这样的单位向一院学习，可见核动力院的事迹有什么样的分量。根据2006年7月20日《环球时报》（第8版）的报道，印度从1991年开发核潜艇以来的15年间，花了100多亿美元，因为实在难以完成核动力装置的建造，不得不向俄罗斯租借核潜艇。相比之下，中国对核动力院前40年的全部投资还不及购买一个外国核电站的钱，而被饿得骨瘦嶙峋且经常受气的核动力院却为中国核海军贡献了关键技术、装备和中国自主发展核电的技术基础。也是在那个时期，到核动力院视察的国家科委主任宋健也流了泪，他在一院干部大会上说：“世世代代的中国人将不忘你们的伟大贡献，你们受委屈了！”

今天重提往事，是因为伴随中国核动力成长的英雄主义和献身精神不可遗忘，何况这种精神恰恰符合技术开发的逻辑。事实上，改革不合理体制的技术逻辑和市场逻辑都可以说清楚，只不过本文不是地方。当我们十几年前访问时，核动力院的第三代总师队伍已经成长起来，整个技术团队也越来越变成以四川籍人员为主的状况。屈指一算，该院的第四代总师们今天也应该开始担纲。希望年轻一代继承前辈的精神，希望今天的中核集团领导们善待核动力院，也希望核动力院的领导们善待前辈。

2.8.4　尾声

“华龙一号”的技术源头到底在哪里，本文已经解释清楚，虽然这个源头比一般人想象的更久远、更复杂。

2018年2月20日，央视新闻频道播出一个探访四川909基地的节目[①]，通过高星斗、吴观和等几位老人的回忆，非常简要地回顾了建造第一个陆上模式堆的历程。节目还提到，模式堆的厂房已经被拆除。数年前，年轻一代工程师们拆除屏蔽墙时，在铅块底下发现了一句字迹模糊的话："孩子们，辛苦了。"不知道是谁写的。一位出生在夹江的后辈工程师说："看得哈哈大笑，老一辈可能知道我们要干这个活，提前给我们写下这句话。"前辈们当然知道这些设施在完成服役后会被拆除，也许他们当时建得太牢固，所以幽默地留给"孩子们"这句话。我们普通人可能以为，只要建起核设施就算有核能力了。其实不然，只有能把退役的核设施安全地拆除并处理掉核废料，即完成核设施的全部生命周期，一个国家才算真正拥有核能力。中国第一代核潜艇已经退役，而核动力院也已经以自己的整套退役技术，安全、干净地处理完相应的所有核设施。从这个意义上讲，前辈的话其实也是对"孩子们"的嘱托。

"孩子们"也没有忘记父辈。我们引用一位当年被父母从北京带到909基地的人在回忆童年往事时写下的一段话（中国核动力研究设计院，2006：71-72）：

> 35年后，我已有了自己的孩子。回想初到基地的时光，心中却总有一种莫名的感伤。是的，当我被爸爸牵着手，踏上这块土地的时候，我的命运在懵懂中已完全被改变了，这里成了我的第二故乡。我的父辈们，当年一腔热血，来到这片"天无三日晴，地无三尺平"的基地，为的是"三线建设"，为的是让毛主席他老人家睡好觉。他们似乎没有想过孩子的未来，而我们也就在他们的忽略中，在这闭塞又单纯的环境下长大了。回想起我们的成长，回想起我们基地的变化，我甚至无法理解他们当时那义无反顾

---

① 视频版见：【新春走基层·走进"三线"】四川909基地：跨越半个世纪的问候.（2018-02-33）. http：//tv. cctv. com/2018/02/23/VIDEJjTXnNcO0voaFAyhYUgu 180223. shtml。文字版见：揭秘中国第一代核潜艇：4万多个零件全部是国产.（2018-02-20）. https：//www. guancha. cn/military-affairs/2018_02_20_447448. shtml。

的举动。但我不能不从心底里敬重我的父辈们——那些为我国核动力事业发展“献了青春献终身，献了终身献子孙”的老知识分子、老工人……

让我们记住本文在讲述中国核动力工业史时提到的那些名字，虽然我们应该记住更多的名字。他们以及领导了他们的开国元帅和将领们，才是传说中的“中国核潜艇之父”——不是一两个人，而是一个群体。他们也是中国核电技术的奠基人。

在观察者网刊出的上述央视报道的文字版下方，有一个网友是这样留言的：“没什么可骄傲的；尤其是改革开放给我们带来多少国外先进技术。自力更生，其实就是解决有没有的问题。但是，是否先进，就一定不是。”如果他是真心这样想的，那么就有道理可讲（如果是喷子，则另当别论）。改革开放以来，中国没有白白得到过任何一项“国外先进技术”，不仅要付出，有时甚至是要付出巨大的代价，而且不同工业或企业引进技术的效果经常呈现天壤之别（拿至今还以组装外国品牌为主的汽车工业对比一下核电，就可以明白其含义）。引进效果迥异的原因正是本书理论主题证明的逻辑：技术引进的效果取决于中国工业的“吸收能力”，而“吸收能力”的来源是自主开发；没有自主开发或自主开发努力不足的工业或企业，不是被外国企业控制，就是干脆灭亡。因此，中国今天能够走多远，是因为昨天付出了多大的努力；中国明天能够走多远，也取决于今天付出多少努力。至于以为躺着不动就能从天上掉“馅儿饼”，那是痴心妄想。

这就是中国核动力院的历史所证明的道理。为什么当引进路线不能兑现自己的承诺时，中国的核电发展没有踉跄（其实反而更好）？为什么当美国要制裁中国核动力工业时，中国只是轻蔑地“呸”了一声？原因就是中国有那样一支队伍。用不着怀疑：如果中国的航空母舰将来成为核动力的，那么其核动力系统也只能由继承前辈精神的那支队伍干出来。而且，他们一定干得出来。

还是在上述央视播出的节目中，曾经亲手参与建造中国第一个核潜艇陆上模式堆的黄士鉴（时年 79 岁）[①] 在回顾历史时，面对记者的镜头淡然地说：

---

① 黄士鉴就是前述 1970 年 8 月 30 日在现场计算核实 196 堆达到满功率的那位工程师。根据不完整信息，他从上海交通大学毕业，1960 年代初期在 715 所工作，1969 年从北京来到 909 基地，曾任核动力院总工程师。

“我们干了一件事，当年就是这么默默无闻，现在回过头来又觉得它惊天动地，走过来了，而已。”

面对这样的精神，核动力院的历史已经成为一种超越某种具体技术成就的符号，象征着中国今天力量的来源以及明天必须坚持的方向。

永远的“909 基地”，永远的“核一院”，永远的中国核动力研究设计院。

参考文献

《当代中国》丛书编辑部．当代中国的核工业．北京：中国社会科学出版社，1987.

刘华清．刘华清回忆录．北京：解放军出版社，2004.

孟戈非．未被揭开的谜底——中国核反应堆事业的曲折道路．北京：社会科学文献出版社，2002.

聂力．山高水长：回忆父亲聂荣臻．上海：上海文艺出版社，2006.

中国核动力研究设计院．往昔岁月：讲述我们自己的故事．纪念中国核动力研究设计院建院四十周年专版（内部），2006.

张胜．从战争中走来：两代军人的对话．北京：中国青年出版社，2008.

第三章

战略与能力：把握中国液晶面板工业的机会*

* 本章内容是国家信息化专家咨询委员会研究课题“消费电子产业发展趋势和振兴战略研究”的成果报告。课题负责人为路风，课题组成员蔡莹莹、张佳康（两人均为北京大学政府管理学院博士生），报告由路风和蔡莹莹执笔。本报告的观点由研究者独立提出并承担责任，不代表国家信息化专家咨询委员会的立场。本报告完成于 2010 年 6 月 12 日。

3.1 导　论

本章内容是探讨中国发展 TFT-LCD 工业的战略和政策问题。以 TFT-LCD（thin film transistor-liquid crystal display，薄膜晶体管液晶显示器，俗称液晶面板）为代表的平板显示器，已经成为与半导体芯片一样重要的基础电子器件，广泛地应用于从手机到电视机的各类产品中——信息时代的数字化和移动化使平板显示无处不在。但中国在平板显示器工业领域是落后者，当大尺寸液晶显示器正在全面替代传统 CRT 显像管的时候，中国作为电视机和计算机的全球第一大生产国与液晶电视的主要市场，却主要依赖进口来满足对液晶显示屏的需要。如果不能发展 TFT-LCD 工业[①]，中国庞大的消费电子产业就只能保持着低附加值组装的性质。

从 2003 年起，若干中国企业进入了 TFT-LCD 工业领域，并建设起 5 代线［主要有京东方、上海广电电子股份有限公司（上广电）和昆山龙腾光电］。此后，由于 5 代及以下世代生产线的产品不能满足电视屏的需要，所以境内各方一直希望能够引进 6 代以上的所谓“高世代”生产线。但直到 2009 年夏天，境外企业一直封锁技术，拒绝向境内企业转让高世代生产线。

2009 年夏末“风云突变”——境外企业一夜之间转变态度，争相要在境内设厂。在这种条件下，境内出现了一股“液晶热”——各地争相上马液晶面板生产线。根据媒体的报道，各地准备上马的 7.5 代以上生产线一度达到 8 条（总投资超过 2 000 亿元），而目前全球运行的 7.5 代以上生产线总共也不过 12 条。境内媒体先是对境外企业愿意在境内设厂欢呼雀跃，此后又纷纷对未来的产能过剩表示担忧。这种状况使对有关发展 TFT-LCD 工业的战略和政策问题的研究变得尤为紧迫。

---

① 在本报告中，液晶面板、TFT-LCD 和液晶平板显示器等几个概念可以互换。

但中国迄今在发展这个工业上并没有明确的战略。由于在这个领域处于落后地位和不发达状态，国内工业界、政府和社会都不太熟悉 TFT-LCD 工业的性质和特点（这种陌生感因为中国在与该工业关系密切的半导体工业方面的落后而更加严重）。因此，尽管中央政府在 2009 年初出台的电子信息产业振兴规划中把平板显示器列为支持重点，尽管已经有若干中国企业进入了这个工业领域，但关于中国应该如何发展平板显示器工业的思路一直模糊不清，在政府的规划中也无非是“突破新型显示产业发展瓶颈”的表白，而由媒体所传播的流行性思维仍然着眼于传统的引进生产线观点。更为严重的是，面对目前的“液晶热”，中央政府看上去只是在被动应付——除了最多只批 5 条生产线的限令，看不出对振兴中国的 TFT-LCD 工业有什么思路或战略，甚至在中央政府是否应该发挥作用的问题上都犹疑不定。这种状况令人不得不质疑中国是否能够抓住 TFT-LCD 工业发展的机遇。

本章针对中国高技术产业发展的迫切需要，以全球 TFT-LCD 工业的发展脉络和中国企业在这个工业领域中的进展状况为经验证据，提出并讨论有关中国发展 TFT-LCD 工业的战略问题和政策原则。

本章的基本观点是：2009 年夏末触发“液晶热”的直接原因不是市场需求的扩大，而是进入了 TFT-LCD 工业领域的中国竞争性企业开始了基于自主能力的扩张。因此，应对“液晶热”的政策关键不是控制项目数量，而是对两条道路的区别对待——中央政府应该以支持中国竞争性企业扩张的方式来把握这个对中国产业升级关系重大的机遇。

在导论以下的其余部分，我们通过描述中国产业发展实践中的矛盾，为理解中国发展 TFT-LCD 工业的战略和政策问题提供一个背景，并在这个基础上概括出三个主题，用以指出考虑这些问题的切入点和原则。

3.1.1 从彩电工业遭遇技术替代危机看中国技术政策的教训

对于平板显示技术的重要性，中国工业的决策者和社会公众是从彩电工业遭遇技术替代危机认识到的，所以我们对中国发展 TFT-LCD 工业的分析就从这个替代危机开始。

从20世纪80年代初到90年代中期，中国在CRT电视领域通过技术引进建立了“彩电整机—彩管—玻壳”的完整产业链。在这个基础上，较早建立了市场化竞争体制的中国彩电工业，利用劳动力成本低和国内市场大等优势，发展出规模经济，以价格优势赢得国内市场，再进入国际市场，一度在产量和出口量上都名列世界第一。这段发展史曾经被认为是通过“引进技术”发展工业的一个成功范例，也似乎印证了“比较优势论”的正确性——只是维持这种“正确性”必须取决于一个不可能存在的条件：技术不再变化。

但现代工业技术是永远处于变化中的。在进入21世纪的短短几年之后，中国彩电工业就遭遇到一场“创造性毁灭”所带来的危机——以液晶面板为主的平板显示器对CRT显像管的技术替代。平板显示彩电从2003年在国内市场上初露端倪，到2008年在销售量上决定性地超过CRT彩电，前后不过6年的时间，其替代速度之快令中国工业的决策者们措手不及（见图3-1）。更严重的是，平板显示器对CRT的替代使中国彩电工业再次陷入对国外供应商的高度依赖：中国曾经花了几乎20年的时间使彩电工业价值链的95%在本土生成，但由于CRT被平板显示器所替代并不得不依靠外国厂商来获得液晶平板显示器，中国彩电工业价值链的80%又再度转移到国外。

技术替代使中国彩电企业不仅受制于液晶面板供应商，并因此而被大幅压缩了利润，而且在CRT时代被中国企业压缩了市场份额的外国品牌彩电也凭借掌握核心技术的优势再度扩大了在中国市场的份额（见图3-2）。2007年4月，时任信息产业部副部长娄勤俭就中国平板电视的状况接受几家媒体采访时表示，“目前国产品牌平板电视的情况令人担忧，不亚于中国彩电业产业化之前”[①]。这场技术替代使中国彩电工业在过去20多年里发展起来的“优势”顿失。

---

① 韩维正．“中国屏”：在荆棘中闯出路．人民日报海外版，2018-09-21.

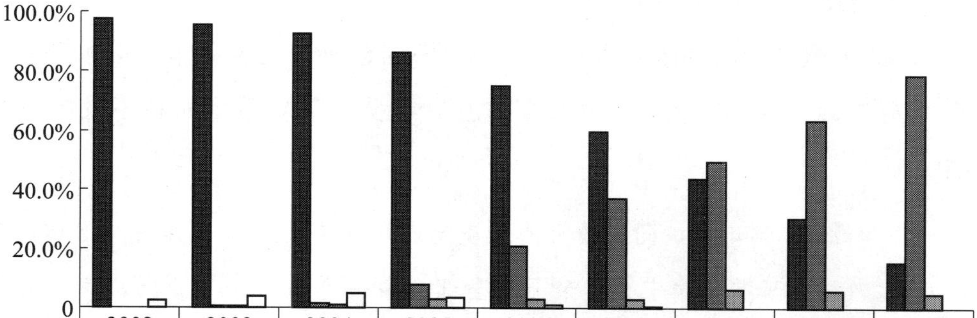

	2002	2003	2004	2005	2006	2007	2008	2009	2010
■CRT	97.7%	95.6%	92.8%	86.3%	75.6%	59.9%	43.8%	30.4%	15.7%
■LCD	0.0%	0.3%	1.4%	7.7%	20.5%	37.0%	49.8%	64.0%	79.3%
■PDP	0.0%	0.3%	1.0%	2.8%	2.8%	2.8%	6.2%	5.6%	5.0%
□PTV	2.2%	3.8%	4.8%	3.2%	1.1%	0.3%	0.1%	0.0%	0.0%

图 3－1　国内历年彩电分品类零售量比例

资料来源：DisplaySearch。

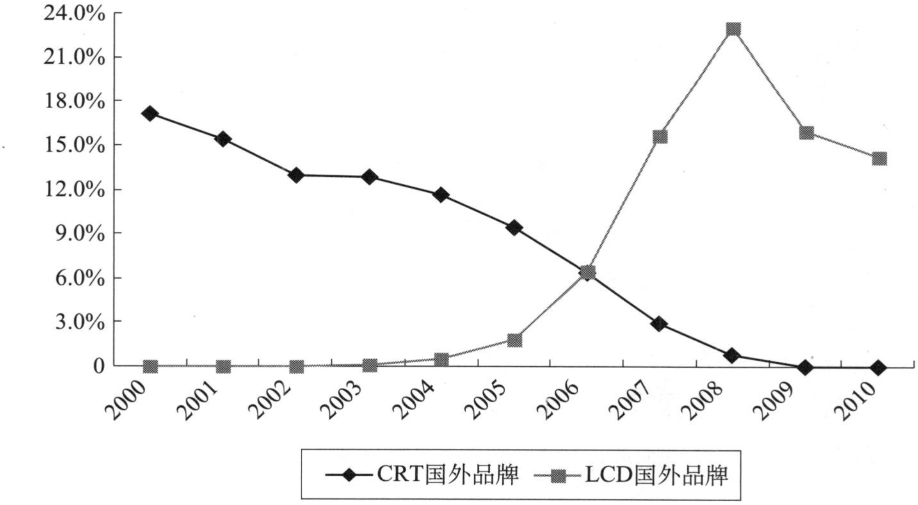

图 3－2　外资品牌 CRT 与 LCD 彩电市场份额*（2000—2010 年）

* 市场份额是以销售量为计算单位的。图中展示的是外资品牌的 CRT 电视和 LCD 电视占中国彩电市场销售份额。从图中可以看出，尽管外资品牌的 CRT 电视的市场份额逐年下滑，到 2009 年时几乎退出中国市场，但外资品牌的 LCD 电视在中国市场的份额却急剧扩大。

资料来源：DisplaySearch。

尤为值得注意的是，在平板显示器对 CRT 的替代已是“山雨欲来风满楼”之际，中国工业的决策者们却普遍做出了错误的判断，至少是低估了替代的速度。一位业内资深管理者回顾道：“当时国外很多厂商已经明确一定有新东西替代，不再做 CRT 时，中国却还在往上冲。”2003—2004 年，当外国企业纷纷处理掉 CRT 电视产品的生产设备时，一些中国企业却把这看作“国际产业转移”的好机会，继续购入生产线以扩大生产能力，却导致了始料不及的不利后果：

● 2003 年年底，国内最大的玻壳生产厂河南安彩集团斥资近 5 000 万美元，买下了美国康宁公司余下的全部 9 条玻壳生产线（此时，康宁的电子玻璃业务正全面转向生产平板显示器的玻璃基板），但这些生产线尚未安装完，安彩就已经由于产品市场萎缩而巨亏。

● 2004 年，TCL 集团收购了欧洲汤姆逊的 CRT 彩电业务，导致集团数年亏损。

● 2004 年 9 月，国内最大的彩管企业彩虹集团投资 6 亿多元引进日立技术，上马超大屏幕彩管项目（K 线），但始终未建成投产。这个不成功的项目是企业的转折点，导致过重的资金负担（内部员工因此而称其为“坑线”）。

● 2002—2004 年前后，南京与飞利浦合资的华飞也买下台湾飞利浦的 9 条旧线。为此，华飞曾经大规模建厂房，准备把 9 条线都装在里面，但只安装了一两条线，需求急剧下降，整个项目就彻底废了。

当中国彩电工业陷入困境时，平板显示器替代 CRT 的风暴迅速摧毁了中国彩色显像管工业。中国经过 20 多年的发展，建立起八大彩管厂——咸阳彩虹、北京松下（合资）、深圳赛格三星（合资）、深圳赛格日立（合资）、佛山汤姆逊（合资，并购了东莞的广东显像管厂）、长沙 LG（合资）、南京华飞（合资）、上海永新（合资）。但在平板显示器的冲击下，国内彩管行业 2005 年首次出现行业性亏损，2006 年的短暂扭亏被媒体称为“回光返照”，到 2007 年则开始走向消亡。

● 2007 年 7 月 19 日，深圳赛格日立彩色显示器件有限公司的最后 1 条生产线停产（加上当年 6 月 30 日宣布停产的 3 条彩管生产线），赛格日立成为八大彩管巨头中率先宣布全面停产的企业。

● 2007年12月，上海永新彩色显像管有限公司倒闭，其母公司上海广电电子股份有限公司选择了完全退出彩管业务。

● 2008年8月28日，为消除华飞公司继续亏损的影响，华东科技以2亿多元的价格转让华飞彩管20%的股权。网上有消息说，华飞倒闭已经进入倒计时，破产申请已经通过。2010年1月，华飞的办公配套及生产厂房寻求招商合作，大部分厂房已经完全退出彩管生产。

● 2008年9月，北京松下拟定“构造改革”草案，核心内容包括裁掉1 000名左右的合同工并将6条生产线减少一半。2009年前5个月，生产量减少到500多万只彩管，只有鼎盛时期的一半，亏损的局面已经无法挽回。2009年10月，北京松下停产，松下撤出合资，将其持有的股份全部转让给京东方。公司近5 000名职工中，除部分分流到京东方的其他工作岗位外，有3 000多人接受合资双方共同制定的补偿方案，被遣散。

● 湖南省最大的合资企业LG曙光，从2008年10月17日开始已陆陆续续关闭多条生产线，到月底公司全面停产；到2009年末开始大量裁人，有3 000多名员工待业在家。

● 赛格三星董事会在2009年8月31日前全面停止运行CRT生产线。此前，作为国内最主要的玻壳生产商之一，赛格三星每年利润近亿元。但随着平板电视对CRT的逐步替代，CRT订单严重不足。2008年5月14日，赛格三星对外宣布，由于CRT市场的急剧萎缩以及全球彩管企业的结构调整，公司将停止运行所属的CH2池炉及4条生产线。至2009年8月31日，该公司已经全面停止运行CRT生产线。

● 咸阳彩虹是中国最早也是最大的彩色显像管企业，近年在技术替代的压力下开始寻求战略转型。2004年的彩管行业还处于高盈利阶段，此年彩虹股份盈利2.1亿元；但随着平板电视的崛起，2005年彩虹股份巨亏5.52亿元；为扭转形势，2006年彩虹股份增加高附加值的大尺寸彩管产量，得以勉强扭亏，实现微利；但从2006年第四季度开始，彩虹股份再次出现亏损。面对严峻形势，彩虹集团提出企业转型，改变过去主业单一的局面。2006年，彩虹集团和四川长虹成立合资公司——世纪双虹，筹建等离子屏生产线。2007年年初，彩虹集团斥巨资开工建设国内第一条液晶玻璃基板生产线。

于是，在2007年以来的短短三四年时间里，中国花了20多年时间建立起来的彩色显像管工业就被技术替代风暴所摧毁。尤为需要指出的是合资企业在技术替代过程中的行为：外资先是把其在本国或其他地方原有的彩管生产能力转移到设在中国的合资企业（这是一些中国人产生“国际产业转移”幻觉的原因），继而在CRT市场全面萎缩的情况下撤资而退，从未在新型显示技术方面做过任何努力，留下的只是废弃的厂房和下岗职工。例如，深圳赛格三星的中方高管们早在2003年就意识到CRT市场会被替代，便希望从合资韩方的三星康宁[①]引进TFT玻璃基板技术，但被拒绝。三星后来在中国建液晶模组生产线时选择单独设立公司，也没有和赛格三星合作。但是，三星在关闭了其在新加坡的CRT工厂后，考虑到CRT还有需求，就把三星的全球CRT业务全部收缩到深圳赛格三星，直到“拧干了毛巾里的最后一滴水”后撤资了事。深圳市一位平板显示专家表示：“那时大家都想以市场换技术，认为让出了市场，技术肯定进来，但实际上我们缺乏一种制度和环境去把技术消化吸收，发展到后来，合资公司的核心部门也被外资公司控制，中方人员始终进不去。”[②] 当然，像松下这样比较有社会责任感的著名公司会采取更加体面的做法——在撤资之后，松下提出与京东方在北京松下原厂址立了一块纪念碑，告诉后人双方曾经在此合资过，但也不过如此。无怪乎在中国的八大彩管厂中，唯一在新型显示器领域做出过努力的企业恰恰是没有合资的彩虹集团。

技术变化本来是现代工业发展中的常态，个别企业因技术变化而发生兴衰的现象也屡见不鲜，但在平板显示替代CRT的过程中，包括核心元件工业在内的整个中国彩电工业却完全没有应对能力，沦落到必须再次依赖从国外“引进技术”才能维持生存的境地。如此规模的工业在如此短的时间内遭受如此沉

① 三星康宁是三星集团进入TFT-LCD工业领域后，为生产玻璃基板而以自己的玻壳业务单位与康宁建立的合资企业，由三星集团控股。

② 吴丽娟．赛格三星“市场换技术”败笔．经济观察报，2009-08-31.

重的打击，不能不令人深思。为什么曾经在规模上堪称世界第一的中国彩电工业，面对技术变化时是如此的无能为力？为什么中国工业的决策者们不但没有预见到显示技术的替代威胁，甚至在替代风暴已经显现之时，仍然在 CRT 产品领域扩大对生产能力的投资？为什么中国没有企业在彩电工业遭受技术替代之前就进入以 TFT-LCD 为代表的平板显示器工业领域？思考这些问题不是在纠缠历史，而是为了汲取教训，而这些教训对未来如何发展中国的显示器工业是重要的。

中国彩电工业遭遇到的技术替代危机再次令人不得不反思传统的技术政策。自上世纪 70 年代末的改革开放以来，中国在工业发展的技术政策上形成了一项“三段式”的方针，可以表达为一种因果关系的逻辑：引进外国先进技术→实现国产化→达到自主开发。中国工业——特别是由政府主导的技术和资本密集型工业——基本上都执行了这项方针。经过 30 多年的实践，实行这项“三段式”方针的结果在各个工业领域，因技术特点和市场化（实行市场机制和拥有不受政府主导的竞争性企业）程度不同而存在差异，但仍然可以归纳为三种典型的情况。

（1）在有的工业领域，中国企业成为外国技术供应企业的依附者——典型的就是轿车工业。中国轿车工业从上世纪 80 年代中期起走上合资道路，通过合资“引进”外国企业设计的车型，进行“国产化”的生产。但是，尽管官方始终宣称要自主开发，在组装外国车型的国产化生产和自主开发之间却始终横着一条难以逾越的鸿沟，而且越来越大。只是在最近十年间，随着市场开放而在“体制”之外出现了自主开发企业——一个违反了“三段式”政策体系的事件——之后，中国轿车工业才出现了走上自主开发道路的可能性。

（2）在有的工业领域，中国企业成为主要角色——典型的就是彩电工业。与轿车工业不同，彩电工业较早地形成了竞争性的结构，致使那些能够通过生产和管理上的创新而利用成本优势和市场规模优势的中国企业成长起来（除了海信之外，今天主导了这个工业领域的龙头企业——长虹、康佳、创维、TCL、海尔等——都不是上世纪 80 年代的所谓彩电“定点企业”）。尽管这个工业领域一直在“核心技术”上没有完全摆脱对外国的依赖，但生产终端产品的中国企业仍然在90年代中期之后赢得了市场的主要份额。但是，正如彩电工业遭遇替代危机的事实所表明的那样，即使是在中国企业能够扮演主要角色的工业领域，一旦遇到重大的技术变化，它们也会陷入困境，甚至回到原点。

（3）在比较罕见的个别工业领域，“三段式”的路径较早就被“意外”事件所打破，致使该工业走上一条完全不同的轨道——中国电信设备工业就是这样一个典型。中国的电信业在改革开放之初处于非常落后的状态，而当时的国际主流电信技术正在转向程控交换。主管部门同样遵循“三段式”方针，经历了大规模进口国外程控交换机（所谓中国电信业的“七国八制”时代——从七个国家的八个企业进口了八种制式的程控交换机）、合资生产（以上海贝尔为代表）以及模仿开发等阶段。当这个工业领域仍然沿着“三段式”道路蹒跚前行时，业外的解放军信息工程学院却于上世纪90年代初开发出中国第一款万门程控交换机——“04机”，并从1994年开始大量引入市场。发人深省的是，“04机”不是“技术引进”的结果，而是计算机研发项目技术能力向通信技术的“溢出”，其开发团队的知识和能力起源于中国军方在上世纪70年代开展的大型计算机研发项目。“04机”的突破具有划时代的意义，它直接促成了“巨大中华”（巨龙、大唐、中兴、华为）的崛起，打破了“三段式”路径，致使电信设备工业成为中国工业中一个罕见的技术研发密集型工业。

无论上述三种典型情况之间存在什么样的差异，中国工业发展的实践都充分证明了一个重大主题——主导了30多年中国技术政策思维的“三段式”逻辑是错的。理由有二：

第一，“三段式”政策完全忽视了自主研发对于学习外来技术的关键作用。中国作为一个工业化的后进国家，无论过去、现在还是未来，都存在着吸收、利用和“引进”外国技术的需要，但“三段式”思维从政策上把“引进外国先进技术”规定为唯一的技术来源，同时却没有对自主开发的要求和鼓励，其实质是以为通过购买和使用就会自动掌握“技术”。30多年的实践证明，没有一个中国工业部门能够从“引进外国先进技术＋国产化”的阶段走到“自主开发”的阶段，其原因不是出在是否需要引进外国技术上，而是出在放弃自主开发上。自主开发的能力只能在自主开发的实践中生成和成长，不可能在使用外国技术的过程中获得，也不会是引进的直接结果。

第二，“三段式”政策完全忽视了技术变化的可能性和常态性。这种政策思维暗含着一个前提：外国的技术一定先进，而中国的技术一定落后。因此，“三段式”政策的全部内容就是以引进现有的外国技术作为发展工业的途径，并以实现对这些技术的国产化作为政策目标，却从来没有给技术变化以及如何应对技术变化留下思考和政策空间。这种思维从政策上就排除了中国工业通过技术创新进行竞争的选择，而把价格和成本的竞争当作唯一的手段——静态“比较优势”。但正如熊彼特的著名论断所言：“在资本主义现实中，不是那种教科书式的竞争（价格竞争——引用者注）起作用，起作用的是来自新商品、新技术、新供应来源、新型组织的竞争（创新竞争——引用者注）——它主宰着成本或质量的决定性优势，它所冲击的不是现存企业的边际利润和产量，而是它们的基础和生命。这种竞争比起另一种竞争之更有效力，就像大炮狂轰与徒手推门之间相比。”（Schumpeter，1975/1942：84）因此，中国彩电工业遭遇技术替代危机的经验，无非是从又一个角度证明了“三段式”思维及其政策的荒谬。

“三段式”政策的逻辑是直线式思维，其要害在于把技术看作可以在不同主体之间自由移动的物品，无视技术能力只能来自学习过程这一事实，并因此而排除了自主从事产品和工艺开发对于掌握技术并推动技术进步的关键作用，反而因为看不到自己能力成长的前景而产生了只能跟随的宿命错觉。

总结历史教训之所以必要，就是因为这些教训对于今天中国技术进步与产业升级的政策和战略是关键性的，决定着中国发展平板显示器这种高技术工业产品的前途。必须指出，虽然彩电工业遭遇的技术替代危机已经使发展平板显示器工业的重要性得到普遍共识，但在今天关于如何发展 TFT-LCD 工业的问题上，经过媒体放大并广泛流行的看法仍然延续了“三段式”的思维，具体有几种表现形式：

- 一种很流行的看法，是把中国发展 TFT-LCD 工业的希望寄托在国外转让生产线（新的说法是“高世代”生产线），甚至国外企业在华设厂上。这种看法与当年主张通过“引进技术”发展轿车工业和彩电工业的思路没有什么本质不同，所以它也仍然不能解释从购买生产线转变成为主动参与技术进步的机制是什么。

● 有一种看上去与上述流行看法截然相反的“激进”看法：因为国外企业不可能把最先进的技术转让给中国，所以引进（任何一代）生产线都必然意味着落后（未投产已落后两代半）。虽然这种“愤世嫉俗”的看法最后会带出一句“自主开发”，但语焉不详，并没有指出在平板显示技术的源头只能来自国外的条件下，中国发展这种工业的现实途径是什么（难道中国可以“无中生有”地突然出现世界领先的技术?）。

● 还有一种看上去是“跨越式”的观点：由于 TFT-LCD 工业已经成熟，所以中国已经没有赶上或可以通过引进来满足眼前的需要的希望了，中国应该跨过 TFT-LCD 的阶段去发展更新的显示技术，如 LED 或 OLED 什么的。但这种看法完全忽视了技术进步的产业基础，忽视了缺少 TFT-LCD 工业基础也不可能在更新的显示技术上获得成功这一点（它不能解释第一步都走不了的人怎么就能从零点跳到第二步上）。

上述三种看法，无论从表面上看存在多么大的不同，却都有着对“技术”的共同理解——把技术等同于有形设备或产品（如液晶面板工业的生产线），并因此在思维中缺失了“能力”“学习”“知识积累”等对于技术进步而言的决定性因素，所以它们都仍然不过是直线式思维的不同表现而已。

面对 TFT-LCD 这样技术进步速度极快的工业，如果在其发展上采取直线式思维，就会导致政策思维的混乱。这些混乱在媒体的报道和评论（经常引用“行业专家”的观点）中比比皆是。例如，一家媒体在报道“液晶热”时称：“跳出低世代生产、布局高世代项目，已是中国平板显示产业及彩电业升级转型的目标。”① 显然，这个说法把“低世代线”和“高世代线”截然分开，好像两者之间没有什么关系，却无视两者之间的技术一脉相承。其实，这个说法只

① 王如晨．日韩高世代面板角力中国大陆．第一财经日报，2009－09－03.

不过反映了中国只能依靠国外转让生产线的看法：由于中国企业拥有的“低世代线”的技术水平不够，所以发展这种工业仍然只能寄希望于国外企业转让“高世代线”。

又如，由于关于技术的直线式思维导致对“国际产业转移”的流行性看法，另一家媒体说：“目前我国大陆已形成环渤海湾、长三角和珠三角等三大核心平板显示产业群，配套产业相继落户，目前完全有能力自主研发承接日韩或我国台湾面板企业的高世代线转移。”[①] 但是，什么叫“完全有能力自主研发承接”境外企业的高世代线转移？——恐怕没有地球人能够解释清楚。

3.1.2　有关中国 TFT-LCD 工业发展的主题

中国应该如何发展 TFT-LCD 工业？政府应该如何做，才能在政策上避免重蹈“三段式”的覆辙并推动高技术产业的发展？更具体也更紧迫的问题是：中国政府如何才能把握住目前中国在 TFT-LCD 工业发展上出现的重大机遇？针对流行性的思维混乱，本报告在此提出三个主题，作为整个研究内容的纲领：

第一个主题：一方面，作为 TFT-LCD 工业的后进者，进入这个工业领域的中国企业必须以学习、吸收外国企业已有的技术为开端；但另一方面，中国企业如果能够在这个工业领域成功，就必须从接受外国已有技术的后进者成长为塑造技术进步轨道的竞争者，而决定这种转化的关键是在学习的基础上生成技术能力，并以进取性的投资战略促进能力的不断成长。

中国作为后进者的事实，意味着进入 TFT-LCD 工业领域的中国企业必须以接受外国企业已有的技术为起点，必须这样做的原因不仅在于技术的“成熟度”，而且在于左右市场需求的主导技术轨道和竞争标准（如价格、性能、质量等）已经形成，难以存在“另辟蹊径”的市场空间。但同样真实的是，如果中国企业仅仅停留在跟随者的状态（如依靠外国企业转让生产线来实现技术升

① 营造良好产业生态环境　打造平板显示产业链．中国电子报，2009－09－04.

级），就不可能在这个高度全球化的工业领域站住脚。在这个技术进步速度极快的工业领域，需求的增长空间以及随之而决定的市场份额和利润是由领先者所左右的，跟随者不但只能处于边缘地位，而且随时可能因技术和市场的变化而遭淘汰。

因此，进入这个工业领域的中国企业面临的是一把利剑的锋刃——或者最终挤入领先者的行列，或者最后被淘汰出局——没有什么机会可以长期维持于中间状态；而赢得胜利、避免失败的唯一出路，是在学习外来技术的基础上形成自己的能力，并以不断成长的能力去参与技术变化的过程。

从后进者转化为领先者是可能的。正如本报告将在工业史部分所详细分析的那样，发展这个工业部门的关键是掌握可以驾驭技术进步的能力，而不是拥有某一代生产线。TFT-LCD工业的历史已经证明了这个产业规律：除了作为产业化先驱的日本企业之外，所有成功的后进入者都是以掌握低于当时最先进水平的较低世代线为开端的。例如，韩国三星和LG于1995年以分别建成2代线而进入该工业领域时，日本企业已经建成了代表当时最先进技术水平的3代线；当20世纪90年代末，中国台湾企业通过接受技术转让以建设3代线和3.5代线进入该工业领域时，夏普和LG已经建成代表该工业领域最先进水平的4代线。这个“规律”所反映的实质教训是：对于后进入者来说，能够在进入这个工业领域之后站住脚并开始成长的最关键的因素，不是进入时的技术水平，而是对技术能力的掌握。

一旦通过掌握较低世代线技术而建立起学习的基础，一个企业的技术进步速度就取决于是否能够贯彻一种进取性的投资战略。在这种条件下，后进入者切入TFT-LCD工业领域的最初技术水平（体现在所掌握的生产线世代上）并非决定成败的关键因素——决定性因素是技术能力以及由投资战略所决定的技术能力成长速度。例如，曾经在技术水平上落后的韩国LG和三星，以通过反周期投资率先建设5代线为转折点（2002—2003年），一举在包括技术水平在内的各个方面超过了日本企业。即使是最初仰仗日本技术转让的中国台湾液晶工业，也因为采取了更加积极的投资战略而在规模上超过了日本液晶工业。

中国大陆企业的经验也同样证明了这一点。本报告将以一节的篇幅，详细分析一个中国大陆企业——京东方的案例。当京东方于2003年通过跨国并购进入TFT-LCD工业领域后，它没有坐享被收购企业的利润，而是利用收购来的技术资源在国内（北京亦庄）建起了5代线。尽管曾经因遭遇“液晶周期”的衰退而受尽磨难，但京东方以北京5代线为学习平台，发展出目前向高世代线挺进的能力基础。

发人深省的是，京东方曾经因为只拥有不能经济切割电视用面板的5代线而饱受嘲笑，而嘲笑者的理由竟无一例外地基于把中国发展TFT-LCD工业的希望寄托在外国企业能否转让高世代线上。但是，2009年夏天，当中国媒体欢呼南京项目（夏普6代线）是外国企业第一次向中国转让5代以上的生产线时，京东方的6代线已经开工数月；当众人把建立珠三角液晶基地的关键看作如何引进7.5代线时，京东方的8代线已经立项上马。这个事实所证明的是，从较低世代线进入的京东方一旦掌握了技术能力，并能进一步解决融资问题，就会以远远超过依赖引进的速度推动中国TFT-LCD工业的技术进步。

第二个主题：中国高新技术发展的关键问题始终是在这些领域形成技术进步的产业基础；而具备所谓“产业基础”的标志是，中国在该领域成长起来能够通过向竞争性市场提供产品和服务而赢利的企业。因此，中国发展TFT-LCD工业的机会取决于是否在该领域出现竞争性企业。

由于技术进步的连续性、累积性和互补性，所以一个国家如果在相关领域仅有科研活动而不具备产业基础，就无法获得技术能力，也无法保持技术进步。例如，由韩国三星带头在中国市场上炒作的LED电视，其实不过是以LED为背光源的TFT-LCD电视——还是液晶电视。即使是业内公认最有潜力的新型OLED显示器，其70%（按投资额计算）的技术和设备也与TFT-LCD相同。因此，TFT-LCD工业就是新型平板显示技术的发展基础，它的技术能力是研发这些更新型显示器的知识和经验基础，而它的包括制造、品牌、营销等要素在内的能力就是使新型显示技术产业化的“互补资产”。没有在TFT-LCD领域的产业基础，中国不可能在新型平板显示器技术上赶上世界先进水平（这与中国如果没有在内燃机汽车工业的产业基础，就不会在新能源汽车上获得一席之地的道理一致）。

产业基础对于技术进步的重要性还可以由TFT-LCD工业与半导体工业的联系所证明。事实上，TFT-LCD中的TFT（薄膜晶体管）就是半导体产品（集成电路），所以液晶面板制造工艺的前半程是半导体的制造工艺。从工业史的角度看，平板显示技术是绵延了半个多世纪的半导体革命的一个组成部分——只是由于半导体（集成电路、芯片）的普遍应用，才产生了“显示无处不在”的需要，因而也才产生了研发平板显示技术的动力——液晶显示技术的最初产业化是日本企业将其应用在使用半导体集成电路的电子手表和计算器上，而促使TFT-LCD工业起飞的“杀手”应用则是笔记本电脑的普及。韩国和中国台湾之所以能够进入TFT-LCD工业领域并赶超日本工业，其能力基础也是它们在半导体工业领域积累起来的能力，而中国大陆在发展平板显示技术方面的落后与其半导体工业的落后直接相关。以为可以跨过产生新技术的产业基础去发展新技术，无异于痴心妄想。在工业技术上，世界上从来就不存在“跨越式发展”。

那么，到底什么是“产业基础”？回答这个问题，必须从产业的基本单位——企业——说起。一个产业（工业）是由企业组成的，而企业——就定义而言——是通过向竞争性市场提供产品和服务而赢利的经济组织。于是，一个国家在某个领域具有产业基础的标志就是在该领域存在具有经济生命力的本国企业——它们集体的能力构成这个国家在该领域的产业能力。

按照（根据发达市场经济情况的）教科书的定义，“通过向竞争性市场提供产品和服务而赢利”的企业当然是竞争性企业。但在中国的条件下，使用“竞争性企业”的概念则需要进一步的界定——因为从这个概念可以引申出一个有关中国工业发展的重要命题：在技术上依附于外国企业的中国企业不可能成为竞争性企业。

就其性质而言，竞争性企业的经济生命力——竞争力——归根结底来自能力。就本报告所关心的技术密集型工业来说，一个企业能够向竞争性市场提供可赢利产品和服务的条件是必须具有能够不断开发新产品的技术能力。一般而言，能力是经过学习过程而后天获得的。对于后进国家的企业来说，从早期阶段的低水平状态成长到能够与先进者竞争的状态，则需要经历高强度的技术学习，而支撑这种学习过程往往不符合短期财务目标，所以需要进取性的战略。换句话说，后进国家企业能力成长的关键，不是最初的技术水平，而是进取性的战略及这种战略下的高强度技术学习。

在技术上依附于外国企业的中国企业之所以不可能成为竞争性企业，就是因为它们在战略上是无法独立的，因而其技术学习过程是受到控制的——中国工业发展的实践为此提供了充足的经验证据。以中国汽车工业为例，依赖合资的企业缺乏自己的产品概念，它们所能做的不过是在高度管制造成的垄断下与外资分享一杯羹。再以中国彩电工业为例。这个工业中的企业比汽车企业具有更多的竞争性和独立性，但由于种种原因，在一段时间内陷入了不求技术的价格战，使得在许多方面都具有竞争性特点的中国彩电企业仍然在整体上处于对外国技术的依赖状态，严重限制了它们的战略空间。直到遭遇技术替代危机，主要的中国彩电企业才开始向上游核心技术爬升。相反，在中国电信设备工业，以“04 机”的突破为契机，早期技术水平并不高的中国企业纷纷走上自主开发的道路。20 多年后的今天，这个工业中的主要企业如华为和中兴，已经成为在全球电信设备工业领域具有影响力的竞争性企业。

上述无论是理论逻辑还是经验证据，都可以帮助回答中国如何发展 TFT-LCD 工业的问题。中国能不能依靠“引进”生产线的方式来发展这个工业部门？目前，在高世代线上采用这种方式时，国外企业一般都要控股。即使不控股，国外企业也会严格控制技术（例如上广电的 5 代线以及 CRT 时代的合资都是如此）。这种模式最多是以生产现有产品来满足市场的眼前需求和赢利，而新技术的研发只能依靠境外的母公司。所以，如果主要依靠这种方式，中国将不再有本国竞争性企业成长的市场和政策空间。但如果中国缺乏由本国企业所构成的产业基础，则中国将没有参与技术变化的能力。

排除掉引进生产线方式，中国发展 TFT-LCD 工业就只能依靠这样的中国企业——它们虽然也不得不从学习或引进外国技术开始，但“引进”不过是实现战略的一个必经阶段。这样的企业，一定具有始终一贯的进取性战略，一定把成为领先者作为战略目标，一定把能力作为成长的手段。事实上，中国目前之所以有发展 TFT-LCD 工业的机会，就是因为这样的企业已经出现。

中国竞争性企业决定了中国发展 TFT-LCD 工业的机会，已经由 2009 年夏末国内出现的“液晶热”所证明。产生“液晶热”的条件是多年来坚持不转让技术的境外厂商突然松口，纷纷决定在中国大陆设厂，引发各地政府招商引资的热潮。虽然一些媒体当时把这个“天上掉下来的馅饼”归因于中国大陆的广阔市场对境外资本的吸引，但只要稍微分析一下它的来龙去脉，就会看出境外厂商松口的真正原因不是中国大陆的需求扩大，而是一个中国大陆企业——京东方——上马了 8 代线。这个事件意味着中国大陆缺屏的不利局面将被根本扭转，于是害怕失去在中国大陆市场优势地位的境外企业慌了神，纷纷要在中国大陆设厂建线。这个事实本身就说明把希望寄托在境外转让生产线上是错的，也说明中国政府的政策重点应该是支持中国竞争性企业的成长。

第三个主题：对于技术和市场变化极快的高技术产业发展，政府的政策只有以竞争性企业作为立足点才能有效，所以中国政府推动 TFT-LCD 工业发展的关键是支持本国竞争性企业的成长。

正如中国政府在 2008—2009 年的金融海啸期间推出一系列产业振兴规划所证明的那样，中国的经济发展，尤其是以经济结构调整为重点的发展，离不开中国政府对于产业发展的政策；而振兴产业的首要公共政策目标就是促进中国的产业升级，即采取政策手段推动和帮助中国工业向高附加值的产品结构和产业结构演进。

但在强调政府在经济发展中的积极作用时也要看到，中国工业发展的经验同时证明由政府直接操作的项目——特别是在“三段式”思维下的引进项目——往往效果不佳。其原因在于，这类项目往往忽略了企业是技术学习的主体，而且只有具有生产、营销和服务等能力的企业才能实现技术进步的经济价值。对于产业升级来说，改变产品结构和产业结构的背后是技术能力的成长，而技术能力的成长是以竞争性企业为载体的。如果忽略对企业及支撑其发展的制度环境的理解，对发展问题的理解就会大打折扣。

目前，中国在发展 TFT-LCD 工业方面之所以出现机会，就是因为在这个领域出现了竞争性企业。如前所述，触发“液晶热”的直接动力是京东方的扩张——这是一个中国竞争性企业依靠自主技术能力的扩张，所以才如此敏感地触动了日、韩等企业的神经，导致了它们在中国大陆设厂禁忌的“雪崩”。仅仅这个事实就足以说明，为什么中国政府在振兴产业方面的政策重点必须是支持本国竞争性企业的成长。

对于后进国家的企业而言，进入高技术工业领域面临着外国企业的先行者优势。这种优势构成壁垒，加大了后进者的风险。因此，在存在这种壁垒的条件下，完全依靠自由市场机制的结果往往是使后进国家的企业回避进入这些对于国民经济发展十分重要的领域。因此，对于中国政府来说，支持竞争性企业成长的核心就是降低中国企业进行技术学习的成本。

就目前中国 TFT-LCD 工业发展的障碍而言，主要问题其实是出在政府方面，而不是出在企业方面。中国至今缺乏支持中国企业进入这种技术进步速度极快、投资额巨大的高技术工业领域的政策和制度体系，而这些缺陷只能通过政府的行动才能加以弥补。2009 年夏末出现“液晶热”以来，政府的应对政策缺乏战略原则，似乎始终没有弄清中国 TFT-LCD 工业发展的机会和风险到底是什么。

政府在支持中国高技术产业发展上所表现出来的无力，既反映了眼光和意志的问题，也反映了能力的问题。因此，由中国 TFT-LCD 工业发展的经验所反映的一个重大问题是：中国的经济转型和产业升级同时有赖于国家能力的建设。

3.1.3　本报告的内容

本报告的主要内容就是通过对上述三个主题的论证，来讨论中国发展 TFT-LCD 工业的战略和政策。我们特别注意到，国内关于如何发展 TFT-LCD 工业的流行性看法都是在不了解这个工业部门的历史的情况下提出来的，经常因大而化之而充满了似是而非。因此，本研究采取了工业史的方法。

本报告第二节讲述和分析 TFT-LCD 工业从研发到产业化竞争的历史，以帮助读者理解该工业的性质。正如我们将在该节中所详述的那样，TFT-LCD 技术不是突然出现的，而是经过了“漫长”的演进过程，其工业史分为两大阶段——研发阶段和产业化竞争阶段。在第一阶段，组成 TFT-LCD 技术的液晶显示器和薄膜晶体管分别是由美国企业研发的，但由于这些美国企业只盯着过于远大的应用目标（“挂在墙上的电视”），而对那些本来能够接纳粗糙新技术的边缘应用领域不屑一顾，致使迟迟得不到应用的新技术的研发过程难以为继。反而是从美国引进了基本技术的日本企业，因为将其应用在了诸如电子手表和计算器这样“小打小闹”的产品领域，才使一度濒危的 TFT-LCD 技术获得了生命。在第二阶段，随着有关产品和制造的技术知识在日本的积累，TFT-LCD 工业在日本崛起，但该工业的第一个“杀手”用户——笔记本电脑工业——却使其性质从一开始就成为全球化的。在 TFT-LCD 产业化竞争的初期阶段，日本企业曾经傲视全球，但后进入的韩国企业（三星和 LG）却以超乎寻常的进取性投资战略改变了游戏规则，它们以更快的技术进步速度把日本企业甩在了后面，最终把 TFT-LCD 技术推进到曾被日本企业认为是遥遥无期的电视领域。同样是依靠进取性的投资战略，最初通过日本转让技术而进入该工业领域的台湾企业也超过了日本企业。这段激荡的工业史再次证明，对于创新者来说，任何新技术的成熟期都是漫长的，而不断找到应用领域是使新技术发展过程得以持续的关键；对于工业竞争者尤其是后进者来说，对推动技术进步能够产生新需求的远见和信念及其相应的进取性投资战略是获得工业成功的关键。

本报告的第三节同样遵循历史方法，以中国 TFT-LCD 工业的现状为背景，详细分析一个中国竞争性企业——京东方的案例。分析这个案例的重要性在于，京东方在很大程度上决定了中国发展 TFT-LCD 工业的机会，因为它是目前能够以自主技术能力进行扩张的中国企业，而它的扩张也确实影响了整个中国工业的格局。这个案例的重要性还在于，它可以帮助理解中国企业在 TFT-LCD 工业竞争中所遇到的战略环境、技术学习和扩张融资等方面的问题，从而为政府施政的重点提供方向标。特别值得注意的是，京东方进入 TFT-LCD 工业领域的决定和行动是在政府和工业界“觉醒”之前做出的，它的液晶战略起源于一个老国有企业遭遇到的技术替代危机，形成于十几年痛苦转型的过程，实施于自主创新自发地重新获得重视的阶段。因此，一个企业的液晶历程就足以折射出三十年来中国高技术产业发展的跌宕起伏及制度原因。由于这个企业的特殊地位，回答中国的TFT-LCD工业能否发展起来的问题，在很大程度上就是回答京东方是否可能成功的问题；而回答京东方是否可能成功的问题，就要从京东方为什么会进入TFT-LCD工业领域的问题说起。如果能够理解为什么京东方会自行进入TFT-LCD工业领域，它是怎样进入的，以及它在目前的扩张过程中遇到什么样的瓶颈等这些问题，我们就会理解中国发展TFT-LCD工业的希望和障碍在哪里，而政府的政策重点又应该放在哪里。因此，京东方的液晶历程是理解中国高技术产业特别是平板显示器工业发展问题的一把钥匙。

本报告的第四节在工业史和京东方案例的经验材料基础之上，将把分析重新拉回到理论和政策的层次上。首先，从TFT-LCD工业的全部发展史（纵向）和全球范围竞争（横向）的角度，概括出这个工业部门所展现出来的“产业规律”，并从决策的角度讨论该工业参与者的得失教训，其中对中国决策者的最大教训就是：技术能力以及推动技术能力成长的投资战略，始终是决定竞争结果的关键因素。其次，根据这个工业部门的历史教训及其目前在中国的发展态势，从理论上讨论中国企业和政府的战略和政策原则，指出为什么在高技术产业发展上依赖引进生产线的模式是缘木求鱼、为什么中国政府应该支持竞争性企业的成长。本节最后还要讨论中国高技术产业发展与政府能力之间的关系，说明推动经济转型和产业升级要求有产业政策，而产业政策的微观性质要求政府能力的成长，所以中国经济发展方式的转变和产业升级与国家能力的建设密切相关。

最后，第五节给出本研究的结论，指出中国的产业升级和经济转型要求政府发挥积极作用，要求政府采取有利于自主学习和创新的技术政策、采取以支持中国竞争性企业成长为核心的产业政策，并要求政府能力的成长。

3.2　激荡的TFT-LCD工业史

本节回顾TFT-LCD工业的历史，其主要目的是帮助理解TFT-LCD工业的技术变化特点和竞争规律，同时为讨论中国发展这个工业部门的战略和政策提供一个产业背景[①]。

了解这段工业史的重要性首先来自有关中国彩电工业遭遇危机的一个问题：为什么中国工业界和政府的决策者们对于这一轮技术替代是如此的准备不足？当平板显示对CRT的替代已经到了“山雨欲来风满楼”之时，外国企业纷纷掉转船头，而中国彩电工业却好像“不知秦汉”，把自己的命运继续绑在行将衰落的技术上，直到“毁灭”真的来临。解释可以有多种，但有一个基本原因是无法否认的：由于中国工业没有参与新显示技术的变化过程，所以决策者们既不了解其进展状况，也难以在实际后果显现之前就理解新技术的影响。对于他们来说，平板显示革命来得太“突然”，让人措手不及。但工业史告诉我们，液晶显示技术（以及其他平板显示技术）像所有重要的新技术一样，经历了“漫长”的演进过程，并非“突然”降临世间的。中国工业的决策者们之所以感到“突然”，是因为中国工业与新技术的演进过程基本绝缘。重温这段工业史，可以很清楚地看到，如果中国工业不主动参与技术变化过程，就只能一次又一次地遭遇“毁灭”。

更重要的是，了解这段工业史将为中国发展TFT-LCD工业的战略和政策提供有益的借鉴。TFT-LCD工业并非为中国社会所熟悉，它的技术进步速度极快，投资强度大，表现出非常明显的周期性，而且产品的主流市场是全球化的。与其相似的只有半导体工业，而中国也恰恰缺乏在发展半导体工业上的成功经验。重温这段工业史会迫使我们思考这样一些问题：为什么发明了所有基本技术的美国先驱企业会半途而废，而把引进的技术应用在边缘产品领域的日本企业却能够在产业化上获得成功？为什么后进的韩国企业会压倒在技术上占优势的日本企业？等等。理解所有这些问题，都有助于看清今天中国面临的问题——墨守“三段式”陈腐思维的政策不可能有效，中国的经济转型和产业升级需要新的战略和新的政策思维。

---

① 本章内容主要参考了约翰斯通（2004：第3章）、Murtha et al.（2001）。

3.2.1 研发 TFT-LCD 的动力："目标远大者"败，"鼠目寸光者"胜

技术史证明，新技术从科学原理的突破到产生有经济价值的产品，中间需要一个漫长的过程，而这个过程的主要内容是改进（Mowery and Rosenberg，1998）。原因是，新技术在早期往往是很粗糙的，无论是创新者还是使用者都需要逐渐发现它的性能及其应用范围，而且新技术往往还需要互补技术的出现或发展才能具有使用价值（Rosenberg，1996）。

液晶平板显示技术的研发历史不仅再次证明了这条"规律"，还证明了为什么这条"规律"使战略成为决定创新者成败的关键。有关这段历史的一大戏剧性事实是，发明了所有液晶显示基本技术的美国先驱企业全都半途而废，而以"引进"美国技术为开端的日本企业却成功地实现了新技术的产业化。

不同的结局首先起源于液晶显示技术开发者们所面临的根本矛盾：一方面是被电视应用的巨大潜力所唤起的宏大目标；另一方面则是，粗糙的新技术在达到可应用之前仍然需要经历漫长的改进过程。但还是战略选择决定了创新者的命运——只盯着宏大目标的美国企业最终无法克服这个根本矛盾，不得不半途而废；而愿意并敢于在美国企业看不上眼的边缘产品领域进行创新的日本企业，则因为能够使新技术不断获得应用，最终把对新技术的改进坚持到了大规模应用的临界点。

3.2.1.1 发明者的窘境：走不出"黎明前黑暗"的美国企业

1888 年，一位奥地利植物学家弗里德里希·莱因策（F. Reinetzer）发现一种物质，将其加热溶解至特定温度（179℃）时，其会成为透明液体，降到特定温度（145℃）时又成为固态晶体。不久之后，德国的一位物理学家 D·莱曼发现，处于这两种温度之间的浑浊中间态似乎有一种晶体分子结构，于是他建议把处于这种状态的化合物称为"液晶"。但在此后的近一百年时间里，液晶都没有得到重视，直到 20 世纪 60 年代才因为与显示技术相结合而获得应用。

追溯 LCD 和 TFT 技术的发展，就必须提到曾经领导了世界消费电子工业的美国 RCA 公司（the Radio Corporation of America，即美国无线电公司）。作为彩色电视的发明者和第二次世界大战后电视机工业的主导者，RCA 最早产生出研发“挂在墙上的电视”的想法，而把液晶应用于开发平板电视的想法也最早产生于该公司的中央实验室（1953 年被命名为萨洛夫中心）。1960 年左右，该中心的一名研究人员威廉斯突然想到有可能建造一种利用光学开关和反射光来工作的扁平显示器——为验证他的预感，他制作了一个三明治似的东西：它由两块玻璃组成，每块玻璃上涂有透明导电电极，两块玻璃之间夹有黏糊状的液晶；当玻璃被加热到大约 120℃时，液晶开始熔化，当加上一定度数的低电压时，晶体又从透明变得不透明。这是第一款被发明出来的基本的液晶显示器。

在此基础上，由海尔迈耶（G. H. Heilmeier）领导的 RCA 研发人员继续前行。1964 年，他们在寻找材料的过程中发现，液晶在施加电场的情况下会由透明变为乳白，他们把这种效果命名为“动态散射”。1968 年 5 月 28 日，纽约 RCA 大楼召开了记者招待会，展示了一台实物大小的液晶平板电视模型（同时还展示了其他一些液晶的应用原型，包括数字读出仪和数字显示的电子钟），尽管它只能显示静态的单色图像，却在新闻界引发了超乎想象的轩然大波，同时也引起了日本工业界对液晶显示的强烈兴趣。

但这时 RCA 公司已经开始走上一条导致它后来没落的道路——接替了传奇般领导人萨洛夫的新管理层开始实施进入计算机领域向 IBM 挑战，以及多元化的战略。这个转向使 RCA 的管理层减少了对消费电子的研发资助和注意，正如 1968 年后主管过 RCA 实验室的威廉·韦伯斯特（William Webster）所言：“我们把整整一代的工程研发集中在计算机上，却是通过饿死了真正的现金牛（the real cash-cow）来实现的。”（Chandler，2001：39）此时，公司管理层不知对液晶显示应该做些什么，不愿支持对平板电视的开发——因为这需要花太长的时间。同时，大公司的傲慢也使他们看不上液晶研发小组研究过的计算器、钟表、各种仪表显示器等“小玩意”。他们认为液晶不是硅，其材料按半导体的标准“不纯”，太容易生产，连“修车铺式的公司”都可以开展这项业务。这种分歧使得萨洛夫中心的液晶研发小组开始四分五裂。此后，RCA 公司再也没对液晶有过认真的对待。

美国另一个开创了液晶显示研究的企业是西屋电气公司，它的实验室从上世纪 50 年代后期就开始研究液晶。当时，西屋已经成为美国核电站的核岛主设备的供应商，它研究液晶的最初动机是开发热敏元件，用来检查因放射性而不便打开的管道里的水温，因为液晶可以根据管道的温度而改变颜色。该公司研究实验室的研究员詹姆士·弗加森首先把液晶引入实际的应用中，又于 1961 年把注意力转到了显示器上。但西屋电气公司认为显示器不在公司的业务范围内，所以弗加森于 1966 年离开西屋，并于 1970 年创办了自己的公司。这位发明家最大的成就是发明了扭曲相列型液晶显示器（TN-LCD）[①]。在 70 年代早期，RCA 的乳白色动态散射 LCD 和弗加森的暗黑扭曲相列型 LCD 展开竞争，结果以 RCA 乳白色动态散射 LCD 的惨败而告终。

随着研发液晶显示器的进展，寻找控制液晶发光的方法就把薄膜晶体管的作用引入人们的视野。液晶本身并不发光，液晶显示器的光亮来自液晶晶胞后面的光源（背光源）。每个晶胞起小快门的作用，或阻止光线通过，或允许光线通过。这些快门由纵横矩阵式排列的透明电极来控制。两块玻璃中间是液晶，透明电极放在玻璃板的面上。纵横电极相交之处就称为一个像素。液晶材料本身是液态，但有可供光线折射的特点。通过电压可控制分子（晶胞）的转动。分子转动到不同的角度，会有不同的透过率，所以液晶材料靠透过率来实

---

① TN（twisted nematic，扭曲相列型）液晶显示器本身只有明暗（或称黑白）两种情形，无法实现色彩的变化。这是一种低廉的入门级液晶面板，仅能呈现出黑白单色及显示一些简单的文字、数字，广泛应用于中低端显示，应用范围多在 3 英寸以下的小尺寸产品，如电子表、计算器、简单的掌上游戏机等消费性电子产品。

业界后来又在 TN-LCD 的基础上发展出 STN（super twisted nematic，超扭曲相列型）液晶显示器。STN 的显示原理与 TN 相类似，不同的是 TN 扭曲相列场效应的液晶分子是将入射光旋转 90 度，而 STN 超扭曲相列场效应是将入射光旋转 180～270 度，如果在液晶面板前加一片彩色滤光片，可显示多种色彩。STN 液晶显示器多用于文字、数字及绘图功能的显示，例如早期的笔记本电脑、掌上电脑、股票机和 PDA 等便携式产品。

TN 和 STN 型液晶显示器都属于无源被动矩阵式液晶显示器，性能远远不及 TFT-LCD。虽然液晶显示器工业最早是从 TN-LCD 开始发展的，但因为技术性质有较大不同以及篇幅有限，本报告只集中于 TFT-LCD 技术。

现显示。加上电压时，分子会站起来；但不能长时间地加，因为有一个动态寻址过程。加上电压之后，一个信号驱动另外一个信号。电压如果保持不了，显示性能就不好。解决对比度问题的根本途径就是把这些点分开，方法是让每个点都有自己的开关，只有开关打开的点才能被选中。这与电极方法不同——电极是一种被动的元件。开关则是积极主动的装置，就产生了“主动矩阵”（active matrix）的概念，而薄膜晶体管就是用来充当开关的。加上薄膜晶体管之后，相当于把像素驱动之后，把薄膜晶体管断掉，就放不了电。信号驱动别的信号，电就不会断，可以实现大容量显示。

薄膜晶体管也是于1960年左右在RCA的萨洛夫中心最早被发明出来的。该中心最有创造性的科学家之一——保罗·威默起着开路先锋的作用，他主要对开发薄膜图像传感器感兴趣，以便取代“无管”的电视摄像机中的光导摄像管。正如产生薄膜晶体管概念的最初动机并非为了LCD一样，一些企业早期介入对薄膜晶体管的研究也不是为了LCD，而是为了寻找制作集成电路的方法。在半导体被发明出来之后的最初二十年里，半导体工业的主要支柱是双极晶体管（二极管），但自从1958年集成电路发明之后，二极管不适于进行高水平集成的缺陷迫使研究人员去寻找替代品，而MOS和薄膜晶体管就是两种可能的替代品。在开发集成电路的竞争中，美国大多数大型电子企业都研究过这两种替代技术，但两个技术轨道之间的竞争在60年代中期结束，MOS取得了最后的胜利，成为设计和制造集成电路的主导替代技术。曾经在TFT领域中很活跃的企业——包括通用电气、休斯飞机公司（Hughes Aircraft）、雷神公司（Raytheon）、真力时公司（Zenith）、宝来公司（Burroughs）、欧文斯伊利诺斯公司（Owens-Illinois）和IBM公司等——都中止了它们的探索。此后，只有两家企业继续着对薄膜晶体管的研究——RCA公司和西屋电气公司，它们同时也是开创了液晶显示器的两家企业。1964年，RCA推出自己的大型计算机，与IBM进行灾难性的竞争。面对不可战胜的对手，RCA于1971年卖掉计算机业务，同年也中止自己的TFT项目。

RCA的退出使西屋在TFT技术上“独占一片荒凉的领域”。直到上世纪60年代初，西屋还是一家电视和半导体的主要生产厂商。受到RCA在TFT研究上的触动，布罗迪于1963年在西屋发起了一个小规模的TFT研究项目，但始终没有得到集成电路事业部和公司管理层的重视。不过，从各运营事业部争取资金的努力也扩大了布罗迪研究小组的视野，他们把显示器纳入了研究范围。但这在该公司并不是一个受欢迎的研究领域，因为“西屋电子刚退出电视业务，也未开展计算机或终端业务……无论怎么说，我们要建立一个电视屏大小的集成TFT电路的想法显然是荒谬的”（约翰斯通，2004：121）。薄膜结构的优点是可以覆盖大块区域，薄膜晶体管可以使主动矩阵液晶比当时生产的其他任何液晶都优越。随研究进展而越来越明显的是，它的革命性应用领域之一是电视的平板显示（“墙上的屏幕”）。对布罗迪研究小组最大的支持来自电视事业部，但到70年代中期，西屋关闭了电视事业部和半导体事业部中一直支持布罗迪研究小组的那个业务部门。当时面临着这样的选择：或者投资建立一个实验工厂，生产主动矩阵显示器以获取一些收入；或者直接放弃研发努力。1979年，西屋的执行委员会决定项目下马，停止所有有关主动矩阵显示器方面的工作。而布罗迪辞职后，创办了自己的公司。不可否认的是，布罗迪领导开发的薄膜晶体管和显示器在技术上仍然太粗糙，他们所使用的半导体材料并不稳定，他们的显示器只有来自军方的个别订货，离应用在消费电子产品上还很远。

总之，涉足过液晶显示的美国大企业——RCA、罗克韦尔、西屋电气、摩托罗拉、AT&T、通用电气、施乐和惠普，都在上世纪70年代纷纷放弃了平板显示技术开发，没有一个后来成为市场的主要力量，而TFT-LCD技术最终也没有在美国实现产业化。但是，美国企业的失败之处恰恰就是日本企业的成功之处——日本人接过了接力棒，把TFT-LCD做成了可以推向市场的产品。

3.2.1.2　“鼠目寸光”的胜利：因“小打小闹”而成功的日本企业

当美国企业进行早期的液晶显示研究时，特别是在RCA公布了液晶显示器之后，许多日本企业就产生出浓厚的兴趣，并开始了积极的跟踪研究。在它们当中，后来起到引领世界新潮流作用的是须羽精工和夏普。

须羽精工是制表企业，为了生产石英表，它首先进入了半导体领域，在RCA公司的C-MOS集成电路基础上，成功开发出低耗能的C-MOS集成电路。在解决了这个问题之后，数字显示就成为关键，所以须羽精工为保持在手表制造技术方面的领先优势而进入显示器领域。须羽精工从弗加森的公司获得液晶技术的技术许可。1973年10月，须羽精工生产了它的第一块数字LCD表（06LC型）。到1975年，市场迎来了爆炸性的数字手表热潮。那个年代的须羽精工正处于充满创造性的阶段，公司的年轻工程师们可以从事他们感兴趣的研究并得到管理部门的充分支持，由石英手表的成功带来的滚滚财源也可以资助这些研究。

在数字显示的手表领域获得巨大成功后，手表制造商们自然而然地想到了制造微型电视。当时，卡西欧和西铁城都在研制腕表电视，它们集中精力于被动矩阵的显示器上，但这类显示器永远也不能产生出高对比度的图像。而须羽精工的工程师们在研究液晶电视时，选择了专攻难度更大的主动矩阵显示器。主动矩阵显示器需要开关，但那时薄膜晶体管还不能投入实际生产。须羽精工使用硅片作为基础材料，于1982年12月宣布生产了世界上第一块单色屏的腕表电视。该企业的工程师诸角信二在工作一段时间后认识到，硅片永远不会成为大量生产液晶电视的材料，必须向薄膜晶体管发起挑战，并获得成功。1983年5月，须羽精工在东京的一次记者招待会上发布了2英寸的微型彩色液晶电视，使电子产业界大为震惊。在液晶显示器的历史上，须羽精工的微型LCD电视具有划时代的意义，它把液晶从失败的境地挽救出来，因为在那之前，液晶显示从未超出四位和八位计算器或手表这类既简单又转换缓慢的应用，而且很少有人相信TFT-LCD是制作平板显示器的可行方法。

看到能够应用薄膜晶体管来生产液晶显示器电视后，松下、日立、东芝等大企业纷纷行动起来。须羽精工不得不尽快把LCD电视投入生产。由于是先行者，须羽精工不得不从头创办工厂、安装设备、确立生产工艺。由于当时的玻璃不能承受高温激光处理时的热量，所以微小的屏使用的是石英，产量很低。1984年，须羽精工以“我的频道”为名字，推出了世界上第一台平板彩电（2英寸电视屏），售价约合315美元。须羽精工的营销部门并不指望能卖出去多少这种电视，管理层也不认为这会成为一个大项目。诸角信二认识到，如果把主动矩阵 LCD 变成消费品，那么为了降低价格，就必须提高产量，开拓新的市场。于是，他采取的方法就是把 LCD 制成元件，卖给其他制造商，装入他们的产品上。须羽精工的 LCD 在录像投影显示器、录像带摄像机中的电子取景器和传真机中的读图感应器等领域获得了成功。80 年代中期以后，须羽精工开始遇到困难。1989 年，日本股市泡沫破灭。须羽精工由于在前些年的扩张有点过度，不得不努力归还贷款；管理层以没有钱进行投资为由，否决了 LCD 业务负责人关于对新的 LCD 生产设备进行投资的建议。于是，须羽精工的液晶故事居然与 RCA 和西屋电气的经历有了相似的结尾。

最终把 TFT-LCD 做成的是夏普。夏普的前身是早川电气，1912 年由日本著名企业家早川德治创办。这个企业早年发明过不需要固定眼的皮带扣和自动铅笔，1925 年开始生产收音机，1951 年成为日本第一家开发原型电视机（黑白）的企业，1952 年成为日本第一家从 RCA 获得基本电视专利转让的企业。到 1955 年，早川电气已成为日本主要的电视生产商，占有国内大约四分之一的市场。但早川电气也有由来已久的弱点：它一直是一个终端组装企业，没有财力在生产显像管这样的关键元件方面进行投资。

1964 年，被誉为“火箭博士”的佐佐木加入了早川电气。在他的建议下，早川电气决定生产计算器。1964 年 6 月 30 日，早川电气推出了它的第一台计算器——夏普 Compet CS-10A。根据 1969 年 3 月的一项协议，早川电气从美国罗克韦尔公司购买用于计算器的集成电路。1970 年 9 月 15 日，已经领导早川电气 58 年的早川德治升为总裁，由佐佐木任总经理，公司名字同时也由早川电气改名为夏普。在佐佐木的领导下，新的夏普公司孤注一掷，投资 75 亿日元（合 2 100 万美元，大约相当于当时夏普资产价值的四分之一）建起了自己的半导体厂。建半导体厂的动议从一开始就在夏普内部不受欢迎。这个工厂最初的 5 年每年亏损 100 万至 200 万美元。正当董事会准备卖掉它的时候，半导体厂却赢利了，那些反对过建厂的董事们此时又坚持说该厂是公司很有价值的资产，不应该卖掉。

70 年代初期，有 60 多家企业在计算器市场上厮杀，其中夏普是最具有进取精神的创新者。1964—1976 年，夏普把生产计算器所需的 3 000 个元件减少到 3 个：一只硅片、一个显示屏和一只太阳能电池。在技术发展史上，计算器吸纳了一系列后来应用广泛的新技术，例如微处理器（micro-processor）就是英特尔为一家日本计算器企业开发出来的。1972 年初，佐佐木回国时花了大约 300 万美元从 RCA 购买了一项专利，决定自力更生开发和生产 LCD。20 世纪 70 年代，夏普对 LCD 的生产设备投资了 2 亿美元——相对于这家企业的规模来说是一笔巨大资金（而 RCA 的 LCD 工厂在几个月后被关掉了）。1973 年 4 月，夏普把液晶显示的计算器商业化，型号为 EL-805，比须羽精工推出的第一块 LCD 表早了 6 个月。这台计算器的显示器是 RCA 动态散射式的，采用了把 LCD 硅片和所有其他元件都装在同一块玻璃上的方法——这是十分超前的集成技术。但是，这个厚 2.1 厘米、重 200 克的机器每 100 小时消耗一组电池，它因消耗大量能量、反应迟钝而被称为“神经质计算器”（the spooky calculator）（Murtha，et al.，2001：58）。但即使这样，夏普还是一只脚踩进了未来显示技术的大门，而有些企业却仅仅是敲了一下门。

夏普的研究人员一直怀有制作出墙挂电视的想法，也曾经在薄膜场致发光（EL）屏方面领先。须羽精工于 1983 年宣布的 LCD 彩电让夏普的研究人员大吃一惊，不得不开始努力追赶须羽精工。好在夏普的研究人员很熟悉无晶硅，因为夏普计算器的太阳能电池就是用这种材料制成的。于是，夏普开始研究把薄膜晶体管应用在平板显示上。这个过程是艰苦的，直到 1985 年，夏普还不能让单个的 TFT 液晶晶胞工作，而那时它的竞争对手如松下和三洋已经开始了小规模主动矩阵液晶显示器的商业化生产。到 1987 年，夏普终于设法使 3 英寸的液晶电视投入生产，虽然产量很低。当时夏普工程师们的最大愿望就是增大液晶电视屏的尺寸，从 3 英寸到 4 英寸，再到 5 英寸……但夏普开发小组负责人却另有想法，他于 1988 年初召集研究 LCD 的人员开会，给他们设定了一个表面上是不可能完成的任务——研发 14 英寸的显示器！这样一个面积的屏必须装有 100 多万支薄膜晶体管，远远超过此前任何尝试过的数量级。但恰恰是这种雄心激发了工程师们的斗志，他们终于克服了各种困难，建造了这个屏。当年 10 月，夏普在日本电子展览会上展示了 14 英寸的液晶显示屏，引起轰动。更重要的是，夏普的研发人员得到了公司管理层的充分支持。

到上世纪 80 年代末，夏普开发出的 14 英寸以上彩色平板显示样机、IBM 和东芝合作研究的样机，以及后来其他企业的样机，都已在展览大厅展示，使参观者能够直接比较平板显示技术和 CRT 技术。

TFT-LCD 的研发史证明，“目标远大”的美国企业的失败之处正是“鼠目寸光”的日本企业的成功之处——这些无惧“小打小闹”的日本企业，把粗糙的平板显示技术应用到新领域，却在实现新技术商业化的市场竞争中获得领先。从事后看，它们成功的道理也很清楚：当平板显示技术需要经过长期的改进才能应用在电视机上时，来自像计算器和手表这些产品的现金收入提供了持续研发平板显示技术的资金来源，而制造计算机、手表以及微型电视所用液晶显示器的核心能力为制造笔记本电脑屏幕、电脑显示器以及最终的电视平板显示器创造了基础；这些产品也为建立制造能力、解决生产工艺问题和改进显示应用功能，以满足更多的需求提供了平台。因此，只以宏大目标为研发动力的美国企业难以为继，而以解决眼前实用问题为研发导向的日本企业却能够逐渐建立起可以用来实现宏大目标的知识基础。

研发液晶显示器的动机从一开始就是平板电视——至少因为电视是新显示技术研发者当时唯一能够看得到的主流产品和主要应用领域。当时没有人会怀疑这种平板显示技术一旦应用到电视上所能产生的巨大收益（正如今天的事实所证明的），但恰恰是这种动机使技术发明的先驱者们难以为继。历史证明，液晶显示技术是经历了一个多么漫长的改进过程才最终得以应用于电视的。

对于以电视为应用目标的液晶显示技术研发者来说，漫长的技术演进过程带来一个致命的问题：迟迟无法应用必然动摇投资方对研发继续投资的决心——没有任何企业能够无限期地支持一个不能在可预见的未来转化为产品的研发项目。从逻辑上讲，这就是美国的先驱者们——如 RCA 和西屋电气——最后放弃液晶和薄膜晶体管研发项目的直接原因。与一些美国学者的解释不同，问题不在于美国企业的决策者没有耐心或看不到液晶显示技术应用到电视上的前景，而是没有企业能够把对液晶显示技术的研发支撑到能够应用到电视上的那一天。事实上，当 RCA 和西屋电气放弃研发项目时，液晶和薄膜晶体管的技术状态距离可以应用到电视上的要求还很遥远，遥远到没有任何企业可以把研发持续下去的地步。

如果能够把对液晶显示技术的研发持续下去，除非在可以应用到电视上之前找到其他的应用领域，而这恰恰就是日本企业所做的。当日本企业——夏普和须羽精工——从美国企业引进液晶技术时，它们要应用这种技术的目标领域不是电视，而是那些美国先驱企业看不上眼的小产品。但正是这些小产品使仍然处于“粗糙”状态的液晶显示技术找到了应用领域和市场需求，这就是有关液晶显示技术的一个重大历史事实：使液晶显示技术能够产业化的第一个市场需求不是电视，而是电子手表和计算器；而使薄膜晶体管技术得以产业化的第一个市场需求是腕表电视——一种非常边缘化并难以产生多少收益的产品（甚至在发明了这种产品的日本须羽精工，决策者也没有把这种产品放在眼里）。因此，成功地实现了液晶显示技术的产业化的是以边缘产品为目标的后进者——日本企业，而不是以主流产品为目标的技术研发先驱者——美国企业（处于主流地位）。

对美日两国企业的比较，不可回避地把技术进步的市场需求条件引入我们的分析。没有对新技术的市场需求，企业就无法持续地资助技术研发。因此，日本企业比美国企业“高明”之处不是更有战略远见，而是愿意并敢于在美国企业看不上眼的边缘产品领域应用新技术和进行创新。

3.2.2 一个以日本为温床的全球化工业

液晶平板显示技术最先在日本实现了产业化——在率先开发出来大尺寸液晶显示屏之后，日本企业也率先进入了大批量生产阶段。但新技术的产业化并非像这样的文字所表述得那样轻松，而是一个经历了若干年的过程，因为从开发出产品样品到实现量产，需要解决一系列的问题（产品研发、工艺设计、设备制造等）。有一件趣事可以反映技术创造过程的生动：在开发液晶分子的取向技术时，各日本企业都在暗中寻找更好的摩擦材料，某时某地刚刚传出“用马毛摩擦效果好”的消息后，画店里的马毛毛刷立刻被抢购一空。恰恰是解决问题的努力使参与了这个过程的企业能够创造、分享和积累知识，而围绕产品和工艺开发的学习网络在日本的聚集使日本成为TFT-LCD工业的温床。

TFT-LCD工业的起飞也凭借了日本以外特别是美国企业的核心能力。虽然日本企业在上个世纪70年代率先生产了使用平板显示技术的消费品，但是使大批量生产得以实现的制造平台却是几个国家的企业共同努力的结果。从需求角度讲，这个工业部门的第一个“杀手”客户——笔记本电脑工业——也使TFT-LCD工业具有全球化的性质。于是，来自几个国家的企业在同一个地点（日本）创造出一个全新的工业部门，这在技术史上是史无前例的（Murtha, et al.，2001：5）。

日本在TFT-LCD产业化上的领先地位以及该工业的全球化性质，意味着以日本为产业集聚地，形成了这个工业部门的“主导技术轨道”和竞争标准。这种状况大大压缩了后进者的战略选择空间：尽管先行者壁垒已经出现，但只有加入主流（以日本为地理聚焦的学习网络）才能实现赶超。正因为如此，美国政府在平板显示产业主流之外另辟蹊径的企图被证明是一种失败。

3.2.2.1　TFT-LCD工业在日本的诞生

到1988年，夏普、东芝和IBM，以及其他痛苦挣扎的竞争者们，已经建立起独立制造大尺寸TFT-LCD的技术基础。但这些公司的管理层和工程师都明白，大尺寸样机只是代表了研发成就，实现量产才是制造上面临的挑战，“制造过程非常昂贵，产出很低，就像在地中海钓鲸鱼”（Murtha，et al.，2001：90）。

起初，夏普管理层对很快就建一条高成本的大尺寸TFT-LCD批量生产线持怀疑态度。1987年，夏普开始为便携式电脑批量生产彩色STN-LCD，而这种液晶显示器在1988年Windows操作系统成为主导以及互联网出现之前，用于笔记本电脑是绰绰有余的。由于看不到大尺寸TFT-LCD市场的明朗前景，所以夏普液晶部门的高管开始决定进行14英寸屏的研发时，只是期望慢慢扩大制造尺寸。但夏普的高层一旦看到14英寸的TFT-LCD样机，就情不自禁地把它想象成进入消费市场的第一台平板显示电视。尽管工程计算的结果并不理想，但夏普的高层决定继续干下去——他们不会忘记夏普曾经在显像管上被迫依赖外人的历史（尽管夏普曾经是日本第一个从 RCA 获得 CRT 技术许可的企业），液晶显示器将使夏普跳过 CRT 而获得技术独立，这是“为未来工作”（Murtha，et al.，2001：96）。

IBM 日本和东芝开发的 14 英寸彩色 TFT-LCD 样机在 1988 年日本的一次会议上被展示给 IBM 的高管，令他们印象深刻。但是，尽管 TFT 液晶显示器表现出极大的性能优势，由于其成本大大高于当时笔记本电脑普遍使用的彩色 STN-LCD，所以 IBM 高层内部对是否应该进入 TFT-LCD 的制造进行了将近一年的辩论（Murtha，et al.，2001：95 - 96）。他们最终的结论是：在 IBM 所专攻的高端市场上，彩色 STN-LCD 在目标客户的眼中不能替代 TFT-LCD，因为 TFT 液晶显示器为他们提供了可以随处工作的新平台。于是，IBM 和东芝在 1989 年 8 月宣布成立 DTI（Display Technologies，In.）制造联盟，双方投资 1 亿多美元建设 TFT-LCD 量产线。

1989 年，平板显示产业到了起飞的边缘，日本的 TFT-LCD 制造商们处于生产投资决策带来的喜悦的气氛中。NEC 最先于 1990 年 8 月，继而是 IBM 和东芝的合资企业 DTI 公司于 1991 年 8 月，以及夏普于同年的秋季，相继开动了它们各自的第一条大尺寸彩色 TFT-LCD 的量产线。所有这些成功的企业最先都是为了找到一种能替代 CRT 的平板技术，它们都在一到两个领域——CRT 和集成电路——具有重要的技术资源和能力，最终都在不同程度上建立了新的平板显示能力。但产业化并非轻而易举，从宣布制造样机到开始批量生产，差不多用了三年的时间。

早期各家企业的玻璃尺寸都没有统一的标准。NEC 选择在 300mm×350mm 的玻璃基板上生产两片 9.4 英寸的 TFT 液晶面板；DTI 选择使用 300mm×400mm 的玻璃基板，最少能生产两片东芝选择的 9.5 英寸或者 IBM 更喜欢的 10.4 英寸面板；而夏普建立的第一条 320mm×400mm 的生产线，能生产四片 8.4 英寸的面板。

因为几乎是从零开始，所以没人有大尺寸 TFT-LCD 生产方面的经验。量产时有一堆没有预料到的问题出现，主要是由于设备方面的原因，致使量产初期的良率远低于 10%。到了 9 月，良率在 8%左右徘徊。直到 1992 年 3 月 31

日，即1991年的财年末，DTI出货量为3万片。但是，正如东芝市场营销部门的高级经理所说，就像是在“一堆垃圾里寻找”一片能用的（Murtha et al.，2001：100）。

生产TFT-LCD的问题很多，但最严重的都可以追溯到一个：环境中的尘埃进入生产过程。去除尘埃颗粒的问题并不让生产工程师意外，因为他们认为TFT-LCD生产过程中80%的特点和半导体生产是共通的（夏普、IBM、东芝、日立、NEC公司都相信它们能利用自己的半导体能力在液晶生产上领先）。半导体和TFT-LCD的制造都使用光刻工艺在玻璃基板上刻蚀晶体管的设计，两者都要求完全洁净的设备。集成电路制造在没有0.18微米以上颗粒的洁净室里操作，要求设备、工艺和操作员都能无污染地执行这一任务。而TFT-LCD最初的制造标准比0.5微米以上的要求还低。这些相似点增加了工程师的信心，但实际上却没有这么简单。与半导体相比，TFT-LCD在生产过程中对颗粒的敏感度更强，也更为脆弱。在半导体生产过程中，如果硅片上有尘埃颗粒，会使得同一片晶圆上的几百张芯片中的一个或几个有缺陷，有缺陷的可以丢弃，其他的还可以继续利用。但TFT-LCD的大块面积为颗粒进入提供了更多的机会，而且只要有一粒微小的尘埃，就会使整张面板都报废。制造TFT-LCD时，微粒的缺陷会使晶体管不能关闭单个像素，只要100万个像素里面有5个有缺陷，显示面板就不能满足质量控制的要求。

TFT-LCD的生产工程师很快就决定应该执行零缺陷策略，改变原来“多大”“多少”的颗粒控制方法。但令他们惊讶的是，早期的大批量生产设备和工艺所产生的尘埃比任何人想象的还要多。这种低良率部分是因为早期的设备本来是用来制造非晶硅太阳能电池的，而太阳能面板的质量对颗粒的影响并不敏感。于是，改进化学气相沉积（CVD）设备就成为提高良率的最大挑战。但问题不能归结到任何单一的设备上，如果不能改变当时的生产概念，就不可能提高良率、降低成本，使产品进入大众消费市场。稳定良率是日本工程师一直努力解决的问题。当时日本工程师间普遍有一种情形——每天早晨工程师出门上班前，都会告诉妻子：“希望今天是个天堂日。”所谓“天堂日”，就是指生产良率稳定、符合预期；如果生产良率不如预期，可能连一片面板都做不出来，所有的生产材料可能全部报废，这就是“地狱日”（陈泳丞，2004：179）。

在此后的 4 年里，最早开始大批量生产的这批企业逐渐使良率从 10%以下上升到了 80%以上。从 1991 年到 1996 年，全球至少有 25 家大批量生产线建成，其中有 21 条建在日本。其中，DTI 投资建设了新一代生产线，而夏普一下子投资了两条新线。夏普和 DTI 的管理层都希望新生产线能迅速实现高产出。DTI 干过 1 代线和 2 代线的有经验的工程师很快建设了新线，新生产线用人的减少使得 DTI 能够重新安排工程师而不减少现有产线的产出。而夏普由于同时上两条线，使得工程师和操作员明显不够，2.5 代线也并不如之前想的那么容易，3 代线的情况更为糟糕。虽然当时估计两条线会在 1995 年 7 月建成，但到 1996 年 5 月，夏普公开承认 3 代线遇到了一个“重大的技术挑战”，进展缓慢。那个时候，DTI 的 3 代线已经满产，在 1995 年的第四个季度就已经建成开工了。除了上面提到的主要的几家公司外，星电（Hosiden）、富士通、日立、卡西欧、三菱纷纷建厂，扩大产能（Mathews，2005：12）。不过，这些企业后来大多处于长期亏损状态，最后退出了液晶产业。

星电是日本最小的一家液晶企业，也是早期的创新者，但由于缺乏资金，它难以向大尺寸显示技术开发转型，所以丧失了先发技术优势。它在 1993 年投入巨资建 2 代线，在 10.4 英寸屏的价格下跌、市场需求向 12.1 英寸屏转变的过程中遭受很大的打击。1995 年底，当市场需求转向大尺寸显示时，星电液晶部门的总经理认为向 11.3 英寸和 12.1 英寸的转变过于突然。总裁后来评价说“实际上是根本没有看到这一转变”（Murtha et al.，2001：127－128）。尽管没有足够的钱投资建 3 代线，但这个企业在 TFT-LCD 产业的尝试还是积累了宝贵的知识资本，于是决定寻找一个国际化的、资金充裕的、有密切用户关系的合作伙伴，以释放它在技术和制造工艺中的价值。恰好当时的飞利浦正在寻求这样的机会。飞利浦曾在 1991 年建了一条试产线，1993 年在另一种有望超越 TFT 的主动矩阵像素寻址技术的 1 代线上投入巨资。但飞利浦发现，其既不能修改 TFT-LCD 生产设备来符合其方法，也不能参与日本主流的工艺改进，以至于无法把设备的产能提高到商业化产出水平。1997 年，飞利浦平板显示总裁施图弗（J. C. Stuve）承认，“我们在孤独中付出了代价”（Murtha et al.，2001：128)。1996年，飞利浦和星电结成战略联盟HAPD（Hosiden and Philips Display)，该联盟结合了前者的市场、管理和资金力量以及后者的TFT知识，既满足了星电紧急注入资金的需求，同时也符合飞利浦快速从二极管转向TFT制造工艺的需要。

伴随着TFT-LCD工业在日本的建立，日本也发展出一大批平板显示的上下游企业。日本的平板制造供应链体系要强于其他任何国家，在包括几乎所有必要设备和材料的供应链上的每一个环节，都至少有一家日本企业参与。比如：(1）旭硝子和日本电气硝子为液晶平板做玻璃基板；(2）尼康和佳能做大面积的扫描式光刻机和步进式光刻机；(3）NEC-安内华（NEC-Anelva）制造干刻机设备；(4）日东电工做彩膜和偏光片；(5）大日本印刷株式会社和日本凸版印刷株式会社为大面积平板提供先进的印刷设备；(6）日本真空技术株式会社为透明导体（transparent conductors）氧化铟锡（ITO）电膜；(7）佳能做镜像投影系统（mirror projection systems)；(8）还有一些公司做背光源。即使在日本企业不是很强的地方，比如液晶化学品、化学气相沉积设备、液晶驱动芯片和高性能玻璃等，外国企业也是把它们的液晶业务总部设在日本或者和日本企业结成战略联盟，以管理它们的全球平板显示业务。于是，日本成为新工业的温床（Hart et al.，2000)。

一个崭新的TFT-LCD工业部门在日本诞生了。这是一个快速发展的工业部门，以玻璃基板的尺寸为标准，平板技术的变化率从1990年到2000年超过了半导体技术从上个世纪70年代中期到2000年的变化率，TFT-LCD的制造商在一半的时间里就会经历半导体工业一个世代线的变化。

3.2.2.2 美国企业的介入：国际化学习的力量

虽然美国企业对TFT-LCD的研发半途而废，但是在TFT-LCD工业于日本从孕育到崛起的过程中，却有若干美国企业迅速介入，并成为推动这个工业部门的重要力量和参与者。通过与日本企业合作而参与产业主流的知识创造过程，是这些美国企业获得成功的主要原因，而IBM公司、应用材料公司（Applied Materials）和康宁公司（Corning Incorporated）是其中三个代表性企业。

IBM 公司

IBM 很早就在平板显示领域发展出很强的优势。在进入液晶平板显示领域之前，IBM 的沃森实验室已在研究气态等离子（gas plasma）显示技术，它通过与东芝、dpiX（施乐分出来的企业）的成功合资，开发了适合军方的高分辨率显示面板，只是对于普通顾客过于昂贵。在上世纪 70 年代早期，IBM 是全球电脑主机的主导者，拥有很多享有盛誉的研究实验室。80 年代早期，分散化、个人化并以显示为中心的计算机世界开始出现，使 IBM 面临战略危机。不过，IBM 作为 70 年代后期第一个进入气态等离子平板显示商业市场的企业，其等离子产品很有销路，主要应用于金融交易大厅的数据显示，而那时的东芝和夏普则尚未展现出成为领导者的实力。IBM 对进入平板显示产业的兴趣开始于引入电脑桌面显示器业务后，它想在某种能替代 CRT 或能弥补 CRT 缺陷的显示制造技术上有所突破。IBM 在重新审视显示方面的战略时，发现等离子技术更适用于电视而不是电脑，因为那时的等离子显示是单色的，重量很大，对于便携式应用来说消耗太多能量。于是，IBM 把纽约州的等离子工厂卖掉了。

放弃等离子开发使得 IBM 更关注其他的平板显示技术，而 IBM 日本（IBM 设在日本的子公司）的高管此时看到了全球显示技术向 TFT-LCD 转变的潜力。当 IBM 内部还在就技术争论不休时，须羽精工在 1983 年的国际信息显示年会（SID）上展出的彩色 TFT-LCD 显示器像是一颗炸弹，给 IBM 以巨大冲击。这一展示清晰地表明 TFT-LCD 满足了市场对便携彩色显示的需求和期望。正如 IBM 高级工程师史蒂夫·德普在 2000 年评论的，当时“TFT-LCD 就像已经藏在岩石的某个角落的极小的哺乳动物，尽管恐龙还活在这个世界上”（Murtha et al.，2001：74）。在是否对新型显示开展研究的争论中，IBM 的执行副总裁麦格罗蒂表明了支持态度，理由是：在将来很多的重要产品中，显示会成为“所有这些电子产品的集成点”。他相信，如果 IBM 要成功地把 TFT-LCD 商业化，这个项目就必须像早年 IBM 建立个人电脑部门一样，“不能在大象的笼子里养老鼠”，必须进行“系统外的管理，在新的市场竞争中需要有一个新的组织，因为原有组织会有所限制”（Murtha et al.，2001：75－76）。IBM的管理人员饶有兴趣地参与了这场争论，他们也相信IBM应该在TFT技术方向上有大的进展，而且相信IBM日本有独特的优势，可以实现在这项新业务中领先。TFT-LCD似乎给IBM日本提供了称为首创者的独特机会——液晶产业的发展演进在日本最为迅速，IBM日本的很多设备供应商都参与其中。IBM的四位高管组成了“平板显示指导委员会”，鼓励IBM日本进入TFT研究，为将来的生产做准备。

于是，IBM日本与东芝结成了研发战略联盟。1986年4月，两个企业同意就为期两年的合作研究分摊成本。这项研究由东芝、IBM日本以及IBM在美国的约克城高地（Yorktown Heights）实验室共同进行。每个企业都会用各自的设施进行研究，从东芝开始尽快建立第一条研发生产线，最后每个企业都可以自由地追求自己的生产计划。达成协议后，东芝的工程师立即投入生产线设计工程中，订购设备，并于8月开工。仅一个月的时间，试验生产线就已经建好并开始运营。IBM的管理层相信与东芝的合作是实现商业化的最快途径。在第一年的合作中，在显示技术方面的高级技术人员和项目主管平野真一的监督下，IBM日本建造了达到最新技术发展水平的洁净车间设备。IBM工程师第一次去日本的研发生产线工作时，每个人都配了一个伙伴，共同负责生产线上的一块玻璃，而每一个合作伙伴都是特定工艺步骤的专家。1986—1988年，双方工程师第一年在东芝实验室共同工作，第二年在IBM日本的研发洁净室共同工作。

这一联盟在1987年开发了两个9.5英寸的展示样机，1988年又开发了一个14英寸的样机，后者让IBM高层印象深刻。此后，IBM决定扩大和东芝的研究合作，借助曾经参与合作研发的工程师之力，使投产速度更快、成本更低。1989年的8月30日，在IBM和东芝合作研发的样机公开亮相一年之后，两家公司决定成立DTI制造联盟，双方各占50%的股份。DTI的总部和第一条生产线都设在姬路（Himeji），于1991年投产。DTI充分利用了合作双方的不同能力所带来的学习机会，东芝公司的DRAM（半导体记忆芯片）工程师工作于TFT的阵列（array）制程，STN-LCD工程师则工作于液晶灌注成盒（cell）

制程上；IBM 的约克城高地显示小组和 DTI 一起工作，为 TFT 阵列制程配置新的测试设备，在后一制造步骤前测试 TFT 玻璃基板，使得操作工能在高成本的后续步骤之前就除去或修复有问题的阵列，从而减少了浪费。知识的创造使得 DTI 有了一个紧密联系的独立身份，IBM 和东芝都从 DTI 中学习，获得新专利的知识基础，确保它们在彼此竞争的笔记本生产上使用最先进的 TFT-LCD 技术。

应用材料公司

应用材料公司是美国重要的半导体设备制造商。与 IBM 一样，应用材料公司也是为了能够在日本市场上竞争，于 1979 年在日本设立子公司——应用材料日本（Applied Materials Japan）。到 1989 年，应用材料公司在日本的销售量已经占到其全球总销量的 40%。

1991 年，还在为提高良率而挣扎的东芝和夏普找到应用材料公司，探讨如何把它们的半导体设备改变为 TFT-LCD 的生产工艺——当时夏普和东芝的 1 代线只达到 10%的良率。这次接触使应用材料公司看到了 TFT-LCD 工业的潜在市场，于是在同年成立了应用显示技术公司（Applied Display Technologies，ADT，AKT 公司的前身）。应用材料公司的管理者认识到他们大多数的平板显示客户在日本，所以把总部设在了日本神户，但是把后端的制造和组装留在了加利福尼亚。这种地理上的接近确保了他们能更好地理解客户战略信息。

为解决客户的问题，应用材料公司派出工程师参观了夏普和东芝的生产设备，并向它们学习 TFT-LCD 的制造工艺。经过分析，应用材料公司决定专注于 CVD 设备，因为这是生产过程中的关键部分。为了开发新的 CVD 设备，应用材料公司的工程师和他们的竞争对手在夏普和东芝紧密合作。从夏普和东芝反馈回来的材料和设备运行情况，对于提高他们开发新设备的能力非常重要。为了获得他们所需要的数据，应用材料公司的工程师需要和面板厂商的人员一起工作，每周 7 天，每天 3 班。只有通过这样的方式，应用材料公司的工程师才能理解如何增强 CVD 设备的可靠性。在开发过程中，东芝和夏普也把他们的工程师送到应用材料公司工作。

1993年10月，应用材料公司宣布CVD商业化，推出的产品命名为AKT-1600，它能够使面板生产线的产出良率从10%上升到90%。1994年，当TFT-LCD工业的第一批2代线开建时，这些厂商都有机会从这种新设备的创新中获益。每条2代线都需要四台AKT-1600这样的机器。到1994年年底，应用材料公司的产品在日本CVD市场的占有率已经位居第一，获得大幅利润。AKT-1600的引入标志着TFT-LCD工业演进到了一个历史时刻，跨越了生产率缺陷对TFT-LCD技术前景的限制，第一次使得平板显示技术挑战了CRT在显示市场的主导地位（Murtha et al.，2001：113）。通过解决CVD技术问题，应用材料公司最终稳定了高产出的过程，这个过程使得建立高度竞争性的产业结构以满足大众市场成为可能。AKT-1600一夜之间成功克服了混乱的设计工艺对TFT设备和材料制造商利润的持续挑战。

从1993年6月到1998年3月的5年间，应用材料公司和小松（Komatsu）——日本一家重型机械制造商——结成了战略联盟，即AKT（Applied Komatsu Technology），各占50%的股份。这次合资的动机与寻求市场、技术或资本的传统标准不同（应用材料公司有足够的研发力量和资金投资，在日本半导体工业中拥有令人尊敬的地位），应用材料公司积极寻求合作伙伴是想了解客户对新业务的持续和增长的需求，希望小松很多有才华的年轻人快速进入这个领域。

尽管应用材料公司和客户关系极为紧密，但管理层还是在各世代线设备的升级转换率上犯了严重错误。他们以为，像半导体工业那样，玻璃基板的尺寸和晶圆的尺寸都会在相当长的时间内保持不变。但实际上，他们后来发现，在平板显示工业中，玻璃基板的尺寸会随着显示尺寸的增大和生产效率的提高而迅速变大。尺寸的增长要求重大的工程设计变动，这就使得应用材料公司很难享受到规模经济带来的好处，也不能把工程设计从生产中分离出来。为了将来更准确地参与到玻璃尺寸的变化中，应用材料公司加深了和客户以及客户的客户（笔记本电脑商）的联系。各家企业建线的尺寸各有不同，所以应用材料公司需要满足客户的不同需求。

到目前，AKT占平板显示器市场份额已经超过80%，成为全球TFT-LCD

产业的核心设备——等离子体化学气相沉积设备生产领域的领头羊。

康宁公司

康宁公司是一家重要的材料公司。早在 20 世纪初，美国康宁公司就受铁路公司的委托，制造耐高温差的玻璃灯罩，以解决平交道信号灯受热后，玻璃在面临下雨或降雪袭击时破裂的问题。当时，康宁开发出低膨胀系数的硅硼酸玻璃来代替当时的铅玻璃灯罩。

20 世纪 70 年代早期，康宁已经在向手表和计算器厂商销售液晶显示的玻璃，获得了很多经验。康宁的研发人员采用医学实验室显微镜盖玻片那样的玻璃，开发出极薄的玻璃，用于液晶显示器。此外，康宁还开发了专有的熔融玻璃（fusion glass）制造技术，用以生产超薄的、无须研磨和打光的光学无缺陷（optical-defect-free）玻璃。但早期的液晶显示器并不需要这种先进的熔融玻璃，大多数康宁供应的玻璃仍然是采用传统方法生产。

20 世纪 80 年代早期，负责康宁日本销售工作的古山（Furuyama）发现一件奇怪的事：一些主要的日本电子企业开始逐渐增加了高级产品（熔融玻璃）的订单。在当时的液晶及其应用的技术水平下，这些订单发出了逐渐明朗的信号：很显然是有新的事物要产生了。古山根据订单访问了这些公司的实验室，他在那里发现了一些还处于早期阶段的新型液晶显示技术的研究项目。这种新技术那时被称为“主动矩阵”，还没有被足够地理解为 TFT 技术。

康宁日本加深了与 TFT 研究者的联系来学习这项新技术，并学习如何应用自己的技术能力来服务于 TFT 的工艺开发。通过这些沟通，康宁的研究者得出结论：他们可以稳固地建立熔融玻璃生产能力，以帮助客户加速在 TFT 方面的进步。制造薄膜晶体管的非晶硅沉积要求玻璃基板能够承受住极端的高温。除了光学无缺陷和抗裂，TFT 玻璃基板还要能够在生产过程中保持稳定的化学性能，而熔融玻璃就拥有以上的各种特性。此外，康宁的研究者还有信心在这些特性的基础上，满足 TFT 厂商未来扩大显示尺寸、降低厚度、增加亮度与视觉效果的雄心。

1983 年，康宁特殊材料集团准备关闭位于肯塔基州哈罗兹堡（Harrodsburg）的熔融玻璃厂。该厂最初是为了生产汽车安全挡风玻璃而建，但该项业务于 1971 年被停。此后，该工厂一直制造其他熔融玻璃项目，如太阳镜镜片。康宁日本向技术产品部建议不要关闭该厂房，因为再花 100 万至 200 万美元就可以使其转向生产 TFT 玻璃基板，尽管需要不同的化学合成，以及需要达到更高的熔化温度。当时，技术产品部反对这项建议，因为他们看到美国在 TFT 方面几乎没有进展；即使有哪种平板显示技术有未来的话，也不会是 TFT-LCD，而是等离子（PDP），但 PDP 是不需要熔融玻璃的。从一定程度上说，当时的液晶像是一个失败者。但是，康宁日本的业务人员已经和日本的 TFT-LCD 制造企业建立了直接的密切关系，他们坚持这个工厂必须为了将来的机会而开着。但他们在美国的同事由于缺乏这种第一手的经验，不能从现有的市场数据中得出未来能产生财务收入的模型。

特殊材料集团的经理吉姆·凯泽（Jim Kaiser），听了康宁日本的建议，同意哈罗兹堡工厂仍然开工。凯泽认为，先进显示项目为未来可持续的竞争力提供了最大的潜力，他有两个理由：第一，康宁专有的熔融玻璃技术是与 TFT 技术轨道唯一相配的技术，没有其他的竞争者参与；第二，康宁日本的管理层在努力培育市场过程中已经建立起宝贵的社会资本，积累了重要的市场知识。即使一个在技术上很匹配的日本竞争者也同样面临着建立网络、熟悉市场需求的困难，而对日本以外的竞争者来说，这个障碍更是难以逾越。因此，凯泽顶住很多反对意见，同意投资哈罗兹堡工厂。

1986 年，松下推出了第一个 TFT 的便携式电视（Pocket TV），使用了康宁的玻璃基板，给康宁带来新的未来（此前，须羽精工 1984 年的小电视使用的是高成本的石英基板，来承受制造工艺中的极端高温）。松下的进入证明了平板显示业务的快速增长。康宁日本的新总裁让古山去美国总部，负责扩大哈罗兹堡的设备，并在日本建立新的生产能力。1988 年，康宁在日本静冈县建立了新的工厂。这家来自纽约北部小镇的公司通过利用关于日本客户的第一手的知识把握住了竞争优势，通过培育客户关系扩大了业务范围。但在康宁和其他企业，都没有人能完全理解这项技术怎么会突然兴起，也没有什么投资分析能证明从实验室到大批量生产是必要的。1989 年，康宁的玻璃基板业务从技术产品部转到先进显示产品部，成为独立的全球业务。

康宁早期介入，迅速成为平板显示器玻璃基板的主导企业，它的领导地位至今没有被撼动过。2005 年，康宁显示器业务的利润高达 11 亿美元（收入 17 亿美元），利润率达 65%；2009 年第二季度，康宁收入 14 亿美元，其中显示产品部为 6.73 亿美元，把康宁从全球金融危机造成的衰退中拽了回来[①]。

3.2.2.3 第一个 TFT-LCD 的大批量用户：国际化的笔记本电脑工业

笔记本电脑是大尺寸液晶显示面板的第一项“杀手”应用，是推动大批量生产的 TFT-LCD 工业崛起的需求力量。笔记本电脑（也被称为便携式电脑、手提式电脑等）的概念是 GRID 系统公司（Grid Systems，1988 年 3 月被 Tandy 公司收购）于 1986 年首先应用在一款使用了夏普液晶显示屏的产品上的。早在 1979 年，GRID 系统公司的威廉·莫格里奇（William Moggridge）就设计了 Compass 计算机（见图 3-3）。该公司于 1982 年 4 月 14 日推出这款重 9.5 磅的笔记本电脑，定价 8 150 美元。这是第一台真正意义上的笔记本电脑，然而它在被推向市场时因不能运行 MS-DOS 操作系统而夭折。

图 3-3 Grid Systems 的 Compass 笔记本电脑

当 TFT 开始生产时，笔记本电脑的市场还很小，大多数人选择在桌面电

① 冯禹丁．康宁的经济危机攻略．商务周刊，2009（16）.

脑上工作。当时的笔记本电脑用户没有其他选择，他们只能在路上使用反应迟钝的装有 STN 显示屏的机器。IBM 于 1991 年推出的笔记本电脑 P75 基于英特尔的 80486 芯片，定价 18 000 美元，同时提供两种屏幕选择——彩色 TFT-LCD 或者是黑白等离子屏幕。但 20 磅重的 P75 在重量和价格上都苦苦挣扎，连 IBM 的副总裁三井信雄（Nobi Mii）都拒绝拎着它，他解释说“在路上，我只带手机，笔记本实在太重”（Murtha et al.，2001：116）。即使主动矩阵的彩色平板显示更为可行，设计者和评论者也并不必然把 TFT-LCD 等同于“高质量的笔记本电脑屏幕”，夏普的设计者就认为 STN 技术的进步足够保持在笔记本电脑市场的领先地位。很多人质疑 TFT-LCD 的额外功能特点导致了比 STN 更高的价格，当时野村研究所（Nomura Research Institute）经过分析后认为：“对比度和均匀性的大幅改进可以为彩色 STN 液晶显示开辟一个新市场。消费者如果在 100 美元的被动显示和 1 000 美元的主动显示间选择，会选择哪个?”（Murtha et al.，2001：116）苹果公司就选择了星电生产的黑白 TFT-LCD 液晶显示屏（主动显示）来制造 Powerbook（见图 3－4）。

改变了这种局面的划时代产品是 IBM 700C（见图 3－5）。1992 年 9 月 3 日，IBM 完成了个人电脑事业部的重组，宣布成立独立运营的 IBM 个人电脑公司（PCC），以减少决策层级，消除营销、制造和研发等部门之间的交流困难，并向最有成本优势的供应商采购元件。这次重组使 IBM 个人电脑公司成为像苹果、康柏等一样灵活的企业，但苹果和康柏却都没有像 IBM 那样与 TFT-LCD 厂商有如此密切的兄弟关系——通过 IBM 与东芝的合资企业 DTI，IBM 个人电脑公司能保证得到最先进显示屏的供货。重组两个月以后，IBM 个人电脑公司落成了笔记本电脑生产线，推出了 Thinkpad 系列的第一个型号 700C。700C 一经推出就立即获得关注，不仅是因为它的计算功能（其计算能力是建立在英特尔 80486 处理器和 120MB 的硬盘驱动器基础上的），还因为它作为工业设计是一个奇迹：它是第一款使用彩色 TFT-LCD 显示屏的笔记本电脑，使用了 DTI 的 10.4 英寸彩色 TFT-LCD 液晶显示屏，是各种可用屏幕中尺寸最大、亮度最高的，这使得 700C 的使用者成为他们周围同事艳羡的对象。此外，这款产品还加入了一个小红点（trackpoint），嵌入全尺寸键盘上来执行鼠标功能。

图 3-4　苹果公司的 Powerbook 笔记本电脑

图 3-5　IBM 公司的 700C 笔记本电脑

IBM 公司的 Thinkpad 700C 定价为 4 350 美元，而这个产品的竞争对手——东芝 T4400SXC 同样也采用 486 处理器，但显示屏为 9.5 英寸的，以 3 999 美元替代原来的 5 499 美元，这种竞争使那些采用 386 处理器的笔记本电脑价格急剧下跌，价格战和产量大战都开始了。1992 年，IBM 个人电脑公司收到了 10 万台以上的订单，这使 TFT-LCD 找到了应用的机会，预期每年有 70% 以上的增长，而 10.4 英寸显示屏也成为主导设计。

1993 年早期，微软发布了 Windows 3.1 操作系统，支持 256 种显示色彩，这加剧了对彩色显示器的需求，特别是使用微软操作系统的 IBM 电脑。IBM

把在笔记本电脑市场上的巨大成功转化为对平板液晶显示器的购买力，促使夏普、DTI、NEC、星电、富士通等公司纷纷调整投资计划，增加建设新的 TFT-LCD 生产线。

到 1994 年，全球笔记本销量达到了 7 800 万台，其中大多数还是没有采用彩色 TFT-LCD 液晶显示器的。当时的分析预测，到 1995 年，笔记本电脑会有 30%的增长，如果都装上 TFT-LCD，面板的需求缺口仍然很大。1994 年的 TFT-LCD 面板仍然非常短缺，订购一台已经成为时髦产品的笔记本电脑往往需要 3 个月的时间。IBM 和东芝的高管每天早晨都会问 DTI："今天我们能拿到多少面板?"（Murtha et al.，2001：119）短缺使得扩张产能成为必要。1994 年 7 月，IBM 和东芝宣布向 DTI 投资 4 亿美元建新生产线，建成后能使 DTI 的产能翻番。夏普也在 1994 年 5 月和 6 月开建两条 2 代线，日立则在同年 12 月开建。所有这些新生产线都安装了应用材料公司的 CVD 系统。

早在夏普和 DTI 的 2 代线设备还在安装时，它们就已经开始和应用材料公司讨论 3 代线的设备了。3 代线需要 550mm×650mm 的玻璃基板，能生产 6 片以上的 12.1 英寸的显示材料。夏普认为，如果它能抢先进入更大尺寸液晶面板的市场，与新发布的 Windows 95 操作系统相匹配，夏普 11.2 英寸大小的屏幕就能更持久地被市场所接受。笔记本电脑的市场竞争以及软件、互联网应用的需求变化，推动产品开发以前所未有的速度发展，笔记本电脑制造商则以屏幕尺寸和图像质量作为产品差异化的主要手段。IBM 是第一个探求产品特征与用户偏好的笔记本电脑供应商，用户喜欢 IBM Thinkpad 的重要一点就是喜欢它的屏幕，他们对显示屏的亮度、图像质量和尺寸大小都很敏感。但这给工业决策者们带来挑战：显示屏似乎越大越好，便携性也在一定限度内起作用，但到底尺寸应该多大（一种理论认为，允许用户在飞机经济舱座位上也能打开笔记本电脑的尺寸是屏幕大小的极限）、响应速度应该多快呢？什么样的特征和价值能标志着液晶屏的世代转换？这些问题关系到什么样的厂商能存活下来（Murtha et al.，2001：123）。

应用材料公司的市场营销和研发人员再一次被推到解决问题的前沿：下一代的设备究竟应该适用多大的玻璃基板？12.1 英寸的显示屏看上去特别有前

途，因为它提供了和14英寸CRT显像管同样的可视范围。日立的设计者也投入大量时间考虑对用户最有吸引力的显示屏的大小和价格，他们决定跳过3代线直接做4代线，就相当于当初跳过了1代线一样。日立认为，14英寸液晶屏可能会成为笔记本电脑的主导设计，而可视范围等于20英寸CRT显示器的18.1英寸液晶屏会成为桌面显示器的主导设计。日立的设计者想利用他们的新“超级TFT-LCD”技术提供的宽视角——那是桌面显示器用户所需的。

笔记本电脑市场是拉动TFT-LCD工业起飞的第一个大众消费市场。笔记本电脑对于TFT-LCD技术发展的重要性在于，即使是电子手表、计算器以及微型电视的市场需求，也不足以保证创新者能够把对液晶显示技术的研发坚持到电视时代，而再次拯救了TFT-LCD技术发展的需求条件又是一种与电视不直接相关的产品——笔记本电脑。

国际化的笔记本电脑工业为TFT-LCD打开了市场，为该工业提供了产品开发和技术能力进步的平台，同时也使TFT-LCD工业具有全球化的性质。在那个关键阶段，不但全球排名前四的笔记本电脑厂商（东芝、IBM、戴尔和康柏）有3个位于美国，而且大部分为推动电脑产品变化而提供系统和解决方案的组织——包括英特尔、微软、美国国防先进研究项目局（DARPA）——都来自美国。TFT-LCD工业本身有两个现象推动了这个产业的全球依赖性：一是企业需要持续进入应用平板显示技术的快速演进的产品终端市场，二是企业需要参与到平板显示技术的知识积累和变革的快速步伐中（Murtha et al.，2001：4）。

3.2.2.4 无效的产业政策：美国另辟工业路径企图的失败

20世纪80年代后期，当美国在全国范围内开始讨论高清电视（HDTV）的时候，美国在显示制造技术上的落后引起了政治层面的关注。1990年，全球90%的TFT-LCD液晶显示器是在日本生产的，到1994年，这一比例上升到了94%，而美国只占了不到3%。美国政府官员和重要的工业领袖都认为，日本企业在高清电视和平板显示上的领导地位最终会威胁到美国的先进电子产业（Borrus and Hart，1992；Hart et al.，2000）。老布什的共和党政府不会推动某个具体的产业发展，但还是在民主党控制的国会的促进下为先进显示技术研究提供了基金，大部分是通过DARPA的高清系统项目。从1988年开始，这个项目每年获得5 000万至6 000万美元的发展基金。从1989年开始，DARPA开始为平板显示发展提供基金，作为支持高清电视项目的一部分。国防部的官员争论说，平板显示之于武器系统的重要性就如同半导体芯片和微处理器。最明显的应用是在飞机的驾驶员座舱、潜水艇、船舶、坦克等地方替代笨重而又寿命较短的CRT显示器；未来的步兵团可以装备头盔显示器和可穿戴计算机，以便为指挥中心提供敌人方位的信息源；士兵们可以携带坚固的笔记本电脑上战场，这种军用笔记本电脑可以显示重要的工事、目标和武器状态信息，提供与司令部、控制中心的联系。

到90年代早期，尽管美国成功地对日本平板显示厂商实行了反倾销诉讼并提高了TFT-LCD的关税，但美国的平板显示工业没有表现出任何要追赶日本竞争者的迹象。1993年2月，美国经济顾问委员会主席Laura D' Andrea Tyson和国家经济委员会主席Robert Rubin在一次会议上提出，在当前形势下，政府应该进行干预以帮助特定产业发展，而平板显示产业是一个很好的需要干预的例子。1993年7月20日，美国显示协会（USDC）成立，其主要使命是支持平板显示工业在美国的发展。在最初的6年里，该组织包括了那些至少有50%美国所有权的平板显示厂商、用户、设备和材料供应商，但是缺乏大批量制造厂商使显示协会“建立世界一流的美国制造能力”的使命很难完成。而那时，日本已经有大批量生产的第1代线在运行了，而且已经在设计第2代线了。

也是在1993年的7月，DARPA成立了平板显示制造商联合会，目的在于通过建立共同的生产平台和开发下一代生产设备来建立本国的平板显示工业。但成员企业关于优先发展哪种技术的讨论遇到了困难，因为美国的小型显示厂商有不同的技术战略，最终只是在为各类显示开发必要的制造技术方面达成了有限的共识。尽管在美国显示协会的资金支持下很多重要的新技术得以开发出来，但是没有几个公司的产品在平板显示的材料和设备市场有国际竞争力。一些渗透到日本和韩国市场的美国主要企业并没有选择加入美国显示协会的项目中：最引人瞩目的是康宁玻璃，作为美国最重要的平板制造厂商的IBM也没有参与。这就意味着没有一家美国显示协会的成员能通过与大批量生产者的合作获益。

1994 年 4 月 26 日，克林顿政府宣布成立国家平板显示倡议组织（NFP-DI），目标在于为美国军方及早提供有保证的、可行的、最先进的平板显示产品和技术，TFT-LCD、EL、FED、等离子以及其他的平板显示技术都得到了支持。但是，平板显示技术的持续创新需要企业在全球大批量消费市场上竞争。政策设计者认为，由政府主导的产业战略应该可以降低美国企业对大批量生产风险的担心，然后这些企业会自己采取行动。但 1994 年 11 月，民主党在美国国会两院选举中意外失败，引发了一系列复杂的事件，严重阻碍了 4 月份克林顿政府宣布的平板产业促进计划。促进平板显示产业的发展本来受到两党的支持，但其中一个重要的基金来源——技术再投资项目（TRP）——却被共和党视为民主党政府获得政治利益的来源而遭到封杀。TRP 本来对外国参与者开放，它的停止使产业政策的开放度从 1994 年以后降低。当美国政府试图促进平板显示产业实现大跨越时，日本的国际化厂商、材料和设备供应商已经在大批量生产上取得了实质性的进步，但当时美国企业却要求通过贸易保护和政府平板产业促进计划来确保全球市场份额。加入政府的产业促进项目使美国平板显示厂商转向与缺少大批量生产经验的设备商共同开发，而不是在国际市场上选择最好的设备与合作者。

美国和韩国在美国显示协会的框架内的合作建议早在 1994 年就出现了，当时美国显示协会拒绝了 LG 和三星成为会员的要求。LG 液晶市场部经理说："我们已经与美国企业合作研究好多年了，问题是找到一个愿意生产的美国企业。但它们不能自己做决策，在行动前总是等待政府支持。"一些美国官员积极鼓励美国企业和韩国企业合作，但仍然关心政治灵活性问题，因为国会没有授权。1996 年 10 月，韩国电子显示产业研究会（EDIEAK）和美国显示协会以谅解备忘录的形式合作，有 26 家成员企业和 DARPA 官员访问韩国。根据备忘录，双方预想能为美国设备和材料供应商与韩国制造商之间的合作提供基金，但双方在与非成员企业合作提供基金等方面陷入复杂的谈判中，具体项目的执行非常缓慢。同时，产业的迅速演进又增加了额外的难题。1994—1997 年，当为第一个合作项目提供基金时，三星和 LG 都已经成功地建立了第 2 代和第3代生产线。现代集团也成功地建立2代线。后进者本身就面临着激烈的价格竞争，韩国企业都不愿意在大批量生产线的关键阶段，冒着潜在损失的风险来使用新的、未被证明过的设备。令一些美国参与者吃惊的是，韩国电子显示产业研究会并没有权力要求或说服韩国企业去使用美国合作方的设备。1998年，亚洲金融危机使得生产线投资减缓，这个项目被置之一边。到此时，美国企业的平板显示项目大都处于停滞的境地。

很多美国企业把自己与日本企业的差距看作财务和市场结构的差距，把大批量生产集中于日本的根源解释为日本在上世纪80年代末的资本成本低以及拥有本土的设备和材料供应商，却看不到知识和经验上的差距。这些美国企业自信美国在生产技术上的领先，它们指望国内的半导体设备制造商能提供设备和材料，以克服在生产制造上的落后；指望政府和风险投资家能为国内的厂商提供资金；也指望像国防、航空电子设备、医疗成像等细分市场来吸收它们的产出。这些美国企业通过建设小批量生产的生产线来服务于高端市场，指望由此产生的技术基础和现金流可以使它们最终自动地跨越到大批量生产上。这些美国企业的生产线比日本企业的生产线使用了更高比例的本国设备，很多设备都是制造商第一次冒险应用，从来没有在低世代线中使用过，也很难整合提高到适合商业化的良率水平。

到20世纪90年代中期，风险投资家和美国政府都没有能力提供15亿美元以上的资金，无法使任何一家新企业参与大批量生产。政府官员想支持美国厂商，但被国内政治所限制，国际贸易法也不支持在制造上的集中投入。关税及贸易总协定（GATT）禁止政府对进行国际贸易的产品进行补贴，但允许政府支持研发，所以美国政府在研发上支持“下一代”设备制造商，以及研发下一代新平板显示技术的企业。但是，细分市场吸收不了那种能促进生产技术进步，降低成本的大批量生产的产品。1999年，美国显示协会终于允许外资企业成为会员，但那个时候已经没什么可选择的了。1998年9月18日，OIS（Optical Imaging Systems）公司宣布停产。1999年3月，美国TFT-LCD厂商dpiX进入60天破产阶段，寻求买家；5月17日，欧洲企业联盟，包括飞利浦、西门子和汤姆逊电子，以及Planar Systems公司、Varian Man Systems公司，宣布收购 dpiX 公司 80%的股份，施乐持有另外 20%的股份，美国最后一家大尺寸 TFT-LCD 厂商得以维持。军方订单并不能够使上述两家 TFT-LCD 厂商维持业务正常运行，特别是考虑到国防部已经开始比较亚洲厂商的定价成本。Planar Systems——世界领先的 EL 显示厂商，成为美国本土唯一的 TFT-LCD 厂商。2000 年 1 月，Planar Systems 的高层通知国防部：企业准备停产，直到采购价格能够弥补成本为止。当时，国防部已经为每块面板支付了 12 000 美元的费用，而 Planar Systems 宣称每块的价格在 43 000 美元。9 月，经过几个月的讨价还价未果，企业宣布放弃该项业务。而其实早在 1992 年，IBM 就表达了把 DTI 的技术许可发给 AT&T 和施乐公司的意愿，但 DARPA 不愿意相信一个位于日本的企业，因此不愿投资这个项目。AT&T 对政府基金中隐含的政治非常沮丧而放弃了 DARPA 项目，最后和一家愿意转让平板显示技术到美国生产的日本企业合作。

美国采取的战略是独创自己的路径，但企图在已经出现的产业主流之外另辟蹊径恰恰是美国失败的原因。当日本的厂商、材料和设备供应商已经在大批量生产上取得了实质性的进步时，美国企业却要求通过贸易保护和政府平板产业促进计划来确保全球市场份额，结果能力在亚洲得到增长，但在美国却没有同步增长。由于使用政府资金的限制条件，参与产业促进项目的美国平板显示厂商不是在国际市场上选择最好的设备商和合作者，而美国的设备厂商也缺少与大批量平板显示厂商（集中在东亚）的正式关系。于是，在美国建立一个势均力敌的平板显示集群的努力，割断了美国企业与创造出这个产业的供应商、客户、互补资产和知识流的联系，专注于军用显示的小批量生产阻止了美国厂商利用国际化网络中流动的缄默知识。只有拒绝接受政府资助的 IBM 公司、应用材料公司和康宁公司，通过主动与日本企业合作，才成为这个产业中的主要玩家。美国纳税人和平板显示产业的一些企业家为 20 世纪 90 年代的失败政策付出了沉重的代价。

3.2.3 TFT-LCD 工业的成长动力：能力、远见和投资战略

美国建立本土平板显示工业的失败并不意味着日本领先者的地位不可挑

战，更不意味着后进入者不会成功。事实上，从进入产业化竞争阶段开始，进入 TFT-LCD 工业领域的浪潮就此起彼伏，成为推动产业发展的重要力量。在后进入者中，失败比比皆是，但成功者仍然出现，甚至出现了颠覆领先者地位的挑战者——最成功的是韩国的三星和 LG。随着韩国企业在 90 年代中期和中国台湾企业在 90 年代末期的进入，TFT-LCD 工业发展成为一个东亚工业。

特别值得指出的是，韩国企业凶猛的投资战略改变了游戏规则，使液晶显示技术进步的规律在进入 TFT-LCD 产业化时代后发生了明显变化。以韩国企业超越日本企业为转折点（上世纪 90 年代末），TFT-LCD 工业明显分为两个阶段。在早期阶段，能否找到应用领域是液晶显示技术进步得以持续的关键，所以研发战略（研发方向和应用领域选择）是技术进步的关键；但在随后的产业化竞争阶段，在产品性能改进（如显示屏尺寸扩大）和成本降低需要大规模投资的条件下，对产品性能改进和成本降低必然创造新需求的信念成为投资决心的关键，所以投资战略成为技术进步的关键。投资强度是如此的巨大，只有决策者对市场前景的远见和信念——而不是眼前的收入——才能证明这种投资的合理性。

3.2.3.1 第一次进入浪潮："液晶周期"的创造者

要理解产业化竞争中的失败者为什么失败、成功者为什么成功，就必须把企业的战略与 TFT-LCD 工业的动力结合起来考察，而这种动力体现在"液晶周期"（the Crystal Cycle）上——一个自 TFT-LCD 工业诞生起就在业界流行的概念（Mathews，2005）。"液晶周期"的表现是：一批产业化的先驱企业开拓了液晶显示产品的应用，创造出对液晶显示的市场需求；在产品为市场接受后，一时的供不应求引发现有企业进行新的投资，并出现一批新进入者；新投资带来的产能迅速扩大导致生产过剩、价格下降，造成产业衰退；但价格下降却导致需求扩大——液晶产品的成本下降导致其应用范围的不断扩大，于是再次出现产能不足，又引发新一轮投资和新企业的进入……如此循环往复。这种周期性所反映的实质是工业创新与市场需求之间的动态互动关系。虽然研发液晶显示器的最初动机和想象力来源是开发平板电视，但早期的 TFT-LCD 显示器面世后，并没有立即在电视领域获得什么应用，而是被局限在 CRT 不能满足需求的市场（笔记本电脑）。而每一次周期都与液晶显示器尺寸的扩大和成本下降（液晶生产线的世代更换）密切相关。

由此就引入了企业决策者主观因素——战略——的作用。如果仅仅依据现有的市场需求进行投资决策，那么这个工业前进的步伐只能是缓慢的。不是现有的市场需求，而是对市场前景的判断和信念，成为通过大规模投资获得 TFT-LCD 工业技术进步的动力。正是技术进步和市场的不确定性及对市场前景判断的主观性，使企业家式的冒险精神和企业战略在 TFT-LCD 工业的发展中发挥了巨大的作用。

Mathews（2005）认为，进入该工业领域与周期密切相关（见图 3－6、图 3－7）。他指出，成功的后进入者都是在“液晶周期”的衰退阶段进入的。“以进入这个工业领域为目标的企业会利用第一次衰退期获得技术和技术能力——如韩国三星和 LG 公司在 1993—1994 年的第一次衰退期做的那样。它们雇用了那些过剩的日本工程师，在日本设立研发中心，以利用衰退期资源和知识的流

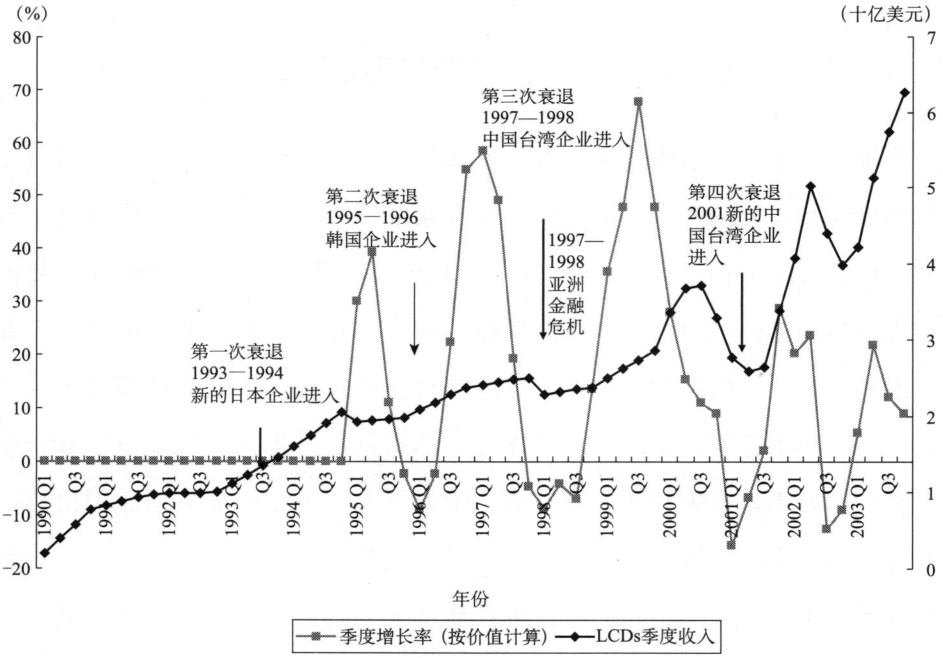

图 3－6　液晶周期（1990—2003 年）

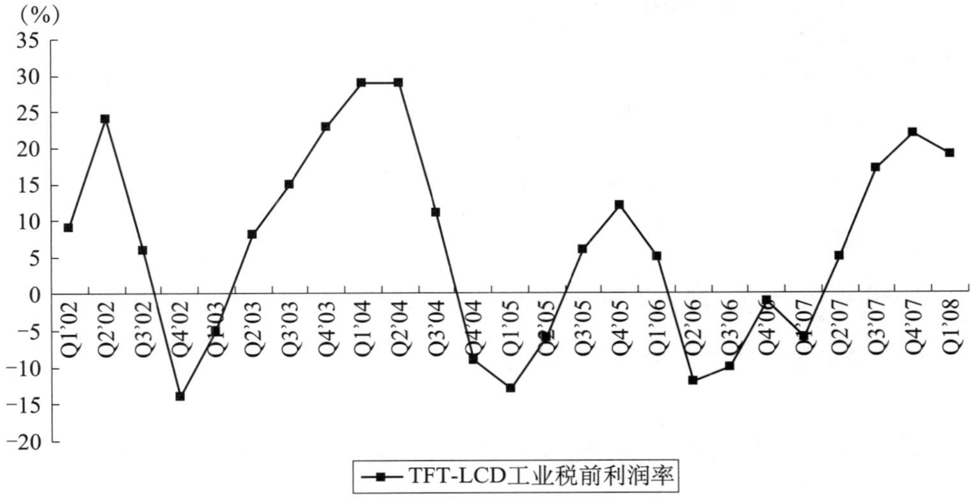

图 3-7 液晶周期（2002—2008 年）

注：由于数据来源和所用指标的不同，采用了 2 张图。图 3-6 转引自 Mathews（2005）的图，在每一次液晶衰退期都有一批新的企业进入该工业领域，进行反周期投资，从而获得竞争优势。图 3-7 的数据来源为 DisplaySearch，图中展示出 2002—2008 年 TFT-LCD 工业税前利润率的波动。两组不同的数据都展示出该工业领域很强的周期性的特点。

转。然后，它们等待下一次衰退期，于 1995—1996 年进行大规模的投资。相应地，中国台湾企业在第二次衰退中建立了自己的能力。在 1997—1998 年的第三次衰退中，当日本企业减少投资时，中国台湾企业增加投资，获得技术转让。在 2001 年的第四次衰退中，新的中国台湾进入者通过投资于各种基础的 TFT-LCD 技术获得成功。”这样的战略只对新进入者有用，因为衰退给它们带来了增加投资的“机会窗口”，但是在位者不能这样做（Mathews，2005：22）。

TFT-LCD 作为一个工业门类的发展开端是在 1991 年。当时的产业创新者，即一批日本企业——夏普、NEC、IBM 日本与东芝的合资公司 DTI——第一次开始进行液晶面板的批量生产，开创了 TFT-LCD 工业的技术轨道；它们是毫无争议的领先者，其竞争的动力在于能否使批量生产达到满足商业化产出要求的程度，以及能否为液晶显示找到新的应用。笔记本电脑的显示屏是 TFT-LCD 的第一项关键应用，这个应用市场的出现拯救了那些在此前 20 年间对 TFT-LCD 的技术研发倾注了巨大心血的企业。为满足新应用需求的大规模投资造成了供过于求，使这个新工业部门在 1993—1994 年经历第一次衰退。衰退所释放出来的技术资源为新的日本企业的进入创造了空间条件——像松下、日立和星电就是在这个时期进入的，它们可以利用由应用材料公司提供的新的“2代线”生产设备获得额外的生产收益——更高的良率和更大的显示屏，获得某种意义上的后进者优势。所有这些参与者都享受到1994—1995年产业上升期带来的利润。

到90年代中期，两批日本企业的进入使日本成为TFT-LCD工业的主导者，其全球市场的份额高达95%以上。

3.2.3.2 第二次进入浪潮：改变了游戏规则的韩国企业

在1995—1996年液晶产业的第二次衰退期里，韩国企业进入了TFT-LCD工业领域。韩国企业在后来的岁月里复制了它们在半导体存储器（DRAM）工业领域的成功。在此10年之前，当韩国企业决定投资半导体存储芯片时，日本企业正主宰着新兴的半导体市场（连发明了DRAM的美国英特尔公司当时都招架不住日本的竞争，不得不退出这个领域而转向CPU）。但韩国企业进入后，在不得不忍受多年亏损的条件下坚持不懈，硬是把日本企业挤下了世界第一的宝座。当韩国企业在决定进入半导体存储器工业领域的10年之后又决定进入TFT-LCD工业领域时，这又是一个由日本企业主宰的世界市场；但韩国人却从日本人的成功上又一次看到了即将腾飞的工业，他们把它称作继半导体芯片之后韩国电子工业继续发展的第二顿饕餮大餐（Kim，1997：144）。就像是历史的诅咒，凶猛的韩国企业在TFT-LCD工业领域花了不到10年的时间，就再次把日本企业挤下了世界第一的宝座。

韩国企业早在上世纪80年代就已经开始了对平板显示技术的研发。三星电子的子公司三星显示设备公司（Samsung Display Devices，SDD）在1984年就设立了TFT-LCD研究小组，随后从美国OIS公司获得技术许可。SDD投资TFT技术的标准更多是出于战略而不是近期利润的考虑。给三星增加动力的是其发现日本人正在开发液晶显示器；经过分析，其还发现TFT-LCD与半导体存储器的技术结构非常接近。1991年，三星电子在其半导体事业部内设立了一个特殊事业部，专攻 TFT-LCD。三星管理层希望 TFT 业务能够为周期性很强的 DRAM 业务提供多元化发展的机会，同时能确保各种电子产品获得最先进技术的显示元器件的稳定供货。同时，与日本竞争的民族自豪感也起到了作用——三星管理层认为，日本产业观察家并不认为韩国企业是 TFT-LCD 制造领域的挑战者，没有把三星当回事。这反而激起了三星的斗志。但 TFT 事业部在三星电子内部是个丑小鸭，多年亏损，一直受到其他部门歧视。即使这样，三星集团仍然坚持投资。

LG 电子则是从 1987 年就开始了对液晶显示器的研发，到 1989 年展示了其第一项可用的成果。1990 年，LG 成立了专门的研发中心，有大约 250 名员工在试产线上工作，每年生产 12 000 片的“10.4”和“12.1”SVGA 液晶面板。当开始考虑进行 TFT-LCD 的大批量生产时，虽然未来需求的不确定性阻碍了基于严格财务分析的决策，但 LG 管理层更相信液晶显示带来的便携式会极大地影响多媒体产品的市场渗透率，而 LG 本身又是一个始终坚持做多媒体产品的企业。同时，LG 也希望能减少对日本核心元件的依赖——专用电机和芯片的短缺就曾经影响 LG 的录像机生产。为了保证未来液晶显示器的供应，管理层认为 5 年的亏损期是可以接受的（Linden et al.，1998：18）。

1988 年，现代集团也开始了研发，成立了 LCD 事业部。1990 年，现代电子从日本 Oprex 公司引进了 TN-LCD 技术，同时还派遣工程师到 Oprex 接受 LCD 的生产和设计培训，并从日本进口了一整套生产线。凭借国际培训和公司内部研发奠定的能力基础，现代电子在几个月内开发出自己的 TN-LCD 产品，并在 1993 年开发出了 STN-LCD。以半导体技术为基础，现代电子决定开发 TFT-LCD，并向日美企业寻求技术帮助，但遭到拒绝。1992 年，现代电子开始和美国的一家名叫 Alphasil 的 TFT-LCD 小公司及其创始人霍尔姆贝格合作。这家小企业之前的资助公司是霍尼韦尔（Honeywell），但霍尼韦尔最终放弃了对它的资助。而现代电子的管理层对霍尔姆贝格用极低成本建立试产线印象深刻。现代电子总裁郑梦宪派出一支工程师团队去加利福尼亚和霍尔姆贝格一起工作。这一项目成为现代电子的 1 代线，生产航空和军用的专用显示器。1992 年，现代电子成立了由霍尔姆贝格负责的合资企业 ImageQuest 技术公司，投资 1 600 多万美元开发 10.4 英寸 TFT-LCD。现代电子通过 ImageQuest 学习到大量的 TFT-LCD 技术。但是，管理层意识到，大多数生产线上的美国设备仅适用于研发，但不一定适用于大批量生产。1997 年 11 月，ImageQuest 关闭。现代电子的发言人称，“其已经完成了商业使命”（Kim，1997：16 - 18；Murtha et al.，2004：169 - 170）。

由于需要冒大规模投资的风险，所以进入 TFT-LCD 工业领域不仅需要能够开发出产品原型，还需要掌握量产的工艺能力。20 世纪 90 年代初，韩国企业是通过在试产线中应用最先进的生产设备作为学习平台来开发和培养 TFT-LCD 量产能力的。虽然它们在半导体（特别是 DRAM）制造技术方面的能力有助于掌握制造流程前段，但它们发现自己在制造流程中段的液晶灌注工艺方面还远不如日本企业那样成熟，于是就想方设法学习日本。当时，日本对技术把持很严，于是韩国企业就采取利用“星期日工程师”和在日本设立研发机构的方式学习技术。三星在第一次液晶衰退期间就在日本开设了一个研发机构，以招揽失业的日本工程师。韩国企业通过这种积极的“自主创新”的努力，积累了进入这个工业领域的能力。1991 年，三星建成了一条 300mm×300mm 的试产线；第二年又研发了在 300mm×400mm 的玻璃基板上一次生产 2 片 10.4 英寸的液晶显示器的技术。

三星于 1993 年开建了第一条大批量生产线（370mm×470mm，玻璃基板的 2 代线），1995 年 2 月建成投产。1993 年，LG 的第一条大批量生产线（2 代线）在龟尾（Kumi）动工，1995 年 8 月建成投产（月产 10 000 片，到 1996 年底产能扩展到每月 40 000 片）。1993 年后期，现代电子的 2 代线破土动工。现代集团由于投资朝鲜金刚山旅游项目，使建线延误了一年多，它的第一条量产线（2 代线）到 1996 年第四季度才投产。这个延误是致命的，它使现代集团的液晶业务刚开始进入量产阶段就遭遇了亚洲金融危机，使现代集团再也没有能够赶上三星和 LG 的步伐。

与美国另辟蹊径的做法不同，韩国企业采取的是加入主流进行赶超的战略，通过参与技术合作、结成战略联盟以及签订长期合同等形式与外国企业合作。1995 年，三星和另一个后进者——日本的富士通签订了交叉许可协议。富士通提供宽视角技术交换三星的高孔径比率（high-aperture-ratio）技术。三星虽然在很大程度上依赖国外设备制造商，但也利用自身能力满足投入需要。在 1996 年下半年，三星与美国玻璃巨头康宁公司合资生产熔融玻璃。三星航空公司（后改名为三星 Techwin）投资光刻机设备。三星显示设备公司制造彩膜，而三星电子提供驱动电路（Linden et al.，1998：15－17）。

LG 采取进取型的技术战略，比三星采取了更开放的战略联盟。1994 年，LG 投资 3 000 万美元，和日本的元件企业阿尔卑斯电气株式会社（Alps Electric）合资开发超清洁制造工艺。LG 第一次在 3 代线上应用了这一技术。LG 还有其他的一些合作开发项目，包括持有美国的一家测试设备厂商 Photon Dynamics 的股份。Photon Dynamics 在开发和制造过程中测试单个 TFT-LCD 像素的检测设备方面处于领先地位。这一合作项目对于 LG 实现产品零缺陷的目标至关重要，帮助 LG 获得了价值 10 亿美元的合同——为康柏连续 5 年提供 12.1 英寸及更大尺寸的屏幕，尽管这个时候 LG 还只有 1 年的大批量生产经验。TFT-LCD 的生产帮助 LG 改善了在下游市场的位置。1996 年 5 月，LG 和美国的数字设备公司（DEC）建立了战略联盟。LG 为 DEC 提供 11.3 英寸和 12.1 英寸的平板显示器。另外，LG 还在 1997 年 8 月为 DEC 设计了超薄液晶显示器，取代了之前和 DEC 交易的日本西铁城手表公司。

自从韩国企业进入 TFT-LCD 工业领域后，“反周期投资”就成为伴随韩国企业行为的概念。与衰退期削减投资的惯常行为不同，在 1995—1996 年液晶产业的第二次衰退期里，刚刚进入的韩国企业继续投资建设新的生产线——典型的进取性反周期投资。1996 年 10 月，三星建成了 3 代线；LG 则于 1997 年 11 月建成了 3.5 代线，并推出全球第一片 14.1 英寸 XGA[①] 等级的笔记本电脑用面板；现代集团也于 1997 年第四季度建成 3 代线。它们都使用了最新的 3 代线设备。1997 年 3 月，现代动土建 3 代线，能切 6 片 12.1 英寸的显示屏。尽管

① XGA（extended graphics array）——扩展图形阵列，是一种计算机显示模式。显示模式指计算机显示器的性能，特别指最大色彩数以及最大的图像分辨率。在现在的个人电脑系统中，可找到多种显示模式，例如 VGA、SVGA、XGA、SXGA、UXGA 等。目前市场流行的主流笔记本电脑显示分辨率采用的是 XGA（1024×768）标准。

是一个后来者，但现代在1996年底获得了东芝的信任：东芝与其签订了每月购买1万片12.1英寸显示屏的合同。东芝还向现代转让自己的设计，而之前现代曾获得东芝的技术许可。现代最初在韩国的几家TFT-LCD厂商中采取了最全球化的战略，但是ImageQuest的经验以及在使用美国生产的半导体设备过程中遇到的困难，使得现代转向了亚洲设备供应商。由于相信美国的设备只适用于小批量生产，现代没有把ImageQuest的工艺经验应用于韩国的大批量生产。结果，当该企业再度求助于日本的设备和专家时，该企业在把产出提高到有竞争力的水平的过程中，比其他企业晚了一步。

1997年亚洲金融危机爆发之后，全球液晶市场也陷入不景气，日本厂商虽然几乎完全垄断了液晶显示王国，但大多面临亏损的窘况。在这种情况下，三星电子和LG却再一次采取了反周期的投资战略，果断地在LCD领域投入数十亿美元，建设大尺寸液晶面板生产线，积聚了惊人的爆发力。继LG于1997年11月率先建成3.5代线之后，三星也于1998年第四季度切入3.5代线（600mm×720mm玻璃基板）的量产。当时的LG受到了来自韩国政府的压力，要求将其TFT-LCD部门出售给现代集团，正如韩国政府要求起亚将汽车部门出售给现代集团一样。然而LG却坚持独立，其Gumi LCD 2号工厂于1998年开始大规模生产。韩国工业至此领先于当时只有3代线的日本企业，开始掌握开创新世代玻璃基板规格的能力。

韩国企业从开始量产到盈利的时间很长。三星的液晶业务从1990年到1997年连续亏损了7年，在1991—1994年期间平均每年亏损1亿美元；但凭借韩元贬值和生产规模扩大，到1997年年末实现了“咸鱼翻身”，一举扭亏为盈。1998年，三星的出货量更是跃上世界第一。LG的液晶业务从1987年到1994年，平均每年有5 300万美元的亏损，持续了8年。

1999年是韩国企业的转折点：5月，LG和荷兰飞利浦宣布，后者以16亿美元的投资换取LG液晶业务的50%的股份；新组建的LG飞利浦公司（LG. Philips LCD）于9月正式运营。此前，飞利浦也曾涉足TFT-LCD领域，但始终不能在量产上取得突破，于是选择与LG结成战略联盟。如此，则不但使LG因此获得投资，而且也使飞利浦成为合资企业在韩国设立的工厂的大客户。7月，苹果电脑公司向三星投资1亿美元，以加速其液晶生产设施的建设。10月，三星接获戴尔价值85亿美元的TFT-LCD大订单的合同。11月，现代集团与3家笔记本制造商——IBM、康柏和Gateway——签订了5年80亿美元的供货合同。1999年，三星在全球平板显示器市场的份额达到18.8%，名列第一；LG达到16.2%，名列第二。这两家韩国企业的市场占有率分别超过了原来的龙头老大——日本夏普。

当2001年全世界TFT企业都在亏损时，LG咬牙投资建设世界上第一条5代线（1 000mm×1 200mm玻璃基板），当年8月装机，并于2002年5月建成投产。这条线使LG的TFT-LCD市场份额在2002年10月第一次超过三星。三星于2001年底发现自己的5代线计划已落后于对手，于是加快步伐，一口气连建两条5代线，但直到2003年12月才再次小幅超过LG。当LG于2004年建成6代线之后，气势更胜一筹的三星则跳过6代线，于2005年和2006年连续建成两条7代线，均为当时的世界第一。只有现代集团落伍了，它受财务危机的拖累，已经没有力气再建5代线，最后不得不决定出售液晶业务。

在价格下跌、生产过剩、其他企业削减投资而且谁都不知道何时有转机的时候，企业增加投资是需要有特殊勇气和胆魄的，必须具有对衰退期必然紧随着增长期的信念。韩国企业在第3代技术上作为夏普、DTI和日立的紧密跟随者，通过日本的周末兼职科学家的“汉城高速”建立能力。韩国企业的扩张也受益于国际化的产业链，不但主要的材料和设备供应商包括一些美国企业，即使是日本的设备和材料厂商也是“积极和贪婪”的——当日本企业停止投资的时候，它们急于把自己的产品卖给更多的客户。设备和材料包含了新建产线所必备的大量关键知识。通过机器人化以及“交钥匙工程”，许多人的因素被基本消除了。这种国际化的性质有助于后进者超过领先者。

韩国企业的进入和凶猛扩张改变了TFT-LCD工业的游戏规则，它们不顾短期赢利状况而采取进取性投资战略，而支撑这种行为的是对市场前景的远见和信念。从由眼前盈亏所左右的财务逻辑来看，韩国企业的行为的确令人费解。2001年10月底，在日本横滨举行的国际光电大展期间的一个研讨会上，某日本知名大企业的一位高管以泰坦尼克号为例，质疑韩国企业准备投资5代线的决策（讽刺韩国人以为越大越好）。

但事后看，率先建设 5 代线正是韩国超过日本的分水岭。一个具有讽刺意味的事实是：推动 TFT-LCD 跃入电视应用阶段的主角不是作为产业化先行者的日本企业，而是后进的韩国企业——在桌面电脑上替代 CRT 并批量应用于电视的 TFT-LCD 液晶面板是由 5 代线首先生产的，而率先建成 5 代线的企业恰恰是韩国的三星和 LG（2002 年）。那时，不仅日本企业不相信韩国企业能够为其 5 代线找到足够大的市场，甚至业内都认为 5 代线已经达到了液晶工业的物理极限。只是在两个韩国企业凭借 5 代线使 TFT-LCD 进入桌面电脑和电视时代并因此而获得了巨大的竞争优势之后，日本夏普才改变了保守态度，跳过 5 代线去直接建 6 代线。因此，夏普向大尺寸 TFT-LCD 进军的动力其实是来自韩国企业的竞争压力和榜样作用。当 LG 和夏普同于 2004 年建成 6 代线后，三星又于 2005 年建成 7 代线。此后，夏普于 2006 年率先建成 8 代线，这是日本企业自 2000 年之后的第一次领先。目前，夏普正凭着在建的 10 代线保持着领先地位。新进入者驱动竞争的动态性体现在，它们进入更大尺寸的面板生产领域，使得相关技术能应用于更新的领域（包括大尺寸笔记本屏幕以及桌面监视器，其中桌面监视器属于首次应用）。由韩国新进入者驱动的新应用对扩展市场产生了巨大的影响。

工业史证明了韩国企业改变游戏规则行为的合理性。当 TFT-LCD 工业开始成熟后，它就展现出与半导体工业类似的基本特点——新产品的开发同时也是新工艺的开发，为新产品开发所需要的试验只有在与生产地点相同和完全真实的运行条件下进行才是有效的。因此，TFT-LCD 工业的技术进步和产品创新都离不开对新的生产设施的投资（例如，更大尺寸的显示屏只能由更高世代的生产线生产出来）。由于产品创新要求新的生产设施，所以投资成为这个工业部门的技术进步、产品创新和市场竞争的关键因素，而且也使这种投资的强度高、规模大，并因此而导致了高风险。正是在这种条件下，投资战略——而不是抽象的技术水平——成为任何企业在 TFT-LCD 工业中获得成功的关键要素。

同样的变化也发生在需求方面——准确地说，是技术进步与市场需求之间的关系：不再是 TFT-LCD 技术本身，而是 TFT-LCD 工业的技术进步在创造需求。由于竞争所推动的技术进步和工业创新，TFT-LCD 最终不但进入了电视时代，更是超越了电视本身——其应用范围包括电脑、电视、手机、数码照相机和摄像机、移动多媒体、公共显示屏。即使是电视本身，TFT-LCD 技术也使电视的显示屏幕面积大大超越了原来无法想象的尺寸。更一般地说，液晶平板显示器使所有需要显示的产品都变成可移动的了。在这个信息时代，平板显示无处不在。不再是现有需求限制技术进步，而是技术进步决定需求的范围。投资强度是如此的巨大，只有决策者对市场前景的远见和信念——而不是眼前的收入——才能证明这种投资的合理性。

3.2.3.3 第三次进入浪潮：被日本开闸放进来的中国台湾企业

第三次出现的液晶景气局面被外部因素——亚洲金融危机所打破。从 1997 年第四季度起，液晶面板价格节节下跌，甚至低于制造成本，至 1998 年初跌到谷底。财务负担加重的日本企业似乎失去了勇气，认为产业风险过大，于是缩减投资，除了夏普、日立和鸟取三洋继续对 3.5 代线和 4 代线投资之外，其他日本企业的投资都处于搁浅状态。但这一轮衰退却引来了新的行动者——中国台湾企业。

那个时候，已经有若干台湾企业在为进入 TFT-LCD 工业领域做出努力了，台湾当局主导的工业技术研究院（ITRI）也在为构建大尺寸 TFT-LCD 的技术基础而努力。总体上讲，具有半导体工业基础的台湾工业已经具备了足够的“吸收能力”，只是在高进入壁垒的条件下，台湾企业因缺乏机会以及获得最新技术的途径而仍然处于门槛之外。

本来日本企业一直拒绝向台湾企业转让技术，但处于金融危机和液晶衰退期的日本企业感到难以继续像以往那样处心积虑地保护 TFT-LCD 制造技术。国际货币基金组织在亚洲金融危机期间对韩国的援救让韩元大幅贬值，提高了韩国企业的竞争力——韩国大规模生产的 TFT-LCD 价格降低，产品进入台湾市场（台湾拥有一个庞大的电子终端产品代工工业），致使日本企业在台湾的市场份额急剧下跌（同一时期，韩国制造的 DRAM 也进入了台湾市场）。这种形势迫使包括三菱、东芝、IBM 日本、夏普和松下在内的日本企业都不得不开始本地化生产，转移技术给台湾本地合作伙伴。1998 年，日本 TFT-LCD 厂商面对来势凶猛的韩国竞争者，刻意高调地把技术转让给台湾企业作为反击。日本 TFT-LCD 厂商这样做，一方面是因为可以收取可观的技术转让费，另一方面也由于自身在巨大投资背后的亏损，如果在台湾设立 TFT-LCD 生产线，可以弥补自身在产能上的不足。

三菱集团的成员 ADI，由于缺乏资金，率先选择与台湾中华映管（CPT）合作，援建其 3 代线，为其培养了很多操作工和工程师。ADI 一行动，其他企业纷纷跟进。那一年，6 家台湾企业相继获得日方的技术许可而进入大尺寸 TFT-LCD 制造领域，是年被称为“台湾 TFT-LCD 产业元年”（见表 3－1）。

表 3－1　　台湾第一批获得日本技术许可的 TFT-LCD 厂商

公司	台湾中华映管（CPT）	达基科技（ADT）	奇美电子（CMO）	联友光电（Unipac）	瀚宇彩晶（HannStar）	广辉电子（QDI）
成立时间	1971/05	1996/08	1998/05	1990/11	1998/06	1999/07
获得技术转让时间	1998/03	1998/03		1998/10	1998/08 2003/01	1999/05
量产时间	1999/05	1999/07	1999/08	1999/10	2002/02	2001/Q4
母公司	大同集团	明基电通	奇美集团	联华电子	华新丽华 华邦电子	广达集团
技术来源	三菱 ADI	IBM 日本	富士通*	松下	东芝、日立	夏普

* 富士通只转让了 MVA 技术给奇美电子。MVA 为 multi-domain vertical alignment 的缩写，意为多象限垂直配向技术，是富士通开发的技术，是最早出现的广视角液晶面板技术。

资料来源：根据 Chang（2005）和陈泳丞（2004）编制。

台湾中华映管成立于 1971 年，早在 1973 年就与美国 RCA 公司合作开始涉足黑白电视机显像管的生产。它于 1998 年 3 月从三菱电机旗下的 ADI 获得技术转移，引进第三代 TFT 面板生产线，1999 年 5 月正式量产大尺寸面板。它是台湾第一家获得日本大尺寸 TFT 技术的公司。当台湾厂商纷纷争抢日本大尺寸 TFT 量产技术却始终得不到日商的善意回应时，台湾中华映管顺利取得三菱的首肯——同意大尺寸 TFT 量产技术的转让，使得日本的技术转移呈现“决堤”之势。

第二个获得日本技术转让的是达基科技。达基是由 13 个年轻工程师组成的研发小组从母公司明基电通（当时的明基电通还隶属于宏碁集团）独立出来的，成立于 1996 年 8 月，曾于 1996 年 11 月制成台湾第一片 3 英寸的等离子面板。当时担任明基总经理的李焜耀感觉到，虽然等离子的未来市场潜力很大，但等离子面板主要应用于大尺寸电视的市场，起步较慢，反而在个人电脑领域，桌面监视器的需求较大。以明基生产电脑监视器多年的经验来说，庞大的显像管始终是监视器体积无法变小的主要原因，一个办公桌上只要放上一台 CRT 监视器，桌面上几乎就仅能放个键盘了。加上当监视器主流尺寸从过去的 14、15 英寸改为 17、19 英寸时，其重量达到一个人几乎搬不动的地步。因此，无论从商机还是从使用需求的角度考虑，发展平板显示技术都是市场的必然趋势（陈泳丞，2004：93）。90 年代中期，达基曾跟日本东芝、夏普都接触过，想转移技术未果。达基于 1998 年 3 月中旬和 IBM 日本签订技术合作协议，在新竹科学园区建设一条 3.5 代线；但 IBM 日本自己只有一条 3 代线，所以双方签约时明确达基新建的 3.5 代线属于共同开发，而非单方面的技术输出。1999 年 4 月，3.5 代线建成，同年 7 月量产。达基于 1999 年 8 月完全依靠自己的能力开工建设第二条生产线（4 代线），其成为继夏普和 LG 飞利浦之后建成的全球第三条 4 代线。

联友光电隶属台湾半导体企业联华电子集团，是台湾 TFT-LCD 工业的先驱，1990 年 11 月成立，曾于 1992 年 5 月开工建设第一条 TFT-LCD 生产线（1 代线），1993 年 4 月试制成功台湾第一片 4 英寸 TFT 彩色模组，并于 1994 年量产。当时的 TFT-LCD 还属于高级产品，数码相机还没有出现，所以联友生产的 4 英寸 TFT 面板主要外销日本，主要使用在弹子游戏机[①]上。但由于生产良率与成本竞争力比不上日本厂商，联友自 1995 年至 1999 年连续 5 年亏损。1998 年，松下有意向联友转让大尺寸 TFT 技术，合作开发 3.5 代线。面对这

① 在日本称为柏青哥机，是非常流行的赌博性质的游戏机。

一机遇，尽管当时存在小股东的质疑（因为联友成立了七八年，也亏损了七八年），但联友高管仍决定接受技术转让，进入大尺寸面板生产阶段。

2001年，大尺寸TFT-LCD价格狂跌。三星和LG飞利浦试图以“流血竞争”迫使日本和中国台湾厂商出局。达基和联友也不得不跟进降价，亏损严重。联友的母公司联华电子越来越无法承受亏损，于是联友主动向当时台湾实力最强的达基抛出橄榄枝。2001年3月13日，达基科技与联友光电宣布合并，成立友达光电（AUO），合并企业一跃成为当时台湾第一大、全球第三大的TFT-LCD厂商。这个事件当时震撼了台湾业界。完成合并后的友达却面临着液晶衰退期，面板价格每月下降5～10美元。到2001年第四季度，友达库存的面板成品、半成品与原材料库存已高达几亿美元。当时情况非常紧张，但友达仍相当积极地准备扩产。对于TFT-LCD工业来说，不扩充等于宣布自己准备退出市场。面对艰难的环境，友达仍决定咬紧牙关完成因合并而耽搁的4代线建设，这是台湾的第一条4代线。开建后不久，“9·11”事件发生，液晶面板价格跌到谷底。但1个月后，由于液晶价格几乎跌破可变成本（面板卖出越多，亏损越多），刺激了下游市场的需求，整个市场迅速回温，友达的大量库存短时间内得以消化。2001年，友达税后亏损达67亿元新台币；但到2002年，盈利达60亿元新台币。而从2002年第二季度开始，面板价格又开始下跌；到第四季度时，几乎所有的台湾面板厂商都在亏损（陈泳丞，2004：117）。

瀚宇彩晶是由台湾华新丽华集团和华邦电子共同集资，于1998年6月成立的，接受了日本东芝与日立的技术转移，采用AS-IPS广视角面板专利制造技术，一次开建了两条3代线，力攻液晶监视器市场。2004年3月1日，6代线动工。

奇美电子，母公司奇美集团是台湾石化业的巨头（被称为“北台塑，南奇美”）。奇美1997年开始经营彩色滤光片，向日本CMK公司购买的一条旧的小型滤光片生产线属于1代线，经改造后产能为每月35 000片。但奇美投入后才发现在台湾几乎找不到可出货客户，当时仅有联友光电与元太科技两家生产TFT-LCD面板，但采用的滤光片几乎全部从日本进口，奇美很难进入这块市场。奇美的高管几次评估后认为：既然没人买，不如干脆自己用。换句话说，也就是奇美必须直接跨入 TFT-LCD 完整生产线的投资量产阶段。也许就是这个简单的原因，1998 年，奇美集团旗下多了两家光电产业公司，其一是生产彩色滤光片的奇美电子，其二是生产 TFT 液晶面板的奇晶光电。2000 年 5 月，为准备上市，两家公司合并，统一以奇美电子为名，正式走上 TFT-LCD 面板大厂的道路。

2001 年 7 月，友达宣布合并后不到 4 个月内，奇美宣布并购 IBM 日本位于野洲的 3 代线（IBM 日本从此退出了液晶面板工业），并与对方合资成立 IDT（International Display Technology）公司。野洲的这条 3 代线月产能为 75 000片玻璃基板，相当于瀚宇彩晶两条 3 代线的产能。该厂是日本元老级的技术大厂，当年转移 TFT 量产技术给达基公司。通过成立合资公司，奇美获得了专利使用权和原有的客户群，成为台湾工业中唯一不必支付技术转移费用、自备彩色滤光片、产业上下游垂直整合最完整的厂商。同年，奇美在台湾开始建设一条 4 代线。2002 年 8 月 26 日，奇美上市。2003 年第 4 季度底，奇美成为全球大尺寸（20 英寸以上）液晶电视面板第二大供应商，仅次于日本夏普。2005 年，奇美的日本子公司 IDT 的液晶面板生产部门被索尼收购。

元太科技于 1992 年 6 月成立，是台湾除了联友之外历史最悠久的 TFT 面板厂商。元太的主要股东是永丰余造纸集团。当年，永丰余老板何寿川有鉴于平面显示器将取代纸张的趋势的考虑，大举跨入 TFT-LCD 产业。1995 年，元太开建 TFT-LCD 的 2 代线。在当年不可能从日本获得技术转移的情况下，元太结合台湾工业技术研究院电子所的技术人才，专营中小尺寸液晶面板，终于在 2003 年扭亏为盈。元太出了很多后来隶属于大 TFT-LCD 公司技术团队的骨干人才。元太当初进入 TFT-LCD 产业时，不像台湾中华映管、达基等采用日本转移量产技术的方式，而是由美国留学回来的技术人才将技术及技术诀窍带回来。

第三次衰退中的台湾新进入企业把 TFT-LCD 产业带入 1999—2000 年的短暂的上升期，产业中所有的企业都从中获利。而第四次衰退为新进入者创造了更多的空间，广辉、群创和统宝等一批企业在这一期间进入。

广辉电子是其母公司广达集团（全球最大的笔记本电脑代工企业）与日本夏普合资成立的。1999 年 5 月，广辉和日本夏普签订技术转移合同，以大约 150 亿元新台币投资建设 3.5 代线，2000 年 11 月完工。这是台湾第四条 3.5 代线。2000 年，广达集团打败东芝，成为世界第一大笔记本电脑制造商。但占笔记本电脑制造成本超过三分之一的大尺寸 TFT 面板，自 1999 年初以来，因为供不应求情况严重，价格一路高涨，若广达不能自主生产，将面临很多限制。因此，广达决定亲自投入 TFT-LCD 产业并积极寻找战略联盟的对象。日本厂商历经几轮液晶的衰退期，包括东芝、NEC、日立、松下、三洋等在内的 TFT-LCD 厂商为寻求发展，几乎都在两种途径间选择：一种是找台湾的合作对象；另一种是放缓大尺寸 TFT-LCD 的扩产速度，转向中小尺寸的手机或数码相机等的面板发展。其中，只有夏普坚信液晶电视是值得投资的市场，仍积极筹划建更大尺寸的 6 代线。广辉有意寻求技术转移，与夏普的需求不谋而合。一方面，夏普可以获得可观的技术转让费；另一方面，广辉的产能扩大能满足夏普的发展战略需要。广辉也因此成为台湾唯一一家有技术来源入股的 TFT-LCD 公司（陈泳丞，2004：160）。

群创光电成立于 2003 年 1 月 14 日，母公司为台湾鸿海精密工业股份有限公司（富士康集团的母公司）。鸿海精密是全球销量最大的电子器件合同制造商。

统宝光电的母公司是仁宝电脑集团，主攻低温多晶硅的 TFT 面板生产。低温多晶硅有结构简化、亮度较高等优点，更适合中小尺寸市场。统宝光电的技术班底是台湾工业技术研究院电子所原副所长为首的技术团队。2001 年 2 月，统宝光电 3.5 代低温多晶硅 TFT 厂动土仪式正式启动。统宝光电与日本三洋合作，双方共同开发相关量产技术。

在第四次衰退中，以三星为代表的韩国企业仍然参与了反周期投资，建立 5 代线与台湾竞争者相抗衡。而新的 5 代线引发了该产业新一轮的繁荣，从 2003 年到 2004 年是这个产业的黄金期。

台湾 TFT-LCD 工业的崛起是具有一些条件的，其中之一是台湾的半导体工业基础。半导体工业的工厂经验对于提高液晶产业的制造能力非常有用，在半导体工业中积累的诀窍对于 TFT-LCD 工业也是适用的，不断升级的半导体制造知识——从代工（OEM）到原始设备设计和制造（ODM）再到电子产品制造服务（EMS）——同样有助于掌握 TFT-LCD 制造技术。事实上，早期台湾 TFT-LCD 工业所需的人才就是来自半导体工业，特别是 2001 年半导体工业的衰退使得一群有才干的人从半导体工业领域流动到 TFT-LCD 工业领域。

台湾当局也起到重要作用。台湾的工业技术研究院从 1993 年开始制定培育平板显示产业的四年计划，从 1997 年开始制定培育平板显示产业的六年计划，促进了该产业的高速发展。实际上，这些措施的作用从金融资源角度看都是很小的，在鼓励该产业发展方面所起的作用和在半导体产业中所起的作用差不多。从美国回到台湾的人员在半导体产业中发挥了很大的作用，但是不可能在 TFT 产业中发挥作用，因为美国也没有拥有这方面技术经验的工程师。同时，从工业技术研究院分流出去的工程师对台湾 TFT-LCD 工业的高速发展发挥了很大的作用。这种人员分流（spin-off）项目是非常重要的，奇美的建立就源于一位工业技术研究院人员的努力。统宝光电也是从一家公办研究所分离出来的。2002 年，台湾行政当局提出了面向 2008 年挑战的发展重点计划，这是为了应对世界经济变化特别是大陆经济高速发展而提升台湾经济竞争力的措施。台湾经济主管部门在此基础上制定了产业发展的“两兆双星”计划。“两兆”是指半导体和平板显示产业在 2006 年之前分别超过 1 兆（万亿）元新台币（显示器产值达 1.3 万亿元新台币，约合 403 亿美元）。“双星”是指要把数字内容（包括软件、媒体、出版物、音乐、影像和网络服务等）和生物技术发展成为未来的明星产业。

目前，台湾 TFT-LCD 工业呈现集中化趋势。2006 年，友达通过并购“台湾面板五虎”之一的广辉，一度在规模上直逼韩国的三星、LG。2009 年 10 月 5 日，群创合并统宝光电。同年 11 月 14 日，鸿海集团创始人郭台铭、奇美创始人许文龙联合宣布，鸿海系群创以 2.05∶1 的换股方式合并奇美电子。合并后，群创为存续公司，但将更名为“奇美电子”。2010 年 3 月 18 日，群创、奇美与统宝三者合并后的新奇美电子正式成立，它将超越友达成为全球第三大面板厂。新奇美同时订下目标，要在 2010 年第三季度超越韩国 LG，成为全球第二大面板厂。

3.2.3.4 2008—2009 年的全球金融危机——中国大规模进入的契机

2008 年下半年，全球金融危机再次重创 TFT-LCD 工业，使其提前中断了从 2007 年年中开始的景气而陷入衰退。但这个工业的历史告诉我们，新的衰退期往往给后进者提供了新的机会（见图 3－8）。当韩国和中国台湾追随日本相继进入这个工业领域之后，近年来除日韩及中国台湾企业之外唯一进入了大批量 TFT-LCD 生产阶段的企业——尽管还很边缘——是中国大陆企业。下一个会是中国大陆吗？

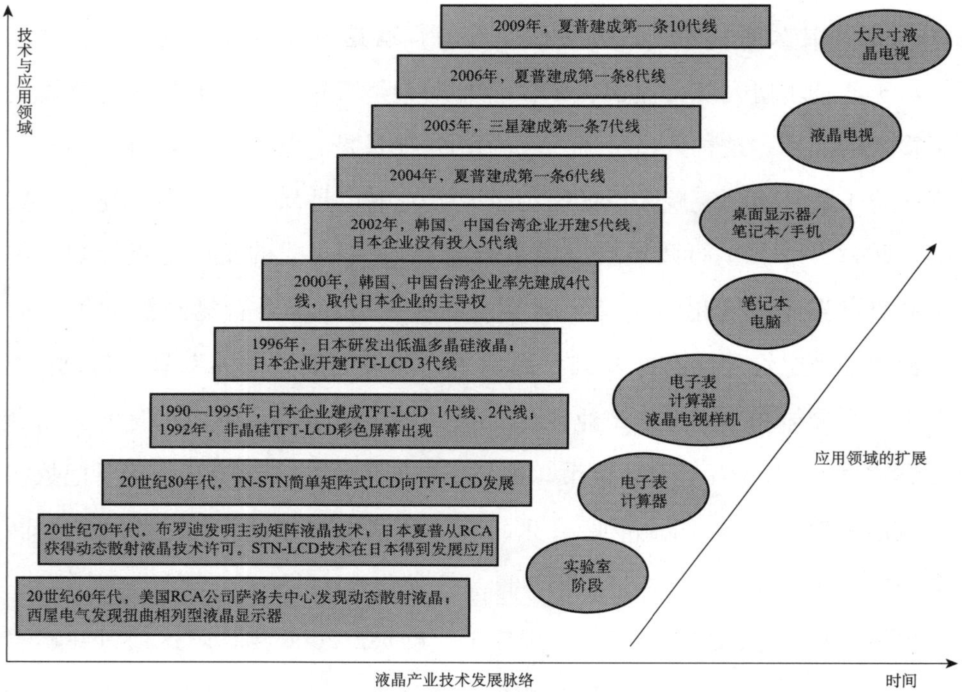

图 3－8 液晶产业技术发展脉络

当全球金融危机爆发时，韩国双雄——三星和 LG——占据着世界第一和第二厂商的位置，它们也使韩国在 TFT-LCD 的大批量生产上居于世界首位。在金融危机来临后，它们也不得不放慢了脚步——三星和 LG 的 8 代线建设相继停工。

日本在大批量生产上已经退居韩国和中国台湾之后。虽然日本企业仍然在产业链上游占据着重要地位——该产业重要的设备和材料供应商大部分来自日本，但日本的 TFT-LCD 大批量生产厂商大多已经停止了扩张。第一个建立量产线的 NEC 在 2004 年 2 月宣布退出液晶行业，索尼则选择了与三星合资建线。只有夏普仍然保持着进取心，不断地与韩国企业在生产线世代的转换上展开竞争：它绕开 8 代线，于 2007 年 11 月开建世界上第一条 10 代线（2 880mm×3 130mm 玻璃基板）。但由于金融危机导致的液晶衰退，夏普在 2008 财年（到 2009 年 3 月末截止）出现了自 1956 年在东京证交所挂牌交易以来的首次亏损（亏损额约 13 亿美元）。

中国台湾的 TFT-LCD 工业尽管规模很大（仅次于韩国），但全球金融危机却暴露了其致命的弱点——台湾生产的液晶面板不像日本和韩国那样拥有来自本土下游产业（拥有诸如计算机和电视机这样的品牌终端产品）的庞大需求，必须仰赖日韩的采购。在全球需求不振的情况下，2008 年 8 月，索尼、三星、LG 等日韩企业取消了此前对台湾面板的订单，改为自己供货。这种在危机下的“正常”反应导致台湾液晶面板企业开工率最低曾降至四成，几乎濒临“死亡”线。

金融危机爆发后，全球只有一个国家的市场对液晶面板的需求在增长——中国市场。同时，中国大陆已经有几个企业进入了 TFT-LCD 工业领域——京东方、上广电和昆山龙腾光电各拥有一条 5 代线。巨大而且不断增长的市场需求，加上已经有企业进入，似乎使 TFT-LCD 工业在中国大陆的崛起到了蓄势待发的阶段。那么，中国大陆能够发展起 TFT-LCD 工业吗？

3.3　比勇气更重要的是“惶恐”：京东方的液晶历程

作为 TFT-LCD 工业中的后进者，中国大陆能够发展起来 TFT-LCD 工业吗？首先简要看一下中国大陆这个工业到全球金融危机爆发前夜的发展情况。

中国大陆发展 TFT-LCD 工业的第一次努力是吉林彩晶项目（该项目由吉

林电子集团、中国科学院长春光学精密机械与物理研究所和其他几家公司联合投资举办)。1998年9月,这个项目从日本DTI(东芝和IBM的合资企业)引进了一条第1代TFT-LCD生产线(DTI建于1991年的旧线)(高鸿锦,2000),并于1999年10月在长春建成试产。但项目建成后一直没能克服良率不高的瓶颈,而且这条线只生产用途不多的16.1英寸和10.4英寸两个边缘产品,很难打开国内市场,导致这个项目没有真正进入量产阶段①。

2002年4月,上广电与日本NEC签订液晶项目合作意向书,投资近100亿元从NEC引进一条5代线。2003年12月28日,双方合资的上广电NEC在上海正式挂牌成立,其中上广电占75%的股份,NEC占25%,然后由合资公司向NEC购买相关的生产专利和技术,并支付技术使用费。2004年10月8日,中国大陆第一条5代TFT-LCD生产线在上广电投产。

2003年1月,北京市的电子企业京东方以3.8亿美元的价格收购了韩国现代电子的液晶业务(包括2.5代、3代和3.5代三条生产线),当年9月又在北京亦庄经济技术开发区开始建设一条5代线,它于2005年5月实现量产(本节将详细介绍京东方的经历)。

中国大陆第三条5代TFT-LCD生产线由昆山龙腾光电于2006年6月建成投产。昆山经济技术开发区管委会是昆山龙腾光电的大股东之一,以开发区的土地、基建及后期配套、优惠政策等要素入股,占51%的股份;台湾宝成集团以及台湾中强(瑔宇)等也是大股东;其余少量股份由前日本IDTech总经理桥本孝久、前奇美电子TFT一厂厂长王国和等人所组成的技术顾问公司NVTech以技术投资的形式持有②。昆山龙腾光电在技术上和管理上依靠由台湾工程师组成的团队。

截止到2008年,中国大陆进入TFT-LCD工业领域的主要企业是上广电、昆山龙腾光电和京东方,它们到那时各拥有一条5代线。但中国大陆这个初生

① 中国彩电企业高端彩电必输.(2004-06-23). http://news.chinabyte.com/103/1823603.shtml.

② 郑迪.龙腾液晶五代线投产 京东方上广电应对.21世纪经济报道,2006-06-27.

的工业当时境况并不好（外部原因是金融危机造成的市场衰退）。2009 年春天，上广电因资不抵债而被托管重组，而它的 5 代 TFT-LCD 生产线是主要的亏损源（2008 年亏损 18 亿元[①]），所以在重组过程中被出售给了中航技集团[②]。京东方和昆山龙腾光电在 2008 年也遭受了亏损。此外，由于到此时这些中国企业所拥有的 5 代线的产品并不适用于电视机，所以中国大陆彩电工业需求殷切的液晶屏仍然全部依靠进口。

如果在这个时点上看中国大陆发展 TFT-LCD 工业的前景，相信多数人只能是悲观的。但是到了 2009 年，京东方出乎各方意料地开始大举扩张，它连续上马 6 代线和 8 代线的行动触发了一场“液晶热”——境外主要 TFT-LCD 企业一夜之间改变对中国大陆技术封锁的态度，纷纷要在中国大陆建设高世代线。

于是，中国大陆能否发展起来 TFT-LCD 工业的问题就变成了一个更具体的问题：京东方能成功吗？为回答这个问题，本节提供京东方的深度案例分析。

值得注意的是，虽然京东方在北京建成的 5 代线稍晚于上广电的 5 代线出现，但它通过收购韩国企业而进入 TFT-LCD 工业领域的时间不但比上广电更早，而且进入这个工业领域的决定更是早在 1998 年就独立做出的。这个事实本身提醒我们应该注意京东方的与众不同之处：第一，京东方是在中国的政府和工业界“觉醒”之前就（决定）进入 TFT-LCD 工业领域的中国企业；第二，京东方是该工业领域唯一掌握主要知识产权的中国大陆企业；第三，京东方是目前该工业领域唯一具有技术能力（产品开发能力、工艺能力和建设生产线能力）的中国大陆企业。

---

① 周玲．上广电重组路线图初定：剥离五代线换血保壳．（2009－04－10）．http：//tech.sina.com.cn/it/2009－04－10/07282989618.shtml.

② 2009 年 11 月，上广电 5 代线由中国航空技术深圳有限公司（简称中航技集团）收购。收购后，中航技集团成立上海中航光电子有限公司，由后者出面委托上海天马负责 5 代线的经营管理。已经拥有一条 4.5 代线的上海天马是深圳天马（专攻小尺寸液晶面板）的全资子公司，而深圳天马由中航技集团控股，现在上海国资已入股。

因此，回答京东方是否可能成功的问题，就要从京东方为什么会进入TFT-LCD工业领域的问题说起。如果能够理解为什么京东方会进入TFT-LCD工业领域，它是怎样进入TFT-LCD工业领域的，它为什么具有自主建设生产线的能力，以及它在目前扩张过程中遇到什么瓶颈等这些问题，我们就会理解中国大陆发展TFT-LCD工业的希望与障碍何在。

3.3.1 在毁灭中重生：向竞争性企业转变

京东方的液晶战略起源于它所经历过的“毁灭”——它不仅经历过大多数国有企业都经历过的市场化毁灭，还经历过技术替代所造成的毁灭。过去的三十年间，国有企业改革是“尸横遍野，血流成河”——不是每个企业都能够走出来，但能够走出来的就有可能成为竞争性企业，即能够以自己的战略和能力在市场上竞争的企业。京东方就是一个从毁灭中崛起的竞争性企业——一个被市场化和技术替代的双重毁灭所锻造出来的企业。

3.3.1.1 技术替代危机

京东方的前身是电子部所属的北京电子管厂，即774厂，是中国“一五”计划时期由苏联援建的156个重点项目之一。新中国成立后的前30年间，北京电子管厂曾经是中国最大、最强的电子元器件厂（60年代是亚洲最大的电子管厂），是中国电子工业和国防工业的骨干企业。

但进入改革开放后的80年代，这个“万人大厂”的根基却迅速崩塌了——直接的原因是半导体技术对电子管技术的替代。当时从国外引进的新兴消费电子产品——电视机、收录机、录像机等——几乎全部采用半导体技术，国内原来使用电子管的电子工业开始引进外国生产线来生产消费电子产品。另外，北京电子管厂的主要传统客户——军方订货因军费削减而迅速减少到几乎微不足道的地步。两股力量的共同作用使电子管市场迅速萎缩。

1985年，北京电子管厂被从电子部下放到北京市，更多的包袱要靠自己背了。与计划经济下的国有大厂一样，北京电子管厂是一个“大而全”的工厂。第一，工厂的生产链条很长，不但生产产品（电子管），而且生产为产品所用的材料、零部件甚至部分设备等（用现代语言叫高度“一体化”），以分厂为单位的产品领域就包括半导体、小电子管（二极管和三极管）、大电子管（用于广播发射机、雷达等领域）、电子玻璃、模具、动力（氯气、氢气等）、零部件加工等，还有规模很大的物资处。第二，企业办社会——学校、幼儿园、食堂、房产处、维修公司等一应俱全，还有 8 000 多名退休职工。随着产品市场的萎缩，北京电子管厂从 1986 年到 1992 年连续七年亏损，而且越来越恶化，从无钱投资到无钱发工资、无钱报销医药费，从举债补亏到举债发工资、无债可举，直至陷入破产边缘。

从技术上讲，一个本来如此重要的骨干企业却陷入如此惨痛的技术替代危机，这个结果与计划体制有关——对企业研发能力的剥夺。即使是在封闭条件下，北京电子管厂实际上也具有一定的研发能力，也一直在研发，中国电子工业的许多技术研发项目都起源于这里，中国电子工业的第一块单晶硅、第一个半导体集成电路和设备项目都是在电子管厂做的，那时做成的集成电路还被职工举着参加了国庆 20 周年的天安门游行，该厂也被称为“中国电子科研生产基地”。但在计划体制的逻辑下，一个项目一旦成熟，就会被上级机关无偿划走，去建立新厂。北京电子管厂曾经援建了 20 多个工厂，在 70 年代左右还被分出去几个车间到贵州、四川、陕西等三线地区建厂。北京电子管厂也是中国工业最早对液晶显示进行研发的单位之一，1981 年就研制成功了 TN 液晶显示屏，在国内小有名气。但工厂却没有资金对生产设施进行投资。到 80 年代末，工厂决定上 STN-LCD 项目，尽管立项报告和可行性报告写得“相当出众”，列举的有利条件“比谁都多”，但还是因为财力不够而得不到立项。直到后来京东方成立后（详细过程见下文），新领导班子再次决定上液晶显示项目，甚至连北京市主管副市长和电子办主任都亲自参与工厂和外商的引进谈判，但还是没有成功。随着设备老化、效益不断下降、骨干流失，北京电子管厂最后被迫关闭了液晶生产线（京东方，2003：221－222）。总而言之，面对计划体制的限制，北京电子管厂几乎所有的新产品研发项目都没有做成。

到 1992 年，这个 14 000 人的大厂的年营业收入才有 8 000 万元，工厂的资产负债率已经达到了 90%，每个月都要借钱发工资。那时的北京电子管厂再也不是让人羡慕的工作单位了。

3.3.1.2 领导班子更替和市场化改革

1992 年 9 月 2 日，北京电子管厂中层以上干部会议上宣布，由时年 35 岁的王东升担任北京东方电子集团总经理和北京电子管厂厂长。后来的历史证明，这次领导班子变动是北京电子管厂向竞争性企业转变的起点。

王东升，男，1957 年生，浙江人，1981 年从杭州电子工业学院（现杭州电子科技大学）毕业后被分配到北京电子管厂财务处工作，1983 年年仅 26 岁时就被提拔为副处长。尽管有点“少年得志”的境遇，王东升还是觉得在这个老国企中工作没有什么意思。两三年后，他想离开，就在手续都已经办好要走的时候，一位老领导到王东升家里找他谈话。那位前辈脚肿着，流着泪讲这个企业的光荣历史，讲这个副军级的企业现在连工资都发不出的“惨状”。王东升被打动，留了下来。1988 年，时年 31 岁的王东升被提拔为北京电子管厂的副厂长，成为领导班子中最年轻的成员。上任后，他花了三个月时间想出一个改革方案，但发现年纪都比他大的其他领导干部并不会接受自己的改革思路，于是又萌生了离开的想法。1992 年，王东升准备辞掉在国企的职务“下海”，但在酝酿新领导班子人选时，老厂长主动退位，厂级领导一致推选王东升接任厂长。同意这个方案的市政府电子办领导也找王东升谈话，希望他接下这个厂子。但王东升仍然不想接这个职务，甚至在新班子成员已经被提前公布后还是不松口。最后说服他的是一句话——当王东升反问一位前来劝他的老同事“我凭什么要留下来”时，那位老同事回了一句：“就凭让我们的师傅不再去菜市场捡白菜帮子!”（当时由于不能够按时发退休工资，医药费不能按时报销，已有老师傅去酒仙桥菜市场捡白菜帮子生活。）就是这句话让王东升的心理防线最后“崩溃”了，他留了下来。

王东升向电子办领导提出了接手的几个条件：第一，企业要无条件接受股份制改造，走市场化道路；第二，从厂长起，带头取消官本位和国企的等级制度（北京电子管厂原是副军级单位），向职业经理人过渡；第三，不能老开会浪费时间，要鼓励领导人经常出国考察，要到国外的一线现场去看先进技术，理解技术的发展，因此必须改变出国审批制度（原来厂级领导一年只能出国一次）；第四，副手自己选定，只有书记和厂长归市里直接管理。这几个条件市里都接受了。

1992 年秋天，电子管厂开始推行有试点的“厂长负责制”，新领导班子统一政令，进行十几年来最大的改革，其主要措施首先是“打破大板块，分灶吃饭”，以划小核算单位的方式把各个部分推向市场，并在这个基础上组建北京东方电子集团。“刀子”也砍向臃肿的厂部机关，原来有 50 多个处级机构和 100 多个处长，其中三分之二的机构都与技术和生产经营无关。改革把从属机关部室从 31 个压缩为 9 个，机关干部从 380 多人减少到 115 人。

当时最紧迫的任务是要在半年内止亏。新班子对产品和业务进行结构调整——没有边际收益和前途的老产品就坚决停掉，还有收益的产品就支持生产，以保证就业。进行这样的调整就不得不削减冗员几千人，于是还得保持“稳定”——帮助分流下来的人员再就业。于是，管理层分成三个团队，分别负责“调整”、“发新”（发展新产品和新业务）和“稳定”三个方面的工作。

第一步迈出后，北京东方电子集团着手实施股份制改造。改制为股份公司需要新的股本金，当时很多银行虽然对京东方的“死马当活马医”的改革很支持，但由于京东方连续七年亏损，只同意把贷款和利息转成股份，却不提供新贷款。由于无法从外部引入资金，走投无路的新领导班子决定动员职工凑钱入股。在全厂动员大会上，新班子首先要求领导干部每人出 5 000 元，中层干部出 2 000 元，剩下的普通员工自愿，每份 500 元入股。毕竟是军工企业，大家还是比较团结，不为发财，只在感情上为救助工厂，表现出了很高的忠诚度与责任感。于是，京东方开了亏损企业进行股份制改造的先河：1993 年 4 月，北京电子管厂以经营性资产出资，2 600 多名干部和员工以募集的现金 650 万元（只够发 3 个月的工资）出资，加上银行的债转股，成立了混合所有制的北京东方电子集团股份有限公司（后改名为京东方科技集团股份有限公司，以下一律称为京东方），王东升任董事长兼总裁。京东方以从职工募集的 650 万元为抵押，又获得了等额的银行贷款——这就是京东方第一笔改革“种子基金”。

股份公司成立后，王东升提出一句耐人寻味的口号：“听党的话，走自己的路！”如果要是较真，从这话里还真能听出点“反动”的味道来。不过，提出此话是针对当时企业中仍然存在的“等、靠、要”情绪，正如王东升在 1994 年的一次讲话中所说：“我们正处于生死存亡的严峻时刻，我们所处的环境是：国家不会也不可能再给我们输血，不要再指望别人救我们，我们生存的唯一希望是靠自己救自己……”（京东方，2008：28）

由于改革涉及重组改造，需要减员下岗，所以其过程困难重重。在那几年，经常有人因工作和待遇等问题到股份公司来上访，甚至发生过静坐示威，公司领导们不得不经常接待上访。但同时，他们又不得不为留住那些更年轻、更有文化的员工而费尽心力。正在谋划发展的王东升有时都不敢到办公室来，躲到别处去办公。在这个过程中，领导班子自然而然地形成两套人马，由党委书记江玉崑率领一些较年长的干部，成立退休办、人才中心，重点帮助解决职工的再就业问题和生活问题（“稳定工程”），包括子女教育、医疗报销、福利、工资、住房等；王东升则带领较年轻的干部解决企业的发展问题。1997 年上市时，原来的领导班子按照京东方集团及其“母体”北京电子管厂的两块牌子分开，同时开始实施一套新的用工制度：凡股份公司成立后进来的新员工一律按“市场化”原则签订劳动聘用合同，取消国企员工身份；凡股份公司成立前进入北京电子管厂的老职工可以自愿选择“市场化”和“逐步市场化”。这种“新人新办法，老人老办法”的模式，一方面吸引了大学生，另一方面稳定了老员工。改革在两者的平衡中前进。

1999 年，京东方集团与“母体”（后来演变成为代理国有股份的京东方投资发展公司）正式按照“账分开、资金渠道分开和管理服务分开”的原则和规范分开经营。从此，京东方成为一个在市场上独立运营的公司，至少在形式上成为一个竞争性企业。但它依然以上缴利润等形式保证“母体”职工的工资、退休金和医疗报销等开支。

曾经负责“母体”稳定工程的江玉崑写道：“今天……再去谈论当初如何

打破企业内部大板块，再去回忆几千员工离开工作了几十年的岗位时的情景，会别有一番感触。当然，这些事已经无关紧要了，人们会慢慢地忘记这些，年轻人也不会对此感兴趣。但是，在京东方发展的历史上有许多功不可没的贡献者，他们是用牺牲做贡献的，牺牲时间和年华，牺牲利益和机会……虽然我们正在设法报答他们，可是有许多牺牲的东西定是不可再来的，不要忘记这些用特殊形式贡献的人，这不仅是报恩，更是因为将来还会有牺牲。”（京东方，2003：190）是的，在这个国家，谁都不应该忘记国有企业改革中的牺牲者。

3.3.1.3 生存战略和管理整顿

当时京东方的“发展”问题实际上是生存问题，所以在实践中形成的战略是生存战略，它包括三个要素：第一是分散经营，这是前述“分灶吃饭、划小核算单位”的结果。最明显的例子是房地产。为利用资源，京东方与新加坡一家公司合资成立了北京东方恒通物业有限公司，把电子管厂的办公楼和部分厂区开发成为“东方花园”，吸引了雀巢、ABB 等著名企业租用公司房产以获得租金收入。公司领导全部搬出楼房到简易房里办公，原有的生产也搬到旧平房里面。

第二是把企业的生产能力转向为 CRT 显像管工业配套。80 年代至 90 年代正是中国彩电市场和彩电工业迅速兴起之时，当时中国的 CRT 工业刚刚起步，盈利状况较好，而且关键零部件如玻杆、电子枪等都需要从日本进口，国产化余地很大。当电子管在市场上被半导体器件全面替代时，唯一与传统电真空技术保持着相当的技术连续性的主要产品就是 CRT 显像管。京东方决定转向为 CRT 显像管工业配套，从零部件做起。这样做可以利用在电子管时代形成的能力基础（包括人才、工艺设备和技能等，都是电子零件的机加工和成型技术），比如电子枪的加工配件、冲压、玻璃成型中部件的机加工、金属成型、玻璃成型、塑料成型等，而且所需投资不多。

第三——也是最重要的——是建合资企业。王东升曾多次出国考察，深感企业要想做到一定高度，就要国际化，而当时“走出去”最好的办法就是与外国企业建立合资企业，学习别人的本领。虽然当时建合资企业有生存的目的——实施企业再造工程、获得新产品、扭亏为盈，但其更长远的目的就是学习和培养人才。

早在1987年，北京电子管厂就与日本企业建立了合资企业——北京松下彩色显像管厂。这个项目是在中国领导人和松下幸之助的交往下确定建立的，中日双方各占50%的股份，但由于中方股份分散在几个主体之间（北京电子管厂占25%），所以实际上是松下控股。

京东方成立后，于1993年11月与日本旭硝子株式会社合资成立北京旭硝子电子玻璃有限公司（后改名为北京北旭电子玻璃有限公司），生产显像管玻杆和低熔点焊料玻璃。该合资企业满产后，玻杆在国内的市场占有率曾经达到62%，在国际市场的占有率曾经达到20%；除向北京松下彩色显像管厂供货外，该合资企业还成为飞利浦、索尼、日立等外国企业和国内上海永新、深圳赛格日立、南京华飞等CRT企业的长期供货商。此后，1995年12月，京东方又与日本端子株式会社合资成立企业，生产端子及其连接器；1996年4月，京东方与日伸工业株式会社合资成立北京日伸电子精密部件有限公司，生产电子枪及其零部件。在这第一阶段合资中，京东方的股比都没有超过50%。

到第二阶段合资时，京东方都处于控股地位。例如与日本茶谷建立了京东方持股75%的北京茶谷公司，生产背光源。1997年，京东方与台湾企业冠捷科技合作，在北京成立东方冠捷电子股份有限公司（京东方占51%的股份），1999年投产后成功盈利，把台式电脑的CRT显示器做到了世界第一。就京东方的生存来说，这些合资企业今天都已经不再重要了，但这个已经逐渐远去的合资阶段使企业职工和劳动组织学到了工业文明所必备的行为习惯，为企业积累了技术人才并锻炼、培养了管理团队。

当时由于自身的条件不好（技术、设备陈旧，缺乏有销路的产品，财务困难，等等），京东方开始寻求合资时是很困难的，招商的唯一“资本”就是厂房。为了吸引合作者，领导班子用了几年的时间对工厂进行管理整顿。所谓“管理整顿”包括现场管理、责任制，以及后来在产品质量、成本和交货期方面的国际化接轨（1997年2月后，引进国际认证体系如ISO9001质量体系认证、ISO14001环境管理体系认证等），但其当时的真正重点其实是在厂区搞公共卫生。这场花了整整两年时间才完成的“公共卫生革命”有三个方面：第一，厂区禁烟。以前厂区是随便抽烟的，但工厂的设备老，有些管道漏气，像氢气这样的气体一碰到明火就燃烧，以前就出过因抽烟引发的这类事故并导致伤亡。所以，禁烟不仅是为了健康，也是为了安全。第二，车间里面禁止饲养动物。现在的人已经很难相信这样的故事：王东升有一次到车间视察时，竟有职工养的鸡“咯咯”地从配电柜后面钻了出来。岂止是鸡，猫狗都有！禁养动物实际上是要改变企业的涣散之风。第三，彻底整顿厂区的公共卫生，重点是厕所、饭厅和马路。厕所卫生不用多说了，清理马路也不是一件易事：厂区里的大马路平常看上去还可以，但深处的小路上却乱七八糟地堆满垃圾，有的堆放了20年！反正围墙高，别人看不到。把这些垃圾清除干净用了整整两年时间。饭厅成为整顿重点是起因于一个故事：为接待在半导体方面与京东方合作的一家美国公司的代表，王东升花了大概两个星期打扫卫生。客人来之前，食堂看上去都干净了，但是有一点没想到——在食堂里边招待客人吃饭时突然冒出一只苍蝇来，那老美看见苍蝇就打，结果苍蝇掉到菜里边了，客人赶紧把那一部分菜拨掉，连说“没关系”，还是继续夹着菜吃。王东升至今对此还耿耿于怀：“当时把我们尴尬的啊……”那老美后来对王东升说：“王总，我知道你刚接任这个厂的厂长。你知道你面对的最大挑战是什么吗？我说是你们整个企业的观念和文化。”王东升回忆说：“他说的实际上是卫生问题，苍蝇的问题就是文化！”

当日伸工业株式会社内部讨论京东方与其建合资企业的提议时，一位管理人员立刻站出来反对说，“我以前去过那个工厂，一进车间，工人像是大爷，里面脏得很，不能和这样的公司合作”。王东升闻讯给对方捎信，说现在的情况已大为改观，欢迎他们随时来访。不久，对方果然未经事先通知就悄悄来厂考察，直到进了厂区京东方总部的人才知道。在参观过程中，来访者表示满意，又要求参观动力分厂的锅炉房——最常见的卫生死角。当来访者中有人用手擦了一下锅炉外壁时，赶来接待的王东升会心一笑说：“你可以用西服来擦锅炉，我保证不会脏。”看着擦过的手依然干净，大家相视而笑（京东方，

2008：31)。后来，双方达成了合资协议。不过，与日伸的合作算是容易的——京东方曾经谈过的日本企业有四五十家，最后谈成的不到十分之一。

王东升痛感要让企业员工接受大工业和产业文明的洗礼。他认为，学习能力决定未来的发展，而训练人是最重要的——这是建合资企业的主要目的。在建合资企业的过程中，京东方派出很多职工到日本企业去“研修”。一些大学生开始觉得自己很了不起，一到日本去以后就感受到差距，不仅是技术的差距，还有文明的差距，时间长了以后又感受到“二等公民”的差距——就是别人其实在心里瞧不起你。但被看成“二等公民”反而激励了自身的责任感与发展动力，每年都去日本看望研修职工的王东升都会勉励他们：必须先学习好别人的，但在学习后必须自己做，要有产业报国的理想，创造自己的事业。

培养人才不只一条路。京东方直到90年代中期还保留着一个液晶事业部，但越来越难以支撑下去。当时的总工程师向王东升提出：工资这么低，房子又没有，现在清华大学要组建液晶工程中心，要我去当总工程师，我想去。王东升生了气，心想：这几年花钱都花在你们这儿，没搞出什么东西，你人又跑了。他晚上回家一边生气一边还在想：怎么办啊？总工程师一走，其他人也都会走。但他突然灵机一动：“反正没钱养住他们，干脆同意他去，用国家的钱养我的人才。不仅同意他去，还给他一个任务，把这些年轻人全都给我带过去；但有一条：我需要的时候，全都得给我回来！”还有一个工程师找到王东升，说他不能在这儿干了，技术这么落后，都不如他父亲那一代的技术，他想回大学去读研究生。已经想明白了的王东升回答：只要你们学成回来，我都送你们去，还可以给点补助。于是，王东升放走了一批年轻人去大学继续深造，学习新型显示、真空微电子、FED等专业。

京东方在生存战略阶段的头5年里，最大的动作就是培养人：一部分送到日本去培训，一部分送到国内大学去读博士、硕士，一部分干脆送到学校跟大学合作。建立和经营合资企业的过程也是培养和锻炼管理团队的过程，今天70%以上的京东方中高层领导干部都是在合资阶段培训和成长起来的。

京东方从1994年开始盈利（800万元），到1997年盈利已达4 000万至5 000万元。经过前两年的准备，京东方于1997年6月10日在深圳证券交易所成功实现B股上市，募集到3.5亿港元。这是京东方第一次有了可以用于投资的钱，企业管理者们非常兴奋，立刻启动了一批新项目。而当初放走的人也开始陆续回归，到2003年后不仅基本全部回归，还带动了其他人跟着他们一起加入京东方。王东升对人才的感悟是："你一定要给人家一个梦，如果你的梦没有别人给他的梦大，他就不回来；我给他们一个更大的梦，他们就回来了。"

2000年12月，京东方在深圳证券交易所增发A股，融资9.7亿元人民币。到此时，京东方已经进入了"小康"阶段，不但小日子过得不错，而且手上有了可以用于投资的钱。但还有一个问题在困扰着京东方的员工们：我们这个企业到底是干什么的？确实说不清楚——办了一堆的合资企业，生产各种各样的产品，还有房地产。

不过，王东升很快就会让全体员工知道自己的企业是干什么的了——一项在生存战略阶段就开始酝酿的进取性战略至此已呼之欲出，一个从计划经济的废墟上走出来的老国企正在摆脱一切束缚，开始按照自己的发展需要确定前进方向。

3.3.2 进取性战略的形成：进入TFT-LCD工业领域的动力

如果仅仅沿着生存战略的方向继续走下去，京东方仍然不可能成为竞争性企业，因为这条道路使企业既不可能确定自己的成长空间，也无法摆脱对外人的技术依赖。不过，京东方的历史事实是：生存战略只是权宜之计，京东方的领导人从来没有把合资的业务当作主营业务。一旦缓过生存这口气，这个企业就开始表现出进取性的冲动——向能够改变技术和市场条件而不是被现有外部力量所左右的方向前进，这是京东方转变为竞争性企业的关键一步。

3.3.2.1 进取性战略：从依附性企业转向竞争性企业

1998年，在企业生存状况彻底好转之时，京东方高层提出了"两个转变"的方针：从主要以投资等手段推动企业成长转变到依靠合营和主营产业相结合推动企业成长，由传统的电子元器件制造企业转变为新型元器件、整机和系统并举的电子信息高科技企业（京东方，2003：135）。第一个“转变”是从以生存为目标的多元化经营向高技术制造业的“转变”——其实是向高技术产业（主营产业）的回归；第二个“转变”则是从传统产业领域向新产业领域的“转变”——进入新型显示器工业领域。

战略转变的决策是领导人做出的，但促成决策的动力来自两个远超越个人特点的因素：**第一，京东方出身军工企业的组织基因顽强地发挥作用。**王东升曾经解释过军工出身给予京东方人的强烈使命感——强调自己干、产业救国、理想主义。即使不怀疑这种情怀，我们仍然可以用“最世俗”的心理来解读这个逻辑：曾经做过“老大”的人不会永远甘于做小跟班的。即使落入平阳，老虎仍然渴望重回崇山峻岭称王；即使搁于浅水，真龙还是想重返大洋去呼风唤雨。在国际合作和合资过程中，“二次创业”的京东方虽然一贯抱着虚心学习的态度，但也产生了由“老师”的态度所带来的心灵“创伤”。在有求于人时产生的“压抑”感，使最有国际经验的领导人也产生了“我们这一代可以受气，但是不能让下一代也受气”的朴素想法。要“不受气”，就必须建立自己的产业平台，培育自己的干部，靠自己干。在转变的关头，京东方内部曾经发生过激烈的争论，甚至有不再做产品而转向房地产的主张（其实，早在1997年上市以前，就有外国基金说做“东方电子”不如做“东方花园”——做房地产利润很大）。京东方高层对此坚决反对，理由是：如果骨干工业企业都去做房地产，那么中国谁去做工业呢？

第二，对技术替代的恐惧和敏感。要理解京东方今天所做的一切，就必须理解电子管厂的没落带给整整一代人的“创伤”——一个曾经令其职工充满特权感的大企业，就那样眼睁睁地随着产品市场萎缩而走向毁灭。用王东升自己的话说：“在经历第一次替代之危的惨痛之后，我始终是一个惶者，惶惶不可终日，始终忧虑下一轮替代之危，由此而生‘惶者生存’的理念……”对于经历过毁灭的管理者来说，技术永远会发生变化，今天的一切——无论多么成功或辉煌——都是不牢靠的。因此，要想使企业长盛不衰，就必须主动参与技术变化过程，而且必须掌握技术能力，而要这样做就必须拥有自主控制的工业活动。

进取性的战略转变使京东方把目光转向新型显示技术领域，选择这个领域不但是因为自己的主业已经在围绕着CRT发展了，而且也是因为它是半导体工业之后的新兴工业。事实上，京东方早在1994年就成立了项目研究小组，开始观察和寻找下一代替代技术，主要跟踪PDP、TFT-LCD、LED三大技术趋势。此后，京东方开始在显示器工业布局，于1998年11月收购浙江真空电子有限公司60%的股权，组建了浙江京东方，以此进入VFD（小尺寸显示技术）领域；于1999年收购并控股深圳信桥通智能技术有限公司，组建深圳京东方，以此进入LED智能显示系统领域。

到1998年，TFT-LCD在全球平板显示技术中的优势逐渐明朗，于是京东方把它确定为重点。从此，进入TFT-LCD工业领域成为京东方的既定目标。这其实就是提出上述“两个转变”的背景。

但仍然没有解决的是怎么进入的问题。那几年，京东方的领导不断出国考察，跑遍了全球几乎所有生产TFT-LCD的企业（特别是日本企业），把所有能得到的技术资料都带回来，了解这些企业的投资和技术状况。但对于如何进入这个工业领域，京东方的高层仍处于困惑阶段：TFT-LCD已经进入大规模产业化阶段，率先进入的日韩企业也已经形成了先行者优势，专利和技术壁垒一大堆；靠国内从基础开始自主研发速度太慢，而且投资门槛迅速提高……

此时“突然”出现了国际合作和技术转让的机会，原因是1997年的亚洲金融危机使日韩企业都遇到不同程度的财务困难。据京东方人自己的回顾，在这种条件下，他们想利用“草船借箭”的战略一步崛起（听上去有点“一步跨越”的味道）。但在实际过程的那个时点，他们其实又面临着新的问题：应该采取哪一种国际合作的方式呢？

合资方式是一种可能的选择。京东方曾经与某日企谈过合资在中国建立TFT-LCD生产线的可能性（向东芝和松下提出的类似建议被干脆拒绝），派出的10多人的团队在那里驻扎了6个月。但在谈判过程中，京东方的决策者越来越发现不能走合资道路，因为这条路会使京东方的战略受制于对方对技术的控制。京东方此时已经是一个既有掌握技术的决心又有合资经验的企业，知道深浅。曾经担任过北京松下彩色显像管厂中方总经理的领导对那段合资经历总结道：“甚至已经到了CRT全面萎缩退市的时候，中方仍然得不到技术!”——还有什么比自己的经历更有说服力呢？虽然那时出现了并购韩国企业的机会（见下文），但京东方起初还是相信日本的技术更好，又提出收购这家日本企业4代线的建议。当时，这家企业的液晶业务正遭遇困难，负责运营液晶业务的子公司愿意卖，但报到母公司董事会讨论时，有位日本老爷子（日本企业高层人士一般年龄都比较大）痛哭流涕地说：不能卖，即使不得不卖，也不能卖给中国人!

采取技术转让方式？也曾有日本企业表示可以进行技术转让，其标准模式无非是转让一条生产线以及相应的一两种产品，同时规定转让的技术不得用于建设新的生产线或开发新产品。例如，如果转让的是15英寸屏的技术，而后续你要升级到17英寸屏，你就必须重新签合同，再支付技术转让费用（上广电的5代线采取的就是这种方式)。虽然听上去是“转让”了技术，但其实根本没有持续发展的空间。当时，京东方有一个这样的合同都快要签了，到最后关头还是决定放弃。

就在这种长达数年的探索和犹疑中，2001年又“突然”出现了跨国并购的机会——韩国现代集团的液晶业务要出售。京东方抓住了这个机会，最终通过跨国并购进入了“朝思暮想”的TFT-LCD工业领域。

今天看来，京东方真是够幸运的——这种给予一个新进入者通过跨国并购迈进门槛的机会大概是难以再有了（下面会逐渐分析这种进入方式的优点)。但回顾以上分析的历史脉络，无法不令人信服的是，这种机会只垂青那些有长期坚定不移、始终一贯战略的企业。不错，当时的实际过程并非像京东方后来的官方宣传材料所言，其管理者是经过了对几种进入方式的比较研究之后才决定跨国并购的，因为至少那时连神仙也算不出来现代集团会被迫卖掉液晶业务。但同样真实的是，任何机会主义企业都不可能得到这种机会。京东方能够等到那个机会的原因恰恰是促使它从生存战略转向进取性战略的同一个动力源泉——它想做成中国的三星、中国的松下、中国的IBM那样的企业。因为有这样的抱负，所以在准备进入TFT-LCD工业领域的时刻，京东方不愿意再重复1997年之前的路，不想再走合资的道路，也不想再走生产线转让的道路——长时间的犹豫有着深刻的历史和战略根源。所以，京东方的“运气”还是应了那句老话：机会永远垂青那些有准备的人。

3.3.2.2　并购韩国企业

现代集团是韩国大型企业集团之一。1997 年亚洲金融危机爆发后，现代集团因为过度扩张、负债太重而陷入困境，特别是它所牵头的韩朝交流合作项目——朝鲜金刚山观光、开城工业园区建设，以及韩朝铁路、公路建设——都是投入大于产出的项目，一直处于亏损的状态。继 1999 年大宇集团解体后，现代集团在 2000 年出现资金周转困难，引起韩国股市动荡。韩国政府一方面支持 5 家主要债权银行向现代集团提供紧急贷款，另一方面则要求现代集团进行结构性调整，收缩经营领域并对下属企业进行分割。

从陷入困境和分崩离析的现代集团分离出来的现代电子更名为 HYNIX 半导体株式会社，而 HYDIS（Hyundai Display Technology，Inc.，现代显示技术株式会社）是其专门从事 TFT-LCD 显示器开发、生产和销售的子公司。现代集团的液晶业务本来就是韩国三大家（另外两家是三星和 LG）中最弱的，而到 2001 年时现代集团已经无力对 TFT-LCD 业务继续投入，于是决定出售 HYDIS 的股权。

对于正在 TFT-LCD 工业门外寻找进入机会的京东方来说，这真是一个绝佳的机会：HYDIS 拥有 2 代、3 代和 3.5 代 TFT-LCD 生产线各一条，年生产能力达到 300 万片以上，在全球 20 余家企业中排名第九，它生产的 17 英寸显示屏全球排名第三；它设有独立的研发机构，研发项目涵盖材料、配套零部件、液晶器件以及设备等各方面，正在积极研发 4 次光刻技术以及液晶滴注技术，拥有 300 多项专利，其中独立研发的 FFS 宽视角技术是全球三大主流技术之一；它还拥有完备的市场能力、遍布全球各主要地区的营销网络以及著名咨询公司的支持等。

当时表现出收购兴趣的有来自美、日、中国台湾的企业。为了降低境外并购的风险，京东方与某台湾企业合作收购。2001 年 6 月，京东方联合该企业与现代集团签署了合作意向书，受让 HYDIS 80.1%的股权，其余 19.9%的股权由现代集团持有。京东方又于 2001 年 11 月独自收购了 HYNIX 名下的 STN-LCD 及 OLED 业务，在韩国成立了一家独立公司（2002 年 4 月在北京成立京东方现代显示技术有限公司，把模组后段制造转移到北京）。在这个过程中，京东方与韩方建立了良好的关系。

但这家台湾企业开始搞小动作，暗地里把京东方对它的交底（情报）透露给韩方。幸亏此时京东方已经与韩方建立起良好的关系，所以被及时告知台企在暗箱操作。于是，京东方放弃与该企业的合作，退出交易；该企业则与 HYNIX 签订排他性协议，以 6.5 亿美元的价格单独收购，并为此交了 1 000 万美元的定金。不过，京东方并非“负气出走”，而是算定了该企业筹不到足够的资金——虽然爱搞小动作的往往是狡猾的人，但不搞小动作的人更“狡猾”。最后，该企业无法筹足资金，无力收购，白交了定金，铩羽而归。

这家台湾企业退出后，京东方“卷土重来”，于 2002 年上半年与 HYNIX 签订了意向书和协议。由于此时整个现代集团和 HYNIX 的财务危机加重，导致其债权人要求其资产变现，2002 年下半年又遭遇液晶周期的衰退低谷，促使 HYNIX 急于出手。最后，HYNIX 同意以 3.8 亿美元的价格向京东方转让 HYDIS 的全部股权。

在这个过程中，京东方的收购必须得到中国政府的批准。当时还只习惯于把中国企业卖给外国企业的政府官员最常问的问题是：既然这项业务如此好，为什么韩国企业会卖给你？这个问题也有道理，因为后来确实有韩国国会议员对把 TFT-LCD 技术卖给中国企业的交易提出质疑。好在中国政府最后还是批准了这宗跨国并购。

当时，京东方决策者也担心风险，为此制定了即使收购失败也不能拖累公司母体的原则，于是决定筑起一道“防火墙”——在韩国注册成立全资子公司，再由这个“韩国京东方”出面进行收购。京东方于是成立 BOE-HYDIS——新公司更名为 BOE（京东方）-HYDIS，并以这个已经属于京东方的韩国子公司进行资产抵押，成功地从韩国银行贷款。京东方实际投入资本金 1.5 亿美元，其余的 2.3 亿美元来自韩国银行贷款。2003 年 1 月 21 日才正式成交，此时距京东方开始参与竞购已近两年。

3.3.2.3 “野心”受挫

只是事后才知道，京东方的海外收购成功恰逢其时。2003 年 1 月资产交割初步完成之后，全球液晶面板市场的价格立刻开始上涨，这轮液晶周期的景气阶段一直持续到 2004 年 6 月。在这期间，BOE-HYDIS 赢利 6 000 万美元。

但京东方的海外收购不是出于利用现有生产设施赚钱的战术目的，而是出于解决进入 TFT-LCD 工业领域所面临的技术来源、专利障碍、起步市场和核心技术人员等战略问题的战略目的。由于立志成为“显示领域的世界领先企业”的进取性战略非常清晰，京东方在收购过程中就决定了收购后要走的关键第一步，即被京东方称为“海外收购、国内扎根”的道路——利用收购的技术资源在北京建设一条 5 代线。

2003 年 9 月 26 日，京东方第 5 代 TFT-LCD 生产线项目在北京亦庄经济技术开发区动工（详细过程见下文）。由于全球第一条 5 代线是韩国 LG 于 2002 年 5 月建成投产的，而全球最早的两条 6 代线是夏普和 LG 于 2004 年建成投产的，所以京东方建 5 代线的决定表现出追赶先进的气势。

在为建设和运营 5 代线而成立的京东方光电的股权结构中，京东方占 75%，“韩国京东方”（BOE-HYDIS）以 1.25 亿美元的投资占 25%（5 代线的全部投资需要 103 亿元人民币）。为收购 TFT-LCD 技术，京东方花了 1.5 亿美元的现金（其余 2.3 亿美元来自韩国当地的贷款），收购成功后又从京东方韩国子公司得到 1.25 亿美元来建北京 5 代线……京东方财务高手的算盘果然不是一般的精明。

海外收购的成功、本土 5 代线的开建和恰逢液晶周期高涨阶段的来临，促使王东升的“野心”膨胀起来——他要迅速扩大企业规模，与液晶巨头们一搏。于是，他立刻实施了三大战略措施——扎根计划、海外上市和团队持股。“扎根计划”就是通过在本土建设 5 代线，把收购来的技术能力本土化；“海外上市”就是以 TFT-LCD 液晶业务（京东方光电）在海外上市，募集建设 5 代线所需要的投资；“团队持股”就是实施一项股权激励计划，锁定骨干跟他王东升一起冒险。王东升的如意盘算是这样的：如果海外上市成功，可以募集 12

亿美元的资金用于5代线的投资，然后在5年之内增持12亿到30亿美元，同时建设6代线和7.5代线各一条。当时，京东方在液晶技术领域已有7年的技术积累，如果能够顺利上市，就有可能在2008年（最迟不过2010年）打入世界前五名，未来就有机会进入三甲。这个“野心勃勃”的狂想其实符合TFT-LCD工业的竞争规律——在这个技术进步速度快、规模效应显著的工业领域，不名列前茅就可能什么也不是。

但这个“野心勃勃”的计划毁于一个小事件。2004年6月2日的《新京报》刊登了一篇名为《京东方上演曲线MBO 游戏暗藏高管财富飙升迷局》的报道文章，对京东方的人才持股计划提出质疑，使一时难以做出判断的证监会叫停京东方的香港上市计划。

上市计划破灭后，京东方只好寻求银行贷款为建设5代线融资。2005年4月8日，京东方5代线项目银团贷款举行了签约仪式，由中国建设银行牵头，包括国家开发银行、中国银行、交通银行、农业银行、华夏银行、招商银行、北京银行、厦门国际银行九家银行组成的银团，与京东方签署了7.4亿美元的贷款合同，用于京东方5代线项目。此外，北京市政府非常支持京东方建5代线，提供了28亿元人民币的借款。5代线所需的总投资103亿元人民币中，90%都依靠贷款。以银团贷款的形式为5代线融资已属不易，但这样一种资本金不足的财务结构后来被证明风险是很大的，也使最初设想的扩张计划没有能够实现。

为保证有一个起步的市场，京东方还于2003年花10.3亿港元购买了冠捷26.38%的股份，成为其第一大股东（在冠捷董事会占有2席）。在香港上市的冠捷集团（台湾企业）是当时全球排名第二的监视器制造商，同时也是排名第一的监视器OEM制造商，占全球监视器市场份额的35%以上，2005年液晶平板监视器销量达2 200万台。收购冠捷股份解决了京东方5代线产品三分之一的市场问题。

3.3.3 北京5代线：获取技术能力的学习平台

收购HYDIS使京东方获得了开启TFT-LCD事业的宝贵技术资源，但这并不意味着京东方一夜之间就获得了技术能力。技术绝不会因为购买了设备、产品、完整的生产线甚至专利使用权就能够自动“转移”到购买者的手中。收购是为技术学习创造了良好的条件（特别是相对于合资和技术转让的方式而言），但有效吸收外来知识并生成自己的能力，仍然需要自主进行的高强度学习过程——这就是京东方在收购成功后立刻建设5代线的意义。

3.3.3.1　北京5代线：京东方的技术学习平台

收购HYDIS的交易于2003年1月22日生效后，京东方立刻实施“扎根计划”——利用HYDIS的技术资源在北京亦庄经济技术开发区建设一条5代线。同年2月1日，时任北京松下中方负责人的刘晓东接受了负责建设5代线的任务。执行这项计划的速度如此之快，以至于当第一批京东方专业技术和管理人员于3月份到HYDIS进行工作学习时，那里的韩国工程师已经开始了对5代线的设计。韩国人行动迅速是出于职业天性：HYDIS曾经打算建一条4代线，但后来因现代集团的财务危机而不能实现，现在一下子要上5代线，令韩国工程师同样处于亢奋状态。2003年6月6日，负责运营5代线的京东方光电科技有限公司注册成立；9月26日，京东方第5代TFT-LCD生产线项目动工。2005年1月28日，京东方5代线生产的17英寸液晶显示屏首次出货，交付国际客户；5月25日，京东方宣告5代线成功量产。此后，5代线开始逐步冲击满产的高度，从初始阶段的30K（月产3万片）扩大到2006年8月的60K，再到2007年9月的80K，目前已经达到100K，成为国际同业运行效率和盈利能力最佳的生产线之一。

从技术学习的角度讲，京东方建成5代线的意义是建立起了可以生成技术能力的学习平台（平台可以理解为一个技术活动的系统）。学习基础当然可以通过自己的摸索建立，但收购HYDIS并借助其技术资源建线则是降低了进入的门槛，大大加快了建立这个平台的速度，从而大大加快技术学习的速度。换句话说，由收购导致的技术转移与建立自己的学习平台互为因果，加速了京东方掌握技术能力的过程。为什么只有建设自己的生产线才能建立起学习平台？

为什么只有建立起这个平台才能有效地进行技术学习，才能吸收外来的知识和经验，才能生成并发展技术能力？为了回答这些问题，我们超越狭隘生产功能的角度，分析一下京东方5代线作为学习平台都包含了什么要素。

使5代线成为学习平台的第一个要素是使京东方第一次拥有了能够量产TFT-LCD的全套硬件系统，包括设备、厂房和所有的有形支持系统。这条生产线对于技术学习的意义在于，无论是个人的技能还是团队的能力，都不可能脱离其工作对象而生成和成长，正如一个人不可能仅凭理论学习却不实际驾驶就可以学会开车一样。TFT-LCD工业的基本特点是：新产品的开发同时就是新工艺的开发，它的技术进步和产品创新只有在与生产同一地点和完全真实的运行条件下进行才是有效的。因此，一套完整的工业规模化生产设施是掌握技术能力所必要的物理条件。

第二个要素是专业技术团队。如前所述，京东方在从考虑进入显示技术领域到收购HYDIS的大约10年间，已经培养了一批液晶显示方面的技术人才，他们构成了企业能够进行跨国并购的能力基础。但真正能够在工业规模上掌握TFT-LCD技术的工程师团队却是在建设和运营5代线的过程中成长起来的——其中的理论逻辑很清楚：技术团队的能力成长离不开他们的工作对象。

建设5代线时，BOE-HYDIS派出120多名韩国工程师到北京亦庄，以专家的身份指导工作（待遇很高）。为了尽快建成生产线，京东方的决策者没有打破他们的建制，让他们保留着原来的系统，中国工程师则跟着他们工作（这个过程中有分歧也有矛盾，例如韩国工程师坚持用韩国的材料和设备等）。同时，京东方也派出人员到“韩国京东方”工作学习，除了派出管理人员，还派出三批共60多名工程师去学习和工作实习；此后还派出更多数量的生产技术和操作人员去工作实习。

但京东方仍然必须大规模迅速招人。京东方光电刚成立时的员工不过百十号人；到2004年8月，当分批派到韩国培训的人员全部回国时，员工达到300多人；到2005年初量产时，员工数已达1 750名，其中副科级以上的管理干部80多人，工程师近400人。着眼于未来的扩张，京东方光电在招聘工程师上始终保持着“余量”，甚至在最困难的时候仍然继续提高待遇，使5代线成为京东方培训工程师的基地。建设和运营5代线的过程同时是解决问题的过程，所以也是年轻的中国工程师团队进行学习的过程。经过3～5年的磨炼，中国工程师在实践中逐渐成熟起来，成为各个环节和领域的主力，其中很多人脱颖而出，成为骨干。后来，合同到期特别是BOE-HYDIS进入“企业回生程序”后，有95%的韩籍工程师选择留下，成为京东方的一员。

京东方的成功还在于能够大胆启用一批年轻人。举一个中国工程师迅速成长的例子。高文宝博士，2003年7月吉林大学微电子学与固体电子学专业毕业后即加入京东方光电，旋即在10月份被派往韩国实习产品集成（product integration）。2004年10月高文宝和同事们回国后，即参与5代线的设备安装调试过程，并在2005年从事面板设计以及不良分析工作，在2006年后参与阵列设计，并被提拔为副科长，2008年开始担任产品技术科科长，年底被任命为产品技术部部长、应用工程部部长和成本降低办公室主任——经过6年的实战，他迅速成长为京东方的技术骨干，成为本领域的一流工程师，同时也带出了一批优秀的团队。今天，京东方在TFT-LCD工业领域已经拥有2 000多名专业工程师，这是国内该工业领域中规模最大、掌握技术最全面、最有经验的一支技术团队，也是京东方最宝贵的财富。如果没有建设和运营5代线的过程，京东方根本不可能在这么短短的几年内就形成如此规模的技术团队。

第三个要素是经验——无形支持系统。任何符合经济理性（收益大于成本）的工业活动（包括研发、生产、营销和管理）都必须以一定的经验为基础。对于5代线的建设和运营来讲，经验就是一个数据库，它包含两部分：一部分是文件系统，即以文件形式记录下来并以一定的架构储存起来的经验知识；另一部分就是只能以人为载体的经验（难以用语言和文字所表现的知识），其传承只能在个人层次上依靠手把手地教（在“师傅”指导下通过实际操作而意会）。收购HYDIS之前，京东方在TFT-LCD领域中没有工业经验，建设和运营5代线所必需的经验基础是从HYDIS引进的：文件系统基本上是成体系地引进，同时还引进了韩国专家。尽管如此，引进的经验仍然不足以支撑5代线的建设和运营（引进的文件系统主要是架构，内容不但要本地化，而且要大大充实；而韩国工程师从数量上又太少），所以需要中国工程师团队在解决问题的实践中把全部必需的经验积累起来。最早进入 HYDIS 的中国工程师开始只能看着别人干，后来逐渐看懂后再向其他人传授。这个过程同时说明，外来的经验虽然有用，但不会自动地转移，只有在自主解决问题的挑战中和学习中，才能把外来的经验转化成为自己的经验。

第四个要素是工作程序和方法。工作程序和方法实际上是经验的核心，其经过有意识的概括、提炼和合理化的加工。这一点体现在几个方面：一是组织系统，当时按照韩国的系统建立了生产部门、设计部门和 IT 部门等；二是流程（工作流程、技术流程等），规定先做什么、后做什么。京东方的生产线的所有环节都有基准，即标准的工作流程。京东方光电研究所所长皇甫鲁江博士的看法是：对于需要多专业协作进行的复杂技术的开发和掌握，系统化是技术能力的核心。例如，设计 TFT 时，按理论的理解去做也可以，但在实际过程中，各种关联性特别复杂，如果没有一定的方法和经验，事情会做得一塌糊涂，效果也不好。如果有了方法，事情就容易多了，但方法通常很难通过“技术引进”全部获得，因为别人一般不会告诉你工作方法，方法要靠解决问题的实践。例如，在生产过程中遇到最多的是失效分析，生产过程出现缺陷，严重影响良率。一开始遇到这种缺陷时，谁都不知道怎么办，因为它们只与 5 代线的技术有关，而 HYDIS 的生产线也没有遇到过这样的问题。但有经验的韩国工程师并不慌张，指出这个现象可能与几个因素相关，于是对每个因素做一个变动，把所有因素组合起来做一个矩阵，一个一个试，这种方法对于解决从未遇到过的问题也同样有效。而旁边的中国工程师看 1～2 次也就明白了，很快就能掌握这些方法。

第五个要素是外部支持系统。液晶显示屏包括众多的元件和亚系统并涉及多种技术领域，任何 TFT-LCD 生产企业都不可能全部自行提供，而需要依靠从材料、设备到元件的外部供应。因此，TFT-LCD 生产企业需要一个外部供应商网络的支持。京东方 5 代线成功量产后，吸引了数十家上游厂商（以国际企业为主）在附近投资建厂，为京东方配套。尤其重要的是，对于 TFT-LCD 这样一个制造技术密集的工业领域来说，材料和设备供应商是新技术的重要来源之一。为推销它们的产品，供应企业不断改进自己的技术，并且向生产企业进行介绍和推销。因此，5代线的建成使京东方有了不断吸收外部技术的平台，不再隔绝于这个工业的技术进步过程，由此而吸收和积累的新技术知识不但可以用于改善5代线本身，而且可以用于新生产线的建设（见图3－9、图3－10）。

图3－9　京东方第5代TFT-LCD生产线

资料来源：京东方提供。

图3－10　京东方第5代TFT-LCD生产线厂区

资料来源：京东方提供。

综合上述五个方面，可以看出建设5代线对于京东方这样一个新进入者的意义：它首先是使京东方拥有了完整的TFT-LCD生产设施，可以生产液晶显示屏；但更重要的是，这个过程同时就是把被收购韩国企业的技能和经验转移到京东方的过程，是京东方管理和技术团队在吸收这些经验和知识的基础上解决问题的过程，即生成和发展技术能力的过程，甚至是组成和培养工业规模级的工程师团队的过程，也是从全球TFT-LCD产业链吸收技术知识的过程。

3.3.3.2 技术能力是怎样获得的

京东方建设5代线的过程清楚地说明了“技术转移”的实质：需要“转移”的不是硬件系统或一条生产线（注意HYDIS自己也没有5代线），真正宝贵的是以工业经验为基础的知识和技能（包括诀窍和工作的程序、方法）。但这些经验知识永远不会自动转移——买下一个企业并不能保证购买者就可以获得这个企业的知识（尤其是因为购买者对作为知识主要载体的人没有所有权），能够把外来知识转化成为自身能力的唯一途径是高强度的学习。正是因为利用HYDIS的技术资源来建设自己的5代线，京东方才有了可以吸收HYDIS的知识储存的学习过程；也正是因为通过建设5代线而发动了高强度的学习过程，京东方才能够逐步掌握TFT-LCD工业的技术能力。

TFT-LCD工业的产品技术分为两个层次：第一，由生产线的世代所决定的玻璃基板尺寸，它是决定产品（液晶显示屏）尺寸（产品品种）的框架。第二，液晶显示屏（终端产品）本身的设计和开发。以这些特点为根据，一个TFT-LCD企业只有同时具备了三个方面的能力——产品开发能力、工艺能力和建线能力，才能被认为具备了这个工业的技术能力。下面，我们进一步分析这三个方面的能力特点，以及京东方的这些能力是怎样在学习过程中生成和发展的。

产品开发能力

TFT-LCD工业的终端产品是液晶显示屏，其开发的难点在于如何在现有产线的工艺能力基础上做出最优化的阵列基板设计和成盒设计。这些设计能力特别体现在需要通过经验才能掌握的一套设计规则，它们在形式上是一组经验公式、程序、方法和标准，但其实质是表示工艺加工能力、精度和部品特性对产品设计的限制（这种限制是硬性的，一旦突破就会在量产时影响设计的实现）。设计规则的作用是使设计人员在繁复的设计过程中，能够以更贴近生产水平的方式做出最大的余量（margin），其最关键的作用是在曝光、液晶成盒以及周边回路的设计上。

设计规则并非一套抽象的原则，它们与设计团队的经验有关，与企业的工艺基础有关，而且是隐藏的——由于部分产品设计在生产中被切掉或掩盖掉了，所以外人不可能从终端产品上逆向看出来一个企业的产品设计规则。因此，设计规则是企业特定的（firm-specific），各公司在设计产品时都以自己公司的工艺基础来考虑自己的设计规则。即使委托别人设计，一个企业也得有适合自己产线平台的设计规则，否则那些设计就不适用。京东方的工程师在设计产品时，也分析过其他企业5代线的产品，发现其设计方案很好，但由于产线的工艺参数各不相同而导致产品的设计参数不同，那些根本无法用于京东方的产品。这就是为什么说设计规则是各企业的“最高机密”的原因。

当然，注重知识管理的设计机构会另外总结一套设计指南，用于把处理各种复杂的设计参数（平衡）的经验和方法固定下来。在设计过程中，遵循良好的设计流程是非常必要的，因为前人总结的设计流程已经优化，它可以最大化地预防设计错误，避免投资浪费。但无论如何，设计规则都体现了大量的累积性经验知识，所以也是新手进入相关工业领域的能力壁垒。

京东方光电的开发系统是从借鉴HYDIS的开发系统而来的，但仍然需要根据自己的实际情况不断做出调整。在早期的产品开发过程中，韩籍专家从事主要设计，而京东方的中国工程师跟着他们学习和参与产品设计。在下一个阶段，随着产品品种增多，人数不多的韩籍专家主要承担总体控制责任，中国工程师则开始独立担负设计工作。到目前阶段，中国工程师已经全面接手了设计工作，专家级别的韩国工程师则承担检查、解决问题、预防出错的工作（毕竟他们有更多的工作经验）。据京东方光电的某位资深工程师回顾，他是跟着韩国工程师工作了两年之后才明白了“设计规则”这回事。他解释说：“即使现在来了新手，我们也不是先让他们接触这个东西，而是先让他们去做计算工作，比如走线设计，告诉他们线有多宽、多长，让他们去做具体计算，因为规则只有经过一步步推算理解才能更好地掌握，等到产品设计差不多快完成了，也就基本上掌握了初步的规则。对于新手来说，这个在实践经验中理解设计规则的周期一般是两年左右。”通过实践，中国工程师逐渐具备了设计能力，甚至有些团队成员已经掌握了关键的设计技术，达到了韩籍专家的同等水平。京东方光电从 2005 年开始自己设计产品，到 2006 年开发出 3 款产品，再到 2009 年开发出 10 款新产品，证明了这个团队的能力成长。

工艺能力

TFT-LCD 是制造技术（工艺技术）高度密集的工业，所以工艺能力是技术能力的重要组成部分。工艺能力的核心是能够以经验以及从经验中总结出来的诀窍来考虑工艺设计。以 TFT-LCD 制造的中段 cell 部分为例。这个工段是把液晶封装在两块玻璃中间（制成液晶盒），其关键工序是液晶单点滴注（ODF）。ODF 的基本过程是由针头在下面的玻璃板上滴出若干液晶点，然后把上面的玻璃板压在下面的板上，液晶在压力下充满两块板之间被四周的边框胶围起来的空间。尽管这个生产过程是全自动化的，但这个工序却有一个设计难点：当液晶滴到玻璃板上之后，根据不同的像素设计，液晶跑的速度会不一样，所以要决定所滴注的液晶点的间距是多少、液晶量是多少，以便液晶在受到两块玻璃板的挤压后把整个液晶盒充满；此外，边框胶和液晶都是有机物，两者相遇会形成污染，所以生产者希望在各个方向上边框胶没有固化前不能接触——所有这些设计方案都只能经验性地确定。因此，各个生产企业对于这个工艺的设计都不一样（企业特定的），液晶点的排列方向和形状都是各公司自己的秘密，这就是设计中的“know-how”（诀窍），与每个生产商的经验和工艺条件密切相关。京东方的工程师们是经过很多失败和经验才摸索出来自己的设计方案的。

在 HYDIS 的生产线上，cell 是采用早期的“虹吸”工艺——由封装的玻璃盒利用虹吸原理吸入液晶。但是，对于制造更大尺寸的液晶屏来说，虹吸方法就太慢了，所以全球 TFT-LCD 工业从 4.5 代线开始，把液晶注入方式从虹吸改为滴注。这一改变增加了工艺设计的难度，因为它增强了经验方法的重要性（尽管实际生产是高度自动化的）。京东方 5 代线采用的是滴注方法，而这种工艺不是从 HYDIS 的低世代生产线上移植过来的。尽管 HYDIS 在被收购前已经开始研发滴注技术，但在 5 代线上实际应用这种技术的经验则必须靠京东方自己积累。

同样，有效使用设备也需要经验知识和诀窍。例如，受各种物理条件的瞬时影响，生产线的状况是有波动的，每一分钟产出的屏都不会是一模一样的，但为了保证质量，这些波动必须在合理的范围内都能被补偿掉，从而使终端产品看不出有任何差别。为此，根据设计需要，要把工艺设备调试出最佳的参数（比如所用的刻蚀液、光刻胶都要确定基本的参数），还要把这些以经验为基础的参数反馈到设计上——这就是工程师们所说的由经验值所确定的工艺余量。京东方的 5 代线之所以需要一段“爬坡”时间，就是因为包括工程师和操作工人在内的团队需要一个在实践中学习的过程，才能逐渐解决掉问题。

建线能力

这种能力比产品开发能力和工艺能力更加综合，但仍然必须以产品开发能力和工艺能力为基础。**产品开发能力**对于建线能力的重要性在于，选择生产线的世代是根据产品的目标市场，只有决定了终端产品，才能决定生产线的世代。例如，6 代线的黄金切割尺寸是 18.5 英寸、21.6 英寸、32 英寸，8 代线的黄金切割尺寸是 26 英寸、32 英寸、46 英寸——如果不能开发这些产品，那建这些生产线又有什么用？因此，企业开发相应产品的能力以及公司进入这些市场的战略考虑，是决定建设相应世代生产线的前提。此外，建线能力要求企业对产品技术所涉及的专利必须有使用权（独立的产权或完全充分的使用权，不用和别人商量）。

建线的工艺能力分两方面：第一，**整个工艺的优化设计能力**。即从工艺设计和工艺实现（能够有效使用设备）的基础出发，能够给设备厂商提出具体的规格和性能要求。招标过程和商务谈判都必须以企业自己的工艺能力为基础，否则难以根据自己的工艺设计来选取设备供应商并进行相应的商务谈判。第二，**工艺设计的整合能力**。生产线是由各个生产过程和各种设备组成的一个系统，建线要求企业不但具有个别工艺的实现能力，而且具有从系统层次上把所有工艺整合成为一条生产线的能力。没有运营整个生产线经验的企业很难具有这种能力。除了产品和工艺能力，建线能力还包括对**厂房结构和动力配置的独立设计能力**，因为这种能力比较容易理解，就不再多分析。

从纯粹技术角度讲，规划生产线的逻辑顺序是：产品设计→工艺设计→设备→工艺布局→厂房→配套设施和环境。但实际上，建线能力还要求更高层次的企业组织能力。例如，建线的最终目的是生产出来能够适销并赢利的产品，所以建线能力要求企业具有**市场营销能力**。京东方经过建线前后的努力，已经发展出营销网络。**最后还需要人才**——必须具有足够规模的技术和管理团队才能完成建线的各项任务。如前所述，通过建设和运营 5 代线，京东方已经培养出国内最具规模、最完整的技术和管理团队。

京东方的建线能力生成于北京 5 代线的建设实践。一方面，收购的 HYDIS 技术资源为京东方解决了专利壁垒问题并带来了必要的经验基础。北京 5 代线的厂房及配套设施设计由韩国现代综合设计所和中国电子工程设计院（原信息产业部第十设计研究院）合作完成，包括产线的布局、上下工序的过程衔接、工艺条件的设定、产品设计等在内的整个体系基本上是依托韩国工程师团队来做。北京 5 代线的第一种产品是 17 英寸面板（用于台式电脑，是当时的市场主流产品），而这种产品已经在 HYDIS 的 3.5 代线上生产过 2 年的时间，只不过在 3.5 代线上生产的玻璃基板要小一点，一张玻璃基板切 4 块屏，而 5 代线生产的基板一张可以切 12 块屏。尽管两条生产线的工艺差别很大，但产品设计是一样的，产品的性能参数是一样的。北京 5 代线的第一种产品是在 3.5 代线上验证过的，具有连续性［目前京东方在建 6 代线（合肥）的产品设计是以北京 5 代线的产品为基础的］。

另一方面，新建一条 5 代线毕竟是一次在技术和组织管理上的跳跃（对于京东方来说是第一条 TFT-LCD 生产线，对 HYDIS 的韩国工程师团队来说是第一条 5 代线），所以必须经历解决诸多问题的挑战。尽管在技术上依托了韩国工程师团队，但因为拥有完全的控制权，京东方的管理团队和工程师团队全面介入建线的所有环节，致使其技术学习从一开始就是系统性的。建线过程经历了许多失误、挫折、失败、分歧、矛盾等，但恰恰是这样一个过程使他们积累了宝贵的经验，也学到了所谓的“know-how”。当中国管理团队和工程师团队在实践中整体成长起来时，京东方也掌握了整个系统和系统各个部分的能力，即建线能力。

总之，在收购成功之后立刻开建北京 5 代线的行动，代表京东方选择了高强度技术学习的道路，其动力来自它的进取性战略——在最困难的阶段对显示技术人才的投资，舍弃合资机会和技术转让机会而等到跨国并购的机会，收购成功后以在本土建 5 代线的高强度投资方式建立起自己的技术学习平台，都是这项战略方针所决定的行动。这项战略起源于北京电子管厂遭遇技术替代毁灭的惨痛经历，不灭于一个军工企业自强的传统，酝酿于为生存而挣扎的转型阶段……在走过漫长的 20 多年后，这项始终一贯的战略得到了回报——尽管中国已经有数家企业的数条 TFT-LCD 生产线在运行，京东方却是迄今为止中国大陆唯一具备了 TFT-LCD 工业技术能力（包括产品开发能力、工艺能力和建线能力）的企业。

3.3.4　骑上“虎背”的扩张：不想灭亡就疯狂！

只是在进入 TFT-LCD 工业领域之后，京东方人才知道成功地进入仅仅是开始，他们注定要在液晶周期的“惊涛骇浪”中经受磨难。今天，当回顾这段并不长的历史时，京东方的管理者们已经在用“不知者无畏”来形容自己当时的决定。但是，骑上“虎背”就没有退路，也正是在与无情的产业竞争规律搏击中，京东方渡过了最黑暗的时刻，终于展示出来成为全球竞争性企业的前景。

3.3.4.1　“过山车”的黑暗谷底

液晶周期从 2003 年初开始进入上升阶段，15 英寸 TFT-LCD 面板的价格一度蹿升到每片 230 美元，致使刚刚拥有了 BOE-HYDIS 的京东方集团在那年的营业收入达到破纪录的 111.8 亿元人民币，比上年猛增 133.7%；实现净利润 4.03 亿元人民币，更比上年暴增 386.72%。企业内洋溢着一派喜悦气氛。

但从 2004 年下半年开始，液晶周期进入衰退阶段，15 英寸面板的价格一路下跌到每片 145 美元。不但京东方的全资子公司 BOE-HYDIS 开始亏损，而且北京 5 代线于 2005 年初开始量产时也正好赶上这个低谷期。那是京东方在国内新建的第一条生产线，初期良率不高，亏损难免，资金短缺，日子很难过。由于液晶工业的性质，5 代线正式投产的当年就必须提取 13 亿元人民币的折旧，再加上经营性亏损，2005 年全年亏损总额达到近 16 亿元人民币——这是京东方自 1993 年成立以后的第一次年度亏损。

进入 2006 年，京东方面临的压力越来越大，市场回暖的迹象遥遥无期，产品价格继续下降（2003 年到 2008 年，很多产品的价格从每片 200 多美元跌到 40 多美元），亏损额超过 17 亿元人民币。京东方在 2005 年和 2006 年两年共亏损了 33 亿元人民币（见图 3－11）。

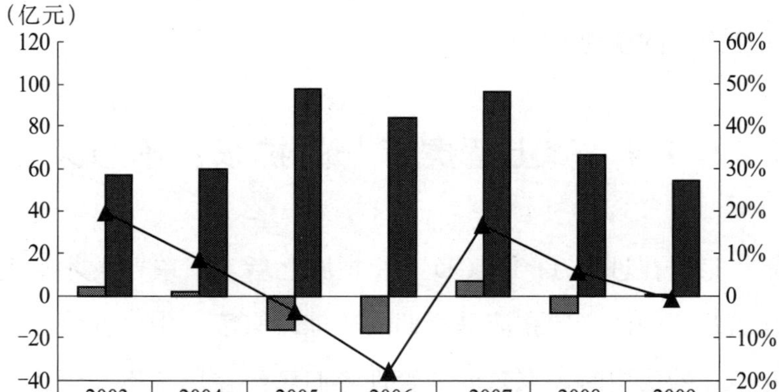

	2003	2004	2005	2006	2007	2008	2009
净利润（亿元）	4.03	2.06	−15.87	−17.22	6.91	−8.07	0.50
TFT-LCD产品收入（亿元）	56.74	59.73	97.48	83.80	96.30	66.35	54.17
TFT-LCD毛利率	19.61%	8.71%	−3.71%	−17.74%	16.41%	5.76%	−0.90%

图 3－11　京东方财务数据（2003—2009 年）

资料来源：京东方历年年报。

连续两年的亏损对京东方造成巨大压力，而使这压力几乎无法承受的还有另一个原因：由于5代线没有实现从（海外）资本市场融资的计划，所以主要投资来自银行贷款，致使京东方对外的财务负担很重。5代线的设备折旧需要7年，但是贷款合同要求5年就得结算。到2007年4月，5代线的银团贷款进入了还款期。当时，5代线还处于困难期，无力还款，所以唯一的出路就是获得贷款展期，否则公司的现金流必将断裂。

京东方开始四处求援：给北京市政府打报告，请政府出面协调；请银团牵头的中国建设银行组织各个银行到北京参观5代线，向他们讲解技术并解释为什么需要展期；请国家开发银行的领导来企业考察，等等。当大多数银行都同意展期时，还有一个南方的小银行不同意（银团贷款展期必须获得组成银行的一致同意），京东方的财务总监专门飞过去沟通。最后在2007年5月，各银行终于同意5代线银团贷款展期，将还贷期从5年延长到了10年。那段日子是充满艰难和痛苦的，好在最后得到贷款展期，否则京东方的故事也就到那时为止了。2005—2007年，证监会对京东方进行了调查，因为怀疑京东方有内部调节利润的行为才导致价格波动如此之大，但最后把京东方"无罪释放"了，因为查了三年之后发现这个工业确实就是这么个鬼样子。

可以想象王东升受到的压力，正是这个把京东方从北京电子管厂的毁灭中带出来的领导人，又带着企业走入亏损。但两次危机毕竟有本质的不同：前一次是面对技术替代的市场毁灭束手无策，而后一次是在自己主动选择的工业领域遭遇市场波动。王东升有理由相信未来，虽然他还必须让其他人也相信这一点。财务危机对企业造成的最大威胁是队伍的稳定问题，干部、员工在那种时刻最容易质疑的问题是：京东方进入TFT-LCD工业领域的决策是否正确？回答这个问题有待时间的考验，但无论如何王东升为京东方的所有员工提供了方向感：在进入TFT-LCD工业领域之前，京东方人不知道自己的企业是干什么的，但在此后，他们不仅知道自己的企业是一个主攻显示器的高技术企业，还知道它要做显示技术领域的世界领先企业。这种方向感对于京东方人承受危机的作用是重要的，因为它给人以希望。据一位从事研发的博士回忆，京东方的中央研究院在2005年刚刚成立就遭遇企业的财务危机，正在筹划的研发试验线被叫停，招聘计划大都被取消，随着一些人陆续离职，研究院最少时只剩下两个博士还在坚持着 LED 背光源的研发。在年底的迎新晚会上，王东升走到研究院博士们的席间对他们说："虽然现在研究院只有 3 个人，但马上就要有 30 个人，以后要有 300 个人，京东方的技术研发一定要搞起来。"这位后来升职的博士在 2008 年自豪地说：正如王东升所说的那样，研究院由原来的两三个人，发展到了 30 多人；LED 背光源项目得到支持，研发试验线也开始筹建……他在经历过这次危机之后坚信："经历过苦难的京东方，必然会成为在不断战胜危机中成长起来的伟大公司。"（京东方，2008：292－294）

为减轻财务危机，京东方同时开始出售所持的一些资产来获得现金，最大的手笔是卖掉所持冠捷的股份。客观讲，2006 年因为客户完成过渡，冠捷的战略意义下降，当时曾经投入的 10.3 亿港元也已经赚了一倍。出售冠捷股份的计划本来是保密的，但经过发改委、国资委、商务部、港澳办等机构文件一圈批下来，全世界都知道京东方要卖掉所持冠捷股份了。京东方在股票价格达到 8.92 港元的时候开始报批，结果到可以卖的时候已经变成 4 港元多了，只好又等到回升至 5.5～5.7 港元时才出手。2007 年 1 月和 5 月，京东方分两批出售冠捷科技股份，最后分三次全部出手，一共卖了 24 亿港元。这笔钱被用来还贷，使企业的负债率从 78％下降到 50％。

京东方将所持有的 BOE-HYDIS 的股权也卖掉了，虽然不完全是出于财务压力。进入液晶衰退期后，BOE-HYDIS 也开始亏损。本来京东方准备对其进行结构调整（如把劳动密集的生产环节搬到中国，将员工总数从 1 700 人调整到 800 人），但遭到当地工会的坚决反对。由于已经资不抵债，BOE-HYDIS 在 2006 年初申请法定管理，在法院监督下管理债务。京东方曾经提出把专利所有权全部买过来作为注资的条件，但没有谈成。2007 年 5 月，韩国法院启动企业再生程序，对 BOE-HYDIS 进行二次转让，最后卖给了台湾元太科技，京东方全部退出（BOE-HYDIS 到现在还持有北京 5 代线 10％的股份）。

在最困难的时候，京东方决策者们甚至制定了把负责运营 5 代线的京东方光电从集团剥离出去的预案，以免液晶业务的亏损累及京东方集团作为上市公司的地位。

3.3.4.2 “苦练内功”

有点悖论的是，危机往往也是企业能力发展的良机，因为危机恰恰是迫使企业提高学习强度的动力。无论怎样，渡过危机最终要靠自己的能力成长。2005年4月15日，王东升在京东方集团应对危机的誓师大会上提出“3020”行动——提高产品价值30%、降低单位成本20%，他特别要求整个企业要把握“以速度和品质取胜”。于是拉开了一场“苦练内功”的大幕。

运营5代线的京东方光电是改善京东方集团财务状况的关键。2006年5月，京东方光电原总经理刘晓东奉命去筹备深圳6代线，韩国建临危受命接任了那个处于“风口浪尖”的职务。韩国建也是工程师出身，从北京电子管厂的技术员干起，曾经担任北京旭硝子电子玻璃有限公司副总经理8年，后全程参与了收购HYDIS的谈判，曾任BOE-HYDIS的副社长。他接手京东方光电后，马上感到公司最大的危险是现金流已经快转不动了，于是他把保证现金流作为工作的切入点。他采取的方法是减少一切花钱的地方，甚至采取了限产的措施（当时的产品已经不适应市场需求的变化），使下半年的亏损额比上半年减少近一半。

但提高价值、降低成本需要对整个体系的动员和改革。渡过危机的紧迫需要促使京东方管理层根据自己的逻辑和做法对企业的运营体系采取重组行动，而这种行动导致对原来所倚重的韩籍技术和管理人员的角色调整，包括以京东方的管理人员取代原来的韩籍人员来担任采购总监和销售总监。事实上，我们在前文所描述的技术学习，正是在危机阶段被强化的——危机的到来大大加速了中国技术和管理人员在各个层次和环节上独立担纲的过程。

在“一切为了满产”的口号下，京东方光电从2006年7月30日起全面动员起来推进“3020”行动。实际上，从那年的年初开始，员工的情绪出现过波动，许多企业来挖人，把招聘广告贴到公司的门口，许诺工资翻倍，甚至一些曾经派去韩国培训的人也跳槽了。为稳定队伍，京东方光电于当年5月提升员工工资（平均20%～30%，局部40%），对包括操作员在内的每个人都制订方案，重新普调了一次，使人均工资达到以外资企业为主的半导体工业的 80%水平（另加福利待遇）。

但真正起到激励作用的仍然是在目标明确条件下焕发出来的责任感。在“3020”行动开始后，京东方光电的全体员工被动员起来寻找问题并提出解决方案。仅仅在半年内，员工们就提出数千项改善提案，并且这些提案被迅速付诸实施。当意识到自己的行动关系到企业的命运时，几千名平均年龄 20 岁出头的员工牺牲休息时间，加大工作量，力保设备 24 小时连续运转。在那个过程中，一些员工在没有管理者的要求下就主动采取行动。例如，有一次，当设备出现问题时，为了不影响当期产量，员工就通过人力来搬运产品——那一次大部分员工连续搬运了 10 多个小时，许多人从生产线上下来后就直接倒在地板上睡着了（京东方，2008：162）。

降低成本的努力也贯穿所有的环节。以降低损耗为例，员工们一改从前的做法，把所有不能扔或可以不扔的物料全部利用起来，如损坏的背光源金属零件、膜片甚至报废灯管都加以保留利用，由专门的维修科再做成可用的产品。即使对于只能扔掉的垃圾，也采取分类、过秤等方法提高出售垃圾的收入，如此的努力竟然使垃圾回收的一个月收入抵上过去一年的回收收入。由于远离配套商等原因，京东方 5 代线的材料成本高于国际一线厂商。通过努力，到 2007 年 10 月，单位材料成本从原来高 20 多美元降低到高 6 美元。

在上述努力下，北京 5 代线的产量和良率都在危机时期大幅度上升：在 2005 年 8 月产能达到最初设计的 60K 后，通过由 5-Mask 变为 4-Mask 的技术改造、工艺节拍缩减和少量增补设备，2007 年 5 月的产量突破 80K，达到 86 万片，基本实现满产；2008 年 7 月，通过增补设备和工艺节拍缩减等措施，5 代线实现产能 100K。在产品质量得到大幅提高的同时，产品开发的力度也加大了。

提高北京 5 代线效率的关键环节不仅包括生产和技术方面，还包括营销方面。2006 年 7 月，时任京东方集团公共关系总监的李学政“空降”京东方光电出任营业部部长。在形式上，这可是降职，其实则是京东方要加强营销（至少从责任上讲是“明降暗升”）。李学政上任后果然大刀阔斧，重组了销售组织——把销售小组设置到客户的生产工厂，上面的层次是按中国大陆、中国台湾、韩国、新加坡划分的四个一线销售区域，再往上则是负责支持与协调的总部销售部门。连戴尔和三星都承认，这个架构应该属于业内前三名大厂商的（京东方，2008：165）。在那些日日夜夜，销售团队的拼命程度丝毫不亚于生产人员。在2006—2007年的销售淡季，李学政平均每天要评阅200多封电子邮件，每天只睡4个小时，满世界跑，曾经在一次出国期间留下了3天4夜没睡觉的纪录。“头儿”如此，“兵”们也只能如此。销售团队养成了会议结束后马上用中英文写会议纪要的习惯，而李学政经常在凌晨收到这些纪要，再经他的整理发给所有团队成员，以保证他们第二天一起床就了解到最新的销售信息——速度就来自这种信息共享。这支团队学会了如何在不同地区、不同季节、不同客户之间进行最有利的销售，而且学会了以0.1美元（而不是原来的1美元）为价格单位进行商务谈判……

京东方于2003年通过跨国收购完成技术和市场布局后，其客户到2006年时已经包括了三星、LG、飞利浦和戴尔等著名公司。对于三星这样的公司来说，虽然自己也生产TFT-LCD，但为了保持各事业部之间的市场关系，所以有三分之一左右的液晶屏也一定要外购。三星给京东方的产品其实是最难做的产品，不过这种“苛刻”也使京东方的研发能力大幅提升。从总体上说，当时京东方光电销售方面的一个主要问题是：由于技术和营销网络的“韩国出身”，致使韩国地区客户“一家独大”。在危机时期开拓市场的努力改变了这种结构：京东方光电2006年第一季度在中国大陆的销售量是平均每月70K，在总销售量中的比例不过16%～17%；但到了2007年7月，中国大陆销售量已达平均每月550K，几乎是一年前的8倍，在总销售量中的比例超过50%，导致中国大陆同类产品市场基本被京东方占领。类似的一系列战略调整导致销售业绩的大幅度提高：2006年6月是销售旺季，当月销售421K，到了12月淡季，销售业绩反而达到662K；而到了2007年7月，销售业绩冲到1 006K，比一年前增长了139%。销售业绩的改善为5代线满产提供了必要条件。

在危机中快速成长的能力为企业经营状况的根本好转奠定了基础。2007年6月，全球液晶面板市场开始回暖，京东方光电实现了首次季度盈利，销售价格接近全球领先企业的水平，资金实现良性周转。北京5代线运营的全面好转致使2007年京东方集团全年实现净利润近7亿元，京东方在这个阶段迅速还清了大部分债务。

但这个行业的“过山车”性质依然未改，反而节奏越来越快。2008 年上半年，京东方赢利大概 7 亿元人民币，但到了 2008 年下半年，金融海啸来袭，全球 TFT-LCD 工业再次进入衰退期。以京东方主打产品 19 英寸宽屏为例，2008 年上半年的价格是每片 120 美元左右，到 2008 年 12 月就已经跌到 60 美元左右了（见图 3－12），致使京东方半年就亏了 13 亿多元人民币。加上之前的债务，2008 年全年京东方亏损 8 亿多元人民币。

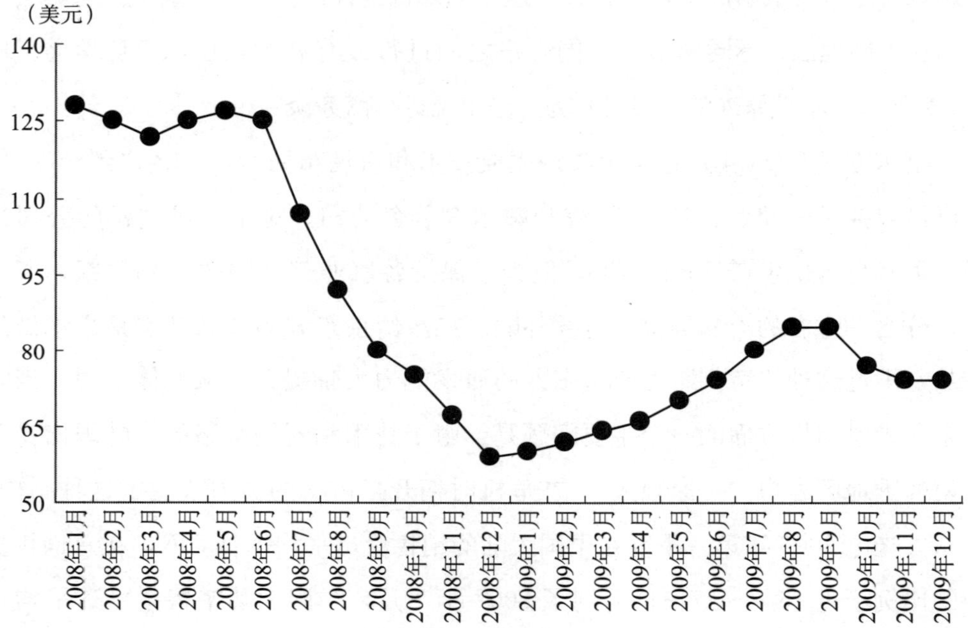

图 3－12　19 英寸宽屏液晶面板价格走势（2008—2009 年）

数据来源：DisplaySearch PriceWise。

但与 2004—2006 年那次衰退不同，最新的这一次衰退并没有让京东方慌张。尽管再次经历亏损，但京东方的财务基础因为还清了大部分银行贷款而远比上一次衰退期时更坚实，特别是经历过上一次的生死经验，京东方已经对液晶周期有了心理承受力。于是，与上一次为生存而挣扎的情况相反，就在这次液晶周期的衰退尚未结束之时，京东方却开始了大举扩张——这是一场牵动全球 TFT-LCD 工业神经的反周期扩张。

3.3.4.3 压抑不住的扩张冲动

正如TFT-LCD工业史所证明的，进入这个行当就像骑上了虎背，骑着不舒服，但下来更危险——只要不想退出，就必须继续投资扩大规模。京东方的决策者很清楚，5代线的产品尺寸并不适合供应最有潜力的市场——彩色电视机。京东方饱受液晶周期折磨的主要原因不是因为它进入了这个工业领域，而是因为它不够大。因此，要想在TFT-LCD工业领域成长起来，就意味着必须继续建设更高世代的生产线，也就意味着即使处于亏损期也必须继续投资。

京东方在建成5代线之后的扩张计划要从深圳"聚龙计划"的故事讲起。2005年下半年，在深圳市政府的支持下，深感技术替代之痛的创维、TCL、康佳、长虹四家彩电组装企业计划合资在深圳共建液晶面板生产线，并谋求信息产业部等主管部门的资金和政策支持。因为建线的目标是为彩电企业供货，所以联盟提出的目标是建设6代以上的生产线。在向境外企业寻求技术来源时，联盟得到的答复或者干脆是不转让技术，或者是技术转让费太高。当联盟把目光转回境内时，发现境内的液晶企业仅京东方拥有可以建线的知识产权，于是主动来找京东方，而后者也乐见有这样一个扩张的机会。最后，京东方以技术入股占40%，四家彩电企业占40%，深圳一个投资公司占20%。深圳市政府表示要给16亿美元，77亿元人民币给"聚龙计划"。按此比例，先注册成立深圳聚龙光电公司（注册资本800万元）。

事实上，京东方在建设5代线（内部编号：B1项目）时，就同时成立了6代线的B2项目组，只是因为海外上市计划流产、无法筹措资金而未付诸实施。"聚龙计划"一商定，京东方立刻组建了技术团队。但在"聚龙计划"的消息流传出来后，日本夏普于2006年6月主动向深圳方面提出建设一条7.5代线的计划，珠三角的三家彩电企业之一受此诱惑倾向于与夏普合作，深圳市政府也动摇了，导致另两家珠三角企业对"聚龙计划"产生犹豫，而长虹干脆撤出做等离子去了，京东方则被冷落一旁。后来经过一年的谈判，夏普违背其最初的承诺，要求在控股的情况下转让技术，导致谈判到2007年9月中止。夏普后来继续玩着这套把戏，又去上海搅局——当夏普与上广电合作的6代线项目都已经获批时，它又撤了。有媒体分析，夏普的搅局使中国大陆进入高世代生产线时代的时间推迟了2～3年。

2006年末，京东方和上广电NEC分别亏损15亿多元和20亿多元，昆山龙腾光电也困难重重。在这种情况下，这三家企业一度探讨“整合”——共同组建一家公司来统一运营它们旗下的液晶面板生产线。当时，信息产业部也支持整合，但在新建公司的主导权上难以达成一致，于是此“整合”方案议而未决①。到2007年下半年，市场转好，三家企业各自追求独立战略，此事不了了之。

当京东方还处于亏损的“水深火热”之中时，决策者也在战略上作出调整，初步判断上高世代生产线投资太大、风险太大，而深圳市之外的其他地方政府也财力有限。于是，京东方决定选择一条进可攻、退可守的道路——建低世代生产线，想先在中小尺寸液晶面板领域做到最强，然后伺机再往下走。但京东方从未放弃过向高世代生产线扩张的想法，所以也难免“多变”——2007年下半年公司的财务情况刚一好转，京东方就秘密地开始了对6代线和8代线的规划。

在2007年渡过危机之后，京东方终于有机会开始扩张，而走出的第一步就是在成都建一条4.5代线。这个项目的起源自有其故事。还在和深圳市政府谈“聚龙计划”时，已经有几个地方政府（包括武汉、成都、长春等）主动找京东方商谈在当地建线的可能，反映出许多地方政府已经看到了液晶工业的重要性。由于成都市提供的条件较好，于是京东方决定在成都建线。

虽然不是高世代生产线，但成都项目采取的融资模式却是一次具有重要意义的突破，为后来京东方建设6代线和8代线打开了一条融资通路。这个模式的形成要从北京5代线的政府投资讲起。如前所述，当年北京市政府（通过国资委下属的北京市工业投资公司）借款28亿元给京东方以支持建设5代线。在

---

① 庄莉莉．“龙头”之争：液晶面板产业整合．上海信息化，2007-07；马丁．液晶产业的最后机会．互联网周刊，2007-01-05.

后来遭遇困难时，京东方的管理层提出把借款转成京东方集团的股份，一方面可以帮助京东方渡过难关，另一方面政府仍然可以通过资本市场回收这笔资金。北京市政府同意了这个办法。事后证明，这笔投资对市政府来说是很划算的：除了由项目得到的税收等收益（每年京东方5代线上交10多亿元的税款，上游配套企业上缴27.8亿元的税款），还有采购等活动拉动的投资，等等；后来，京东方的股价从“债转股”时的2.72元涨到12元，政府在股价10元左右时将一半股权变现卖了20亿元，剩下的股权按现行市值也超过了25亿元。

这个经验为京东方呈现了一条融资的新出路：向政府或者特定的“战略”投资者增发股票以获得足够的资本金。于是，这种模式被应用到了成都项目上。成都市除了提供土地、税收等方面的支持外，还提供了资本支持：2008年7月，京东方为成都4.5代线搞了一次定向增发，向成都市政府旗下的成都高新投资集团和成都工业投资集团增发股票18亿元。此外，在陈元行长的支持下，由国家开发银行牵头的银团提供贷款16亿元，并且将还款期变为10年期。

2008年3月，总投资34亿元的京东方第二条TFT-LCD生产线（4.5代线）在成都开工建设，到2009年10月正式投入量产，其产品是小尺寸的液晶显示器，主要应用于移动多媒体类的终端产品上（见图3-13、图3-14）。正如一位京东方高管所释怀道：“完成了这一轮（建设），感觉资本渠道和产业发展的关系就打通了。”

一旦找到了新的融资模式，王东升的“野心”就再度萌生——京东方再次开始寻找建设6代线的机会，并把目光主要锁定在长三角、珠三角和渤海湾三个地区。本来京东方的决策者还是放不下进入深圳的念头，除了运输、市场和基础设施等因素外，一个主要的考虑是建6代线需要融资175亿元，必须跟有财力的大城市谈合作。但一个“不速之客”却把京东方的6代线引向了合肥。

2008年4月份，京东方的一位独立董事把合肥市的一位官员介绍给了京东方高管。当时，京东方决策者的心思还放在进入深圳的可能性上，并没把这个来访当回事。但当京东方高管应邀回访合肥时，却一下子被当地领导的态度打动了——厂址的土地已经准备好了，而且还有备选方案（合肥方面承诺，深圳能给多少，他们就给多少）。评估之后，京东方的人发现合肥是一个很不错的

图 3 - 13　京东方第 4.5 代 TFT-LCD 生产线厂区

资料来源：京东方提供。

图 3 - 14　京东方第 4.5 代 TFT-LCD 生产线

资料来源：京东方提供。

地方：位于长三角经济带，两个小时路程到武汉，三个小时能到上海，一个小时能到南京，覆盖全国国民生产总值60%的区域；更重要的是水、电供应充分（一条6代TFT-LCD生产线一天要消耗2万多吨水），而且合肥水很好，有长江，还有巢湖；更让京东方人没有想到的是，安徽省还是个电力输出省（原以为是电力输入省）；此外，合肥的科技人才很密集，在全国排第五，而且人员相对稳定；最后是合肥市上下一心，市委书记亲自带队搞这个项目，自上而下推进。京东方高管感觉有戏。

王东升和合肥市委领导单独谈了三次，主要是提示风险。王东升表示，对京东方来说，6代线是一定要做的，但合肥市不一定要冒这个风险。合肥市领导表示，有困难大家一起扛，合肥市愿为这个项目拿出60亿元。事实上，合肥市领导为上这个项目也要冒很大的风险，但这样做也有比一个项目更深刻的理由。在过去20多年里，合肥市已经集聚起了一个相当规模的家电产业，但因技术含量不高而根基不稳，合肥市领导由此看到了发展液晶显示器工业对于保持家电基地的重要意义。为了这个项目，合肥市委常委会召开扩大会议，市委、市政府、市人大、市政协四套班子的领导都参与讨论。据说合肥市决心之大，甚至把地铁项目暂停，腾出的钱用于这个项目。

2008年秋天，京东方与合肥市签订了建设6代线的资金框架协议，合肥市承诺出资60亿元，并承诺在增发不成功时保底90亿元。2009年4月13日，计划总投资175亿元的京东方6代线在合肥破土动工（见图3-15）。由于京东方为建设第6代线已经准备了3年时间，所以其在技术上具有信心，把工期设计得很短，计划只用10个多月的时间完成。这条线投产后，可以覆盖18英寸到37英寸的各种尺寸的产品（32英寸和37英寸的显示屏是电视机屏幕的主流应用），使中国彩电工业第一次获得了显示屏的本土供应来源。

2009年6月8日，京东方经证监会批准后发出公告，为合肥6代线进行120亿元的定向增发。比成都模式更创新的是，这次定向增发的对象还包括了企业和社会的力量。增发前，人们还有些担心，但没有想到政府信用的作用如此之大。本来社会各界都看好这个产业，唯一的担心是京东方会不会“垮台”，政府的加入使得投资人立刻信心大增（“说明京东方不会垮”），何况中央政府的产业振兴规划已经把新型显示器规定为产业发展的重点，而且证监会也支持增发，真是占了天时、地利、人和。这次增发获得成功，而且由于私人投资者认购踊跃，合肥市只出资了 30 亿元。最后的资金来源结构是：三分之一来自政府投资机构的钱，三分之一来自市场机构投资者的钱，三分之一来自纯市场的钱。

图 3-15　京东方第 6 代 TFT-LCD 生产线厂区

资料来源：京东方提供。

合肥 6 代线的建设恰逢全球 TFT-LCD 工业在金融海啸下陷入投资停顿之时，该线顿时成为全球设备、材料供应商所瞩目的一条线。在合肥 6 代线开工仪式上，全球最大的设备供应商——美国应用材料公司的代表在致辞中说，京东方是应用材料公司在中国显示行业的第一家客户，“京东方的努力让我们相信中国的平板显示产业在快速发展的全球平板显示市场中将发挥越来越重要的作用”。全球最大的玻璃基板供应商——美国康宁公司的代表表示，康宁将全力以赴支持京东方的成长，“我们的成功依赖于京东方的成功。在我们看来，京东方不仅是我们的客户，更是我们的战略合作伙伴和朋友”。中国半导体设备企业北京七星华创的代表表示：“七星华创正在加大 TFT-LCD 设备研发的力度，我们希望能够为中国 TFT-LCD 产业发展尽自己的微薄之力，京东方合肥 6 代线的建设将为国内设备行业带来新的发展机遇。”乐凯集团的代表在致辞中说道，乐凯公司已经在合肥投资生产 TFT-LCD 用各种薄膜和偏光片，这些材料在液晶面板生产成本中约占 30%，“京东方合肥 6 代线的建设对拉动上游材料的国产化有非常重要的意义”①。

合肥市领导的勇气也得到超过预期的回报：不但是只花了 30 亿元就让 6 代线在合肥落户，而且在 6 代线动工后，已经有十五六家为 TFT-LCD 配套的企业申请在合肥开发区建厂。这股产业集聚的热潮使合肥市发现开发区用地已经不够，不得不（兴高采烈地）紧急向中央政府请示解决开发区用地问题。

合肥 6 代线从酝酿到开工正值全球金融海啸来袭之时，但这个带来经济衰退威胁的危机以及中国政府振兴经济的举措却给了京东方大举扩张的机会。2008 年年底，在中央政府 4 万亿刺激经济计划开始后，北京市政府召开动员大会，要求各方寻找、推荐能够拉动需求的投资项目。北京亦庄经济技术开发区管委会的负责人立刻就大叫起来：这还用找啊，京东方的 8 代线呀！其实，京东方早就力图向市里汇报上 8 代线的计划，但那时正忙于北京奥运会的领导们对此毫无兴趣。尽管如此，当亦庄经济技术开发区负责人提出此项目时，还是受到“知情不报”的责怪。

由于得到政府的支持，京东方的 8 代线项目立刻进入制订实施方案阶段。金融海啸成为赶超者的巨大机会，当全球 TFT-LCD 工业因市场需求不振而对建设新线的投资停顿时，京东方被压抑了许久的扩张势头却一下子迸发出来。2009 年 8 月 31 日，京东方的 8 代线（后调整为 8.5 代线）在北京亦庄经济技术开发区开工，总投资规模达到 280 亿元，计划于 2011 年第三季度投产（见图 3－16、图 3－17）。截至本报告成文为止，京东方仍然在为这个项目筹集资本，将在适当时机进行定向增发。在这个过程中，北京市已经给予了大力支持，国家发改委和工信部也都给予了资金支持，这些支持对于京东方挺过瓶颈期是非常重要的。

经国家发改委批准，2009 年 4 月，中国第一个 TFT-LCD 工艺技术国家工程实验室在京东方设立。该实验室的建设得到国家发改委的资金支持（1 500

---

① 以上发言见 2009 年 4 月 22 日《中国电子报》。

图 3－16　京东方第 8.5 代 TFT-LCD 生产线施工现场

资料来源：京东方提供。

图 3－17　京东方第 8.5 代 TFT-LCD 生产线鸟瞰效果

资料来源：京东方提供。

万元）和政策支持，以推进液晶显示器件研发、上下游技术融合与验证、标准研究和人才培养。事实上，京东方的技术能力已经有了长足的进步。以京东方掌握的 FFS 宽视角技术（液晶面板用在电视上时必须使用宽视角技术）为例，目前业界有两大平面控制模式宽视角技术轨道，而京东方的 FFS 要比夏普拥有的 VA 更为先进，特别是应用在未来潮流的触摸屏上时。FFS 技术本来是韩国现代独立研发的，京东方最初是从收购 HYDIS 获得 FFS 专利使用权的，但后来京东方不断研发这项技术，追加了大量拥有自主产权的专利。特别是 HYDIS 只有 3.5 代线，京东方则在建设 5 代线后进行研发，由于尺寸和平台都放大很多，所以有大量独有技术被叠加进去，使 FFS 技术可以应用到更多的产品上。由于京东方拥有更适合大尺寸液晶面板的 FFS 技术的专利和诀窍，所以三星和 LG 都提出与京东方合作（也有几个京东方的韩国工程师被它们挖走）。

当然，悬念在结果出来之前始终存在：京东方行吗？我们无法先验地回答这个问题，但可以找到回答这个问题的钥匙。在连续融资成功之后，这个问题其实是关于京东方的能力的：京东方的高管团队能否领导这种扩张，京东方是否具有足够的管理能力和技术能力来支撑这种扩张。当追溯了京东方的历史之后，可以看到两个线索：第一，京东方在进入 TFT-LCD 工业领域的过程中具有始终一贯的战略；第二，京东方在这个过程中具有清晰的技术能力成长轨迹。这样看问题，问题的答案就有了一半，另一半则是实践性的——留待京东方人自己在未来的过程中去证明。

京东方建设合肥 6 代线的负责人是刘晓东，建设北京 8 代线的负责人是韩国建——两人都是从北京 5 代线成长起来的汉子。从技术力量上讲，建设一条线的工程师团队需要 150 人左右，当然必须是有经验的。京东方的工程师队伍已经超过 2 000 多人，还有 100 多名韩国和其他国家的工程师分布在北京、成都和合肥的各条线上。成都 4.5 代线的开工早于合肥 6 代线 13 个月，而合肥 6 代线的开工又将早于北京 8 代线 6 个月。除了建线工程师的骨干团队必须马不停蹄地移师以及继续从北京 5 代线抽调骨干之外，还看不出有什么巨大的障碍会影响京东方的建线速度。为 6 代线和 8 代线而新招的本科以上学历的员工数量都在迅速增长，而且已经被分批派往北京 5 代线、成都 4.5 代线和国外实习。由于京东方已经具有了学习平台和技术能力，在今天中国一点儿也不缺大学毕业生的条件下，训练出一支高技术劳动大军也没有什么大问题。1936 年，长征走过雪山草地的全部红军到达陕北时只剩下不足 3 万人，但 13 年后解放大军渡过长江时早已是数百万雄师。只要有了自己的核心团队和核心能力，就可以在实战中迅速扩大队伍——打仗和市场竞争的道理没什么不同。

北京5代线之后的三条新线的所有概念、设计基础、工艺组合和系统整合全部由京东方自己完成。北京5代线的经验是建设所有新线的基础，所有新产品的设计都是依托北京5代线进行的。成都4.5代线于2009年10月量产，到2010年4月已达到满产。合肥6代线的难度当然比4.5代线更大，还包括了彩色滤光片这部分（北京5代线100K不含彩膜，合肥6代线是90K含彩膜）。目前，6代线已经搬入设备进行安装调试，这正是现场工程师增长能力的关键阶段。8代线的建设也迅速推进，其主体厂房将于2010年7月封顶。建设8.5代线在技术上是一次比较大的跳跃，但8.5代线和6代线在技术上没有本质的差别，虽然在工艺上的难度提高了。从全球的工业经验看，三星在建成5代线之后建设7代线和8代线，LG是在建成5代线之后相继建的6代线、7代线和8代线，夏普则是循着4代线、6代线、8代线、10代线的轨迹发展，所以京东方的建线步伐没有什么与众不同的地方（除了最近的加速之外）。目前，全球TFT-LCD工业最先进的生产线是夏普的第10代线（三星和LG都宣布要建10代线，但迄今未动）。因为没有出现9代线，所以北京8.5代线建成后，京东方与境外领先者的差距就不过是一步之遥。如果到8.5代线建成时融资没有问题，京东方就可以规划下一代生产线。当然，从产品设计和技术积累来讲，京东方与领先者的差距还是比生产线的差距更大些，但要赶上领先者就必须经历这个过程。

3.3.4.4 京东方扩张的历史意义

从某种角度看，京东方正在进行一场“豪赌”：当自己的运营业务还处于亏损和盈利之间的转换边缘时，就募集400多亿元资金投入6代线和8代线的建设。但从另一个角度看，这种行动符合这个产业“不扩张就灭亡”的规律——巨人只能这样成长起来。

20世纪90年代末，时任英特尔董事长的格罗夫说过一句名言：只有偏执狂才能生存。这句话在中国被广泛引用，却很少有人能真正理解其中的含义，因为很少有中国企业经历过这种工业的竞争——技术进步每天 24 小时不停，而为推出一代新产品所需的生产线动辄就要数十亿美元的投资。京东方如此规模、如此速度的扩张引起中国媒体的许多质疑，但这些质疑的理由除了反映出质疑者的不理解或不习惯之外，看不出有什么道理①。也难怪，国人对这样的工业实在是太陌生了。

为帮助理解京东方扩张的前景和意义，我们简单回顾一下中国发展半导体工业的历史。由于半导体工业与 TFT-LCD 工业的相似性，所以这个简短的回顾可以把京东方的所作所为置于中国高技术产业发展的历史脉络中加以理解。

自从 1947 年美国贝尔实验室发明了半导体之后，半导体工业的崛起展示了一条与传统工业截然不同的轨迹——遵循“摩尔定律”的高速技术进步与高强度投资互为因果的动态演进。不但半导体技术影响了人类的生活方式、生产方式乃至战争方式，而且从战略上讲，这种性质的高技术工业竞争也影响了大国的命运——苏联式的中央计划经济就是在这样一场新技术革命中被西方甩下的。中国大陆开启半导体研究的时间只落后于美国 10 年左右，然而经过 40 年的发展，中国大陆半导体工业和世界主流的差距却越来越大，同等工艺已经落后世界主流两代以上，甚至被更晚进入该工业领域的韩国、中国台湾远远甩在后面。2007 年，中国进口半导体集成电路 1 287 亿美元，比上年增长 20.1%，而出口的集成电路（主要是外资在华企业生产的）仅仅为 238.8 亿美元，净进口额达到 1 048.2 亿美元②。同年，中国进口石油 1.6 亿吨，价值为 797.6 亿美元。至此，半导体集成电路已经超过石油成为中国进口的第一大项，进口依赖

---

① 媒体的质疑大多针对京东方盈利分红不多就继续融资的行为（见 http：//tech. sina. com. cn/it/2009 - 09 - 08/05563417683. shtml，http：//finance. sina. com. cn/leadership/mroll/20090731/16116556377. shtml），这种从短期商业逻辑出发的质疑还比较好理解。比较难理解的是从技术上的质疑。例如，2009 年 11 月 26 日《南方日报》报道说，由于广东决定上马 8.5 代线，所以在建的京东方 6 代线还未投产就已经在技术上落后两代半了，因此对将来这个项目是否能够收回投资表示质疑（http：//tech. sina. com. cn/it/2009 - 11 - 26/09203626288. shtml? from=iasknominate）。不知为什么这种报道不以同样的逻辑去质疑韩国三星准备在苏州上的 7.5 代线项目？

② 中国海关统计年报 . http：//www. customs. gov. cn/YWStaticPage/4370/b981679a. htm.

程度达到90%。50年来，中国半导体工业之殇也是中国高新技术产业发展瓶颈的浓缩版本。

其实，中国大陆早在20世纪50—60年代就在被封锁的条件下自力更生地研制出半导体元件和集成电路。但在改革开放之前的计划体制下，由于科研与生产相脱节、企业没有投资权以及受到外部的技术封锁等因素，中国大陆始终没有发展起来一个能够批量生产的半导体工业，也就没能拥有一个可以参与技术进步的产业基础。到改革开放年代，世界半导体工业已进入大规模集成电路阶段，中国政府也开始重视这个工业的发展。1983年，国务院大规模集成电路领导小组提出“治散治乱”、集中建立骨干企业抓大发展的政策。1986年11月，政府再次提出了“七五”期间普及5微米技术、重点掌握3微米技术、开展1微米技术研发的发展战略。但就在这一系列计划和政策的层层报告、审批过程中，世界半导体技术日新月异，中国半导体工业的发展也没有表现出更多的生机。1989年2月，中央明确集中主要精力，重点建设无锡华晶集团、绍兴华越微电子有限公司、上海贝岭微电子制造有限公司、上海飞利浦半导体公司和北京首钢NEC公司等5个骨干企业。但在政府的有限扶持与市场竞争对手凶猛的竞争攻势下，这5个企业始终处于生存的边缘，也没有摆脱对外国技术的依赖。政府到此时逐渐意识到，对于半导体这种“胃口”很大的工业而言，投资和决心似乎下得还不够大，于是拉开了国家重大项目的序幕。

1989年8月，机电部就建立6英寸硅片和0.8～1微米技术的集成电路生产线提出制定国家专项计划，加速发展我国集成电路工业的设想。这就是“908工程”的雏形。由于国外的技术封锁、资金等问题，对这个项目的论证用了整整五年，直到1995年有关单位才与美国AT&T公司签订了受让0.9微米技术的合同，正式启动了“908工程”。但62个月的停顿使当初定下的0.8～1微米、6英寸技术尚未投产已经落后，最初签订的合同产品也已经过时、没有市场。真正关键的问题是：当时只是引进生产线，所以除了合同产品，华晶没有自主开发任何产品的能力。从1990年起，国家对华晶的投入累计25亿元。而1997年华晶投产当年就亏损2.4亿元。走投无路之下，1998年2月，华晶将部分设备租借给香港上华半导体公司。2002年9月，香港华润集团（简称华润）正式宣布收购华晶，宣告了“908工程”的失败（朱贻玮，2006：60）。

第一次海湾战争再次使国家决策层认识到半导体的重要性。1995年12月，国务院批准了中国电子工业有史以来投资最大的国家项目：投资100亿元建设一条8英寸硅片、从0.5微米工艺技术起步的集成电路生产线，即“909工程”。1996年，国家正式启动该工程，成立上海华虹微电子有限公司。在寻求技术来源的过程中，华虹最后与日本NEC达成了引进8英寸、0.35～0.5微米设计和制造技术的协议（组建华虹NEC，NEC持股近30%）。吸取“908工程”的教训，华虹NEC基本执行了当初所设定的计划，2000年实现当年投资当年获益的成果。比“908工程”有进步的是，“909工程”塑造了华虹这个企业——它更加以市场为导向，也更加重视技术能力的培育。就项目本身而言，“909工程”可以说是取得了有限的成功——华虹NEC今天是中国大陆排名第三的集成电路生产商，但在芯片代工全球排名中仅位列第13名左右，产值和利润更是与先进者相差40余倍[①]。2000年之后中国半导体工业的发展，主要还是与外商投资有关。

以今天的眼光看，中国发展半导体工业不成功的原因有三：第一，计划体制下的投资决策迟缓，投资强度也不够。在那种体制下，重大工业项目的投资主要来自政府财政，但财政拨款的特点是几百万美元都要经历耗费时日的审批过程，在时机和强度上根本不能适应半导体工业动辄上亿美元投资的要求。而且财政拨款受行政体制的影响，很难集中投资[②]（朱贻玮，2006：70-71）。

第二，在技术上依赖引进生产线方式，没有重视自主能力的发展。当政府以重大工程的形式发展半导体工业时，每一次都是引进达到当时世界先进水平的生产线，但每一次引进的生产线到建成时都变成落后的。生产线技术落后并不可怕，因为最先进的技术本来就买不到；可怕的是没有借助引进而发展起足

---

① 2009芯片代工业排名：台积电继续领跑．http：//www.pcpop.com/doc/0/497/497115.shtml.

② 20世纪80年代中期，美国建设一条4英寸生产线就需投资1.4亿美元，而当时中国的一个单位往往只有二三百万美元就想建设IC芯片线，最终只能引进外国已经淘汰的生产线。而引进项目到最后真正建成投入使用的生产线不超过50%。

够的能力，一旦引进的技术落后就束手无策。

第三，与上述两个原因互相联系（或互为因果）的是中国大陆当时没有在半导体工业中出现竞争性企业——能够独立决策并走自主开发道路的企业。没有这样的企业，政府的产业政策就没有立足点，对引进的技术就没有学习的主体，半导体工业也就没有能力基础。

以中国半导体工业发展的历史经验作为背景，就可以看出出现京东方这样的企业对于中国工业发展的历史意义。京东方是在进入 TFT-LCD 工业领域之前就完成了从老国企到竞争性企业的组织转变，它进入这个工业领域及其后来的扩张是企业独立做出的战略决定；它从进入之时起就利用收购的外国技术资源建立起自己的学习平台，并以自主培育起来的能力向高世代生产线扩张；它目前所建设的高世代生产线中每一条的投资强度（6 代线 175 亿元、8 代线 280 亿元）都超过了以往国家财政对一个工业项目的一次性投资；它没有选择在这个工业领域找个边缘市场过小日子，而是在这个工业领域的主流领域发起了正面进攻——如果成功就会跻身于全球领先的行列。因此，以历史的眼光看，京东方是半导体革命 60 年来中国大陆第一次在电子基础元件工业中出现的竞争性企业。

京东方是改革开放的产物，是经济体系市场化的产物，也是企业经历了组织转变的产物，但同时却因为中国大陆过去没有这样的企业而成为被许多国人所难以理解的“怪物”。但是，京东方的孤独所反映的不是它自己的“古怪”，而是这样一个事实：中国从计划/命令体制继承下来并经过引进生产线和招商引资的粗放发展阶段而形成的政策思维、政策体系、管理体制乃至心理状态，都不适应甚至不支持这样的企业在这样的工业领域进行竞争。以财政对工业投资的体制被改革之后的融资问题为例，中国的企业在目前阶段还不可能依靠自身的积累来承受在这种工业领域竞争所需的投资强度；银行贷款从性质上无法支持长期性的产业融资；中国的资本市场是投机性的，而投机性的资本市场是无法支持高技术产业发展的——京东方之所以在网上被股民们骂得“狗血喷头”，就是因为它无法满足他们“一夜暴富”的期待。只是在找到了向特定的大投资人定向增发的方式后，京东方才找到了支持它目前扩张的融资方式。尽管进步中的中国政府给予了越来越多的支持，但京东方的经历仍然反映了尚未解决的政策和体制缺陷：在计划/命令体制的财政拨款方式和粗放市场经济的“袖手旁观”方式之间，中国应该但还没有建立起国家通过市场机制支持高技术产业发展的融资方式——国家设立产业基金。

京东方的“野心”决定它还要继续在“孤独”中冲锋。但自己人看不明白并不代表能够按照产业规律思维的外人也看不明白①，所以京东方的扩张势头牵动了全球 TFT-LCD 工业界的神经：以京东方的 6 代线上马为开端，在金融海啸中停顿下来的夏普 10 代线、三星和 LG 的 8 代线恢复建设，友达和奇美的 8.5 代线建设启动；同时，夏普、LG、三星、友达、奇美开始加紧到中国大陆活动，跟各地政府积极接触，“探讨”在中国大陆建线的可能；那一阵子，中国媒体不断流传着源自台湾企业的有关京东方的负面谣言。京东方 8 代线的上马更像是一场“地震”，使境外企业对中国大陆封锁技术的“长城”一夜之间崩塌——从京东方 8 代线动工的那天开始，一场因境外资本纷纷要在中国大陆设厂而导致各地争上高世代生产线的“液晶热”席卷中国大地……

“神经紧张”是因为它们看得很清楚：在中国大陆的市场需求条件（庞大的消费市场和终端制造业）和低成本制造能力条件下，京东方依托高世代生产线量产后的崛起，将动摇由日本、韩国、中国台湾组成的液晶工业“铁三角”格局。在更一般的意义上，京东方所代表的中国工业在技术阶梯上的爬升，将导致由中国工业进行劳动密集型的下游组装并由外国工业控制上游技术的“垂直分工”模式发生结构性变化；即使是仅就京东方一个企业而言，它可能的成功也将标志着中国大陆第一次在半导体技术革命以后的电子核心元器件工业中出现能够影响全球市场格局的企业。风险很大，利害关系也很大。

进入 TFT-LCD 工业领域之后，曾经把企业从毁灭中带出来的王东升经常

---

① 日本学者 Kitahara Hiroaki 根据液晶工业的经验规则（Odawara 规律）预测：到 2010 年，中国大陆液晶企业将会在全球液晶工业的竞争中占据重要位置。Mathews（2004）的文章也认为，中国大陆企业在第五次液晶衰退期进入这个产业的世界舞台是可以预测的。

以“惶恐”来描述自己的心态。但“惶恐”可以反映一个企业领导人战略思维的内心根源，却不足以完全反映在这样的领导人率领下的整个团队的精神状态。于是，在今天产业竞争胜负对于国家命运的影响绝不亚于战争胜负的情况下，还是用一句先辈们在拯救民族危亡战火中高唱的军歌歌词来结束京东方的故事：

“东进，东进，我们是铁的新四军！”

3.4 “液晶热”与政府能力：从产业政策的角度看中国 TFT-LCD 工业的发展

2009 年夏末，当世界经济仍然处于金融海啸所导致的经济衰退时，中国突然出现了一股“液晶热”。境外企业一反多年的封锁态度，争相要在中国大陆建设高世代 TFT-LCD 生产线，许多地方在这种条件下纷纷准备上马液晶面板项目。拟议中的项目数量一时如此之多，以至于媒体的议论很快就从对“天上掉馅饼”的喜悦变成了对未来产能过剩的担忧。

事实上，“液晶热”是由京东方的扩张所触发的——中国竞争性企业基于自主能力的扩张牵动了全球 TFT-LCD 工业的神经。这个工业的戏剧性转折再次说明，这次全球金融危机实际上是中国经济转型和产业升级的一个重要契机。但是，中国是否能够抓住这次机遇打破瓶颈、发展高技术工业并实现产业升级，并非确定的，因为把机会转化为现实取决于决策者的战略远见、意志以及把想法付诸实施的能力。

尤为值得注意的是，“液晶热”把政府的作用不可回避地拉到了舞台中央——这个事实再次提醒我们：对于中国的工业发展特别是高技术工业的发展来说，政府的政策思维和能力与企业的战略决心和能力是同样重要的。中国政府应对“液晶热”的“困境”也同时说明，在忽略了工业行政能力多年之后，中国政府如果要有效地推动经济转型和产业升级，就必须实现一系列的转变：在产业和技术发展的政策思维上，从“三段式”的直线式思维转向立足于能力发展的战略性思维；在政策实施途径上，从热衷于直接操作项目转向支持竞争性企业的创新和成长；在组织上，从简单的撤并机构和缩减职能转向以增强中国政府能力为目标的机构重新建设；等等。因此，中国高技术工业的发展和产业升级的前景不仅取决于企业能力的成长，也取决于政府能力的成长。

3.4.1　“液晶热”：中国 TFT-LCD 工业发展的重大机遇？

2009 年夏末出现的“液晶热”难免让人产生困惑：在彩电工业遭遇技术替代危机、液晶面板供应受制于人、引进技术遭到封锁的多年之后，中国似乎“突然”进入了 TFT-LCD 工业起飞的前夜。但如果了解一下“液晶热”的来龙去脉，就会发现这其中并存着机会与风险——两者的转换取决于战略原则。

3.4.1.1　“液晶热”的起因

2008 年下半年开始，由于金融海啸的影响，欧美需求大幅下滑，全球主要的液晶面板企业（全部是日本、韩国和中国台湾企业）都遇到产能暂时过剩的问题。台湾液晶面板厂家以前一直依赖于日韩企业的订货，但从 2008 年 8 月起，日韩企业取消采购订单，改为自己做，致使台湾厂商从第四季度开始几乎全面亏损。

这种状况似乎为中国大陆改善液晶面板供应提供了机遇。2008 年 12 月 21 日，中共中央台办主任在第四届两岸经贸文化论坛上宣布了大陆对台的十项新政策措施，其中包括向台湾企业先期采购 20 亿美元的液晶面板①。此后不久，由工信部牵头成立了“海峡两岸平板显示产业促进工作组”。2009 年 1 月 16 日，在工信部、国台办的支持下，由中国电子视像行业协会主办的“海峡两岸平板显示产业战略合作论坛”在福州举行。会上，海信、康佳、长虹、上广电等 9 家中国大陆电视制造企业和台湾奇美电子、友达光电签署了战略合作协议：9 家彩电企业向以奇美电子、友达光电为主的台湾液晶面板生产企业购买

---

①　杨阳．大陆彩电驰援台湾面板：20 亿液晶订单只是开始．经济观察报，2008－12－27.

21.9 亿美元的电视用液晶面板，采购量将超过 1 200 万片，涵盖了各个主流尺寸规格[①]。6 月，由中国电子视像行业协会带领的大陆赴台湾面板采购团访问台湾，将 2009 年面板采购金额从年初的 22 亿美元翻番至 44 亿美元[②]。

海峡两岸达成采购意向之后，韩国企业从 2009 年 2 月起突然以现金频繁采购台湾面板，从友达、奇美等手中买走了 2008 年 10 月以后积累的 400 万片库存面板，而且签署了 2009 年的年度采购协议。这让中国大陆面板开始严重供不应求。同时，韩企开始控制向中国大陆彩电企业供应面板的数量，并提出涨价的要求，而手握大陆订单的台湾面板商也坐视面板缺货而不急于进行新的投资和扩产，导致液晶面板的价格从 2009 年 3 月到 8 月上涨了 30%以上（见图 3-18），使中国大陆彩电企业再度陷入困境。

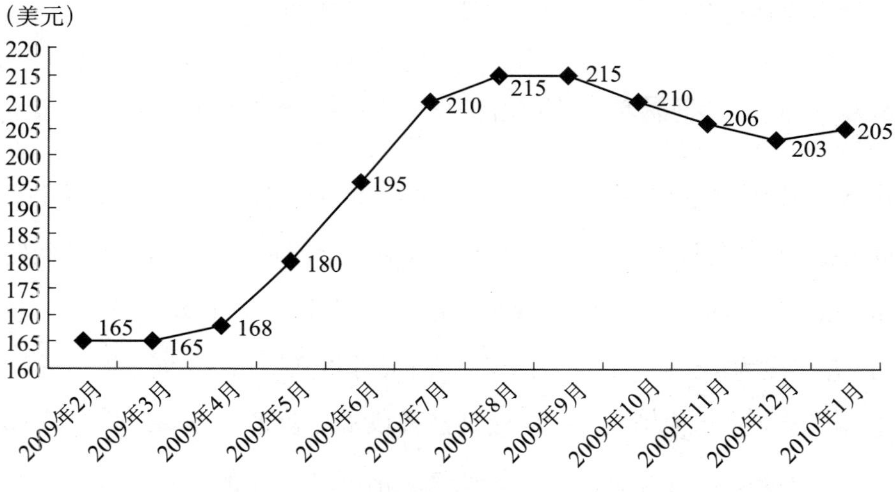

图 3-18　32 英寸液晶电视面板价格走势（2009.2—2010.1）

资料来源：DisplaySearch Pricewise。

实际上，在落下 44 亿美元采购大单的背后，中国大陆工业界更为期盼的是台湾面板企业能到大陆投资设厂，或者开放大陆企业投资台湾面板企业。

① 康钊 .9 家国产彩电巨头购面板酝酿反击洋品牌 .（2009-01-19）. http://tech.sina.com.cn/e/2009-01-19/02262760975.shtml.

② 台湾液晶面板产能不足　大陆 22 亿后续大单现缺口 . http://www.chinanews.com.cn/it/it-jdxw/news/2009/06-11/1730021.shtml.

2009 年 6 月 30 日台湾当局公布新的大陆投资政策后[①]，大陆企业投资台湾面板已经没有可能性，只能期待台湾企业到大陆设厂。但与中国大陆方面的一厢情愿相反，近年来日本[②]、韩国政府和台湾当局都严格限制向中国大陆转让技术（哪怕这种“转让”只不过是到中国大陆设厂）。韩国情报通信部的《2002 年综合审查评价报告书》中有一句话：“经济迅速发展的中国需要大量的技术……我国的知识头脑和技术流向中国的可能性空前地大。”[③] 根据韩国 2007 年颁布的《防止产业技术外流及产业技术保护法》，出售、转让核心技术必须获得国家批准，液晶面板与半导体都是核心战略产业，韩国企业在海外建设生产这些产品的基地需要韩国政府批准。

台湾当局当时仅开放面板厂赴大陆投资后段模组厂，对于关键的前段制造仍列在禁止名单中。根据台湾经济管理部门初步形成的“产业开放登陆清单”，掌握液晶面板及半导体先进技术的企业有望通过专项审查的方式到大陆投资。按照新规定，液晶面板业是开放 10 代厂（不含）以下“登陆”，但需经专项审查。初步规划以“N＋1”或“N＋2”为原则。N 为世代数，表示需在台建成一座新世代厂，才能到大陆建设前一代或前两代的生产线，3、4 代厂则倾向于

① 台湾当局经济主管部门于 2009 年 6 月 30 日公布《大陆地区人民来台投资许可办法》。首批开放大陆资本赴台投资项目的 100 项中，面板、半导体等先进制造业不在开放清单内。参考《台湾开放首批 100 项大陆企业赴台投资项目》，见 http：//news. sina. com. cn/c/2009 - 06 - 30/154118124468. shtml。

② 根据日本政府从 2002 年起制定并公布的《全面控制出口管制外国最终用户名单》，日本企业在向被列入该名单的企业和组织出口有关敏感货物、技术时，须向经济产业省进行事前咨询，如得不到许可，货物不得出口。为强化技术出口管制，日本经济产业省发布对外安全贸易“管制名单”。《出口贸易管理令》规定的技术提供限制领域十分广泛，涉及 16 个领域 21 个大类 79 个项目，其中有 49 个项目涉及需要报请经济产业省审批许可、属于谨慎出口或控制出口的物品。日本政府发布这份“黑名单”的同时，还一再要求日本企业要“自重”，提高警觉，防止先进技术落入中国。液晶面板产业是核心战略产业之一，TFT-LCD 技术作为电子信息时代的核心技术之一，一直受到日本政府的严格限制。我们没有找到限制液晶面板技术转移和出口的明确的法律条文。但韩国三星总部 LCD 事业部副总裁赵容德也证实：“与其说企业在技术转移方面设置壁垒，还不如说是各政府之间设置了技术壁垒。韩国、日本政府在 LCD 技术向外输出上设置了一定的技术壁垒。”参见 http：//news. sina. com. cn/w/2006 - 07 - 31/14139616936s. shtml；http：//www. china. com. cn/economic/txt/2008 - 05/05/content _ 15064726 _ 2. htm。

③ 张锦芳 . 韩国对尖端技术外流有点过敏 . 经济参考报，2004 - 10 - 19.

不设限。截至本报告成文为止，台湾尚无 10 代厂，最新的是友达刚量产的台湾第一条 8.5 代线。依此原则，台湾面板企业可以到大陆投资 6 代或 7.5 代生产线。直到大陆出现“液晶热”之后的 2010 年 2 月 9 日，台湾经济管理部门终于开闸，同意台湾企业赴大陆投资高世代液晶面板生产线，但限定最高不得超过三条，且与台湾本地所建的面板线需有一个世代的差距。

不仅政府或行政当局不愿意，日本、韩国和中国台湾企业自身也没有到中国大陆设厂或转让技术的积极性。一直以来，掌握着高世代面板生产技术的三星、LG、夏普、奇美、友达都不愿打破政府或行政当局的政策限制到中国大陆设厂。直到 2009 年 5 月份，三星电子全球副总裁赵容德还强调“暂时没有向中国转移液晶面板生产线的计划”，其 LCD 事业部总裁张元基在 8 月 25 日进一步表示，“中国市场将会变得更大，但我们在决定之前必须了解更多状况”①。

金融海啸来临后，友达、奇美纷纷将原定 2009 年的 7.5 代线、8.5 代线的量产时间延后，甚至有些生产线延至 2010 年，在投资金额上将出现巨幅负成长。台湾面板业老大友达甚至宣布，不排除将一条线关停②。友达在 2009 年 6 月的股东会上还保守地表示，年底产能维持 2 万片目标；在 7 月的法说会上表示，设备产能 4 万片，预估第三季度将开到 3 万片。8 月份，友达总经理陈来助表示，年底可能会满载，意味着 8.5 代线年底产能将开到 4 万片。实际上，到 9 月初，“奇美电子的高雄路竹 8 代厂还在停滞阶段，不知何时重启设备装机时程”③。一直追踪报道液晶面板产业十多年的台湾著名记者陈泳丞在 9 月 1 日的报道中评论说，“由于全球经济并未完全回暖，仅靠大陆方面的需求，台湾面板就到大陆投资设厂的欲望依然不高，台资企业 2009 年缩减开支已成定局”④。

从上述情况看，中国大陆采购台湾面板的单方面善意并没有达到预期的效果，日本、韩国和中国台湾的企业不会因为中国大陆市场的需求扩大而到中国大陆设厂或转让技术（反而可以坐收价格上涨的收益），日本、韩国政府和台湾当局也不会因为中国大陆的需要而放松对技术的管制。

---

① 刘焕彦，邱诗文．大陆现有 TFT-LCD 生产线及筹建中的生产线．经济日报，2009－08－26.

② 王文静．液晶面板产业步入肃杀寒冬．中国数字电视，2008（11).

③④ 陈泳丞．大陆八代厂急起直追．工商时报，2009－09－01.

只有一个因素改变了这种局面——京东方出人意料地开始了反周期扩张。2009年4月13日，京东方的第6代线在合肥开工建设。这是在金融海啸开始后唯一开工的生产线，却“牵一发而动全身”——从此全球主要TFT-LCD企业在金融海啸中停顿下来的投资计划纷纷重新启动。

更具有冲击力的是，京东方于2009年8月26日发布公告，确认上马8代线。仅仅五天后的8月31日，这条线的奠基仪式就在北京亦庄经济技术开发区举行。其实，京东方要上8代线的消息已经流传了一段时间，但正式付诸实施还是有如一个“晴天霹雳”，瞬间改变了所有业内“玩家”的心态。

同在8月31日那一天，日本夏普宣布与南京市签订合作意向书，将与代表当地投资的熊猫集团成立合资公司，进行“8加6”代线投资计划。具体合作计划包括：夏普将其亀山第1工厂的第6代液晶线（建于2004年）出售给南京合作方，并提供生产技术支持，还包括今后合资建设与夏普亀山第2工厂同等的8代线。由于受到经济危机的打击，夏普6代线生产的32英寸面板价格暴跌，最低跌至每片130多美元。同时，夏普正在建设总投资为42.8亿美元的10代线。这两个因素导致夏普在2008年亏损约13亿美元，这是夏普自1956年在东京证交所挂牌交易50多年来的第一次年度亏损。夏普为筹措资金建10代线而意欲把旧的6代线卖给中国的消息流传已久，在亏损后更成为夏普当时的最佳利益选择。但夏普在2009年与南京方面重新开始的谈判中再加上8代线项目，显然是受京东方开建8代线消息的刺激。

8月底，LG Display与广州政府签订了一项非约束性谅解备忘录，将耗资30多亿美元在广州兴建8代线（计划最快于2012年投产），尽管LG第二季度净利润较上年同期下降60%。之所以当时签的是“非约束性”协议，是因为这个项目还必须得到韩国政府的批准。

9月初，韩国三星做出决策，计划斥资32亿美元在中国兴建8代线，对苏州和深圳两城市进行选址评估，预计最快在2011年第四季度投产[①]，目标是抢

---

① 蔡伟，罗勇．日韩液晶8代线扎堆来华落户　国产厂商寄望亡羊补牢．(2009－09－08)．http：//www.china.com.cn/news/tech/2009－09/08/content_18483661.htm.

在LG的8代线之前建成。10月，三星电子宣布投资22亿美元在苏州建设一条7.5代液晶面板生产线，每月产能约9万片。三星已经和苏州市政府谈妥，但还没有签合同，因为要等韩国政府的批文。苏州市政府给三星在该市最大的自由度，该项目不是独资就是接近独资的控股股份，苏州市政府占股甚少①。根据三星自己的表态，该项投资计划并未包含在三星原有计划之内，而是“经过修正后的计划”的一部分。于是，短短不到十天时间，未等政府的正式批准，夏普、三星、LG等日韩企业就以惊人的速度敲定了在华兴建8代线的计划。

日韩企业的行动引起台湾面板厂的激烈反应。9月2日，友达、奇美同时公开呼吁台湾当局开放面板企业到大陆设厂。一向在大陆设厂问题上比较低调的友达甚至透露，自己正与数个大陆地方政府洽谈中。奇美则强调，“政策一开放，就马上谈”②，“有关当局同意的话，我们就会主动积极去洽谈”③，呼吁台湾当局开放面板厂登陆。奇美总经理王志超接受路透社专访时，对大陆地区LCD面板产业加速忧虑重重，觉得“一定有公司要倒”，对台湾当局的缓慢反应表示着急却又无奈。

另外一家有台湾背景的面板厂商也开始行动。昆山龙飞光电耗资43亿美元的8.5代面板厂于9月12日举行奠基典礼，并计划以一年半的时间完成土建及装机工程。龙飞光电就是昆山龙腾光电第三期计划，主要大股东也与龙腾相同，台湾第五大财团、全球最大的制鞋企业宝成集团是该项目最主要的资金来源。“龙腾项目”先期的技术顾问工作由NVTech公司完成。NVTech由日本IDTech公司前经理校本孝久和台湾奇美电子液晶一厂厂长王国和等人组建，公司的技术工程师也大都为原IDTech和奇美电子的员工。由于IDTech是奇美电子100%持股的日本子公司，所以龙腾光电拥有奇美的技术背景④。同时，龙

① 杨阳．京东方在前台企在后：外资8代线“柏林墙”崩塌．经济观察报，2009－09－25.

② 李纯君．友达、奇美急着登陆．工商时报，2009－09－03.

③ http：//cn. reuters. com/article/cnsummit/idCNnCT024862820090902? pageNumber = 2&virtualBrandChannel=0.

④ 三琦玲．从两强对峙到三足鼎立　龙腾改写国内液晶产业格局．IT时代周刊，2005－08－20.

腾总经理是前友达执行副总卢博彦。由于台湾当局禁止面板厂赴大陆投资，宝成集团一直否认投资龙腾，而奇美、友达也均否认和龙腾有技术上的联系。

2009年9月，奇美曾经有意在广东佛山上马一条高世代生产线，相关的环评报告也曾经见诸报端，但此后却再无消息。这家夭折的液晶面板企业叫广新光电，佛山科技局的公告上显示这是投资高达人民币236亿元的8代厂计划，月产6万片液晶面板。业内盛传，台湾液晶巨头奇美是广新光电的技术支持方，对此奇美并未承认①。

一时间，中国各地出现了一股上TFT-LCD生产线的热潮。

3.4.1.2 TCL的进入

在“液晶热”中，总部设在惠州的中国彩电企业TCL在深圳市政府的支持下，决定在深圳建设一条8.5代线（2 200mm×2 500mm玻璃基板）。尽管TCL还是一个新手，其却是继京东方之后的第二个自主建线的中国大陆企业。中国政府在很短的时间内就核准了这个项目。2010年1月16日，TCL集团和深圳市深超科技投资有限公司（以下简称“深超投资”）联合成立深圳市华星光电技术有限公司（以下简称“华星光电”），双方投资245亿元建设的一条8.5代液晶面板生产线在深圳光明新区高新技术产业园区正式动工。这个项目设计产能为月加工玻璃基板10万张，年产26英寸至32英寸、46英寸以及55英寸液晶模组约1 400万块，并计划于2011年第三季度试产。

根据媒体的报道，深圳市政府早在2005年底就制定了平面显示产业发展规划，当时也是准备引进大尺寸液晶面板生产线。然而，寻求引进的过程并不顺利。据参与了前期引资谈判全过程的一位官员透露：“无论是日本、韩国还是中国台湾地区的面板企业都将面板技术作为其严格封锁的核心技术，导致最初几年的谈判一直不顺利。”当时深圳市主管领导甚至找到了日本通产省沟通引进面板生产线，但日本方面一直没有松口。而在谈判中有的境外面板巨头漫

① 高凌云，谢春旭．530亿豪赌液晶八代线 全球巨头押注广东．南方都市报，2009-09-14.

天要价，有的企业甚至要求深圳市政府除了要出资 30 多亿美元并且交纳 3.6 亿美元的入门费外，还要出技术引进费，并且每年自己还要享受分成。最终，在深圳方面答应交纳 1.5 亿美元入门费的条件下，这些境外巨头依然在采取拖延战术①。

在深圳市政府的授意下，深超投资也曾经组织国内的四家最大的彩电企业联合起来，要做 6 代液晶面板生产线，然而由于股权关系难以安排，最终聚龙光电项目搁置了下来②。此后，深超投资与夏普、LG、三星，以及友达等面板巨头都进行了谈判，但在高世代液晶面板生产线的引进上却一直没有进展。2009 年 8 月末的“液晶热”中，夏普与南京签约，深圳曾经寄予希望的引进方式走入了死胡同。恰在此时，TCL 提出了自主建线的方案。在 2009 年 9 月经过深圳市政府多次常务会议的讨论后，深圳市终于确定了 TCL 集团提交的自主建设的方案。

那么，TCL 的自主建线方案是怎么来的？其实，TCL 进入液晶工业的想法起源于“聚龙计划”，那个计划流产后，TCL 一直寻求通过从国外企业购买技术进入液晶面板工业领域的途径，但困难重重，没有成功。2007 年，TCL 与三星签订技术合作协议，在三星的技术支持下（包括由三星提供人员培训和技术指导，TCL 支付了技术转让费）建设一个液晶模组厂（4 条生产线）。项目于 2008 年 4 月打桩，9 月厂房封顶，11 月搬入设备安装，到 2009 年 2 月量产。可喜的是，这个项目在投产的 2009 年实现了当年赢利。

TCL 的液晶模组厂本来是为三星代工的，但项目的实施却使 TCL 逐渐生成了自主的能力。在这个项目的 4 条生产线中，只有第一条线是由三星协调招标的（三星派来几个人提供帮助），其他三条线的设备采购则都是由 TCL 自主招标、采购设备并组织建设的（采用的大多是三星供应商的设备）。TCL 负责液晶项目的是贺成明，他原从事 LG—飞利浦的南京液晶模组项目工作，于

---

① 郎朗．首条 8.5 代线开工　广东补缺彩电上游．21 世纪经济报道，2010－01－15.

② 2006 年 4 月，深圳国资委直属的深超投资与创维、TCL 等四家国产彩电企业成立了聚龙光电，并计划合资建设一条 6 代线。由于各方的资金筹集进度不一，对液晶面板产业投资的方向也不一致，这一计划随着日本夏普抛出所谓的 7.5 代线计划而被长时间搁置。

2008 年接受 TCL 董事长李东升的邀请到 TCL 负责液晶模组项目。TCL 通过这个项目建立了自己的研发团队，并通过实践获得了自主建设液晶模组生产线的能力。TCL 的液晶模组项目于 2009 年 6 月开始二期建设，又建了两条生产线。

从这个过程看，TCL 以自主建线的方式进入 TFT-LCD 工业领域并非凭空一跃，而是经历了一块踏脚石——液晶模组项目。液晶模组项目的成功给了 TCL 领导人以信心，同时也使他们熟悉了液晶面板行业，在业内建立起人脉关系。在向国外企业购买生产线的设想走入死胡同之后，TCL 领导人通过一名资深的台湾技术管理者，按照自主建线的需要招募了一支由一百多名有经验的台湾工程师组成的技术团队。就这样，TCL 向深圳市政府提出了自主建设一条 8.5 代线的方案。此方案正中深圳市领导的下怀，于是经讨论后批准上马，这使 TCL 成为继京东方之后的第二个自主建设高世代生产线的中国大陆企业。

3.4.1.3　政府的反应

由境外企业和地方政府推动的“液晶热”出现后，中央政府在几个月中似乎没有什么反应。当这种反应终于见诸媒体时，其关注的焦点是对产能过剩的担忧。据媒体于 2009 年 11 月 18 日报道[①]，工信部电子信息司司长在出席深圳高交会某论坛时表示，国内高世代液晶线建设需要避免重复投资造成资源浪费，应形成国家层面的统筹规划。他说：“年初的时候还担心金融危机可能对面板行业带来冲击，谁能想到下半年各地的高世代线就纷纷上马。”他坦言，在为整个面板行业高兴的同时，也不得不为未来可能出现的产能过剩问题担忧，“广东、深圳已经有了 8.5 代线，离此百十公里的地方又要再建一条高世代线，这显然是不符合产业规律的”。他同时透露，工信部当时已经在制定新的政策，对液晶面板行业进行引导：第一，加强规划管理，引导产业的合理布局，避免盲目投资和低水平重复建设；第二，落实和完善相关产业政策，解决实际操作中面临的各种问题；第三，加强自主创新，掌握核心技术，提高创新

---

① 工信部担忧液晶面板生产线过剩　拟规划避免重建．中国证券报，2009－11－18．

能力；第四，推动资源整合，通过经营主体实力的提升，形成规模效益；第五，加强国际合作与对台合作。

相比之下，韩国政府的反应更快、更具战略性。据韩国媒体于 2009 年 11 月 25 日的报道，针对三星电子和 LG 计划在中国建厂过程中发生的技术外流争议，正在中国访问的韩国知识经济部长官崔炅焕表明了将允许两家公司在中国建厂的立场[①]。显然是为此专程到中国考察的这位韩国内阁部长表示："有些人认为，两家公司应该在因金融危机而投资低迷的韩国建厂创造就业机会，但（如果不允许建厂）很有可能丢失巨大的中国市场。"一个月后，韩国政府在由总理担任委员长的产业技术保护委员会上，批准了三星和 LG Display 到中国建设液晶面板厂的计划[②]。

根据媒体于 12 月 18 日的报道[③]，发改委及工信部两部委到那时已经准备出台政策，给十分火爆的液晶面板项目建设"降温"。发改委相关人士指出，尽管液晶显示屏在《外商投资产业指导目录》（2007 年修订）中仍属鼓励类，但接下来的外资项目审批难度将加大，而国内拥有自主知识产权的面板企业将受到保护和扶持。到 2010 年 1 月初，工信部和国家发改委联合下发《2010—2012 年平板显示产业发展规划》，明确规定将高世代液晶面板生产的审批权收归工信部和发改委。之前，时任国务院总理温家宝曾表示，液晶面板项目，必须恪守两条原则：总量控制和支持民族产业发展[④]。

必须承认中国政府在支持本国产业立场上的巨大进步，但在如何支持方面仍然存在着许多模糊不清之处。原因是，中国政府在对"液晶热"做出反应之后，随即把政策重点放在控制生产线项目的数量上，却没有放在以具体办法来支持中国企业的成长上。中国政府在 2010 年初决定总共只批准 5 条高世代生产

---

① 萧然．三星在华设厂引发技术外流质疑　韩政府力排众议．(2009-11-25)．http://tech.sina.com.cn/e/2009-11-25/18323624485.shtml.

② 木木．韩国政府批准三星 LG Display 中国建液晶面板厂．(2009-12-24)．http://tech.sina.com.cn/it/2009-12-24/12503707636.shtml.

③ 温婷．液晶面板投资过热　两部委欲收紧审批口子．上海证券报，2009-12-18.

④ 王海平．诸侯五霸跑"部委"　高世代液晶面板争夺狼烟．21 世纪经济报道，2010-03-19.

线的建设。到那时，京东方北京 8.5 代线、TCL 深圳 8.5 代线和昆山龙飞光电的 8.5 代线都已经获得批准，于是 5 个“名额”还剩下 2 个，而争夺这 2 个名额的候选项目还有 5 个：南京的夏普 8 代线，由中国电子主导与夏普等日本企业合资，其中日方占 25%的股份，中方占 75% 的股份；安徽合肥的鑫晟光电，背后主导方是京东方；再加上三星在苏州设立的 7.5 代线、LG Display 在广州设立的 8 代线和成都富士康光电有限公司项目。这个“五进二”的过程角逐激烈，据传三星为了让自己的项目能够尽早通过中国政府的审核，不仅会在中国投资内存产业，还愿意放弃中国政府为其液晶建厂项目提供的补助金①。

但也恰恰是这种着眼于项目数量控制的政策重点，使中国政府自己陷入“困境”——批准谁、不批准谁成了一道难题。例如，韩国双雄——三星和 LG——既是韩国工业的代表，也是彼此之间互不相让的竞争对手，如果只批准其中一家企业的计划，对于未获批准的另一家则是无法忍受的“伤害”，于是中国政府就成了有意“谋杀”这家企业的“凶手”。但如果 2 个“名额”都批给了韩国企业，那么就又产生了如何平衡的问题——对日本和中国台湾企业怎么办呢（中国政府凭什么偏爱韩国企业而打压日本和中国台湾企业）？也许就是这个难题，使据说应该在 4 月末做出的最后批准决定至本报告成文时也没有结果。但这个拖延并非“吉兆”，在缺乏战略原则的情况下，中国政府最后很可能“开闸放水”，批准超过原定数量的项目上马。

3.4.2　保证中国 TFT-LCD 工业成功发展的战略和政策

由中国竞争性企业基于自主能力的扩张所引发的“液晶热”，确实表明中国 TFT-LCD 工业的发展出现了重大机遇，也说明它完全有可能发展起来。但境外资本在中国大陆争相建厂背后的“杀机”，也说明要把握住这个机会则有赖于中国政府的正确战略行动。

---

① 王如晨．三星捆绑内存工厂为求快速投资大陆面板项目．第一财经日报，2010-04-16.

从对中国在 TFT-LCD 工业中的机会、能力和战略的分析看，当这个工业发展的走向关键性地取决于中国政府的战略时，应对“液晶热”的关键政策问题就不是控制项目数量的问题，而是对两条道路——境外资本设厂和自主建线——区别对待的问题，对前一个问题的处理办法必须服从于对后一个问题的处理。只要把握住这个原则，中国政府实际上就拥有足够大的行动空间。

3.4.2.1 京东方的扩张为什么会导致境外企业的神经崩溃

导致境外企业放弃封锁、争相在中国大陆设厂（从而触发了“液晶热”）的真正原因是京东方的扩张。那么，为什么京东方的扩张在日本、韩国和中国台湾企业的眼中如此可怕？我们可以从 TFT-LCD 工业史所表现出来的“产业规律”找到答案。

TFT-LCD 工业的竞争历史表现出来的一个规律是：进入时间越晚，后进入者越是倾向于以建设低于当时最先进水平的世代线为开端。在几家日本先驱企业创造出这个工业之后，除了第二批进入的日本企业，所有成功的后进入者都是以掌握落后于当时最先进水平的较低世代线为开端的。例如，韩国三星和 LG 于 1995 年（以及又晚了一年的现代集团）分别以建成 2 代线而进入该工业领域时，日本企业（夏普和 DTI）已经建成了当时代表该工业最先进技术水平的 3 代线；当 90 年代末中国台湾企业通过接受技术转让以建设 3 代线和 3.5 代线进入时，夏普和 LG 飞利浦已经建成代表该工业领域最先进技术水平的 4 代线。没有任何一个后进入者是因为投资当时最先进的生产线而获得成功的。

这个“规律”有着深刻的道理。大批量生产的 TFT-LCD 工业在日本的崛起是依托于日本 TFT-LCD 制造企业与一系列设备和材料供应商的合作，它们共同创造出来产业化的知识基础。产业中很多重要知识，即使是对于落后的世代线，仍然是缄默的或是依赖于个人之间社会互动中的共享、开发以及口头传授。产业内的关键知识在有经验的科学家、工程师、操作工以及那些在设备和材料供应商处工作的人们之间传播，他们必须一起工作，来建立新的产线（Murtha et al.，2001）。由于这些知识对于在这个工业中能够成功竞争的重要性，所以任何企业的发展如果脱离了产业主流——由领先的大批量制造商、材料和设备供应商以及主要用户所组成的知识创造和学习网络——就难以获得成功（这是美国另辟蹊径战略失败的原因）。也正是因为如此，对于后进者或新进入者来说，只有通过加入这个网络而建立起自己的学习基础，才可能在随后的过程中赶上工业演进的步伐。

自诞生之日起，TFT-LCD工业高速发展的前沿就由生产线的世代转换所引领。一个领先企业建立起新世代生产线——特别是由一两个企业率先进行生产线世代转换——的过程是复杂的。例如，许多大型设备可能从来就没有完整地安装测试过，直到在先驱企业中建设起采用这些设备的新生产线。因此，工业领先者需要克服许多不确定性、创造新的知识、积累新的经验，而这种任务对于缺乏能力基础的新进入者来说是难以胜任的。但是，随着工业前沿的高速推进，领先企业会创造出在产业内可分享的编码化知识储备（前提是其他企业有学习能力），例如，许多知识可以通过设备和材料供应商而编码化、标准化。对于后进入者来说，最初真正需要掌握的是生产线的集成和工艺设计（line integration and process design），而低世代生产线的设备、材料特点和制造工艺都已经很好地被理解和编码化，所以从较低世代生产线进入，最初的技术资源（包括外部的）比较容易获得，技术知识比较容易掌握。韩国和中国台湾企业就是通过建设较低世代生产线而参与到这个工业中来的，它们通过这种方式建立起学习基础，获得了必要的经验，培养起建设领先生产线所必需的有经验的团队。

因此，这个“规律”所反映的实质教训是，对于后进入者来说，能够在进入这个工业领域之后站住脚并开始成长的最关键的因素，不是进入时的技术水平，而是对技术能力的掌握——获取和培育技术能力的重要性远远超过最初技术水平的高低。在这种条件下，后进入者切入TFT-LCD工业的最初技术水平（体现在所掌握的生产线世代上）并非决定成败的关键因素——决定性因素是技术能力以及由投资战略所决定的技术能力成长速度。

TFT-LCD工业史同样证明，一旦通过掌握较低世代生产线技术而建立起企业的学习基础，该企业的技术进步速度就取决于是否能够贯彻一项进取性的投资战略。例如，曾经在技术水平上落后的韩国 LG 和三星，以通过反周期投资率先建设 5 代线为转折点（2002—2003 年），一举在包括技术水平在内的各个方面超过了日本工业。即使是最初仰仗日本技术转让的中国台湾工业，也因为采取了更加积极的投资战略而在总体上超过了日本工业。原因在于，一旦掌握了为规模生产所必需的综合技术能力基础，未来技术能力的成长就更关键地取决于投资战略——只有高强度的持续投入才能保证技术能力的演进；相反，如果技术能力的成长受到投资停滞的阻碍，那么曾经的技术领先者也会落后。

已故的美国伟大企业史学家钱德勒说："在市场经济中，工业企业的竞争力量是基于后天学到的组织能力。这些能力起始于创造出来一个学习基础，它整合为新技术产品面向全球市场的商业化和增进现有技术产品所必需的技术和运作能力。"（Chandler，2001：47）钱德勒的话同样适用于 TFT-LCD 工业的竞争者，特别是后进入者，也适用于京东方这样的中国企业。

京东方的扩张在日本、韩国和中国台湾企业的眼中之所以如此可怕，就是因为京东方完全是在重复挑战者的成功之路。通过自主建成并运营北京 5 代线和成都 4.5 代线，京东方已经发展出自主扩张的能力。在 TFT-LCD 工业的材料和设备供应链高度国际化的条件下，没有谁能够阻挡有能力者去利用这个供应链。京东方经过 20 年的转型，已经在精神状态和运营模式上成为一个高度国际化的企业，完全有能力与国际材料和设备供应商以及客户合作。因此，一旦解决融资问题，京东方的扩张在技术上是不可阻挡的——只要京东方在 8 代线上站稳脚，就没有人能够阻挡它继续挺进到前沿，甚至成为新规格的开创者。

如果把中国竞争性企业的能力成长与中国市场的因素结合起来看，这种前景就更加明显。中国庞大的消费电子和计算机硬件工业为液晶屏提供了巨大的市场需求，在经历过金融海啸之后更是成为全球需求的主要增长源泉。过去由于高度依赖进口，中国对液晶平板显示器所设的进口关税税率较低，2005 年确定为 3%。随着中国 TFT-LCD 工业的发展，中国将本国企业能够生产的 26 英寸以下的液晶面板进口关税税率提高到 5%。一旦中国 TFT-LCD 工业起飞，中国不但可以把对所有尺寸的液晶平板显示器所设的进口关税税率提高到这个水平，而且在WTO框架下可以继续提高。仅仅提高关税税率这一项措施就足以使进口产品的竞争力大失，这个前景将给日韩企业带来沉重的打击，不但将影响它们液晶工业的竞争力，而且将削弱它们倚仗掌握面板技术而在终端产品（例如品牌电视机）上对中国企业形成的优势。至于对越来越依赖于大陆市场的台湾企业而言，这个前景的影响将会更大。就是因为京东方的扩张所展示出来的这种“可怕”前景，日本、韩国和中国台湾企业才会在一夜之间放弃封锁政策。

3.4.2.2　境外资本争相在中国大陆设厂背后的“杀机”

“液晶热”看似是机会，但同时也可能成为扼杀中国TFT-LCD工业发展机会的“凶手”。道理很清楚：既然“液晶热”是由中国大陆企业的扩张所触发的，那么境外企业随后争相要在中国大陆设厂的动机当然就是要与正在成长的中国大陆企业竞争——这就是“液晶热”所包含的“杀机”。

准备在中国大陆建线的日本、韩国和中国台湾企业都比中国大陆企业的规模大，仅此一点就可以看出这些项目对于成长中的中国大陆竞争性企业的威胁。比规模更需要注意的是，诸如三星、LG、夏普这样的企业都属于多产品的综合性电子企业，它们在竞争过程中，经常出现以其他产品线的盈利来弥补TFT-LCD业务亏损的情况。因此，从逻辑上讲，它们有能力不顾建在中国大陆的生产线亏损而发动价格战。美国旧金山法院在始于2006年的一场诉讼中，已经裁定三星、LG、友达、奇美曾经在1999—2006年合谋操纵面板价格，最终的罚金总额将超过15亿美元[①]，证明这些企业在操纵价格方面是有“前科”的。

与上述境外企业相比，成长中的中国大陆企业不仅规模较小，还存在着“结构”上的短板。例如，京东方目前还是一个单一生产液晶屏的企业，没有使用液晶屏的终端产品业务，这使它比多元化的液晶面板生产企业面临更大的

---

① 郎朗．液晶面板巨头操纵价格被罚　中国彩电争定价权．21世纪经济报道，2010-05-06.

风险——一次剧烈的液晶周期波动就足以陷其于死亡边缘。京东方意识到这种风险，所以已经开始向下游扩张。如果京东方能够与中国的终端产品制造商组成稳定的战略联盟，将是一个降低市场风险的好办法，但需要政府的协调。京东方目前正处于一个瓶颈期：除了巨额投入带来的风险，它的生产也受到制约——由于为 6 代线和 8 代线开发的产品必须在 5 代线上试产，所以 5 代线的产能受到影响，这种“绷紧”的状况只有在 6 代线投产后才能得到缓解。

TCL 本来是一个以彩电为主的消费电子企业，深圳 8.5 代线是它的第一个 TFT-LCD 项目，所以面对外来的竞争可能更加脆弱。TCL 的长处是它自己的终端产品生产规模就几乎能够消化掉一条 8.5 代线的液晶面板产出，所以只要它自己生产的液晶面板成本不高于外购产品（早期做到这一点并非易事），就不存在销售的风险。但对 TCL 这样一个组装终端产品出身的企业来说，其最大的风险是把 TFT-LCD 生产线当作满足其终端产品需要的“零部件”生产部，而不是当作一项必须按照不同产业规律运营的业务。正如京东方的经验所证明的那样，进入 TFT-LCD 工业领域就如同骑上了虎背，必须保持不断的技术进步和扩张，否则就难以成功。因此，能否克服终端产品组装企业的思维惯性，凭借上液晶面板项目而向技术型企业转变，建立起平板显示技术的研发基础，将是 TCL 领导层所面临的一大挑战。

因此，目前仅有的两个自主建线的中国大陆企业——京东方和 TCL——同时面临着“液晶热”所带来的风险。在境外资本蜂拥在中国大陆建线的前景下，它们面临的不但是忍受一段时间亏损的风险，而且是事关生死存亡的风险。最终摆脱险境有待于它们克服这样一个悖论：一方面是它们只有在形成相当的规模之后才能在 TFT-LCD 工业领域站住脚，另一方面是在形成这种规模之前它们还必须保持高强度的投入。中国大陆企业是比韩国企业、中国台湾企业更晚进入的后进者，当年韩国企业和中国台湾企业进入这个工业领域时所凭借的 2 代线、3 代线，其投资额不过每条几亿美元，而现在京东方和 TCL 新建 8.5 代线的投资额已经是每条需要 35 亿到 40 亿美元了。可喜的是，京东方目前已经打破了融资瓶颈——由于来自市场的投资者踊跃，所以筹集建两条 8.5 代线的资金已不是难事。目前对这个企业来说，冲上规模的最大风险来自市场容量在此之前就被境外资本投资的生产线填满。

当这两个企业的风险都因为境外资本蜂拥建线的前景而被加大时，它们的风险其实就是初生的中国大陆 TFT-LCD 工业的风险，而工业层次上的风险以及这个工业成功的前景和重要性足以证明国家政策介入的合理性和必要性。如果发展这个工业对中国的产业升级是必要的（这是毋庸置疑的），那么目前有关中国 TFT-LCD 工业发展的根本性政策问题就不是控制项目数量的问题，而是区别对待两条道路的问题——对前者的任何考虑都必须从属于对后者的考虑。在目前的条件下，中国政府的政策重点就应该是支持、保护京东方和 TCL 的扩张。

虽然中国发展 TFT-LCD 工业必须从获取和学习外国技术开始（这是毫无疑问的），但在这个前提下仍然存在着两条截然不同的发展道路：一条是依靠引进生产线的道路——在目前的实践中基本都是以外资为主在中国建生产线；另一条是京东方和 TCL 所代表的自主建线道路。这两条道路或方式之所以“截然不同”，是因为它们对于中国掌握技术能力、获得产业基础具有完全不同的意义。

在“三段式”思维惯性的影响下，目前中国政府在政策上对于这两条道路的区分仍然是模糊的。中国发展 TFT-LCD 工业只能从学习外国技术开始的事实，给只能通过引进生产线才能发展的思维惯性披上了合理的外衣；特别是由于中国各方只是在彩电工业遭遇替代危机时才认识到 TFT-LCD 工业的重要性，所以各方普遍把生产电视用屏的高世代生产线看作发展这个工业的起点，而高世代生产线看上去的“高不可攀”，又强化了只能通过引进生产线才能发展这个工业的观点。地方招商引资，更加混淆了问题的实质，轻则把中国企业的生产线项目与外国企业的生产线项目同等对待（反正都是生产线），重则甚至无视像京东方这样的中国企业已经奠定的能力基础。

引进生产线方式隐含的理论假设是：不管是外国企业还是中国企业，只要在中国的土地上有了生产线，中国就算有了“技术”和“产业”；如果外国企业建的生产线比中国企业生产线的世代更高，就代表中国获得了更高水平的“技术”。于是，有人产生了“外资比内资更重要”的错觉。如果中国 TFT-

LCD 工业的发展走上这条道路，那么就是重蹈“三段式”的覆辙，其结果将与所有经历过这种政策的中国工业是同样的：由于完全抹杀了从引进到掌握技术所需要的学习过程，这条道路无助于中国企业掌握技术能力，它也就无法避免技术替代危机的前车之鉴——如果出现更高世代的生产线甚或替代性技术，中国工业将再次沦落到 CRT 彩电的境地，更遑论能够在这个工业领域成为领先者。因此，这条道路不会使中国获得能够参与未来技术进步的产业基础。

另一条道路——自主路线——的含义是，无论从什么世代线开始，发展的关键都是通过自主掌控的学习过程获得能力，从而为未来的成长和扩张创造出知识和能力的基础，并在这个基础上赶超世界先进水平。走这条道路，中国的竞争性企业就必然是技术学习的主体，而它们的成长可以使中国在显示技术及相关领域获得技术进步的产业基础。正因为如此，所以尽管京东方和 TCL 都面临风险，但如果它们跨过目前的瓶颈期，其成功也将是划时代的——将使中国在一个与半导体规模相当的新兴工业领域站住脚。特别是从京东方的技术积累和扩张规模来看，它的成功将根本改变全球 TFT-LCD 工业领域的格局。因此，支持中国竞争性企业的成长是中国 TFT-LCD 工业发展的突破口，也应该是中国政府应对“液晶热”的政策原则。

作为后进者，中国发展这个工业的有效途径只能是从支持成长中的大批量 TFT-LCD 生产企业开始。这种企业的成长首先必须依托国际化的供应商，包括材料和设备供应商以及客户，因为中国不可能去重新创造一个 TFT-LCD 工业（即使是美国，这样做也失败了）。但是，一旦成长起来大批量生产企业，中国的材料和设备企业就可以被逐渐拉动起来。例如，生产 CRT 显像管的咸阳彩虹集团正在上马玻璃基板，原来生产胶片的保定乐凯正在上马偏光片（这两个企业都已经开始在合肥建厂，为京东方 6 代线配套；另外，中国建材集团也在成都上马玻璃基板项目，为京东方 4.5 代线配套）。此外，中国还有一批半导体设备企业正在攻关（大多得到国家重大专项的资助），但因为本国半导体工业的薄弱而缺乏市场需求。中国在 TFT-LCD 工业领域的突破有可能为这些设备厂商提供需求动力（由原属电子部的几家设备厂合并成立的北京七星华创正在为京东方供货）。因此，走自主道路的中国企业恰恰处于振兴中国产业的战略关键点上——既可为下游彩电工业的发展打破瓶颈，又可带动更上游的材料和设备工业成长。这样的产业基础恰恰是引进生产线道路所不能带来的。

3.4.2.3　中国政府的行动空间

“液晶热”使中国政府的行动不可避免，而“液晶热”给中国TFT-LCD工业发展所带来的机会和风险要求中国政府的行动是战略性的。所谓“战略性”的含义是，只要发展TFT-LCD工业是或符合中国政府的政策目标，那么政府的行动就应该以支持中国竞争性企业的成长为原则而相机抉择。

政策必须具有战略性与高技术产业的特点有关。以可以被概括为液晶产业的“生存定律”① 为例：液晶面板的价格水平每三年下降50%，只有以同等的速度提高产品的性能，并在同样的时间内把有效技术保有量（如新的技术种类以及拥有专利项数）提升一倍以上，企业才能保持盈利水平。液晶显示技术的变化非常快，以液晶屏各像素点对输入信号的反应速度（像素由暗转亮或由亮转暗所需要的时间）为例，仅仅几年前这个速度还是16毫秒，而目前已经达到3毫秒。决定液晶显示性能的技术很多，如宽视角、触摸技术、3D技术等，其变化的潜力都很大。例如，目前的触摸屏都是在液晶屏外面再贴一层触摸屏，而以后可以直接把玻璃基板做成可触摸的，省掉触摸屏；现在的3D技术都不是真正的3D，真正的3D需要480Hz，分辨率应该在目前的1 080×1 090上再翻倍。保持技术进步的速度要求对研发的高强度投入，而支撑投入强度如何则取决于企业的规模。例如，三星、LG每年都在液晶显示技术上投入5亿美元，大概占其销售收入的3%～5%，但如果京东方同等投入，则要占到其销售收入的20%，这是它目前所承担不起的。

这个产业规律决定了为什么后进的中国企业必须克服一切困难，尽快冲上规模；同时也决定了政府为支持这个工业发展而在目前所应采取的政策重点。对于战略来说，时机永远是一个重要的甚至是决定性的因素。“液晶热”的出

① 这个“生存定律”是京东方的决策者通过实践逐渐体会出和概括出来的。

现既表明中国大陆企业已经能够开启基于自主能力的扩张，也表明目前中国市场存在有利于它们成长的空间。如果对境外资本投资的生产线“放水”，就可能使目前在规模、经验和技术上还占有优势的境外企业迅速填满这个市场空间，从而阻碍中国大陆企业的扩张和成长，并因此而降低中国大陆 TFT-LCD 工业发展起来的可能性。因此，**中国政府目前应对“液晶热”的战略就应该是以控制项目数量的要求来抑制境外资本建线，这是支持中国大陆竞争性企业的成长而应该采取的首要战略措施**。

采取这项措施可以有两种做法：第一种是**刚性做法**——不批准境外企业在中国大陆建线，彻底屏蔽掉境外资本建线对中国大陆企业的威胁。这种做法看上去很严厉，但其实中国政府有充分的理由这样做——因为日韩政府和台湾当局都曾经禁止它们的企业在中国大陆建高世代生产线。在这一轮“液晶热”中，韩国企业在中国大陆建线需要得到韩国政府批准的事实，已经证明韩国企业在中国大陆建线也必须得到中国政府的批准是合情、合理、合法的；而韩国企业在中国大陆建线有可能得不到韩国政府批准的事实，也证明中国政府可以合理、合法地不予批准。当境外企业不愿意在中国大陆建线时，中国政府求也无用；而当它们愿意时，中国政府就必须批准，这不合情理。

当然，如果中国政府判断采取刚性做法所带来的“某些”成本过高，那么就可以采取第二种做法，即**柔性做法**——以更高的“要价”和更苛刻的条件拖延对境外资本项目的批准时间，让中国大陆企业自主建设的高世代生产线获得领先优势。中国政府必须清醒地意识到，由于中国大陆竞争性企业的崛起，现在是境外资本有求于中国政府而不是相反。例如，中国政府可以提出：对任何境外资本拟在中国大陆建设的高世代生产线都要求中国大陆合作方控股（即使中国大陆合作方拿不出足够的钱）。台湾当局不是规定到大陆投资的台湾企业只能建落后一代的生产线吗，那么中国政府就可以规定台湾企业如果在大陆建线，就必须建最先进的生产线，否则不批。如果对方不接受这些条件，那就谈，谈上个一年两年甚至更长时间，中国政府的战略目标不就达到了吗？

京东方的北京 8.5 代线和 TCL 的深圳 8.5 代线都已经开工建设，而境外资本生产线项目现在仍然待批。在 TFT-LCD 工业领域，二者之间的时间差拉得越大，中国大陆企业的领先优势就越大。根据 DisplaySearch 于 2010 年 5 月 12 日发表的液晶玻璃基板季度报告①，随着市场对液晶显示器的需求不断扩大，2010 年玻璃基板的需求将比 2009 年增加 15%。这是自 2008 年第四季度需求剧跌、整个行业陷入衰退后，液晶产业又开始进入新的景气阶段的标志。按此预测，京东方和 TCL 的两条 8.5 代线将从 2011 年下半年开始相继建成投产，仍然可以赶上新一轮液晶景气阶段。如果对几条境外资本高世代生产线的审批继续“拖延”上一两年，很可能就使其投产时赶上衰退阶段（历史上液晶景气阶段一般持续一年半到两年），将大大减少它们对中国大陆企业的威胁。

无论采取哪种做法，抑制境外资本建线的目的都是保证中国大陆企业尽快地成长起来。以这个原则看，在待批的 5 个项目中，合肥 8.5 代线是与其他 4 个项目性质不同的项目。这条线是合肥市政府继 6 代线之后与京东方合作的第二个项目，因为最初北京市政府不愿意京东方在建成北京 8.5 代线之前就到外地扩张，所以这个项目的进度被延误了。中国政府应立刻批准这个项目上马（这是一件用不着和境外企业商量的事），使京东方能够尽快开始建设第二条 8.5 代线。这样形成的产业规模不但足以吸引全球材料和设备供应商在中国设厂配套，而且可以带动中国材料（如咸阳彩虹的玻璃基板和保定乐凯的彩色滤光片）和设备企业（一批半导体设备企业）的发展。正因为如此，京东方的扩张已经牵动了全球 TFT-LCD 工业的神经，不仅迫使日韩企业纷纷要在中国设厂，还会改善技术转让的条件——这个局面正是由中国产业技术能力的成长所赢得的。在这个基础上，如果能够马不停蹄地继续规划 10 代线甚至 11 代线，京东方就可以跃进前沿，成为领先企业。以这样的规模和技术水平站住脚，中国 TFT-LCD 工业的起飞就不再有悬念了。

以长期观点看，政府在发展高技术产业方面要为中国竞争性企业的成长打破制度瓶颈。中国已经在许多高技术和新兴工业领域中出现了竞争性企业，它们的成长是中国技术进步、经济转型和产业升级的动力。但是，中国的政策体

---

① http://www.displaysearch.com/cps/rde/xchg/displaysearch/hs.xsl/100512_tft_lcd_glass_substrate_demand_forecast_to_grow_15_in_2010_to_278m_m2.asp.

系和管理体制在过去三十年里是围绕着粗放式经济发展形成的，在许多方面都不利于支持这些企业的成长。有关的问题很多，这里仅以融资问题为例。中国虽然已有若干支持科研的计划（如“863计划”），但却缺乏支持高技术产业发展的融资渠道。新技术不实现产业化就没有经济意义，但产业化的投资又往往强度高、风险大——在TFT-LCD工业中赶上先进者所需要的投资强度超过任何中国企业依靠自身积累的能力，如果仅靠市场机制，中国企业只能放弃在这一领域的努力。因此，从转变经济发展方式和促进产业升级的长远需要看，国家应该设立产业发展基金，对重点产业中的重点企业所进行的技术突破努力予以支持。京东方6代线的定向增发成功，说明中国民间资本有实力（民间投资远超过地方政府投资，而后者的作用主要是给市场以信心）。如果中央政府能够在京东方和TCL的高世代生产线上助一臂之力（例如认购一定的股份），那么只用一点小钱就可以引导更多的民间资本投向高技术产业。何况定向增发的方式是市场化的融资方式，政府的出资不是无偿的，可以退出。当年北京市政府为支持京东方渡过难关，把向京东方投入的20亿元借款转成股份，在京东方的财务状况好转后将一半股权变现卖了20亿元，剩下的股权按现行市值也超过了25亿元。这个结果已经证明了这种方式的可行性和合理性。如果中央政府也能够在这方面有所突破，就可以为在国家层次上建立产业发展基金提供经验，为解决高技术产业发展的融资问题开创新路。

“液晶热”和中国TFT-LCD工业的发展态势还证明，**中央政府在重大产业的发展上应该扮演更直接、更积极的角色**。高技术产业的市场不仅是全国性的，甚至还是全球性的。但正如TFT-LCD工业的例子所表明的，中国竞争性企业的扩张前景往往还受制于政府体系的“分裂”。地方政府经常从本地区GDP的角度出发争夺个别项目，反而制约了中国工业的发展。且不说各地争上境外资本控制的生产线将带来的弊端，即使是京东方所代表的自主创新道路，没有中央政府的引导也会出现问题。例如，由于依靠向地方政府融资，京东方不得不受到地方政府之间竞争的制约。在上广电破产出售5代线的过程中，最有可能且态度又积极的京东方被排斥，原因是上海与北京之间的“瑜亮情结”（上海做不成的事怎能让北京做成?）。安徽方面在北京8代线上马后，希望京东方在合肥再上一条 8 代线，但北京市却不愿意京东方在外省建设生产线。因此，一旦中央政府介入，就可以使京东方的扩张较少地受地方政府的限制，从全局考虑实施产业布局决策。如果中央政府继续支持京东方规划下一代生产线，则更是可以影响该产业未来的发展方向和速度。

3.4.3　“液晶热”与政府能力

正如“液晶热”的走势所表现的那样，中国 TFT-LCD 工业的发展最终绕不开政府特别是中央政府的作用。但在缺乏自己的战略原则和立场的情况下，政府不但可能使自己陷入“困境”（例如在控制项目数量上的难题），甚至可能采取不利于中国工业发展的行动（例如对外资项目“开闸放水”）。于是，当 TFT-LCD 工业中的中国竞争性企业开启了基于自主能力的扩张、全球金融危机给了中国企业以赶超的机会时，政府似乎反倒成了中国这个高技术工业起飞的“瓶颈”。

为什么政府应对“液晶热”的政策显得如此糊涂？为什么政府在 TFT-LCD 工业的发展上可能会采取不利于本国企业成长的行动？由这个问题所反映出来的一个更具一般性的问题是：当中国过度依赖投入和外需的粗放式经济发展已经趋于极限时，政府是否为领导经济转型和产业升级做好了准备？不可否认的是，在中国现有的条件下，从个别高技术产业的发展到整个经济的转型和产业升级，都离不开政府的积极作用，但政府能否发挥有效的作用则取决于它是否具有制订并执行相应战略和政策的能力。这就涉及有关政府的工业行政职能和能力的问题——一个经过了三十多年改革开放而至今没有解决的问题。

“工业行政”指的是政府为实现国家工业发展而对工业实施的管理，包括政府对工业发展进行规划和资源分配、对工业和企业的运行进行协调以及制定有关工业的法规和政策等内容。在改革开放之前的时代，中国的工业行政从属于计划管理，与计划体制下政企不分的工业部门管理交织在一起。部分地是因为这个原因，部分地是因为对市场经济的天真想象，在最近三十多年改革计划体制和工业部门管理体制的过程中，弱化甚至取消工业行政经常被当作改革的内容。这导致了一个看上去似乎是个悖论的结果：在计划和行政命令方式仍然顽固地存在于政府管理经济的过程中时，政府的工业行政能力却明显地削弱了，而且能力越弱就越依赖计划/命令手段。

政府的工业行政能力削弱显然不利于中国所迫切需要的经济转型和产业升级。我们从一个新例子讲起。在2008—2009年的全球金融危机中，中国政府出台了一系列的产业振兴规划，这是多年来中国政府第一次以产业政策的形式公开地、全面地介入微观经济活动①，它既有弥补“宏观调控”在危机下刺激作用不足的含义，更有促进和引导经济转型和产业升级的含义。但是，如果中国政府能够有效地领导经济转型和产业升级，那么它就必须具备相应的能力。简单地讲，这种能力至少包括下述这些要素：

- **根据经济发展的总目标，能够形成对产业发展的想法和立场——如产业升级和产业结构调整的目标，同时理解要实现产业发展目标的关键环节是什么。**
- **拥有关于工业的知识、经验以及与工业界的联系网络，理解并能够发展出相应的政策手段。**
- **拥有能够认同并贯彻国家目标的相应机构、干部队伍和组织系统。**

遗憾的是，以这些标准衡量，我们就会发现中国政府的能力是不足的，反映在如下三个问题上：

第一个问题是在产业政策思维方面缺乏以经济转型为目标的新意，仍然过多地受到传统计划/命令经济思维的左右。

中国经济发展能够持续的关键就是转型，即转变经济发展方式，其实质就是使经济增长的主要源泉从主要依靠资源和资本的投入转变为主要依靠技术进步和生产率的提高。从产业发展的角度讲，经济转型必然伴随着产品/服务结构和产业结构的变化，但不能忘记的是，比产品和产业结构的物质形态变化更

---

① 此前中国政府的计划部门一直在强调产业政策，且出台了包括诸如“中国汽车产业政策”在内的多种产业政策，但那些产业政策基本上延续了传统的计划/命令方式。2008—2009年产业振兴规划的决策层次之高和实施范围之全面是空前的。

重要的是产业经济活动性质的转变——从低附加值的经济活动转向高附加值的经济活动。认清这个实质，可以避免那种把产业升级简单等同于发展高技术产业的狭隘观点——产业升级既包括进入和创造高附加值的新产业，也包括在现有产业中的经济活动向高附加值环节转移，而后者对于中国尤其重要。

以转变经济发展方式为总目标，政府在产业振兴方面的主要目标就应该是促进中国产业的升级，即采取政策手段推动和帮助中国工业向高附加值的产品结构和产业结构演进，向高附加值的产业活动转移。当然，这里存在一个基本的理论争议，就是政府的积极作用是有益或是有害，而市场机制是否能够自发地导致产业升级。由于对这个问题的讨论超出了本报告的范围，我们只从一个前提出发：在后进者面临领先者壁垒的条件下，如果没有政府的产业政策，中国的产业升级将是非常困难的。

经济转型的目标和产业升级的任务还涉及实现途径的问题。由于产业升级不同于早期短缺经济阶段的工业化任务，所以在促进产业升级上，政府只应该通过影响企业行为的方式，而不应该像传统计划/命令经济体制那样采取政府直接操作项目的方式。坚持这个原则的基本理由是，政府操作的工业项目建设一定是采用现有给定技术的（按照定义属于外延式扩大再生产），但只有产业组织的创新活动才是经济转型和产业升级的动力。进一步说，政府只有通过支持企业才能支持创新活动，因为正如 TFT-LCD 工业史所揭示的那样，创新和技术进步过程充满了不确定性，没有人能够事先就预见到结果——甚至这个“结果”也一直处于变化之中，所以只有具有市场经验的企业才能决定研发活动的方向；同时，为创新所必需的技术学习、管理和组织改善、人力资本积累等（可以概括为知识的积累和创造过程），都只能发生在企业层次上。

对比上述逻辑，在已经公布的一系列产业振兴规划中却充满了传统的计划/命令经济思维，从而影响了这些规划对于经济转型和产业升级的作用。这个问题至少表现在如下几个方面：

（1）振兴规划中强调了通过补贴来维持甚至扩大现有产业活动的市场需求，在当时存在救市目的的条件下，这是无可厚非的。但有问题的是，这种需求政策没有被用来与培育新的产业活动联系在一起。正如实践所证明的那样，通过补贴来维持需求虽然可解一时之渴，但在没有结构变化的条件下却会造成产能过剩的长期问题。例如，当自主创新是产业升级的关键因素之一时，如果产业需求政策并不有利于自主创新企业的市场份额增加，那么这种政策从促进产业升级的角度来看其实就是失败了。

（2）从这些规划的表述来看，它们的实施只能主要依靠政府直接主导的项目，而不能主要依靠竞争性企业的积极行动。通常各个规划在描述了行业的瓶颈之后，都会列举出技术的瓶颈或需要突破的领域，但很少有对中国企业现状、突破可能性以及所面临问题的分析，也看不出如何支持这些企业的方法。由于产业升级所需要的创新活动只能由提供产品和服务的企业进行，而包括技术能力在内的组织能力只能在企业以及有合作关系的企业网络中生成和发展，所以如果不了解中国企业面临的问题以及帮助解决这些问题的办法，那么政府也就找不到实现政策目标的途径（离开对京东方这样的企业的了解和帮助，中国能够在新型显示器工业领域实现突破吗?）。当然，政府可以通过上“好大喜功”的项目来实现“突破”，但当这种项目不是建立在本国企业的能力基础上时，全面引进就成了为实现目标而必须采取的手段。具有讽刺意味的是，如果把新一轮引进当作实现产业升级目标的手段，那么就会再次置中国工业于受外人技术控制的境地——一句话，中国产业活动的性质就不会发生变化（因为高技术产品组装线与劳动密集型产品生产线在生产活动性质上没有区别），所以产业升级的目标也就不可能实现。

（3）从总体上讲，这些规划没有把重点放在培育新的生产性资源/能力上，而是处处把对现有生产性资源/能力的重新分配当作主要的政策目标。例如，在几乎所有特定产业的振兴规划中，都把为“提高集中度”而鼓励“兼并重组”作为结构调整的主要任务。但是，对于为什么提高集中度（特别是通过依靠行政手段的兼并重组）是一件好事，却从来没有过理论证明。在正统经济学（产业经济学）中，高集中度从来都是与垄断和效率损失相联系的。自从熊彼特批判了正统经济学对于产业结构的静态分析以来，强调动态能力的学者把大企业的崛起或寡头垄断结构的形成归因于领先企业的组织能力成长，但从来没有人会认为这种组织能力是可以由政府操作出来的。通过政策手段来提高集中度唯一可能的思想来源是日本和韩国的产业政策模式，因为中国在20世纪80年代曾经模仿过这些模式，而且它们似乎可以证明行政手段的合理性而受到中国计划部门的推崇。但在韩国于亚洲金融危机中重组企业集团、日本经历了长期经济停滞以及全球工业组织发生了许多变化（其中之一是纵向分化）之后，为什么中国的政策制定者仍然把人为提高产业集中度看作振兴产业的途径？的确令人匪夷所思。

计划/命令经济思维不利于形成以经济转型为总目标的产业政策，因为从理论上讲，这种思维有两个致命性的缺陷：第一，由于计划只能在已知技术的基础上编制，所以计划/命令经济的思维和体制没有给技术变化留下多少空间，这是技术政策的“三段式”思维能够与计划经济思维“完美”结合的重要原因。第二，着眼于综合平衡的计划编制和计划体制下的外延式经济发展都是以政府所控制的建设项目为中心的，从来没有竞争性企业的地位。

当经济政策囿于传统的计划/命令经济思维时，政策制定者的注意力就会集中在现有经济资源/活动的分配上（例如念念不忘“兼并重组”），而不是集中在新经济成分的成长上，尽管后者才是经济转型和产业升级的力量源泉。由于在这种思维框架中没有竞争性企业的地位，所以受其影响的政策制定者总是把新上项目——特别是引进外国技术的项目——当作技术进步的主要途径，于是，他们无视能够买到的永远是已有的技术，轻视本国企业的创新，并忽视推动中国经济转型和产业升级的创新和技术进步只能依靠中国企业的能力成长。事实上，在经济发展中较多地依靠政府项目、较少地依靠企业的创新，这是中国一而再、再而三地陷入粗放式增长模式的原因之一。

产业政策不是计划体制下的行政命令，二者区分的关键在于是否以竞争性企业为政策对象。日本和韩国都曾经实行过扶植大企业的产业政策，但从来没有实行过全面引进、放弃自主开发的技术政策，而是把扶植本国大企业当作技术学习的主体。相反，中国计划/命令经济思维下的“产业政策”曾经成为执行全盘引进、排斥自主开发的工具。例如，在关于中国汽车工业的产业政策中，“提高集中度”一直是一个冠冕堂皇的理由，但其实际效果是保护那些依赖合资的大企业，而排斥任何具有创新性的新企业进入。只是因中国加入

WTO 而松动了管制之后，中国汽车工业在自主开发产品上的突破才随着竞争性小企业的进入而出现。汲取这些历史教训，政府要学会通过影响和支持企业来实现产业升级政策目标的方式。深圳市谋划建设液晶面板生产基地多年，一直寄希望于引进却不得其门，只是在 TCL 决定通过自主建线的方式进入 TFT-LCD 工业领域时，当地政府才找到实现这个政策目标的途径。

中国经济的发展需要转型，经济转型需要产业升级，产业升级则需要政府的产业政策，但如果产业政策能够对产业升级有效，就不能仰赖充满传统计划/命令经济思维和“三段式”思维的那种产业政策，而必须实行以竞争性企业为立足点的新型产业政策。在如何实现政策思维的转变方面，政府仍然面临长期的学习任务。

第二个问题，政府越来越缺乏有关工业的知识，甚至越来越缺乏对中国工业的义务感，而这些缺陷阻碍政府找到或发展出有效的政策工具。

传统思维与其说是有意为之，不如说是习惯而成，其重要原因是政府机构的工业知识贫乏，而且越来越贫乏。政府缺乏工业知识的缺陷在为应对全球金融危机而紧急制订产业振兴规划的过程中明显地暴露出来——各个产业规划的草案实际上并不是真正由政府机构写出来的，而是主要依靠企业、咨询公司、行业协会等捉刀代笔写出来的。指出这一点当然不是说政府不可以利用这些机构的知识和经验，但如果政府没有自己掌握的知识、信息、想法和立场，那么政府的政策就会被这些本来不可能代表公共利益的组织和机构所左右。根据不系统的信息和观察，在短时间内制定的 2009 年产业振兴规划实际上比较粗糙，其中许多内容是把过去“枪毙掉”的一些项目重新上马、把过去的一些政策糅在一起。这既反映了政府机构缺乏知识积累的弱点，也可以解释为什么有些传统计划/命令式的政策重新在产业振兴规划中出现。

政府逐渐丧失有关工业的知识其实是一个从 20 世纪 80 年代就开始了的过程。当时，决策者把作为计划体制弊端之一的部门管理与工业行政等同起来，认为在国家层次上不再需要工业行政。抛弃工业行政的第一个主要行动是在 1987—1988 年中央政府机构改革时，撤销了国家经济委员会。事实上，当时的国家经济委员会正在演进为一个力主改革特别是企业改革的机构，所以撤销它实际上不利于企业改革。当然，放弃工业行政的思路被实践证明是行不通的，而证明其错误的最有力的证据就是中央政府于1993年又成立了国家经济贸易委员会——一个与前国家经济委员会的性质基本相同的机构，其职能在本质上仍然是工业行政，无非是又加上了贸易行政。但是，因机构撤并而导致的人员流失和组织传统的丧失则是难以弥补的，而这些组织要素是市场经济和全球竞争条件下政府有效支持产业发展的能力基础。从1988年至今的20多年里，中央政府再也没有拥有一支在工业经验和与企业的联系上能够达到当年水平的工业行政干部队伍。

到90年代末，"外向型经济"的崛起又一次加重了人们对工业行政的轻视。这种经济成分的生产要素都是传统体制之外的：国外的资本、管理和技术，加上属于体制之外的劳动大军——农民工。外向型经济的繁荣很容易使政府滋生出"食利者"心态——再也不用像改革国有企业那样费心费力了，"无所作为"也可以实现经济增长，于是"招商引资"和"以市场换技术"成为发展经济的便捷途径。到90年代末，政府的工作又集中于加入WTO、国有企业退出竞争性行业、大量引进外资和市场化等方面，于是工业行政、产业政策和技术政策等都被当成"陈腐"的东西弃之一边。到2003年，曾经是被迫成立的国家经济贸易委员会又被撤销。直到2008年又在信息产业部的基础上成立工业和信息化部，无非是再次承认取消工业行政是行不通的。

中央政府在金融海啸来袭时实施产业振兴规划，不但再次证明中国政府仍然不能回避领导工业发展的任务，而且证明中央政府必须保持有关工业的知识才能有效执行这项任务。政府机构的知识与企业的知识一样，是组织性的，其获取、积累和更新需要稳定的组织机构，否则就没有学习能力。工业的技术、组织形式和竞争条件在不断变化，有关工业的知识也就在不断变化，所以政府必须保持与工业界和企业界的互动才能够获得、积累和更新有关的知识。因此，政府有关工业知识的丧失实质上是相关学习能力的丧失，其基本原因就是对工业行政机构的反复撤并阻断了政府与工业界的互动。虽然中央政府后来被迫一次又一次地恢复这种机构，但因为知识的组织性质，其学习和积累过程多次遭中断，致使每一次重新成立的工业行政机构在知识和能力上都比前面被撤销的机构弱。更严重的是，随着知识流失的还有官员对工业发展的使命感、责任感和情感。机构的不稳定导致工业行政官员职业生涯的不稳定，提升越来越取决于机构动荡中不规则出现的机会和人脉关系而不是专业能力。在这样一个过程中，政府相关机构在专业知识上、情感上和责任感上都与中国工业越来越疏远，一度疏远到了对外资廉价收购中国骨干企业——中国半个世纪工业化过程的结晶——都无动于衷的程度。

缺乏知识就会影响思维，使想当然的“拍脑袋”、情绪化的心血来潮和陈腐的习惯成为影响决策的因素。例如，曾经有传闻要把房地产业列为支柱产业，并出台房地产业的产业振兴规划。如果确有此事，只能反映政策思维的混乱。可以很容易地证明房地产业不可能成为国民经济的支柱产业，尽管房地产构成了国民财富的很大部分。以经济学所公认的理论为出发点，经济增长只有两个来源——投入的增加和生产率的提高，而后者对于现代经济增长的贡献远远超过前者。那么，什么是“支柱产业”呢？经济学中没有对这个概念的定义，但是在研究增长的经济学理论中，“领军部门或产业”（the leading sectors）的概念是被广泛使用的。这种部门或产业在经济史中的例子比比皆是，例如第一次工业革命中的棉纺织、采煤、冶金等，第二次工业革命中的钢铁、汽车、化工、电力等，信息革命中的电子信息产业等。成为领军部门或产业的标准是，其生产率的提高速度超过平均水平（从而带动整个经济体系的生产率水平的提高），而且能够直接影响其他部门的生产率提高（例如计算机对于传统工业的影响）。房地产业不可能成为支柱产业的原因就是它不符合这种标准。从供给方面讲，房地产业的物质生产率（主要体现在建筑业的生产率）提高是缓慢的，更不会直接导致其他部门的生产率提高。从需求方面讲就更简单了，虽然房地产在任何国家都构成国民财富的主要部分，但其价值（体现在市场价格水平上）是经济发展的结果而非原因（这个观点根本不是新闻，而是大约170年前就由德国经济学家李斯特所指出的）（李斯特，1961）。因此，房地产业更多的是国民财富的分享者而不是创造者，将其列为支柱产业只能导致投机盛行。

缺乏知识还会阻碍政府找到和发展出政策手段。产业政策的实施不同于“宏观调控”，必须落实在微观层次上，所以政府需要找到和发展出具有相应“微观性质”的政策手段去实施产业规划和影响产业发展，包括立法（例如产业振兴法案）、建立产业发展基金（集中支持战略性产业中的战略性企业）、金融工具（如开发银行提供低息贷款、实施特别折旧制度等）、知识产权政策、贸易工具（对进口产品和合资生产线实行差别待遇、控制技术的转让条件等），等等。如果没有足够的工业知识、不把握产业技术动态和投资动态，就会严重阻碍中央政府找到和发展出这些政策工具的可能性，从而使任何产业振兴规划或产业政策沦为空谈。

具有工业知识是制定有效政策的前提。以中央政府提出的战略新兴产业规划为例，每一个所谓的“战略新兴产业”，无论怎样定义，都不是孤零零地存在的，而是“嵌入”一个工业技术进步的网络中。例如，在被列入国家中长期科技发展规划重大专项的半导体制造设备中，光刻机（或称图形曝光设备）是一种高度复杂的关键专用制造设备，其性能直接决定了半导体工业以及众多关键国防技术的发展水平。但它的核心部件光学镜头又属于一个应用领域广泛、以不断生产出更高分辨率镜头为目标的“光学工业”。目前，全球的光刻机供应基本上集中在三家企业，分别是总部位于荷兰的 ASML（在镜头技术上的合作方是在光学透镜技术上有 150 年历史的德国企业卡尔·蔡司）、日本的尼康和佳能，可见这种技术的产业基础是传统的照相机工业。令人遗憾的是，中国在 20 世纪 90 年代的技术引进浪潮中失去了曾经引起日本担忧的本国照相机工业，而失去这样一个传统产业基础的后果之一，就是使中国在半导体设备这样的高新技术领域继续遇到瓶颈。从这样的证据看，对于发展“战略新兴产业”来说，与重点支持新产业方向同样重要的，是在所有的产业领域实施自主创新战略，突破关键环节的技术瓶颈，否则无非又是引发新一轮引进和争上新项目而已。问题是，当中央政府的政策制定者不具备足够的工业知识和经验时，制定出来的政策的有效性就会大打折扣。

第三个问题，政府实施产业政策的能力不足，根源在于对国家建设的长期忽略。

现代国家的建设与现代市场经济的形成是同一个过程的两个方面——前者是后者不可或缺的政治框架，因为市场经济的建立及良好运行需要国家基础权力的充分发展：一方面要对国家权力在各个领域的体现都以法律形式明确规定，另一方面还要构建有效行使国家权力的纪律、程序和组织能力。中国在改革开放初期，针对行政权力对经济干预过多和过度集中等弊端，采取了下放权力和精简机构等改革措施，但同时国家建设却成为一个被长期忽略的问题。

国家建设包括许多方面，本研究仅限于讨论政府的工业行政能力。工业行政能力指的是政府能够通过规划、政策等手段直接影响工业发展方向和企业行为的能力，上述政策思维和知识都包括其中。但这种能力的具体体现是拥有足够规模的常设机构和干部队伍。对中央政府而言，具备这种能力特别是指它不需要依赖其他行政层次而直接发挥这种能力。中央政府具有工业行政能力的重要性在于，在中国的经济转型和产业升级需要政治领导的条件下，在相关的政策上贯彻国家的意志。由于在行政体系中存在着各种局部利益，所以中央政府如果不具备工业行政能力，而只能依靠行政体系层层上传下达，就难免在执行过程中被改变政策目标。

从国家建设的角度看，即使经济改革的重点是针对政治和行政对经济干预过多的计划体制，国家机构的重新建设本来也应该是经济改革的重要内容。但在过去的三十多年里，对于国家工业行政机构改革的重点始终放在精简、撤并上，却从来没有放在重新建设上。在市场经济就是政府什么都不管的错觉下，还形成了一种“意识形态”：政府的作用越小越好，政府的机构和人员越少越好。在本来就想放弃工业行政的条件下，中央政府从事工业行政的机构过小、人员过少。例如，在被中国奉为市场经济楷模的美国，联邦政府的能源部有工作人员 3 万多人，而中国设在国家发改委的能源司不过 30 多个人（即使是成立了能源局，行政编制也仅为 112 人，包括 35 名司局级领导）；在工业和信息化部成立之前，设在国家发改委的工业司也不过二三十人，而中国却是世界上最大的正在工业化的国家。这种状况显然限制了中央政府的工业行政能力。

与力量不足同时并存的另一个问题是，中央政府执行产业政策的行政能力是“分裂”的。在国家经委、国家经贸委相继被撤销之后，国家计委以及后来由此改名的国家发改委一直被当作吸收了工业行政职能的机构，但国家计委/国家发改委的工作任务是在整个国民经济和社会发展的层次上，并非以产业发展作为主要任务，而且它一直是以政府系统（部门和地方）和项目为工作对象，从来不以企业为工作对象，着眼于宏观综合平衡的项目审批才是这个机构最核心的关注点。

2008年才成立的工业行政机构——工业和信息化部（工信部）是以原信息产业部（信产部）为基础成立的，而原信产部是1998年在合并电子工业部和邮电部的基础上成立的，所以工信部是从一个专业领域演变而来的。这样的“组织基因”不可能不影响它的视野和“核心能力”，虽然它在成立时被并入了其他一些机构，但在这个基础上通过组织整合形成一个真正的综合部门绝非易事。因此，如果工信部最终真的能够拥有类似原国家经委、国家经贸委的眼光、知识和能力，恐怕也需要一个漫长的过程。

直接影响企业（国有企业）行为的一个政府机构是国资委，它是在撤销国家经贸委的基础上成立的，变更的逻辑是以国有资产管理代替工业行政。但实际上，国有资产管理代替不了工业行政，因为前者的金融逻辑与后者的产业逻辑是不同的、有矛盾的。金融逻辑把企业当成一组财务数字，关心的重点是“保值升值”和现金流的收入。产业逻辑是把企业看作组织能力的载体，关心的重点是能力的发展。从产业逻辑看，中国的骨干企业是中国工业化的知识积累的基础，所以即使暂时遇到财务危机也不能轻易卖给外资方；但从金融逻辑看，只要价格“合适”，企业就可以卖掉，哪怕购买者是外资方——这就可以解释为什么国有资产管理当局没有去阻止在2005年达到顶峰的外资并购中国骨干企业浪潮。对于产业振兴规划或产业政策来说，产品结构的调整、核心或关键技术的突破、新兴产业的发展、产业链的形成等都必然是关注的重点，但它们却都不是金融逻辑所关心的东西。虽然以资产管理代替工业行政的初衷是减少对企业的行政干预，但实际上国资委已经演变成了一个国有企业的主管行政机构——它决定国有企业的设置和数量、国有企业的经营范围、国有企业领导人的任免等。于是，当中央政府需要实施产业振兴的政策时，唯一对国有企业握有人事任免权的行政机构却缺乏产业逻辑，只有金融逻辑。很难令人相信这种“精神分裂症”是有利于产业升级的。

影响产业政策的还有其他部门，例如科技部和商务部等。科技部作为科技发展的主管机构，也理所当然地会影响企业的行为特别是在研发方面的行为，而且科技部也是直接支持高科技企业的机构。但在行政职能划分上，科技部并不管产业，所以它只能相当局部地影响产业升级进程。商务部是主管内外贸易的机构，从职能上看其促进经济转型和产业升级的意愿不强、能力有限。把贸易与产业分开本来就是计划体制的传统，这样设置机构，似乎不利于经济转型和产业升级。

于是，中央政府领导经济转型和产业升级的任务分散于多个部门——发改委、工信部、国资委、科技部、商务部等。由于这项任务的综合性，由多个部门分担并不奇怪，奇怪的是这些部门中没有任何一个对此负有足够全面的责任并具有足够的能力去承担这项任务。这种“分裂”状况导致这些部门大都是从各自的局部出发去工作，而且还往往伴随着部门之间的竞争和博弈，不可能不限制中央政府领导这场转变的能力。

就工业领域而言，由于忽略了国家机构的重新建设，简单的“精简下放”实际上把很大一部分国家的行政职能及其相应的专业知识和信息渠道都“下放”给了“中间势力”——典型之一就是那些从行政管理机构换牌变成了“企业”的行政性垄断集团。于是，表面看上去是“精简”了的中央政府其实在行政上仍然不得不依靠一个规模更加庞大的行政体系，只不过这个体系不再是一个纯粹的国家行政组织，而是包括了具有自己的经济利益和其他利益的行政性企业。如果国家行政陷入这样的境地，所谓“国家意志”就会被各种从局部利益出发的势力所阉割。

以新能源汽车技术为例：长期依赖外国技术的大企业和一些合资企业出身的政府官员对此并不那么感兴趣。但如果可以或需要在国家层次上形成战略，政府就不能受这个在合资阶段形成的“政策社区”的左右，而必须具有自己的判断。在国家层次上做出判断的根据不是企业眼前是否还能赚钱，而是长期的需要和技术可能性。只要问一问这些问题——不断增加汽车保有量的中国是否能够无限地依靠石油？国际上是否在争相开发汽车新能源技术？——政府把新能源汽车技术列为重点领域就不再会有疑问。一旦在国家战略层次上形成立场，政府就可以通过研发项目投资、补贴和市场准入等政策手段去支持那些愿意开发新能源技术的企业，并以此来塑造工业技术演进的方向，为未来的技术变化做好准备。

国家机构的削弱、行政体系中局部经济利益和其他利益格局的形成，以及国家对于各个行政部门的整合能力的下降，是同一个过程中互为因果的几个方面。如果这个趋势持续下去，国家就会变得越来越没有知识、没有眼光、没有能力，既难以做出自己的独立判断，更难以贯彻自己的意志，虽然在紧急情况下还可以依靠发动一些自上而下的运动来缓解矛盾，却会变得越来越难以领导可能牵动既得利益结构的经济和社会变革。

中央政府在 2008—2009 年的金融海啸来袭时实施产业振兴规划是一个历史教训，它所反映出来的是一个铁一般的逻辑：经济发展（或以 GDP 为衡量指标的经济增长）是微观经济活动的总体结果，所以企业和工业的健康发展是整个经济健康发展的基础，而产业升级是经济转型的主要动力。只要中国的工业发展尚未跻身世界前沿，中央政府就不能放弃产业政策和工业行政。从撤销国家经委到再成立国家经贸委，从撤销国家经贸委再到成立工业和信息化部，以及在全球金融危机中以产业振兴规划来弥补宏观调控的不足，这些机构和政策的变迁所反反复复证明的是：工业行政是中国政府的一项与国防、外交、财政等职能同样不可或缺的长期职能。

上述三个问题不能不令人担心：在中国迫切需要经济转型和产业升级的关头，中央政府是否具有领导这种转变的能力？所谓政府有能力，不是指政府能够下命令，因为命令下了可能也达不到目标，甚至无法执行。所谓政府具有领导经济转型和产业升级的能力，是指政府能够塑造经济体系发展的正确方向，能够去激励、鞭策和帮助竞争性企业向产业升级的方向努力。具备这样的能力，需要中央政府具有有利于达到这些目标的政策思维和独立立场（国家意志）；需要中央政府具备有关工业的知识，理解产业升级过程中的基本问题，并在有知识的基础上发展出政策手段；需要中央政府拥有足够规模的机构和干部队伍以贯彻国家的政治决断。

本报告所讲述的中国 TFT-LCD 工业的发展就反映出这些问题。尽管液晶面板成为中国消费电子产业的瓶颈已多年，尽管新型显示器在电子信息产业振兴规划中被列为需要重点突破的关键领域，但政府的有关机构却对中国企业在这个工业中的突破不甚了了，甚至有官员仍然把发展这个工业的希望寄托于境外企业在中国大陆设立生产线上。当京东方的扩张引发了“液晶热”时，政府反应迟缓，而在做出反应之后又随即把政策重点放在控制生产线项目的数量上，而不是放在以具体有效的办法来支持中国企业的迅速成长上；虽然因为难以决定境外资本生产线项目的取舍而被迫拖延审批，但似乎并不明白境外资本在中国大陆蜂拥建线会对成长中的中国大陆企业造成威胁。于是，由于政府缺乏发展这个工业的战略，缺乏支持中国竞争性企业的决心及办法，由于国家的意志和战略能够轻易地被部门、地方政府特别是外国企业的游说所分裂，所以因中国竞争性企业扩张和全球金融危机而出现的中国 TFT-LCD 工业发展的重大机遇，却有可能白白流失。

事实上，这种问题是具有普遍性的。直到今天，政府的主导思维似乎仍然是把经济转型和产业升级的希望（也许是部分希望）寄托在引进外资上，以为只要“引导”外资投向“高新技术产业”之类的领域，只要对外国企业在中国的研发活动给予与中国企业同等的优惠政策，就可以利用外资来推动中国的科技创新和产业升级，殊不知这样做是与中国经济转型和产业升级的逻辑根本矛盾的（最贴切的形容是“缘木求鱼”）——中国的经济活动性质将因此而更加难以转变。因此，虽然两年前爆发的全球金融危机曾经给了中国一个经济转型和产业升级的机会，但中国能不能抓住这个机会却是令人质疑的。

3.5 结　　论

本报告讲述了中国 TFT-LCD 工业发展的历程及面临的问题。这个新兴高技术工业的历史在全球范围内也不过短短的二十年时间，但发展的速度极快，其销售规模已经直逼半导体工业。它的崛起导致了平板显示器对 CRT 显像管的全面替代，也使规模庞大的中国彩电工业遭遇了一场技术替代危机。由于平板显示器在最近的六七年里成为制约中国电子信息产业升级的一个主要瓶颈，所以发展这个工业的必要性已经获得了广泛的共识。

为了理解中国发展 TFT-LCD 工业的战略和政策问题，本报告回顾了全球 TFT-LCD 工业从技术研发到产业竞争的历史。以这个工业的竞争特点和“规律”为背景，本报告对一个中国企业——京东方——在这个新兴的高技术工业领域的发展历程进行了深度的案例分析。这个英勇的企业在全球金融危机中的扩张触发了一场“液晶热”，为中国发展 TFT-LCD 工业创造出一个重大机遇。如果中国抓住这个机遇使 TFT-LCD 工业发展起来，将使中国在自半导体革命以来的基础电子元件领域第一次获得一个宝贵的产业基础，对中国电子信息产业的升级具有重要意义。

但正如本报告对“液晶热”的两面性所分析的那样，机遇不会自动变成现实，把机遇转变为现实需要中国政府实施有效的战略和政策。由此反映出一个更具普遍意义的主题：领导中国的经济转型和产业升级需要政府能力的成长。

中国 TFT-LCD 工业为中国如何才能实现经济转型和产业升级的讨论提供了一个生动的、正在发展中的案例。在本报告结束时，我们从中国经济转型和产业升级的角度，概括出中国 TFT-LCD 工业发展历程对于思考技术政策和产业政策的四点教训。

第一，经济转型和产业升级要求摈弃“三段式”的技术政策，转而采取有利于自主学习和创新的技术政策。

中国工业三十多年的实践证明，虽然中国的经济发展将长期需要吸收、利用和借鉴外国技术，但从引进外国技术到掌握技术并获得能够参与技术变化的能力，必须经过以中国企业为主体的技术学习，而自主开发是学习外来技术最有效的途径。“三段式”思维的错误就在于，以为通过购买和使用就可以得到“技术”，却在政策上忽略甚至排斥了学习这个最重要的变量，所以在实践中从未达到过自主开发的目标。

以此为教训，中国对于 TFT-LCD 工业发展的政策原则应该是支持自主建线的道路。正如京东方的案例所表明的，在自主能力基础上的扩张尽管存在风险，但中国企业凭借这个基础不仅有可能跟上该工业的技术进步速度，还可以进一步参与未来技术变化的过程。相反，引进生产线的道路已经被过去诸多工业的实践所证明是无助于技术学习的，使中国工业仍然无力应对将来的技术变化。就经济转型的需要而言，引进生产线的方式不会使中国工业的经济活动性质发生变化，而一旦中国的企业普遍走上自主开发的道路，中国经济转型和产业升级的发动机就会开动。

全球 TFT-LCD 工业的历史经验也证明，中国只有走自主路线才能发展这个工业：TFT-LCD 工业在各国和地区之间“前赴后继”的发展不是全球“产业转移”的结果。最早开发液晶显示技术的美国企业没有能够实现产业化；虽然日本企业进入这个技术领域是从购买美国企业的技术许可证开始，但其却是依靠自主的开发和创新才使新技术产业化的；虽然韩国企业毫无疑问地“学习”了日本企业的技术，但两国之间没有“产业转移”——韩国企业是以自主能力成长和进取性投资战略把液晶工业推进到电视时代的；中国台湾的企业进入这个工业领域的重要条件是日本企业同意“转让技术”，但台湾企业能够利用这个机会而使液晶工业崛起的必要条件，还包括它们在此前所做的准备（包括半导体工业的能力基础和工业技术研究院的研发活动），特别是在进入该工业领域后所采取的进取性投资战略。事实上，仅仅是因为 TFT-LCD 工业的技术进步速度，就没有任何国家和地区可以依靠“转让生产线”式的“产业转移”来发展这个工业。因此，虽然全球化的条件使技术知识和信息高度流动，但利用这些知识和信息而实现发展仍然只能依靠通过学习而获得的自主能力。

今天的中国也出现了处于新技术前沿甚至以基础研究的突破为起点进行创新的企业。可以很清醒地看到，这些企业的开发和创新仍然不可能在封闭的情况下进行，而在知识来源、人员流动和产业链关系等方面都处于与外国企业和研究机构互动的过程中。但无论是什么情况，坚持自主的技术学习和创新都是推动经济转型和产业升级的唯一正确道路，所以支持更多的中国企业走上这条道路也是政策的原则和重点。

第二，经济转型和产业升级的直接动力是中国竞争性企业的成长，所以支持这种成长应该是产业政策的核心。

中国的竞争性企业——自主进行产品开发的企业——是中国技术学习的主体。强调这一点并非说大学和科研机构不重要，而是指明中国工业普遍缺乏自主开发是中国创新系统的主要问题。只有越来越多的中国企业走上自主开发的道路，大学和科研机构以及政府对基础研究的支持才能发挥应有的作用。

在过去的二十年间，中国任何一个工业在技术上的长足进步都是由于该工业领域出现了竞争性企业。中国 TFT-LCD 工业的发展机会也是由中国竞争性企业的出现和成长所带来的——虽然京东方也是通过获得外国技术而进入 TFT-LCD 工业领域的，虽然它获得的技术以及随后掌握的技术（如北京 5 代线）都不是当时最先进的，但它以竞争性企业为组织形式的高强度技术学习最终使中国获得了可以向技术前沿挺进的能力基础。

竞争性企业对于技术进步的重要性同时说明它们也是经济转型和产业升级的主要力量。转变经济发展方式的实质是转变经济活动的性质——从低附加值的经济活动转向高附加值的经济活动，不仅包括发展高新技术产业，还包括推动传统产业的技术爬升和创新。因此，经济转型和产业升级要求中国工业和经济体系发展出从事更高附加值活动的能力，而要达到这个目标，只能通过整个中国工业体系和经济系统的学习和创新，只能靠越来越多的中国企业走上自主创新的道路。

因此，以经济转型和产业升级为总目标的产业政策，应该以鼓励、鞭策、支持和保护中国企业的技术学习和创新为核心内容。政府应该做得更多的是围绕这个核心内容发展政策手段和改革管理体制，而不是热衷于上新项目，更不能把新一轮引进当作调整产业结构和产业升级的主要手段。只有这样做，政策的重点才能从重新分配现有资源/能力转向促进新的产业活动和经济成分的增长上，才能有效地促进经济转型和产业升级。

第三，经济转型和产业升级需要政府的积极作用，而这种作用应该具有战略性。

“液晶热”证明了中国高技术产业的发展离不开政府特别是中央政府的积极作用，而“液晶热”的两面性也恰好说明应对它的政策关键和战略原则是对两条发展道路的区别对待——支持中国大陆竞争性企业的扩张并抑制境外企业在中国大陆建线的势头。

对于发展 TFT-LCD 工业乃至其他高技术产业来说，政府的作用之所以重要，还因为现有的政策体系和体制并不适应以中国竞争性企业成长为主要动力的产业升级的需要。只有政府自己采取目标明确的行动，才可能改变旧的并创造出新的政策体系和管理体制。

要领导经济转型和产业升级，政府的行动就不能不具有战略性，即在明确目标和原则的条件下采取考虑时间、地点的各种手段。需要这种战略性，是因为中国的经济转型和产业升级将改变现有的世界技术和产业结构（必然改变贸易结构），意味着中国工业越来越多地能够在国内外的高端市场上竞争；这种前景不可能符合现有发达国家的利益，所以将会产生比在粗放发展阶段更多的摩擦甚至冲突。但如果不升级、不转型，中国的经济就不能持续发展，也就不符合中国人民的利益（例如，中国发展 TFT-LCD 工业当然不符合日本、韩国的利益，但如果不发展，则中国的电子信息产业就永远受制于人）。也正是因为存在这种与既得利益的结构性矛盾，所以中国不可能完全依靠自由市场机制来实现经济转型和产业升级，必须有国家力量的支持和政府的领导。

第四，以经济转型和产业升级为重点的中国经济发展要求政府能力的成长。

从中国 TFT-LCD 工业的发展所反映出来的问题看，经济转型和产业升级同时要求政府能力的成长。增强政府能力的必要性在于，领导经济转型和产业升级要求政府具有独立的立场和意志——它们由战略思维带来的眼光、知识和执行力所支撑。

有效地领导经济转型和产业升级，既不能依靠传统计划体制下的行政命令方式，也不能依靠粗放发展阶段的“袖手旁观”方式，而应该采取能够以自己的战略方向和立场去塑造企业和市场行为的方式——这种方式需要在学习基础上不断增长的能力。

为增强领导经济转型和产业升级的能力，政府面临着转变政策思维、加强学习和重建机构这三重任务。需要把宏观层次上的理论原则具体化为经济和产业政策的原则。同样，重新成立工业行政机构也证明了机构重建的必要，但需要进一步明确国家工业行政职能的长期性，摆脱机构反复撤并/再成立的怪圈，把工业行政机构的重建当作国家能力建设的一个部分。

政策思维转变和机构重建是政府为积累知识而进行学习的前提条件。政府的学习也是组织性的学习，需要与工业的实践互动，需要系统地积累知识和经验，需要试错。产业政策的有效性必须建立在工业特定甚至企业特定的知识基础之上，不仅因为每个工业都有自己的技术轨道和竞争，还因为技术和工业竞争条件永远处于变化之中。产业政策的微观特性对政府知识和能力的要求是更高更多，而不是更低更少，所以政府能力的增长与竞争性企业的成长都是中国经济转型和产业升级所不可缺少的要素。

这些结论来自对中国 TFT-LCD 工业发展问题的分析，来自对中国工业三十多年历史经验的总结，也来自对中国经济转型和产业升级所需条件的展望，它们共同表达了一个被反复证明了的主题——中国的长期可持续发展只能立足于自身能力的成长。但是，当全球金融危机带给中国经济转型的机会之窗在犹豫中逐渐悄声关上时，当中国的企业和创新系统所展示出来的技术突破前景在对外资的退让中逐渐黯淡下来时，本报告所讲述的中国 TFT-LCD 工业发展问题只不过是在已经足够充分的证据基础上再次提醒我们：**在中国经济长期健康发展所迫切需要的经济转型和产业升级方面，政府需要提升眼光、增强意志、提高能力。**

参考文献

中文文献：

陈泳丞，2004. 台湾的惊叹号：台日韩 TFT 世纪之争 . 台北：时报文化出版企业股份有限公司 .

高鸿锦，2000. 中国液晶产业现状及其发展趋势 . 光电子技术，20（1）.

金麟洙，1998. 从模仿到创新：韩国技术学习的动力 . 北京：新华出版社 .

京东方，2003/2008. 理想之路 .

李斯特，1961. 政治经济学的国民体系 . 陈万煦，译 . 北京：商务印书馆 .

日本学术振兴会第 142 委员会，1992. 液晶器件手册 . 黄锡珉，等译 . 北京：航空工业出版社．

约翰斯通，2004. 我们在燃烧：日本电子企业研发史．李先柏，译．北京：华夏出版社．

朱贻玮，2006. 中国集成电路产业发展论述文集．北京：新时代出版社．

英文文献：

ASAKAWA K，2007. Metanational learning in TFT-LCD industry：an organizing framework//RIETI discussion paper series 07-E-029，Tokyo，April 28. www. rieti. go. jp/jp/publications/dp/07e029. pdf.

BORRUS M，HART J，1992. Display's the thing：the real stakes in the conflict over high resolution displays//Proceedings of the Berkeley roundtable on the international economy（WorkingPaper ＃52）. University of California，Berkeley，CA.

BOULTON W R，FURUKAWA K. Note on the liquid crystal display industry.

CHANG S C，2005. The TFT-LCD industry in Taiwan：competitive advantages and future developments. Technology in society，27：199－215.

CHANDLER A D Jr.，2001. Inventing the electronic century：the epic story of the consumer electronic and computer industries. New York：Free Press.

HART J A，LENWAY S A，MURTHA T P，2000. Technonationalism and cooperation in a globalized industry：the case of flat panel displays // PRAKASH A，HART J A. Coping with globalization. London：Routledge：117－147.

HWANG Yeong-dong，LIN Yi-ching；LYU Jung，2008. The performance evaluation of SCOR sourcing process：the case study of Taiwan's TFT-LCD industry. International journal of production economics，115（2）：411－423. DOI：10. 1016/j. ijpe. 2007. 09. 014.

HUNG Shiu-wan，2006. Competitive strategies for Taiwan's thin film transistor-liquid crystal display（TFT-LCD）industry. Technology in society，28：349－361.

JOHNSTONE B，1999. We were burning ：Japanese entrepreneurs and the forging of the electronic age. New York ：Basic Books.

KIM L，1997. Imitation to innovation：the dynamics of Korea's technological learning. Boston：Harvard Business School Press.

KRENG V B，WANG H T，2009. A technology replacement model with variable market potential：an empirical study of CRT and LCD TV. Technological Forecasting & Social Change. DOI：10. 1016/j. techfore. 2009. 02. 001. http：// dx. doi. org/10. 1016/j. techfore. 2009. 02. 001.

LINDEN G，et al.，1998. Flying geese as moving targets：are Korea and Taiwan. Industry and innovation，5 (1)：11－34.

LINK A N，1998. The US display consortium：analysis of a public/private partnership. Industry and innovation，5 (1)：35－50.

MATHEWS J A，2005. Strategy and the crystal cycle. California management review，47 (2)，Winter.

MATHEWS J A，2004. Strategies used to break into global markets：recommendations for companies and countries. Industry competitiveness seminar，Moscow，November 2.

MACEDONIA M，2006. It's the end of the tube as we know it. Entertainment computing. http：//doi. ieeecomputersociety. org/10. 1109/MC. 2006. 202.

MOWERY D，ROSENBERG N，1998. Paths of innovation：technological change in 20th-century America. New York：Cambridge University Press.

MURTHA T P，LENWAY S A，Hart J A，2001. Managing new industry creation. California：Stanford University Press.

MURTHA T，2007. Metanational management in the TFT-LCD industry. Tokyo，March. www. rieti. go. jp/en/events/07031401/pdf/2-1 _ murtha. pdf.

ROSENBERG N，1996. Uncertainty and technological change // LANDAU

R，TAYLOR T，WRIGHT G. The mosaic of economic growth. Stanford：Stanford University Press.

PARK Tae-young，CHOUNG Jae-yong，MIN Hong-ghi，2008. The cross-industry spillover of technological capability：Korea's DRAM and TFT-LCD industries. World development，36（12）：2855－2873.

SPENCER J W，MURTHA T P，2005. How governments matter to new industry creation. Academy of management review，30（2）：321－337.

SCHUMPETER J，1975/1942. Capitalism，socialism and democracy. New York：Harper & Row.

TSENG Fang-mei，CHIU Yu-jing，CHEN Ja-shen，2009. Measuring business performance in the high-tech manufacturing industry：a case study of Taiwan's large-sized TFT-LCD panel companies. Omega，37（3）：686－697.

WONG M. Death of the CRT TV. Active technologies，LLC.

第四章 "i5" 革命*

* 本章内容是信息化百人会委托的2016年年度报告之一。本报告基于的研究课题由课题负责人自己选定。课题负责人为北京大学政府管理学院教授路风，其他课题组成员为北京大学政府管理学院博士生王晨。本报告由路风和王晨执笔。本报告的观点由研究者独立提出并承担责任，不代表信息化百人会的官方立场。本报告完成于2016年1月。

本报告案例的信息来源为课题组于2015年对沈阳机床集团及其上海团队的访谈，访谈时间如下：3月31日—4月1日（上海，访谈上海团队；孙喜博士主谈）；6月17—18日（沈阳，访谈沈阳机床集团）；6月23—24日（上海，访谈上海团队）；7月26—27日（深圳，访谈"i5"用户）；11月3日（上海，访谈上海团队和智能云科）；12月21日（北京，访谈神州数码负责人）。笔者对所有接受访谈的人士表示感谢！

4.1 导　　言

本章的标题《“i5”革命》中的“i5”，是沈阳机床集团对其所开发的数控系统的命名，其字义来自5个英文单词——industry（工业）、information（信息）、internet（互联网）、intelligence（智慧）、integration（集成）——的第一个字母。本章的主题就是以沈阳机床集团开发世界上第一个智能、互联数控系统的经历——一个中国工业正在发生的创新事件——为经验证据，讨论中国产业升级的理论问题。

4.1.1 中国产业升级的任务

在中国经济发展面临着重大转折或调整的关头，能不能对产业升级的重要性形成共识关系到对中国经济发展方向和途径的选择。但是迄今为止，人们对于产业升级的内容和途径存在许多模糊的认识，甚至缺乏认真的讨论。

从经济政策的角度看，目前有两种关于产业升级的视角居于主导地位。第一种是宏观经济政策的视角。由于这种视角关切的重点是宏观经济平衡和长期经济增长的条件，所以其倾向于把产业升级看作某种宏观经济条件下的自然结果。例如，引起热议的“供给侧”改革——就媒体报道的内容而言，其原始含义仍然是从宏观经济平衡的角度出发，认为只要“市场出清”，化解掉过剩产能并淘汰掉“僵尸企业”，产业升级就会自动发生。由于宏观经济政策的视角并没有真正着眼于产业升级本身的分析，所以其实际上无法解释为什么市场机制或“市场出清”可以自动导致产业升级，而且还产生了“以消费升级带动产业升级”这种从未得到过证明的逻辑。

第二种是传统的产业政策视角。这种视角往往提出具体的目标（如“制造强国”“中国制造 2025”等）、具体的做法（如推广“互联网+”、“智能制造”、机器人等）及其相应的支持措施（国家项目和政策）。从这个视角出发，中国产业升级的任务被定义为在若干工业领域的技术突破，然后通过政府项目的形式对这些领域的技术研发予以资助，最后由政府组织的专家评审并“验收”成果。这种方式特别强调发展高新技术产业或“以高新技术改造传统产业”，事实上把产业升级等同于高新技术产业的发展。

上述两种视角的共同问题是都没有从工业发展本身去讨论和理解产业升级的动力、过程和机制，于是它们既没有回答中国产业升级的内容或范围是什么，也没有回答中国产业升级的途径是什么。为澄清这些问题，本报告提出三个命题，陈述如下。

第一，从经济发展的角度看，中国的产业升级必须是“基础广泛”（broad-based）的升级，既包括发展高新技术工业，也包括现有工业向更高技术水平、更高生产率和更高附加值的产业活动转移，而后者对于中国尤其重要。

许多中国人认为，产业升级就是发展高新技术产业或以新的产业代替旧的产业（典型地反映在“腾笼换鸟”式的思维上）。在中国经济遇到产能过剩的问题时，这种想法尤为流行，甚至笼统地按产业部门划分经济增长的“新动能”和“旧动能”。澄清这个问题的基本出发点是一个事实：对于任何一个经济体，包括发达国家的经济体，“传统”产业活动都构成经济活动的主要部分[①]。按照中国经济发展的需要，未来 10～20 年将有包括 2 亿农村劳动力在内的 8 亿农村人口转变成为城镇人口。面临如此巨大的就业结构变化，无论是随之而来的消费需求还是就业需求，都远远不是少数高新技术工业能够满足的。

产业升级的实质含义是产业向较高生产率和较高附加值的经济活动转移，而技术进步是实现这种转移的基本动力。就工业发展而言，技术进步对于生产率提高和经济增长的作用有两种主要形式：第一，技术创新会不时创造出全新

① 2000 年，高技术和中技术工业只占 OECD 成员的全部工业增加值的 8.4%（其中日本占 9.9%、欧盟占 8.3%、美国占 7.9%），低技术工业占制造品出口的 32.8%。2000 年，经合组织低技术工业的研发支出占制造工业全部研发支出的 48%（从美国的 40%到欧盟的 53%和日本的 56%）。

的工业。新工业在成熟之前往往会拥有较高的增长率，这种较高的增长率可以抵消成熟工业逐渐衰退的增长率，成为一个国家保持经济增长的动力。但是，第二，正如 David Mowery 和 Nathan Rosenberg（1998：5）指出的，技术进步的另一种主要形式是新技术向成熟工业部门的扩散。例如，电子和化学工业的创新影响了从消费品到资本品的一系列工业；一些工业的发展极大地提高了对其他工业高端产品的需求，如汽车和航空工业的发展带动了汽油、航空燃油和合成材料的发展；成熟工业通过吸收新技术可以出现全新的产品（如橡胶轮胎工业出现合成橡胶子午胎、机床工业出现数控机床等）。因此，这种部门间的技术流动“是美国经济在 20 世纪创新的基本特点”。

成熟工业或传统工业可以因为技术进步而具有增长潜力，而且因为它们占经济活动的比重更大而具有重要意义。发展高新技术工业确实重要，但这种重要性更主要地体现在它们的发展可以为其他工业部门提供新技术的来源。因此，从经济发展和劳动就业、从技术进步和生产率的提高、从保持国际竞争力等各种角度讲，中国的产业升级都应该是基础广泛的升级，绝不是以“一小撮儿”高新技术工业去替代构成经济活动主体的现有工业。

第二，产业升级具有“内生性”，因为造成产业结构性变化的主要力量产生于产业发展过程本身，即来自企业的创新活动。

把产业升级等同于以高新技术工业和服务业代替传统工业的想法，会导致以行政手段进行产业升级和结构调整的做法。这种方式典型地体现在“腾笼换鸟”政策上——政府通过行政手段筛选项目，把低端产业挤出去，再引进高端产业；还体现在全国各地一窝蜂地建设大数据、云计算、机器人等产业园上。另一种极端的政策思维是认为自由市场机制可以自动导致产业升级。但具有讽刺意味的是，这种立场恰恰又是主张以自上而下的方式强行推动“市场出清”。

产业升级之所以不可能自上而下地“操作”出来，是因为产业升级具有“内生”的性质，即推动产业升级的主要力量（如技术和组织的变化、能力的成长等）产生于现有企业的创新活动。仅就技术进步而言，在发达国家的工业史上，许多重要的技术特别是那些导致新工业诞生的技术，是由在位企业发明或创造的（如半导体晶体管、合成纤维、光纤、液晶显示器等）。新工业的兴起会催生大量的新进入者，但这些新进入者又往往是其他工业领域的在位者。的确存在着大企业创造的新技术不能得到利用的情况，于是一些小的、新的企业会应运而生，成为利用新技术或将其产业化的生力军（如硅谷的历史）。但从工业层次上看，这种情况也仍然包含了在位企业的贡献，因为这样的新创企业大多是从在位企业分离出去的。因此，在位企业是创造新知识和新技术的主要源泉。针对一些人说小企业比大企业更具有创新性，发现了“摩尔定律”的戈登·摩尔说：“但需要注意，区分利用和创造是重要的。人们经常说，新创企业能更好地创造新东西。它们不能。它们只是能更好地利用新东西。成功的新创企业几乎总是开始于在大公司的研发组织中的成熟的想法。如果失去大企业或大企业的研发组织，新创企业也就消失了。”（Moore，1996）

在位企业之所以在创造新知识和新技术方面扮演更重要的角色，是因为在产业活动的背后是一个知识和经验的体系。即使是新企业，也只能在已有的知识和经验基础上被创建出来，否则就没有能够在市场上竞争的能力。因此，产业升级的实质是一个经济体的知识和能力体系的升级。

第三，产业升级的实质是工业知识和经验体系的扩张和更新，从而决定产业升级是一个演进的过程。因此，有关产业升级的政策（包括宏观经济政策和产业政策）应该采取促进、引导和激励的方式，避免采取“休克疗法”的方式。

工业的知识和经验体系是以累积的方式变动——新的技术和能力产生于已有的基础，然后才能逐步代替旧的技术和能力，所以产业升级的过程是演进的。因此，对待产业升级的政策思维不应该存在对“一招鲜”的幻想，否则就会采取事实上的“休克疗法”，而这种政策只能摧毁中国工业的知识和经验体系，反倒无助于产业升级。

回顾不久前的历史，当中国经济在世纪之交前后进入一个罕见的高速增长期后，无论是发达国家还是发展中国家都感受到中国工业的一个结构性特征：低端部门和高端部门同时存在。在其背后是中国不同于一般发展中国家的结构特征：在人均收入水平和劳动成本较低的同时，劳动者、企业家和技术人员具有较高的素质和技能。较高的技能水平是指一个经济体的生产技能高于人均收入水平通常所预期的水平，可以表现在出口产品的结构上，也可以表现在低端（劳动密集型）工业部门和高端（资本密集型）工业部门并存的产业形态上。没有这种结构特征，中国经济就不会在全球化过程中迅速发展起来。那么，形成这种特征的原因是什么？中国农业人口比重较高只能解释人均收入水平较低，而技能水平较高则是因为中国在1950年代的工业化和随后的自力更生年代建立起一个相当的工业基础。没有这个基础，改革开放后的经济发展完全会是另一个样子。

高增长阶段也暴露出中国经济的许多问题：一些工业部门出现了严重的产能过剩（如钢铁、水泥、铝等）；一些外向型的加工组装工业不但处于全球价值链的低端，而且在全球金融危机之后遭遇外部需求下降以及劳动力成本上升的冲击；工业生产大量依赖进口的关键零部件或元器件，如半导体集成电路、机床的数控系统等；还有一些工业被外资主导（虽然有些人不认为这种状况有什么不妥，但技术依赖导致中国工业活动的附加值低则是不争的事实）；环境污染；等等。但这些问题同时就是中国产业升级需要克服的瓶颈，恰恰指出了产业升级的方向。

根据国际货币基金组织的数据库，中国在全世界工业增加值的份额从2000年的5.75%开始迅速攀升，于2011年达到17.48%并超过美国的份额（16.57%），中国成为世界第一大工业国。中国工业能不能在这个基础上通过提高知识含量来提高生产率和附加值，决定着中国未来的经济发展前景。对于这样一个工业知识和经验体系的扩张和更新过程，政府的政策重点应该是促进、引导和激励企业的创新，而其他的政策应该服务于或补充于这个重点。

上述三个观点可以被视作有关中国产业升级的三个重大命题，有待从理论上和经验证据上进一步证明。因为本报告只集中于一个企业的创新（但却是一项具有工业意义的创新），所以更多的证明将留待后续的工作完成。

4.1.2 “i5”案例说明了什么

沈阳机床集团开发的“i5”数控系统问世（以公开展示为标志）刚刚两年，

而且也没有得到官方组织（如政府部门、国家科技项目和行业协会等）的承认，但本报告将证明，它是全球第一个使机床成为智能、互联（smart and connected）产品的数控系统，甚至走在了德国“工业4.0”的前面。尽管这只是一个工业的一个技术创新事件，但回顾开发“i5”的过程可以揭示出有关中国产业升级的一系列重大主题。

4.1.2.1 “传统”工业的重要性

本报告所讲述的创新事件——开发“i5”数控系统——发生在中国机床工业。机床是动力驱动的用于金属切削和加工的机械设备，其英文名称（machine tools）直译过来就是“机器工具”。中国习惯称之为“工作母机”，或制造机器的机器。从时间来看，机床工业是一个古老的工业。现代意义上的机床工业出现于英国工业革命时期，距今已有200多年的历史。中国机床工业也有近百年的历史，而且今天也处于“产能过剩”的状态。那么，机床工业在中国算不算“旧工业”？算不算“旧动能”？

事实上，世界机床工业一直处于演进过程。虽然机床工业的基本技术一直延续下来，但因为新技术不断地被应用在机床上，所以今天的机床工业与50年前的机床工业存在巨大的不同。同时，机床工业又是一个重要的工业。自从英国工业革命以来，改进和扩大使用机床对于制造工业的生产率产生了重大影响。在可预见的未来，没有任何新工业能够代替机床工业（3D打印代替不了机床作业）。因此，机床工业将继续是决定一个国家的制造能力和工业效率的关键工业。如果中国失去机床工业，那就意味着中国制造工业所需要的机床必须全面依靠进口，其结果是中国的产业降级而不是升级（最高端的机床技术）。

因此，决定中国机床工业属于“旧动能”还是“新动能”的关键不在于这个工业的“年龄”，而在于它能否产生出技术升级的动力和努力，在于它能否通过技术突破成为支持中国制造升级的关键工业。“i5”智能数控系统的意义恰在于此：它不但突破了中国机床工业长期处于弱势的数控技术，而且以其智能、互联的特性为中国制造业升级提供了广阔的空间。

新一轮“信息化”的主要内容是以互联网为代表的信息技术进入工业领域，“传统”工业是这一轮“信息化”的主力。

“i5”是利用最新信息技术开发出来的数控系统，它使机床不但可以实现数控，而且具有智能、互联的性能。因此，有人也许会用流行的官方语言把“i5”的开发成功说成机床工业的一个“信息化”成果，或“互联网＋机床”的范例。但是，“i5”的开发过程恰恰可以证明，“信息化”和“互联网＋”的概念过于笼统和模糊，无法反映出信息技术与现有工业之间如何融合的因果关系和特性，所以无法回答这样一个问题：“i5”数控系统的核心技术是信息通信技术（ICT），但为什么它不是由信息通信技术企业或互联网企业开发的？

随着无线通信技术和芯片技术的发展而兴起的移动互联网，使在任何时间、任何地点的互联成为可能。这种互联方式首先被应用在商业、服务业和娱乐领域，而应运而生的互联网企业通过提供交易平台，造成这些领域中的商业模式或运行方式发生重大变化，也因此而产生了“互联网＋”的概念和思维。但是，这些概念和思维在互联网技术的应用扩展到工业领域时，就会受到重大限制。“i5”案例充分说明，当互联网技术进一步扩展到工业领域时，其扩散方式也会发生重大变化：这个过程的主导者不再是信息技术或互联网企业，而是工业制造企业。原因至少有以下两个：

（1）当信息技术和移动互联网的发展使工业的产品或工艺流程可以实现智能、互联时，能够在产品或工艺上应用这些技术的前提条件是应用者能够开发这些工业的产品或工艺（商业和服务业领域的互联网企业是不用开发工业产品的）。任何一个制造产品的工业都具有深厚的知识、技能和经验，而这种工业特定的知识、技能和经验是信息技术和互联网企业难以逾越的鸿沟，因此，除非这些互联网企业自己变成生产产品的工业企业或工业企业的组成部分，否则它们就不可能成为该工业的产品和工艺开发者——ICT技术向传统工业的扩散不是简单“加上去”的。

（2）从应用的角度来说，包括互联网技术在内的信息技术正在成为通用技术，而任何一个制造特定产品的工业的技术都是专用技术。如果说通用技术的特点是应用面广泛，而专用技术的特点是知识和经验的积累深厚，那么显然是掌握专用技术者更适合利用通用技术，而不是相反。当信息技术可以被应用于工业的产品和工艺时，信息技术和互联网企业掌握的技术不能直接变成产品，但是工业企业可以通过应用信息技术开发出新的产品。当互联网技术的应用从消费领域扩展到工业领域时，更可能成为系统集成者的企业是掌握核心技术的工业企业而不是互联网企业，尽管双方的合作往往是必要的。

上述逻辑和开发“i5”的经验证据都证明，现有工业的知识和经验基础是宝贵的。虽然工业企业在利用信息技术时可能需要与信息技术企业合作，但没有这个基础，新技术就不能被中国工业广泛地吸收，生产率提高的空间就会被大大压缩，中国经济发展的动力就会丧失。因此，以一些想象中的新潮玩意儿代替中国现有工业的想法是错误的。

4.1.2.2 工业企业的自主创新是产业升级的根本动力

“i5”数控系统的开发再次证明了自主创新的力量。数控系统是中国机床工业的长期短板，制约着该工业的发展以及中国制造业的升级。长期落后的原因是中国在几十年的时间里都把希望寄托在引进技术上，没有下决心从底层技术开始去开发自己的系统。在一系列条件的驱使下，沈阳机床集团走上了自主开发数控系统的道路。当这个项目从 2007 年开始执行时，开发者的原定目标是开发出能够替代进口的常规数控系统。令人（包括开发决策者）意外的是，最后开发出来的却是世界上第一种智能、互联的数控系统——原因就是自主创新。

“i5”开发过程的特征是：在通过国际合作了解到数控系统的基本架构之后，（1）开发者采取了一条“最笨”的办法，就是从最底层的技术做起，自己确定底层架构，自己完成全部的算法，20 多万行的源代码每一条都是自己写的；（2）当从底层架构到全部技术细节的系统都掌握在自己手中时，开发者不再需要跟随或模仿外国的数控系统，而是根据自己对用户市场的理解决定系统的概念、技术路线、功能和性能参数；于是，（3）以“80 后”为主的开发团队（他们正好属于互联网的一代人）在他们掌握自如的“平台”上，把枯燥的技术开发过程变成了一场充满欢乐的“电子游戏”，为更好地满足用户的需求而创造性地把数控系统做成了智能、互联的。

“i5”的开发反映出创新过程的典型特征——决心的重要、背负的风险巨大、过程充满不确定性以及超越常规的结果等。尽管它的意义尚未得到官方的承认，但它是中国机床工业在最近30年间做出的最重大的创新之一。特别是因为“i5”出现在互联网时代，而且就是一种可以与移动互联网无缝连接的数控系统，所以它是一项革命性技术：它是中国机床工业中第一项不是沿着领先者的技术轨道而是走出自己独特技术轨道的技术，所以催生出不同于外国产品的数控系统。更重要的是，“i5”的开发成功使沈阳机床集团从低端生产者一跃成为与国外领先企业在同等技术层次上的竞争者。因此，这个事例再次证明自主创新是中国产业升级的基本动力。

“i5”智能、互联数控系统在中国机床工业的诞生及其所展示出来的革命性前景，证明中国经济发展的“新动能”只能在“旧动能”的基础上产生，而把后者转化为前者的关键是自主创新。因此，把“新动能”与“旧动能”截然分开的思维是站不住脚的，因为前者孕育于后者，或后者是前者的基础。正因为如此，“i5”的案例可以为我们思考中国的产业升级提供重要的启发。

4.2 工业背景：创新者前传

“创新”并非“天降神物”，也不是来自企业家的“奇思妙想”或某些天才的“灵光一现”。现实中的创新不会随心所欲地发生，因为创新行动面临着不确定性和风险，需要有动机或压力；创新也一定发生在某些特定的关联环境中，因为创新需要知识、经验和支持系统。本报告报道和分析的创新案例——沈阳机床集团开发“i5”数控系统——发生在中国机床工业。如果不稍微了解一下这个工业的背景以及创新者的经历，就无法理解为什么一个老国企会在那个时间点并以那样的方式走上开发数控系统之路。因此，本报告从创新者的“前传”开始。

4.2.1 数控技术的落后

沈阳机床集团是在对原沈阳几家机床厂的资产重组基础上成立的。1992 年 6 月 15 日，在沈阳市政府有关部门的直接领导下，由沈阳第一机床厂、中捷友谊厂（原沈阳第二机床厂）、沈阳第三机床厂和辽宁精密仪器厂等发起者共同成立了沈阳机床股份有限公司筹备领导小组。经过近一年的筹备，1993 年 4 月 27 日，沈阳第一机床厂、中捷友谊厂、沈阳第三机床厂和辽宁精密仪器厂经协商达成协议，一致同意作为发起人联合成立股份制公司，公司名称为沈阳机床股份有限公司。1995 年 12 月，股份有限公司进一步改制为沈阳机床集团有限责任公司。

沈阳第一机床厂、中捷友谊厂和沈阳第三机床厂原直属机械工业部，都属于新中国成立以后国家重点部署的“十八罗汉厂”①。沈阳第一机床厂的前身是日本侵占中国东北三省之后，由三菱机器株式会社于 1935 年在沈阳建立的，目的是服务于日本军工。新中国成立以后，沈阳第一机床厂被列入“一五”计划期间苏联援建的 156 个重点项目，于 1955 年按照苏联红色无产者机床厂改建完成，建立了 7 条生产线，1957 年拥有职工 5 562 人，其中技术人员有 712 人（职工人数和技术人员人数都位列“十八罗汉厂”之首），年产 1A62 普通车床 2 200 台（张曙 等，2011），堪称当时世界一流的机床厂。中捷友谊厂的前身也是由日本在 20 世纪 30 年代建立的。1950 年代经过改造后，中捷友谊厂以生产钻床和镗床为核心，在这里诞生了中国的第一台卧式镗铣床和第一台摇臂钻床。沈阳第三机床厂是中国自动车床的鼻祖，主要生产多轴自动车床（在数控机床出现之前，机床的自动化通过机械传动的方式实现）。这三家机床厂曾是

---

① 1952 年 9 月，中央人民政府重工业部召开了全国工具机会议，对当时的机床产品发展方向和工厂布局做了初步规划；1953 年又按照苏联专家建议，确定了全国 18 家机床厂的分工和发展方向，由于人们对 18 家机床厂肩负我国工业化的历史使命寄予厚望，就称它们为“十八罗汉厂”。“十八罗汉厂”分别是：沈阳第一机床厂、沈阳第二机床厂（中捷友谊厂）、沈阳第三机床厂、大连机床厂、齐齐哈尔第一机床厂、齐齐哈尔第二机床厂、北京第一机床厂、北京第二机床厂、天津第一机床厂、上海机床厂、无锡机床厂、南京机床厂、济南第一机床厂、济南第二机床厂、长沙机床厂、武汉机床厂、重庆机床厂、昆明机床厂（张曙 等，2011）。

共和国和沈阳的骄傲，肩负着为中国工业化提供“工业母机”的重任。

进入 1990 年代后，沈阳这三个底蕴深厚的机床厂乃至中国机床工业都陷入困境——直接的原因是它们的产品在市场上失去竞争力，而产品丧失竞争力是因为技术落后了。但技术落后不是瞬间发生的，其背后的原因很多，也很复杂，主要有三个。

首先是计划体制对企业的长期束缚。在计划经济体制下，企业的活动范围和资源配置是由国家来决定的。计划经济注重扩大工业规模（外延式扩大再生产），往往把老企业当作汲取资源的对象，理论上的“统收统支”——企业实现的利润全部上缴国家，然后国家根据企业的需要提供投资——在实际过程中往往变成单向的关系：一旦国家在财政上遇到困难，财政决策就不会考虑企业的需要。截至 1990 年代初，沈阳三大机床厂的固定资产净值仅为原值的 39%，远低于全国工业平均 62.6%的水平，20 年以上役龄的设备占 50%以上。至于老国企的其他问题，就不必多说了。东北国有企业改革的时间要略晚于其他地区，“拨改贷”“利改税”等政策到 1990 年代初才开始落实到企业层面。1992 年新会计制度颁发后，沈阳的机床厂立即陷入了财务困境——从计划经济体制下走出来的国有企业一直都是靠国家直接拨款，既没有在市场上融资的能力，也没有足够的赢利能力能够以利润归还贷款。因此，企业多年来缺乏依靠技术进步和生产率提高来发展的条件。

其次，1992 年加大对外开放的力度之后，机床设备的进口剧增。1994 年，中国出于“复关”谈判的目的又率先拆除了进口机器设备关税壁垒，机床产品的进口关税提前降至 9.7%，数控系统的关税降至 5%（均远低于 WTO 允许的水平）。涌入的进口机床使中国机床企业的生产环境急剧恶化（见表 4－1）。

表 4－1　　1991—1996 年国产机床市场占有率情况

年份	1991	1992	1993	1994	1995	1996
市场占有率（%）	86	73	67	48	47	41

资料来源：李健、黄开亮（2001：748）。

最后是中国机床工业在数控技术上的全面落后。当中国的机床工业从 1992 年开始受到国外进口产品的整体性冲击时，其首要的冲击力来自数控机床——

这个事实说明数控技术落后是中国机床工业技术落后的关键所在，尽管技术落后还包括其他方面。1992 年是中国数控机床的一个分水岭，从表 4－2 可以看出，1992 年进口数量出现了一个剧烈的增长，进口数控机床席卷了中国市场，1994—1996 年进口量甚至超过了总产量（见表 4－3）。即使是中国自己生产的数控机床，采用的数控系统大多也是进口的。自此，中国的数控机床市场开始被日本发那科和德国西门子平分天下。

表 4－2　　1990—1999 年中国进口数控金切机床数量

年份	1990	1991	1992	1993	1994	1995	1996	1997	1998	1999
进口台数	426	487	3 602	7 804	7 585	8 524	10 048	6 243	5 321	7 624

资料来源：李健、黄开亮（2001：701）。

表 4－3　　1990—1999 年中国数控机床产量

年份	1990	1991	1992	1993	1994	1995	1996	1997	1998	1999
产量（台）	2 634	4 051	7 450	9 478	6 223	7 291	8 142	9 051	7 087	9 007

资料来源：李健、黄开亮（2001：700）。

特别要指出的是，虽然沈阳三大机床厂都受到进口机床的冲击，但数控技术的落后是一个工业现象，不是它们各自所能左右的。为理解中国机床工业的整体状况，下面对中国数控技术落后的原因做一个历史回顾。

世界机床技术在 20 世纪 50 年代发生了一次重大变革，即数控机床的出现。数控机床最早诞生在美国。1952 年，美国空军出于军备竞争的需要发起这项技术研究，目的是使机床能够加工形状复杂的飞机零部件。从美国引进了数控技术的日本企业则将数控系统广泛地应用于廉价的普通机床上，使得数控机床在 20 世纪 70 年代后期得到普及。数控机床相比于传统的机床，不仅在加工效率上有大幅度的提高，还能够加工形状复杂、加工精度要求高的零部件。进入 1980 年代以后，数控机床迎来了全球市场的持续增长，成为机床行业发展的方向和竞争焦点。目前，发达国家机床产量的数控化率的平均水平在 65%以上，产值的数控化率在 80%左右①。

① http：//www.chinairn.com/news/20141212/180041914.shtml.

中国对数控机床的研发起步并不晚。1958年，北京第一机床厂和清华大学合作研制出中国第一台电子管电路（第一代）的数控铣床。当西方国家的数控系统从1960年代初开始采用晶体管（第二代）作为控制元件后，中国的研发工作也迅速转向了新一代数控系统（李健、黄开亮，2001：696）。从1958年到1978年，中国除了最初得到一些苏联的援助外，基本以自主开发为主，并成功地自主研制出了几类数控机床品种，而且有些产品的技术还很先进，如哈工大研制的数控铣床在总体设计构思上与当时世界先进水平是同一档次的（张曙等，2014：3）。但中国研发的数控机床一直没能进入产业化阶段，即使有出厂，也因质量问题最终报废（李健、黄开亮，2001：696－697），其根本原因与计划体制下的研发和生产脱节有关。

中国数控技术和世界先进水平拉大差距是从1980年代开始的。从技术条件上来讲，制约中国数控技术发展的一个重要原因是中国在计算机和集成电路领域远远落后于发达国家。数控系统的控制元件大致经历了三次变化：电子管→半导体晶体管→计算机和集成电路。在电子管和晶体管时代，中国的技术水平还能跟上，但到了计算机和集成电路阶段，中国在数控技术上就彻底落后了——关键互补技术的缺失导致没有新的知识融入机床行业。

但更重要的原因还是技术道路的问题。改革开放以后，中国机床工业和其他工业一样，放弃了自主开发，转而实行“引进外国先进技术→实现国产化→达到自主开发”的“三段式”道路。据不完全统计，1980年到1999年，中国机床工业先后从外国引进技术约150项。“六五”期间，国家投入属于数控攻关和数控国产化的技改专项有75项；“七五”期间有58项（张曙 等，2014：5－6）。但“三段式”产业政策不仅没有让企业发展出技术能力，反而断送了企业之前通过自主研发积累起来的技术能力和知识经验。结果，中国的机床工业走上了高度依赖国外数控技术的道路。

当时中国引进国外数控技术的主要方式有两种。第一种是许可证生产或合作生产，即由外方直接提供数控系统，中方负责把系统搭载在成品机床上。整个过程不需要中国企业自主研发技术，长此以往，就使中国机床企业丧失了产品开发设计的能力。第二种是技术转让，即中方获得国外数控系统的芯片后，进行反向开发。最早的数控系统软件是用汇编语言写到芯片里面的，可以用反汇编语言读出来。中国引入汇编语言最早的技术源头有两个，一个是日本的发那科，另一个是欧洲的ABB。但是，反汇编出来的语言极其难理解，因为汇编语言的背后是大量的开发经验和缄默知识，对于没有任何数控系统开发经验的人来说，反汇编出来的机器码没有任何技术意义。按照这种方式开发出的数控机床故障频频，根本无法投入市场使用。

沈阳机床集团自己也以引进模式尝试过开发数控系统。1995年，沈阳机床集团引进美国桥堡公司的数控系统技术。但技术买来之后，开发人员立即意识到一个问题：只买到了一个含有原始代码的数据包，底层的技术根本没有卖给沈阳机床集团，这意味着沈阳机床集团的开发人员根本不可能在买来的技术之上进行任何修改和拓展。2002年，这个花费了近亿元的项目宣告失败。

在国产化的过程中，“七五”期间国家曾安排“数控一条龙”攻关项目，项目包括5种主机和3种数控系统的消化、吸收和国产化。1990年项目验收时，国产化率都高达70%以上，经鉴定，“技术达到20世纪80年代初水平”。但这些项目“显然没有抓住市场需求最多的品种”，“可靠性却随着国产化率的提高而降低”（李健、黄开亮，2001：697－698）。这个直到今天仍然存在的问题的根源是，政策和项目的制定者始终把目光聚焦于外国的技术上，以领先者已达到的技术水平和标准作为唯一的衡量指标，同时把“国产化率”作为最终目标，完全忽略了本国市场的需求，最终导致技术攻关项目与市场需求脱节。

总而言之，中国机床工业并没有通过引进技术而获得能够独立开发、设计和生产数控机床的技术能力。任何一个数控系统的实质都是知识、技能、经验和诀窍的积累，而积累这些有用的知识只能通过开发数控系统的实践。引进的技术其实是产品，其中凝聚的知识和经验对于引进者来说都是“黑箱”，不可能只是通过购买和使用就会自动掌握。因此，引进技术不能替代自主开发，只能作为自主开发的补充。但“三段式”政策把“引进外国先进技术”规定为唯一的技术来源，同时却没有对自主开发的要求和鼓励，执行了这项政策的中国工业也就不可能从“引进外国先进技术＋国产化”的阶段走到“自主开发”的阶段。

引进和国产化的道路不仅没有给中国工业带来技术能力，反而断送了中国之前通过自主开发数控机床积累的技术能力和知识经验。如前所述，到改革开放时，中国自主研发的数控机床并未实现产业化，而且面对技术更先进、稳定性更好的外国进口数控系统还暴露出很多问题。在引进技术的政策影响下，国内研究机构和企业不再愿意自主开发数控系统，而是更倾向于通过引进来“开发”；当技术引进没有取得预期效果时，就索性依靠与外国企业的“合作”。1992年，日本数控巨头发那科与国内技术水平最高的北京机床研究所共同出资成立了北京发那科机电有限公司，实际上是从事发那科数控装置的组装、销售和维修。这样一路走下来，中国机床工业以前积累的数控开发能力基本被瓦解，最终只能依靠进口数控系统。1992年之前，受到国家装备制造采购政策的保护以及对引进技术的国产化要求，机床企业虽然呈现技术“空心化”的状态，但仍然没有被完全冲垮。1993年市场全面开放以后，如洪水般涌入中国市场的进口机床终于让中国机床企业陷入困境。

进入21世纪后，中国国内从机床工业之外出现了像华中数控、广州数控等数控系统的制造商，一度为中国在数控技术上的突破带来希望，但迄今仍然没有扭转中国在数控系统上的弱势；国内市场上的主流产品，尤其是高端的数控机床还是以发那科和西门子的系统为主。广州数控设备有限公司（以下简称“广数”）成立于1991年，原属广州市街道企业，2000年正式转制为民营股份制有限公司。广数的优点是以市场为导向。但从各方面的情况判断，广数的技术来源主要是模仿国外产品，以低端市场（主要是两轴和三轴机床）为主，除了主板以外全部采用内部生产的方式，在价格上远低于国外的同档数控系统。在市场需求最旺盛的2010年，广数的年销售量达到10万套，从数量上形成与发那科和西门子的三足鼎立。但这个局面没能持续，2013年西门子专为中国市场推出802S和802D经济型数控系统，直接打压广数的产品。此后，广数原来赢得的低端市场被西门子大量侵占，销售量开始走下坡路。武汉华中数控股份有限公司最早是原华中理工大学的一个校办企业，2001年搬出校园迁入产业基地，2011年上市。华中数控因其特殊的出身背景，多次承担国家科技重大专项。但华中数控的系统在市场上的实际应用并不多。

中国数控技术在出现本国系统供应商之后仍然没有实现明显突破，其原因在于大多数中国企业在技术开发上仍然是跟随外国领先者。以市场为导向的企业，往往在跟随外国技术轨道的条件下靠低价竞争。以国家项目为导向的企业，往往以外国已有的技术性能标准作为开发目标，以“填补空白”，但因为不是从市场需求出发，所以做出来的“成果”往往没有应用价值。根据业内专家的分析，国内开发数控系统呈现出两个特征：一个是数控系统制造商“把主要精力放在国外技术的跟踪上，基础理论和应用研究皆有所欠缺”（张曙 等，2014：6）；另一个是系统供应商与制造厂家、最终用户联系不紧密，产品无法满足市场的需要。事实上，中国最近几个五年规划（计划）中都有关于数控系统的研发专项，也都验收合格了，但同样的技术项目每次都会重新申报。于是，数控系统成了中国机床工业挥之不去的软肋。

4.2.2 复苏之路和内部变革力量的生成

从 1993 年到 2002 年，沈阳机床集团（以下简称“沈机”）经历了最困难的十年（企业内部人士称之为“黑暗十年”）。1994 年 11 月，沈机被国务院确定为全国百户现代企业制度试点单位之一。1995 年 4 月，沈机接受世界银行针对中国国企改革的贷款，按照贷款的条件改制为沈阳机床（集团）有限责任公司，并制订了《分流富余人员实施方案》。改革重组的内容主要包括：（1）通过“公司制”改革在沈机建立现代企业制度，分离非经营性资产和分流富余人员，并最终完成公司上市。（2）把过去的分厂重组为 8 个专业化生产制造事业部。（3）对厂房、设备等硬件进行了升级改造，也对技术、管理和人才培养等软件进行了投资开发。（4）加强管理。在长达十余年的时间中，世行贷款项目为沈机的改革重组提供了近 14 亿元的资金支持。

在这 10 年里，沈机的在岗职工从 27 000 多人缩减到 11 000 多人（下岗分流从 1996 年开始），同时却没有进过一个大学毕业生和新员工。沈机的领导为了脱贫脱困，在集团层次上什么赚钱干什么——卖过冬虫夏草、纯净水，拍过电视剧，搞过房地产。此时的沈机已经不再是一个令人羡慕的国有企业了，当年的风采也只能从厂门口摆放的“中华人民共和国第一台车床”上依稀看到（见图 4－1）。

图 4－1　沈阳第一机床厂制造的中华人民共和国第一台普通车床（1949 年）

说明：上图照片拍摄于沈机（2015 年 6 月）。这台车床的形象曾经被用于 2 元人民币的图案（见下图）。

在中国国有企业改革的历史上，企业最困难的阶段其实也是企业有可能从内部产生变革力量的阶段。沈机现任董事长关锡友的成长经历就反映了该企业内部变革力量的萌生和成长。关锡友，男，1964 年生，辽宁人，1988 年从上海同济大学机械专业毕业（因为要学德文，所以本科上了 5 年）。其实，他本来不喜欢机床，考大学时的第一志愿是建筑，硬被分到机械专业。关锡友喜欢建筑是因为有文艺范儿：大学时代的关锡友是一个穿着花衬衫、弹得一手好吉他的“时髦青年”。关锡友临近毕业时，想到德国留学，申请过程中学校开始分配工作。母亲因为担心儿子在上海那个“花花世界”学坏，硬让他回到沈阳，经联系就进了中捷友谊厂。没想到，关锡友第一天到厂干部处报到时，领导说研究所不要人，“大学毕业有啥用？上车间实习去吧”。到车间后，虽然关锡友是个大学毕业生，但工人有问题根本不找他，反而问他：“你会干活不?”他一咬牙，说：这有啥难的，不就干活吗？然后，他就换上劳动服当学徒。在当工人的5年时间里，他把车、钻、镗、铣的活都干了一遍。后来的历史证明，这段“学徒”的经历成就了一个未来的企业领导人。

关锡友在车间工作期间，中捷友谊厂也在开发数控机床，但困难重重。工程师们天天开会研究技术攻关。一次，关锡友就遇到的一个问题说了一句话：“这个玩意儿设计错了。”那时，他刚毕业不久，面对的是老研究所所长。言毕，总工程师就盯着他说：“你来告诉我怎么回事，哪儿设计错了?”于是，关锡友就解释了一番。他的车间主任在旁“敲边鼓”地告诉总工程师：“这小子不是工人，是大学生。”晚上下班之前，总办来电话通知关锡友，说总工程师要见他。见面后，总工程师问他哪儿毕业的。关锡友说是同济，那位也是工人出身的总工程师对关锡友只说了一句话就把他打发了：“你小子将来一定有出息。”第二年（1993年），中捷友谊厂成立数控车间，厂办打电话把生病在家的关锡友紧急叫来，厂长宣布任命关锡友为数控车间的首任车间主任（通常情况下不能直接从技术员中提拔车间主任），管理300多人。

不过，这时工厂已经开始陷入困境，关锡友的车间刚成立就面临着死亡的危机——当进口的数控机床涌入中国市场时，传统的机床卖不动，又不可能在短时间内开发出有竞争力的数控机床，厂里还要求各个车间独立核算，自己养活自己。在这种情况下，怎么能让车间活下去？关锡友是搞技术出身的，要靠技术吃饭是他最简单朴素的想法，既然卖不出去机床，那就帮别人修机床。这样折腾了一两年，数控车间从全厂最穷的车间变成了最富有的车间。厂领导看关锡友干得不错，就把另外一个车间并到数控车间，成立数控分厂。在这个过程中，关锡友深刻地感受到了进口数控机床对国内机床工业的冲击，也意识到没有核心技术，企业将面临什么样的灾难。尽管靠维修机床数控车间的收益还不错，但这在关锡友看来显然不是一个长久之计，要靠产品和技术挣钱才是硬道理。为了搞清楚国外数控机床是怎么做出来的，关锡友还带着技术员亲手拆了一台进口的数控机床，拆完以后费了很大的劲才重新装回去，但装回去的机床也基本不能用了。

1997年，关锡友被提拔为中捷厂厂长。1996—1997年是厂里最困难的一段时间，连续半年发不出来工资，与关锡友前后进厂的80多名大学生绝大部分都辞职走了，只剩下少数几个人。关锡友上任的第一件事是问财务有多少钱，财务说：哪有钱啊，一分钱也没有，22个账号加起来不到5 000块钱。当时为了解决生存问题，前任领导搞“全民销售”，由工人们自己找亲戚朋友卖机床，然后自己给自己发工资。关锡友接任厂长后，第一件事就是告诉工人：“不用你们卖机床，机床卖不出去是我的责任，做不好是你们的责任。”怎么才能把机床卖出去？在关锡友看来，当然是要从产品上下功夫。其中一个典型就是对生产流程和工艺的改进。最早机床总装厂的生产流程都是先总装，然后进入油漆包装车间进行涂装，这种工艺流程的车间现场非常脏乱，以至于美国人在参观完中捷友谊厂的总装车间后感叹道：“发现了一个全球最大的机床翻新厂。”1998年，关锡友在中捷友谊厂推行一次涂装工艺改造，机床总装和涂装工艺流程一次性完成。这项生产流程和工艺的改造不仅让总装车间变干净了，更提高了从总装到出厂的效率，目前这项技术在全世界都是领先的。

两年后，关锡友领导的中捷友谊厂完成了一个奇迹般的项目——为上海磁悬浮高速列车的轨道梁加工提供一套整体解决方案。2000年，上海磁悬浮高速列车试验线开工，工期一年半，著名工程指挥吴祥明任项目总指挥。工程建设的一个难点是轨道梁的加工，重400多吨、长36米的轨道梁误差要在0.15mm之内，而且交货时间非常紧迫，要求供应商在不到一年半的时间里造出用于加工轨道梁的高精度机床，还要拿出加工方案。这项任务原本计划交给一家德国公司来完成，但这家公司认为至少要两年时间才能交货，因此合作没有谈成。经验丰富的总指挥吴祥明决定在国内进行招标，经过严格的筛选，最后中捷友谊厂以最高价竞标成功，6 000万元的项目金额相当于当时中捷友谊厂两年的销售收入。被激发起干劲的工人们为了赶工期，吃住全在车间现场。最后，项目在规定时间内顺利完成，不仅加工精度达到了招标要求，还创造了工程设备制造上的奇迹。整个项目的控制部分由关锡友在同济大学时的师兄朱志浩负责，为他们后来的合作埋下伏笔。

2002年，年仅38岁的关锡友被任命为沈机总经理。他上任后做的第一件事情就是把非机床类的外围业务全部砍掉，回归机床主业。决策的原因很简单——关锡友认为“机床没有做好，其他的能做好，我是不信的”，“而且机床是工业的母机，十分重要”。从今天来看，回归主业的决策是沈机重要的一个转折点：一个经历了重重苦难的老国企，终于鼓起了勇气拾起最初的使命。不过，当时国企又迎来了新一轮的改革，在“抓大放小”之后，地方留下的较大规模国有企业要么被并入央企，要么被引入外资进行“改造”，沈机也被列入了向外资开放的名单内。关锡友在上任集团公司总经理之际就被政府领导叫去训话：“给你3个月时间，把沈阳机床卖出去，卖不出去就把你卖了！”从1990年代末开始，沈机“脖颈后面插上草标，一路被卖”，直到2006年中央政府叫停向外资出售骨干企业。

还是在被卖过程中的2003年，沈机正式提出“打造世界知名品牌，创建世界知名公司”的未来发展目标，并制定了集团公司八年发展规划（“两个倍增计划”）：以2002年为基准，2003—2005年实现产值翻一番，经济规模达到30亿元，进军世界机床20强；2006—2010年再翻一番，经济规模达到60亿元，进军世界机床10强。沈机的领导感受到中国经济新一轮高涨的前景。同样感到中国市场需求大增的外国企业也开始提高价格，反而给沈机带来了市场机会。于是，沈机选择了一条“先做大、后做强”的发展道路：首先通过市场份额的扩张解决企业财务的问题，然后再想办法攻克产品和技术的难关。2004年，沈机通过并购云机和昆机，垄断了国内车床和镗铣床的市场。2005年，沈机并购世界两大制造重大型机床设备的企业之一——德国希斯公司，进入重大型机床市场，并在德国设立了一个工厂、两个设计中心和一个研究中心。

沈机从2003年开始走上了快速发展的轨道。如图4-2所示，2002年，沈机按销售额（13亿元）在世界排名第36位；9年后的2011年，沈机销售额达到180亿元，名列世界第一。经济规模的扩大的确有助于产品和工艺的改进。2010年，沈机在南京机床展上推出全新设计的五类产品，命名为“新五类”（见图4-3）。产品类型包括铣镗床（AH）、车床（CAK、HTC）和加工中心（VMC、HMC）。“新五类”产品改变了老产品的工业设计和结构设计，其意义

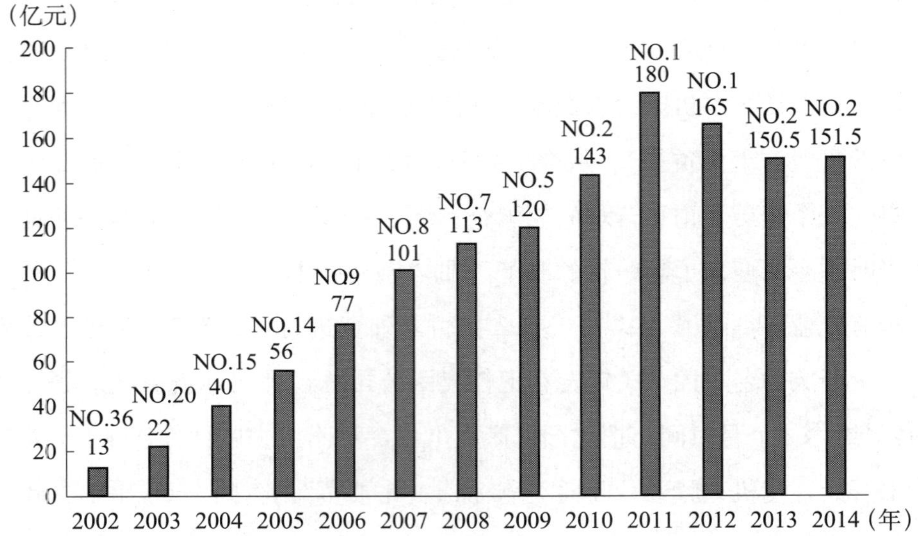

图 4-2 沈阳机床集团的销售额及其按销售额的世界排名

在于引领了这个行业对工业设计的再认知。“新五类”产品的推出还帮助沈机敲开了和世界一流机床制造商德玛吉合作的大门。南京展会后，德玛吉内部人评价“新五类”产品：这个风格像抄袭德国人的，但又不是，完全是沈机自己设计的。德玛吉的董事长还约见了关锡友，并到沈机参观。看到沈机整洁的车间现场后，他大为惊叹并提出希望与沈机合作，他对关锡友说：“你做的东西我在德国都做不了，而我做的东西你早晚会做到。从此，德玛吉的大门向沈机敞开。”

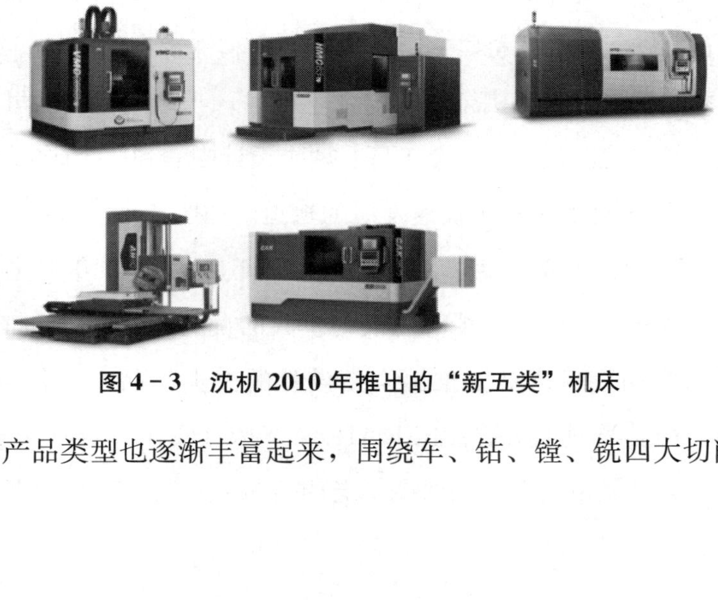

图 4-3 沈机 2010 年推出的“新五类”机床

沈机的产品类型也逐渐丰富起来，围绕车、钻、镗、铣四大切削工艺形成六大类产品系列。数控产品已经成为沈阳机床主导产业，形成 10 大类、65 个系列、350 余种规格。但是，用在沈机数控机床上的数控系统到 2014 年仍然只能依靠进口，全部采用西门子或发那科的系统。数控系统的成本平均占机床总成本的 40%；发那科的钻攻中心售价 30 万，但卖给沈机的系统就要价 20 万。不仅如此，国外对中国实行严格的技术封锁，一些高端数控系统根本不卖（发那科不向中国出售五轴机床的数控系统；西门子的高端系统有五轴控制功能，不过在单台机床上开通这项功能要另收费好几万元）。因此，沈机的领导预见到，在销售额上成为世界第一意味着增长必将放缓，沈机也就迎来薄利阶段。

事实上，到 2010 年，沈机领导层就开始酝酿转型。受中国政府刺激经济的影响，2011 年的需求旺盛，沈机那年居然销售了 11.5 万台机床（不全是当年生产的，包括库存的）。在世界机床工业史上，从来没有一个企业能一年卖这么多机床。关锡友回忆说：“老外看完都懵了，问我机床咋卖的。我说我也没卖呀，大伙抢啊。”他在规划未来几年的经营时，不禁担忧这样下去市场必然饱和。他突然想到：“我卖的机床都哪去了？用户怎么用的？”然后，沈机做了两年的市场调研，准备向服务转型。但关锡友最后发现整个企业转型很难，于是成立一个新公司叫优尼斯（UNIS），它是以客户为中心，为其提供集产品销售、金融服务、生产力租赁、二手机床回购、再制造等于一体的产品全生命的服务，从卖机床到卖生产解决方案等，实现产品销售模式的创新。

经历了两年的探索，关锡友意识到转型升级要有三个条件，缺一不可：第一是必须拥有核心技术，就是那种别人不可复制、不可模仿的独特的技术。第二是要有金融的能力，因为用户有时想买机床但缺钱。关锡友想到租赁方式，但这需要有融资能力。第三是构建网络服务体系。目前，沈机已经在国内成立了 34 家 4S 店，在美国、德国、韩国等国家设立了 10 处销售平台，正在加速布局，同时也在加速打造线上服务能力。

这三条虽然缺一不可，但最难的还是技术，尤其是数控系统技术——它已成为沈机领导和关锡友的心头大患。沈机曾经有一个想法——通过收购外国企业获得技术，这是其收购德国公司的主要动机之一。收购后，沈机在德国建立了技术研发中心，希望其成为自己的一个技术来源。但是，通过实践，沈机才发现这个想法太简单、太天真，因为德国的法律规定，在德国本土产生的知识只属于德国，不得转移。因此，世界上存在着一个把私有产权奉为至上的、主流经济学家们从来没有告诉过我们的逻辑：是的，这个位于德国的企业是属于中国沈机的；是的，由这个位于德国的企业开发的技术是属于德国的。说好的“市场经济”呢？

在冷战时期，以美国为首的西方国家曾经有一个总部设在法国巴黎的“输出管制统筹委员会”（简称巴统），其宗旨是限制成员国向社会主义国家出口战略物资和高技术。冷战结束后的1994年，巴统正式宣告解散。但善良的中国人大多不知道，西方国家直到今天仍然在有组织地对中国进行技术封锁，那个已正式解散的“组织”仍然存在，只不过不再叫“巴统”并缩小了禁运范围而已。就沈机涉及的机床技术而言，凡是加工精度在6个μ（μ是微米）以内和五轴及以上的技术，西方国家均严格对中国禁运。由于存在这种封锁，所以沈机在德国委托的研发，不管什么技术都必须人为地设计成6个μ以上的精度（有时德国研发人员还不干，怕违法，因为有些技术稍一改动就达到禁运的精度了），否则必须报批，然后才能谈技术转移。由于控制五轴及以上的技术必须报批，所以沈机只能让德国人设计成四轴或者三轴的，回到中国再重新想办法拼，不得不绕一个太大的圈子。投了钱还拿不回成果，说好的“知识产权”呢？

除了自己干，还能怎么办？

4.3 开发数控系统的动力

中国社会这两年流行着一个说法：只要有了不受政府干预的自由市场和不受约束的利润动机，创新就可以自然发生，而中国的经济结构就会自动升级。这个流行说法的理论根源是以新古典经济理论为基础的主流经济学，即标准的西方经济学教科书所教授的内容（以下简称教科书经济学）。但是，如果严格按照其内在逻辑，这个理论其实与经济发展和创新毫无关系，因为创新的本质特征就是打破被这个理论奉为圭臬的“均衡”（熊彼特）。尤其对于后进者来说，在面临领先者优势壁垒的条件下，市场机制的边际价格变动根本就不能提供使后进者甘冒巨大风险的动机。因此，创新的动力来源是复杂的，有利益动机——但利益动机本身也包含着行动主体对什么是利益的诠释，所以也有理念或意识形态，还有可以帮助降低风险的政治和制度条件，等等。只有意识到这种复杂性，我们才能理解为什么沈机是如此这般走上自主开发数控系统的道路的。

4.3.1 来自领导人的推动

关锡友记得很清楚，2006 年 7 月，一位国家领导人到沈机视察。这位领导人毕业于哈尔滨工业大学电机工程系，曾担任过沈阳机电工业局副局长，了解机床工业，也了解沈机。在视察现场看到沈机所有的数控系统都依赖进口后，他把沈机的领导一通“训”：“我在沈阳机械局的时候就做这个破铁块子，现在还这么做，这不是未来，没有前途。”

关锡友还记得，这位领导人给他们历数了世界信息技术的潮流，比如 Photoshop 几代、苹果系统什么的，“当时把我整得直懵，我悄悄问领导你咋比我们还懂。他悄悄说这是他个人的爱好”。然后，这位领导人对关锡友说：“小关，你小子跑不了，你必须开发数控系统。”

沈机另一位负责人追问，这事不应该由科研单位来做吗？领导人却说出了意味深长的一番话：他们以领导为观众，以获奖为目的，以论文为手段，以仓库为最终归宿……这事儿要干就企业自己干，最好以市场机制干。

关锡友认为这位领导人撂下的最后一句话是最狠的：“我经过全面的调研和思考，这件事如果沈阳机床不做，数控系统在中国就做不成。”

这次视察有着重要的历史背景。2006 年 1 月，中央提出自主创新和建设创新型国家的方针。这是改革开放以后，中国领导层第一次在中国的技术进步上提倡自主创新，从而引起巨大的社会反响。

不管沈机的管理者当时怎么想，领导人在视察时下的“命令”引起了省市领导的高度重视。随后，省市的“一把手”轮番到沈机调研，还专门为此召开了全国专家座谈会，目的就想弄明白一件事：如果开发数控系统，到底还缺什么？但实际情况不是沈机还缺什么，而是什么都没有——没核心技术、没开发经验、没研发团队、没研发资金来源……

在政府决策上起到关键作用的是时任沈阳市市长的李英杰。他数次到沈机开现场办公会，听取汇报。虽然李市长自己并不懂数控技术，但他坚持“要干就干最先进的技术”，所以否定了其他方案，决定开发采用数字总线技术的数控系统（技术问题下面详细解释）。为了获得技术来源，已患癌症的李英杰亲赴欧洲与A公司会谈。A公司老板答应合作后，两次来中国与沈机领导进行商务谈判，最后与关锡友谈成一个合作开发数控系统的方案。但是，A公司虽然有软件技术、数控技术和伺服技术，但是没有伺服系统所必要的电机技术。于是，关锡友又把世界知名电机制造厂商日本安川公司拉进合作，加上沈机自己和中科院计算所，形成了一个“三国四方”的合作开发计划。

在关锡友向李英杰市长汇报开发计划时，李市长问关锡友需要多少钱。关锡友回答说怎么也要一年一个亿。李市长说行，每年给沈机1亿元，连续给4年，用于开发数控系统。不过，到第二年要给钱时，李市长变卦了，对关锡友说：“不行，钱不能都由我出。我出一半，你出一半；市里每年给5 000万，你集团拿5 000万。你要是自己不出钱，你就不心疼。”关锡友没多说就同意了。随后，市政府开办公会，会后立即拨给沈机5 000万元。关锡友拿钱的心情一点也不轻松：“当时我就跟市长说，这钱花完了可能啥也看不着，而且最后还要审计的。”在沈机原董事长陈惠仁调走后，市里下令由关锡友接任并负责数控系统的开发工作。2008年，沈阳市委放开对沈机的人事任命权，决定市里只管关锡友一个人，副手由关锡友任命。李英杰市长给关锡友下达了三项任务——打基础、建队伍、五年后产业化。

从事后看，政府对沈机研发数控系统起到重要作用——促使研发项目上马，对项目予以资助，而同样重要的是政府没有干预项目执行的过程。

4.3.2 来自企业外部的力量：组建上海团队

就在关锡友接受开发任务的过程中，他便开始寻找能够领军开发数控系统的人选。当时从沈机内部找不到这样的技术人才。经历过10年困难时期，企业的技术队伍出现了年龄断层，本应成为技术骨干的“60后”“70后”大学毕业生基本没有，而后来大量进入企业的“80后”则缺乏技术和经验的积累。别说领军人物，就是普通的技术人员也难以从企业内找到。放眼全国，数控技术的人才集中在北京、上海、广州和辽宁四个地方。那时候，市领导已经召开过两次专家座谈会，对“圈内”的情况比较熟。关锡友走遍了全国与数控技术有关的企业和研究机构。他回忆说：“我在找这些带头人时是这样想的：谁能告诉我过去5到10年你啥干错了，我可能就选择你了。但是，我基本走遍之后就是找不到这个人。”他要找的实际上是这样一个人：既有足够的技术和经验积累，又没有被外国技术束缚住思维。

关锡友最后想到的人选是朱志浩，即在上海磁悬浮项目上助了他一臂之力（完成项目的控制总体设计）的师兄。朱志浩，1965年生，上海人，1987年同济大学机械学院毕业后留校任教。由于对写论文、评职称不感兴趣，朱志浩在学校里一直是个边缘人物，直到2015年从同济大学辞职，他仍然是高级工程师的职称。朱志浩个性倔强，“不务正业”是因为机床本身对他的吸引力更大——“一闻到机油的味道就兴奋。”朱志浩对机床的浓厚兴趣起源于小时候跟着父亲一起到上海第一机床厂上班，那时候他便觉得这个不用人来操作的机器太神奇了，后来他在考大学的时候所有志愿都填报的是机械制造专业。1986年，同济大学和德国斯图加特大学在柔性制造领域展开合作，并为此在同济大学成立了计算机集成制造系统（CIMS）研发中心。在该项目中，同济大学从德国INDEX购买了一台配有西门子数控系统的车铣复合机床——这在当时是全中国最先进的，而这台机床的对接人正是还在读本科的朱志浩，一年后他本科毕业时也因此而继续留校。1987—1988年赶上世界银行贷款，大量的数控机床设备进入中国，但国内基本上没有人会操作这些设备。于是，朱志浩在上海给全国的机床用户开培训班，每堂课都是爆满。这期间，朱志浩接触到了国内第一批用进口数控机床的客户，并当起了周末工程师，经常去客户那里帮忙修理和调试机床。不仅如此，西门子最早三年进入中国的数控资料都是朱志浩和他的学生们一起翻译的，他用了整整一年的时间把这些资料从头到尾认真看了一遍，打下了深厚的底子。几年下来，朱志浩在这个行业里也小有名气，他参与了当时上海地区很多进口数控机床的调试。直到今天，朱志浩还愿意经常和用户打交道，想用户所想，用他自己的话说就是和企业打交道有劲，因为有问题都能解决。

实际上，关锡友在 2006 年就找过朱志浩，试探性地问他："我们自己做数控系统行不行？"朱志浩明确表示不行，并给出了四个理由：第一，我们和国外相比，知识和经验的积累差距太大，没有长时间的积累就不可能做出来。而且从国内做数控机床的现状来看，无论是企业还是国家支持的项目都没有做出令人信服的产品。第二，即使把数控系统做出来了，有人用吗？国内市场早已被外国产品牢牢占据，国产系统很难赢得市场，很容易被外国产品打垮。而且如果没有足够的用量，产品的成本就降不下来，稳定性和可靠性就上不去。做出实验室的东西很容易，但是作为工业品就需要通过应用获得足够的沉淀和经验积累。该交的学费没交够，肯定成不了事。第三，当时在数控系统采用的大多是专用的芯片，如果自己开发，国内没有基础的软硬件供应链。芯片、计算机的技术源头都不在国内，这样就意味着很容易被人家扼杀在摇篮里，或者刚出来别人就升级了，根本跟不上。所以，如果没有搞透数控系统，就永远跟不上人家的步伐。搞透了才会知道它升级的过程是什么样的，才能跟随着它升级——底层都是自己的才可以往上面靠。如果连最基本的算法都是舶来品的话，那么就根本不知道里面是个什么东西。别人变了自己不会变，结果就是水土不服。第四，沈机作为一个国企，研发投入的连续性没有办法保障。虽然被泼了一盆冷水，但关锡友其实听进去了朱志浩说的每一句话。

2007 年 7 月，已经在国内数控界转了一圈的关锡友再一次回母校找到朱志浩——"我问他干吗呢，他说啥都没干，没啥事，当不了教授，还是高工呢。我问他留校这么多年怎么还当高工呢，他说他对那个没兴趣。我问：那你为什么留校？他说在学校可以接触到最新的信息和技术，自己喜欢研究那些乱七八糟的东西。"关锡友对朱志浩有信任感，他说老朱对所有的进口复杂设备都敢动手修，一般人是不敢的。他们在上海磁悬浮工程中合作过，当时项目的总控方案和算法都是朱志浩牵头做的，让关锡友觉得很神奇。于是，关锡友再次向朱志浩提出开发数控系统，说：钱都给了，不做不行，无论如何这 5 000 万元今年得花了。关锡友对朱志浩亮出“底牌”：第一，市场的问题由沈机负责解决，所有开发出来的数控系统搭载在沈机的机床上。沈机一年的数控机床市场有 2 万～3 万台，这个规模足以让新系统成长起来。第二，在技术方面，以“三国四方”的合作模式用国内的市场份额换国外的先进技术，即：由欧洲 A 公司提供数控系统技术，与中方合作开发，产品在中国销售；日本安川与沈阳高精触控所合作，为数控系统提供伺服驱动系统和电机。除此之外，沈阳机床厂无条件提供机床方面的经验和知识积累。第三，沈阳市政府和沈机承诺每年投入研发经费 1 亿元人民币，连续投入四年。朱志浩动心了，说这样做也许是条路。

同月，关锡友和朱志浩一行人赴欧洲考察 A 公司的技术。A 公司成立于 1974 年，是全球数控系统、高速铣床和 CAM 软件的主要生产商之一。它的数控系统采用的是世界一流的数字总线技术，并且基于最新的个人计算机（PC）系统平台，这些最新的技术不免让朱志浩也激动了一把，答应回国后就开始组建团队着手开发数控系统。不过，朱志浩也向关锡友提出了几个条件：第一，什么时候能开发成功不知道，一不能逼，二不能管；第二，一定要从基础做起，坚决不能糊弄出来；第三，团队要放在上海，不能放在沈阳，因为在上海更容易找到专业的人才，要留给自己打造团队的空间。

回国后，朱志浩找了当年自己的同班同学、也在同济大学任教的樊留群教授，一方面，朱志浩邀请他做团队的顾问，另一方面拜托他介绍几个学生来团队工作。朱志浩选人的标准很简单——年轻人、能干事、没有被“框框”束缚住（这个“框框”指中国开发数控系统长期以来把国外技术作为唯一的技术源头，用反汇编的方式反向开发的思维定式）。于是，樊留群教授推荐了 5 位自己指导过的研究生，再加上从沈阳合资公司调派过来的两个人，一个由 2 位老师、7 位新毕业研究生组成的研发团队有了雏形。值得一提的是，这 7 位年轻人全都是数控机床的外行，专业背景有系统工程、软件、微电子、电子控制、电力拖动，在进入团队之前，他们连数控系统是什么都不知道。整个团队里了解数控系统的只有两位老师，这样的团队构成也使得上海团队形成了一种不同于其他企业内研发机构的文化和组织方式，“老师带学生”的方式在这个团队里被传承下来。

4.3.3 数控技术的演进和后进者的机会

为什么在2006年的时候，朱志浩一口判定沈机做不成自己的数控系统？为什么在考察完A公司的数控技术之后，朱志浩因为“看到一条路”而激动了一把？这些问题的答案隐藏在数控技术演进的背后。

4.3.3.1 数控系统的构成

数控是数字控制（numerical control）的简称，它是一种借助数字化信息对机械运动及加工过程进行控制的方法。数控系统（numerical control system）是指为实现数字控制功能而设计的一套解决方案，一般数控系统由三大部分组成——控制系统、位置测量系统和伺服系统。控制系统是数控机床的“大脑”，是一个具有计算能力的控制元件或者计算机，负责向伺服系统发送运动控制指令。位置测量系统负责检测机械的运动位置和速度，并将信息反馈到控制系统和伺服系统，达到精确控制的目的。伺服系统将来自控制系统的控制指令和位置测量系统的反馈信息进行比较和调节后，通过控制电流驱动伺服电机，再由伺服电机驱动机床部件的运动，所以“伺服”是将电能转化为机械运动的过程。控制系统和伺服系统之间由现场总线连接，总线负责传递信息数据，是整个系统的“神经网络”。数控系统的结构示意图见图4-4、图4-5。

从数控系统的发展轨迹来看，一个大的趋势是数控系统的体系结构从原有的专用封闭式向通用开放式转变。在专用的封闭式数控系统中，各个数控系统制造商都有各自的一套标准，数控系统指令体系和软硬件的标准互不兼容。在通用的开放式数控系统中，控制系统平台与制造商无关，是一个标准化的、开放的系统平台。后者与前者相比更方便操作者使用，系统的升级、维护和二次开发也更加容易。近年来，无论是新兴的数控系统制造商还是像西门子、发那

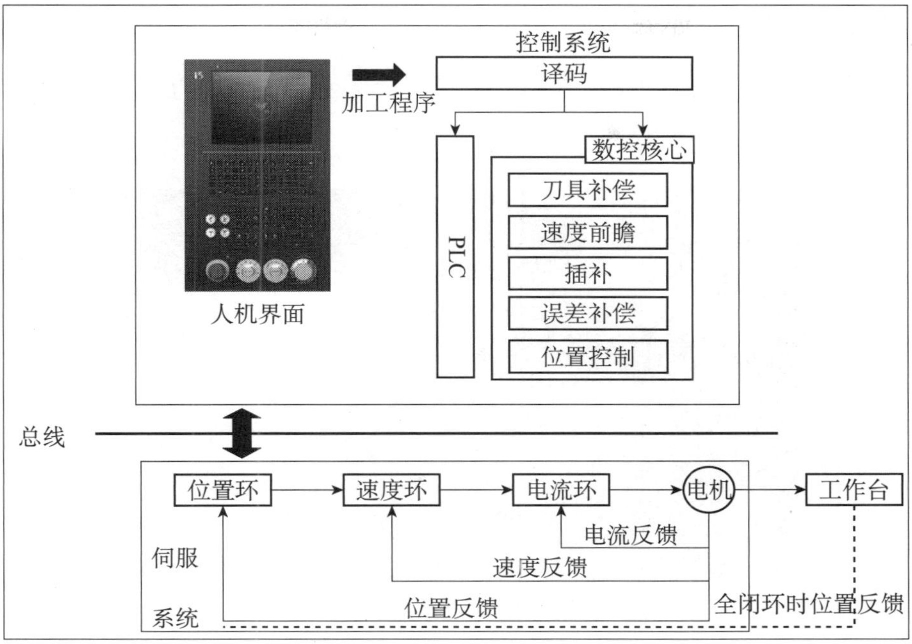

图 4-4 数控系统结构示意图

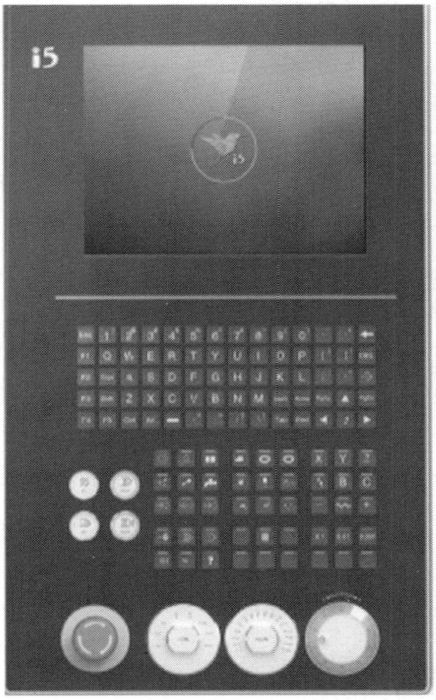

图 4-5 沈机“i5”数控机床的人机界面

科这样的老牌数控系统制造商，都在向通用的开放式数控系统结构上转变，而决定数控系统结构框架的两个基本要素就是支撑控制系统的计算机技术和总线技术（见图 4 - 6、图 4 - 7）。

图 4 - 6　老式数控机床的人机界面

图 4 - 7　发那科数控系统：置于机床背部的电柜（包括主机、接口等部件）

4.3.3.2　从嵌入式系统到个人计算机系统

从 1950 年代至今，控制系统在硬件结构上经历了两个阶段的发展——数值逻辑控制阶段和计算机控制阶段。数控技术诞生于 1952 年，当时美国麻省理工学院（MIT）在美国空军的资助下研制出第一台数控机床。最初的数控系统由硬件电路构成，没有半导体集成电路（芯片），依靠数值逻辑实现数控所需的数值计算和逻辑控制，所以也被称为硬件数控（Hard NC）。从1950年代到1970年代，数控系统的控制器经历了三代硬件结构的变化——电子管→晶体管→集成电路，其原理都是利用具有计算能力的专用控制元件实现数值逻辑控制。

随着计算机技术和工业的发展，数控系统的发展从1970年代开始进入第二阶段——计算机控制阶段。这一阶段的特征是直接引入了计算机数控技术（computerized numerical control），系统中包括硬件结构和软件结构，主要依靠软件中的运动控制算法——包括刀具补偿、速度前瞻、插补、误差补偿、位置控制等——完成数控的功能。计算机数控技术与硬件数控技术相比，具有成本低、体积小、精度高、速度快、实现控制更容易（软件编程的方式）等优点。

不过，随着计算机技术的发展，数控系统采用计算机控制的发展又分为两个阶段：嵌入式系统阶段和个人计算机系统阶段。1970—1980年代，数控采用专用的嵌入式系统，该系统相对封闭。1990年代以后，个人计算机技术开始进入工业控制领域。目前，开放式数控系统结构的实现几乎都是基于通用的个人计算机系统平台（下文简称PC系统平台）。说明如下：

嵌入式系统是一种为特定应用而设计的专用计算机系统，它是在单片机（一种集成电路芯片）的基础上发展而来的。1970年代出现的单片机被应用于汽车、家电、通信等领域。最初的单片机芯片是8位的，只能执行简单的程序任务，还不能被称作“系统”。到1980年代初，嵌入式的应用软件开始用商业级的操作系统编写，此时“嵌入式系统”的概念才真正诞生，但嵌入式系统的核心仍然是由一个或者几个单片机组成。

嵌入式系统最突出的特点就是专用性强、相对封闭。其专用性强主要表现在芯片设计和程序修改两个方面。首先，嵌入式系统的软硬件设计和剪裁都是为了满足特定的应用需求。嵌入式系统的软件和硬件结合非常紧密，它的操作系统和应用程序（软件）都被固化在存储器芯片内（硬件）。其次，芯片的程序修改非常困难。软件“固化”意味着用户如果没有一套特定的开发工具和环境，将无法再对芯片内的程序进行任何修改。如果要针对嵌入式系统的硬件进行软件系统的更改，即使在同一品牌、同一系列的产品中也需要做出较大的改动，这种改动与通用软件的“升级”是两个完全不同的概念。嵌入式系统的上述特点意味着系统开发商必须同时具备设计软件和硬件的能力，而且软件固化要求程序代码必须达到高质量和高可靠性。嵌入式系统的另一大特征是系统资源有限，软件程序非常小，内存最多有几百兆。有限的运算处理能力要求系统内的软件程序必须做到十分精简，才能保证系统的运行速度和可靠性。

嵌入式系统的上述特点深深地影响到数控系统的开发。首先，在嵌入式系统的技术轨道上，数控系统的制造商需要建立完整的供应链。由于嵌入式系统的应用软件、系统软件和硬件高度融合，数控系统制造商和芯片制造商之间要形成紧密的合作关系，前者负责软件的开发，并向后者提出硬件制造的具体要求，后者则要有高效的响应能力。为了保持自己的竞争优势，数控系统制造商的供应链都是封闭的，例如，西门子和发那科的芯片都是由专门的厂商提供，在市场上无法买到数控系统开发所需的芯片。其次，固化于芯片上的数控算法公式必须做到极其精简，才能保证机床的正常运行。但是，要推导出精简的算法公式绝非易事。数控算法简单来说就是需要在一个毫秒内计算出机床各个轴下一步的运动轨迹（精度要求达到 μ 级别），以及轴之间的互动关系，除此之外还要有信息的反馈。如果单纯依照理论计算方法实现，其算法公式会极其复杂、运算量极大，想要在此基础上通过逼近等方法获得运算简化的算法公式不是一朝一夕能够完成的事情，需要有长时间的知识和经验积累才能推导出精致的算法。

这些便是朱志浩在 2006 年对自主开发国产数控系统没有信心的一部分主要原因。在嵌入式系统的技术轨道上，先进入者对后进入者形成了很高的技术和互补资产的壁垒，在这种情况下，后进者如果想要开发数控系统是非常困难的：一方面，缺乏技术和经验的积累，还要自建供应链；另一方面，即使做出来了，也很容易被领先者扼杀在摇篮里，因为产品的性能至少在短期内总会落后于领先者。因此，除非在早期就进入数控领域，或具有强大的意志和决心并配合以保护机制，否则后进者很难克服领先者的壁垒。这就是为什么中国在 1980—1990 年代依靠技术引进并在市场洞开的条件下怎么也做不出数控系统的原因。

PC 平台的系统与嵌入式系统相比，最本质的区别在于软件和硬件的结合程度——嵌入式系统中软硬件结合非常紧密，而 PC 系统的软硬件则可分离，意味着个人计算机系统中的硬件和软件开发可以完全分开，所需的主板（芯片）是通用的，可以在市场上买到。这样一来，数控系统制造商可以直接在个人计算机系统的基础上进行软件开发，不用专门花精力设计硬件，也不用为此建立专门的供应链。不仅如此，硬件的升级换代可以跟随着民用计算机一起发展。PC 系统平台的另一大优点是拥有高速、精确、海量的计算能力，其内存能够达到几个 G。也就是说，通用计算机系统的运算、存储能力相比于嵌入式系统是指数级别的提高。

A 公司的数控系统采用的就是 PC 系统平台，它让朱志浩兴奋的原因是它为后进者带来一个绕开嵌入式系统领先者优势的机会：可以外购 PC 主板（CPU），不需要专门设计硬件并拥有专门的芯片供应商，于是可以把更多的精力集中于算法的研究和软件的开发。同时，PC 平台有利于运动控制算法的开发，即不用将算法的公式推导到非常精简，相对复杂一点的公式同样能够凭借 PC 的强大运算能力在单位时间内得到同样的运算结果，于是就可以大大降低在算法公式推导上所需的时间和经验积累。虽然这样的算法没有领先者的那么精致严密，但是可以实现同样的功能和目标。

4.3.4 合作开发的苦恼

2007 年 10 月，沈阳机床（集团）设计研究院有限公司上海分公司正式成立，朱志浩担任研究院副院长，全权负责上海分公司（以下简称上海团队）。公司成立后，7 位技术开发人员也立即进入了高强度的学习阶段，学习的第一站是沈机的车间现场，在那里，他们第一次对数控机床是什么有了客观的概念。一个月后，7 人又被派去欧洲 A 公司接受数控系统的基础知识培训，第一次与数控系统有了“最直观亲密的接触”。

这种学习方式让刚毕业的年轻人从一开始就接触到了数控系统最本源的理论，从而形成了一种原始的、没有框架的、最基础的创新的可能性。在后来的开发中，大家敢在基础的理论上发挥想象，发散性的思维也在这个过程中被慢慢培养起来。

2008 年 1 月，完成培训回国后，上海团队即刻投入到合资公司的飞阳系列产品的合作开发当中；同年 11 月，第一台飞阳车床样机研制成功；2014 年 4 月，飞阳 G 系列产品正式上市。但实际上，上海团队和 A 公司的合作开发只持续了一年左右的时间，后因一系列的矛盾和冲突（下文详细讲），上海团队从 2008 年下半年便开始走上了自主研发的道路，慢慢淡出了和 A 公司的合作项目，飞阳系列产品交还给 A 公司驻沈阳的合资公司继续改进。与 A 公司合作开发的时间虽然很短暂，但是这个过程却为上海团队提供了一个学习数控系统的机会。在合作中，上海团队对数控系统架构的理解更加清晰，奠定了自主开发的基础。

在合作开发中，由 A 公司打包向上海团队提供底层技术，包括控制系统、总线、驱动器和接口等，但所有的数据和代码一律不向中方开放。唯一开放的内容是人机界面和译码的一部分，上海团队可以在对方提供的开发包上进行二次开发，但这些工作都没有涉及数控系统最核心的部分，只是边缘性的开发，例如修改用户界面中的文字或图标颜色。图 4－8 所示就是当时合作开发的系统架构，灰色的部分代表不对中方开放的核心技术。从技术的角度来看，这已经不能够被称作系统架构了，因为绝大部分都是灰色的，属于外方牢牢掌控的诀窍（know-how）。除此之外，A 公司的高层还对上海团队有很强的防范心理，拒绝与中方的技术人员探讨任何有关技术问题的细节，同时也禁止他们的工程师对这方面的内容做出介绍。

在外方实行严格技术封锁的情况下，上海团队只能通过其他的一些途径了解到数控系统内部的架构。由于上海团队在进行人机界面二次开发的过程中会和底层的技术模块有交互，因此朱志浩就鼓励年轻人抓住机会多问，外方的工程师在这方面还比较友好，虽不会透露技术细节，但也能够解答一些基本的问题。就是靠这样一点点积累起的知识，团队里的工程师在做学徒的过程中，便把 A 公司数控系统的结构框架了解得差不多了，只是对框架里的每一个模块和每一项功能具体用什么样的代码实现仍然一头雾水。朱志浩形象地把这段学习经历比作老师指导学生写论文：老师不仅告诉了学生写作论文的结构和要点，还给了学生一篇范文，但这并不代表学生具有了写论文的能力。

随着合作开发的深入，上海团队和 A 公司方面的矛盾也逐渐凸显出来。合作首先遇到的问题就是 A 公司的数控系统无法适配沈机的机床，适配性差主要

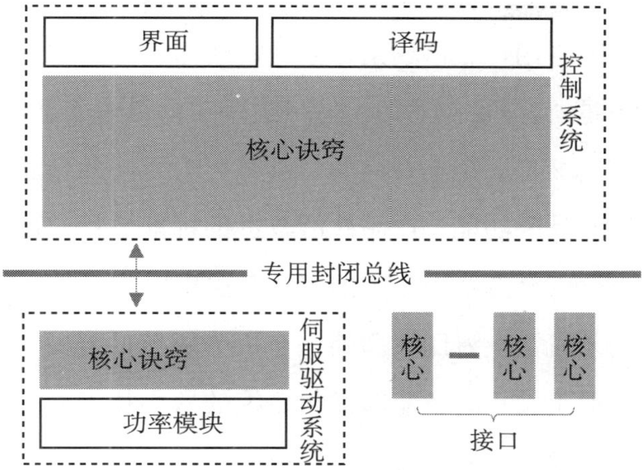

图 4-8 合作开发的系统架构

表现在两个方面。第一，高端的数控系统无法适配低端的机床。A 公司的数控系统是针对高端市场开发的，不但价格昂贵，而且对加工车间现场有严格的要求（只有在有空调的车间里才能正常运转），A 公司坦承自己的数控机床"只给法拉利，不是普通机床加工用的"。然而，沈机需要的数控系统基本上都是搭载在一般的通用机床上的，面对的用户是一些可能连厂房都没有的小老板，车间现场的环境根本无法保证。第二，铣床数控系统无法适配车床数控系统。A 公司没有车床系列产品，其数控系统都是针对铣床开发的，当把 A 公司的铣床数控系统应用在沈机的车床上时，很多的运动控制算法无法继续使用。

中方原本希望 A 公司能够及时响应自己提出来的技术修改要求，但没想到这样的要求始终不能够得到满足。一方面，负责与中方合作开发的 A 公司工程师总共就五六人，没有办法做到及时响应。另一方面，A 公司方的工程师经常以"这项技术你们不能碰"为由，拒绝中方提出的技术修改要求，或者让中方出高价购买修改后的技术。高昂的沟通成本和技术成本让上海团队意识到，如果继续维持这种合作关系，中方不仅永远不可能掌握核心技术并进行优化，还将陷入不断购买外方技术的无底洞。

真正导致双方矛盾激化的焦点在于产品开发的理念。朱志浩和机床用户打交道近 20 年，长期的实践经验让他坚持产品开发要直接面向客户，这样开发出的机床才能卖得出去。此外，上海团队能够通过沈机直接获得最终用户的反馈，并希望能够做一些针对客户需求的系统优化。但是，A公司则完全站在产品的角度看问题，不管用户和市场是否接受，因为它已经占据了像法拉利这样的高端市场。一边是“客户说了算”，另一边是“自己说了算”，这两种思维模式对产品的设计和定义是完全不一样的：以客户为导向的理念会及时根据客户和市场的反馈修改产品的功能，产品性能改进的标准是用户的需要；而以产品和技术为导向的理念则会忽略市场的因素，专注于把技术做到“高、精、尖”。

在理念层面的矛盾让上海团队面临一个极为尴尬的局面——自己想坚持用户导向开发产品，但是又不具备能够优化系统的核心技术能力。曾寄希望于A公司能够提供技术帮助的朱志浩发现，无论如何也不能让对方理解根据客户需求开发产品的重要性，以至于合作期间他经常为此和A公司高管“干仗”，甚至还掀翻了A公司总部办公室的桌子。

经过大半年的合作，上海团队深刻地意识到“市场换技术”的方式其实根本没有换来技术，因为外方根本就不会把核心技术交给自己。想要掌握核心技术，就只有自主研发一条路可以走。2008年下半年，朱志浩私下询问团队成员如果完全自己做一个数控系统有没有把握，已经具备一定基础知识的开发人员回答说：可以，但是需要时间。于是，朱志浩决定甩开A公司自己干。不过，这样做就让关锡友不得不经历一个“漫长”的等待过程。

4.3.5 差点让关锡友崩溃的“漫长”等待

2008年下半年，朱志浩决定自主开发数控系统，并开始组建一个完全进行自主开发的团队，除了原先的几位“元老”，又招进更多的新人。因为当时受到和A公司的合同束缚，这个新团队只能悄悄地进行“地下”开发工作，每次有A公司或者沈机的领导来视察，朱志浩就给这个小团队放假，或把门锁上。关锡友后来回忆说：“老朱是怎么聚集起来这帮人的，到现在我也不知道，反正我就信任他了”，“那个时候老莫（A公司老板）跟我说上海有10个人足够了，但是老朱又暗自招了40个人，我们一去上海，老朱就给那40个人放假，门都锁上，不让老莫看。后来，老莫和老朱干掰了以后，老莫才明白他们在走自己的路”。

关锡友从项目一开始就领教了朱志浩的倔强。还是在“三国四方”合作的初期，A公司和日本安川都希望上海团队把研发的数控系统绑定在自己的总线上。A公司的总线是封闭的，其协议不对外开放，如果采用该总线技术，就意味着必须依赖对方提供其他数控系统部件；而安川公司的总线虽然是开放其协议标准，但实际上开放的资源很少，采用该总线将产生对安川的依赖。总而言之，用朱志浩的话说就是，用谁的总线就相当于把命搭在谁的身上了。因此，“老朱下令自己干”。

从2008年下半年开始自主开发，到2012年做出可以搭载在机床上使用的数控系统雏形，差不多有4年的时间。在这段时间里，朱志浩并没有什么特别苦恼的事，他说真正的问题是得一步步走下去，“沈机这边真没有给我们特别大的压力，压力都是关老板去扛着了”。但是，朱志浩坦白地说，那时应该怎么走、能走到什么程度心里是没有谱的，而且到今天他都承认，有时候有些地方他们自己也不知道怎么弄的。朱志浩说：“我不断地增加人手，但是董事长从来不问我为什么要这些人。从某种意义上来说，他是由着我们按照自己的思维方式在一点点往前走。”

面临巨大的不确定性，只有一件事是肯定的，就是与外国企业的合作是一条死路。朱志浩回忆：“我跟董事长（关锡友）已经说明白了，董事长还说我小心眼儿，说我老和别人干仗。我说真不是啊，董事长跟他们说什么，他们都答应，但是真的不干啊。”朱志浩说：因为关锡友最初也没想到数控系统完全可以自己做出来，“所以他一直说我是在偷偷地干”。但关锡友仍然坚持对朱志浩的信任和承诺：不干预。A公司派驻上海的代表总是说用不了这么多的人，但朱志浩不予理睬。每年做新预算时要决定第二年做哪些新的内容，朱志浩就说“这个不用你做，那个也不用你做”——“反正我让他做的事他又不给我做。”到2010年时，A公司的代表觉得没底气了，他的任务就是把该收的钱收回去。由于感到已经控制不住上海团队了，所以他就不断向关锡友告状。朱志浩说：“后来在欧洲谈判时，我和鬼子们互相拍桌子、扔凳子，闹到他们行政楼层里都不知道我们每天在干什么。”A公司的老板指着朱志浩对关锡友说：“他

（指朱志浩）要搞明白自己是端着谁的饭碗。”朱志浩马上站起来说：“你不是我的老板，我的饭碗是沈阳机床给我的……我们关总就在旁边笑，他老是和稀泥。”

关锡友“和稀泥”的原因是担心没有合作方会干不成。不过，到 2010 年时，朱志浩心里已经有底了：成功的概率很高。他说：“我们已经走上这条不归路了，唯一的信念是不管怎样也要把系统做成。失败了，我个人无所谓，但是我对不住沈机对我的信任，因为整个过程中我管的这摊子给我赋予了这么大的权力。”为表明“破釜沉舟”的决心，朱志浩曾经要求加入沈机。关锡友却说：“老朱你别加入，等等再说；不是不欢迎你加入，而是一旦你加入我们的体制，体制内的规矩都要加到你头上，怎么办？”朱志浩问他：“那你就不怕啊？”关锡友回答：“我要是担心你的话，我当初干吗找你?!”

2015 年，关锡友回顾这个过程时说：“我用人的胆子是很大的。按照规章制度，我破格提拔的许多人是不符合要求的，但是，你要把事干成，就必须这样。当时，我最头疼的就是用老朱。第一，他是我师兄，有徇私的嫌疑；第二，他留校 20 年都没评上教授，还是讲师；第三，他在我们这里兼职了七年，去年才离开同济大学。多亏技术做成了，不然我就成千古罪人了。”关锡友受到的压力不仅来自“上面”，也来自企业内部。上海团队自主开发后，不到半年就花了五六千万元。关锡友的一个副手就暗地里调查这钱是怎么花的，结果让关锡友“一顿收拾”：“我们共同干一件事，你不能‘我干事，你找我毛病’，更何况你是副手。”直到最后关头的 2012 年，关锡友咬牙给了朱志浩一笔钱，但朱志浩不久又来找关锡友说没钱了。关锡友纳闷：不是刚给了你钱吗？老朱支支吾吾也不吭气。后来，关锡友一查，原来，那笔钱被沈机一位副总偷偷要回来了。当然，又是“一顿收拾”。

朱志浩到 2015 年 6 月还说：“如果过程中间关锡友被换掉了，我们就夭折了。坦白地说，如果现在换一个人做董事长，不是关锡友了，这件事情的变数就比较大了。我做的这七八年中，我身边的朋友不断跟我说这个，问我孤注一掷值不值得。国有企业的领导说换就换了，换了就没有第二个人会以这种模式同意你这么做下去，尽管‘i5’现在已经在集团内得到了认同，但是他们的管理模式、思维模式、判断事情的方式和我们的团队完全不一样。”

上海团队从 2007 年到 2012 年的 5 年间处于完全的埋头研发状态，直到 2012 年才开始逐渐有些产品出来。在这中间长达 5 年的时间里，关锡友除了等待结果，没有任何其他办法。他不是不关心，而是插不上手。他回忆说：“我跟他们去招技术人员，进行考核面试的时候，小孩儿问我：你考核我？你懂吗你？最后，我没办法，就投降了，把人要了。……我去下面巡查（指上海团队），小孩儿们根本不搭理我。我也不知道说什么，怕指错了路。”

2012 年是关锡友最难过的一年：对数控开发项目的投资已经是第 5 年，上海团队已经花掉五六亿元，沈阳的库房里还有一堆做试验报废的机床（研发费用基本上是一半一半，上海研发花多少，沈机这边做试验就花多少），但关锡友却看不到成果，“老朱找我说又没钱了，还要 3 800 万，我问你都花哪去了，这也看不着啊，他那儿除了计算机啥也没有。他说废品都给扔了，我说你得留着啊，审计要查就跟他说花这上面了啊”，“我不知道老朱承担了多少压力，我承担的压力就是没法交代”。关锡友甚至琢磨着把项目断掉。他说：“后来，我着急了，就跟老朱说，别人都能拼（凑），你咋不能拼（凑）一个呢？老朱就是不干。他说他不做假的，就是要整一个真的。2012 年从德国回来，我就告诉自己豁出来了，就再给老朱他们投一年吧。”

朱志浩是这样讲的：“从 2007 年我搭建这个团队到 2011 年，很多人来找过我，说朱老师我一个人来就行，能帮你搞定……或者说我们现在手头有你要的技术，可以帮我做得更漂亮一点，可以帮我们圆这个‘谎’。我不方便问他们的技术，但我只知道一件事——这件事如果只靠在一两个人的身上是做不长久的。这不是我想做的事情，这样做将来只有害了关锡友。短期看，他能交账了，但是纸包不住火，我要对他负责，给他一个交代，不能糊弄。关总也是因为知道我不是一个糊弄的人，才选的我吧？我答应他的事情，从来都是会做完的，没做成的就是没答应的……我是经常性会说 No 的人。”

4.4 “i5”的诞生

朱志浩之所以让关锡友等待这么久，是因为他要做一个真的数控系统，这意味着上海团队要把数控系统的技术从头到尾、从最底层到应用层都自己做出来——倔强的朱志浩就是这么做的。

4.4.1 自主开发数控系统的过程

当上海团队于2008年下半年开始自主开发时，他们把数控系统的核心研发项目命名为“Nut”。这个名称包含着两层含义。第一层含义是美国俚语中的“傻瓜”，因为在和A公司的合作过程中，中方的开发人员经常感到对方把自己当傻子一样糊弄；第二层含义则是“坚果”，上海团队不信自己啃不下来这颗“坚果”。

4.4.1.1 开发战略

本报告的叙述没有悬念，上海团队开发的数控系统成功了。但成功不是撞大运撞出来的；从事后看，有三个要素决定了上海团队的成功，它们被证明是正确有效的指导思想、开发战略和行动原则。

要素Ⅰ：指导思想

一个团队或组织去干一项有目的的事业，都是有“指导思想”的。“Nut”的指导思想来自朱志浩长期形成的理念：要站在用户的角度考虑问题。朱志浩其实一直有危机感，他特别害怕他们开发的数控系统“一出来就被别人拍死在沙滩上”。能不能活下去，只能看用户是否接受。他说：“那么，用户为什么接受你？如果你和别人都一样，肯定和别人没法比，就是说你做的东西能帮用户解决什么问题?”这样，上海团队就形成了一个不是挂在墙上的理念——他们的产品到了用户那里就一定要超出用户的预期，其衡量标准就是一项基本原则：要比用户原来使用的机床好那么一点点，如效率要更高一点点、加工的质量要更高一点点。朱志浩说：即使关锡友承诺沈机的机床要用这个系统，“但市场无情，沈机装了我的东西卖给谁去？我要求不高，就只要好那么一点点，这是最基本的。别人以前的东西用得好好的，你凭什么把你的东西硬塞给人家?”

这个理念是一个朴素的想法，但它能使上海团队不去关注与领先者的“技术差距”，也不去关注领先者是怎么做的，而是集中关注自己怎么做出来一个有用的数控系统。回顾整个开发过程，“i5”数控系统的最后成功就是起源于这个朴素的理念，它也成为决定技术路线、产品概念、功能和性能选择的框架与原则。因此，“比别人的好一点点”实际上就是上海团队的技术研发战略——朴素、简单，却包含极其强大的逻辑和力量。

要素Ⅱ：一个没有被“框子”束缚的团队

在上海团队中，承担具体技术研发工作的年轻成员都来自机床及其数控系统之外的专业，属于机床工业的外行；只有负责人朱志浩和顾问樊教授了解数控机床，他们负责把关。这种不合常规的人员及知识构成反而成为朱志浩心目中的优势：一方面，团队年轻成员们是从本源和最基础的地方开始接触机床数控系统的，没有既定的观念和概念，也没有被不知道哪儿来的理论束缚住（就是那些长期依赖技术引进形成的陈规旧套）；另一方面，他们都具有与数控有关系的专业背景（软件、微电子、计算机和自动化控制等专业）和知识基础。回顾整个过程，朱志浩认为，这种构成其实形成了一种原始的、没有框架的、最基础的创新可能性，因为大家敢去想了，否则会被现成的东西“框住”。

为什么没有“框子”重要？实践证明：第一，这些年轻工程师从来没有对外国领先者的恐惧，尽管他们要从头学习怎么开发数控系统；第二，他们从来没有必须按什么套路（例如外国数控系统的技术性能特征）来解决问题的意识，在解决技术问题时只是想着要实现什么目的、要帮助用户干什么；既然如此，第三，这些多数来自信息技术其他领域的年轻人，会自然地把其他领域的技术引入解决问题的过程中。由于他们多数来自与信息技术相关的专业，所以他们的技术路线和解决方案会自发地向信息技术的主流——计算机和网络——靠拢。

要素Ⅲ：只做用于沈机机床的非广谱数控系统

上海团队从一开始就把数控系统的研发方向限定为只适配于沈机的机床，

即非广谱的数控系统——这是一个后进者的现实选择。外国数控系统巨头大多不生产机床（这些企业往往是从具有电子技术的企业发展而来的），它们提供的数控系统是针对所有的机床企业，即广谱系统。广谱系统要能够适配各种各样类型的机床，针对每种类型的机床都要做逻辑电路的开发，要考虑得非常全面，考虑每种机床的加工环境和方式，但这也意味着要牺牲一些专用效率，而且包含大量的技术冗余。因此，开发广谱系统需要更多的投入、更长的时间和更丰富的经验积累。上海团队知道自己在短期内做不到西门子、发那科那么强大，在广谱系统上拼不过那些巨头。但是，既然使用数控机床的用户关心的是速度、效率、精度，那上海团队完全可以在被广谱系统牺牲掉的专用效率方面找到间隙，将其专注地做好，只要用户愿意买就行。

在这个语境中，沈机提供的支持就愈发显现得强大：第一，沈机在机床领域的深厚经验积累成为上海团队开发数控系统的机床经验基础，它为上海团队的系统提供的试验、测试以及在试点行业用户处的使用等机会是无与伦比的开发条件。第二，沈机每年销售 2 万多台数控机床，是数控系统的一个巨大市场。集团可以指定哪些机型配上上海团队的系统，甘冒早期系统不稳定的风险，使上海团队的系统不用发愁刚从实验室出来就可能被“枪毙”。第三是一个“意外”：由于专注适配沈机的机床，最终开发出来的数控系统与机床的机械结构高度耦合，为智能、互联提供了绝妙的技术条件（下面解释这个意义）。

上述三个要素的作用贯穿于整个开发过程。尽管每个要素的作用在不同阶段会有不同程度的表现，但它们共同的作用（实际上是研发的战略框架）决定了项目的成功。

4.4.1.2 技术研发阶段的选择和行动

决定数控系统的技术路线

自主开发的第一步是定义 Nut 系统的基本架构。通过与 A 公司的合作，上海团队了解到数控系统的架构必须包含什么。他们吸取了这些知识，但必须根据自己的目标和需要定义自己系统的架构。为了绕开开发嵌入式系统会遇到的障碍，还要做到产品比别人的好一点点。上海团队也像A公司那样选择在PC系统平台上进行数控系统的开发，但他们提出的Nut系统架构的开放程度明显超过A公司的架构，表现如下：

- 上海团队采用全软件式结构，即利用计算机系统的软硬件开发可以分开的特点，把数控控制核心部分全部写在CPU上，用软件实现（A公司的数控系统是部分软件式）。这个结构的优点在于，数控核心拓扑结构可变，内部模块全部开放，可借助标准化的接口实现模块间的互换、移植或协同工作。后来证明，这样做的最大优点是使数控系统相当于一个透明的智能终端，能够与互联网天然连接（虽然上海团队当时并没有充分意识到这项功能）。
- 操作系统的选择。上海团队选用的是Linux操作系统。不同于其他基于PC系统使用的Windows系统，Linux操作系统的优点是源代码开放且免费，开发者可以根据自己的需要对操作系统进行剪裁和修订，实现操作系统的定制。而Windows系统需要经过购买授权才能使用，属于相对封闭的操作系统。
- 数字总线的选择。上海团队采用开放式的EtherCAT（ECAT）总线，开放程度可以达到芯片级（不用自己专门开发芯片，可以采用外购的通用芯片），并且在全球拥有60万的用户。与A公司的封闭式总线相比，EtherCAT总线最大的优点在于它能够支撑数控系统未来的扩展应用，并且具有很丰富的开放资源和第三方设备支持。

为帮助读者理解开放性有什么意义，这里需要继续解释一下技术。相对于嵌入式系统的封闭性，PC平台的数控系统具有开放性（如硬件通用和软硬件可分离等），这是由PC的通用性所带来的。通用性是指，PC的软硬件体系结构是标准化的（也可称为模块化的）。在封闭的嵌入式系统中，软硬件具有很强的专用性，各数控系统制造商拥有各自的标准，并且互不兼容。通用的PC系统是一个标准化的平台，数控系统生产商可对系统功能任意剪裁配置，以满足不同用户的需要。因此，数控系统的开放程度实际上由应用 PC 技术的程度所决定。PC 技术在数控系统中应用的越多，其开放性就越高。PC 平台在数控系统中的应用程度主要表现在两个方面，硬件 CPU 的数量越来越少，由软件实现的控制功能越来越多。

以上述两个特征为标准，可以将目前 PC 平台数控系统的结构分为三种类型——集中式结构、分离式结构和全软件式结构（见图 4－9）。（1）集中式结构保留了传统嵌入式系统的硬件结构，由多个处理器（芯片）分别执行不同的任务，仅有人机界面是在 PC 平台上构建，即开放仅限于人机界面部分（可对其进行二次开发），硬件系统仍取决于数控系统生产商。（2）在分离式结构中，人机界面和部分数控核心采用 PC 形式实现，人机界面和部分数控核心开放，开放程度中等。（3）在全软件式结构中，人机界面和控制功能在同一个计算机的 CPU 内，可实现整个系统结构的开放，开放程度最高。

因此，在以上三种方案中，全软件式的结构最大限度地采用了 PC 平台的软硬件资源，从而实现非常简洁的硬件体系结构，所以相对于嵌入式系统来说是最具有革命性的。A 公司的数控系统接近全软件式结构，但更准确地说是部分软件式结构。不能全开放的原因是 A 公司从上世纪 70 年代就开始开发数控系统，所以为保持市场地位一直兼容从那时以来的已有技术，不得不保留了一部分专用硬件，部分功能仍然用硬件的方式实现。此外，改变实现方案并不那么容易，需要全部更新数控系统的架构，没有哪家公司愿意轻易付出这种高昂的代价。

为什么基于 PC 平台的数控系统会出现三种结构？这是因为个人计算机技术向数控系统的扩散是一个演进的过程。为什么是演进的？主要有两个原因：第一，当 PC 系统平台作为一项新技术被应用到数控系统领域时，其功能是在应用的过程中被逐渐认识到的。最初的数控系统仅在人机界面上应用了 PC，后来才逐渐在 PC 平台的通用硬件上进行软件应用开发，依靠软件程序实现主要的控制功能。至此，PC 技术在数控系统领域的应用基本实现了和原有嵌入式系统同样的功能，但 PC 还有一些“潜在”的功能没有被充分开发和利用（例如联网功能），继续探索这些“潜在”功能的价值同样需要时间和经验的积累。第二，PC 技术的应用意味着对传统嵌入式系统的替代，这个替代的过程并不像人们想象中那么简单，因为两种技术互不兼容，数控系统制造商已经在嵌入式系统的技术轨道上积累了丰富的经验，并获得了可观的利润，如果采用新的PC系统平台技术替代原有的技术，那么他们必须选择放弃（或者部分放弃）原来的技术，因此，领先的厂商们会倾向于选择以渐进的方式用PC系统替代嵌入式系统。

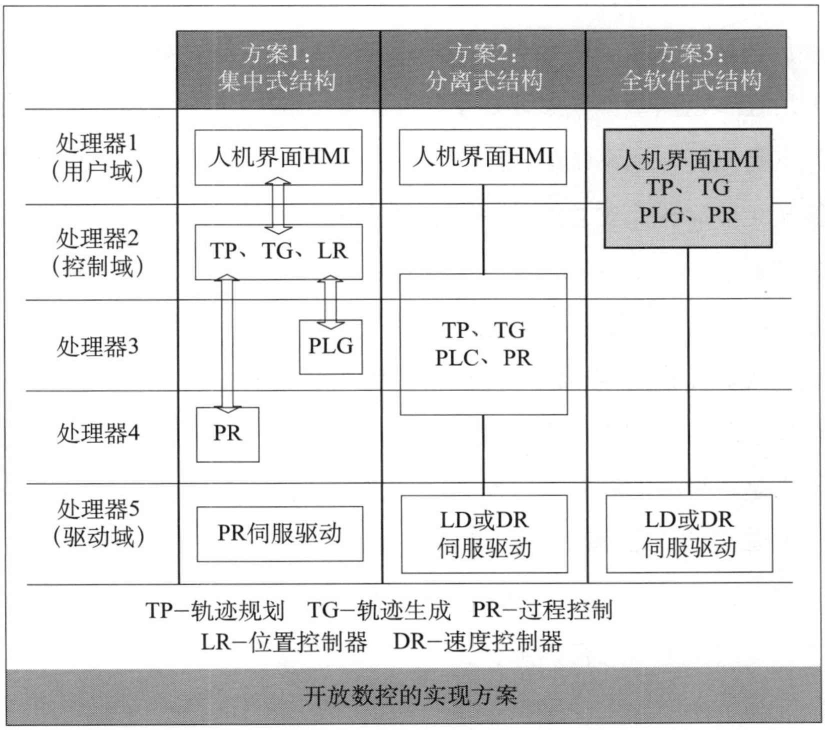

图4-9 PC平台数控系统结构类型

总线也分为封闭式和开放式，虽然其开放性的含义不同。总线的作用是连接数控系统的各个功能部件，其本质是一种排他的通信协议，相互之间不兼容。总线往往被数控系统制造商当作一种商业手段应用，领先的数控系统制造商一般会倾向于采用自己研发的封闭式总线。这些总线协议不开放，如果用户要使用其总线，其他的接入设备也必须由它们提供，并且总线的通信协议不能修改。例如，发那科的FSSB总线、海德汉的HSCI总线都属于封闭式总线，A公司采用的也是封闭式总线。还有一部分总线虽然号称开放，例如西门子的Profibus总线，但实际上使用该总线的都是一些较大的厂商，小厂商无法使用。这种“开放性”是基于形成商业联盟（小圈子）的考虑。开放式总线是相对于封闭总线而言的，上海团队选择的 EtherCAT 就属于开放式总线技术，它是基于实时以太网的总线技术，不但能够实现高速、实时、安全的数据传输功能，而且对任何厂商来说，只要是采用开放式总线协议的设备都可以被接入数控系统。上海团队最初选用开放式总线的原因是朱志浩坚决不同意采用 A 公司和安川的总线。

为什么上海团队选择了开放程度最高的架构？如果考虑到他们面临的机会和约束条件，就不难从逻辑上理解其理由：（1）朱志浩要尽力避开领先者的壁垒。如前所述，这些壁垒集中体现于领先者在（嵌入式）专用系统上的深厚积累，以及支持这些专用系统的供应链。于是，上海团队有意识地把技术路线尽量向计算机工业靠拢。对总线技术的选择也出于同样的考虑——既然自己没有掌控供应链的能力，又不愿意被绑死在别人身上（采用了别人的封闭总线就永远要买别人的设备），那就只有选择开放式总线。（2）上海团队的成员都是从其他领域进入数控机床领域的，所以他们的头脑中从来没有局限于只从机床数控系统出发想问题的"框子"；同时，他们大多数人的专业背景又都与信息技术有关，于是在思考问题时会自然地向信息技术的主流靠拢。当本报告作者询问为什么上海团队会想到让数控系统联网时，后来担任朱志浩副手的黄云鹰（七"元老"之一）回答说，因为他是 CIMS（计算机集成制造系统）中心出来的，对于系统组网的概念很熟悉。

正是因为上海团队主动做出这些选择，所以他们可以更好地利用外部技术环境带来的优势。机床数控系统从本质上讲是一个信息技术系统，而作为信息技术主流的是计算机工业及其网络技术。主动靠拢计算机工业就搭上信息技术的发展主流，尤其是芯片处理速度的提高和工业以太网的广泛应用，为全软件式的数控系统架构提供了技术支持。

我们因此看到，当通用的个人计算机系统被应用到数控系统中时，出现了一个和嵌入式系统完全不同的技术轨道。个人计算机系统为数控系统的开发提供了一个完全不同的、性能更优越的技术环境。所有的领先者都是从专用系统（嵌入式系统）做起的，在这条技术轨道上，领先者和后进者之间存在着巨大的鸿沟，后进者想要超越领先者是非常困难的。值得指出的是，即使是采用了 PC 平台的数控系统也存在着开放程度不同的多个技术轨道（如上述三种结构），但决定它们开放程度不同的主要因素不是技术，而是开发者对于兼容原有嵌入式系统的考虑，所以连A公司的数控系统也不是采用全开放的架构。

上海团队作为彻底的后进者（从零开始的后进者）就选择了彻底的开放架构（技术轨道），因为他们没有任何以前的成功需要被“照顾”。但恰恰是这个选择使Nut系统的架构从奠基阶段开始，就具备了当时集中于实现数控功能的上海团队还没有充分意识到的潜力——它可以与互联网无缝连接。人们只是后来才知道，“i5”革命就是起源于这个潜力。

把系统的所有空格都填满

在确定了技术路线及整体架构之后，上海团队面临的最多的难题就是系统中关键技术或者核心技术的研发。整体架构就像写文章时的提纲、主线或总体思路，而开发出数控系统也像写出文章那样需要逐步去充实其实际内容。当Nut系统的架构初步形成时，框架内的内容（各个子系统和所有的技术）还只是框架中的一个个空格。

上海团队在开发之前对这些空格中的内容一无所知，只觉得那是“神秘的领域”——“没有人告诉你，没有代码给你参考，所有的研究和探索只能由我们自己完成。”上海团队选择了最“笨”、最原始但也是最扎实的学习方法，就是“在干中学”。对于上海团队来说，网络上的文献与其他厂商的技术和使用手册是最好的理论导师，他们从最基本的原理出发，从文献中的描述和公开的技术手册说明中寻找依据和灵感。但公开的文献也会把真正的技术诀窍模糊化处理，研发人员经常读到关键部分就没有了下文。于是，研发人员就通过反复的实验和验证，为自己找到可行的解决方案或者算法。

迭代式开发是上海团队在开发中使用的最为重要的方法。所谓的迭代式开发，实际上就是不断地修改和优化。如果在做系统框架的过程中出现了问题或障碍，团队也会采取冒险的方式推倒之前的工作，重新寻找一种更加合理、更加优秀的方法来做。迭代式的开发方式虽然很冒险，但也加快了团队知识和经验的积累。而且，由于开发出了众多版本以及每个版本的代码都要靠至少七个人共同完成，所以所有的代码和知识都被牢固地嵌入整个组织。

上海团队最先开始自主开发的是伺服驱动器（以 HSHA 命名），原因之一是合作方 A 公司无法提供他们要的伺服系统，但更重要的原因是朱志浩坚决不把自己绑在 A 公司和安川的总线上。因此，上海团队从 2008 年年初（“三国四方”合作阶段）就开始开发这个系统。由于外国企业的技术封锁和国内的伺服驱动器技术普遍比较差，上海团队只能从理论数学模型开始探索。研发人员在接受任务之初，第一步是探索最基础的原理。研发人员从原理仿真和系统的数学模型入手，在计算机平台上模拟系统的输入输出响应，最后将仿真结果与实验结果进行反复比对和校验，得出最终的系统数学模型。经过一年左右的时间，最终得到了理想的结果。第二步是系统实现，即搭建系统实物原型并进行实验测试，再将实验结果与理论仿真结果相互验证。伺服技术本身是由许多技术细节组成的，任何一个技术细节都能够直接影响系统的控制效果。经过无数次的失败、无数次的推倒重来，2010 年 5 月，第一台数字化原理样机在上海测试完成。以此为突破口，从 2010 年 10 月到 2011 年年末，上海团队相继开发完成高响应能力转矩控制技术、高精度速度控制策略、永磁同步电动机弱磁控制策略、支持 SOE 协议标准的 EtherCAT 总线接口……从 2011 年年中开始，逐步引入第三方生产平台，开始迈出产业化的步伐。

2010 年 12 月，上海团队突破了整体系统架构，第一套 Nut 实验系统测试成功。2011 年 6 月，第一台 Nut 样机成功搭载在立式加工中心（VMC）系列机床上（上面安装的就是 HSHA 驱动器新样机）；同年 10 月，第二台 Nut 样机搭载在车床（ETC）上。到 2012 年，上海团队把框架中的所有“空格”都填充完成，所有的底层技术都获得了初步的实现，而且是可应用的，可以在两轴、三轴的系统上稳定地应用。到这时，基础理论的研究已经基本完成，上海团队着手推进整个系统的工程化开发。2012 年，第一台自主研发的数控车床产品和第一台数控铣床产品前后测试成功。

如果你想从上海团队开发数控系统的过程中找到“壮举”，你会失望的——没有这样的壮举，也没有灵光闪现的伟大发明（虽然有许多创造性的解决方案）。从 2008 年到 2012 年，上海团队做的就是开发出一个一个的算法，写出一行一行的代码，然后把一个一个的“空格”填满。截止到 2011 年年底，上海团队一共进行了 1 917 个大小版本的数控系统更新，累计 1 032 条测试用例。其中，数控核心部分拥有整体代码 20 余万行、核心代码 2 万行、核心算法 50 余个。在伺服驱动控制技术上拥有核心代码 2 万余行、核心算法 20 余个。大部分组件及算法因为保密没有申请著作权或专利，申请了软件著作权的非涉密组件有 10 项，还有 3 种独创的算法申请了发明专利。图 4 - 10 是上海团队自己搭建起来的数控系统框架。经过 4 年的努力，上海团队攻克了框架里的每一项技术，开发出了所有的算法，写出了所有的代码。

中国过去“引进外国先进技术”大多不成功的原因之一是没有人愿意转让这些凝聚着开发者自己经验和诀窍的“技术”，但更重要的原因恐怕是这些“技术”的不可转让性。由于代码及其所反映的算法是开发者能力的体现（策略以及经验），所以开发者即使把代码告诉给技术接受方，后者也不明白为什么这样写，除非自己在做研发。因此，“引进外国先进技术”只有在一种条件下才能成功：引进者自己通过自主研发积累起相当的技术能力，并且把引进的技术服务于自主研发。朱志浩之所以让关锡友等待到快要崩溃的地步，就是因为“一根筋”的他和上海团队要把自己定义的架构中的所有“空格”都由自己填满。于是，不是过程中的任何事件，而是这个过程本身，成为中国工业技术史上的一项伟大壮举——这是中国第一个这样做出来的数控系统。

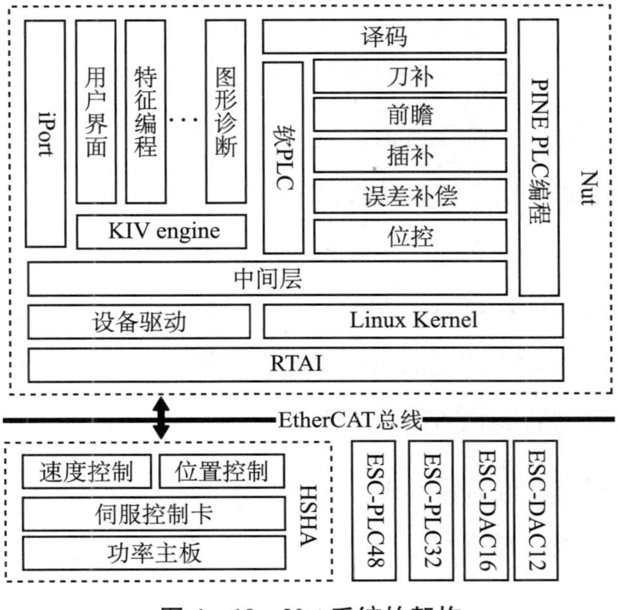

图 4 - 10　Nut 系统的架构

4.4.1.3 产品开发：以用户为中心的智能化和联网

上海团队在2012年进入产品开发阶段（即使实验室的数控系统成为可用的），工作重心逐渐转移到对产品功能的定义和拓展上。黄云鹰在解释产品开发最重要的内容时说："我觉得还是细节。2012年我们突破了核心技术，其实核心技术就那么一点，高精尖的、可以申请专利的、可以拿奖的就那么一两个。但是，围绕这个核心技术要去做成一个产品，需要做非常多的试验、测试还有细节上的设计，这是一些细枝末节的东西。国内很多情况是：反正拿了奖了，后面的一些活就没人愿意做了，因为没有办法拿奖，也做不出成绩来——有可能是这样的，我瞎猜的。"

使机床"智能化"是"i5"数控系统产品化的中心原则（我们从此以"i5"代替Nut，虽然"i5"的名字是后来才起的），由朱志浩定义的这种智能化与流行的定义极为不同。学术界对智能化的理解就是要加传感器，让机床有感知能力，有自学习、自诊断、自判断的能力。但朱志浩不认同这种智能化的定义，认为这只是一种片面追求技术"高、精、尖"的智能化。例如，他认为感知不一定非要通过传感器，也可以通过信息交互，甚至是人与人之间的交互；给机床埋上传感器不但成本很高，而且破坏机床的刚性。朱志浩认为，真正的智能化是给用户带来便利，让原本困难的事情变简单（例如让低级技工能够干出原本只能由高级技工干的活）就是智能化。至于用什么手段去实现——是高级的技术还是普通的手段——都无所谓，只要带来方便就可以。可见，两种定义的出发点是完全不同的：前一种是从机床的角度定义智能化，而后一种是从用户（人）的角度定义智能化。

实际上，上海团队在与A公司合作开发飞阳系列产品的时候，就根据用户的需要开发了一些智能化功能的应用。自主开发的"i5"数控系统在产品化阶段延续并扩展了这些智能化功能，主要包括：

- **三维仿真**。在机床加工零件时，操作人员可以从显示界面上预览到后续的加工轨迹，极大地方便了用户在车间内同时管理多台机床。同时，三维的图形展示更有利于操作工分辨出后续加工是否有问题，以便及时停止机床的运转，减少损失。其他厂商生产的数控机床上也有类似的仿真功能，不过基本都是二维的简单轨迹仿真。

- **工艺支持**。加工不同的零件需要有不同的工艺设计，而工艺设计的背后实际上是一组缄默的知识和经验，只有有经验的老师傅才能熟练地设定加工参数。工艺支持的目的在于把缄默的操作经验转换为程序代码，然后导入数控机床系统内，使得没有经验的操作工也能够干出高质量的活。而上海团队之所以能够开发出这项功能，也得益于沈机有经验的操作工提供的知识和经验。

- **特征编程**。将三维图纸导入设备后，系统会自动调用后台的工艺支持功能，生成加工程序，并完成校对测量等任务。虽然这不是一项很难的功能设计，但是这项功能设计考虑到了很多用户的需求，更方便用户操作。

- **图形诊断**。设备可以自动诊断出故障，并且生成三维图片引导用户去解决问题。这项功能的开发与机床厂和用户的紧密合作有关，上海团队通过市场调研发现机床出现的问题70%都是“傻瓜问题”，但用户不会自己解决。图形诊断功能可以帮助用户看三维图片和提示自己解决一些问题，这样既减少了用户的损失，也节省了维修服务的成本。

在开发这些智能化功能时，上海团队采用了许多最先进的信息技术。例如，他们采用了触摸屏技术。数控机床行业在人机界面上一直都采用键盘，不能直接操作，必须用功能键输入指令。上海团队经过集体讨论，决定采用触摸屏，因为这样可以一键操作，使用户的操作更方便。

在初步实现了这些“智能化”功能之后，随之就产生了让产品联网的需求。第一类需求来自开发团队自己。数控系统在沈阳装机调试的过程中，在现场遇到问题的人员会经常要求研发人员从上海飞过去帮助解决。上海团队的年轻工程师就想到，“飞来飞去很烦。既然现在有互联网，通过网络远程就能解决问题，就不需要去车间了”。有了这个想法后，研发人员就一行行代码去敲，然后做诊断；实现基本功能以后，又开始考虑是不是加入图形化更方便用户的使用。就是在这样的摸索过程中，远程诊断功能被开发出来——用更真实的团队成员原话说，“是被我们玩出来的”。

第二类需求来自用户。早在推出合资产品之后，很多用户就提出来机床能否与车间联网，接口可不可以和企业的上层信息管理系统接上。但那时候A公司系统的接口是不开放的，无奈之下，上海团队就结合计算机集成制造的管理方法，想办法自己开发出一套软件让它运行起来。因为存在来自用户的这种需求，所以当“i5”系统开始应用时，朱志浩就要求以机床为中心，把作业计划、生产调度、设备管理、成本核算等信息系统全部集成在机床上，形成一个以机床为中心的车间管理信息系统，它后来被关锡友命名为“WIS”。

车间信息管理系统概念很早就有，很多工厂也有自己的车间管理软件，例如制造执行系统（MES）、管理信息系统（ERP），前者更倾向于对生产过程的控制，后者更倾向于订单和财务的管理。那么，WIS和这些车间管理软件的区别是什么呢？MES和ERP实际上是两个相互独立、不能进行信息沟通的管理软件，但在车间层面上需要同时掌握两方面的信息才能有效地掌握生产过程并安排管理生产计划。在现实中，MES和ERP之间的协调由人工完成（工厂车间通常会定期把MES的调整项做成一个表，交给业务部门，然后由业务部门手动在ERP中调整过来），这就带来一个严重的问题——工人可能会虚报、漏报或错报信息数据，导致信息不真实，不具有实时性。那么，有没有可能在MES和ERP之上建立一个系统，协调这两个软件呢？其实，这也是德国“工业4.0计划”提出的一个设想。但问题在于，这两套系统是完全不一样的（例如语言），所以在顶层做一个管理软件不能解决本质的问题。WIS的优势恰恰体现在这个地方，它是一个自下而上实现车间管理的软件系统，通过收集每一台机床产生的真实数据来为管理者提供生产信息，并且通过互联网可以保证数据的实时传输。

其实，上海团队最开始对数控系统做的是局域网的联网，但是年轻工程师们在过程中想到：既然局域网可以联网，为什么就不能“往上看”了？于是，他们在开发局域网联网的过程中就干脆一步做到位，就像玩电子游戏一样，做着做着就把数控系统变成可以连接互联网的。当时，整个互联网行业的发展也比较快，这些“互联网一代”的年轻人就把许多新思维带进开发过程。

一旦开始开发网络功能，“i5”智能机床的两大优势就显现出来：第一，基于 PC 平台的全开放式结构使其天然地能够与互联网连接。实现联网要基于两个关键要素：(1) 机器如果要实现联网，就必须有网络接入设备（也就是一块网卡）。在 PC 电脑或者工控机上，网卡一般被直接集成在主板上，用于接收和发送数据，然后将数据统一通过总线发送给 CPU 进行处理。不过，硬件接入设备不是实现联网最重要的，更重要的是要有支撑联网功能的软件。于是，(2) 远程诊断中的机床和发出指令的移动终端之间是非常底层的访问方式，必须开发可以进行网络穿透的软件，即只要机床接入网络，开发人员就能够对机床进行远程访问，不需要做任何设置。由于“i5”的架构，所以上海团队能够顺理成章地开发出网络穿透的技术，实现联网（“i5”数控系统的网络接入设备叫“iPort”），而且很快开发出来一个 APP，用手机或其他移动终端就可以对车间进行远程管理。

相比之下，西门子和发那科的数控系统就不那么容易联网。首先，它们的大部分中低端数控机床仍然采用传统的嵌入式系统，没有网络化功能。它们的产品连插网线的口都没有，要联网就只能给机床配备一个具有联网功能的专门扩展设备，即一个类似机顶盒的东西放在系统旁边。但即使增加了这个设备后，从互联网上访问它也是很困难的，因为这个设备（机顶盒）不是从数控系统中直接采集信息，两者不是一个系统，会丢失很多信息。其次，由于嵌入式系统采用的专用芯片（单片机）与计算机 CPU 的计算能力相差很远，所以无法支持高级的网络应用，例如数据库的操作、HTTP 通信等（简单对比，诺基亚功能手机的联网功能就是嵌入式系统的联网，但“i5”的联网功能就是 iPhone 的）。最后，只要采用 PC 平台，理论上数控系统就可以天然联网。西门子和发那科的数控系统也有使用 PC 平台的，例如西门子 840D。但是，硬件设备支持联网不等于系统可以自动联网，还需要有专门的软件支持，需要开发相应的应用软件。A 公司的数控机床和西门子的 840D 都采用 PC 平台，但 A 公司的数控机床没有开发联网的功能，而 840D 联入的是局域网，不是互联网。

“i5”与其他数控系统的最大区别就是可以连接互联网。在“i5”推出连接互联网概念之前，没有任何一个数控系统制造商提出过这样的概念。之所以出现这样的差别，一个重要的原因是对数控系统的设计思路完全不一样。A公司和西门子从一开始就没有考虑联入互联网的功能，而上海团队从开始设计整个系统框架的时候就把“方便联入互联网”作为一项重要的技术描述。如果A公司和西门子也同样采用PC平台，也想方便联入互联网，那也不是开发几个软件就能解决的问题，而是需要整个体系架构都发生相应的变化。

第二，由于“i5”数控系统与沈阳机床的机械结构高度耦合，所以通过网络发送的远程指令可以转化成为机械系统的准确动作。其背后的道理是：实体端的东西和虚拟端的东西必须严丝合缝，才有可能通过网络从虚拟端实现对实体端的控制。相反，西门子和发那科的广谱数控系统做不到对机床的远程网络控制，不是技术上做不到，而是它们的广谱数控系统不知道各种各样机床的具体结构。虚拟不是系统的虚拟，是机床和机械动作结构的虚拟；不知道机床的机械动作结构，就无法从虚拟端发出正确的指令。因此，非广谱和广谱数控系统的区别是，沈机在做故障诊断、工艺支持时已经明确知道机床上配了什么刀架、液压等（因为机床是自己制造的，所以就可以把这些机床配置的信息放入系统），从网上远程控制机床时就不会出现差错。但对西门子们这些专业数控系统供应商来说，它们是无法获取这些机床信息的。

在开发出最初的数控机床的网络功能后，上海团队又提出来制造过程的数字化和信息化，从而把机床的生命周期（包含机床设计、机床生产、售后服务和维修等）的全过程信息都联结起来。这时就需要一个信息服务平台，以便向售出的数控机床提供服务。2012年7月，上海团队启动开发一个围绕“i5”产品生命周期的信息化服务平台——i平台。经过不断的改进和完善，2015年6月，i平台3期正式上线。目前，i平台上已开发成熟的应用包括远程诊断、车间信息系统和在线工厂。这些应用旨在利用互联网实现对机床产品、车间现场的监控和故障诊断，用户可以直接通过手机或电脑在线查询机床厂的实时状态（见图4-11）。

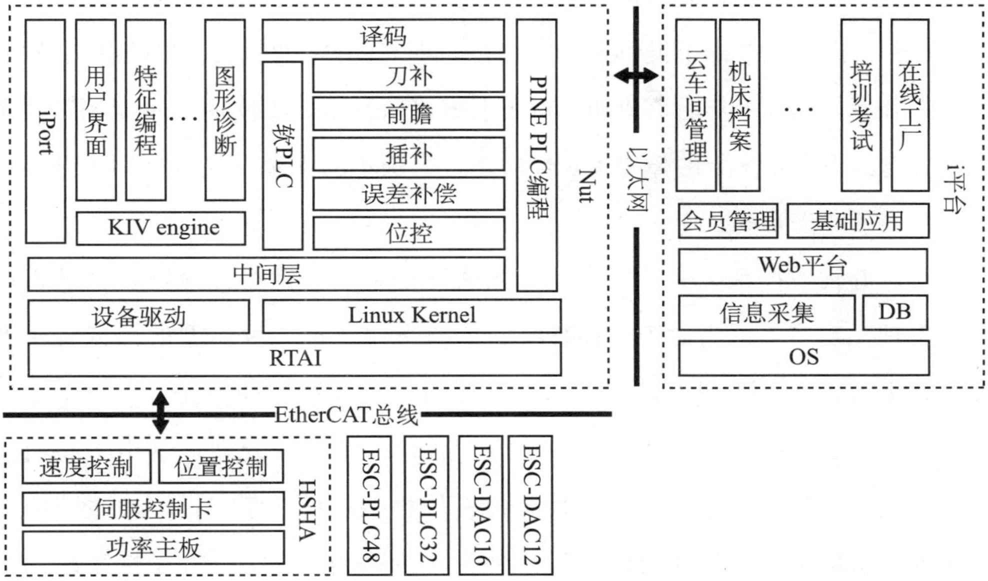

图 4-11 Nut 系统加上 i 平台的架构

除了智能化和网络化功能的开发之外，上海团队还把目光投向了高端五轴数控机床的研发，这是关锡友下令一定要做出来的。五轴数控系统的预研在 2009 年便启动了。虽然五轴数控系统和普通的两轴、三轴数控系统在原理上是相通的，但每增加一根轴，数控系统的整个控制策略就要做出彻底的改变。两轴和三轴的数控系统最难的地方在于底层的算法，五轴则需要更多地考虑轴与轴之间的协调、同步和规划。所以，五轴数控系统的开发难度不是线性地从两轴、三轴升级到五轴，而是技术上的一个巨大跨越。

五轴预研项目最初的定位是开发一个广谱的数控系统，即可安装到任意一种五轴机床上的通用系统，但在很长的一段时间里研究工作都没有取得突破。2010 年，关锡友视察上海团队，得知五轴数控系统的研发进展受阻后，重新确定了研发的方向，即：不做广谱的数控系统，而是有针对性地开发，只要把能够加工叶轮的五轴数控系统开发出来就可以了。转变思路后，开发的难度一下子就降低了，研发工作聚焦到 AC 摆的控制上，不用考虑其他的影响因素。2013 年 12 月，AC 摆的五轴样机研制成功；2014 年 12 月，进入产品化阶段。

AC 摆的五轴数控系统开发出来后，研发人员发现自己已经具备了五轴控制的共性知识和经验，而且衍生出一些具体技术，今后研制其他类型的五轴数控系统都可以在此基础上继续扩展。目前，上海团队又在进行AB摆的五轴数控系统开发，预计一年后可成功。对于上海团队而言，不同的五轴专用数控系统开发已经没有技术上的障碍了，今后把各个版本的系统合在数据库中升级一下就变成了广谱系统。

通过五轴数控系统的开发，上海团队开始将"有针对性地开发"纳入产品开发理念当中，因为对于数控系统制造商来说，把一种类型的机床解决方案做到极致，能够比别人好一点，就是开拓了一片新市场。况且，对于用户来说，大多数情况下只需要某一种功能，这时专用性系统就显示出了相对于广谱系统的优越性：第一，专用性系统在价格上占优；第二，广谱系统因要考虑各种适配情况，往往会以牺牲效率为代价，相比之下，专用性系统的效率会更高。西门子、发那科之所以做广谱系统而不做专用性系统，除了技术能力强之外，还有一个原因其实是它们做不了专用性系统，因为做专用性系统的前提是知道数控系统配备的机床类型，而它们并不知道自己生产的系统将要搭载在什么样的机床上。

4.4.1.4 "孩子们"的创造性

用文字表达出来的"风险巨大、困难重重"的技术研发过程，对上海团队的年轻工程师们来说，其实是一个欢乐的过程。关锡友屏蔽掉了"上面"对朱志浩的压力，而朱志浩又屏蔽掉了关锡友对上海团队的压力，于是年轻的工程师们并不知道体制的压力、关锡友的焦虑和朱志浩花光钱时的困窘，他们只是做着技术，而且越做越欢乐。由于关锡友和朱志浩经常称他们是"孩子们"或"小孩儿"，所以我们也沿袭一下这种叫法。

上海团队从组建开始就形成了一种"老师带学生"或"师傅带徒弟"的工作模式。在这个正式名称为"沈阳机床（集团）设计研究院有限公司上海分公司"的地方，没有什么规章制度，没有单一的分工标准，可能连公司的岗位设置都是因人而异的。用朱志浩的话说，这是一个"无为而治"的地方。唯一的组织原则就是团队的目标：把数控系统做出来。不过，到2012—2013年，随着最艰难的技术工作相继完成，“孩子们”也松了口气，于是他们出现了扎堆生孩子的情况（当然，生的是更年轻一代的“孩子们”），请假的情况增多了。于是，朱志浩干脆让工作时间更有弹性。但在这种管理方式下，“孩子们”却表现出极大的创造性。

大约是在2014年晚些时候，上海团队中一位学软件的小伙子向朱志浩提出想辞职。朱志浩问他为什么，他回答说是看不到前途，想做点新的东西，但是也没有想好做什么。他家里条件很好，说想先休息一段时间，以后读个MBA后再想想做什么。朱志浩告诉他：“你回去先想一个星期，然后告诉我你是不是决定走，再告诉我你想干什么、未来做什么有意思。”过了一个星期，小伙子告诉朱志浩还是想走，并表示觉得做机器人可能有意思。朱志浩就说：“那你再回家待一个星期，告诉我如果你做机器人，你会怎么做，拿一个方案出来。”又过了一个星期，小伙子又告诉朱志浩他想如此这般做机器人，但是还想读MBA。朱志浩答复，你就在这里做机器人；读MBA可以，拿到学位公司报销学费，拿不到就自己掏钱。小伙子说行，但有一个条件，就是不能干预他的工作，还要保证费用。朱志浩给了他300万元研发费。他还想要人，朱志浩说：人别想，自己找人去。

半年后，上海团队的第一个机器人诞生了（可以操作煮咖啡并送到客人手中）。一旦突破，上海团队在不到一年的时间，就自主研发出用于生产的机器人，开始在试验车间内与机床配套完成自动化连续加工的测试。机器人项目之所以能够在短时间内开发出来，其实是因为底层技术已经存在（还是运动控制系统技术），与团队在五轴数控系统上的突破有关，只是需要有人专注于做这个。数控系统与机器人在运动控制的底层是相通的，所以上海团队开发的“i5”数控机床和机器人可以共享同一个底层运动控制系统或实现无缝连接。这样组成的生产线可以更加默契和流畅，产生外购机器人所达不到的效率。

机器人项目本来没有人安排，是朱志浩挤出其他资源做的，他也没告诉沈机，怕那边给他下任务和指标。不过，2015年上半年，朱志浩看到关锡友因为一些体制上的事太郁闷了，就想让他兴奋一下——“我说给你看点好玩的东西吧，他一看就来劲了。”不久，关锡友就把那个能倒咖啡的机器人搬回沈阳了，估计他没少对来访者炫耀一番。

还有一个“很有意思”的小伙，向朱志浩提出别考核他了，因为他的孩子马上要出生了，他要给家庭一个保障。他说，该做的事情他都做，就直接告诉他一年给他多少钱，考核对他没有什么意义，奖励机制也不要。朱志浩就让他在家里工作，薪酬自己提——“其实他也没有多要，按照绩效考核他也能拿到这些钱。他在家里也是很尽心尽力地在做（在家抱着孩子天天脑子里想公司的事），他现在也对机器人感兴趣，就给他也搭了一个平台做机器人的底层算法。”上海团队的很多人都不是在一个体系下考核的。

有一位骨干因为老婆孩子移居澳大利亚就提出辞职。朱志浩不想让他走，但关锡友劝说放了他——留的住人留不住心。他辞职走了，但是今天仍然在为上海团队工作（当然是通过网络远程联系）。就是他，开发出来把作业计划、生产调度、设备管理、成本核算等信息系统全部集成在机床上的算法和软件。

朱志浩在最初几年里不愿意招收女生，但后来两位小女生改变了他的看法。一位是浙江大学数学专业毕业的硕士，居然能在试验车间的机床旁边趴上一天去观察，后来被美国一个好大学录取也没去。另一位是同济大学机械学院博士毕业的小女生，学的是工业服务，2011 年加入上海团队后（2010 年曾在此实习）因工作需要就去做插补算法，而且因为用心就做进去了。公司买了一台美国的激光检测仪器，让她去做测试。这位小女生在使用这台仪器的过程中经过琢磨发现了点儿什么，就告诉朱志浩说，那台仪器的算法好像能够倒推出来。朱志浩让她试试看，结果她真的把仪器的算法给倒推出来了。受这种算法启发，当时正在解决机床加工精度问题的几个“孩子”就开发出来一种双向补偿算法[①]。他们没有想到，就是这种算法让大吃一惊的关锡友最终相信数控系统做成了。

回到 2013 年 8 月末，一位国家领导人要到沈机视察。沈机为迎接这次视察

---

① 西门子高端数控系统也含有双向补偿功能，在单台机床上的开通费是 8 000 元。上海团队的双向补偿方法与西门子的不一样。

决定展示采用自己的数控系统的机床，关锡友亲自在现场做测试。关锡友回忆说：当机床开始加工后，“我一看那机床我自己就傻了，我说俺这机床有这么好的精度吗?”（别人的形容是“把董事长看呆了”。）当时加工精度达到正负3个μ之间。关锡友在车间干过10年，他一直最头疼的就是精度问题，怎么整都整不好；与国外竞争也吃亏在这里，日本机床的加工精度是正负5个μ之间，但中国机床就是不行。要知道，精度达到正负6个μ之内的机床已经属于西方对中国严密封锁的范围。

面对关锡友的质疑，现场操作工人有点“炫耀”地告诉他说，这个系统的运动补偿是自动的（其实就是双向补偿）。关锡友不相信：“我说这不可能，这个怎么可能是自动的呢?！然后，我就给老朱打电话，我问这个误差补偿算法谁做的，他说是4个小孩儿做的。”于是，关锡友立刻让“4个小孩儿”从上海坐飞机到沈阳来见他，第二天晚上请他们吃饭。席间，关锡友问他们怎么做的：“他们说不知道啊。我说你们跟谁学的，他们说跟谁也没学，也不知道老外的算法是咋弄的。我说你们怎么就认为这样可行，他们说我们认为也可能行。我说那也可能不行啊，他们说那就不知道了——他们说不知道啊!”然后，关锡友就继续深入地问他们：这套技术是不是意味着我们机床的导轨丝杠可以是不规矩的，仍然可以达到这么高的加工精度？“孩子们”回答说是。关锡友差点没跳起来——“我说你们说啥?！后来，我就开玩笑说：你们做了一个伟大的发明，你们知道吗？后来，我做了大量的实验，结果是这样的。”当时也许是被关锡友的强烈反应吓着了，“4个小孩儿”中的头儿安慰他说：“董事长，我们还有好东西呢，我们还发明了空间补偿算法……”[①] 就是那一次，关锡友终于相信他5年前上马的数控系统项目做成了——“这个时候我们就调过头来重新定义它，改了个名字叫‘i5’。”

2013年11月9日，央视二套首播的电视节目《大国重器》的第四集（“智慧转型”），介绍了沈机开发数控系统的事例。节目有一段关锡友对这个数控系统的评论：“这给了我非常大的一个启示，也就是说，我们一直学习西方技术，

---

① 空间补偿算法就是那位倒推出来进口测试仪算法的小女生发明的，主要用于五轴联动机床。

是不是这种学习给我们引导了一个错误的方向啊？我一直跟你学，我超越不了你啊。但为什么这帮小孩儿干脆就没理那一套，自己就诞生了一个东西呢，而且实现了这种技术突破和超越。就在一个月前，我们突破之后，还招来很多人质疑，后来我就狠想这个事，那我们哪辈子能可能啊？!"（"i5"数控系统的研发组织模式如图 4 - 12 所示）

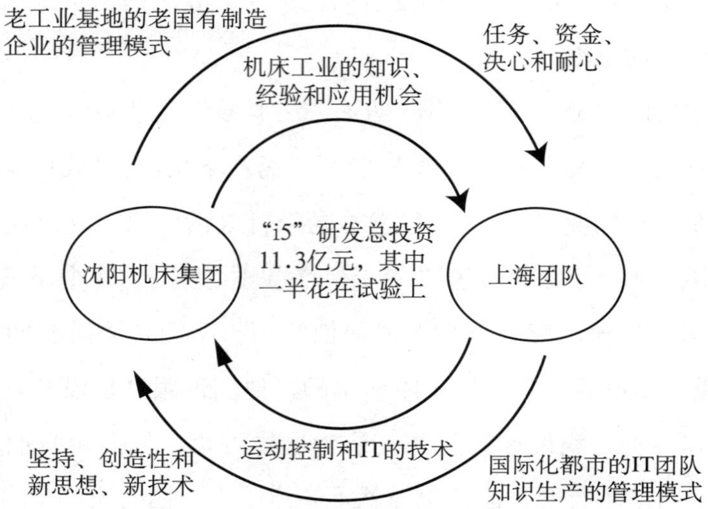

图 4 - 12 "i5"数控系统的研发组织模式

说明："i5"数控系统的研发是在一种奇特的组织模式下完成的。项目由沈机——一个东北老工业基地的老国企发起，执行项目的研发团队则在远隔千里之外的上海组建。因此，虽然上海团队是沈机内部的一个单位，但研发团队的管理模式没有受到母公司的影响和限制。整个研发过程像一个"系统"，其中每一个组成部分都是必不可少的：沈机不但提供了"耐心的"投资，而且贡献了机床工业的知识、经验和应用机会；上海团队则以其坚持和创造性为沈机开发出新颖的数控技术。

这种模式的出现具有偶然性，它能够成功运转是基于关锡友和朱志浩之间的长期信任（它又开始于两人的师兄弟关系），以及这两个领军人物对于机床工业的"承诺"（commitment）。但是，这种模式解决的问题却是重要的——老工业基地的传统制造企业怎样吸收和创造超越自己原有能力的新知识、新技术和新能力？在开发数控系统的过程中，如果研发团队设在沈机总部所在地，那么即使能找到人才，其创造性也可能被窒息（该团队的行为方式与制造企业的行为方式完全不相容）；但如果是两个企业间的合作开发，那么研发团队就不会产生对"自己企业"事业的忠诚（超越商业关系的动机）。因此，这种模式至少为工业企业如何在信息技术与传统工业技术的融合过程中开发新技术提供了重大启示。

4.4.2 只能在市场上证明自己

当在 2013 年被证明是可用的之后，甚至当 2014 年 2 月在上海机床展上正式推出之后，“i5”数控机床并没有得到官方和业内专家的认可，反倒受到许多人的质疑。质疑的理由有若干：有人认为“i5”数控系统没有与西门子、发那科的数控系统对标（说白了就是没有按照外国数控系统的性能和功能开发）；有人以“i5”数控系统不解决机械结构的质量问题（本来就是两回事），说它“啥也不是”；还有人不相信这个数控系统真是自己做的；最奇怪的理由是“没看懂”。

其实，质疑“i5”数控系统的真正原因是它“长得”不像外国巨头的数控系统。2013 年，上海团队以“i5”系统申报国家高科技研究发展计划（“863 计划”），申报的课题名称为“基于网络环境的智能数控系统的研究和开发”，但审批单位认为“i5”不能被称作“智能数控”，原因是其没有足够多的传感器。最后，立项的名称不得不改为“基于网络环境的机床控制系统的研究”（项目后来没有得到资助）。2015 年上半年，新华社内参报道了沈机开发“i5”数控系统的情况，有领导批示让科技部的专家调查核实此事。于是，就有了科技部专家在沈机与被临时叫来的上海团队成员之间的对话：

专家问：“你们的技术渊源是德系的还是日系的？”

“小孩儿”们回答：“我们的技术既不是德系的，也不是日系的，是我们自己的。”（专家们满脸不屑：这怎么可能?!）

专家又问：“你们系统的哪些技术是核心技术？”

“小孩儿”们面面相觑，商量了一下答曰：“我们认为都是核心技术，就像人一样，五脏六腑、耳朵、鼻子、眼睛都是系统的一部分。”

调查组走后再无下文，可见专家们对“孩子们”的回答有多失望。那些质疑的专家都是中国数控机床界的执牛耳者，有话语权，能够影响科研资源的分配。但奇怪的是，这些专家的权力和地位恰恰来自一个事实：他们从来没有开发出来过有用的数控系统。有点悖论吧：怎么能有人会因为失败而获得权力和地位？解开这个悖论的逻辑是这样的：失败是因为总是跟着外国人的屁股后面——用理论语言讲，这种研发模式就是跟随外国的技术轨道，目标是缩小与外国技术的差距（由技术性能指标来衡量）。但无论能把技术差距缩小到什么地步，这样开发出来的数控系统永远都会比外国的系统差一点点；对于用户来说，没有人会用差一点点的机床，于是缩小了与外国技术差距的数控系统就无法在市场上生存，除非卖个白菜价（但卖了白菜价也就丧失了改进和提高技术的后劲）。不过，在官方的思维也落入跟随模式的条件下，这种长期的失败所证明的反而是开发数控系统太难了；既然数控技术是如此的高不可攀，所以这些从来没做出来过有用数控系统的专家就太宝贵了，于是他们被聘为政府的顾问。“i5”数控系统的开发恰恰证明他们的道路是错误的。因此，如果他们承认“i5”数控系统是成功的，那不就是自己砸自己的饭碗吗？苍天之下，岂有此理？

“i5”数控机床在2014年2月正式上市后，也暴露过一些问题，也需要不断地改进。但用户的反馈仍然给了沈机以信心。“i5”数控机床进入市场的先驱用户是那些民营制造企业（下面将会更具体地描述），那些企业的老板们很现实，只要机器好用就行，没有什么非用发那科、西门子的心结——“即使是有很多年积累的经典系统，只要没干好我的件，那也不行。”推广“i5”数控机床的过程也改变了沈机的理念。过去把机床卖出去就完事儿了，并没有考虑到用户使用沈机的机床做什么。现在，沈机的市场团队在前期的交流中，会与用户事先进行沟通，根据用户的感受和需要定义产品（机床也变成用户参与定义的产品）。“i5”数控机床最牛的地方就是数控系统和机电结构的充分耦合，沈机的市场人员利用这个特点对用户的工件也进行深入研究。“i5”数控机床在包括消费电子、汽车零部件等几个行业都与发那科的系统PK过，效率都更高，原因就是沈机在不断改进机床的工艺系统——不仅是机床，还包括刀具、工装的选择。“i5”数控机床在2014年内售出1 000台左右，对一个新系统来说已经是不错的成绩了。

外国巨头的态度也很现实。发那科原来给沈机的立式加工中心配套的数控系统，价格是一套9万多元，多年来从未变过。上海团队的“i5”系统开始为沈机同样的加工中心配套时，价格大约是7.8万元。在“i5”数控系统在沈机的“市场”上开始替代发那科的系统后，发那科于2015年4月发狠把这款系统直降到7万元，降幅达20%多。由于行业市场是透明的，所以发那科对沈机降价后也必须对其他用户降价。考虑到发那科在中国一年的销售额有上百亿元，所以虽然要看降价产品在总销售中的权数，但随着发那科在“i5”数控系统应用范围扩大的背景下必将扩大降价范围，可以肯定的是，“i5”数控系统为中国工业节省的成本很快就会大大超过开发它的研发投入（有这么一笔账，政府不该给点奖励?）。

自从2014年2月在上海展出后，“i5”数控机床就被外国巨头关注了——“以前中国那么多家企业都在做数控，也没见这些巨头有什么动静，也许是觉得中国没戏吧。”在2015年的北京国际机床展上，沈机的“i5”数控机床被更加关注。发那科做了一个明确针对“i5”的专题。沈机的一位参展人员说：“一帮日本人在展台上一页页翻我们的说明书，不停地问我们，看我们到底做了哪些功能。还有人对我们的供应商做了访谈，从我们供应商这里得到了很多信息。”不仅如此，发那科还“顺藤摸瓜”，找到在北京为沈机做机床外观和界面设计的公司，问对方能不能也给发那科提供相应的服务和支持。那家工业设计公司从2005年就开始给沈机做工业设计，包括机床的外观设计、界面设计和展会上的创意设计（“新五类”）。那时，这家公司的客户只有沈机，但在2015年北京机床展上，已经有8家机床企业的展台是由它做的（有些参展商明确说，就用沈机上次展会用的材料和风格，别改了）。当初这家公司担心沈机会限制它，于是找到关锡友求谅解。关锡友说：“这是好事啊！能够把我们的理念传递出去，多好!”最高的奖励来自老莫（A公司老板）看完机床展后对关锡友说的一句话：“关，你做成了!”

到2015年，发那科和西门子都已经在重点关注沈机。发那科的代理商和沈机的关系很好（沈机是其在中国的最大用户），他告诉关锡友说：“我们现在每个月要开一次会，跟踪你们最新的东西。”不仅跟踪“i5”系统的进展，还包括沈机做的车间信息管理系统——发那科在2015年新推出来的一些功能几乎与上海团队两年前思考的东西一模一样。驻沈阳的西门子首席代表定期访问沈机，到现场了解情况，他每个月要向西门子总部的数控系统负责人写报告、开视频会议，汇报沈机“i5”的进展情况。这位代表有点悻悻地对关锡友说，“i5”智能数控系统的概念应该产生于西门子，而不是沈机。外国巨头对沈机从原来的不屑一顾到现在的关注，恰恰说明沈机的确成长了。

得不到“体制”的承认并受到不相信本国技术态度的质疑，使市场业绩成为沈机证明自己的唯一途径。但这恰恰就是成就“i5”的力量，因为赢得市场份额本来就是证明技术是否“先进”的唯一标准。2015 年上半年，“i5”数控机床的销售算是稳步增长；但是到了下半年，销售增长速度突然加快。2015 年下半年是中国经济增长放缓非常明显的时候，全球的机床工业都在经历衰退，中国机床工业也被认为出现产能过剩。那么，为什么“i5”数控机床的销量却在这时“逆势上扬”？“i5”是一个新进入市场的数控系统，在通常情况下，新进入者的数控系统需要经过与市场多年互动的改进，才可能站稳脚跟，逐步扩大销售。“i5”数控机床推出后的第二年就开始畅销，确实算个不大不小的奇迹。原因有三：新产品、新市场和新商业模式。

（1）新产品。“i5”数控系统的出世激发出沈机的产品开发动力。2015 年，沈机针对“i5”数控系统开发了一系列的新产品（型号后面括号内是沈机给产品起的昵称），如：i5M1 智能高速钻攻中心（M1 闪电侠）、i5T1 通用型智能车床（T1 小超人）、i5T3 智能车床（T3 全能侠）、i5T5 智能车削中心（T5 超能侠）、i5M4 智能立式加工中心（M4 金刚侠）、i5M8 智能五轴立式加工中心（M8 百变侠）（见图 4－13）。虽然上述产品中有的是在 2016 年才能进入市场，但也足以说明“i5”数控系统带来的“化学反应”。沈机是一个具有深厚积累的机床企业，但依赖外国数控系统的状态会束缚其产品开发能力的发挥，因为产品的核心技术——数控机床的关键系统——是自己做不了主的。“i5”数控系统的出世打破了这种“均衡”，它和机床都是关锡友的“亲儿子”，其中哪个都被爱不释手。还在“i5”数控系统装机的试验阶段，关锡友就强令沈阳的机床事业部购买上海团队的系统，结果是库房里堆了一堆被试坏的床子。据说事业部方面对此“咬牙切齿”，但谁也不敢违抗“关老大”的命令。自己儿子闯的祸，自己承担后果；当然，自己的儿子长大了，受益的也是自己——全集团最明白

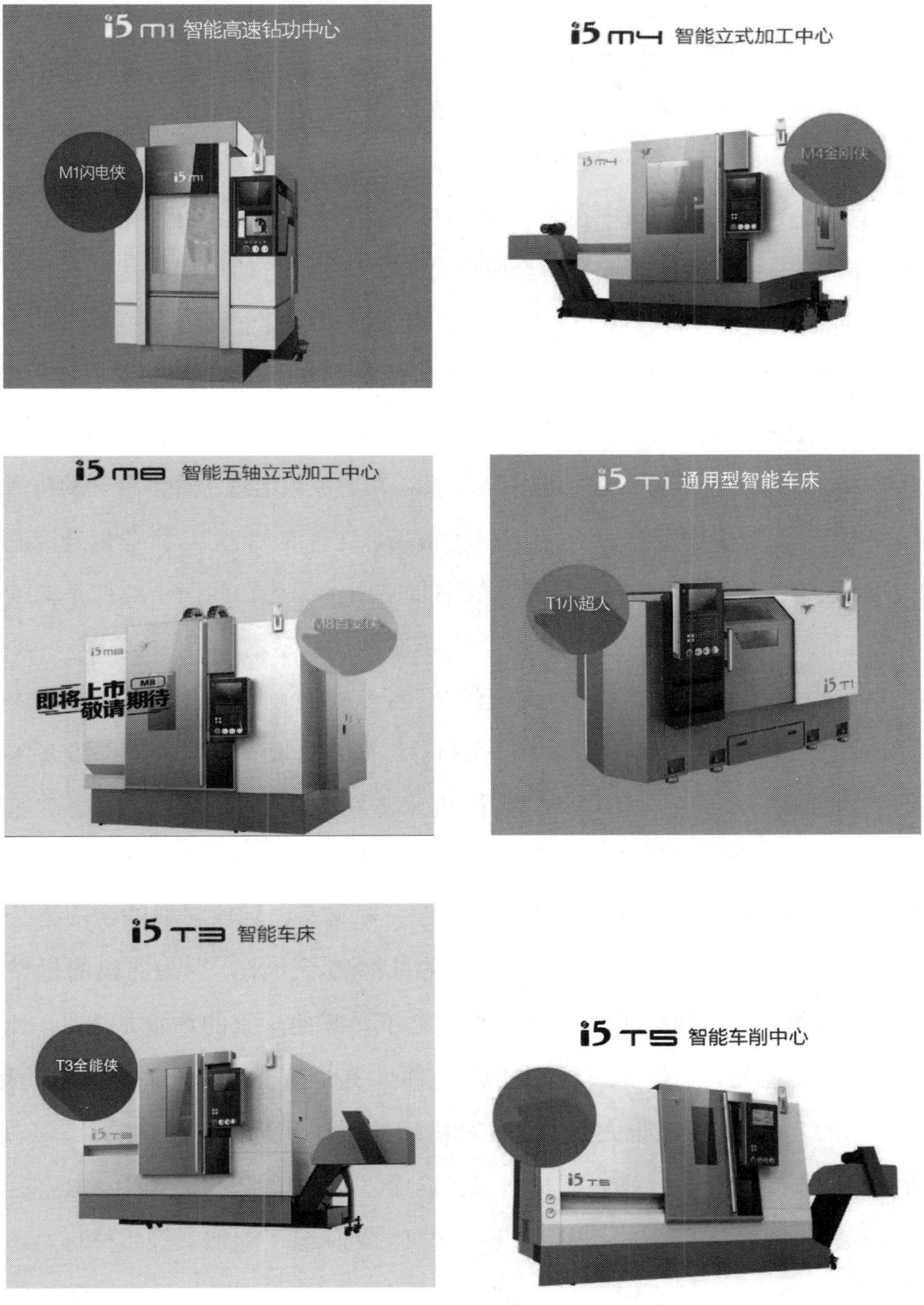

图 4-13　沈机 2015 年开发的“i5”数控机床

这个道理的就是“关老大”。

（2）新市场。“i5”数控机床目前的主要销售市场不是被外国数控系统主导的大用户，而是边缘市场/用户。“i5”数控机床的已有用户主要分布在江浙地区和珠三角一带（零星用户已遍及全国），以民营企业为主，用户总数已超过数百家。如前所述，这些企业非常现实，不管数控系统是不是外国的，只要机床能帮它们增值、好用，就买，而且再买。例如，浙江片区用户的重复购买率达到64%。珠三角地区的用户集中在3C（通信和消费电子）行业。在苹果手机iPhone的带动下，智能手机纷纷开始采用金属机身，于是机床开始取代注塑机，逐渐形成3C行业的制造产业链。2011—2014年，用于加工手机金属机身的数控机床销售量迅速增加，2014年达到了疯狂的程度，设备厂商根本不用发愁机床卖不出去。据不完全统计，广东地区用于加工电子产品金属机身的机床就多达30万台，供应机床的厂商数量多达100～200家（深圳、东莞一带出现了许多台资的机床组装厂）。“i5”数控机床于2014年进入这个市场，沈机专门为3C行业量身定制了M1智能高速钻攻中心，其加工精度、效率与使用发那科和西门子数控系统的机床不相上下，而且占地面积小，成为“i5”数控机床销量增长的主力。

进入2015年之后，原本欣欣向荣的3C行业却逐渐陷入危机。根据业内人士的消息，2015年下半年各金属手机壳制造厂商都出现了不同程度的设备闲置情况，严重的高达60%。但“i5”数控机床却在此时逆流而上，销量迅速增加。为什么？一个原因是与沈机产品的固有特点有关。沈机传统上是做标准机床的（加工重材料如钢），即使针对3C行业（铝材料、轻质材料的切削）开发的机床也比发那科的机床重[①]，怎么设计重量都减不下来，因为沈机的机械设计的安全系数更高，达到1.5、1.6。相比之下，其他厂家的系数是1.2、1.3，把机床做轻，还便宜。但3C行业发展的放缓尤其是富士康的产能向大陆迁移，对珠三角的3C行业产生很大冲击，这种机床的用户开始担心订单没了怎么办。最近业内又风传手机框会改为新材料（钛合金、不锈钢或陶瓷类），一旦变了，原先的数控机床就都没用了。相比之下，沈机的机床除了能加工轻质材料，还能加工传统件，对钛合金或不锈钢的切削力也不差。用户发现，如果买了沈机的机床，将来还可以加工别的材料。不过，沈机的新商业模式起到越来越大的作用。

① 发那科作为一家主要的数控系统供应商只生产钻攻机床，不生产其他机床。

（3）新商业模式。“i5”数控机床在市场放缓时销量迅速增加的另一个主要原因是沈机开始采用新的商业模式——租赁。机床采取租赁方式并不容易，最难的是无法对用户进行准确的成本核算，租金难定。“i5”数控机床以其智能、互联的特性解决了这个难题，所以成为世界上第一种可以采用租赁方式的机床。其技术原理我们后面详细解释，这里先讲租赁方式对销售的影响。

“i5”数控机床最初进入深圳市场的时候经常采取租赁方式（见图 4－14），因为有规模的企业不愿冒风险购置新进入者的机床。当时，沈机的销售人员有意识地培养新用户，主要是那些想要自己建立工厂但又没有钱购买设备的小老板。沈机把机床租给这些用户，并在车间现场配备技术服务人员，24 小时随时提供服务。不仅如此，上海团队在开发出新应用后，还可免费为用户的设备升级。对于这些用户来说，虽然“i5”数控系统在稳定性方面比不上进口的机床，但是在成本和服务上的优势足以让他们接受新产品，并愿意和“i5”一起成长。对于沈机来说，无论订单大小，每接触一个用户都是一个新的学习过程，在不断地为用户解决问题的过程中，“i5”的技术性能也快速提升。

图 4－14　“i5”数控机床在深圳用户现场

2015 年下半年，3C 行业的订单骤然下降，很多民营企业不愿意冒风险购置机床设备，于是沈机的租赁模式受到欢迎，它使制造企业可以在有订单的时候租赁机床进行生产，行情不好时可以退还机床，转向其他行业。因此，即使整个行业呈现下滑趋势，沈机"i5"数控机床的销售量依然有增无减。2015 年下半年，在珠三角地区以租赁形式售出的"i5"数控机床占到了总销量的 80%。

发人深思的是，新的商业模式反过来又对产品的设计和开发产生了影响。即将推出的 M8 系列机床就是沈机针对租赁模式专门开发的一个系列产品。当租赁成为一种可行的商业模式时，关锡友立刻思考机床从承租者手里退回来后怎么办，于是想到新的产品形式。M8 系列产品的特点是机床的机身架构不变，但工作台及其功能部件可以拆卸重构，于是一个机身可以变成 8 个机种（包括钻攻、卧式车铣、立式车铣、倒立车、五轴联动等，可以加工手机壳、传动轴、阀体、汽车进排气管、行星轮架、叶轮、刹车盘等非常不同的产品）。开发这种快速可重构机床的目的是适应租赁方式下的灵活性：既可以在一个用户完成某种产品加工之后，由该用户自行更换工作台以加工另一种产品；也可以在一个用户完成自己的加工任务退租后，由沈机拉回机床更换工作台，再租给另一个用户加工其他的产品。

有意思的是，据说国家重大专项（04 专项）也曾经有过快速可重构机床的开发项目。不过，立项的理由是专家们看到外国企业有这种机床，于是将这种机床列为应该追赶的先进技术。但是，专家们从来没有考虑过这种机床应该用在什么地方，没有考虑过谁是用户，也没有考虑过这种机床的商业模式应该是什么。这种机床的成本会增加，不事先想好为什么用户需要，就算开发出来也没人用。一点不奇怪，这个项目后来不了了之。

"i5"数控机床进入高端市场的步伐不得不慢很多。高端的五轴叶轮机床开发出来后，在沈阳没人敢买，因为这种机床加工的一块毛坯料就要几万元，一旦干坏了，料都赔不起。沈机就先用机床给别人干活，而且还有意识地针对航空航天工业，干了几个活都合格，而且效率也不差。沈机与政府协调，先组织这些高端工业的一些零件让沈机先干起来，产品干合格了、稳定了，用户就会有信心。沈机最初也不敢投资生产这种机床，现在已经想投资上个 5～10 台的规模，同时也在开发采用“i5”数控系统的摆头五轴、龙门等高端机床。朱志浩说：“后面的路会越走越累、越慢。原来我们走的是捷径，推出的都是通用的民用产品，‘i5’以后必须回答国家的问题，要解决安全和自主可控问题。”

到 2015 年年底，上海团队的“i5”数控系统全年出货量达到 5 000 套（交付给沈机数控机床事业部），而沈机数控机床事业部配上“i5”系统的数控机床出货量超过 2 400 台，还有 1 000 台左右处于物流状态中。在售出的“i5”数控机床类型中，以两轴和三轴的车床、铣床、立式加工中心为主，五轴机床有少量几台。这个销售规模大概是个什么含义？从全球的数控机床厂商的销售来看，一年能卖 2 000 台就已经是一个中型企业的规模了（全球的行业规律：由于专业化和需求的特点，除了少数几个以通用型产品为主的企业，机床企业的规模一般不会很大）。2015 年下半年暴露的一个问题是“i5”数控机床的供货能力存在瓶颈，没有能够跟上需求增加的速度。沈机作为一个大企业，调整产品结构不会一蹴而成。上海团队负责的数控系统是外包生产的，原来没有想到需求量这么大，供应商的能力也遇到瓶颈，不得不临时增加供应商。此外，上海团队到年底才 200 多人，研发任务很重，还要提供现场技术服务，人手不够。朱志浩担心成本增加太快，对团队的扩张一直很谨慎，何况新人太多会产生效率问题。

不过，2015 年下半年出现旺盛需求和供应瓶颈也是一个教训，沈机的决策者由此在 2015 年 10—11 月预设 2016 年“i5”数控机床的销售量会达到 1 万台。但实际情况再次出乎意料：到一两个月之后的 2015 年年末，“i5”数控机床在 2016 年交货的订单已达到 7 500 台。在对“i5”数控机床的需求出现爆炸式增长的同时，市场对沈机原有型号机床的需求却剧减。这个变化趋势发生在整个机床工业和沈机都面临亏损的困难关头。关锡友显然把加大产品结构调整力度看作扭转逆势的唯一出路，于是他下了一道让全集团瞠目的命令：2016 年“i5”数控机床要干到 2 万台。这意味着沈机的数控机床将以采用“i5”系统为主，外国数控系统在中国多年来的最大用户将“沦陷”给中国的数控系统。但如果以为沈机的人都相信这个前景，那就太天真了。关锡友的苦恼是：人们（包括自己的人）宁愿相信技术官僚的话，也不相信中国自己的技术。好在他是沈机的“老大”，在这个关头他的工作重心又回归他的“老本行”——开发机床，他要开发出一系列配上“i5”系统的新机床。朱志浩也一改过去的谨慎态度，开始大举“招兵买马”。2016 年注定是“关老大”“朱老师”和整个沈机繁忙的一年。能不能干到 2 万台谁也不敢说，但就算只是迈上 1 万台的台阶，“i5”的前景除了“势如燎原”之外，还真想不出会有什么其他的可能。

4.5 “i5”的力量

“i5”数控机床在刚刚进入市场的第一年（2014 年）出货 1 000 台左右，第二年出货 2 400 台，而在第二年下半年浮现出来的市场需求力量，已经足以使沈机的决策者决定第三年的出货量要达到 2 万台。这种增长速度违反了机械装备行业的任何“规律”，难道这是在卖智能手机（如 iPhone）？说来还真别不信，“i5”数控系统使“i5”数控机床具有了通常只有 ICT 产品才具有的“网络效应”[①]，所以“i5”数控机床的市场竞争特点将更接近于智能手机，而不是传统的机械装备。这种性质变化源于“i5”数控系统的智能、互联功能，它们使“i5”机床与其他机床的市场竞争不再是产品对产品的竞争，而是以“i5”数控机床为基石的一个产品和服务系统在与其他机床竞争。沈机管理层的多数人之所以还不理解关锡友，恐怕就是因为传统的机械行业思维使他们无法认识到自己手中已经握有一把多么具有杀伤力的利剑——“i5”数控机床正在展现出改变制造方式的革命性潜力。

战略学家迈克尔·波特在 2014 年 11 月号的《哈佛商业评论》撰文宣称（Porter and Heppelmann，2014）：

---

① “网络效应”或称“网络外部性”，其定义是：消费某种特定产品的单个用户，随着消费该产品的用户数增加而获得增加的效用（Katz and Shapiro，1985）。由于使用兼容产品的可以被看成一个（虚拟）网络，所以“网络效应”可以用另一种说法表述：连接到一个网络的价值取决于已经连接到该网络的其他人的数量（夏皮罗、瓦里安，2000）。通俗表达就是：一种产品的用户越多，这种产品对于个别用户的价值就越大。

> 信息技术正在革命化产品。曾经只包括机械和电气零件的产品，已经变成由硬件、传感器、数据存储、微处理器、软件和金字塔式的连接性所组成的复杂系统。这些“智能、互联的产品”——其出现可能是因为处理能力和微小化的巨大改进以及无处不在的无线连接网络效益——已经开启了一个竞争的新时代。

波特一直关注信息技术的发展对于工业的影响，因为他认为信息技术被应用于工业生产活动会大幅度提高生产率并改变竞争规则。在过去 30 年的时间里，波特三次发文分析信息技术对于工业活动的冲击，他把这些冲击称为信息技术浪潮。

根据波特和米勒的研究（Porter and Millar，1985），第一波信息技术浪潮发生在 20 世纪 60 年代到 70 年代，其特征是单个生产活动实现了自动化——自动化的机器部分地取代了人力劳动。在信息技术出现之前，产品的生产高度依赖于人的活动——机器需要工人进行手工操作，生产过程的协调需要通过文字或口头的方式传递信息。自动化和信息化的出现使管理者可以通过电脑获取生产活动的大量新数据，对这些数据进行分析有助于管理者掌握整个生产过程并控制生产活动中的每一个环节，从而大幅度提高生产率并带来新一轮的经济增长。

第二波信息技术浪潮的出现伴随着互联网的产生。从 20 世纪 80 年代到 90 年代，互联网的出现使得单个生产活动之间实现了协调和整合，全球的供应商和客户都被整合进价值链当中，从而扩展了生产活动的范围（Porter，2001）。不过，在波特看来，尽管上述两次信息技术浪潮都作用于生产率的提高，但它们更多的是应用于生产活动，并没有对产品本身产生多大影响。

第三波信息技术浪潮的本质特征是改变了产品本身：信息技术成为产品的一部分，使其具有和计算机一样的功能。当产品具有智能、互联的功能时，产品的概念就超出了物理实体的概念，与可以联网的计算机一样包括一个虚拟的网络空间。在这个网络空间里，不仅可以存储和分析产品自身所产生的一切信息和数据，还可以下载与产品相关的应用软件，于是产品的概念、功能也因此而发生了根本的改变。最容易理解的一个例子就是智能手机，智能手机的功能已经不仅仅是一个可以拨打电话和发送短信的产品概念了，甚至可以说这些功能已经成为智能手机中次要的功能，其主要的功能是建立与互联网的无线连接，人们可以借助互联网收发信息，可以通过网络平台下载应用软件。波特认为，智能、互联的产品将会导致新一轮生产率的提高，而且这一波信息技术浪潮相比前两波蕴藏着更大的潜力。

波特指出，智能、互联产品的最本质变化是在产品使用过程中会产生大量的新数据，通过与产品相配套的云数据库可以分析这些数据。这种智能化带来的变化（散落在波特的描述中），可以概括如下（Porter and Heppelmann，2014；2015）：

- 改变产品的定义和设计。产品变成一个包含有物理实体和虚拟空间的复杂系统，产品性能的改进将通过软件的升级来完成。
- 改变产品的性能。远程监测、维修和控制产品成为可能。通过分析产品产生的大量数据，可以不断优化产品性能，并使产品实现更高级的自主化功能。
- 拓宽工业的边界。企业竞争不再是单个产品之间的竞争。当产品成为一个系统的组成部分时，更激烈的竞争将会发生在系统与系统之间。
- 改变企业的商业模式。产品价值链将会被重新塑造，企业活动从销售产品转向提供服务，按时租赁的商业模式因能够获得产品实时使用数据而成为可能。
- 出现智慧工厂。通过智能、互联产品组成系统网络，实现对工厂的信息化管理。
- 安全管理成为企业要重视的问题之一。
- 改变企业的技术架构、人力资源、组织结构和文化。

德国“工业 4.0 计划”也同样触及智能、互联的问题。根据《德国工业 4.0 实施建议》（Federal Ministry of Education and Research，2013），“工业 4.0”的根本目标是利用信息通信技术的进步来使制造企业获益，其核心是在

已有的（嵌入式）自动化、控制和信息结构之上，创造出一个新的层次——所有系统的系统（a system of systems），使以前广泛存在的自动化系统互联互接。这项计划的提出者预见到制造业的未来将会是一个复杂的信息物理系统（CPS）——所有的产品、设备、工厂都将通过互联网相互连接，实现信息的交换，制造业的价值链从物理的实体拓展到虚拟的网络空间。与“工业 4.0”一起进入公众视线的还有一系列的新名词，例如信息物理系统、物联网、智慧工厂等。但无论这些概念经过怎样的包装和定义，其最本质的内容都没有跳出波特对智能、互联产品的理解，而且《德国工业 4.0 实施建议》对这些概念的阐述远不及波特的分析深刻。波特和“工业 4.0”的提出者都意识到互联起来的产品不再是一个纯粹的产品概念，而且预见到联网之后整个工业结构将会发生改变，但是波特更加犀利地指出产品智能、互联的本质，即“物联网”最核心的东西不是“网络”，而是“物”本身发生了改变——产品作为一个智能终端可以通过互联网与周围的环境交换信息，从而产生独立于物理产品之外的功能（Porter and Heppelmann，2014）。

不过，波特的论述是在观察世界变化的基础上对未来的预见，他更关心的问题是这种变化对于竞争规则的影响，所以他正确地指出：“有些人称物联网将改变一切，但那是一种危险的过分简单化。竞争规则和竞争优势仍然起作用。”（Porter and Heppelmann，2014：68）但是，这些预见并不能充分解释为什么当产品变成智能、互联时，就一定会出现基于产品的系统，特别是出现“系统的系统”，也没有区别基于一般工业消费品与资本品（作为生产资料或工具的机器）所形成的系统之间的不同。更重要的是，波特把云平台的作用看作对智能、互联产品的支持和补充，显然低估了由云平台所协调的虚拟空间对于重塑物理空间的能动作用。

所有波特留下的模糊之处，以及德国“工业 4.0 计划”也没有解释清楚的地方，恰恰可以由“i5”数控系统的演进及其改变生产系统的潜力所揭示出来。特别地，由于机床不是一般的消费品，而是生产机器的机器，所以智能、互联的“i5”数控机床对于制造方式和生产系统的改变尤其深刻。这里插上一句：“i5”数控系统能够更好地解释波特和德国“工业 4.0 计划”都没有解释清楚的事，说明在信息技术向工业的新一轮扩散浪潮中，中国工业已经出现局部领先的情况。为进一步说明智能、互联的产品如何改变工业体系，我们首先提供一张“i5”系统的演进示意图（见图 4-15）。

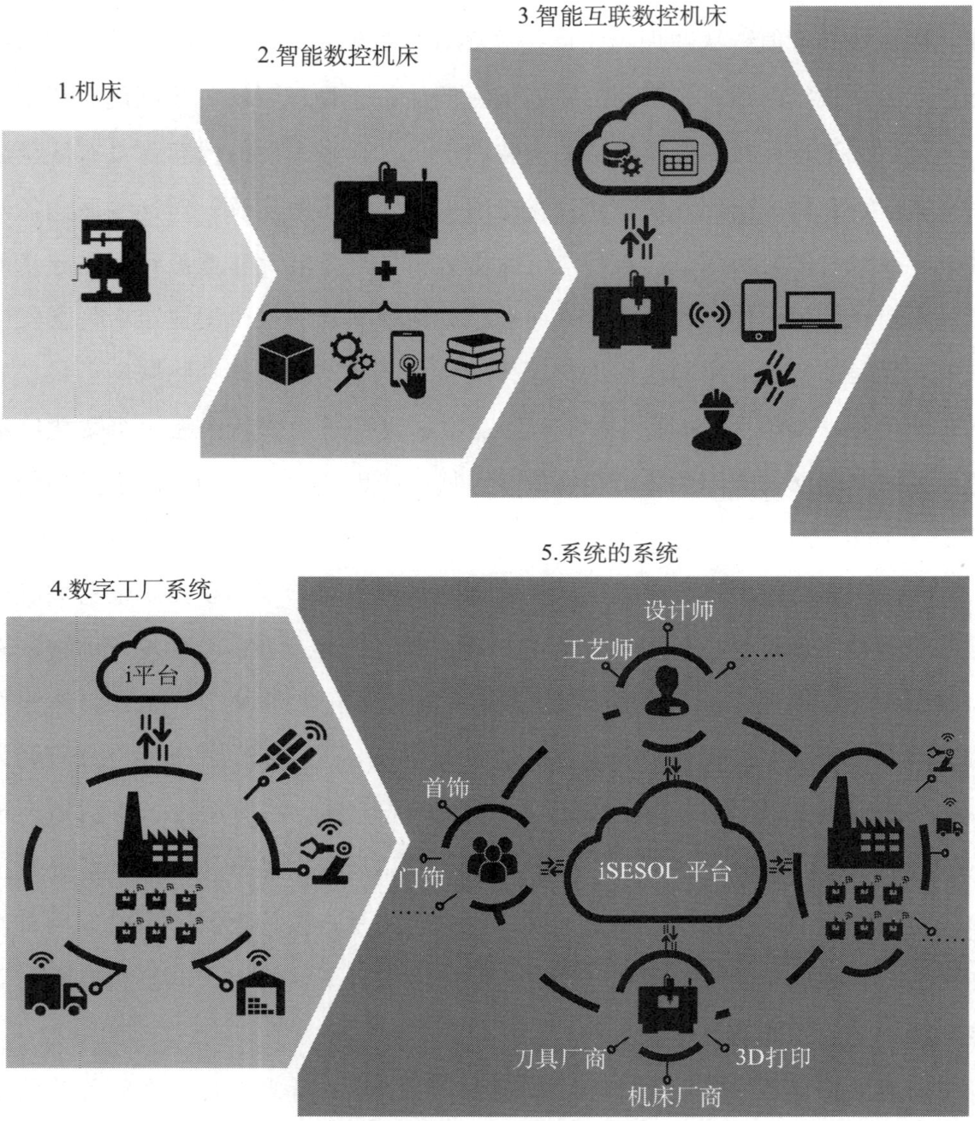

图 4-15 “i5”系统的演进

说明：这张图遵循波特 2014 年文章中的工业边界变化示意图（Porter and Heppelmann，2014：74-75）的阶段划分，但不仅内容不一样，而且指出了决定从一个阶段向下一个阶段演进的机制。

理解“i5”数控系统的演进及其革命性的关键是这样一个事实：当“i5”数控系统使机床成为智能、互联的机器时，机床就不再仅仅是一个生产物品的工具，而且同时成为一个生产数据的工具。换句话说，当智能、互联的机床开动起来时，它就同时生产出物理空间中的人工制品和围绕着生产人工制品过程所产生的所有数据——这些数据是形成虚拟网络空间的基础。在机器互联的条件下，当机器自动产生的数据不受人为的扭曲而能够反映物理空间的真实状况时，人们就可以通过虚拟网络空间来改变他们自己在物理空间的活动方式。为说明和帮助理解“i5”数控系统如何带来这种变化，我们以前面的图 4－16 作为分析框架，按照开发和应用“i5”数控系统的实际顺序，从应用角度揭示智能、互联的机床及其信息系统对于新工业革命的意义。

4.5.1 单个机床阶段

沈机的原定目标是开发一种可用的数控系统，以摆脱长期依赖进口数控系统而不得不忍受薄利的被动状态。数控系统的出现，改变了机床靠工人手动操作的状态，使机床的加工质量、精度和效率有了大幅度提高。不过，虽然已经发展了几十年的数控系统——包括外国巨头的“先进技术”——可以使机床自动化，但既不智能也不互联，所以数控机床在加工物品的同时并不生产数据，也仍然是一台单个的机器。

尽管沈机的原定目标是开发一种常规的数控系统，但其上海团队的开发战略却种下了不同于传统数控系统的“基因”。他们在开发数控系统时选择了基于 PC 平台的技术路线，采用了全开放的架构，考虑了方便联入网络、未来扩展性好等内容。当初，采用这样的技术路线和架构并不是为了“智能、互联”（团队尚无这种意识），而是为了绕开外国领先者的技术壁垒。传统的数控系统都是在专用的芯片和系统上进行开发的，这意味着制造商不仅需要自己设计芯片，还需要完成软件的开发工作。选用 PC 平台则省去了硬件开发的环节，绕开了硬件开发所需的时间和经验积累，有利于上海团队集中精力攻克软件部分的开发，同时还可以跟着 PC 硬件的升级换代而不断改进硬件的功能。因此，上海团队的开发战略和技术路线为后来能够开发出来智能、互联的数控系统埋下了一个大大的伏笔。

基于PC平台的另一大优点是可获得高速、精确、海量的计算能力，计算机的内存能够达到几个G。强大的运算能力给上海团队带来开发算法的便利。西门子和发那科的大部分数控系统仍使用286级别的芯片，数控算法公式要推导到10阶才可完成运算；“i5”数控系统目前采用的芯片是586双核级别的，算法公式算到6阶即可，最后实现的控制效果与西门子和发那科的数控系统一样。可以说，是通用计算机系统强大的运算能力帮助上海团队在很短的时间内完成了数控算法的开发，大大减少了他们在算法公式推导上所需的时间和知识、经验的积累。

4.5.2 智能数控机床阶段

2011—2012年，上海团队从技术上完成了“i5”数控系统的整体框架。在把实验系统开发成为可用系统（产品化）的过程中，上海团队为了实现“好一点点”的产品开发目标，就根据用户的需求加入了智能化的功能（虽然这种“智能化”是由上海团队自己定义的，与科技界的理解存在不同），主要包括三维仿真、图形诊断、触屏功能、工艺支持和特征编程等。这些应用的加入方便了用户的使用，同时也将一部分的操作经验和知识以代码的形式存储于机床内部，降低了对操作工技能的要求。

“i5”数控系统之所以能够实现一系列的智能化功能，仍然是因为基于PC的开放式架构带来的技术便利。此外，没有“框框”限制的上海团队的年轻成员，每当在研发中遇到困难和问题时，更倾向于从自己的专业背景（没有学数控的，但大多都是学信息技术的）出发去思考解决问题的途径，于是总是使“i5”数控系统向主流信息技术靠拢。当然，外国数控巨头有足够的技术能力来模仿“i5”的智能化功能，虽然它们的系统架构会使这种努力更复杂、更昂贵一些。

4.5.3 智能、互联的数控机床阶段

智能化功能的初步实现迅速引发了对于机床联网的需求。虽然一开始上海团队就将“联网”功能考虑进了数控系统的框架，但对于如何实现联网以及实现什么程度的联网（局域网还是互联网）等问题，在当时还不是很清楚。从眼前的实际需要出发，开发人员首先实现的是通过互联网的远程诊断功能以及机床与工厂现有信息系统的联网（最初是局域网）。不过，“i5”可以联网的功能再一次证明，上海团队定义出的数控系统超出了传统数控系统的范畴。PC 平台和开放架构使得数控机床和电脑之间的界限变得模糊（相当于数控机床内嵌高性能的计算机）。由于计算机天然能联网，所以采用“i5”数控系统的机床就可以联网。联网功能不是上海团队选择通用计算机系统的首要原因，但这项功能却带给上海团队一个最大的“意外惊喜”，也成为“i5”未来发展中的一个核心要素。

即使是本来与联网功能没有关系的总线技术，也在互联网时代展示出不同的意义。外国巨头采用的封闭式总线是为了维护自己的优势地位，使它们的用户只能继续采用它们的设备。相比之下，上海团队选择的开放式总线更符合互联网的思维：由于设备之间的通信协议是标准的、开放的，所以数控系统相当于一个开放的平台，可以接入不同来源的设备，可以根据需求的变化增加接入的设备，系统的延展性更好，更新换代的速度更快。这不但使上海团队自己的数控系统不受制于垄断厂商，而且也把它变成了一个用户可以参与开发的平台，让用户可以提出自己定制的产品。有趣的是，日本安川公司本来不相信沈机上海团队能够开发出自己的总线技术，后来看到真的开发出来了，就放弃让沈机采用自己的总线的要求，甘心只提供电机；再后来，安川自己也放弃了原来的总线技术，改为采用沈机的 EtherCAT 总线。

外国数控巨头就是在这个阶段遇到巨大的障碍。它们的数控系统大多还是嵌入式的或包括嵌入式的系统，虽然加上网卡也能够上网，但是联网的设置非常复杂，还需要对整个系统软件进行修改；即使联上网以后，也因为嵌入式芯

片的有限处理能力，而无法支撑高级的网络应用。从技术上讲，这些巨头也能开发基于 PC 的可联网数控系统。实际上，它们现在也在往通用计算机系统上转型，但没有想象中的那么简单。嵌入式系统中的软件与 PC 平台之间存在兼容性障碍，不能把原来的软件算法直接嫁接到 PC 平台上，所以转型就需要推倒原来的系统架构重新开发。但同时，巨头过去已经取得市场优势地位，原先的软件、算法都是它们积累多年的技术优势，为维护这种优势，它们就不断让升级换代的系统兼容过去的系统——想要彻底放弃没有那么容易。例如，西门子最新推出的 840D 是基于 PC 的芯片，但是因为有技术兼容的历史包袱，一步不可能跨出很远。最典型的是 840D 的可编程逻辑控制器（PLC）仍然采用传统的方式，需要有单独的芯片承载（而"i5"上的 PLC 是直接写入 PC 的 CPU 内，因此也叫软 PLC），因为这是它传承多年的一个产品。推倒重来，意味着巨头们的新系统需要重新经受市场的验证，长期积累在原来系统中的经验会大量丧失，甚至突然"沦落"到与新进入者如"i5"在同一条起跑线上。因此，巨头在优势还存在的条件下，如果没有足够的远见和壮士断腕的意志，很难产生甘冒现有市场份额和利润突然下降风险的勇气。

因此，开发智能、互联功能的真正关键因素不在于技术，而在于"世界观"。实际上，这些外国巨头基本上都是纯粹的数控系统供应商，它们的用户是机床厂，不是使用机床的最终用户（真正的用户）。就是因为存在这种隔阂，所以它们一直不知道联网是为了干什么，也就没有动机去开发针对互联网应用的技术。相反，由于沈机的用户就是最终用户，所以上海团队是在直接为最终用户提供更好的服务的目标下开发网络功能的。不同的"世界观"导致了不同的技术研发方向，直至沿着新方向的研发产生出来革命性的新技术，而新技术又反过来帮助后进者超越了领先者。在谈到 PC 平台带来的改变时，朱志浩说，"现在走到新的平台上"，"（西门子和发那科）的优势是不是因为新的 PC 技术等变成不可逾越的？就好比原来 10 米的台阶，人矮怎么也跨不过去，现在大家整体拔高了，这个台阶还是台阶吗"，"我觉得互联网和计算机技术缩短了很多距离"。用他的话说，"我们现在的技术平台是在同一个水平上，计算机技术使大家重新回归了基础平台"，巨头们"现在换，也只能走我这条路，那就意味着我们领先了”。至此，“i5”数控系统已经以其智能、互联的功能和性能区别于所有其他的数控系统。

4.5.4 数字工厂系统/云平台阶段

“i5”数控机床一旦实现智能、互联，以机床为基点的新系统就呼之欲出。实现单台“i5”机床的联网功能后，沈机及其上海团队立刻意识到需要一个围绕“i5”产品生命周期的信息化服务平台（云平台），以便利用机床“生产”出来的数据，为用户创造更多的价值，更方便地为用户提供工业服务。这就是i平台，建立它的初衷是为“i5”数控机床的用户提供信息化的服务，如远程诊断、车间信息系统和在线工厂等。在i平台的支持下，一旦进一步通过网络把多台智能数控机床连接在一起，一个智慧工厂的雏形便出现了。有网络权限的管理人员可以在移动终端或电脑上，通过互联网远程看到车间内所有机床的实时状态，甚至可以通过手持移动终端（如智能手机）安排车间的生产计划并控制机床的操作。到2015年年底，已经有大约3 000台售出的“i5”数控机床实现了与i平台的联网。

“i5”系统的演进过程也使我们能够更好地理解不同技术系统之间的因果联系。正是由于机床的智能、互联功能，所以机床就成为在生产人工制品的同时也“生产”数据的机器；正是因为机器“生产”的数据在数量上和质量（真实性）上都远远超越了人工可达到的程度，所以才产生了大数据；正是因为需要对大数据进行储存和分析，所以需要云平台。这两年，一些地方政府还没弄明白上述逻辑关系，就根据概念炒作兴建大数据、云计算产业园，其实都是“瞎掰”。想发展大数据和云计算产业？还是先去解决如何实现产品的智能、互联问题吧，否则就是空中楼阁。这种逻辑关系也再次证明了本章的主题：新技术和新产业的发展必须依托已有的产业基础。

上海团队正在尝试有意识地把“i5”运动控制技术与自动化控制组合在一起。这是因为，虽然机床已经实现了智能、互联，它们的所有实时信息都能够得到，但是还没有解决设备的上下物流问题。现在要做的就是把物流体系（如机器人的搬运、机械手的移动和小车运输等）纳入智能化体系，还要包括立体仓库、刀具管理等更多的环节，与机床共同构成一个完整的工厂系统。这样做的最终目的是与车间层面的计划调度管理相结合，使整个生产过程实现全透明、数字化。

新系统形成的基础——i平台得以建立的基础——是智能、互联的“i5”数控机床在生产人工制品的同时也“生产”出相应的数据，而且这些数据可以瞬时传送和显示。车间信息管理的概念早就存在，但是一直没有有效的实现方式，原因是以前的机器不“生产”数据。为帮助理解这关键的一步，我们引用关锡友在2015年6月接受访谈时很通俗地讲的一段话：

> 这是老朱（志浩）的贡献，他以整个机床为核心，把作业计划、生产调度、设备管理、成本核算全部集成在机台（床）上。在我们整个机械制造业当中，有一个最大的难题就是成本核算。你没有办法知道一个零件的成本。加工一个零件，用了多少电不知道，因为电是按月算的，最后平摊到零件上。人工费用也不知道，比如两个人倒班，一人的月工资800元，另一人是200元，也是平均摊的。因此，成本是以劳动定额为基准的，加工这个零件到底用多长时间、单位时间内成本多少？我当过定额员，我（那时）是瞎给的，我跟谁关系好就多给一点，以这个计时计费。因此，长期大量的累计数据在财务上就存在很大的差异，我们的这个财务差异大概有12个亿，然后就瞎摊，摊完之后就要命了，我们（过去）是拿虚拟的成本当定价的基础。
>
> “i5”能够把加工某一个零件的数据——用多少电量、用多少能量、谁干的、原材料多少钱、加工了多少个——传到工厂的人力资源部和财务部门，这样你每天干多少他都知道，也就不用匹配了。作业计划就是能力匹配。以前靠调度匹配，现在我是能实时做到能力匹配。以前（数据）集成不到机台上，而是集成在管理点上，比如我管理十台机床的点，但还是靠人进行输入数据。现在我们的数据是设备直接集成反馈过来的。我们当时给这个起名就叫WIS，这名字是我起的，好记好读。这样就实现了数据的

可交互。那么，什么叫智能机床？每一台智能设备的终端有独立的操作系统，而且这个系统实时与互联网相连接，机器和机器可以相互沟通，人和机器可以相互沟通。它不仅可以加工所需要的零件，同时能够产生为商业及管理所用的数据，这就是智能终端。

到这个阶段，“i5”数控机床最革命性的效果开始显现。要理解这个变化，可以想象一下从功能手机到智能手机的变化。但比手机的变化更重要的是，智能、互联的数控机床是生产机器的机器，不但改变产品的性质和形态，而且改变制造产品的生产方式。于是，智能、互联使数控机床不再只是物理空间的某种存在形式，而且创造出一个以数据为基础的虚拟网络空间——它可以超越物理特性的限制，用数据连接其他的产品、设备和生产活动，从而使过去在物理空间中难以整合或连接起来的不同性质的活动实现“互联”。于是，在“i5”的基础上就可以进一步地产生“系统的系统”。

4.5.5 制造系统的系统：正在展现的阶段

“i5”数控系统的智能、互联性质展现出一个无限可能的前景，这个前景的意义迅速被关锡友抓住了，他实际上比埋头做技术的上海团队更能理解这项技术的工业潜力——以更开放的方式、在更大的范围内提供工业服务。虽然他一直没整明白朱志浩带着那帮“小孩儿”是怎么把技术给做出来的，但一旦技术得到实现，他作为全集团的工业司令官却迅速理解了这项技术对于工业竞争的意义；虽然他曾经在焦虑的等待中动过把项目停掉的念头，但他在 2015 年 6 月却说：“我一直在悔恨，自己当初如果下决心更大就好了。”这个前景就是：“i5”数控机床将是一个改变世界的机器，它将重塑我们对于工业、技术、竞争和组织方式的理解。

为说明这个重点内容，我们从 iSESOL 平台讲起。开发出 i 平台之后，沈机决定继续开发出一个更大的云平台，它就是 iSESOL，其含义是智能工业工程与服务平台（Smart Engineering & Services Online）。iSESOL 平台和 i 平台一样，都是云平台。两者的区别首先在于，i平台是“i5”产品全生命周期的一个平台，iSESOL平台则是一个为工业化服务的信息平台，其应用的范围和领域远超过i平台，于是可以把i平台理解为iSESOL平台的一个子系统。这就产生了第二个区别：i平台对于“i5”用户之外的人是不开放的，iSESOL平台则对所有人开放。

但是，开发和运营iSESOL平台超出了沈机的能力范围，“也不是我朱志浩这种人的思维能够承载的”（访谈），所以沈机需要吸收新的人才和新的知识。于是，关锡友找到神州数码公司（中国主要的IT系统服务商之一）的董事长郭为求助，后者慨然允诺。2015年初夏，沈机、神州数码公司和光大金控共同成立合资公司智能云科，关锡友任智能云科董事长，神州数码的董事长郭为任副董事长，朱志浩任总经理。智能云科是一个专门开发和运营iSESOL平台的互联网公司，成立它的目的第一是解决沈机无法解决的体制问题，第二是吸收更多的IT人才，以更专业的方式打造这样一个平台，使它的商业化成为可能。

对iSESOL平台目前正在开发的服务功能介绍如下：

生产能力的调配和协调

在各个企业各自购置机床的条件下，一个经济体或社会的机床生产任务在不同企业之间的分布一定是不平均的。在任何一个时点上，有的企业的机床生产能力可能处于闲置状态，有的企业的机床生产能力则可能处于超负荷状态——如果超负荷企业增加机床数量，则又可能造成它们未来的机床生产能力闲置。无论从企业的角度看还是从社会或经济体的角度看，机床生产能力的闲置都是浪费。但在工业社会中，这种闲置是无法避免的，而减少这种浪费的最有效方式就是把机床生产置于大型纵向一体化企业的行政协调之下，这当然意味着以机床加工业务为主的小型专业化企业很难生存。

“i5”数控系统可以改变传统的工业模式。通过云平台，所有已售出“i5”数控机床的生产状态都是可以知道的。于是，通过云平台就可以对机床的生产任务（对机床加工产出的订单）在企业之间进行调配和协调。例如，对订单任务一时超出其机床加工能力的企业，可以帮助它们把生产任务外包给机床生产能力闲置的企业，这样就可以使它们避免因短期任务超负荷而增加设备；对于订单不足而导致机床生产能力闲置的企业，则可以帮助它们从超负荷企业和其他来源获得生产任务。

从上面的描述中可以看出，基于机床可智能、互联的云制造，使分散式的或分级式的生产组织成为可能。由云平台协调的机床加工生产体系或网络是以机床而不是以企业为单位的，因而可以解决规模经济与灵活生产之间的矛盾。规模较小的专业机床加工企业可以通过接入云制造体系而获得订单和其他支持，甚至个体机床加工企业也可以因此而存在——设想一个脱离农业的家庭可以购买几台机床依托云制造体系进行生产。当然，这样的企业必须购买或租赁“i5”数控机床，因为世界上到目前为止还没有“i5”之外的第二种智能、互联的数控机床。iSESOL 平台则可以继续开放，未来可以把“i5”机床之外的其他数控机床也纳入网络。这样就会解决以使用机床为主的制造体系在规模经济和灵活性之间的矛盾。

如果工业生产可以分散化，那么规模较小的专业机床加工企业将需要比获得订单更多的支持和服务。例如，小企业很难养得起一支专业的技术团队，意味着它们需要来自外部的技术支持。这就是云制造的另一项功能——制造支持。

制造支持

iSESOL 平台还可以支持企业的制造活动，其主要手段就是上海团队开发出来的在线工艺仿真（iCAM），它是全球首款基于网络环境的工艺支持服务（已申请发明专利），是支持沈机在 iSESOL 平台上实现云制造理念的支柱，所以被关锡友认为是上海团队最牛的发明。解释如下：

计算机辅助制造（computer aided manufacturing，CAM）软件的作用是利用计算机编程生成机床设备能够读取的代码，是将零件设计、工艺和工序转换成数控程序的关键环节。输入 CAM 的内容是来自计算机辅助设计（computer aided design，CAD）的零件设计信息和计算机辅助工艺规划（CAPP-computer aided process planning，CAPP）的零件工艺信息，这些信息通过 CAM 软件在自动或人工干预下生成数控程序。传统的一套 CAM 软件只能绑定在一台电脑上运行，这意味着计算机和机床设备之间是断裂的，需要有人工的介入才能把计算机生成的程序输入机床。

iCAM 软件继承了 CAM 软件的功能，但与其最大的区别是能够在网络环境下运行，即输入 CAM 软件的工艺信息和 CAM 软件输出的数控程序都可以通过网络传输，帮助用户实现由零件图纸到加工程序的一站式解决方案。用户只需将加工零件模型上传到 iCAM，通过简单的交互就可以获取零件加工的相关信息并输出数控程序，还可以在网页上看到三维仿真图。因此，iCAM 软件是实现云制造的必要条件。iCAM 软件的意义在于实现了计算机辅助功能之间、计算机和机床设备之间的数据传输，而这项突破的关键在于机床设备本身变成了一个可联网的智能终端，只有当计算机上的数控程序能够直接发送给机床时，通过互联网完成制造的设想才能够实现。

实现 CAM 数据从计算机到生产设备的传输并不是沈机首创的概念，它是计算机集成制造的一部分内容，即将计算机与制造集成在一起，最终实现自动化工厂的目标，但一直无法得到实现。2003 年，关锡友、朱志浩、樊留群等人联合德国波鸿鲁尔大学、斯图加特大学一起做了“面向未来的数字化制造”的课题，回答的问题是如何建立一个数字化工厂。经过两年的研究，项目结题并获得国家科学技术进步二等奖，但关锡友坦承他们的这项研究回避了建立数字化工厂最核心的一个问题——如何打通计算机辅助功能之间、计算机与机床之间的数据传输障碍。在当时看来，每一道数据墙似乎都是不可能打通的，例如做 CAD 的人和做 CAM 的人写程序的思维、语言和方式都不一样，数据之间根本无法直接传输。除此之外，计算机上编完的程序不能直接传输给机床，因为 CAM 软件不能在网络环境下运行，机床设备不能与计算机连接以实现数据传输。但让关锡友没有想到的是，上海团队用互联网方式把他们当年的难题全部解决了，他说：“我万万没有想到这些年轻人会这样做到，因为‘i5’是透明的。”

iCAM 软件将来会放在 iSESOL 平台上供用户使用。在 iCAM 之前，上海团队在“i5”智能机床上开发了特征编程和工艺支持功能，但这些功能只能应用于简单的两轴车床，更复杂的零件工艺设计规划和编程需要用专业的CAM软件来完成。iCAM中的专业CAM软件是上海团队从一家英国公司直接购买的，为了说服这家英国公司同意把CAM软件放在网络平台上运行，朱志浩花了一年的时间与其谈判。朱志浩告诉该公司的谈判人员，“i5”智能机床的用户都是中小企业，根本不会花钱购买他们昂贵的CAM软件，因此不会影响到他们的客户群体。但真正打动这家英国公司的是上海团队能够带给他们新的商业模式。从CAM软件到iCAM软件，并不是简单地把软件放在网络平台上，而是需要进行二次开发。与在计算机上对特定的零件进行编程不同，使用在线CAM软件编程的用户不知道加工零件的机床具体信息，因此需要导入机床、刀具、卡具等部件的三维模型以及软件算法，但这项任务又高度依赖于机床制造厂商和数控系统开发商。英国公司看中的正是沈机和上海团队在机床和数控系统上的经验积累，他们也清楚不能一直靠卖软件授权生存，也希望借助互联网改变商业模式，因此最终同意与沈机合作。

除了解决云制造的数据传输问题以外，iCAM软件的强大之处还在于它的内涵可以无限扩展，可以不断优化iSESOL平台上的知识服务功能。第一，方便用户使用。用户不需要自己把机床和相关部件的三维模型导入CAM软件，所有的机床模型和算法都由沈机负责导入iCAM软件，用户使用时只需要在网上选择需要的机床类型便可以看到三维模型，减少了大量的重复性低效工作。第二，iCAM软件成为知识和经验积累的工艺库。沈机可以和工艺设计公司、工装设计公司合作，把经典的零件加工变成标准件模型导入iCAM。这样一来，机床操作工可以直接从软件记录的案例中获得零件加工的相关信息，降低了操作工的工作难度。第三，整合了机床制造上下游的供应商。iCAM软件涉及工装、刀具等部件，因此刀具服务、工装设计服务等都需要配合沈机的需求，无形中将机床上下游供应商捆绑在了一起。

于是，我们很容易设想未来云制造的情景：一个客户提出加工一个物品的要求，通过云平台可以由异地的工程师进行外观和工艺设计，然后再通过云平台将设计数据发送给加工企业及其机床。于是，加工制品的客户（需求方）、加工企业（提供方）和技术服务方都可以是互相独立的，通过网络把完整的交易和生产过程集成起来。当然，实际情况可以是多种多样的，如大企业也可以提出无法自己满足的需求，大企业的机床和技术部门也可以独立对外提供生产和技术服务。无论是什么样的情况，云制造带来的变化都是可以超越原来不得不采取的企业内部纵向一体化生产，代之以通过网络连接的社会专业分工，其意义是可以在社会范围内协调生产资源，使生产过程更加灵活、更少浪费。

产品定制化

在生产过程可以分解为专业化分工的网络结构后，产品定制化就是可以实现的任务。这项功能很容易理解，这里不再多说。智能云科首先切入的行业是黄金珠宝。这个行业原来实际上是在卖黄金、宝石，因为顾客看重的就是它们的保值功能。但在黄金价格不断下跌的情况下，这个行业也要升级——以更精密的加工来赢得顾客。但更精密的加工就要从原来的手工加工升级为使用数控机床加工。于是，中国黄金协会负责人在 2015 年北京国际机床展上看到“i5”数控机床后，找到关锡友要求合作。目前，沈机正在为这个行业开发专用的“i5”数控机床，必将支持这个行业的升级。双方开始战略合作之后，目前 iSESOL 平台已经上线了定制个性化黄金珠宝饰品的应用功能。个人消费者可以将自己的需求发布在 iSESOL 网络平台上，由连接平台的专业设计师绘制设计图并编写加工程序，然后通过网络平台将订单直接发送给生产者的数控机床，加工完成后，产品直接通过快递送到消费者手中（这种定制方式可能会带来一个社会后果：求婚成功的概率可能还要看求婚者设计戒指、首饰的创意）。iSESOL 平台提供这种定制化服务的优势就在于加工设备与平台是互联的，从获得制造任务到设计和生产结果之间的信息是平台与设备之间直接交互的，目前独一无二。

新的商业模式——机床租赁

传统机床采用租赁方式遇到的最大问题就是无法为用户进行准确的成本核算，无论是按照时间付费还是按照零件加工数量付费。成本信息的不真实会限制租赁模式的有效性（例如很难找到外部融资方参与交易），甚至使该模式难以为继。但“i5”是一个能够实时生产和发送真实运营数据的智能、互联机床，这些数据被自动发送并保存至云平台，机床的使用状况可以通过云平台实时监控，成本核算难的问题也就迎刃而解。由于可以掌握准确的数据，所以租赁可以吸收多个利益相关方参与，既包括用户、制造商、供应商，也包括金融机构以及其他合作伙伴，因为投资的成本和收益是透明的——机床一转动，利益相关各方就能够在移动终端的账户上看到各自的收入数据（见图4－16）。

图4－16　机床租赁商业模式动画截图

说明：图片来源于对沈机内部动画的截图。

目前，沈机的整套租赁系统还没有全部开发完，不过已经开始利用本地化数据实现租赁的商业模式。未来租赁“i5”智能机床可以有三种方式：

● 按时间付费。根据用户使用机床的时间来收取租金，租方可以通过互联网监控机床的实时信息，准确记录机床工作的时间。为保证按时租赁获得最大的收益，制造商需要尽量减少机床停工维修的时间。“i5”可以通过对机床数据的分析，提前配备易受损的零件，使得操作工可以自己维修机床；除此之外，“i5”还提供专家远程诊断服务，可以通过系统软件更新升级的方式直接帮助用户解除故障。

● 按工件数量付费。用户每加工一个零件，利益相关方就会赚取相应的利润。如何保证获取最大利润？除了机床能够最大限度地连续运行不出故障外，还需要机床制造商提供陪产服务，即对用户的加工需求做出及时的反应，并提供相应的解决方案，优化整个生产流程。

● 按价值付费。利益相关方随着用户价值的提升而获利，主要的特征是提供个性化定制服务，为用户提供独特的产品。能够为用户提供定制化产品的前提条件是对行业有深入的理解，例如专门为用户定制能够加工黄金首饰的机床，机床制造商通过改进技术和产品性能，赋予用户独特的竞争能力，从而和用户共同获得收益。

为配合“i5”机床的租赁模式，上海团队专门开发了租赁 APP，如果需要租用机床设备，只需用手机扫描二维码就可解锁使用。外国厂商采用租赁方式时，在机床内置全球定位系统（GPS）以实时报送机床的位置信息，只要位置偏离 10 米，机床就停掉了。朱志浩说，这样做是为了防止用户逃跑或变更，靠的是纯技术手段。他说：“沈机走的是应用路线。机床的使用是人和信息平台的融合，设备如果到期了，会跳出来一个二维码告诉你。我们现在都用微信扫一扫，扫完之后把信息直接发送到平台，只要钱到账了，就能马上解锁运行。手机扫二维码的时候，发送信息的手机有定位，我们采集手机的定位数据，而且是扫完之后在一定时间内有效的数据。因为有了这种模式，整个生产过程都是透明的，设备租赁可以按时间租赁或按切削工件的数量租赁，全都变成可能的，只是一个算法的问题。”我们的问题是，外国的机床厂商想做也做不到，因为它们的机床还没有智能、互联。

读者千万别小看“i5”的租赁模式。想想大量的中小制造企业如果不需要担心沉没成本和设备闲置的风险，只是根据订单情况使用机床，而且通过云制造还不愁订单，那么它们对“i5”机床的需求量会有多大？在另一端，供应商可以把金融机构拉进来，为大范围和大量租赁机床提供融资。那还不出现“i5”机床横扫市场的情况？无怪乎已有珠三角的台资机床厂商抱怨：你们这么干，还让我们活不活了?!

不过，租赁模式也使用户的风险转移到沈机的身上。那么，沈机怎么消化这种风险？拉进金融机构是分散风险的一种方式。另一种降低风险的方式就是开发适合租赁的产品，前述 M8 系列快速可重构机床（到 2015 年年底已经在沈机开始生产）就是这样的产品。沈机在设计 M8 时，产品的定义就是这款机床不用于销售，所以从设计阶段就考虑机床的功能、性能、寿命和可再制造率。由于在租赁模式下，机床的部分利润可以来自租金之外的服务增值，所以沈机不会再去考虑自己制造的机床要比市场上的产品价格更低，反而可以有意识地采用更好的材料和工艺，让自己的机床比市场上的机床价格更高、毛利率更低，但性能和质量更好——这是有工业情怀的战略。朱志浩认为，这样就可以打破中国制造长期面临的危险局面，即：市场化以后，大家按照价格招标，但价格越低，制造商就越会偷工减料或降低配置，取消了防护、安全功能，还美其名曰“优化”；然后，用户方说机床性能太差，还要减价……几轮下来，就把中国产品的质量、信誉都打下来了。他说：“我们试图借助这个机会，重新树立起中国机床的品质。但是，用户凭什么接受？所以，我们必须有一种新的方法，帮助用户创造价值的时候还不会增加他们的负担。所以，我们抛开了原来的买卖关系，把服务延伸到我们的下端，一起来运营。原来沈机的机床就保修一年，现在我们自己给自己套了枷锁——机床造出来是我们自己用的。我们这样做，就是想打破中国机床低价、低品质的怪圈。”朱志浩还说：“有人说：西门子和发那科也开始玩这个了，你沈阳机床还能玩吗？其实，他们根本不懂，要做这件事情必须基于产品的全生命周期，只有机床制造商才能做（西门子和发那科都是数控系统供应商，但不是机床制造商），而且企业还必须转型为具有工业服务的理念才行。”

制造人才培训

iSESOL 平台的设想使朱志浩们对“全生命周期”做了更进一步的诠释。原来做的是设备的全生命周期管理（i 平台），现在又增加一个：基于机床劳动工作者的全生命周期管理。这个设想是把工业服务与机床操作者紧密联系在一起，给每一个在网上注册的“i5”操作者提供一个身份码（相当于从业身份证），操作“i5”机床时把身份信息刷进去，然后 iSESOL 平台自动记录他有多少操作时间和操作经历，构建了一个从他读书开始的能力培养过程。这种方式可以帮助解决国内劳动力的培养和配置问题。

向其他工业和企业提供服务

iSESOL 平台也会变成一个面向全国的智能制造网店。许多地区、行业和企业已经表达了利用 iSESOL 平台的愿望，沈机也想把平台共享化，让更多的行业用 iSESOL 平台分享数据。当然，这些工作怎么进行需要逐步探索。张振清是神州数码派出的智能云科副总经理，他的探索可以生动地反映这个过程。一上任，张振清就访问了广东的 6 家企业。

第一个企业是做金属门加工的。使用铝合金或不锈钢的材料加工成型的金属门流行于南方，因为这种门结实而且防水、防潮。有趣的是这个行业的企业规模：不存在低于拥有 5 台机床规模的企业，因为规模再小，买方就无法下订单；但是，拥有超过 20 台机床的企业同样也一家都没有，因为需求不均衡，撑不住再大的规模。例如，如果一个有 10 台机床的企业接了一个需要 40 台机床才能在规定时间内加工完的订单，就会分给其他企业，但不敢增加机床，因为怕干完后又没有订单了。所以"小老板们干得很嗨，但是不往大里发展"。张振清一了解该行业就发现了商机：第一，如果使用"i5"数控机床加工金属门，加工速度可以提高 10%～50%。第二，可以采取租赁的方式：这些企业不用掏钱买机床，而是由智能云科利用外部融资手段投资购买这些机床；用户则加工一个门就付加工一个门的机床使用费，或者一个月付一次租赁费。于是，这些企业可以不再去烦恼是不是超过 20 台以上的规模。

但是，这个行业的企业太分散，都是民营的，也没有正式的行业组织（估计政府也不知道有这么个行业）。因此，张振清要找到一个行业"龙头"，才能把沈机的供给与行业的需求连接起来。"龙头"就是 L 总。在全国不锈钢、铝合金门业的老板中，有 80%的人都是 L 总的徒弟，或者徒弟的朋友什么的。他如果提前两个星期通知召开一个金属门业的会议，就能来 400 个国内的"老大"。张振清说，其实此人就是个农民，特别瘦，黑黑的脸，自己开着宾利就过来了。但 L 总是一个很有想法、观念很超前的人，他永远走在行业的前面，把握着金属门业的发展方向。例如，金属门过去切割几个棱就制成了，但是已经出现大浮雕式的金属门。这样的门一个能卖到一两万元，上面的一块浮雕能卖到 3 000～5 000 元，而一块铝合金毛坯板子的成本却不足 1 000 元。增值的关键在于加工环节——就是用雕刻机（也是机床）在板子上来回刻。虽然现在全浮雕式的门还不普及，但 L 总认定这是行业的方向。

L 总有雄心，但是他也要看有没有这个基础和资源来做这种需要更多加工的浮雕门。恰在此时，张振清找上门来。对L总来说，采取租赁方式立刻解决了设备投资的问题。他问张振清：“你们机床到货的节奏如何（即交货时间）?”张回答：一个月。L总大惊，啊？就一个月！再问可供货量，张说：1 000台以下都可以。L总更惊，忙说根本用不了，100台足够了。于是，L总信心大增，双方一拍即合。目前，沈机为金属门业定制的样机已经在L总的企业试运行，沈机派出的技术服务人员正在调试机床和软件，还要把机床和云平台连接。L总先行一步，行业就会跟上，全国各地的“老大”之所以追随他，并非仅仅因为情义，而是因为各自驾着一叶扁舟在大风大浪中颠簸的小企业主们需要他的眼光、方向感和领导力。

第二个企业的产品是门把手，产量是全世界最大的，当然不是高端定制的那种门把手，全是大路货（大路货门把手的加工企业全在中国）。该企业有两个东西想和智能云科合作，第一个是它不愿意干的零件，就是门把手里面的一些小的芯。这些零件放在“i5”数控机床里打个转，很快就出来了，不用人管。第二个是它真不知道该怎么干的，就是表面抛光打磨、打毛刺，现在没有任何设备能干，只能靠手工加上砂轮干。这道工序是劳动密集型的，噪声和粉尘污染非常严重。这个企业之所以产量全世界最大，就是跟这道工序有关——外国人不愿意干，宁愿多给点钱让中国人干。但现在招不到愿意干这活儿的工人，工资再高也招不到人。张振清一看，这活儿将来“i5”数控的机器人能干呀！他提出将来由沈机专门为这个企业设计一个机器人的自动化产线，不用人工了，费用大概在200万元。对方说没问题，愿意！

第三家企业生产面向未来的信息通信天线，形状是纯铝合金做的板，一块高2米，很厚，上面要打眼（方便安装），有的地方还要有槽。天线立起来要7～8米高。原来立一个手机蜂窝天线需要在天线旁边盖一个小屋，里面要放几个匣子样的东西，防水、防电、防着火；而如果用这种新型天线，就不用再盖小屋了，随便到哪儿立着就够了（天线自备信号扩大器）。过去在好多地方立不了天线，就是因为居民不愿意在那里盖机房。这项技术是诺基亚发明的，国家也在考虑换这个东西。新型天线的加工形状很像上面提到的金属门，目前制造厂商都在用传统的、标准化的设备做，量不大，质量不高。该企业的几个竞争对手都做得不太好，它自己是利用现有设备玩命地弄，把技术质量做足了。但是，如果用“i5”机床，就可以保证质量，打磨毛刺直接做了，9 分钟加工一个——保证效率，而且可以采取不付现金的租赁方式。该企业负责人对张振清说，要是这个天线用起来，一天就要 1 000 个（这个项目还没有被政府批准，诺基亚还没有放量）。张振清说：“后来，我一算，一天 1 000 个天线，10 台床子就能干，对我来说不是个事儿啊。问题是，一旦大单子签了，就必须在 2 个月内形成巨大产能，从几台床子一下蹦到 100 台。谁有这个供货能力？只有我沈阳机床有这个能力，全世界其他机床厂都没有这个能力。如果要向外国厂商订 1 万台床子，那真得等到猴年马月去了。”

另外 3 家企业分别是做木工机械的（本身是造船的）、陶瓷机械的和“是什么我忘了”（原话）。这三家企业都已经在本行业做到亚洲最大、世界一流了，不过它们不需要数控机床，它们的问题是不清楚自己的用户在哪里。它们也在打造自己的云平台，也在做自己的操作系统——“它们都是加点传感器，买发那科、西门子的伺服或甚至小企业的伺服器，差不多就行了，精度要求不高”。当张振清向它们介绍 iSESOL 平台时，它们都非常感兴趣。原因是这几家企业的销售规模都不过 10 亿元左右，很难自己养支 IT 团队，还要研究出整个商业模式。于是，它们希望能够利用智能云科的 iSESOL 平台，在上面开通子系统为它们提供云服务。

上述 6 家企业代表了 6 个细分的行业，它们大都已经把自己的产品卖遍全球。但它们也面临许多问题：劳动力成本上升，产品附加值低，有些生产环节污染严重，等等。面临这些问题，是通过升级把它们留在“中国制造”之中，还是通过“腾笼换鸟”把它们消灭掉更好？答案不言自明。“i5”数控机床和 iSESOL 平台能够为这些行业（包括前述黄金首饰行业）的升级做出重要贡献，其意义也同样不言自明。

张振清的主要目标当然不是卖机床，他说：“我要建立一个云平台，在这个云平台下面，我的床子可能遍布各个地方，而且有很多种型号，但是所有的信息我都能掌握。这时候，一个活儿交给我了，我马上就能查出来哪里的床子闲着，然后就把这个活儿直接用互联网下到那里，然后相关的物流配送和工装夹具都是准备好的。……实际上，未来节省的时间是整个产业链的时间。一个销售员在山东青岛卖一个门，卖完之后信息就直接传到机床那儿了。这个过程以前要多久啊？要在分公司停一下、总公司停一下、工厂停一下、车间再停一下，每个地方都需要计划、都需要支付，这中间要多久啊？将来，我们就真的做到一步到位。我们只要把这个机制弄清楚了，相关人员的权责就说清楚了。我甚至能够做到销售员这边一按钮，那边床子就开了，这种可能性都是存在的。”

张振清的探索也反映出神州数码可以做出的贡献，该公司是中国 ERP 系统的顶级供应商，在制造业深耕了 15 年，积累了约 2 000 家机电行业相对细分领域的龙头企业客户。张振清说：“而且这个龙头是真龙头，思维超前，很早就要上 ERP。它们有‘火眼金睛’，知道什么是好东西，能看出我们的 ERP 确实比别人的强点，要不怎么会买我们更贵的 ERP 呢?”他还解释说：“ERP 客户的好处就是我们直接和客户的‘老大’对接，于是与企业的‘老大’之间有天然的相互信任，因为都共事过。”于是，张振清们现在是利用神州数码积累的人脉在为“i5”发掘潜在客户，而神州数码未来更大的贡献是以其技术能力和商业经验帮助开发出来真正可用的 iSESOL 平台。当然，神州数码也会通过智能云科更深入到中国工业的世界之中。因此，沈机与神州数码的合作可能代表了制造企业与 IT 企业在互联网时代如何合作的一个方向。

沈机的实践也引起一些大型制造企业的兴趣。沈阳一家飞机制造企业想做数字化车间，想把“i5”车间信息系统和它的管理系统打通，使其能够采集数据；某行业装备集团的董事长带队来参观，提出让沈机给他们整体打造出一个可控的电控平台；包括上海一家大型飞机制造企业和某企业集团在内的许多企业领导都希望上海团队帮助他们实现一些智能制造，但是上海团队现在实在无暇顾及。不过，这种越来越多的认可对于“i5”数控机床的销售有好处。国内一家数控系统开发单位在上述沈阳的飞机制造企业主导了一个国产数控系统的示范项目，开始不想让“i5”数控系统参与，但示范项目用的机床要让沈机造。沈机不干，表示不参与该项目。对方最后让步，允许沈机用一些“i5”系统。最后，该飞机企业运转这个项目的结果是：在全部 44 台机床中，有 40 台采用

“i5”系统。

交互式智能制造

开发 iSESOL 平台也拓展了“i5”开发者解决问题的眼界和思路。开发出数控系统并不能克服中国机床工业的所有短板。例如，中国企业采用的五轴头（五轴机床的关键功能件）和刀架库都需要进口，它们的原理并不难，图纸也是现成的，但是做不出来。原因是，领先的外国企业有很多专利和诀窍，技术已经被垄断，后进者再去想出不同的结构很难。如果购买技术，就是天价，做出的产品就太贵，还不如直接采用进口产品。因此，高技术产品的市场不是经济学家宣称的自由竞争市场（他们说的自由市场经济只存在于菜市场或大卖场式的地方）——领先者已经给后进者设定了一道道门槛。不过，朱志浩注意到，在一些细分的领域，中国有些没有名气的小企业做出的刀具比进口品的效率还高，虽然这些技术的应用领域比较狭窄，难以得到大范围的推广。朱志浩认为，很多创意在民间，只是许多民间的技能因为没有传承会消失。他认识的一个做刀架的民营企业家，14 岁就进入这个行业，只读到初中毕业，现在在做凸轮加工。中国好多做这种基础件——如凸轮等——的加工技术失传了，现在一说就是用伺服，但是机械传动结构的变化有自己独到之处，很多时候靠凸轮反而效率更高。

因此，朱志浩也想让 iSESOL 平台和云制造做这件事情，通过“i5”机床和上下游协同，把功能件的开发以及其他民间的发明或技能也纳入系统。于是，iSESOL 平台被进一步设想为一个供各方互动的平台。智能云科正在设想开发出一个平台架构，使底层数据透明化，于是就可以向所有的“i5”爱好者提供一个操作系统——名字也起好了：i5OS（i5 operations system）。这样，第三方就可以在 iSESOL 平台上进行开发，在平台上发挥各自的能动性，由平台提供授权和收费机制。这样做可以集社会发明于系统，以提升制造能力和效率。朱志浩在解释这样做的动机时说：

> 在未来的制造领域，社会和人都将成为不可缺失的、稀缺的制造资源。我们的逻辑是，操作者的能力将来会左右最终的结果。如果产出物品

> 的好坏和操作者无关，只能把人类变蠢了，这不是我们智能制造的目的。智能制造是使人的能力和机器进行交互融合，不然人就变成搬运工了，但是现在我们使用机器的时候没有把人当成一个创造者。我们 iSESOL 上一个很重要的拓展就是形成两端：一个是云端，集成创意；另一个是机床数控终端，执行并反馈数据。两者连起来，才是一个真正的智能制造终端。由于机床所有的真实数据可以交互，所以将来我们的很多功能会放在云端，通过下载的方式来做。原来是我把这些东西都给你装全了，将来没有必要。而且，我的 CPU 运算资源是有限的，把一些运算放在云端，就可以有效地盘活资源。对一些特定行业的零件加工可以有专属的功能，你可以下载，然后加载在机床上，干完了退订掉就可以了。

这些设想反过来又在推动“i5”数控系统的改进。由于过去没有考虑过云平台，所以需要重新梳理“i5”数控系统的结构，并相应改动整个软件的模块。在新的模式下，将来的“热插拔”需要考虑知识产权问题，使创新者有动机与大家分享成果。

iSESOL 平台——系统的系统——的上述功能只是目前能够说得清。其实，因为它们之间存在重叠甚至因果关系，本报告的作者也是勉强才大致厘清的。实际上，在迎来 2016 年之际，沈机围绕着“i5”数控系统建立起来的信息系统仍然处于“混沌”状态，一些功能得到部分实现，另一些则处于设想阶段，但同时有更多的新功能正在“鬼影重重”地浮现。因此，iSESOL 平台最后到底是什么样子的，现在没有人能够完全想清楚。但这些不确定性也就是系统演进的力量所在，因为不确定性恰恰是创新的前提条件（这句理论语言用大白话翻译就是：如果一切都是确定的，还创新什么）。无论如何，“i5”数控机床已经是凭借系统的力量在与其他仍处于单个产品状态的机床竞争，这是“i5”可以呈现爆炸式增长的原因，也是它必胜的原因。

在“i5”系统的演进示意图的第五阶段，云平台取代了数控机床而处于中央位置，因为此时的虚拟空间能够通过数据交互把不同性质的物理空间连接起来，云平台则是这个虚拟空间及其所反映的活动网络的中心。因此，尽管智能、互联的数控机床仍然是这个网络的基础，但由云平台协调的虚拟空间已经可以改变物理空间的活动方式——不仅仅是机床的改进和变化，还有工业活动方式的变化和工业与工业之间关系的变化，只要它们的共同基础是与使用机床有关的制造活动。这就是被迈克尔·波特低估了的作用。

反过来说，云平台的作用将来到底有多大，首先要看它所协调的网络能有多大。可以肯定的是，“i5”数控机床将会不断得到改进并更多地进入市场，从而为“i5”系统赢得更大的“安装基础”（intalled base）。随着“i5”机床的安装基础扩大，iSESOL平台（包括其中的i平台）的“网络效应”会更强，两者互动将产生ICT工业中常见的“正反馈”——强者恒强，甚至赢者通吃。因此，由“i5”数控系统带来的革命性效果就会逐渐显现——“i5”数控机床不但是改变中国机床工业的产品，而且将是改变世界的机器。

我们在本节开始时已经提到，按照德国人的设想，“工业4.0”的核心是在已有的（嵌入式）自动化、控制和信息结构之上，创造出一个新的层次——所有系统的系统，使以前广泛存在的自动化系统互联互接。但对“i5”数控系统演进的分析却证明，在已有的自动化、控制和信息结构之上是无法创造出“系统的系统”的，也不可能使以前的自动化系统互联互接。如果要达到这个目标，就必须重新开发那些“已有的自动化、控制和信息结构”，使产品能够智能、互联。德国“工业4.0计划”的提出者之所以没有意识到这个问题，除了德国工业的实践尚未走到那一步之外，更重要的原因恐怕是该计划的提出者太想维护和保持德国工业已有的优势地位。但是，在一个技术革命的时代，只是往旧东西上添点新东西是不足以保持已有优势的，就像西门子的数控系统一样，要想实现智能、互联，就必须推倒过去的系统架构，从头开发。创新之难就在于经常需要自己革自己的命。这就是后进者可以超越领先者的机会，如果后进者有足够的智慧、勇气和脚踏实地的精神——这是本报告关于“i5”案例的精髓。分析至此，我们用不着客气：**“i5”数控系统及其衍生出来的信息系统走在德国“工业4.0”的前面，它是德国“工业4.0”的榜样，也是世界上实现生产工具智能、互联的先驱产品之一。**

我们用不着假装“天真无邪”：以“i5”数控系统为基石的各个系统以及这

些系统的系统是由其创新者——沈机——主导的，并因此而将赋予沈机巨大的竞争优势。如果“i5”数控机床的市场成功不断扩大，那么由这些系统所组成的“i5”网络将成为沈机竞争对手的壁垒，即使其他一些机床制造商将来也可以加入这个网络，价值链的主导者仍然是沈机。不过，因为这个前景同样会冲击“盘剥”中国市场多年的外国巨头，所以我们的心情会轻松很多：智能、互联的数控机床及围绕着它所形成的系统，是30年来中国机床工业在本国市场上逆转对于外国巨头的劣势的第一次机会。即使那些外国巨头将来仍然可以占据一部分市场份额，但如果它们只是变成这个网络中的零件供应商（因为单独的机床和数控系统都不过是这个网络的“零件”），我们的心情也会更加愉快。

4.6 讨论和结论：“i5”革命的性质及其理论意义

“i5”数控系统是中国机床工业自改革开放以来的一项重大技术创新成果。它的意义不仅是为中国机床工业提供了一个可用的数控系统，更重要的是以其改变工业模式和制造方式的潜力，为中国向新工业革命的迈进开辟了一条路径。因此，本章冠名《“i5”革命》。

很容易看出“i5”革命将会带来的变化：

- “i5”不是中国开发出来的第一种数控系统，却是中国第一种不沿着外国领先者的技术轨道开发出来的数控系统，它因此而产生出独特的竞争优势，不但可以让一个国产数控系统“活下来”，而且正在展现出改变市场竞争格局的力量——中国在数控系统技术上的突破将由此实现。
- 作为世界上第一种智能、互联的数控系统，“i5”将改变工业模式，成为新工业革命的预言者。迄今推动“共享经济”发展的智能、互联产品都是消费品，但“i5”机床是机器工具（资本品或生产资料），所以它会直接引发制造业的革命：改变制造方式；不但重塑机床工业的价值链，而且可能重塑许多使用机床的工业的价值链并改变它们的边界；支持中国众多制造工业的升级。“i5”预示着中国工业可以通过自主创新赶上技术变化的步伐，让西方国家以新技术瓦解中国制造优势的想法化为泡影。

● “i5”还可能改变机床本身。当数控机床与机器人以及所有的系统都被连接在一起时，机床还会是现在的样子吗？传统的机床是一个独立的单元，那是因为要适应人工操作的要求。一旦生产过程完全实现数字化，机床作为其中的一种工具/设备就可能成为生产系统或其中一个单元的组成部分。虽然机床作为机器工具的核心功能和核心知识仍然会存在下去，但机床的形式恐怕会变成另一种样子。如果这种变化发生，那么由数控机床的智能、互联所导致的革命过程也将继续深入下去。

● 重塑沈机本身。生产工具的智能、互联对于制造方式带来的可能变化之一是改变原来不得不采取的企业内部纵向一体化的方式，代之以通过网络连接的社会专业分工。这种变化也会波及作为世界上最大的机床企业之一的沈机自身。由于沈机将来的经营活动中必将增加复杂的成分（如金融、租赁、云支持等）的比重，所以更高效率的管理模式可能是改变以前的纵向一体化结构（曾经被称作“大而全，小而全”），在智能、互联的支持下实行更加专业化的“系统集成”。如果能够打破原来封闭式的产业链，就可以把大量不分所有制形式的新创企业整合进新的产业链，形成围绕沈机机床制造的产业集聚；如果不光沈机而且还有其他龙头企业也这样做，那么就可以形成“机器带”（机器产业的集聚）——这将是振兴东北老工业基地的一条新路。

“i5”革命代表着中国产业升级的方向，因为仅从技术本身来讲，“创新、协调、绿色、开放、共享”的理念，哪一个不体现在它身上？

本报告已经追溯了产生“i5”的实际过程，但我们仍然需要从理论上理解产生它的机制，以便概括出这项创新的普遍意义。为此，我们把产生“i5”的过程置于 Giovanni Dosi 提出的分析框架下（Dosi，1982）——它在库恩关于科学革命理论（Kuhn，1996/1962）的基础上，以技术范式和技术轨道的关系来分析同时具有连续性和非连续性特征的技术进步过程。根据 Dosi，技术轨道是指在技术范式所规定的范围内解决问题的“正常”活动的模式，代表了在由技术范式所规定的外部边界之内的一组可能的技术方向，沿着这些方向的技术活动是连续性的。技术范式是在选择出来的科学原则和选择出来的技术基础上，解决选定技术问题的“模型”或“模式”，可以形容为一种“世界观”。技术范式具有很强的排除效应，它使工程师及其所在组织的技术努力和想象集中在相当确定的方向上，而无视技术发展的其他可能性。新范式的出现标志着技术发生非连续性的变化（可以理解为技术革命）。Dosi 认为，在“科学—技术—生产”的链条上，经济力量与制度和社会因素在任何层次上都共同发挥“选择机制”的作用。在基本技术方向的选择上，这些因素影响技术范式的确立；在技术范式所规定的范围内，这些因素影响企业进行学习和创新的技术轨道的走向。

如果把长期占据市场主导地位的数控系统看作已经建立起来的技术范式（可称为“传统范式”），那么从事后看，“i5”数控系统就是一种新的技术范式，而区别新旧范式的分水岭是智能、互联的功能和性能——它们决定了数控机床在工业活动中的新作用，也决定了对于机床作用的新价值观。“i5”数控系统产生的过程揭示出新技术范式是如何诞生的：

● 当上海团队开始自主开发时，其原定目标和出发点都是处于数控技术的传统范式之内，即他们最初想解决的问题是传统范式下的“正常”问题——实现对机床的数控。但是，出于克服先行者优势壁垒的战略性考虑，他们选择了一条不同于主流数控系统的技术轨道——基于计算机平台的技术路线。不过，在他们之前，基于计算机平台的数控系统已经随着 IT 技术的迅速发展而出现，所以他们选择的技术路线仍然属于传统范式下的技术轨道之一（不同于嵌入式系统的轨道），虽然全开放架构使其系统具有一点技术上的异质性。

● 上海团队沿着这条轨道逐渐解决了传统范式下的“正常”问题——为实现数控功能所必要的技术问题。但是，上海团队具有不同于外国主导厂商的理念及开发战略，他们为了更好地解决传统范式下的“正常”问题，又基于中国市场需求的特点，开始解决在传统范式下的“非正常”问题——被主导市场的外国巨头所排斥或没有想到的问题。上海团队在选择技术轨道时所采取的一些非传统技术方案，如全开放架构和专门适配沈机机床的非广谱性，有助于他们解决这些“非正常”问题。

● 决定了不同结果的关键因素并不是技术本身，而是解决选定技术问题的“范式”（“范式”本来就是一个具有主观性的概念）和“世界观”。外国巨头也在数控系统上应用计算机系统，但它们的目的是以更先进的技术来保持和维护已有的优势——使它们原有的嵌入式系统更有效，而“无视技术发展的其他可能性”。相比之下，上海团队为了开发出来一个有用的、有生命力的数控系统，就坚持帮助用户——不是机床厂，而是使用机床的最终用户——创造价值的原则，是要比现有的数控系统“好一点点”。于是，通过他们的理解和把握，中国市场的需求特点发挥了“选择机制”的作用，而数控系统的计算机平台被用来开发以方便用户为中心的智能化和网络化功能。

● 不同的“世界观”决定了上海团队的技术轨道在方向上偏离了传统范式下的任何一条轨道。当越来越多的传统范式下的非数控技术被融入上海团队的数控系统后，这个系统就产生了智能、互联的功能和性能，标志着上海团队的技术轨道超越了传统范式并成为通向新范式的桥梁——智能、互联的数控系统和由它所支撑的云平台以及更高层次的“系统的系统”，已经不是传统数控系统技术所能够涵盖的了（智能、互联及其衍生出来的信息系统都不是传统范式下的“正常”问题）。至此，上海团队的技术轨道已经不再属于传统数控范式下的轨道，它与那个范式下的所有技术轨道之间发生了“断裂”——标志着新范式的出现。

从上述分析看，至少在工业技术领域，新的技术范式不会是“天外来物”，不会直接来自工业之外的科学发明，它起源于创新者在旧范式所奠定的技术基础上，选择了一条不同于旧范式下主导技术轨道的轨道，然后通过使其“变异”而形成通向新范式的新技术轨道。从“i5”的产生过程可以清楚地看到，新范式包含了旧范式的原有成分——机床的数控功能，但也产生了旧范式所没有的新成分——数控机床的智能、互联。这个逻辑揭示出，技术进步是“累积性”和“革命性”的“对立统一”：“累积性”指的是，新技术、新知识和新能力只能产生于已有技术、已有知识和已有能力的基础之上；“革命性”指的是，沿着新的应用方向而开发出来的新技术、新知识和新能力会产生出远远超过旧范式的作用（往往引发工业结构的剧烈变动）。因此，新范式的产生——技术革命的标志——是通过企业的创新而在工业发展过程中“内生”的，这个逻辑是对产业升级具有“内生”性质的理论证明。

一个耐人寻味的问题是，虽然“i5”革命的力量起源于其智能、互联的特性，但当沈机的上海团队开始开发数控系统时，他们自己并没有意识到智能、互联的重要性（最初的想法最多是用来补充数控功能）。即使技术进步是演进的（新的可能性是逐渐浮现的），但问题还是值得深究：是什么力量使他们敢于并能够沿着逐渐浮现出来的技术可能性轨道一直走到发展出“新范式”？恰恰是这个问题，使我们可以看到自主创新的力量。

开发“i5”的过程展示了自主创新的核心要素。沈机上海团队的开发是从学习外国技术开始的，同样要实现机床数控，但是第一，他们没有跟随外国产品的技术轨道，而是以自己对于技术应用环境的理解（产品概念）选择了不同的技术轨道——所以产生了可以出现新技术可能性的系统架构；第二，上海团队自己把数控系统中的核心技术从头到尾、从最底层到应用层都做了出来——所以他们能够使这个系统根据新的可能性而变化；第三，他们开发技术的全部目标都遵循要让用户感到“好一点点”的原则——所以他们能够不受任何“框子”的束缚而把出现新可能性的技术做到底。

一个在今天流行的语境中显得特别有意思的问题是：“i5”算是“互联网+”还是“+互联网”？从开发“i5”的全过程看，它两者都不算。沈机开始开发数控系统时的2007年，美国苹果的iPhone刚刚推出，移动互联网的概念还没有出现。从技术特性的形成过程看，“智能、互联”不是加到原有数控技术上所能实现的，而是以新的概念、新的系统架构和新的核心技术重新定义并改变了数控系统功能和性能的结果——“重新定义”的动力则来自不跟随、坚持自主和服务用户的研发战略和行动。“i5”的形成确实受到以移动互联网为中心的技术环境变化的影响，但上海团队利用环境变化机会的动机始终是让用户更方便[①]。因此，在通向新技术革命和新产业革命的道路上，自主创新的力量远远超过任何时髦东西。

“自主创新”的概念曾经引起许多争议，而且实际上也已经被官方代之以“创新驱动发展”（于是，“自主”作为技术活动的边界条件就消失了）。限于篇幅，这里不再讨论围绕“自主创新”概念的争论。“i5”革命展现并证明的是，中国工业能够通过自主创新实现升级，并在升级的基础上继续成为支撑未来中国经济增长的主力。“i5”革命还告诉我们，在今天中国的条件下，技术落后的首要原因不是技术性的，而是内心的“胆怯”：目光只盯住自己与主导技术轨道的性能差距，不敢走自己的道路，不敢有产生新“范式”的独立思考和行动。由于这样的问题不仅仅存在于工业技术领域，而且存在于更高层次的政策领域，所以我们最后回到本报告关于中国产业升级的主题，以三个对现行经济政策的质疑来结束本报告。这三个质疑是：第一，为什么产业升级的重要性被忽视？第二，为什么要从中国的产业基础之外去寻找经济发展的“新动能”？第三，为什么否定产业升级需要来自政治层次的领导力？

（一）为什么产业升级的重要性被忽视

最近几年来，“产业升级”的提法虽然不时出现在经济政策的陈述中，但并没有被置于重要地位，甚至在提到时也没有被赋予这个概念本来的含义。为什么产业升级的重要性会受到忽视？这似乎与经济政策的“范式”变化有关。几年前，当经历了高增长阶段的中国经济发展在诸如世界经济衰退等条件下暴露出许多问题时，经济政策突然转向以一个抽象的自由市场模型——教科书经济学的主要内容——为基础的思维框架。在这个框架下，中国经济的根本问题

① 波特2014年的文章发表后，《哈佛商业评论》又刊登过对它的读后感。一位读者（某公司的CEO）批评说，波特的文章几乎没有提及消费者或顾客，仍然采取从企业内部出发的立场，仍然持一种把产品——这次是智能、互联的——推向消费者的观点。他质问：“难道今天的消费者只是处于接收端吗？”他认为波特的分析应该从顾客的需要开始，因为战略不能无视消费者（Joachimsthaler，2015）。

被定义为“失衡”，而“失衡”的原因被认为是强政府导致的“投资驱动”和粗放增长，于是经济政策转向事实上的紧缩。那时是中国主流经济学家声音最大的阶段。在他们看来，投资是万恶之源（导致政府权力过大、粗放发展等），而中国经济出现的所有问题都是因为市场化改革不到位。这种逻辑反映在经济政策上，就是通过紧缩实现经济的平衡，由此释放出来的市场机制可以让中国经济自动升级，也就是释放出“红利”。

不过，上述逻辑是从教科书经济学搬过来的，不是从中国经济发展的实践中总结而来的。在改革开放之后的30多年里，中国经济经历过多次“危机”：1980年代后半期的通货膨胀，1980年代末和1990年代初的经济衰退，1992年之后的经济过热，以及1990年代后半期的国企亏损、银行呆坏账剧增和通货紧缩，等等。每一次“危机”的化解都是通过进一步的发展，即通过政治领导层为经济发展提供新的方向和新的推动力，尽管中国经济在这个过程中越来越市场化和全球化。但是这一次，希望被寄托在市场机制的自发力量上——根据教科书经济学的说法，它会带来奇迹。但实践证明，市场机制的“奇迹”没有出现，反而是中国经济增长率一路下滑，甚至出现通缩现象。究其原因，是这种经济政策没有为“市场”提供中国经济增长的新方向和新途径，反而让愈发感到茫然的“市场”（企业群体）丧失了投资信心。也不奇怪，这是新古典经济理论的思维第一次在中国的经济政策上占据主导地位，于是帮助中国经济渡过多次激流险滩的“实事求是”思维也就弱化了。

坚持从教条出发就会罔顾事实。例如，目前中国材料工业的产能过剩与房地产泡沫有关；煤炭的过剩既与经济增长下滑有关，也与能源转换有关；东莞的关厂潮与低成本加工组装工业在外需下降时的过剩有关（其实，这种模式早就该淘汰，为什么没听说浙江那些土生土长的劳动密集型企业出现关厂潮?）。一句话：都有具体的原因。如果以这些例子为根据就说中国制造不行了，往坏了说是别有用心（如“中国崩溃论”），往好了说则是太天真、太幼稚。中国刚刚经历了世界现代经济增长历史上罕见的高增长阶段，突然就说中国存在着一大批“僵尸企业”，这在逻辑上是不通的。事实上，今天中国经济令人意外的减速，至少部分地是2013年紧缩政策的结果。从时间顺序上看，是先有紧缩政策，然后才出现企业大面积遭遇困难。在这种条件下，硬说今天中国经济增长减速的原因是存在大量的“僵尸企业”，可以说是倒果为因。

按照教科书经济学的教条，如果不实行私有制和自由化，经济就不可能发展。但中国经济发展了，而且被全世界公认为是一个奇迹。当然，中国经济在发展过程中确实明显地市场化了，也确实建立了产权制度。但与新古典教条的预言不同，也与中国主流经济学家祥林嫂般地喋喋不休不同，所有的制度变迁都是内生于中国发展的过程，而不是在某个时点上被自上而下全盘强加的。中国30多年的经验是，改革与发展是互动的或互为因果的，从来没有遵循谁是谁的先决条件的教条。产业升级之所以重要，首先就是因为它是中国经济发展的继续，而改革可以内生于升级和发展的过程。新古典教条解释不了中国经济成功的原因，也就提供不了如何解决问题的答案。如果非要相信并执行这些教条，那就只有采取“休克疗法”，其恶果早就被俄罗斯的激进市场改革经验所证明。

越是在世界经济遭遇衰退或危机的时候，处于竞争关系的各国就越可能采取促进产业升级的政策，所以“工业4.0”是德国版的产业升级，先进制造计划和工业互联网是美国版的产业升级（尽管其内容包括吸引制造业回流美国，但其也被设想为在新制造技术的基础上）。

（二）为什么要从中国的产业基础之外去寻找经济发展的“新动能”

产业升级——甚至仅从字面上看——指的也是在已有产业基础上的升级。产业升级需要发展新知识、新技术和新能力，但它们主要是通过企业的创新而从现有的产业基础上产生；即使是产生于产业之外的新知识（如科学研究或基础研究的突破），也只有通过现有产业对其的利用才能对经济发展产生作用。

但是，这几年流行的观点却主张从中国的产业基础之外去寻找“新动能”，事实上把中国工业看作落后的、产能过剩的“旧动能”——这是忽视产业升级重要性的重要原因。为什么会产生这种把新旧动能截然分开的思维？这要从对待投资的态度讲起。如上所述，由于经济政策的新“范式”把中国经济出现问题的根源归结于强政府以投资驱动的粗放增长，所以其就把投资看成对简单扩大产能的刺激，只能导致产能过剩和资产负债率上升的不良后果。主流经济学家由此提出的解决方案是：把经济增长的动力从依靠投资驱动转向依靠全要素生产率的提高。这个表面看上去好像没有什么错的陈述句实际上是把投资与生产率提高的关系对立起来，非此即彼。由此形成的政策思维是：要推动经济增长向依靠生产率提高的方式转变，就应该实行不投资或少投资的紧缩政策，让市场决定一切。但这样做就会使中国工业因需求不足而陷入困境，于是现有工业就变成经济增长指望不上的“旧动能”。希望在哪里？——在于“无中生有”的“新动能”，无论它们是什么。

上述逻辑有问题吗？当然有。如果投资只能产生饮鸩止渴的短期刺激效果，其前提条件一定是由投资所形成的新生产能力没有技术和生产率的变化——这个条件即使在教科书经济学中也不成立。在标准的宏观经济学教科书中，一般是以索洛首创的新古典经济增长模型来分析经济增长的源泉。这里没必要讲模型本身，只介绍它被应用于对经济增长来源进行测算时的方法，即“增长核算”（growth accounting）。由于索洛模型认为资本和劳动是两个主要的生产要素，所以新古典增长核算就可以表达为如下方程（假定国民收入的 3/4 归因于劳动，而 1/4 归因于资本）①：

产出增长率（%）＝3/4（劳动增长率）＋1/4（资本增长率）＋T.C.　(1)

由于技术进步率很难测算，所以上述方程根据在国民收入统计中可以找到的产出增长、劳动增长和资本增长数据，间接推算出技术进步率及其对经济增长的贡献（减去其他要素贡献之后的余值，也被称为索洛余值）。由于这个余值不但衡量了技术进步通过提高劳动效率对产出的影响，而且也衡量了技术进步通过提高资本效率对产出的影响，所以它也被称作“全要素生产率”［方程(1) 的最后一项：T. C.，或 total factor productivity］。

人均产出增长率（劳动生产率的增长）是一项重要的经济增长指标，因为它直接决定一国生活水平的提高速度。在增长核算中，为解释人均产出的增长，可以不把劳动当作独立的增长来源。从方程（1）可以得出：

① 下面两个方程及其含义见：萨缪尔森、诺德豪斯（2012）。

$$人均产出增长率 = 产出增长率 - 劳动增长率$$
$$= 1/4\ (资本/劳动增长率) + T.C. \quad (2)$$

今天的经济学教科书把增长核算当作一种标准方法来教授，但当索洛在1950年代中期去测算各生产要素对于经济增长的贡献时，他的发现实际上是吓了经济学界一大跳。索洛根据美国1909—1949年的国民收入统计数据进行计算后，发现资本积累［人均资本的增长，即方程（2）中的“资本/劳动增长率”］只能解释这个时期美国劳动生产率增长（人均产出增长）的12.5%，而剩下的87.5%必须归因于一个不明来源的巨大余值（Solow，1957）。它是什么呢？索洛决定将其称作“技术变化”（technical change），而比索洛更早发现这个现象的阿布拉莫维茨则把这个余值称为“对我们无知的衡量”（Abramovitz，1993）[①]。由于到那时为止，经济学理论一直把经济增长的主要动力看作资本积累，所以索洛的贡献是第一次以数值表达方式让人们意识到，技术进步对于经济增长的作用有多大。增长核算所揭示的一般规律是，发达国家的产出增长率大大高于加权平均后的资本、劳动等生产要素投入的增长率，全要素生产率的增长对于经济增长的贡献大于要素增长的贡献。这就是被中国主流经济学家曲解为投资对经济增长不重要的理论依据，尽管索洛模型根本就没有这个含义。

新古典增长核算后来受到过许多批评，其中最重要的是指出：诸如资本和劳动等要素的增长与技术进步（全要素生产率的提高）之间的关系是互动的，而不是互相独立的（Nelson，1981）。引用两位美国经济学家通俗易懂的话说：“技术变化对于经济增长的贡献很难独立于投资，因为大多数新技术需要体现在资本品之中才能被引入。大多数新技术是作为投资决策的结果才进入经济生活的源流的。同时，技术变化的特性，特别是要素的节约型或使用型的倾向，也影响对于物质资本和人力资本的投资需求。”（Mowery and Rosenberg，1998：4）实际上，纳尔逊在1964年就证明，无论全要素生产率对于经济增长的作用有多大，它的增长速度都取决于资本存量的增长速度（Nelson，1964）。

① 后来许多经济学家企图把这个余值的内容具体化，如教育、组织变化等因素，但还是有很大比例的余值内容无法确定。这里不再多讲。

甚至索洛本人也在后来的著述中指出技术变化与投资之间的互补性，或技术变化体现于新资本设备的必要性[①]。因此，认为可以脱离对物质资本和人力资本的投资去提高全要素生产率，完全是无稽之谈（天底下有不需要投资的创新吗?）。但就是这种“无稽之谈”，正在影响着对政策的讨论。

事实上，如果要推动经济增长向依靠生产率提高的方式转变，那就应该加大、加快对带来更高生产率和更高附加值的新生产能力的投资。用于短期刺激的投资和用于长期结构调整的投资在政策上是可以区别的，也存在可以区别实施的手段。如果不加区别地不投资或少投资，就会阻碍中国工业的技术进步和创新。很显然，如果经济转型的目的不是退回到石器时代或农耕时代，就必须以效率更高的新生产能力代替旧的生产能力，而形成新的生产能力以及与之相伴必须进行的技术进步和创新活动就需要新的投资。何况生产能力的新旧交替只能在不间断的过程中完成，因为任何一个社会都不能一天停止生产。在现实中，许多中国企业在 2008 年全球金融危机发生时就意识到转型的必要并做出相应努力，但它们的许多努力都在以“不刺激”为名的紧缩政策下被迫中断（许多地方的企业在 2014 年遭遇银行大规模抽贷），令人扼腕。

那么，能不能从中国工业之外找到“新动能”? 答案很肯定：不能，因为“新动能”只能在“旧动能”的基础上产生——围绕创新的活动必须依托现有的工业经验基础。回顾产生“i5”的全过程，尽管以 IT 技术为主的数控技术与传统机床的机电技术相差甚远，但触发了开发“i5”决策的是中国机床工业的升级需要，而为“i5”提供了机床经验、试验手段和应用市场的是中国机床工业的基础——如果中国没有机床工业，就不会有“i5”革命的发生，无论中国是否拥有 IT 技术。因此，导致中国经济转型的创新力量不会发生在中国工业的经验体系之外，只能发生在已有的工业基础之上。

为说明这种关系，这里引用一位美国工业家对美国人的忠告（埃尔克斯，2010）：

---

① 转引自：Nelson（1964：581）。

> 那种认为美国的创新精神在需要的时候就会体现出来的想法本身就忽略了一个基本事实：一个创意发展成为产品的过程并不是在真空中进行的。
>
> 创新以产品开发和制造过程中形成的知识和经验体系为基础，这种体系一旦消失，创新也就不复存在了。一个国家若丧失了将技术发展转换为成熟产品的能力，那么它最终也会失去创新能力。……随着美国先进的技术及其工业基础一道被全球的竞争者抢占，短时间内能替代的新技术将会很少。并且，未来技术将以今天的技术为基础，什么都不是凭空就有的。

“产品开发和制造过程中形成的知识和经验体系”就是现有的工业体系。科学和基础技术的突破当然会创造出诞生新工业的可能性，但实现这种可能性仍然需要现有工业的支持——当半导体集成电路发展起来后，为该工业提供曝光机（也称步进机，是制造集成电路的设备中最昂贵的）的企业来自传统的照相机工业（如日本的尼康和佳能）。高技术工业的产品往往是由传统制造活动所实现的——所以 iPhone 是由富士康制造出来的，而以阿里巴巴为代表的电商新业态是由廉价的快递活动（前提是存在大量的廉价劳动力）所支撑的。当光彩照人的“深圳模式”把人们的目光吸引到华为等一批高技术企业身上时，大多数人都没有意识到，那些高技术企业只是金字塔的顶端，而“深圳模式”的金字塔底座是那些灵活多变的中小制造企业；没有这个底座，顶端就会摇摇欲坠——“i5”数控系统的伟大之处就是也为那些中小制造企业的升级提供了技术手段。因此，以来历不明的“新动能”代替“旧动能”或以高新技术产业代替传统工业的想法是错误的。

如果把中国现有的工业撇在一边，把许多目前因紧缩政策和商业周期而遇到困难的企业看成“僵尸企业”，那么，想象中的经济发展“新动能”就是无源之水、无本之木。当然，可以号召在校大学生去“创新”，但这样做不会产生新技术、新产业和新业态，更不会产生中国经济发展的“新动能”。

（三）为什么否定产业升级需要来自政治层面的领导力

中国的产业升级是否需要政治领导？更一般地说，中国经济发展的方向和途径应该是由市场提供还是由政府提供？这两个问题涉及政府与市场的关系。

这几年的主流思维把政府与市场的关系看成对立的，从这种对立的关系出发，一旦市场被认为是万能的，政府的作用就必须被限制在最低程度——这种信仰来自教科书经济学（新古典经济理论）：在私有制的条件下，只要没有对价格机制的人为干预，市场竞争将会导致市场均衡（“市场出清”），均衡则代表了社会效率的最优状态。于是，政府（通过干预价格机制和公有制）就成为对市场均衡力量的最大威胁。

但“均衡”真有这么神奇？那回到石器时代也能“均衡”：一群猴子（据说是我们的祖先）快乐地生活在有树、有草、有水、有阳光的地方，遇到食物充裕或猛兽少的时候就多繁殖点，反之就“人口”（猴口）下降，最后总能达到“均衡”。但进步怎么发生？进步的力量源泉从哪来？——这是神奇的“均衡”理论永远无法解释的问题。

新古典经济理论不解释知识进步的机制，所以既不能解释经济发展的动力源泉，也不能解释中国的产业升级如何发生。今天已经没有人（包括主流经济学家）否认，自从英国工业革命以来，人类有用知识的进步是现代经济增长的基本驱动力。亚当·斯密在200多年前探索国民财富的原因时，把劳动分工——通过产生分散化的专业知识——看作经济增长的首要源泉；正是因为没有人能够掌握如此产生的全部知识，所以亚当·斯密才会认为以劳动分工为基础的市场活动需要协调机制（Loasby，1999）。瓦尔拉斯的一般均衡理论——新古典经济理论诞生的标志——把知识进步与协调机制之间的因果关系彻底割裂，并把经济增长及作为其源泉的知识进步机制排除在经济理论之外，于是经济协调机制就被全部归于依靠数学模型来证明的价格机制（Loasby，1999）。50多年前，今天可称之为新古典经济学祖师爷级别的肯尼思·阿罗就以严格的新古典框架证明，价格机制在知识生产的资源配置上是无效的，对创新活动的最优和有效资源配置要求政府介入或其他非营利性的融资介入（Arrow，1962）。重要的是，一旦把知识进步和能力成长看作经济发展的基本驱动力，政府与市场的关系在知识生产过程和经济协调机制中就不再是对立的。

回到本报告的案例，“i5”的开发决策来自一位中央领导人的推动。无论是被领导人所激励，还是仅仅慑于“首长”的命令，省市领导开始行动起来，主要起了两个作用："规范"和支持。"规范"是指设定边界条件：拟开发的数控系统必须采用最先进的技术，开发任务由关锡友负责。支持主要是指资助和其他便利措施。但是，省市政府并没有干预开发过程。开发数控系统既没有被列入政府的计划，也没有政府的立项，只有一个"不干出来谁也无法交代"的约束。

关锡友拥有充分的自主权和财力。他的眼光、10年车间现场和10年企业领导的经验、在上海上大学时开拓的眼界和人脉关系、"摇滚青年"的文艺范儿等个人因素全都发挥了作用。人们经常在生活中把行为不合常规的人称为"奇葩"，如果以不合常规来定义"奇葩"的含义，那关锡友就真的是一个"奇葩"。关锡友把开发任务托付给了另一个"奇葩"——身在大学却对评职称、写论文没有兴趣，只喜欢琢磨数控机床和跑用户的朱志浩。需要指出，在经历过10年"黑暗时期"后，关锡友和朱志浩在中国机床工业的中生代中已经属于硕果仅存的那一小撮儿。到21世纪初，关锡友是全集团中唯一从"211"大学毕业的干部；而在朱志浩的大学同学中，除了个别后来当教授的，基本上也都离开了机床工业。但这也就隐含着必然性——关锡友和朱志浩是该工业"剩下的"受教育水平最高、最有经验的骨干，如果他们再不干，那就没人干了。

朱志浩在上海组建了研发团队——在中国的体制下，一个沈阳的老国企能够在远隔千里之外的上海建立研发团队，这本身就是个"奇葩"行动。不仅如此，朱志浩招募的团队成员也是一群"奇葩"：开发数控系统的团队中没有一个成员出身数控专业还不"奇葩"吗？学工业服务的小女生做出空间补偿算法，想辞职却被留下的小伙子做出机器人……哪个不是"奇葩"？于是，"i5"就成了一群"奇葩"做成的"奇葩"技术——就因为如此，所以"i5"才会世界领先。

上述"调侃"中反映的严肃主题是：如果把开发"i5"的过程看成新技术和新知识的创造过程，那么政府与市场都起了作用。政府提供了方向、鞭策、规范和支持，以命令的方式促使项目上马。但政府没有干预项目本身，而这就允许"市场力量"发挥作用：关锡友是自己选定研发项目负责人，朱志浩是自己招募团队成员并自主决定开发战略、技术路线和方法，开发出来的数控系统是沈机自己在市场上推广，项目的结果是由市场竞争而不是由政府的专家来评判。

为什么在知识创造上需要政府的作用？在教科书经济学中，最优的状态是完全竞争，而完全竞争市场的基本特征是个别企业无法影响价格水平（最接近这种状态的是菜市场）。但在现实的工业竞争中，具有一定技术含量的产品市场的基本特点是，领先者不但决定市场的价格水平，而且决定技术进步的速度和方向、产品生产的成本结构以及产业链的构成特征。因此，在技术进步迅速的条件下，领先者可以对潜在的后进入者形成强大的进入门槛，而且这个门槛随着快速的技术进步而越拉越高。在这种条件下，如果一个后进国家完全听任市场机制的作用，那么该国将没有企业会自主选择进入该国原来没有的、技术更复杂的工业或市场，因为进入者面临的风险远远超过边际性利润动机所能解释的程度。政府的作用就是可以帮助降低不确定性带来的风险并鼓励企业敢于突破。

如果我们把经济活动的本质看作人类社会通过自己的知识和能力利用自然资源以获得福利的过程，那么政府与市场就同属于知识生产机制和经济协调机制的组成部分。教科书经济学或新古典经济学只是因为把知识及其进步的作用排除在经济理论之外，所以才会把政府与市场的作用对立起来。从第二次世界大战结束到1990年代中期的50年间，美国联邦政府的投入占美国全部R&D支出的一半到三分之二（Mowery and Rosenberg，1998：30－31）。因此，在美国研发投入的资源配置上，发挥决定性作用的不是市场，而是联邦政府。从知识进步和能力成长——世界上没有一个经济学家曾经或者敢于否定它们是经济增长的源泉——的角度看，政府与市场的作用是互补的。一方面，在经济发展过程中，由于产生新知识、新技术和新技能的机制是通过市场竞争的分工和专业化，所以有用知识存量的增长及其应用的扩展主要是由企业承担的。但另一方面，任何单个企业都很难掌握关于宏观经济的知识，很难掌握关于经济体系应该向哪里发展的知识，很难掌握关于基本社会矛盾（如能源、环境等）以及如何通过经济结构调整来化解这些矛盾的知识——这些知识基本掌握在政府的手里。政府当然没有关于具体技术和工业领域的具体知识，但这只说明政府不应该干预企业，而应把精力集中于领导工业体系的演进上。

如果中国产业升级的实质是中国工业知识和经验体系的扩张和更新，那么"工业知识和经验体系的扩张和更新"就需要整体的方向。从产业升级的角度看，政府需要帮助这个"知识和经验体系"克服其在"扩张和更新"过程中的瓶颈，需要鞭策和支持中国企业普遍走上自主创新的道路。因此，中国的产业升级需要政府的领导。这种领导不会阻碍市场机制的作用——它允许来自基层的创造性，并通过竞争检验结果，奖优罚劣。这种框架关系的有效性其实已经由中国改革开放 30 多年的历史所证明：只要政策的大方向正确（政府的作用），人民自会创造奇迹（市场的作用）。

参考文献

中文文献：

埃尔克斯，2010. 大国的命脉 . 北京：中国人民大学出版社：4.

李健，黄开亮，2001. 中国机械工业技术发展史 . 北京：机械工业出版社 .

萨缪尔森，诺德豪斯，2012. 宏观经济学（第 19 版）. 北京：人民邮电出版社：206 - 207.

夏皮罗，瓦里安，2000. 信息规则：网络经济的策略指导 . 北京：中国人民大学出版社 .

张曙，等，2014. 机床产品创新与设计 . 南京：东南大学出版社 .

张曙，朱志浩，樊留群，2011. 中国机床工业的过去、现在与将来 . 制造技术与机床，(11).

英文文献：

ABRAMOVITZ M，1993. The search for the sources of growth：areas of ignorance，old and new. The journal of economic history，53 (2)：217 -243.

ARROW K J，1962. Economic welfare and the allocation of resources for invention//NELSONR R . The rate and direction of inventive activity：economic and social factors. Princeton：Princeton University Press：609 - 626.

DOSI G，1982. Technological paradigms and technological trajectories. Research policy，11：147 - 162.

Federal Ministry of Education and Research，2013. Recommendations for implementing the strategic initiative Industrie 4. 0.

JOACHIMSTHALER E，2015. Interaction. Harvard business review，Jan-Feb：20.

KATZ M，SHAPIRO C，1985. Network externalities，competition，and compatibility. American economic review，75 (3)：424 - 440.

KUHN T S，1996/1962. The structure of scientific revolutions. 3rd ed. Chicago：The University of Chicago Press.

LOASBY B J，1999. The significance of Penrose's theory for the development of economics. Contributions to political economy，18：31 - 45.

MOORE G E，1996. Some personal perspectives on research in the semiconductor industry//ROSENBLOOM R S，SPENCER W J. Engines of innovation：U. S. industrial research at the end of an era. Boston：Harvard Business School Press：171.

MOWERY D，ROSENBERG N，1998. Paths of innovation：technological change in 20th-century America. New York：Cambridge University Press.

NELSON R R，1964. Aggregate production functions and medium-range growth projections. American economic review，54 (5)：575 - 606.

NELSON R R，1981. Research on productivity growth and productivity differences：dead ends and new departures. Journal of economic literature，19 (3)：1029 - 1064.

PORTER M，MILLAR V，1985. How information gives you competitive advantage. Harvard business review，July.

PORTER M，2001. Strategy and the Internet. Harvard business review，

March.

PORTER M，HEPPELMANN J，2014. How smart，connected products are transforming competition. Havard business review，92（11）（November）：65－88.

PORTER M，HEPPELMANN J，2015. How smart，connected products are transforming companies. Havard business review，93（10）（October）：97－114.

SOLOW R M，1957. Technical change and the aggregate production function. The review of economics and statistics，39（3）：312－320.

第五章

冲破迷雾：揭开中国高铁技术进步之源*

* 本章内容原文载于《管理世界》2019 年第 9 期。

5.1 导　　言

高速铁路（以下简称“高铁”）的发展已经被广泛地认为是中国的一项伟大成就。在这种情况下，问题的焦点更多地转向解释取得这个成就的原因。不过，这时也容易产生事后的“功能式”解释（即以结果解释原因）。近年来国内的许多研究已经指出了高铁成功的各种可能原因，包括政府主导或政策的引导（张维克，2010；Sun，2015）、技术战略的选择（林善波，2011；冯灵、余翔，2015）、激励机制的形成（吕铁、贺俊，2017）、基础研究的加强（程鹏等，2011）和合作网络的建立（林晓言 等，2017）等，但很少有文献把这些因素或变量置于高铁发展的实际过程中去分析其作用机制，而是直接用来解释总体结果。这样的解释既无法得到经验证据的验证，也使决定中国高铁发展成功的关键变量继续保持模糊状态。

澄清因果关系的切入点是追问：为什么今天中国在世界范围内被公认是高铁发展的领先国家？这样提出问题的原因是：在起点上，中国的高铁建设是以大规模技术引进为条件的，反映出中国既非高铁的原创国，也非率先发展高铁的国家。因此，除非中国高铁后来走上自主开发的道路，而且除非中国高铁的发展后来出现不同于其他领先国家的“模式”，否则中国就更可能被看成一个高铁的追赶者甚至模仿者，而不可能被认为在世界范围内引领了轨道交通方式的革命。历史的事实是，这两个变化都在中国开始建设高铁之后的过程中出现：不但中国高铁技术[①]的发展走上了自主创新的道路，而且中国成为世界上第一个以高铁替代传统铁路的国家——这是不同于所有在高铁技术上曾经领先的国家的建设方针和发展轨迹。

---

① 本文所称的“高铁技术”，除特别说明的之外，均指高速列车技术。

于是，解释中国高铁的成功就必须回答两个关键问题：为什么从引进技术开始的高铁建设后来会走上自主开发的道路并取得成功？为什么在初期同样只是为了补充和改善传统铁路的高铁建设后来会走上以高铁替代传统铁路的道路？

本文的中心论点是：走上自主开发道路和形成以高铁替代传统铁路的方针是成就中国高铁的两个直接因素或变量，但它们不是在起点上被政策设计出来的，而是被若干种力量在一个连原铁道部（即中华人民共和国铁道部，2013 年撤销，以下简称为铁道部）也被迫改变初衷的实际过程中塑造出来的。因此，中国高铁成功的真正原因不在于其发展过程中的具体做法，而在于使这些做法发生变化的力量。换句话说，中国高铁成功之谜不在于做了什么，而在于为什么会这样做。正是因为这些变量曾经受到忽略或不易从直观上被识别，所以对于大多数人来说，中国高铁技术的进步速度和成功程度是一个“意外”。因此，高铁发展对于中国学术界的理论挑战，是通过分析实际过程来识别决定了其发展路径的关键变量并从理论上予以解释，而不是描述其成功的特征或与这些特征直接相关联的做法。

为避免“既然成功了就一定是因为某个或某些做法”的功能式解释，本文首先从 3 个方面界定被研究对象的特性、适用的研究方法和需要解释的结果。这 3 个界定可以被看作一个讨论中国高铁技术创新的分析“框架”。

第一，高速铁路是大型技术系统。国内关于高铁发展的文献一般把分析单位落在“高铁产业”上，虽然这本身没有什么错误，但无助于区分高铁与汽车、手机等工业之间的不同。本文以国际主流创新文献为基础，把高速铁路看作大型技术系统（large technical systems）[①]。大型技术系统往往是一个经济体在技术、能源、交通、通信等方面的基础设施（铁路、电网、通信系统是其典型的例子），其开发、建设和运营涉及多个行动主体，包括企业、政府、非政

---

① 中国社会科学院工业经济研究所的一群学者最近几年对高铁的研究是迄今国内理论程度最高的相关研究（贺俊 等，2018；江鸿、吕铁，2019）。他们的分析层次是复杂产品系统，仍然与大型技术系统的概念不同。

府组织（如反核组织）和监管机构（Hughes，1983）。大型技术系统包含许多有区别但互相联系在一起的系统（如高铁的高速列车、信号系统、供电系统、路轨、桥梁等），其中每个系统都执行独立的任务，但被“集成”起来实现一个共同的目标；它们同时也具有明显的层级，包括系统的系统（即大型技术系统本身，如高铁）、复杂产品系统（如高速列车）、元件系统（如高速列车的电力牵引系统）和零组件（Hobday et al.，2005）。由于组成系统的各种技术和亚系统之间存在高度的互相依赖性，不能被完全分解为模块，所以开发这些系统需要一体化（integrative）的知识并高度依赖系统集成者的能力。“系统集成”起源于开发复杂武器系统的工程方法（Prencipe et al.，2003），它演进为一种企业、政府机构、监管机构把各种投入集成为有用系统的组织能力。在大型技术系统的层次上，系统集成者可以是系统的运营商/用户或提供主要产品系统的供应商，但也可以是政府机构。即使在商业领域，系统集成企业与供应商之间的关系也存在协调，并非纯粹的市场关系。因此，大型复杂技术系统在一个特定的范围内塑造了政府、企业和市场的边界，使市场关系受到“看得见的手”或“看得见的脑”的协调。

把高铁看作大型技术系统，就会立刻排除掉经济学教科书中的“政府—市场”二分法。高铁系统作为基础设施的公共性、投资与回报之间的超长期关系以及社会评价带来的政治压力等因素并不允许政府超脱于市场竞争；系统内部各种技术的高度互相依赖使相关企业在与用户和彼此之间的市场关系上受到系统集成者的协调。正如几乎所有的文献都承认的那样，在中国高铁的发展中，国家扮演了一个重要角色。但这些文献承认不够的地方在于，“国家”并不只限于铁道部，而且包括中央决策层；国家的作用也并不只限于制定政策和“引导”，国家也是高铁发展的直接行动者。把国家当作高铁技术创新的主体之一当然有悖于主流经济学的信条，但这种看法却一直在学术界存在（Lazonick，2011；Mazzucato，2013）。回到实际发生的历史过程，中国高铁发展的决策是在国家层次上做出的，这个大型技术系统的系统集成者是铁道部。如果脱离中国高铁作为一个大型复杂技术系统的语境，仅仅借助于一些局部的变量如合作网络、基础研究的投入、科研人员的经济激励等，既避免不了事后解释的尴尬，也无助于理解中国高铁成功的关键原因。

第二，中国高铁的发展是激进创新。虽然大多数文献都围绕中国高铁的发展是如何成功的这个主题，但在评价高铁的成就时仍然存在许多模糊不清之处，诸如“中国已经是高铁大国，但还不是高铁强国”之类的说法。因为缺乏评判标准，这种模糊的语言无法说明：当中国的高铁运营里程已经占到全世界的 2/3 以上时，如果中国不是高铁强国，那么还有哪个国家是高铁强国？当今天中国高铁的技术创新已经被公认为成功时，我们需要明确这个结果的性质，然后才能确定需要解释的问题。根据对创新的分类，本文把中国高铁的发展定义为世界轨道交通领域的一次激进创新[①]，标志就是中国以高铁全面替代传统铁路，而不是对现有铁路的补充或改进，也因此引领了世界轨道交通的革命。

在国际创新文献中，对激进（radical）创新与渐进（incremental）创新的划分由来已久。前者指的是重大的产品/系统创新；后者指的是在前者发生之后后续那些无数的微小改进，尽管这些改进最终实现创新的大部分经济收益和性能提高（Abernathy and Utterback，1978）。这种早期的粗略划分在后续的研究中得到进一步的澄清。Dosi（1982）在库恩关于科学革命理论（Kuhn，1962）的基础上，以技术范式和技术轨道的关系来分析同时具有连续性和非连续性特征的技术进步过程。“技术轨道”是指在“技术范式”所规定的范围内解决问题的“常规”活动模式，代表了在由“技术范式”所规定的外部边界之内的一组可能的技术方向，沿着这些方向的技术活动是连续性的。“技术范式”是在选择出来的科学原则和选择出来的技术基础上，解决选定技术问题的“模型”或“模式”，可以形容为一种“世界观”，具有很强的排除效应，使工程师及其所在组织的技术努力和想象集中在相当确定的方向上，而无视技术发展的其他可能性。虽然 Dosi 的本意是指出，在“科学—技术—生产”的链条上，经

---

① 两院院士沈志云在 2019 年年初提出，中国高铁正在对传统铁路“产生整体或根本性替代”。他特别指出，与日本和欧洲相比，中国高铁网的根本特征是独立于既有线的新建网。他把这种替代称为颠覆性技术创新［沈志云．一场世界范围的铁路颠覆性技术革命．（2019－01－24）．http：//news. sciencenet. cn/htmlnews/2019/1/422420. shtm］。鉴于颠覆性创新有其特定的理论含义，本文把这场替代定义为激进创新。

济力量与制度和社会因素在任何层次上都共同发挥“选择机制”的作用，但新范式的出现标志着技术发生非连续性（激进）的变化。Henderson 和 Clark（1990）则把产品的知识划分为“架构知识”和“元件知识”①。在这种划分的基础上，他们通过一个“2×2”的矩阵把产品创新分为 4 类：渐进创新（架构和元件都不变），模块创新（架构不变，但元件变化），架构创新（架构变化，但元件不变），激进创新（架构和元件同时发生变化）。Arthur（2007）在讨论激进的新技术是如何被开发出来时，把这种发明过程看作遵循一种结构化的逻辑。发明起始于解决某种问题或满足某种需要的动机，然后基于对某种自然现象的利用（科学），产生出关于技术的某种中心思想或概念。Arthur 将其称为“技术的基础概念或基础原则”。以基础原则为起点，技术开发就是通过往复解决问题的过程，最后以已经存在的技术来实现这项基础原则。因此，产生一项激进技术变化的标志（区别于其他技术的标志）是基础原则的变化。

虽然上述 3 种理论的分析层次都是在产品上，但它们划分创新性质的原则仍然可以应用于大型复杂技术系统。从系统层次上看，中国是世界上第一个把发展高速铁路作为解决铁路运输问题主要手段的国家，即以高铁替代传统铁路——而高铁在日本和欧洲是被当作现有铁路干线的补充性线路。因此，以高速铁路替代传统铁路代表着轨道交通方式的“范式变化”，也是铁路系统的“基础原则”的变化。以高铁替代传统铁路，对于整个铁路网的大系统及其子系统的列车、供电、路轨、信号等来说，其“架构”和“元件”全都必须同时发生变化。因此，中国高铁的发展是世界铁路史上的一次激进创新，其意义比肩第一次建设铁路网②。

---

① 元件知识属于所谓的“核心技术”（如发动机之于汽车或芯片之于手机等），而架构（architecture）知识是把各种元件按照一定的方式组合或连接成为一个整体的知识。由于任何一种产品都包含多种元件，所以需要以适当的架构把各种元件按照能够提供最终有用价值的方式组合起来。虽然元件技术的发展会影响产品系统的性能，但架构也会决定使用元件技术的方式。即使在元件技术保持不变的条件下，架构变化也足以构成创新，因为它意味着根据市场的变化重新定义或改变一个产品系统（Christensen and Richard Rosenbloom，1995）。

② 在 2011 年 1 月的国情咨文中，美国总统奥巴马两次提到中国高铁，称对于修建了历史上第一个铁路网和州际高速公路网的美国，没有理由（听任）欧洲和中国造出最快的火车。

第三，对中国高铁的发展要采取过程解释。中国高铁的发展是一个重要的事件，它不仅是中国在工业技术进步、基础设施建设等方面的重大成就，也是世界铁路史上的重大事件。同时，高铁发展涉及决策层、政府部门、众多企业以及庞大消费者人群等多方面的利害关系，因而政府决策、高铁的技术和运营绩效、公众舆论及这些因素之间的反馈都影响了事件的发展。面对这样一个重大的事件，要避免事后解释并识别出决定结果的关键变量，就需要采取过程解释，尤其是对决策过程和技术进步过程的解释。

对于组织决策过程的解释在社会科学领域有着强大的基础，即由 Herbert A. Simon、Robert M. Cyert 和 James G. March 所奠定的行为理论传统，其影响遍及社会科学的各个领域，尤其是直接影响了当代的组织学习理论和演化经济学的发展。不同于主流经济学的理性选择模式——“经济人”可以在一定约束下自动做出最优选择，行为理论的要旨是通过研究过程来研究决策，把组织的决策看成一个行为顺序的结果，并要求理论建立在对真实组织的决策结果和过程结构的经验观察基础上，而且必须经得起实际组织行为的验证，其关键概念包括有限理性、搜寻、满意度原则等（Argote and Greve，2007）。国际创新文献的主流同样把技术创新看作一个过程，因为技术变化——从知识基础的演进到利用新知识的产品开发再到市场应用以及它们之间的互动——需要时间，其中每个阶段都存在不确定性；创新能力需要通过复杂的学习才能积累起来，影响创新活动的社会条件也随时间而变化（Bruland and Mowery，2005）。因此，过程解释的传统在创新研究领域一直保持着主导地位——从熊彼特把经济体系内部的“创造性毁灭”看作经济发展的动力，到技术进步被概括为演化过程，再到把创新的各个方面概括为学习的过程（Rosenberg，1982）。总之，对于那些在其起点上无法预测其结果的事件，过程解释的实质是通过分析行动者与客观世界和社会条件的互动来识别那些决定了事件结果的关键变量。

过程解释之所以对识别中国高铁发展的关键原因非常重要，是因为这个发展过程的实际轨迹是由若干重大变化所塑造出来的。例如，中国从大规模技术引进开始建设高铁，但还在尚未完成对引进技术的消化、吸收阶段时就转向自主开发，而且迅速开发出当时世界上运营速度最快的高速列车（CRH380 系列)。那么，被大多数文献所回避的技术引进与自主开发之间的关系到底是什么？此外，国务院批准的2004年《中长期铁路网规划》被公认为是中国开始高铁建设的标志，但无论是在国家批复还是规划的文本中，通篇都没有出现“高铁”的字眼。事实上，高铁建设是到2009年才迎来第一个高潮，又在2011—2013年经历了一个低潮期，然后才逐渐进入至今尚未结束的又一次建设高潮。可见政府对于高铁的发展方针不但数次发生重要变化，而且“一贯正确”的含义是不成立的。面对如此之大的起伏和甚至带有“自相矛盾”色彩的变化，如果不去追溯这些变化及其变化顺序的原因，就无从识别中国高铁成功的关键变量。如果脱离了中国高铁发展过程的语境，回避关键时刻和关键事件，任何解释都会是不可证伪的。

本文的目的是为理解中国高铁发展的成功迈出可经受经验证据验证的一步。本文虽然把在过程中发生的转向自主技术开发和形成以高铁替代传统铁路的“方针”定义为决定中国高铁成功的两个直接变量，但仍然为讨论什么是影响这两个转变的因素留下余地。此外，本文集中关注高速列车的技术领域。高速列车是高速铁路大系统中的一个子系统，却是最具技术含量的核心系统，也是从国外成套引进技术的领域，而且是发生事故时被关注的焦点（因为载人)。因此，分析中国高速列车技术发展的原因，可以帮助理解中国高铁发展的主要问题。

文章余下部分安排如下：第二节讨论中国高铁技术的来源以及从引进转向自主开发的原因；第三节追溯中国铁路装备工业在长期自主开发中积累的技术能力基础及其与引进技术的关系；第四节分析中国走上铁路激进创新之路的过程和原因；第五节指出，从部门管理转变为系统集成是解开体制矛盾的关键；第六节是结论部分，同时讨论中国高铁发展经验对于理论研究的挑战。

5.2 中国高铁技术政策的演变

中国的高铁建设是从大规模技术引进开始的。从2007年4月的全国铁路第六次大提速首次使用时速200公里及以上的动车组，到京津客运专线、郑西高铁、武广高铁等新建线路于2008—2010年的相继开通，中国在第一批建成的客运专线上投入运营的动车组全部是统一被命名为“和谐号”的引进车型及其改进车型。因此，中国高铁技术的源头很容易被认为是来自引进。但在上述第一批新建的客运专线尚未开通之时，中国高铁的技术路线已经转向自主创新。2008年2月，中国自主开发的CRH380系列立项。该系列的两个车型CRH380A和CRH380B在2011年6月建成的京沪高铁上投入运营，而且立刻成为世界上运营速度最快的动车组。那么，为什么中国高铁技术的发展突然从引进路线转向自主创新？为什么尚未完成对外国技术消化吸收的中国工业能够自主开发新型动车组？分析这些“突变”和“断裂”的前因后果是理解中国高铁技术之源的一个关键。

5.2.1　高速列车的技术引进

实际上，把中国高铁技术的迅速进步归因于“引进、消化、吸收、再创新”的说法来自官方自己的解释。2011年6月底，全长1 318公里、设计时速350公里的京沪高铁（总投资超过2 200亿元）开通，它是当时世界上最长、最快的高铁线路，而且投入运营的列车是中国自主开发的CRH380系列。根据当时铁道部的说法，在京沪线上使用的100列动车组“全部由我国自主开发制造，整车国产化率达到85%以上”。但这个成就也引来“羡慕嫉妒恨”。2011年7月初，日本媒体质疑中国高铁技术是“盗版新干线”，并对中国可能在海外申请专利表示关切。

中国铁道部旋即予以反驳，称中国高铁技术已经远远优于日本新干线。铁道部新闻发言人向媒体介绍说，中国高铁研发坚持政府主导，构建了“产学研”相结合的再创新平台，在不到6年的时间内，跨越了3个台阶：第一个台阶，通过“引进、消化、吸收、再创新”，掌握了时速200～250公里高速列车技术，标志着中国高速列车技术跻身世界先进行列。第二个台阶，在掌握时速200～250公里高速列车技术的基础上，自主研制生产了时速350公里高速列车，标志着中国高速列车技术达到世界领先水平。第三个台阶，中国铁路以时速350公里高速列车技术平台为基础，成功研制生产出新一代高速列车CRH380型高速动车组，标志着世界高速列车技术发展到新水平[①]。

从这个由《人民日报》报道的解释看，中国高铁技术发展的“3个台阶”是从技术引进开始，每一个台阶都是下一个台阶的基础。既然铁道部都这样说，难怪许多公众会把技术引进当作中国高铁技术发展的源头。具有讽刺意味的是，正是因为把引进说成唯一来源，所以后来才加重了公众对高铁技术的怀疑：中国怎么可能从引进自己本来没有的技术开始，只用6年时间就“跨越”到世界先进水平？

严格从理论上分析，这个说法包含了两个因果关系：第一，高铁技术的最初来源是引进；第二，能够“再创新”的能力是通过“消化、吸收”引进的技术而生成的。但是，如果仔细分析中国高速列车的技术变化，那么这两个关系都不成立。

2004—2006年的大规模引进高速列车技术的主要内容是从4个外国企业购买了4个车型及相应的技术转让，它们被铁道部统一命名为“和谐号”，具体分为4个CRH系列（CRH是China Railway High-speed即“中国高速铁路”的缩写）。

1型车，即CRH1，由铁道部从加拿大庞巴迪公司（Bombardier Inc）购买40列。由于这批列车是由庞巴迪在中国的合资企业生产，所以没有技术转让费。

2型车，即CRH2，以新干线E2-1000为原型车，时速200公里，由铁道部向日本川崎重工业株式会社（Kawasaki Heavy Industries Ltd.）订购60列，由南车集团所属青岛四方机车车辆股份有限公司（以下简称四方股份或四方）受让并国产化，支付技术转让费约6亿元人民币（不含购车费，下同）。

5型车，即CRH5，时速250公里，是从法国阿尔斯通旗下的阿尔斯通交通运输公司（Alstom Transport）引进，转让给北车集团所属长春轨道客车股

① 铁道部称高铁研发实行举国体制 技术超日新干线.（2011-07-08）.http://news.sina.com.cn/c/2011-07-08/042522777122.shtml.

份有限公司（以下简称长客），技术转让费为 9 亿元人民币。

3 型车，即 CRH3，时速 300 公里。2006 年第二轮招标后，铁道部从德国西门子公司（Siemens AG）购买 60 列 CRH3（总价 6.69 亿欧元），转让给北车集团所属唐山轨道客车有限责任公司（以下简称唐客），技术转让费为 8 000 万欧元。

除整车外，还有配套牵引系统、制动等系统及部件的生产转让。5 型车的转让给北车集团的四方所，3 型车的转让给中国铁道科学研究院（以下简称铁科院）和北车集团的永济厂，2 型车的转让给株洲电力机车研究所（以下简称株洲所）和北车集团的永济厂等企业。

所谓“转让技术”的内容是：（1）对中国购买的高速列车进行“联合设计”。这种“联合设计”不是外方与中方一起从头设计一种过去没有的新车型，而是双方对中方购买的外国车型进行设计修改，以使其能够适应中国的线路特点。（2）外方提供中方购买车型的设计图纸。（3）生产引进产品的工艺。这部分属于制造体系的一部分，也是中方受益最大的部分。（4）对中国工程师和技术工人进行培训。

外方向中方转让的技术是使中方能够把给定产品制造出来的技术，而不是怎样设计和开发产品的技术①。在这种情况下，如果引进是技术的唯一来源，那么中国铁路装备工业后来的发展路径就应该是按照外国车型设计来制造，并通过引进新车型来进行升级换代。但中国后来再没有引进过外国车型，而中国

---

① 长客的一位技术管理者是这样介绍从西门子受让技术的：“我们拿到的全部是西门子的制造图纸，连一张三维模型图都没有。我们拿到的是设计结果，没有过程。我们拿到的是现场施工图纸。因此，初期工艺引进了，我们学会了怎样把现成的零部件装上，但怎么设计的不知道。引进对我们设计的影响，第一是通过制造技术的引进推进了设计的进展，主要是通过结果反向推论，这就和我们自己的能力基础有关，算是偷艺的过程，西门子不会告诉你的。另外，我们通过培训侧面了解一些”（长客访谈记录）。四方的一位技术负责人则是这样描述的：“在与川崎的合作上，我认为川崎是个好老师。四方派了一个设计团队在日本学习了半年，其中也有前后学习了 1 年的人。日方不是教你设计的方法——如为什么这么设计，而是教你读图。他们不会告诉你为什么电路要以这个逻辑关系设计出来，而是告诉你这个执行机构的作用，以及此后有哪几个步骤要懂。日方的培训很细致，对于每一个图上的细节都会告诉你是起什么作用的，但不会告诉你为什么”（四方访谈记录）。

的高铁技术却在后来的几年中发展迅速。我们以四方股份负责的2型车为例，描述一下这种变化。整个变化过程分为两个阶段，即对引进技术的“消化、吸收、再创新”阶段和自主开发阶段。

第一个阶段其实走了4步。(1) CRH2A（本段中以下各型号省去CRH）是对川崎重工原型车的“国产化”型号，完成时间是2004—2007年。中日双方对该型号进行了“联合设计”，其内容是针对中国线路特点进行适应性修改。为给此车配套，株洲所受让日本三菱的牵引变流器等电气系统技术。(2) 2B/2E（长编组），2007—2008年完成。这两个型号的主要变化是把原型车的8辆车编组变成16辆车编组，为此进行了安全性和适应性改造。2E是在2B的基础上设计的，改进为卧铺车。(3) 2C-Ⅰ，2006—2008年完成。此车是在时速200公里的2A平台上，为京津线开发的时速300公里动车组，主要变化是动力配置——动车数量从原来的4节增加到6节，牵引总功率提升到7 280千瓦，其他变化包括对速度提升的安全性评估和舒适度评估，以及内装的适应性改造。(4) 2C-Ⅱ，2008—2010年完成，用于时速350公里的武广线、郑西线。动车组改用更大功率的交流牵引电机，从内装、转向架到牵引系统都做了改进。特别要指出的是，2C（Ⅰ、Ⅱ）使用的牵引逆变器、辅助牵引变流器、通风系统及列车网络控制系统已全部由株洲所提供。

从上述变化的序列看，四方实际上在“消化、吸收”原型车技术的阶段就已经开始“再创新”了（如长编组和京津线动车组）。更令人感到“意外”的是，对2型车的改进还没有结束时，四方就进入了第二个阶段——自主开发阶段。2008年2月，四方根据国家立项开始为京沪高铁自主开发时速350公里的高速动车组CRH380A（以下简称380A）。2010年12月3日，380A高速动车组在京沪高铁枣庄至蚌埠段试验运行的最高时速达到486.1公里①。同年12

---

① 四方开发的CRH380A已经通过美国的知识产权评估。在四方跟踪美国加州高铁市场的过程中，考虑引进中国高铁技术的美方对知识产权问题非常重视，于是对四方的产品进行了评估，由四方提供自己的技术条件和设计方案，美方检索出来所有相关技术专利900多项，再找专业人士评估是否侵权。最后，美方评估的结论是四方的产品没有侵权，说明CRH380A的技术已经超过日本新干线技术。

月，由四方、株洲所等单位联合设计的时速 500 公里更高速度试验列车下线（滚动台试验达到时速 600 多公里）。这就是铁道部称“中国高铁技术已经远远优于日本新干线”的底气所在。

关键的问题是，380A 和 500 公里动车组是不是从对 2 型车的改进而来？业内公认，区别一列动车组的知识产权归属要看车头造型、转向架的构造、车体强度密封、网络控制系统和牵引系统。我们从这 4 个关键部分来解析一下 380A 的技术变化，以确定它与引进技术的关系。

1. 车头造型

380A 的头型是四方自己设计的，与 CRH2A 的头型完全不同。头型的重要性不只是为了美观，更与列车的空气动力性和安全性高度相关。四方开发该头型的过程历经 5 个步骤：（1）形成初步概念（形成图纸和模型）；（2）筛选出 10 个进行初步仿真分析、计算、验证；（3）从仿真模型中选出 5 个做风洞模型试验，并进行精细化计算验证和模型实物验证；（4）再从中选出 2 个做 1∶1 实物的工艺验证；（5）最后选定 1 个投入生产。很明显，按照这个流程开发出来的 380A 头型，不但与世界上任何列车的头型都不一样，而且在开发的起点上连四方的工程师也无法预料结果。

2. 转向架的构造

转向架的设计是决定列车安全的保证，因为其功能包括承载、导向、驱动、制动和牵引。当列车时速从 200 公里变成 350 公里时，对构架的承载能力、车辆运行的安全舒适性、悬挂系统的防震减噪、轮轨和制动装置的关系等问题就都必须重新找到解决方案，而且要解决相关装置和系统之间的匹配问题。因此，380A 的转向架必须重新设计。设计转向架不但要求有足够的技术积累，而且要求理解技术的科学原理——动力学、结构强度、一系列刚度等，此外还要求使用新的材料。

3. 车体强度结构

在高速运行条件下，要保证车厢的安全气密性和舒适性，就要提高“气密承载能力”，其技术关键是车厢壁板的结构（壁板由双层铝合金板通过一定形状的金属结构连接组成，结构连接点的中间是空的）。由于气密强度和速度是幂次方的关系，所以速度越高则压力越大。在高速运行中气流产生的载荷能力对车体产生压力，可能使车体变形，变形时间长了就会导致车体断裂。由于380A的速度远超过CRH2A，所以它的壁板必须由开发者通过试验测出速度数据，再根据这些数据进行全新设计。

4. 网络控制系统和牵引系统

380A的网络控制系统和牵引系统仍采用日系标准和系统架构，由株洲所负责系统设计、升级和集成，并完成新牵引模块、新功能单元的开发，包括部分控制软件的开发和全部软件的集成。网络控制系统的主要作用是：实现各动力车的重联控制；实现全车所有由计算机控制的部件联网通信和资源共享；实现全列车的制动控制、自动门控制、轴温监测和空调控制等功能；实现全列车的自检及故障诊断决策。株洲所和株洲电机公司为380A提供的牵引系统轴功率已经超过400千瓦，而CRH2A的功率不到300千瓦。牵引系统主要参数的显著变化意味着主要部件要全部重新设计，包括变压器、牵引变流器、电机等。

380A的网络和牵引系统采用日系标准，反映出总体设计者看重使用2型车的经验。因此，虽然所有的核心部分都必须重新设计，但开发者还是尽量将新车置于使用2型车的经验基础之上，毕竟四方股份在此之前缺乏设计和使用成熟动车组的经验。但是，这样做并非必然，因为株洲所拥有自主开发的网络和传动平台，采用与日系不同的标准，而且被用于时速500公里更高速度的试验列车，其牵引功率达到600千瓦。

通过上述对四方高速列车技术变化的描述，可以清晰地看出，380A与2型车之间存在技术上的“断裂”，即前者不能被后者所充分解释。因此，对于自主开发阶段是以“引进、消化、吸收”阶段为唯一基础的官方说法，在逻辑上存在一个巨大的“黑洞”，因为它没有解释两个关键因素：第一，中国企业能够迅速对引进技术进行“消化、吸收、再创新”的前提条件是它们在引进之前就必须具有强大的技术能力基础。第二，开发380A和新一代高速动车组使用了与引进无关的核心技术，说明中国工业在引进之外还存在另外的技术来源，而且是更重要的来源。那么，为什么铁道部在大规模引进时从未提到这个能力基础？为什么在后来的官方宣传和解释中也对此含糊其词？我们把目光转向决策层次。

5.2.2　从引进路线到自主创新路线的“突变”

正如四方在尚未完成“消化、吸收”的阶段就开始自主开发 380A 所反映的那样，中国的高铁技术发展是从引进路线“突然”转向自主开发的。

在中国的体制下，有关高铁的“国家”是一个“中央决策层—铁道部”的结构。铁道部是高铁建设的政府主管部门，但同时也是高铁的唯一运营商和系统集成者。这个“双重”身份当然使中央决策层（以下简称决策层）与铁道部在动机和利害关系等方面并不完全一致，但决策层不但掌握着对铁道部官员的任免权，而且掌握着高铁发展的最终决策权，包括对用地、投资以及建设规模的决定权。打个不完全恰当的比喻，“中央决策层—铁道部”的结构有点像公司总部与事业部之间的关系。决策层在有关高铁的技术、建设和运营可行性方面依赖铁道部提供的信息和解释，但如果决策层在认知或政治考量方面发生变化，则在任何时点上都可以做出不符合铁道部意愿的决策。此外，为高铁发展提供主要设备的企业全部是央企集团，它们虽然是需要被系统集成者（铁道部）协调的企业，但同时也具有与决策层沟通的独立渠道，有可能影响决策层对于高铁发展方针的判断。虽然铁道部处于影响决策的最佳位置，但如何使决策层相信自己的解释则是它一直面临的挑战。因此，这个决策结构为有关高铁建设方针的变化留下空间。

中国政府对发展高铁的规划始自 20 世纪 90 年代初。在傅志寰任部长期间（1998—2003 年），铁道部布置了一系列高速列车项目的开发。到傅志寰卸任时，中国发展高铁的准备明显依靠自主开发的道路，但何时能够大规模建设高铁的前景并不明朗。当时，争论了十几年的京沪高铁还没有在国家计委（发改委）正式立项。不过，那段“徘徊”并非铁道部能够左右。2003 年之后，新的中央决策层决心上马一系列的重大工程（包括核电和大飞机），这是中国高铁起步的背景。2003 年 3 月，铁道部提出实现铁路“跨越式发展”的方针，力争在5年内使全国铁路的“提速里程达到20 000公里，覆盖全国主要地区”，“京沪、京广、京哈、京九、陇海、浙赣‘四纵两横’等干线提速客车最高时速的目标是200公里，达到发达国家铁路既有线客车提速水平”；货车运行时速也要“由目前不足80公里提高到120公里，与客车提速相匹配”①。

要在短期内实现大面积提速，就需要有马上可用的技术手段。于是，大规模引进高速列车技术就成为在短期内实现“跨越式发展”的选择。铁道部提出：实现我国铁路技术装备现代化，是铁路跨越式发展的重点所在。我们的目标应该是采用先进、成熟、经济、适用、可靠的技术。所谓先进，就是技术不复制落后，不重复落后，技术水平要赶上发达国家；所谓成熟，就是要用定型的技术，而不是在试用阶段的技术；所谓经济，就是不但购买价格要合理，而且综合成本比较低；所谓适用，就是符合我国铁路的技术要求；所谓可靠，就是技术装备性能稳定，质量良好，能够保证运输安全。我们要加快铁路科技进步，立足高起点、高标准，把技术引进与自主创新结合起来，使我国铁路技术装备早日达到或接近发达国家水平。这一方针应用在机车车辆领域就是，“以客运高速、快速和货运快捷、重载为重点，系统地引进发达国家机车车辆的关键技术，进行消化吸收和系统合成，加快对我们机车车辆制造业的技术改造，创造中国铁路的‘奥迪’‘别克’和‘桑塔纳’，实现机车车辆的更新换代”②。

铁道部以“跨越式发展”的语言表达出技术政策原则，即通过引进外国技术来发展高铁，同时排斥正在自主开发的技术和产品，这样的技术方针只能把中国铁路装备工业变成组装外国产品的工业。

当然，铁道部并不是要以外国技术替代中国技术，而是要以引进现成技术的便捷方式来实现“跨越式发展”，而“跨越式发展”的目标恰恰也是中央决策层希望实现的。2004年4月，国务院主持召开了一次关于铁路机车车辆和装备现代化的会议，专题研究中国铁路的客运、装备如何快速发展，如何实现现代化。会议决定要在更高的起点上实现中国铁路的创新，提出了引进先进技

①② 铁道部：《在部长办公会议上的讲话提纲》，2003年3月24日，打印稿。

术、联合设计生产、打造中国品牌以发展中国高速列车和高速铁路的思路[①]。至此，铁道部拉开了中国高铁建设的大幕——以建设客运专线的名义开始推进高铁的建设，同时以令人惊愕的“果断”下马了所有铁道部以前安排的研发项目，开始了大规模引进。

2004 年 4 月 18 日，中国铁路实施了第五次大面积提速，几大干线部分地段的线路达到时速 200 公里的要求，提速总里程 16 500 多公里。2007 年 4 月 18 日，全国铁路正式实施第六次大面积提速，时速 120 公里及以上线路延展里程达到 2.2 万公里，比第五次大提速增加近 6 000 公里，其中时速 160 公里及以上提速线路延展里程达到 1.4 万公里，时速 200 公里线路延展里程达到 6 003 公里，京哈、京广、京沪、胶济线部分区段时速达到 250 公里。这次提速最大的亮点是时速 200 公里及以上的“和谐号”动车组投入使用。到 2008 年年底，全国铁路有 480 列时速 200 公里及以上的动车组上线运行，覆盖全国 17 个省区市。两次提速的效果实际上超额完成了预定目标。

如果铁道部在决策层尚未下决心发展高铁之际，提出以建设客运专线实现客货运分开的思路，并以建设和运营高速客运专线的业绩使决策层逐渐形成以高铁解决中国铁路运力不足问题的方针，那么中国铁路装备工业就会向组装外国产品并只能依靠引进来升级换代的模式演进，不可能出现后来那样的自主创新。如果中国工业真的变成组装模式，那么中国高铁技术的发展也不可能获得后来实际上获得的成就——380A 一出世就超过日本技术水平的事实就是明证。因此，如果严格按照铁道部原定的引进路线，中国高铁技术可能达到的水平只能比后来实际达到的水平更低。

2005—2006 年，中央领导人不断表达了自主创新的想法。尤其是在 2006 年 1 月召开的全国科技大会上，总书记亲口提出要建设“创新型国家”。这个方针是在最高政治层次上提出的，它一举改变了衡量官员政绩的标准或参照

---

① 这个会议未公开报道，是央视节目中透露的。见《铁道部副总工程师解密中国高铁诞生幕后》（2008 年 10 月 3 日央视《对话》，http://news.sina.com.cn/c/2008-10-03/135516392550.shtml）。

系。从此，铁道部再不提“跨越式发展”，也再不提“桑塔纳路线”。相反，铁道部不得不向自主创新路线靠拢，把高铁技术的发展描绘成“引进、消化、吸收、再创新”的模式就是出于这个原因。

2007 年 4 月中国铁路第六次大提速之后，铁道部发动了一轮宣传攻势。这些由铁道部提供原始信息来源的报道有几个重点：(1) 引进技术的策略。包括铁道部在 2004 年动车组招标文件中提出的“三个必须”——外方关键技术必须转让、价格必须优惠、必须使用中国的品牌。报道特别强调了在第一轮招标中，西门子因坚持高价被淘汰出局，后来在第二轮不得不降价的故事，以示铁道部的成就。(2) 引进带来了技术和管理。引进动车组带来的不仅是产品和技术，更重要的是大幅提升了国内技术人员的研发和操作水平，为今后进一步创新打下了基础。(3) 通过联合设计对引进的车型进行了修改，实现了再创新。例如，长客对引进的阿尔斯通原型车做了大量修改，几乎等于设计了一款新车(如原型车宽度只有 2.9 米，难以满足国内大运量的要求，中方把宽度增加到了 3.3 米，整整多出来一排座位)。当时已在京哈线上投入运营的 5 型车，整车专利属于中国。最突出的例子是四方股份在引进日本时速 200 公里动车组后，成功实现再创新，自主设计制造时速 300 公里级别动车组（即京津线动车组)。

从这些报道看，铁道部当时能够讲清楚的仍然只是“引进”，包括为什么要引进、引进的内容以及引进的效果；虽然也提到了对引进技术进行“消化、吸收、再创新”，但从来没有解释为什么能够“再创新”以及是怎样“再创新”的。实际上，如果铁道部当时能够讲清楚“再创新”的问题，就可以获得更大的宣传优势。问题在于，当时铁道部的决策者头脑中本来就没有关于技术能力的概念和逻辑，也就说不出什么。这就更加证明，自主创新是在铁道部决策者的思维框架和政策意图之外发生的事件。但铁道部为洗刷自己的名声，确实越来越强调自主创新，不但逐渐放松了对自主开发的限制，而且极力推进时速 350 公里的高铁的开发和建设，以证明自己的成就。

2007 年夏天，国务委员陈至立在视察高铁建设时指示科技部领导要关心高铁技术的发展和自主创新。此后，经过一段时间的准备，科技部和铁道部于 2008 年 2 月签署了《中国高速列车自主创新联合行动计划合作协议》（以下简称“两部联合行动计划”）。为了支撑京沪高铁的建设运营，该计划旨在尽快建立和完善具有自主知识产权、时速350公里及以上、国际竞争力强的中国高速列车技术体系的支持措施，为此提出了几项原则。第一项就是“坚持自主创新”，规定“在巩固发展既有引进消化吸收再创新成果的基础上，进一步加大自主创新力度，形成适合中国国情、路情的具有自主知识产权的时速350公里及以上高速列车技术体系……”。其他原则包括：“坚持支撑国家重大战略需求”，“坚持产学研用相结合”，“坚持动员和集成全国优势科研及产业资源”，“坚持培育与形成自主知识产权体系”。从这些表述看，以自主创新原则建设京沪高铁已成为决策层的既定方针。

回顾历史，两部联合行动计划实际上代表了中央决策层对原来由铁道部主导的高铁技术发展的重大“干预”。该计划支持下的CRH380系列开发是中国高铁技术发展史上的一个转折点和里程碑，扭转了中国高铁技术发展的方向。它堵死了继续依靠引进来升级换代高速列车技术的大门，否则时速350公里的京沪高铁就需要继续从外国企业购买升级版的车型。这个变化使中国铁路装备工业的技术能力基础再次发挥主要作用。

5.3　中国工业的技术能力基础及其与技术引进的关系

中国高铁发展令人“意外”的一个主要原因是其技术进步的速度超乎预料。例如，在引进初期，川崎重工认为四方对引进技术的消化吸收需要16年，即8年消化、8年吸收，然后才能达到可以创新的阶段①。但预期的第一个8年尚未结束，四方自主开发的380A不但已经在当时运营里程最长的京沪高铁线路上投入运营，而且被公认是当时世界上最先进的车型。由于中国高铁技术来自“引进、消化、吸收、再创新”的说法完全不能解释这种“突然加速”的力量来源，所以我们必须分析中国铁路装备工业的技术能力基础及其与引进技术

① 根据四方访谈记录。

之间的互动。

5.3.1 分析技术能力基础与技术引进关系的理论视角

从理论上讲，仅仅依靠技术引进是不足以实现技术进步的。例如，中国引进的高速列车“技术”具体表现为：以购买一定数量的列车为前提，从外国企业获得所购列车的产品设计和工艺设计，以及能够按照这些设计生产所购车型的技术许可。严格地讲，中国并没有因为这种引进而得到技术：第一，所有引进技术的知识产权仍然属于出售方，中国在许可的范围内可以使用这些技术进行生产，但必须按照生产产品的数量付费。第二，中方得到的产品设计只是信息，不是知识，因为定型的产品设计并不反映设计背后的因果关系。因此，如果中国企业完全或纯粹依靠技术引进，那么中国企业就只能倚靠引进的技术进行生产，并陷入技术依赖状态。

如果中国企业能够从引进技术中获益，就必须能够理解引进的技术信息所反映的因果关系，并在这个基础上产生新的知识；而如果能够做到如此，中国企业在引进之前就必须具有技术研发活动及其经验基础——这就涉及技术能力。国际创新学界对于技术能力有一个经典定义，即“技术能力是产生和把握技术变化的能力”（Bell and Pavit，1993）。根据这个分析，技术能力的两个构成要素是产品开发能力和技术积累。产品开发能力指的是使用技术设计出产品的能力；技术积累指的是对技术的理解程度（知识的深度和广度）和使用技术解决问题的技能熟练程度。很显然，技术能力的获得离不开研究和使用技术来开发产品的经验，对技术的理解和使用技术的熟练程度也只能在研发和使用技术的过程中加深或提高。正是由于这种经验性质，技术能力只能是组织内生的，即随着工业组织的研发活动积累起来，但无法从市场上买到。

技术能力还包括吸收外部知识的能力。在国际创新文献中，吸收能力是指工业组织辨认新的外部信息，将其吸收并应用于商业目的的能力（落后者吸收先进技术的能力也落在其范畴之内）。因此，一个工业组织的吸收能力对于它的创新活动具有关键意义。在其来源上，Cohen 和 Levinthal（1990）的研究证明，吸收能力是企业技术研发的副产品，因为企业已有的相关知识水平决定其能够有效吸收和利用外部技术信息的能力。Dedrick 和 Kraemer（2015）在分析不同国家从同一项科学突破上获取商业利益的绩效差异时，大大扩展了吸收能力概念的外延。他们证明，一个国家利用新的科学知识（无论其发明是在哪里）的能力来自多个层次：在企业层次上，对研发的长期投入才能积累吸收能力；在工业层次上，随着知识越来越复杂并加快变化，企业需要依靠产业链上的供应商才能利用新知识；在国家层次上，吸收能力有赖于包括骨干企业、供应商、用户和互补技术提供者在内的工业集群。总之，任何工业组织吸收和利用外部或外来知识的能力取决于它在此之前的知识和经验积累。

上述简要的理论分析已经说明，如果技术接受方没有足够的能力基础或为能力发展付出足够的努力，技术引进就不会对引进方的技术进步起到正面作用。中国铁路装备工业之所以没有因为大规模引进而重蹈汽车工业和民用航空工业的覆辙，恰恰在于它具有强大的技术能力基础，而且自主创新方针对引进路线的扭转使这个能力基础很快就重新发挥主导作用。为理解这个能力基础，我们需要追溯这个工业的技术研发历史。

5.3.2　中国铁路装备工业的技术能力来源

理解中国铁路装备工业的技术能力基础可以从这样一个事实出发：从 1949 年中华人民共和国成立直到 2004 年的大规模技术引进，这个工业从来没有中断过产品开发。换句话说，这个工业的技术能力是在长达 50 多年的自主产品开发过程中积累起来的。全面分析这个能力基础是篇幅不允许的，所以本文集中分析与高速列车直接相关的电力牵引技术[①]。按照国际惯例并结合本国技术进步的情况，中国电力机车的发展可以划分为四代[②]。

---

① 中国内燃机车的生产规模曾经远大于电力机车，在 1958—1998 年的 40 年里，中国开发了三代内燃机车，共生产了 11 000 多台内燃机车。

② 以下历史回顾的信息首先来自 2006 年春天我们在株机厂对刘友梅院士进行的 3 个半天的访谈，然后经过文献（李浩鸣、邓晓丽，2009；刘宁，2001）和后续访谈的核实。

第一代：调压开关、交—直电力牵引。

中国在1956年制定的“向科学进军”十二年科学技术发展规划中提出，铁路牵引动力要从蒸汽机车转向电力机车和内燃机车。当时，电力牵引的主流技术是机车从电网获取交流电，经引燃管（电真空器件）整流变成直流电，驱动牵引电机，并通过有级的调压开关来调压调速。

1958年，在铁道部的组织下，株洲机车车辆修理工厂（以下简称株机厂）[①]和湘潭电机厂以苏联刚刚定型的H60型电力机车为原型车，开始试制型号为6Y1[②]的电力机车。1959年，铁道部又依托株机厂成立株洲所。1960年苏联专家撤走后，中国依靠自己的力量在困难中坚持研制。

1961年12月通车的宝凤线是中国第一条电气化铁路（它是1975年全线贯通的宝成铁路从宝鸡至凤县的一段）。当时，国产电力机车尚在研制中，于是中国从当时与之关系最好的西方国家法国第一次购买若干台6Y2电力机车。宝凤线通车时，剪彩用的是6Y1，但实际运营的是6Y2。

1961年，株洲所的领导在去欧洲考察时了解到已经出现半导体（硅）整流器，回国后力主发展硅整流器。当时，半导体技术被西方封锁，中国不可能进口，从此株洲所走上自主研发功率半导体器件的道路。1966年，株洲所与株机厂和北京变压器厂合作，在6Y1型的4号车上成功地用硅整流器替代了引燃管整流器。这是中国电力机车第一次采用半导体器件，也是中国在掌握核心技术上迈出的一大步。

中国第一种电力机车的研制经历了漫长的岁月，但反映出从无到有地掌握技术所必需的能力积累。从1958年到1967年，中国一共生产了7台6Y1，都在宝凤线上试运行。直到1968年研制成功的第8号车被命名为“韶山1”，中国才终于有了开始批量生产的第一种电力机车型号。1969年，厂所合作，又在引进的法国6G1的基础上研制了“韶山2”，但只生产了1台。

---

① 1960年更名为铁道部田心机车车辆工厂，1979年更名为铁道部株洲电力机车工厂，2000年后更名为株洲电力机车有限公司。

② 6Y1中的“6”“Y”“1”分别代表六轴、引燃管（电真空器件）整流、车型序号。

第二代：级间平滑调压、交—直电力牵引。

改革开放迎来了中国电气化铁路的更大发展。1978年，铁道部决定株机厂的主营业务从蒸汽机车修理转为电力机车制造。那时，世界先进国家的电力机车走到相控阶段，即不但使用晶闸管（可控硅）整流，而且以之代替调压开关来进行无级调压。但当时株洲所研制的晶闸管功率不够大，又无法引进。株机厂的工程师从外国期刊上发现关于有级和无级调压结合的原理，便采用有级和无级结合的方式解决调压问题，于1979年成功开发出“韶山3”。这种调压方式被称为“级间平滑调压”，从结构上看是有级的，从牵引特性上看是无级的，同时为应用自己的晶闸管提供了经验。“韶山3”成为中国很独特的一代电力机车，在国际上没有与之相对应的一代。它于1982年年底通过部级鉴定，1989年为替代“韶山1”而投入大批量生产。

第三代：相控调压、交—直电力牵引。

第三代电力机车的技术标志是相控无级调压。20世纪80年代，电力牵引的地位越来越高，中国在功率半导体技术上也进步很大。株洲所在1970年研制出第一个晶闸管后，紧跟世界发展潮流，从80年代初开始研发不对称晶闸管，从90年代初开始研发可关断晶闸管。

第三代电力机车从1985年研制成功的“韶山4”开始，经过“韶山5”“韶山6”“韶山7”，一直发展到准高速的“韶山8”“韶山9”（时速160～170公里）。这些车型及其衍生型号的总趋势是功率和速度不断提高。株机厂和株洲所仍然是研制和生产电力机车的主力，不过也有更多的企业（如大同厂、资阳厂、大连厂）加入这个行列（特别是在生产上）。

20世纪80年代，中国分别从欧洲、日本、苏联购买了世界上技术最先进的直流相控电力机车，特别是通过购买150台法国8K[①]机车从法方获得技术转让。但中国没有仿制8K车，而是把从“联合设计”中学到的关键技术运用到“韶山4”上。

在吸收8K车技术的基础上，株洲所从1987年开始研发电力机车微机控制

---

① 在机车型号中，“8”代表八轴，“K”代表可控硅整流。

系统，其间又与大学合作开发了微机诊断、事故记忆和显示功能。1991 年，株洲所把“韶山 4”型 0038 号机车改造成微机控制车，完成 30 万公里运用考核。这台机车于 1992 年年初在宝成铁路投入运行后，虽然微机系统的用户界面、抗干扰能力仍有不足之处，但控制性能已达到设计要求。1997 年，微机控制系统被批量应用于“韶山 8”。

中国的前三代电力机车的主力机型（“韶山 1”“韶山 3”“韶山 4”“韶山 8”等）都实现了大批量的生产，每一代的功率级别都比上一代有明显提高。“韶山 4”以后的中国第三代电力机车在功率级上实现了系列化、型谱化。

第四代：交流传动、高速机车和试验动车组。

中国电力机车的高速化从 1995 年开始提上日程。由于直流传动限制了机车的功率，所以实现高速化就必须采用交流传动技术。

1. 从直流传动向交流传动的转化：铁道部的“十年转换工程”

交流传动技术（交—直—交）从 20 世纪 70 年代初开始在西欧研发。该技术把电网中的交流电经整流变成直流电，再通过变流器（亦称逆变器）把直流电转换为三相交流电（过滤掉电网的波动电流），然后驱动三相异步牵引电动机。由于变换后的电能可使电机的额定电压随电网电压提升而提升，所以交流传动可以大大提高电力机车的效率。随着大功率半导体器件从晶闸管到 GTO（可关断晶闸管）再到 IGBT（绝缘栅双极型晶体管）的发展，交流传动成为划时代的电力牵引技术。

在外国的技术封锁下，株洲所自 20 世纪 70 年代就开始进行交流传动的理论研究和试验，在 1989 年完成当时国内最大功率（300 千瓦）交流传动系统试验研究（包括整流器、变流器、异步电机和晶闸管等全部自主开发）。在铁道部组织的技术攻关中，株洲所于 1995 年开发出 1 000 千瓦交流传动系统。1996 年，该系统被装在株机厂和株洲所共同研制的 AC4000（4 根轴，每轴 1 000 千瓦）交流传动原型车上。此车是试验车，但它对中国掌握交流传动技术具有里程碑式的意义。受这一成功的鼓舞，1998 年铁道部决定加快交流传动技术的研发，争取到 2008 年实现转型，这被称为“十年转换工程”。

就在这个关键阶段，西门子利用中国政府鼓励引进外资的政治导向，企图通过与株机厂建立合资企业的方式“封杀”中国交流传动技术的发展，即中方不得在合资企业之外再研发和生产交流传动的机车，而且还要限制株洲所。对于不同意这个条款但又必须根据政治需要与西门子建立合资企业的中方来说，使对方让步的关键就是尽快开发出自己的交流传动机车，打破对方以为可以垄断中国技术发展的想法（赵小刚，2014）。

1998 年 5 月，广铁集团宣布建成中国第一条高速铁路广深线（时速 200 公里），因外国车太贵，便主动邀请株机厂研制动车组。为了给中国尚在开发的交流传动系统提供高速列车的基础，铁道部和株机厂通过国际招标，从总部设在柏林的安达公司（Adtranz）购买了 10 套交流传动系统，其中 2 套用于时速 200 公里的机车“九方号”，8 套用于开发时速 200 公里的动力集中式动车组“蓝箭号”。

由于那时中国铁路还没有时速 200 公里的运行经验，使用了铁道部组织改造的一台“韶山 8”的传动比和气动布局，由长客、四方和浦镇各提供一辆拖车，于 1998 年 6 月 21 日在京广线许昌至小商桥段进行高速试验，试验时速达到 240 公里。这是中国人第一次体验到时速 200 公里以上的国产车。这次试验采集了上亿个实验数据，增强了高速列车开发者和用户的信心，“九方号”和“蓝箭号”均于 2000 年研制成功，在广深线投入商业运行。

到 1999 年，株洲所完成 1 000 千瓦级交流传动系统及 GTO 变流器、IGBT 变流器等部件的研究。在此基础上，株机厂于 2001 年研制出“奥星号”高速机车，实现了交流传动、牵引电机和微机网络控制系统的自主化。此后，株洲所的系统又装在株机厂向哈萨克斯坦出口的电力机车上。“奥星号”生产了 3 台，在 2005 年完成 100 万公里考核后被废弃。

2. 高速动车组的研制

中国研制动车组的时间比一般人想象的要早得多。中国第一个电力动车组 KDZ1 是由长客、株洲所和铁科院于 1988 年研制成功的，试验时速 143 公里。但当时铁道部认为，动车组运输方式不适合国情，决定不鉴定、不推广，动车组最终被送返长客封存（后来成为研制“春城号”和“长白山号”的经验基础）。

"九五"期间，铁道部立项研制不同的高速概念车。株机厂于1999年牵头制成一列直流传动的动力集中式动车组"大白鲨"（与商业化的"蓝箭号"几乎同步），株洲所在该车上首次实现中国动车组的微机网络重联控制。浦镇车辆厂牵头研制动力分散式动车组"先锋号"，使用了日本三菱电机的交流传动系统。该车于2001年出厂后在广深铁路线进行试验性商业运营，曾在秦沈客运专线上创造了当时国内最高时速292.8公里的纪录。

1998年，铁道部实施市场化改革，获得更大采购权的地方铁路局也出现订购动车组的热潮。除了"蓝箭号"，1999年4月交付的"春城号"动车组是由长客联合株洲所为云南省承办的昆明世界园艺博览会专门开发的，采用直流传动。1999年10月，郑州铁路局定制的"中原之星"动力分散式动车组正式立项，由株机厂、四方厂和株洲所联合开发，采用了株洲所的交流传动系统。该车于2001年9月与前述"奥星号"同时在株机厂下线，后在郑州—武昌线投入运营，时速160公里。

1999年8月，铁道部开工建设全长404公里的秦沈客运专线（2003年10月建成），同时提出为该线研制时速270公里的动力集中式动车组。该项目由国家计委立项，命名为"中华之星"，2001年开始研发。该车由株机厂负责总成，有一前一后两个动力车，拖车由四方和长客制造，交流传动系统和控制系统由株洲所提供。2003年1月至2004年12月，"中华之星"在秦沈客运专线累计运行53万多公里，冲刺试验达到321公里的时速。

2000年，铁路装备工业系统脱离铁道部并重组为直属国资委的南、北车两个集团后，上述国家立项的动车组都落入南车集团，于是北车集团自投资金，由长客开发时速200公里的"长白山号"动车组，它的制动、牵引和控制网络等3个系统从国外购入。该车于2004年9月在秦沈客运专线跑出254.5公里/小时的试验速度，2007年2月正式在沈大线运营。

以上内容由图5-1概括。2003年铁道部决定大规模引进技术之后，上述所有的高速机车和动车组项目都被迫退出历史舞台。

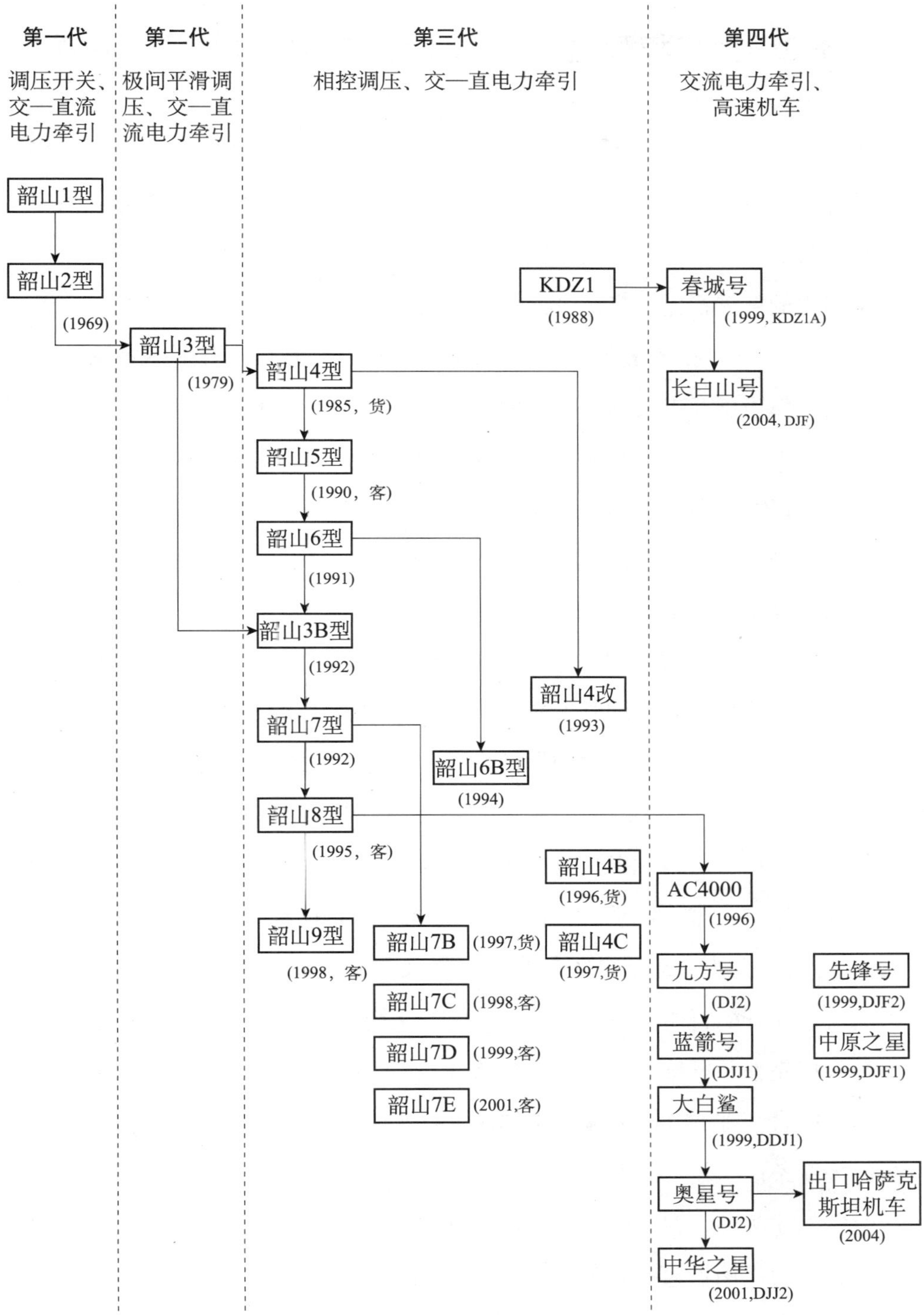

图 5－1　中国四代电力机车发展史

5.3.3 大规模引进与中国工业技术能力之间的互动

为分析中国铁路装备工业的能力基础与引进技术之间的互动机制，我们引入产品开发平台的概念框架（路风，2018）。这个框架的中心思想是：由于技术能力的成长离不开产品开发活动，所以分析产品开发平台的构造可以帮助理解技术能力的发展机制。产品开发平台包括三大要素：(1) 产品序列。(2) 专业研发团队。(3) 技术支持系统。技术支持系统又分为：有形的技术支持系统，包括工作设施、工具和工程试验设备等；无形的技术支持系统，即积累起来的经验知识以及使之能够发挥作用的组织程序；外部技术支持系统，如外部供应商网络以及与研究机构的合作关系。因此，产品开发平台是一个包含了工作对象（产品序列）、工作主体（专业研发人员）和工作支持系统（设备和经验知识）的有组织的活动系统。

中国工业在大规模引进之前已经具有较强的技术能力基础，体现在能够在几十年里向铁路提供产品的开发平台。这说明中国工业已经具有正向设计产品的能力，并非像一些学者认为的那样，即这种能力是在引进之后才生成的（吕铁、江鸿，2017）。铁道部的大规模引进曾经使外国产品一度把自主开发的产品替代掉，但在引进路线很快被扭转的条件下，自主开发的新产品又使外国产品退居次要地位。这个短暂的变化如图 5-2 所示。技术引进只发生在产品开发平台的“产品序列”部分，没有或没来得及改变这个技术活动系统的其他部分。随着重新开始自主开发，“产品序列”又恢复了自主的性质，于是产品开发平台保持完整并继续发挥作用。在这种条件下，引进的“技术”只能通过与中国技术能力基础的互动才能发生作用，这是其负面作用被抑制而正面作用被发挥的关键条件。

给定上述条件，在中国大规模建设高铁的前夜，技术引进起到两个自主开发尚未起到的作用：第一，使中国工业获得了完整的产品（高速列车）经验；第二，促使中国工业建立起现代化的制造体系。

关于第一个作用，说明如下：

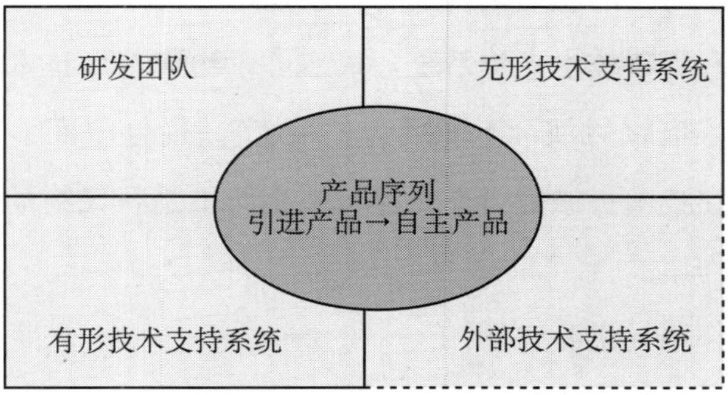

图 5-2　技术引进后的产品开发平台

虽然购买的外来产品设计只是信息，但如果能够理解其背后的因果关系，中国企业就可以节省为自主设计出一种完整产品而必须探索所有未知因素的时间。“完整”是指，由所有的技术方案组成的产品设计是基本成熟的、可靠的，而此前还在开发中的自主产品尚未成为完整的工作对象。产品开发平台被保持下来的关键作用是：中国技术团队已经具有对高速列车设计中的因果关系的认知，所以当他们仅仅在复制的意义上掌握引进的产品设计之后，他们也必然以自己的理解产生新的知识和技能。中国企业本来就具有开发高速列车的知识和技能，只是还缺乏将其做到可以投入运营的完整开发经验。一旦它们重新自主开发新产品，从理解成熟产品获得的新知识和技能就被补充到它们已有的知识和经验积累之中，它们则能够根据新的目标开发出不同于引进方案的新产品设计（拥有知识产权是其标志）。因此，花钱引进的实际作用是使外国企业把成熟产品的设计和制造信息向中方披露，使中方有机会去理解其中体现的完整经验。因此，中国高铁技术的飞速进步并非技术引进所直接导致的，而是中国工业的产品开发平台迅速吸收了外国设计所体现的经验，并将由此产生的新知识补充到自己原有的能力积累之中，再通过自主开发实现的。四方股份从“消化、吸收”2 型车技术到开发出世界领先的 380A 的过程，完全印证了这个因果关系——引进的车型与新车型之间的确存在联系，但不是在技术上（因为 380A 的所有技术都必须自己做出来），而是在经验上。

上述分析可以解释为什么技术能力是不可能“引进”的，因为在特定开发实践中不断探索的研发团队及其成员之间的默契是组织特定的，不可能买来；

由经验知识和组织特定的流程所构成的无形技术支持系统是不可引进的；没有组织特定的团队和无形技术支持系统，本来可以构成有形技术支持系统的硬件设备也不过是一堆废铜烂铁，不能成为“系统”。这也印证了国际创新文献的主流看法：只有在技术引进是自主开发的补充而不是替代物的条件下，引进技术才能起到正面作用。

关于第二个作用，说明如下：

技术引进对于中国高速列车制造的提升作用是业内公认的。中国企业在引进前的制造过程普遍粗放，而生产引进车型的要求促使它们对制造体系——生产流程、质量保障、物料供应、操作规程——进行了大规模重组。不过，正如长客总工所讲，并不是中国人自己想不出应该怎样建立高效的制造体系，而是传统的观念和组织习惯阻碍了技术人员的努力。因此，这场重组并不是技术本身促成的，而是伴随着引进计划而来的大规模投资和自上而下的严格要求一扫这些障碍，迫使企业从领导到工人都接受改造。

制造能力和水平的提升对设计和产品开发没有直接作用，但当中国企业重新开始自主开发后，高质量的制造体系也就成为自主产品可靠性的保证。四方的负责人曾经解释说，在引进之前，企业长期进行自力更生式的产品开发，具有较强的解决问题能力，但研发的严谨性、制造和质量管控体系与外国企业有较大差距。在引进过程中，为制造引进产品而进行的体系建设，唤醒了企业整体的体系意识，促使企业重塑包括研发在内的各个体系。在新的经验和体系的基础上，新一轮的产品自主研发使企业的能力得到空前提高。

中国高铁技术转向自主开发之后的一个巨大变化体现在“外部技术支持系统”方面。在计划体制下，每个工业部门都有自己的研发体系，原来铁路装备的研发合作都是在铁路行业的科研体系之内进行的。这种格局在实施两部联合行动计划时被打破，国家科技计划（863 计划、973 计划、支撑计划等）以几大主机厂及其数百家配套企业的产品开发为落脚点，在高铁技术的关键领域布局项目，承担这些研究项目的机构包括大学、科研院所、国家级实验室和工程研究中心。长客开发的 380B 就是由中科院力学所对其设计进行了风洞试验，这是长客当年在开发“长白山号”时没有做过也没有认识到其意义的事。

总之，大规模技术引进的确起到了正面作用，但能够如此的原因却是全盘引进路线又被中央决策层扭回到自主开发路线上。因此，无论从历史经验上讲，还是从理论逻辑上讲，把“引进、消化、吸收、再创新”说成中国高铁技术迅速进步的唯一来源是不成立的。

5.3.4　两员“女将”的故事

有两位女工程师的故事[①]生动地说明，中国铁路装备工业能够对引进技术进行“消化、吸收、再创新”的能力来自引进之前的产品开发能力和技术积累。

第一位是长客的总工程师赵明花。赵明花于1986年大学毕业后进入长客工作，一直是设计工程师。从1990年代末到21世纪初，赵明花主持了“春城号”和“长白山号”两个动车型号的设计开发。当铁道部为大规模引进而从线路上撤下“长白山号”并封存时，赵明花想不通为什么要放弃自己开发的产品而去引进外国产品。也许与此有关，她没有参与（或没有被允许参与）2004—2006年的大规模引进，也没有参与外方的培训。长客在“消化、吸收”从阿尔斯通引进的5型车（即CRH5）时遇到严重困难，出了许多问题，并因进展缓慢惹怒了铁道部，导致总经理被撤换。2007年，赵明花在长客最困难的关头被任命为技术负责人。正是在她的技术领导下，长客的“5型车”才顺利出厂。赵明花后来成为长客开发380B的项目负责人。

第二位是四方股份的副总经理梁建英。梁建英于1995年从上海铁道学院（后并入同济大学）毕业后进入四方工作，一直从事设计和产品开发。因为休产假，梁建英与赵明花一样也没有参与2004—2006年的大规模引进，没有参与对CRH2A（川崎重工的原型车）的“消化、吸收”过程，也没有接受过日方的培训（虽然她说“图纸还是要看的”）。但是从CRH2B开始，梁建英就成为后面所有型号的技术负责人之一，并且担任CRH2C的主任设计师和新一代动

---

① 两个故事的信息来自2013年年初我们对长客和四方的访谈，两位人物的职务指的都是当时的职务。

车组 380A 的总体设计师。

很显然，这两位女工程师的能力都不是“技术引进”的“产物”，但她们都是对引进技术进行“消化、吸收、再创新”的主将和高手，而且分别是 380 系列两个车型的总师。因此，她们体现了中国铁路装备工业的产品开发能力。有意思的是，在我们的访谈中，赵明花和梁建英都把自己的能力看作理所当然。但对于第三方的观察者来说，她们的存在本身就是一个独立变量——她们的能力是独立于技术引进过程的自主开发经验的产物。当我们追问梁建英为什么当时公司领导会选中没有参与过引进的她来负责改造引进产品的总体设计时，她有点迟疑地回答：“可能是因为我有以前做过系统设计的经验吧。”可以肯定，梁建英能够对引进技术“动刀子”的资格是在此前的自主开发过程中获得的，也说明企业领导在选择技术负责人时所必然遵循的原则——有没有自主开发的经验比是否受过外方培训更重要。

从自主开发过程中成长起来的技术人员有着不依赖别人的习惯。赵明花反复告诉我们：“铁路人没有依靠国外技术的习惯。”还是在对 2 型车进行“消化、吸收、再创新”的阶段，有一次当梁建英问一位设计师为什么那样做时，对方回答说：因为日本人就是这么给的。梁建英大怒：“下次当我再问你为什么的时候，你如果再说就是因为日本人这么写的，我就让你们写检讨!”她认为，如果不思考为什么，就会造成思想上的惰性，老是说“因为日本人这么写的”就不会有进步，如果真的说不出为什么，就必须通过试验把原因验证出来。据她讲，在引进时，很多中国年轻设计师都会产生这种倾向，不得不纠正了很长时间。这说明引进容易造成依赖的心理和习惯。那为什么梁建英在面对日本人的方案时仍然要问“为什么”？她的回答是：“我长期从事开发工作，一毕业就来厂做研发，在工作中必须问‘为什么’，这是一种养成的习惯。”

两位女总师的经历和业绩生动地证明：中国铁路装备工业在引进之前就具有产品的正向开发能力。

5.3.5 自主技术的重生

技术能力基础不但在吸收引进技术上发挥了作用，而且也使自主研发的技术在度过“灾变”后再次迅速进步——株机厂和株洲所的经历充分证明了这一点[①]。这两个中国铁路装备工业的重要企业在铁道部大规模引进时受到系统性的打压，被排斥在2003—2006年所有有关引进的会议之外，只是因为它们在那个关头不识时务地没有拥护铁道部确定的引进路线。在大规模引进中，国产电力机车“韶山”系列被停产，株机厂被指定“消化、吸收”引进的机车，与动车组无缘；而株洲所被指定“消化、吸收”2型车的牵引和网络控制系统，与机车无缘。于是，两个企业的市场被大幅压缩。

2004年年底，铁道部从德国西门子、法国阿尔斯通和日本东芝分别引进电力机车（同时也引进内燃机车，本文不涉及），并相应命名为“和谐号”D1、D2和D3。（1）D1是对西门子EuroSprinter原型车的重新命名，它是8轴双机重联交流传动电力机车。虽然指定株机厂负责对其“消化、吸收”，但铁道部一次就进口了180台原装车，并没有给株机厂留下什么市场空间。（2）D2是由大同电力机车厂“消化、吸收”法国阿尔斯通的8轴交流传动电力机车。（3）D3是由大连机车厂“消化、吸收”日本东芝的电力机车。2007年，铁道部再次购买了500台西门子的6轴电力机车，命名为D1B，由株机厂按铁道部“以我为主”的要求进行总体设计。此外，大连机车厂负责“消化、吸收”庞巴迪的货运机车，命名为D3B型。至此，已经谱系化的“韶山”系列电力机车（还有“东风”系列内燃机车）全部停产。

铁道部分两次购买的西门子机车全部使用原装的交流传动系统。如前所述，株洲所自主开发的交流传动系统和网络控制系统是随着在AC4000、“奥星号”、“中原之星”、“中华之星”和出口哈萨克斯坦电力机车等产品上的应用而开始产业化的。当铁道部废弃这些产品后，株洲所的核心技术立刻丧失了应用机会，面临绝境（赵小刚，2014）。可见，如果铁道部原定的引进路线持续下去，中国的电力牵引核心技术将重演运-10被抛弃的命运。

---

① 株洲还有一家重要企业，即株洲电机公司，它是2004年合并株机厂的电机分厂、变压器分厂和株洲所的电机部分而成立的，主要提供牵引电机和变压器。限于篇幅，本文没有对它单独介绍。

2008 年年末，铁道部同意南车集团和株机厂提出的开发 6 轴 7 200 千瓦交流传动货运电力机车的建议，并允诺 400 台的订单（赵小刚，2014）。在项目启动会上，株机厂提出的第一技术方案是与株洲所合作并采用中国的交流传动系统，这就是 D1C，它与购买自西门子的 D1、D1B 毫无关系，实际上拥有韶山“血统”。但是，因为当时铁道部坚持任何产品开发必须与“引进、消化、吸收”国外先进技术联系在一起，所以为 D1C 提供了交流传动系统和网络控制系统的株洲所不得不“造假”，把三菱电机的专家拉过来做方案评审，让他们签字以认定该方案属于联合设计，结果弄得日本人还很不乐意：“不是自己设计的东西怎么去认可呢?”这是中国铁路装备工业在大规模引进之后最大的一次“技术造假”，只不过是把自己的原创技术说成源自引进。

D1C 的开发创造了业内奇迹，仅用 6 个月就完成从设计、试验到装车的流程，于 2009 年 6 月份下线交付使用。这个机车为株机厂赢得了巨额订单，到 2012 年年底已经出厂约 1 500 台，远超所有其他型号的机车。相比之下，从西门子引进的 D1 和 D1B，没生产多少就因卖不出去而停产（价格贵得多，事故率更高）。拥有韶山“血统”的 D1C 的出色市场业绩，可以说是中国 50 年电力机车自主开发的能力积累对“引进是唯一技术来源”迷信的一次“示威”。尤为重要的是，D1C 使株洲所自主开发的交流传动系统和网络控制系统第一次实现了大批量产业化。

2012 年，株机厂又开发了 D1D 型准高速交流传动客运电力机车；同年，为神华集团研制的大秦线 2 万吨重载机车开始交付。此后，株机厂又开发了“深度国产化”的 8 轴双机重联交流传动电力机车，这款被命名为 D11 的重载机车目前已经成为株洲厂的主力产品。这一系列的事实证明：没有全盘技术引进，株机厂在电力机车领域照样可以达到世界先进水平，有能力“按照客户的要求开发产品，不管是 4 个轮子、6 个轮子还是 8 个轮子，也不管对车体宽度有什么要求”①。

株洲所因为主要为列车提供核心系统，所以比整车制造企业更少为人所

① 根据株机厂访谈记录。

知，但它的倔强也不亚于株机厂。即使在铁道部废弃所有的中国车型和核心系统后，株洲所仍然坚持自主创新，于 2006 年完成 1 200 千瓦 IGBT 牵引传动系统的开发，后来又有了 1 600 千瓦的系统。这些技术在国家转向自主创新方针后，迅速支持了高速列车的自主开发。2008 年，株洲所抓住全球金融危机带来的机会，收购了英国电力半导体公司丹尼克斯 75%的股权。2014 年 6 月 20 日，株洲所投资 16 亿元在株洲建成中国第一条 8 英寸 IGBT 芯片生产线，使它的电力牵引技术达到芯片级。今天，株洲所生产和销售的电力牵引变流器超过世界上任何企业。

株洲所对列车网络控制的研究早于中国对动车组的研发，从 1987 年起就开始研发列车微机控制系统，1992 年用英特尔的 486CPU 搭建了列车网络平台，1997 年开始研究具备网络通信、车载控制以及诊断等功能的网络技术，而且一直跟踪欧洲标准。株洲所长期自主研发的网络控制系统比从日本引进的 2 型车网络平台更具有优势，网络化结构更先进。日本的网络化结构是按照 20 世纪 70 年代美国军方的 ARCNET 标准开发的，到引进时就已显落后。在为 2 型车开发“备胎”时，株洲所以自主技术研制了完整的替代系统。株洲所在电力机车和时速 500 公里超高速试验动车组上采用的是具有完全自主知识产权并符合欧洲标准的 TCN 技术，与日本技术无关，同时引入了更有发展潜力的工业以太网技术，进一步加大了领先优势。今天，株洲所的网络化控制平台更加开放，其硬件和软件（包括底层驱动、中间件软件和应用软件等）全部是自主开发，可以开放给第三方应用，整车企业可以在这个平台上编写自己的应用软件。株洲所的网络控制系统已经达到世界先进水平，广泛应用到机车、城轨车辆、高速动车组和城际动车组上。中国是最新的 10G 以太网协议的发起国之一（发起国包括欧洲一些国家和日本），而株洲所是中国唯一参与单位。株洲所已经成为世界交流传动和列车网络控制领域少数几个拥有自主技术的企业。

5.4　中国铁路激进创新的动力

中国是世界上第一个也是迄今唯一展示出以高铁替代传统铁路趋势的国

家，而且替代的规模和速度无与伦比。但是，以高铁替代传统铁路的方针并非最初的政策设计（甚至到今天都没有形成有意识的概念），而是在中国高铁的发展过程中事实上形成的。因此，解释中国如何走上激进创新的道路就成为解释中国高铁发展成就面临的另一个挑战。回答这个问题还可以帮助澄清另一个重大问题：国家才是这个“激进创新”的发动者。

5.4.1 通向激进创新的道路

以动车组客运量占全国铁路客运量的百分比来衡量，图 5－3 展示了 10 年来中国高铁替代传统铁路的明显趋势。因此，中国成为以高铁替代传统铁路的先行者，正在引领世界轨道交通领域的一次革命。

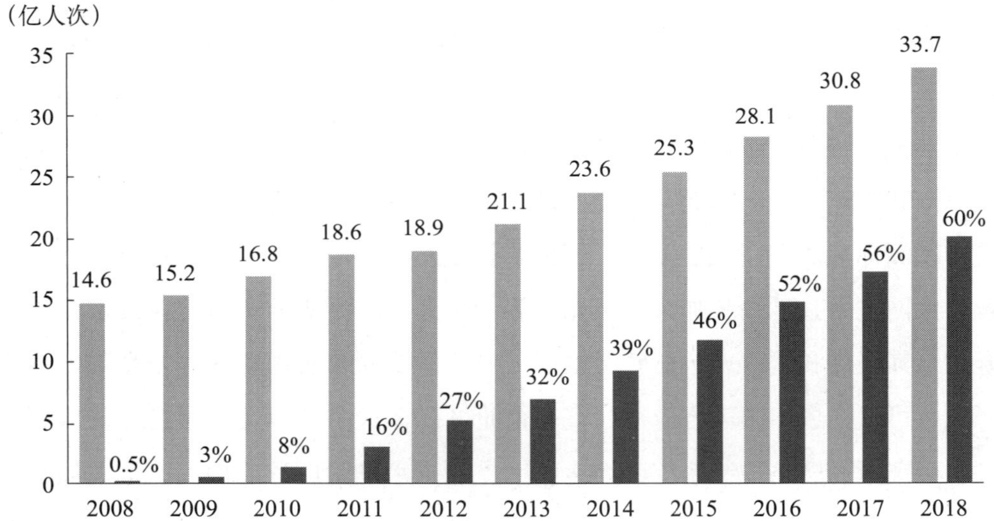

图 5－3 全国铁路客运量和其中动车组客运量的比例（2008—2018 年）

但是，直到 2016 年公布第三次《中长期铁路网规划》之前，从政府的政策中还看不出有任何以高铁替代传统铁路的想法。2004 年 1 月，国务院批准铁道部提出的《中长期铁路网规划》，其主要目标是“到 2020 年，全国铁路营业里程达到 10 万公里，主要繁忙干线实现客货分线，复线率和电化率均达到 50%，运输能力满足国民经济和社会发展需要，主要技术装备达到或接近国际先进水平”。规划的文本中没有“高铁”的字眼，有关的表达是到 2020 年“建设客运专线 1.2 万公里以上，客车速度目标值达到每小时 200 公里及以上”。很显然，那时无论是铁道部还是决策层，都没有产生以高铁替代传统铁路的想法。

从事后看，以建设高铁来迅速打破铁路运输瓶颈的想法起源于铁道部（背景是中央决策层决心加大对基础设施的投资）。这个想法的逻辑顺序是：首先把客运和货运分开，为此需要建设客运专线[①]，后在客运专线实现高速运输，最终实现包括货运在内的铁路全面提速。可以肯定的是，当时铁道部不可能向决策层直接提出大规模建设高铁的建议，因为它既非决策层关心的问题焦点，也涉及高强度的投资，恐怕还会引起争议。由于建设客运专线是这个逻辑链条的关键环节，所以铁道部是从消除铁路运输瓶颈的客货分开概念入手把高铁概念间接地引入决策过程。因此，即使当时铁道部认为必须发展高铁，也不可能产生以高铁替代传统铁路的想法，何况这个概念在全世界都不存在。

2005 年 7 月开工建设的京津客运专线被正式认为是中国第一条完全新建的高速铁路。建设这条高铁显然存在政治因素，因为它被当作北京奥运会标志性工程。2007 年 4 月 18 日，中国铁路实施第六次大提速，100 多列被统称为“和谐号”的动车组投入运营，使繁忙的干线区段时速达到 200 公里至 250 公里——这是世界铁路既有线的提速最高值。当京津线于 2008 年 8 月 1 日投入运营时，郑西高铁（徐州—兰州高速铁路的郑州—西安段）、武广高铁（京广高铁的武汉—广州段）和京沪高铁也已经开工建设[②]。尤其是 2008 年 4 月开工的京沪高铁确立了高铁技术的自主创新方针，展示出新的前景。中国工业能够建设、装备和运营高铁的早期技术绩效证明了高铁的可行性，也显然鼓舞了决策层。于是，国家于 2008 年 10 月批准的《中长期铁路网规划（2008 年调整）》调高了建设指标，确定到 2020 年全国铁路营业里程达到 12 万公里以上，其中客运专线达到 1.6 万公里以上，复线率和电化率分别达到 50%和 60%以上。不

---

① “客运专线”是高铁的必要条件但非充分条件。高速列车必须在客运专线上运行，但客运专线不必一定跑高速列车。

② 郑西高铁、武广高铁和京沪高铁的开工时间分别为 2005 年 9 月、2007 年 9 月和 2008 年 4 月，建成运营的时间分别为 2010 年 2 月、2009 年 12 月和 2011 年 6 月。

过，即使这个规划调高了高铁建设的指标，也无法看出中国已经出现以高铁替代传统铁路的想法。这个规划规定的到2020年达到1.6万公里以上的高铁营业里程，实际上是在2014年达到的，而那年动车组客运量占全国铁路客运量的39%（见图5-3）。因此，如果这个指标果真是按照规划在2020年才实现，那么我们到今天都不能确定中国高铁是否已经走上激进创新之路。

就在那个关头，一场突如其来的“风暴”——全球金融海啸——冲击了决策层，促使决策层实施了一项空前的经济刺激计划（简称“四万亿”）。2014年3月，美国《外交政策》网站发表了一篇以“高速帝国”为题报道中国高铁的文章①，其中写道：

“2008年11月9日——世界铁路历史上的一个转折点——中国政府宣布了一项宏大的经济刺激计划。如第二年所展示出来的，计划资金中的最大一块被用于改善公共基础设施。在短短1年间，对铁路项目的投资从490亿美元猛增到880亿美元。其计划是在接下来的3年里开通42条高铁线路。自从沙皇亚历山大三世建设跨西伯利亚铁路之后，还没有一个中央政府实施过如此雄心勃勃的铁路项目。”

“四万亿”是与2008年的铁路网规划毫无关联的事件，但它却为中国高铁的加速建设提供了决策层的决心和超高强度的投资。因此，如果有人把中国高铁的成就归功于政府的长期规划（World Bank，2019），那么历史的真相是：中国高铁的第一个也是迄今最大的投资和建设高潮竟然与政府的规划没有关系。如图5-4所示，从2002年到2018年对铁路投资的轨迹来看，最大的年度增长幅度出现在2009年（比上年增长68.3%），而投资额的峰值出现在2010年（8 427亿元）。以高铁替代传统铁路的做法需要高强度投资，因为它需要大规模建设独立于既有线路的全新线路并采用全新的装备。因此，“四万亿”计划就是中国以高铁替代传统铁路做法的起点。

这个事件充分说明：第一，以高铁代替传统铁路的实际做法是中央决策层

① ZOELLNER T. High-speed empire. http://www.foreignpolicy.com/articles/2014/03/13/high_speed_empire_chinese_trains.

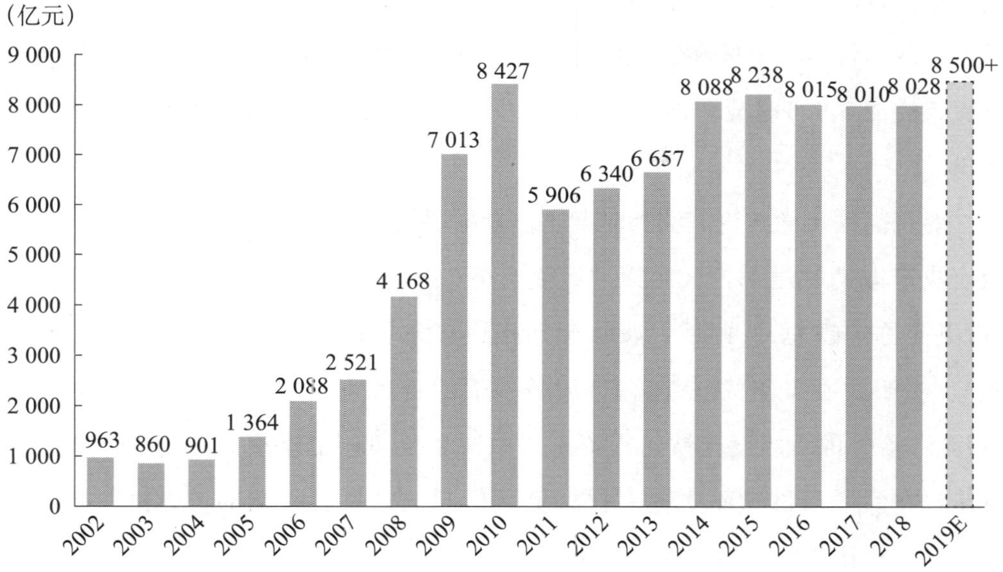

图 5-4　全国铁路固定资产投资（2002—2019 年）

注：2019 年数据为预估值。

资料来源：历年《铁道统计公报》和 2019 年中国铁路总公司工作会议。

决定的，因为如此规模的投资不是铁道部能够筹措的，更何况突然扩大建设规模还要涉及征地、环保和地方政府的合作等等问题。因此，使中国铁路走上激进创新道路的直接行动者是国家。第二，这项决策的动机在高铁之外，即决策层决定扩大高铁建设规模的目的不是针对高铁本身，而是针对更高层次的问题，如拉动经济增长等。只有建设高铁可以服务于解决更高层次问题的目的时，决策层才会对其投入。这个可以得到验证的因果关系排除掉铁道部对于发动激进创新的关键作用，尽管这样做符合铁道部的意愿。

实际上，更加说明高铁决策具有政治性质的事件是中国高铁在 2011—2013 年期间经历的低潮期。2011 年 2 月，铁道部原部长刘志军和原副总工程师张曙光因涉嫌严重违纪被免去职务，造成了铁路系统内部的大地震，同时也触动了社会的神经：高铁建设是否存在豆腐渣工程？高铁的快速发展是不是个谎言？一瞬间，高铁的成就因为刘志军的下台而蒙上了灰尘。“祸不单行”的是，在同年 7 月 23 日，甬温线发生动车组撞车事故，一时舆论哗然。在来自高层和社会舆论的巨大压力下，铁道部决定高铁全面减速（如时速 250 公里和 350 公里的线路分别降速为200公里和300公里），以缓解社会对高铁安全性等问题的疑虑。这些事件对决策层和铁道部都产生了冲击，致使当年的全国铁路固定资产投资仅完成5 906亿元，同比下降29.9%，成为铁路投资唯一没有完成计划的年份。

对于高铁负面舆论高涨的时期正值领导层换届。2013年3月，新一届中央政府决定撤销铁道部，代之以“政企分开”的国家铁路局和中国铁路总公司（以下简称中铁总）。此后，媒体开始报道多条在建高铁项目因“钱荒”而搁置[①]。由于铁道部/中铁总在高负债条件下的贷款完全依靠政府的背书，所以“钱荒”恰恰说明建设高铁的投资来源取决于决策层的态度。一个有意思的现象是，在铁道部被撤而中铁总保持低调的时候，只有科技部“力挺”高铁[②]。一时间，科技部成为高铁的“旗手”。

决策层对高铁的消极态度到2013年下半年开始发生变化[③]。当年8月，中铁总开始向高速列车制造企业下订单——这是2011年“7·23”事故之后的第一次。从2013年10月开始，政府领导人甚至开始主动向外国政府推销中国高铁[④]。2014年成为高铁建设恢复势头的一年——中铁总公司在年初的全路工作会议上，安排的当年固定资产投资为6 300亿元，但此后的实际投资额被数次调高，到年底再次突破8 000亿元。

为什么高铁发展会在2014年恢复势头？答案又是在高铁之外。第一，高铁再次成为以基建投资实现宏观经济政策目标的主要载体。从2012年开始，

---

① 多条高铁因缺钱停工缓建 或是铁道部改革惹的祸．(2013－05－17)．http://finance.sina.com.cn/china/20130517/100415499477.shtml；高铁项目贷款或因钱荒违约 保在建措施在酝酿．21世纪经济报道，2013－06－26．http://finance.sina.com.cn/chanjing/gsnews/20130626/021615915822.shtml；三条高铁新线因钱紧搁置 殃及铁路网规划．经济观察报，2013－07－05．http://finance.sina.com.cn/china/hgjj/20130705/234116034069.shtml.

② 专家称中国已进入高铁技术先进国家行列．(2012－05－29)．http://finance.sina.com.cn/chanjing/b/20120529/215812174565.shtml.

③ 国务院力挺大变革 铁路基建或重振威风．(2013－08－20)．http://finance.sina.com.cn/chanjing/cyxw/20130820/155816506574.shtml.

④ 中国高铁成为国家推销品 京沪高铁有望实现盈利．财经国家周刊，2013－12－09．http://news.sina.com.cn/c/sd/2013－12－09/151928925669.shtml.

中国的经济增长速度连续3年下降，特别是在2014年迎来每个季度都持续下降的情况。这种形势促使国务院提出“微刺激”“稳增长”的方针，随之增加曾经被削减的基建投资。2014年7月初，国务院总理李克强相继考察了沪昆高铁长沙南站施工现场和株洲电力机车公司，公开赞扬了高铁建设和高铁技术的进步[①]。高铁再次成为承载政策的主要手段之一。

第二，建设高铁的经济和社会效益不断得到证明，使决策层恢复了对高铁的信心。事实上，即使在高铁建设的低潮期，先期投入所产生的效果仍然展示出中国高铁的震撼前景。2012年12月1日，哈尔滨至大连的高速铁路（哈大高铁）建成运营，这是世界上第一条穿越高寒季节性冻土地区的高铁线路，全长921公里，设计时速350公里；同月26日，全长2 240公里的京广高铁全线开通，成为世界上运营里程最长的高速铁路。此外，高铁是形成“一带一路”概念的主要依据之一，说明决策层对建设高铁形成了新的战略意识[②]。2015年7月17日，习近平总书记在视察长客时称赞说，高铁已成为中国装备制造一张亮丽的名片[③]，标志着决策层再次把高铁发展看作中国的成就。

第三，社会舆论发生重大变化。随着越来越多的人乘坐高铁，来自民间的正面评价的声浪越来越大。虽然高铁票的价格远高于普通客车，但旅行时间的缩短和舒适度的提高足以使大多数旅客接受更高的价格。国际舆论对中国高铁的赞誉越来越多，国内媒体对高铁的报道越来越多地转为正面，最终压倒了负面舆论和主流经济学家的攻击。民间口碑和舆论的政治作用显然对决策层产生了正面激励。

2016年6月，国务院批准由国家发改委主持修编的《中长期铁路网规划》，

---

① 李克强湖南考察沪昆高铁：走出国门 扬中国志气．(2014－07－03). http://finance.sina.com.cn/china/20140703/154219599196.shtml；李克强考察南车 行家赞总理“十分专业”．(2014－07－04). http://www.gov.cn/guowuyuan/2014－07/04/content_2712297.htm.

② 习近平18个月九会普京：积极探讨高铁合作．(2014－09－12). http://ccnews.people.com.cn/n/2014/0912/c141677－25648976.html.

③ 习近平．高铁是中国装备制造一张亮丽名片．(2015－07－17). http://news.cnr.cn/native/gd/20150717/t20150717_519243663.shtml.

把到2020年的高铁运营里程指标大幅度提高到3万公里，同时第一次在中国铁路规划中明确提出建设“高速铁路网”的概念，使高铁线路从原规划方案的“四纵四横”变成了“八纵八横”[①]，增加了建设“面向‘一带一路’国际通道”的内容。虽然没有明确的表达，但以高铁替代传统铁路的思路已经明显可见。

该规划在评价铁路发展现状时称：“2004年《中长期铁路网规划》实施以来，我国铁路发展成效显著，对促进经济社会发展、保障和改善民生、支撑国家重大战略实施、增强我国综合实力和国际影响力等发挥了重要作用，受到社会的广泛赞誉和普遍欢迎，成为现代化建设成就的重要展示。”这段文字表述，已经把实际业绩和舆论对于决策的影响表达得淋漓尽致。

地方政府也开始影响高铁的建设过程。本来地方政府在铁路建设过程中的发言权很小，但随着高铁建设显示出来的经济效益，出现了地方自筹资金参与高铁建设以及向中央政府争建高铁的现象，也出现了地方代表在“两会”上以提案方式影响高铁规划的现象。于是，高铁建设变成一个政治过程：来自民间的实际需求和口碑、国内外舆论的赞誉以及地方政府力争建设高铁的呼声，汇成一股巨大的力量，促使决策层在高铁建设上保持着积极态度，从而使铁路投资在2014—2018年间保持在每年8 000亿元以上的高水平上。尽管没有形成概念，但以高铁替代传统铁路已在事实上成为中国铁路建设的稳定战略方针。

中国高铁建设经历突起的高潮、受挫后的低潮和再入高潮的曲折，恰恰说明激进方针形成于决策层的政治考量（虽然必须以经济合理性为依据），最大的证据就是高铁规划与实际建设业绩之间的偏差。如图5-5所示，实际建设业绩与规划指标的偏离程度之高，足以证明导致“激进”的力量产生在规划之外。规划一般由主管部门（原来是铁道部，它被撤销后变为发改委）提出，报经国务院批准。真相在于，如果是主管部门主导了高铁的实际发展，那么它或它们的执行情况是不可能明显偏离规划指标的，因为得到批准的规划决定了它们可用资源（如投资额）的限度。那么，是谁能够不断地突破事先规划的使用资源限度，从而使高铁的实际建设不断地突破规划的指标？当然只有中央决策层。

---

① 从“四纵四横”变为“八纵八横”，可以被视为高铁系统架构的一个变化。

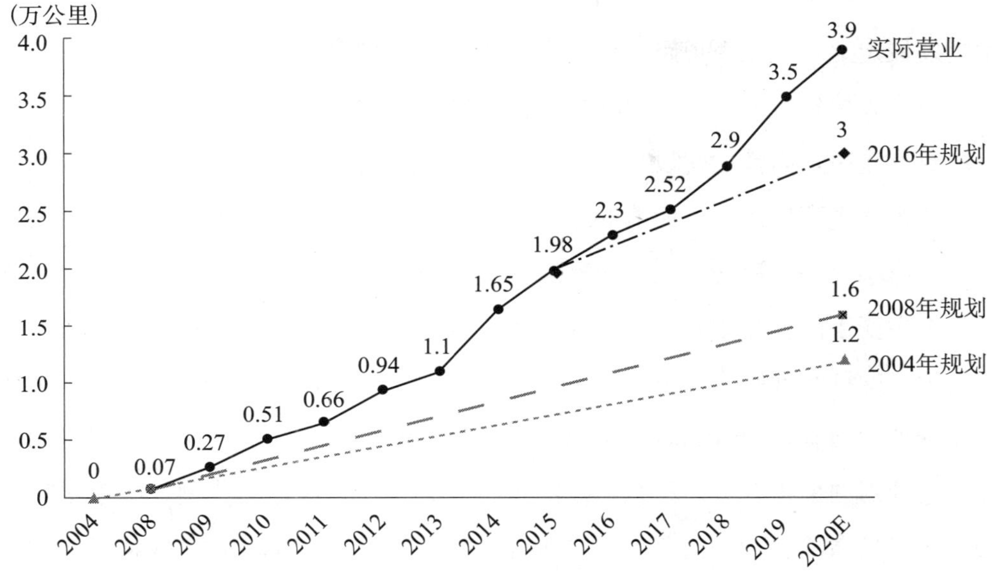

图 5－5　全国高速铁路实际营业里程和历年规划建设里程（2004—2020）

注：图中的实线代表中国历年高速铁路实际营业里程曲线，其中 2020 年数据为估计值；其他三条虚线为笔者根据国家三次铁路网规划提供的公开数据手动绘制而成的概念曲线。

数据来源：国家《中长期铁路网规划》（2004 年）、《中长期铁路网规划（2008 年调整）》和《中长期铁路网规划》（2016 年）（见：http：//sousuo. ndrc. gov. cn/s? siteCode＝bm04000007）；历年《铁道统计公报》。2019 年的数据来自新华社 2019 年 11 月 22 日根据国家铁路集团公司提供信息的报道（见：https：//news. sina. com. cn/o/2019－11－22/doc-iihnzahi2734930. shtml）。按照目前投资规模的趋势，预计到 2020 年中国高铁实际总营业里程将至少达到 3.9 万公里。

回顾有关高铁建设的决策轨迹，可以清楚地看出：以高铁替代传统铁路的方针起始于应对 2008 年全球金融危机的“四万亿”经济刺激计划，中间经历了 2011—2013 年的高铁低潮和决策层在政府换届初期对高铁的信心不足，但在经过 2014 年的“复苏”后成为事实上的明确、稳定的方针。就在本文写作的 2019 年，铁路投资有望突破历史峰值，再创新高。虽然部分线路由于地理和气候条件永远不会达到高速，但中国铁路网在整体上从传统模式过渡到高速模式的前景已无悬念。需要指出的是，激进方针的形成有赖于决策层对于高铁建设的正面态度和信心，而来自社会舆论和国际舆论的正面反馈是影响决策层判断的重大因素，因为这种决策是政治性质的。不容忽略的是，国内舆论的自豪感和国际赞誉不可能建立在依靠引进和组装外国车型的基础之上。因此，高铁技术的发展走上自主创新道路与激进方针的形成是互为条件的。

对决策层作用的讨论还引向中国体制更深层次的结构性特征。决策层之所以能够直接决定高铁的建设规模，是因为在中国的体制下，国家始终在资源配置上发挥着重要作用，不但能够通过财政、货币、税收和收入分配等方面的政策间接影响经济资源的走向，而且能够直接介入实体经济而影响经济活动，其中一个主要手段就是发动基础工业项目（包括能源、交通、基本材料等领域）的建设。这种制度能力（institutional capacity）与公有制有关（如土地和某些工业资产的国有），与国家能够控制投资来源有关，与对经济发展的方向和目标实施计划的传统有关，甚至与政治体制有关。没有这样的体制，决策层就无法直接影响高铁建设。由于有这个制度框架，所以铁道部/中铁总对高铁建设规模的作用只能是次要的。因此，把决策层对于发展高铁的作用置于中国能够以基建项目执行宏观经济政策的制度框架之中，本文的第二个基本命题——国家是中国铁路激进创新的直接行动者——就完全可以得到证明。

5.4.2 大规模建设高铁对于高铁技术进步的影响

如前所述，中国工业能够建设、装备和运营高铁的早期技术绩效是决策层能够下决心大规模建设高铁的一个前提条件。反过来讲，大规模建设高铁又促进了技术的迅速进步，因为它为中国高铁技术的发展提供了世界上独一无二的应用机会。这个机会的重要性有三：第一，应用是技术研发和创新获得经济回报的唯一途径，所以大规模建设带来的确定需求为中国企业的产品开发和新技术采用提供了动力和财力，使它们在建设技术、装备技术和服务技术上产生了不断创新的势头。第二，应用为技术改进和后续创新提供了“问题”的来源和解决“问题”的压力，加快了解决“问题”的速度。第三，在中国的自然环境和经济社会条件下大规模建设高铁，使中国的高铁技术迅速走出了与日本、欧洲不同的技术轨道，而高铁在铁路网中的比重扩大则会改变铁路网的目标和功能。这两个因素为铁路网在系统层次上发生重大变化（即范式变化或基础原则的变化）提供了条件，使中国走上以高铁替代传统铁路的道路，而系统层次的重大变化又反过来影响所有的技术。我们下面按照大致的历史顺序简要分析一下大规模建设对于中国高铁技术进步的影响。

第一阶段：引进技术阶段。由于自然环境决定的线路条件，没有任何一个外国产品拿过来就可以在中国使用，所以任何引进的外国车型都必须接受中国企业的适应性改造（重新设计）。适应性改造必须以试验为依据，如在跑线路之前要对牵引系统做模拟、组合试验，还要模拟运行中各种可能出现的恶劣状况，要做各种试验，包括疲劳可靠性等以及所有可能想到的试验。此外，改造不可能一次性成功，需要不断地进行试验，通过地面试验的先期验证后还要上车跟踪，以实际运行数据分析整车的安全性并掌握列车全生命周期内服役性能的变化，然后相应做出重新设计。

因此，即使最初的目标是“复制”，也仍然需要“研发”。事实上，中国企业对引进车型进行的适应性改造都接近于从头开发新产品所要求的技术过程。中国企业能够完成这个过程，恰恰说明它们具有因长期自主开发而积累起来的强大能力基础（完整的产品开发平台）。这种强大的吸收能力也使中国企业通过适应性改造过程，获得了外方并没有转让的成熟整车的试验数据，这成为中国企业后来进行整车自主开发的经验基础。因此，由于铁道部也必须依靠中国工业现有的产品开发平台来改进外国车型，所以中国的技术能力基础没有被引进所立刻替代，也使对引进技术的“消化、吸收、再创新”成为自然而然发生的活动。

第二阶段：转向自主开发。建设京沪线既是大规模建设高铁的开端，也是技术政策从引进变为自主创新的转折点，二者的结合成为中国高铁技术超越引进技术的契机。建设长度空前的高铁线路，就会产生对高速列车技术创新的压力和动力。国外的高铁线路短，再加上需求有限，所以列车的运行时间短，如日本的高速列车每天只跑 2 小时。相比之下，380 系列按 350 公里的时速在京沪高铁线上跑一趟就要 4 个小时。在京沪高铁（1 318 公里）之后建成的哈大高铁（921 公里）、京广高铁（2 298 公里）、沪昆高铁（2 252 公里）以及在建的呼南高铁（约 2 300 公里）中的每一条线路，其长度都超过世界上其他国家的任何高铁线路。长时间连续运行和短时间运行对列车的技术要求是不一样的：长时间跑就要求列车具有长时间工作的可靠性，就会对列车各个关键环节（尤其是转向架和牵引系统）提出更苛刻的技术要求，对材料和结构提出不同的要求。事实上，根据中国高铁线路特点的改进就是新技术的来源（尤其当这些特点是中国独有的时候），何况中国工业本来就拥有自己的核心技术。例如，哈大高铁是欧洲和日本都没有的高寒线路，中国企业在以前的普通列车上就有对付高寒条件的长期技术积累，自然把原来高寒车的许多技术用于高速列车。因此，一旦转向自主开发，就会产生“迫使”中国技术超过外国技术的动力。

第三阶段：形成以高铁替代传统铁路的做法。持续的大规模高铁建设引发中国对于铁路网的“世界观”发生变化，其标志就是2016年修编的《中长期铁路网规划》。按照这个规划，中国未来的铁路网将以“高速铁路网”为中心，而“普通铁路网”是补充性的。这个“基础原则”的变化意味着整个铁路网的基本技术性能是按照高铁的性能标准进行规划、建设和运营。

例如，在中铁总于2018年12月公布的中国标准动车组谱系中，已经出现了在普通线路上替代传统绿皮车的动车组，即“复兴号”CR200J，它因车身是绿色而被称为“绿巨人”，被用于在既有线替代最后的绿皮车（2019年1月在杭州至北京的线路上率先投入运营）。“绿巨人”是动力集中式的，动力车位于车组的前后两头，以解决在既有线动车组不能换向的问题，而且可以根据客流量在8～18辆之间任意编组。引入“绿巨人”可以解决两个问题：第一，在不改造原有普通线路的条件下提高运营速度。既有线最快的列车是每小时120公里，提速的主要障碍是机车的动力不足，其次是各节车之间靠传统车钩连接。换成动车组则动力增加，而且采用高铁的密集钩使各车厢连在一起。目前已投入运营的“绿巨人”在既有线上的时速是160公里，但在线路允许的条件下可以跑到200～300公里。第二，大幅度提高既有线车辆的舒适度，让乘客享受和高铁差不多的体验。“绿巨人”的客车车厢内饰与“复兴号”的其他车型没有差异，全车WiFi覆盖，票价则与普客基本一样；此外，由于客车下面没有电机，所以车厢内比动力分散式的列车更安静，而且每节车厢的载客量多20%。“绿巨人”的出世充分证明中国铁路发展的方向正是“以高铁替代传统铁路”——即使在普通线路上，也是以高铁时代的标准来替代传统装备。因此，中国铁路以动车组全面替代普通客车的前景是可以预期的。

更重要的是，与以高铁补充或改进原有铁路系统的模式相比，以高速铁路为中心的铁路网在目的和功能上会发生性质改变，在运输本身之外增加了“高速互联”等新的目标和功能。系统层次的变化必然导致子系统的变化，因为其技术性能是由高铁系统的总体性能要求所决定的。激进方针已经使中国铁路在线路建设（包括道床、隧道、桥梁等）、高速列车、高速重载机车和运营服务方面的技术发生全面变化，而铁路网就旅行速度而言就已经发生了性质上的变化①。

上述分析有助于澄清一个事实，即中国高铁从来没有实施过“以市场换技术”。曾经流传过的这个说法其实也是源自铁道部，目的是为了凸显铁道部在引进技术时采取的策略对于中国高铁技术发展的关键作用。但是，这个说法不符合事实。“以市场换技术”的政策思维是20世纪90年代的产物，其背后的逻辑是认为对外资开放虽然会牺牲一部分国内市场，但外资会带来先进的技术和管理。在实践中，这个政策至少包括两个要素：允许外国企业在华设厂（无论是合资还是独资），允许外国企业在华直接销售外国品牌的产品。采取这种政策的一个典型是汽车工业——到20世纪90年代末，所有的中国轿车企业都与外国企业建立了合资关系，导致当时中国轿车市场90%以上的产品都是合资组装的外国品牌，但说好的“换技术”目标却没有实现。

相比之下，中国引进高铁技术时并没有采取与外国企业合资的方式，而且铁路市场也不允许外国企业直接销售外国品牌的产品——所有引进的车型全部成为“和谐号”。因此，中国铁路市场从来没有对外资开放过，即使是2004—2006年的全盘引进也不属于“以市场换技术”模式，而是纯粹的“以金钱换技术”。也许外国企业最初有过自己的盘算，认为一旦进入中国市场，中国就会对其技术和产品产生长期依赖，所以也许它们在中国购买其技术时为争夺立足点做出了比通常情况下更大的让步。如果它们确实有过这样的期待，那么中国

① 随着中国高铁技术的变化，一度来自德国和日本的知识产权质疑已经销声匿迹。

高铁后来的发展就使它们失算了——中国再没有引进过升级换代的车型，而是走上了自主创新的道路。

在中国铁路市场不对外资开放、中国工业具有强大能力基础并转向自主创新方针的条件下，一次性买进的外国产品就纯粹成为中国工业的工作（改造）对象，对其进行适应性改造也就成为中国企业的技术学习过程。特别是在开始大规模建设高铁之后，由市场规模扩大和不断产生新要求带来的“学习红利”（解决问题的机会和回报）被中国企业所收获。这就是为什么在实行“以市场换技术”的工业中（如汽车工业），跨国公司能够长期压制中国企业的原因——本来能力就更胜一筹的跨国公司可以通过学习中国市场特点而长期保持自己的技术优势。但在中国铁路工业，外国企业没有这种机会，中国企业技术学习的过程及其收益掌握在自己手里。因此，中国的大规模高铁建设就成为中国高铁技术进步的又一个来源。

大规模建设高铁对铁路装备及其生产能力产生巨大需求。例如，中国动车组的保有量从2007年的105列增长到2017年的2 935列（见历年《铁道统计公报》），在长达10年的时间里以平均每年39.5%的速度增长。在这种条件下，中国生产高速列车的企业都进行了大规模的固定资产投资，建设了在世界发达国家也罕见的巨大厂房和生产线。当西门子交通集团总裁访问长客时，站在新建总装车间的瞭望台上，俯瞰着由几十列组装中的高速列车所排成的壮观景象，不禁喟然长叹：“这就是我们欧洲的大工业之梦啊!”[①] 在2015年合并为中车集团之前，南车和北车的经济规模就分别超过了同领域的任何外国企业。2016年，中车集团的营业收入超过了德国西门子、法国阿尔斯通、加拿大庞巴迪和日本川崎重工的收入总和（见图5-6第二行），而这4家外国企业恰恰是中国当年从国外引进高铁技术的对象。

今天，中国高铁营业里程已经超过世界高铁总里程的2/3，中国成为世界上高铁里程最长、运输密度最高、成网运营场景最复杂的国家；中国高铁的动车组已成为中国铁路客运的主渠道，而且其安全可靠性和运输效率世界领先。

---

① 根据长客访谈记录。

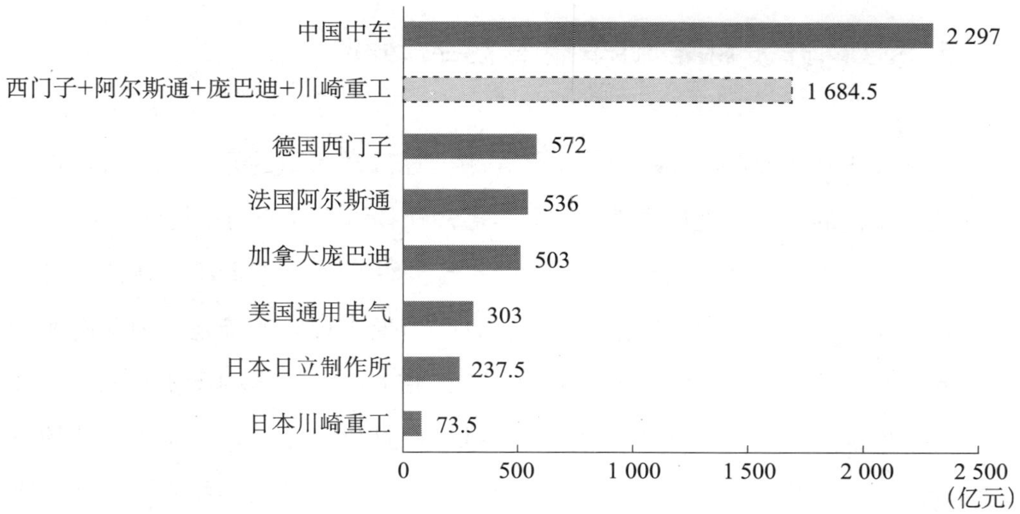

图 5-6　2016 年世界主要轨道交通装备企业营业收入

注：各公司的营业收入均包括非列车制造的收入。

资料来源：根据各公司官方网站发布的 2016 年财务报告公开数据制作。

在技术和工业方面，中国完全具备了自主的技术能力，中国设计制造的高速列车经历了最恶劣条件——高低温、长大线、持续高速等——的考验；中国高铁装备工业的规模世界第一，大规模应用高铁技术的经验世界第一，经过实际研发锻炼的人才队伍比其他国家的总和还多。这些条件为中国保持高铁技术领先世界之势提供了可能。

5.5　以系统层次的创新引领未来

在跻身世界前沿之后，中国高铁能不能继续保持创新的势头？决定这个问题答案的关键因素不在于技术，而在于战略、政策和体制。从大型技术系统的角度看，中国高铁的未来发展和创新取决于对大系统演进的把握。但是，本应专注系统集成的主体一直没有摆脱“部门”管理者的角色，总在为争夺“势力范围”而扭曲系统集成者与技术开发者之间的创新边界。因此，中国高铁未来的发展需要强化系统层次的创新，并由此形成稳定的创新边界，从而为高铁的技术发展增加竞争的驱动力。

5.5.1 开发标准动车组背后的动机

中国高铁技术发展的最新重大事件是中国标准动车组的开发。不过，在产品和技术换代的背后，也包含着中铁总重夺高铁技术主导权的动机。

标准动车组项目由铁道部从2012年开始组织有关制造企业、高校和科研院所讨论概念，南车、北车都是发起方。这一情况出现的背景是：中国高速列车技术在经历了最初阶段的发展之后，确实面临着统一标准的需要。例如，分别从4个外国企业引进的车型不但各有标准，而且也存在对中国应用场景的适应性问题；自主开发的380A和380B也不能重联，车上的很多技术配置（如座位的摆放）和主要的产品配套规格也不一样，带来很多运营管理上的不便。于是，在统一标准的前提下开发新一代动车组逐渐被提上日程。但在今天中国标准动车组的成就受到广泛宣传时，需要指出一个被掩盖的问题：中国的动车组之所以曾经是不标准的，原因就在于大规模引进。

标准动车组的开发显然是一个在目标、做法和利害关系等方面发生过变化的演进过程。在2013—2014年相继完成总体技术条件制定和方案设计后，时速350公里的标准动车组于2015年6月30日正式下线。2017年6月25日，中国标准动车组被正式命名为“复兴号”，两款时速350公里的车型CR400AF和CR400BF（分别从380A和380B的技术平台演进而来）于第二天在京沪线正式双向首发。2017年10月，中铁总宣布正式启动时速250公里的“复兴号”的研制工作。2018年12月，中铁总公布了“复兴号”的车型谱系，包括3个速度等级：时速350公里的CR400、时速250公里的CR300和时速160公里的CR200。目前，“复兴号”已经全面上线，逐渐替代掉以前的各种动车组，380系列也已经停产。在整体技术指标上，“复兴号”动车组保持着世界先进水平。

不过，开发标准动车组也成为中铁总重夺高铁技术主导权的过程。在项目早期阶段，由于南车、北车两个集团的车型存在差异，所以在确定技术方案时存在着争论。这些争论只有铁道部/中铁总能够“裁断”，因为它是唯一的用户，也只有它能够主持新车型的运行考核。尽管统一标准本身并不意味着系统集成者一定要主导列车技术的开发，但随着项目的进展，中铁总逐渐成为组织者和技术决策者，采取的方式是：先由中车集团下属的企业向中铁总报送关键的技术规格和参数，再由中铁总通过铁科院的评审来决定是否采纳。因此，中铁总的作用并不限于制定接口标准以及从运营服务角度提出指标要求，而是通过“统一标准”来决定高速列车的所有技术方案。

主导高速列车技术可以收获很大的政治效果，因为列车不但是高铁系统最重要的技术领域之一，而且是公众形象最明显的技术领域。回顾历史，即使铁路装备工业早已从铁道部分离出来，铁道部还是通过 2004—2006 年的大规模引进完全主导了铁路机车车辆的技术发展路线，其动机很大程度上是为了政绩。在那个过程中，铁道部直接安排制造企业的引进、制造和销售，在决策上把南北车两个集团挤到边缘地位。当中央决策层以 2008 年开工的京沪高铁建设为契机，把高铁技术发展的方针定为自主创新后，铁道部的主导权被限制。特别是在 2011 年刘志军案和“7・23”事故之后，铁道部的谨小慎微反倒凸显了科技部在推动高铁技术进步上的作用和地位。当中铁总从高铁低潮期的打击中逐渐恢复过来后，开发标准动车组就成为重夺主导权的机会。

科技部对于开发标准动车组持不同立场，认为 380 系列已经在自主创新上达到相当的高度，本来应该在这个基础上继续进步，而回过头来做标准动车组实际上又回调了一些性能指标。这个立场同样包含着对政绩的考虑：把“复兴号”当作新一代动车组，那会不会否定科技部支持“和谐号”380 系列的政绩？当然，历史是无法否定的，尤其是技术演进的历史。科技部支持开发的 380 系列是中国高铁技术发展的转折点和里程碑，它扭转了组装外国车型的引进路线，使中国企业完成了开发高速列车的全流程并诞生了跻身世界先进行列的 380 动车组，也使中国工业的产品开发平台得到巩固和提高。没有这些进步，标准动车组是开发不出来的。但是，在中国的体制下，部门之间的“摩擦”和“政绩竞争”仍然是现实，标准动车组的开发确实又把科技部挤到边缘位置。

在对中国标准动车组的广泛宣传报道中，官方媒体显然根据中铁总的消息来源将其解释为“由中国铁路总公司牵头组织研制、具有完全自主知识产权、达到世界先进水平的”车型，开发的目的是“打造适合中国国情、路情的高速动车组的设计、制造平台，实现高速动车组技术全面的自主化”。于是，“复兴号”就成为中铁总以“总设计师”身份领导的新一轮自主创新，它既可以把全盘引进和科技部支持自主开发的历史“翻页”，又可以让中铁总重新主导高速列车的开发。这个主导权还有助于中铁总推行一项“总体战略”。2018 年 11 月，一家中国媒体在报道株机厂开发出口动车组（详细介绍见下文）时援引一位“中铁总人士”的话说，中国标准动车组的研制目的就是要提升中国企业在国际市场上的竞争力，以高速动车组出口为突破口，带动工务工程、牵引供电、通信信号、运营管理等成套技术走出去，为中国高铁海外战略目标提供技术支撑。该人士说：“在高铁走出去项目上，我们不仅仅是车辆某一个项目的走出去，要做到全产业链走出去，因此必须遵循中国标准，不宜自立门户。”①

于是，就技术创新而言，有关高铁体制的一个关键问题是：高铁的系统集成者与高速列车的开发者之间应该是什么关系？

5.5.2 高速列车开发企业的独立作用

为回答上述问题，我们沿着 5.3.5 那部分的内容，再次回顾株机厂的创新历程所提供的经验证据。在那个非常困难的阶段，因为仅靠消化吸收西门子机车无法生存，株机厂开始在铁道部的“势力范围”之外寻找市场，主要有两个方向：国内城市地铁市场和国际市场②。正是在国际市场上，株机厂创造了两

---

① 路炳阳．株机研发新高速动车：不属复兴号系列 中铁总不持态度．中国经营报，2018-11-24. http://finance.sina.com.cn/roll/2018-11-24/doc-ihpevhck3959716.shtml? cre=tianyi&mod=pcpager_society&loc=4&r=9&doct=0&rfunc=3&tj=none&tr=9.

② 地铁建设归口建设部和发改委，各城市对于地铁车辆的采购都有自主权。株机厂早在 2001 年就开始生产地铁和城轨车辆，逐渐在传动系统、网络控制系统、电机和变压器等核心部件上都实现了自主化（主要由株洲所提供）。到 2013 年年初，生产地铁车辆的产能已经占到株机厂总产能的 30%～40%，而株洲所的牵引系统长期占据中国地铁市场的 60%。在国际市场上，2009 年 10 月，株机厂战胜庞巴迪和阿尔斯通，获得土耳其伊兹密尔 3.5 亿美元的轻轨列车订单。2012 年和 2014 年，株机厂又分别获得土耳其安卡拉市的 25 亿元人民币的地铁车辆项目和安卡拉地铁 3 号线订单。株机厂同期还向印度的新德里、孟买和古尔冈 3 个城市出口了地铁设备。

项可以回答我们问题的重要业绩：南非机车和出口动车组。

2012 年 10 月，株机厂击败 8 家竞争对手，获得南非国家交通运输集团（Transnet）的 95 台 21E 型电力机车订单，价值近 4 亿美元。这是南非首次从中国采购机车，也是中国电力机车首次登陆非洲，同时也是当时国内企业获得的最大的电力机车海外订单。这款机车非常难做：（1）南非铁路是“窄轨”（轨距 1 065 毫米），对机车的平衡性、稳定性要求更高；（2）由于南非铁路的电网是 25 千伏交流电压和 3 千伏直流电压交错，所以要求机车采用“双流制”，在电压交错路段进行电流切换并保持运行；（3）电力机车不仅要能实现 8 台机车重联，还要与内燃机车重联（在某些上坡的路段需要内燃机车的助推），为此需要由电力机车向内燃机车发送无线指令（以配合增减速）。毫无悬念，这么复杂的“双流制”电力牵引系统是由株洲所提供的——没有做过从直流到交流的全部传动系统的企业连门都摸不着。南非原来使用欧洲的蒸汽机车和内燃机车，用上中国的好车后就再也受不了旧车了。2014 年 3 月，Transnet 宣布株机厂中标南非“史上最大”的机车采购招标，合同金额 21 亿美元，包括新购 349 台 22E 型机车以及增购 100 台 21E 型机车（22E 比 21E 的马力更大）。到 2018 年年末，南非铁路上跑的机车已全部是株洲电力机车，采购总量达到 544 台。此后，株机厂又得到一个维修保养的大单，加上此前的机车销售，株机厂在南非的销售规模已达人民币 200 多亿元。

株机厂最令人意外的业绩是创造了中国动车组的出口第一单。2011 年 7 月，株机厂获得近 40 亿元人民币的 38 列马来西亚城际动车组（动力分散式）大单，用于吉隆坡最繁忙的南北城际线运营。这些动车组的时速是 160 公里，却是在“米轨”上运行的，相当于标准轨（轨距 1 435 毫米，中国采用）的时速 300 公里动车组。2012 年 10 月，株机厂又与马来西亚捷运公司签订安邦线 20 列 120 辆轻轨车辆销售合同。2015 年 7 月，株机厂的东盟制造中心在马来西亚建成投产，它是中国铁路装备的首个海外制造基地。2017 年 4 月，株机厂又从马来西亚交通部获得 13 列混合动力电动车组和 9 列现代超级动车组两个项目 22 列动车组订单，订单金额折合人民币 13.2 亿元。同年 8 月 2 日，由株机厂牵头组成的联合体与马来西亚国家基建公司签署了吉隆坡轻轨三号线 42 辆列车的供应合同。株机厂已成为马来西亚轨道交通装备发展最大的推动者，提供了其市场份额80%以上的产品。

2015年11月，株机厂向马其顿交付首列符合欧洲铁路互联互通技术规范（TSI）的动车组。该项目的6列时速160公里动车组由马其顿国家铁路公司于2014年6月与株机厂签约订购，将在贯穿马其顿南北并途经首都斯科普里的既有线上运营。该线路全长约215公里，承担马其顿国内80%的铁路运力。目前，株洲厂正在完成多个欧洲订单（包括俄罗斯、奥地利、塞尔维亚、马其顿），为此还开发了双层动车组。

株机厂的出口动车组与铁道部引进的动车技术没有任何关系——株机厂既没有接受过动车组的技术引进，同时也被排除在中国的高铁市场之外。那么，它凭什么本事会成为第一个出口动车组的中国企业？

株机厂开发高速动车组的技术能力来自被铁道部废弃的自主开发动车组的经验——它的出口动车组（动力分散式）是基于"中原之星"的技术平台开发出来的；"复兴号"谱系中的"绿巨人"动车组（动力集中式）也是由株机厂基于"中华之星"的技术平台开发出来的[①]。实际上，在铁道部决定大规模引进时，"中原之星"已经投入运营，而"中华之星"的技术已经趋近于成熟，只是为了全盘引进而将其强行废止。尽管产品被废弃，但通过自主开发积累起来的知识、经验和技能未灭，通过开发两个车型建立的技术平台还在，于是"老兵不死"——原来"中原之星"和"中华之星"都没有"死"，而是在新一代产品上获得重生。

只要有能力，创新就没有止境。近年来，株机厂首创多款新产品。2012年8月，株机厂开发出世界首台超级电容储能式电力牵引轻轨列车。这款车利用城市轻轨规律性站停的旅客上下车时间，在站台只需要充电30秒就可以支持列车行进到下一站（超级电容的特性是能够瞬间充电，而储存时间很短）。由于线路上不需要架设电网，所以这种轻轨交通节约道路用地，可实现与公路交

---

① 中铁总将"绿巨人"的生产重新分配，由株机厂和大连机车厂制造动力车，客车则由其他车辆厂制造。

通的平交，并大幅度降低造价（此车已经成为西门子的模仿对象）。2016 年 5 月，株机厂在全球首创的中低速磁悬浮列车（与国防科技大学等高校联合研发）在中国首条具有完全自主知识产权的中低速磁悬浮商业运营示范线——长沙磁浮快线上开始试运营。

株洲所也加入开发新型车的竞争，它研制的全球首列智轨列车于 2017 年 10 月在株洲正式上路运行。智轨列车融合了有轨电车和公共汽车的优势，采用株洲所自主研发的“虚拟轨道跟随控制”技术，能够精准控制列车行驶在既定“虚拟轨道”上；因为不依赖钢轨行驶，所以线路的建设周期短、投资小，而且也具有轻轨、地铁等轨道列车的零排放、无污染的特性，并支持多种供电方式。

中国高铁发展的激烈动荡过程留下一个历史“悬念”：如果不引进，中国能不能发展高铁？当然，谁都不可能以确切的证据来回答这个问题，因为历史已经不可逆地走过了那个阶段。但是，如果了解两个“倔强”的株洲企业的经历，至少谁都不敢对答案“一口咬定”。

5.5.3 大系统的创新和系统集成者的作用

上述企业的经验可以帮助思考系统集成与子系统技术开发之间的关系。高速列车是高铁系统的一个子系统，也可以被看作其中的一个“模块”。由于列车用于高铁系统时需要与路轨、电网、信号、车站等其他子系统相配合，所以接口标准由系统集成者来制定和主导是天经地义的，否则整个系统无法工作。但接下来的问题是：子系统或“模块”之内的技术决策应该由谁主导？株机厂的经历很好地说明了这种关系：它出口的每一个产品都必须符合当地铁路系统的接口标准，所以出口南非的电力机车必须采用“双流制”，而出口马来西亚的动车组必须采用“米轨”轨距，等等。但在给定接口标准之后，能不能开发符合用户要求的车则是由株机厂和株洲所的技术能力和研发努力所决定的。此外，它们还能够开发铁路和交通当局原来想象不到的车。因此，列车开发企业在大系统中以其特定能力发挥独立作用。

系统集成是发展大型技术系统最重要的战略职能，但这并不代表系统集成者有能力开发组成系统的各种技术，因为这些技术横跨不同的工业。例如，尽管高铁系统要把各个子系统集成起来实现一个共同的目标，但建筑工程、供电、通信信号、高速列车都是不同的工业，而运营调度和客运服务则是差异更大的服务业。用理论的语言讲（Richardson，1972），在为高铁系统提供工程、装备和服务时，这些工业的活动都是互补的，即互补于提供高速客运的服务活动；但它们彼此之间的活动却是非相似的，即各自具有不同的特定知识、技能和经验，需要在专业化方向上的长期积累。

此外，如果中国高铁装备的出口必须由中铁总"牵头"，就会面对一个根本性的矛盾：潜在购买国如果不是请中铁总新建铁路或扒掉原来的铁路再新建，那么中国的铁路装备就无法出口——马来西亚就不会向中国购买"米轨"动车组，南非也不会向中国购买"双流制"的电力机车。但问题在于，任何国家改变铁路网不但要看财力，而且涉及国家主权的考虑。如果以改变潜在购买国的铁路网作为它们从中国进口装备的前提条件，那么中国的出口反而会受到严重的限制。因此，出口是"要做到全产业链走出去"还是工程、装备等分散进行，应该是灵活的，不宜由某个机构垄断。

因此，高铁系统的子系统或"模块"应该保持技术研发和市场营销的独立性。如果系统集成者在决定接口标准之后还要直接决定子系统或模块内的技术开发，反而会阻碍高铁系统的技术进步。大系统的集成表现在集成者不断把各个相关领域的新技术集成于自己负责的系统上，甚至可以以自己对系统的定义去引导技术发展的方向，但不表现在直接控制这些领域中的技术进步，更不表现在把所有互相具有供应关系的工业都纳入自己的直接控制之下。

如果中铁总坚持主导高速列车技术，反而最终会陷入难以摆脱的"窘境"。"复兴号"不可能是中国高铁技术进步的终点，因为技术变化是不会停歇的。根据媒体在2019年的报道①，长客设计的时速400公里（试验速度将达到时速

---

① 时速400公里高铁将于年底下线.（2019－06－15）. https：//www.guancha.cn/politics/2019_06_15_505738.shtml? s=zwykx.

440公里）高速动车组将于2019年年底下线，它是科技部2016年立项的“时速400公里及以上高速客运装备关键技术”的研究成果。该项目的目标是研制三款时速400公里的列车，除了长客，四方和唐车也参与研制。也许考虑到这些新车型短时内不可能在国内使用，这三款车型据称都将面对国际市场。据另一个报道[①]，中车集团正在研发时速400公里可变轨高速列车，“从中国到俄罗斯、到欧洲，无论是标准轨、宽轨还是窄轨，该列车都可以胜任”。因此，高速列车的技术进步会不断挑战中铁总：技术更先进的新车是用还是不用？如果用，就又变成“别人”开发的车；如果不用，中铁总就会成为技术进步的阻碍者，情况严重了还可能遭到决策层的干预。

事实上，对于中铁总来说，存在着远比争夺“势力范围”更大的作用空间，这就是在系统层次上的创新。出于历史的原因，中国在大型技术系统上长期习惯于跟随和模仿。很多人没有意识到，这是影响技术自信心的一个主要障碍，因为对技术的功能和性能要求是由系统定义的。由于中国高铁的发展最初也没有跳出在系统层次上跟随的框子，所以大规模技术引进才会被认为是必然的。今天，中国已经在许多应用领域走到世界前沿，也越来越多地出现塑造新系统的可能，如特高压输电系统、5G通信系统、新一代互联网、新能源汽车以及被笼统地称为智能制造的各种系统，等等。因此，中国的技术突破和产业升级将越来越取决于在系统层次上的自主创新。但是，能不能在系统层次上转向自主创新，不是技术问题，而是战略、政策和体制的问题。

高铁发展的经验证明，中国可以成为大型技术系统的创新者和引领者。也正是因为中国高铁走上激进创新的道路，所以中国才被认为是世界轨道交通革命的引领者，而在既有线上使用时速160公里的动车组就会被认为是创新，而不再是技不如人。在中国铁路走上激进创新道路的过程中，铁道部/中铁总不是阻碍者，但也不是引领者，最多是个“此举正中下怀”的执行者。原因在于

---

① 中车副总裁：正在研发时速400公里可变轨高速列车.（2019-07-24）. http：//finance.sina.com.cn/roll/2019-07-24/doc-ihytcitm4342708.shtml? cre=tianyi&mod=pchp&loc=37&r=0&rfunc=14&tj=none&tr=12.

铁道部/中铁总的行为始终囿于“部门”思维的利害关系，没有形成从“系统”上看待铁路建设的战略思维。仅把高速列车看作自主创新的主要标志其实是一种狭隘的眼光，因为大系统的创新才是驱动包括高速列车在内的所有领域技术进步和自主创新的主动力。

大系统的创新需要系统集成者把经济、政治和社会的需求与技术变化的可能性相结合，形成关于系统的新概念，也需要为实现新概念去定义或重新定义大系统的架构。例如，即使以高铁替代传统铁路，在对铁路系统性质的定义上仍然存在弹性空间：把它看作仅是人员和货物运输的手段还是也算“互联互通”的基础设施，会对高铁在经济发展和产业升级中的作用产生不同的评价。实际上，诸如国际地缘政治、发展不平衡地区之间的产业和技术扩散等因素都可以影响人们对高铁作用的看法。从技术方面讲，新的技术突破可能导致对系统的重新定义，而对系统的定义也会影响高铁系统对技术的选择，例如不同的定义会决定未来5G通信技术在高铁系统中的地位和使用方式。总之，以符合中国需求和面向未来的概念不断定义和重新定义铁路系统，是使中国高铁保持领先的根本保证。

面对中国未来的发展，中铁总在掌握着中国铁路运营资产的同时，完全可以成为塑造中国铁路性质的“架构师”，并以此引领中国高铁技术的发展。由于系统的架构是把握技术与应用之间关联的关键，所以没有谁能够替代系统集成者的地位和作用。如果系统集成者集中于系统层次的创新，就可以一方面以新的系统概念引领相关技术的发展方向，另一方面以相关技术的发展来重新定义系统①。在这样的“框架”下，各个技术领域的开放竞争就是理所当然的，而创新的边界就可以稳定——这是在铁路系统引入市场竞争机制的前提。于是，铁路可以成为一个大系统级别的开放平台，既可以吸收和集成来自铁路各个子系统领域的技术成果，还可以吸收和集成来自其他领域的技术（如5G）。在中铁总已经更名为国家铁路集团有限公司之后，这样做比起“鼠肚鸡肠”地与其他工业争利，创造“政绩”的可能性大得多，利害关系也大得多。

---

① “绿巨人”就是由株机厂首先提议，经中车集团与中铁总协商后被接受的。

中国高铁已有的成就是在不完美的体制下取得的，但要想使这个成就延续下去，就需要让这个体制更完美。如果当事主体不能靠自己的力量改进，就有理由以国家的力量迫使它们改进。

5.6 讨论和结论

本文的目的是通过分析性地追溯中国高铁的实际发展过程，为从理论上讨论这项伟大成就的原因提供一个可验证的经验性研究基础。本文的分析起点是界定中国高铁能够被公认为成功的两个关键因素——以自主创新为主的技术进步和以高铁替代传统铁路的激进创新道路。但是，这两个因素在开始建设高铁的起点上并不存在，而是在此后的过程中才出现的。因此，它们也就被本文定义为过程性变量。正是通过对这两个“转变”的描述和分析，本文揭示出在解释中国高铁的成功时被广泛忽略的因素——中国铁路装备工业的技术能力基础和国家对于发动铁路激进创新的关键作用。这些分析否定了“引进、消化、吸收、再创新”是中国高铁技术进步之源的流行性说法。

本文认为，采用事后解释无助于理解中国高铁发展的成功。所谓“事后”，指的是对事件的成功或失败已经形成基本社会共识之后。相应地，“事后解释”指的是研究者并不深入观察和分析事件的发展过程，而是从事后的结果出发，为其原因“找出”一般性的解释。事后解释有两种表现。

第一种表现是以事后表现出来的做法作为事件成功或失败的解释变量。例如，从中国高铁发展的“事后”看，国家或政府发挥了重大作用——既引进了技术又实施了自主开发，等等，于是就有文献对这些成功因素进行罗列。但这种解释无法说明这些做法之间的关系，更不可能说明行动主体为什么会采取这些做法。例如，把中国高铁的技术进步归因于“引进、消化、吸收、再创新”的说法就是对技术引进和自主开发两种做法的罗列，它既无法解释为什么中国高铁发展会在特定时刻从技术引进转向自主开发，也无法解释两者之间的关系对于技术进步的作用是什么。

第二种表现是以“普世真理”的框架来解释事件的结果。例如，在主流经济学的框架下，既然经济激励和有利于市场交换的制度重要，那么从这个框架出发，中国高铁的成功就一定是做对了这些事。这种解释似乎没有错，但也没什么用（严格地讲是无法证伪），因为它无视在特定语境下影响了事件结果的特定变量。例如，与中国汽车工业相比，以央企为主的中国铁路装备工业在市场化和经济激励的程度上都更低，但中国社会对后者的成功形成共识，却对前者充满争议。事实上，铁路装备工业与其他任何中国工业一样，都处于基本相同的制度框架或条件之下，因而很难以制度来直接解释特定工业在特定阶段发展绩效的差异。如果限定时间和空间，那么脱离工业发展特定过程的制度解释不过是常量解释变量。

称之为“事后解释”，是因为这些解释只能在事后做出，否则没有意义。例如，在中国社会对于高铁充满争议的阶段，仅仅罗列高铁建设的实际做法并不能证明这些做法是对还是错，而“普世真理”对于一个充满不确定性的演进过程更是无关痛痒。换句话说，事后解释因为脱离对于特定行动的理论判断而缺乏预测能力，也就无法回答中国高铁发展在某个关头面临的特定问题——技术发展是应该走引进路线还是自主开发路线？政府是应该加大投入还是谨慎为之？为什么高铁的未来作用在很大程度上取决于系统层次上的创新，而在系统集成者和技术开发者之间形成稳定的创新边界是改进体制的关键？等等。因此，事后解释者没有能力参与政策辩论，只能等待结果形成之后才能采取立场。此外，事后解释因为忽视在实践中产生的特定问题，所以无助于找到通向理论创新的“桥梁”。更重要的是，因为事后解释脱离了特定事件的特定过程，所以其最终不能帮助识别决定事件结果的关键变量。

中国高铁在短短十几年里取得的伟大成功是行动所造就，尤其是被那些符合正确原则的行动所造就。中国高铁的建设发生于中国经济高增长的年代，铁路运输的瓶颈和国家投资能力的增强为发动高铁建设提供了条件。这个过程虽然是从大规模引进技术开始，但在国家层次上发生的一次回归“政治正确”的变化又把高铁的技术进步重新置于中国工业的能力基础之上，使技术引进成为自主开发的补充而不是替代，而国家对铁路（系统）市场的集中控制保证了中国工业的技术学习过程；一旦高铁的发展绩效得到证明，中国就在特定的条件下和特定事件的触发下走上以高铁替代传统铁路的激进道路，随之而来的大规模建设为中国工业提供了持续技术创新的应用机会，而且是世界上独一无二的机会。回顾这个过程，令人惊奇的不是其发展速度之快，而是这些行动竟然“碰巧”地组合起来（速度是这个组合的结果）。本来其中的单独每一个充其量只是个必要条件，但在特定的条件下，这些因素“鬼斧神工”般地组合在一起，它们的共同作用构成一个强大的充分条件，使中国高铁的发展产生出领先世界的势头。理解产生这个组合的原因才是解释中国高铁成就的关键，也是把“教训”结合进有意识的政策中的关键。

行动当然涉及行动者的动机。在高铁发展的过程中，铁道部有动机，中央决策层有动机，企业有动机，所有参与的个人也有动机。但是，如果把这些性质不同（政治、部门和企业）、层次不同（组织和个人）和作用不同（思考宏观经济政策和个人多挣点奖金）的动机都归于以个人效用函数来衡量的经济激励，那么这个由行动者在一系列政治、经济和组织因素的影响下选择战略的过程就变得不可理解，顶多是事后画的一幅漫画[①]。事实上，囿于静态均衡框架，主流经济学在过去和现在都没有能够成功地解释过技术进步，尤其是像中国高铁那样的重大技术成就，而且如果它坚持这个框架，将来也不会。毕竟，如肯尼思·阿罗本人所言，“但当然，由知识和程序的连续转变所包含的动态性并没有进入阿罗一德布鲁的世界”（Arrow，2006）。对于理解充满不确定性的创新过程，个人经济激励的解释完全无法替代从战略、组织和技术创新等领域去理解行动及其后果的理论。

本文从中国高速列车的开发绩效与“技术来源于引进”说法之间的矛盾切入，然后通过追溯铁路装备工业的历史和高速列车的技术变化过程，证明引进不是中国高铁技术进步的唯一来源，而且只是因为政治变化重新确立自主创新的方针，才使引进产生了正面作用。这个分析建立在国际创新学界的主流理论基础之上，同时也以“产品开发平台”的概念框架进一步揭示了引进与自主开

① 对主流经济学关于经济激励假设的批评，见 Simon（1991）。

发之间的作用机制，更加充分地证明中国高铁的技术成就源于自主开发的努力。但是，本文对于中国形成铁路激进创新的原因只有描述性的概括，并没有做出进一步的理论贡献，其原因之一是这个现象的新颖性——只是最近几年的有关经验证据变得明显时，笔者才可能“发现”这个问题。这也说明，对于中国高铁为什么成功的研究还有很大的空间。在未来这个方向的理论探讨中，最具挑战性的议题是国家作为创新者的命题。就中国高铁发展所揭示出来的国家作用来看，除了本文涉及但没有深入探讨的制度条件外，对于理解中国走上铁路激进创新的原因，还有3个因素也是值得进一步深究的。

一是意识形态对于决策的影响。在本文追溯的过程中，一个重大事件是中央决策层在2006年提出自主创新方针，它改变了高铁的技术路线。虽然本文无法专门讨论这个政治变化，但可以指出一个现象：在中国的政治体制和社会中，存在一种根源深厚的“政治正确”——如果中国高铁技术不是以自主开发为主，那么中国社会就不会认为它是一项伟大成就。对于一个发展中国家来说，存在这样的民意基础并不寻常。事实上，21世纪初中国从大规模引进技术开始发展高铁并非“意外”，因为它反映了决策层当时的政策倾向，例如同期中国发展核电的计划也是从大规模引进开始。给定那时中国已经在依靠引进技术的道路上走了20多年的背景，应该令人“意外”的反倒是为什么会发生这种政治变化。由于变化本身不能解释变化，所以在技术政策从自力更生摆向依靠引进再摆回自主创新的变化背后，一定是存在更深层次的因素。本文姑且把这个因素称为由开国一代领导人奠定的大国基础结构，它既包括政治和经济的制度框架，也包括相应的意识形态根源。因为中国共产党夺取政权的道路是依靠独立自主，中华人民共和国的奠基是依靠独立自主，中国工业体系的建立是依靠独立自主，所以“独立自主”就成为这种“政治正确”的意识形态根源。这种基础结构与政治权力的合法性如此密切相连，致使有关改革的最“激进”的政策主张也始终不能突破由其所决定的框架。因此，每当中国被迫回答根本性的问题时，这种意识形态根源就会使政策摆回独立自主的方向。没有这个条件，也就没有国家成为创新者的决策基础。

二是国家作为行动者的意义。国家行动的必要性在于发动根本性的技术变化（如以新能源替代传统能源），因为市场机制难以提供发动这种变化的动力。美国建设高铁的困难其实来自错综复杂的利益关系对发动大型基础设施建设的制约，这个障碍回应了美国经济学家奥尔森关于分利集团阻碍经济发展的经典主题（Olson，1982）。由于这个主题暗示分利集团也是市场经济的产物，所以如果国家不能行动，则一个经济体的技术进步终将受阻。在中国，虽然曾经出现过铁路“市场化”的议论，但只是当国家承担建设的高速铁路形成网络效应之后，地方政府和社会资本（大致相当于市场力量）才可能进入这个领域。目前时不时被议论一下的铁路部门高负债，只不过反映了高铁投资的回报期超长。当高铁建设的结果是优良资产时，当这些资产属于国家时，那么，由拥有货币发行主权的国家来发动这种建设不是最合理的吗？事实上，中国能够以激进方式大规模建设高铁的重要原因是国家成为具有战略远见的决策者、长期风险的承担者和技术创新网络的创造者。“政府—市场”的二分法无助于理解这个问题，因为它无关真实世界。因为“市场不可能做到一切”与“国家不可能做到一切”同样真实，所以更可能富有成效的研究方向是“政府—市场”在推进技术创新过程中的互相渗透，而不是互相画地为牢。

三是激进创新的效果。如果国家作为创新者的行动具有经济合理性，那么中国铁路激进创新就至少能够成为一个正面的证据。当然，在高铁的效果尚未充分显现的条件下，本文只能以预言但符合逻辑的方式来陈述。铁路是现代经济体必不可少的一个大型技术系统，它对国民经济的影响是全局性的。在世界上第一个铁路网（美国）建成大约150年之后，中国以高铁替代传统铁路的意义不会亚于第一次建成铁路网对于那个时代的意义。一些人以美国因航空业发达、人口密度小等“资源禀赋”条件而不需要高铁为由，贬低中国高铁技术进步的意义。但仅仅就技术而言，高铁技术影响到重载货运、地铁和城际轻轨（如动车组以及通用的电力牵引、网络控制、电网、道床乃至智能驾驶等技术）。因此，在高铁技术领域的落后将阻碍在轨道交通所有领域的技术进步——这个前景将会变得越来越明显。更重要的是，以高铁替代传统铁路包含着现代意义上的“互联互通”含义，这与通信技术领域的5G在本质上具有相同的含义，所以高铁是通向新工业革命的基础设施之一。国际主流创新文献公认，激进创新带来的大部分经济收益是在漫长的后续改进过程中才得以全部实现的。因此，我们今天对于中国高铁成就的讨论只不过是在见证一个新时代的开始。

中国高铁的发展对于中国学术界的终极教训就是：中国正在创造历史，大量新的实践层出不穷，它们不断突破已有理论所能够解释的范围。因此，我们面对的是一个高度动态的过程——仅仅在几年之前，包括本文作者在内的所有人还都不可能意识到中国高铁的发展是一场激进创新，只是因为实践尚未至此。因此，学术研究应该是一个发现的过程，而不应该是自认为不用做足够的经验研究就可以用现有的（实际上是古老的）理论框架解释一切的“智力特权”。

参考文献

中文文献：

程鹏，柳卸林，陈傲，等，2011. 基础研究与中国产业技术追赶：以高铁产业为案例．管理评论，(12).

冯灵，余翔，2015. 中国高铁破坏性创新路径探析．科研管理，(10).

贺俊，吕铁，黄阳华，等，2018. 技术赶超的激励结构与能力积累：中国高铁经验及其政策启示．管理世界，(10).

江鸿，吕铁，2019. 政企能力共演化与复杂产品系统集成能力提升：中国高速列车产业技术追赶的纵向案例研究．管理世界，(5).

李浩鸣，邓晓丽，2009. 追寻轨迹 1959—2009：南车株洲电力机车研究所有限公司变革求新发展之路．长沙：湖南大学出版社．

林善波，2011. 动态比较优势与复杂产品系统的技术追赶：以我国高铁技术为例．科技进步与对策，(14).

林晓言，张爱萍，郝亚平，2017. 中国高铁技术创新三螺旋理论研究．北京交通大学学报（社会科学版），(2).

刘宁，2001. 株洲电力机车厂志（1936—1999）. 北京：中国铁道出版社.

路风，2018. 论产品开发平台. 管理世界，(8).

吕铁，贺俊，2017. 如何理解中国高铁技术赶超与主流经济学基本命题的“反差”. 学术月刊，(11).

吕铁，江鸿，2017. 从逆向工程到正向设计：中国高铁对装备制造业技术追赶和自主创新的启示. 经济管理，(10).

王晓冰，于宁，王晨，等，2013. 大道无行——铁道部：政企合一的失败样本. 广州：南方日报出版社.

张维克，2010. 政府作用主导高速铁路自主创新. 理论学习与探索，(5).

赵小刚，2014. 与速度同行：亲历中国铁路工业40年. 北京：中信出版社.

英文文献：

ABERNATHY W，UTTERBACK J，1978. Patterns of innovation. Technology review，June-July：40 - 47.

ARGOTE L，GREVE H R，2007. A behavioral theory of the firm-40 years and counting：introduction and impact. Organization science，18 (3)：337 - 349.

ARROW K J，2006. Winter on Schumpeter on the firm：some issues of intertemporal continuity. Industrial and corporate change，15 (1)：143 -144.

ARTHUR W B，2007. The structure of invention. Research policy，36：274 - 287.

BELL M，PAVITT K，1993. Technological accumulation and industrial growth：contrasts between developed and developing countries. Industrial and corporate change，2：157 - 210.

BRULAND K，MOWERY D C，2005. Innovation through time//FAGERBERG J，MOWERY D C，NELSON R R. The oxford handbook of innovation. New York：Oxford University Press：349 - 379.

CHRISTENSEN C，ROSENBLOOM R，1995. Explaining the attacker’s advantage：technological paradigms，organizational dynamics and the value network. Research policy，24：233－257.

COHEN W，LEVINTHAL D，1990. Absorptive capacity：a new perspective on learning and innovation. Administrative science quarterly，35：128－152.

DEDRICK J，KRAEMER K L，2015. Who captures value from science-based innovation? The distribution of benefits from GMR in the hard disk drive industry. Research policy，44：1615－1628.

DOSI G，1982. Technological paradigms and technological trajectories. Research policy，11：147－162.

HENDERSON R，CLARK K，1990. Architectural innovation. Administrative science quarterly，35：9－30.

HOBDAY M，DAVIES A，PRENCIPE A，2005. Systems integration：a core capability of the modern corporation. Industrial and corporate change，14（6）：1109－1143.

HUGHES T P，1983/1993. Networks of power：electrification in western society，1880—1930. Baltimore：The Johns Hopkins University Press.

KUHN T S，1962/1996. The structure of scientific revolutions. 3th ed. Chicago：The University of Chicago Press.

LAZONICK W. 2011. The innovative enterprise and the developmental state：toward an economics of “organizational success” . Conference of the Institute for New Economic Thinking，Bretton Woods，NH，April. 8-11，（10）：1 -50.

MAZZUCATO M，2013. The entrepreneurial state：debunking public vs. private sector myths. New York：Anthem Press.

OLSON M，1982. The rise and decline of nation：economic growth，stagflation and social rigidities. New Haven：Yale University Press.

PRENCIPE A，DAVIES A，HOBDAY M，2003. The business of systems integration. New York：Oxford University Press.

RICHARDSON G B，1972. The organisation of industry. The economic journal，82（327）：883－896.

ROSENBERG N，1982. Inside the black box：technology and economics. New York：Cambridge University Press.

SIMON H A，1991. Organizations and markets. Journal of economic perspectives，5（2）：25－44.

SUN Z，2015. Technology innovation and entrepreneurial state：the development of China's high-speed rail industry. Technology analysis & strategic management，27（6）：646－659.

World Bank，2019. China's high-speed rail development. http：//documents. worldbank. org/curated/en/933411559841476316/pdf/Chinas-High-Speed-Rail-Development. pdf.

图书在版编目（CIP）数据

新火/路风著 . -- 北京：中国人民大学出版社，2020. 3
走向自主创新 2
ISBN 978-7-300-27885-8

Ⅰ. ①新… Ⅱ. ①路… Ⅲ. ①工业技术-技术革新-调查报告-中国 Ⅳ. ①F424. 3

中国版本图书馆 CIP 数据核字（2020）第 022389 号

走向自主创新 2
新火
路风 著
Xinhuo

出版发行	中国人民大学出版社		
社　　址	北京中关村大街 31 号	**邮政编码**	100080
电　　话	010－62511242（总编室）		010－62511770（质管部）
	010－82501766（邮购部）		010－62514148（门市部）
	010－62515195（发行公司）		010－62515275（盗版举报）
网　　址	http://www.crup.com.cn		
经　　销	新华书店		
印　　刷	北京昌联印刷有限公司		
规　　格	185 mm×260 mm　16 开本	**版　　次**	2020 年 3 月第 1 版
印　　张	32 插页 2	**印　　次**	2024 年 4 月第 5 次印刷
字　　数	482 000	**定　　价**	99.00 元